■2025年度高等学校受験用

佐野日本大学高等学校

収録内容一覧

★この問題集は以下の収録内容となっています。また、編集の都合上、解説、解答用紙を省略させていただいている場合もございますのでご了承ください。

（○印は収録、一印は未収録）

入試問題と解説・解答の収録内容			解答用紙
2024年度	第1回	英語・数学・社会・理科・国語	○
	第2回	英語・数学・社会・理科・国語	○
2023年度	第1回	英語・数学・社会・理科・国語	○
	第2回	英語・数学・社会・理科・国語	○
2022年度	第1回	英語・数学・社会・理科・国語	○
	第2回	英語・数学・社会・理科・国語	○

★当問題集のバックナンバーは在庫がございません。あらかじめご了承ください。

リスニングテストの音声は、下記のIDとアクセスコードにより当社ホームページで聴くことができます。
（当社による録音です）
ユーザー名：koe　アクセスコード（パスワード）：24311　使用期限：2025年3月末日

※ユーザー名・アクセスコードの使用期限以降は音声が予告なく削除される場合がございます。あらかじめご了承ください。

●凡例●

【英語】

≪解答≫

〔　〕　①別解
②置き換え可能な語句（なお下線は置き換える箇所が２語以上の場合）
(例) I am〔I'm〕glad〔happy〕to～

（　）　省略可能な言葉

≪解説≫

1, 2…　本文の段落（ただし本文が会話文の場合は話者の１つの発言）

〔　〕　置き換え可能な語句（なお〔　〕の前の下線は置き換える箇所が２語以上の場合）

（　）　①省略が可能な言葉
(例)「(数が) いくつかの」
②単語・代名詞の意味
(例)「彼（＝警察官）が叫んだ」
③言い換え可能な言葉
(例)「いやなにおいがするなべにはふたをするべきだ（＝くさいものにはふたをしろ）」

//　訳文と解説の区切り

cf.　比較・参照

≒　ほぼ同じ意味

【数学】

≪解答≫

〔　〕　別解

≪解説≫

（　）　補足的指示
(例)（右図１参照）など

〔　〕　①公式の文字部分
(例)〔長方形の面積〕＝〔縦〕×〔横〕
②面積・体積を表す場合
(例)〔立方体 ABCDEFGH〕

∴　ゆえに

≒　約、およそ

【社会】

≪解答≫

〔　〕　別解

（　）　省略可能な語

＿＿　使用を指示された語句

≪解説≫

〔　〕　別称・略称
(例) 政府開発援助〔ODA〕

（　）　①年号
(例) 壬申の乱が起きた（672年）。
②意味・補足的説明
(例) 資本収支（海外への投資など）

【理科】

≪解答≫

〔　〕　別解

（　）　省略可能な語

＿＿　使用を指示された語句

≪解説≫

〔　〕　公式の文字部分

（　）　①単位
②補足的説明
③同義・言い換え可能な言葉
(例) カエルの子（オタマジャクシ）

≒　約、およそ

【国語】

≪解答≫

〔　〕　別解

（　）　省略してもよい言葉

＿＿　使用を指示された語句

≪解説≫

〈　〉　課題文中の空所部分（現代語訳・通釈・書き下し文）

（　）　①引用文の指示語の内容
(例)「それ（＝過去の経験）が～」
②選択肢の正誤を示す場合
(例)（ア，ウ…×）
③現代語訳で主語などを補った部分
(例)（女は）出てきた。

／　漢詩の書き下し文・現代語訳の改行部分

佐野日本大学高等学校

所在地	〒327-0192　栃木県佐野市石塚町2555
電　話	0283-25-0111
ホームページ	https://high.sano-nichidai.jp/
交通案内	JR両毛線・東武佐野線 佐野駅より登下校時無料シャトルバス その他，近隣各駅よりスクールバスあり

普通科

男女共学

くわしい情報は
ホームページへ

応募状況

年度	募集数	受験数	合格数	倍率
2024	特進α　30名 特進　120名 スーパー160名 N進　200名	単推　286名 併推 1040名 一般　302名	286名 1040名 216名	1.0倍 1.0倍 1.4倍
2023	特進α　30名 特進　120名 スーパー160名 進学　200名	単推　250名 併推 1015名 一般　252名	250名 1015名 161名	1.0倍 1.0倍 1.6倍
2022	特進α　30名 特進　120名 スーパー160名 進学　200名	単推　263名 併推 1126名 一般　172名	263名 1122名 117名	1.0倍 1.0倍 1.5倍

※受験数・合格数は各コースの合計。

※2024年度，推薦ランクアップ入試の受験数は134名，合格数は128名。

試験科目（参考用：2024年度入試）

［推薦（単願・併願・ランクアップ）・一般］

国語・数学・英語または国語・数学・英語・社会・理科（マーク式）

※５教科は，３教科と５教科の２段階判定。

［推薦（SN）］

英語・国語または英語・数学（マーク式），エントリーシート（記述）

本校の特色

①日本大学への付属校推薦制度

②自分を伸ばす３コース＋αクラス

③進級時にコース・クラスのランクアップ

④放課後と土曜日を有効活用

⑤３年間継続可能な奨学生制度

コース編成

＜特別進学コースαクラス＞

東大・京大・国公立大学医学部への現役合格を目指す。少人数クラス編成やハイレベルな授業，多彩な講座などによるきめ細かい指導を行う。

＜特別進学コース＞

難関国公立大学，早慶上智などの難関私立大学および日本大学難関学部への現役合格を目指す。特別進学コースαクラスと同様に多彩な講座を行う。

＜スーパー進学コース＞

国公立・難関私立大学および日本大学への現役合格を目指す。毎月１回行う基礎力確認テストや特別講座などで実践力を養う。

＜N進学コース＞

日本大学をはじめ，有名私立大学への現役合格を目指す。日本大学との高大連携にも注力している。

探究学習

本校では，全ての生徒が自ら課題を設定し，一人１テーマで長い期間を通して研究に取り組み，探究心を育んでいる。高大連携による学びも行っている。

合格実績

◎2024年・大学合格状況（2024年３月31日現在）

・国公立大学47名合格

東北大，山形大（医），筑波大，東京医科歯科大，東京外国語大，埼玉大，宇都宮大，群馬大，東京都立大，防衛大など

・日本大学425名合格

・早慶GMARCH上理39名合格

編集部注―本書の内容は2024年3月現在のものであり，変更されている場合があります。正確な情報は，学校のホームページ等で必ずご確認ください。

出題傾向と今後への対策 英語

出題内容

	2024		2023		2022	
	1回	2回	1回	2回	1回	2回
大問数	7	7	7	7	7	7
小問数	39	39	44	44	44	44
リスニング	○	○	○	○	○	○

◎大問7題，小問数40問程度。放送問題以外は例年ほぼ同様の出題である。出題構成は，放送問題，単語問題，適語選択，整序結合，長文読解である。

2024年度の出題状況

《第1回》
1. 放送問題
2. 適語(句)選択
3. 長文読解－要旨把握－チャット
4. 長文読解－説明文－グラフを見て答える問題
5. 長文読解－適語(句)選択－説明文
6. 長文読解－整序結合－説明文
7. 長文読解総合－ノンフィクション

《第2回》
1. 放送問題
2. 適語(句)選択・語形変化
3. 長文読解総合－チャット
4. 長文読解総合－グラフを見て答える問題
5. 長文読解－適語(句)選択－物語
6. 長文読解－整序結合－説明文
7. 長文読解総合－説明文

解答形式

《第1回》　記　述／マーク／併　用

《第2回》　記　述／マーク／併　用

出題傾向

　放送問題は2部構成で1つは英文をきき当てはまる絵を選ぶもの。もう1つは短い会話をきく英問英答形式。整序結合は長文中で与えられた語句を並べかえる形式である。長文読解の英文は短めで，説明文や物語が多い。設問は内容真偽や要旨把握など基本的な問題が中心である。表を読み取る問題も見られる。

今後への対策

　標準的なものを中心として出題されるが，中学で学習したことをきちんとマスターしておくことが重要である。教科書で単語と文法を復習し，何度も音読しよう。重要構文は全文暗記が望ましい。長文読解は英文に慣れることが大事だ。放送問題はラジオ講座などを利用し，毎日英語をきこう。最後に過去問題集で形式や時間配分を確認しよう。

◆◆◆◆ 英語出題分野一覧表 ◆◆◆◆

分野			2022 1回	2022 2回	2023 1回	2023 2回	2024 1回	2024 2回	2025予想※ 1回	2025予想※ 2回
音声	放送問題		■	■	■	■	●	●	◎	◎
音声	単語の発音・アクセント									
音声	文の区切り・強勢・抑揚									
語彙・文法	単語の意味・綴り・関連知識		●	●					△	△
語彙・文法	適語(句)選択・補充		■	■	■	■	■	■	◎	◎
語彙・文法	書き換え・同意文完成									
語彙・文法	語形変化		●	●	●	●		●	◎	◎
語彙・文法	用法選択									
語彙・文法	正誤問題・誤文訂正									
語彙・文法	その他									
作文	整序結合		■	■	■	■	●	●	◎	◎
作文	日本語英訳	適語(句)・適文選択								
作文	日本語英訳	部分・完全記述								
作文	条件作文									
作文	テーマ作文									
会話文	適文選択									
会話文	適語(句)選択・補充									
会話文	その他									
長文読解	内容把握	主題・表題	●						△	
長文読解	内容把握	内容真偽	●	●	●	●	●	●	◎	◎
長文読解	内容把握	内容一致・要約文完成			●					△
長文読解	内容把握	文脈・要旨把握			●	●	●	●	◎	◎
長文読解	内容把握	英問英答			●	●	●	●	◎	◎
長文読解	適語(句)選択・補充		■	■	■	■	■	■	◎	◎
長文読解	適文選択・補充				●	●	●	●	◎	◎
長文読解	文(章)整序									
長文読解	英文・語句解釈(指示語など)		●	●	●	●	●	●	◎	◎
長文読解	その他(適所選択)				●				△	

●印：1～5問出題。■印：6～10問出題。★印：11問以上出題。
※予想欄 ◎印：出題されると思われるもの。 △印：出題されるかもしれないもの。

出題傾向と今後への対策　数学

出題内容

2024年度

《第１回》

1は計算問題６問。2は小問集合で，各分野から計10問。3は方程式の応用問題。4は関数で，放物線と直線に関するもの。三角形の面積と線分の長さの関係など，図形の知識も要する。5は平面図形で，三角形を利用した問題。

《第２回》

1は計算問題６問。2は小問集合で，各分野から計10問。3は速さに関する方程式の応用問題。4は関数で，放物線と直線に関するもの。回転体についても問われている。5は平面図形で，円と二等辺三角形でつくられた図について問うもの。

2023年度

《第１回》

1は計算問題６問。2は小問集合で，各分野から計10問。3は２つのさいころを利用した確率の問題３問。4は関数で，放物線と直線に関するもの。平行線など，図形の知識も要する。5は空間図形で，三角柱を利用した問題。

《第２回》

1は計算問題６問。2は小問集合で，各分野から計10問。3は方程式の応用問題。4は関数で，放物線と直線に関するもの。5は空間図形で，立方体について問うもの。切断面の面積などが問われている。

作…作図問題　証…証明問題　グ…グラフ作成問題

解答形式

《第１回》　記　述／マーク／併　用

《第２回》　記　述／マーク／併　用

出題傾向

大問５題，総設問24～28問。1，2は小問集合で，16問前後。各分野から出題され，幅広い知識が要求されている。3以降は関数，図形がほぼ毎年のように出題され，あと１題は確率や方程式の応用などとなる。それぞれ２～４問の小問からなる。応用力を要するものや複雑なものなどが含まれることもある。

今後への対策

まずは，計算力と基礎，基本をしっかり身につけること。教科書を完全に理解したうえで，基本問題集で演習を積み，基礎，基本をしっかり定着させよう。そのうえで，標準レベルの問題集で実践的な演習を。１問１問ていねいに解き，少しずつ理解していくことが大事。

◆◆◆◆◆ 数学出題分野一覧表 ◆◆◆◆◆

分野	年度	2022		2023		2024		2025予想※	
		1回	2回	1回	2回	1回	2回	1回	2回
数と式	計算，因数分解	★	★	★	★	★	★	◎	◎
	数の性質，数の表し方	●	●	●	●	●	●	◎	◎
	文字式の利用，等式変形								
	方程式の解法，解の利用	●	●	■	■	■	★	◎	◎
	方程式の応用		●		★	★	★	△	◎
関　数	比例・反比例，一次関数	●	●	●	●			◎	◎
	関数 $y=ax^2$ とその他の関数	★	★	★	★	★	★	◎	◎
	関数の利用，図形の移動と関数								
図　形	（平面）計　量	■	★	●	■	★	★	◎	◎
	（平面）証明，作図								
	（平面）その他								
	（空間）計　量	★		★	★	■	●	◎	◎
	（空間）頂点・辺・面，展開図								
	（空間）その他								
データの活用	場合の数，確率	★	●	★	●	●	●	◎	◎
	データの分析・活用，標本調査	●		●	●	●		◎	◎
その他	不 等 式								
	特殊・新傾向問題など		★						
	融合問題								

●印：１問出題，■印：２問出題，★印：３問以上出題。
※予想欄　◎印：出題されると思われるもの。　△印：出題されるかもしれないもの。

出題傾向と今後への対策　社会

出題内容

2024年度

《第１回》

地理・世界の文化や産業，政治等に関する問題。
・日本の地形や自然環境等に関する問題。
・近畿地方の地形や産業等に関する問題。

歴史・中世～近世の政治や外交等に関する問題。
・災害についての会話文を基に社会や政治，文化等に関する問題。
・江戸時代の文化や政治，産業に関する問題。
・オリンピックについての会話文を基に世界と日本の政治，社会等に関する問題。

総合・伝統文化と情報化，ルール等に関する問題。
・人権と憲法等に関する歴史・公民総合問題。
・経済や社会保障等に関する問題。

《第２回》

地理・世界の文化や産業，政治等に関する問題。
・世界と日本の人口問題等に関する問題。
・中国・四国地方の地形や気候，産業等に関する問題。

歴史・古代～中世の宗教や政治等に関する問題。
・戦国時代の外交や政治等に関する問題。
・江戸時代の政治に関する問題。
・近世～現代の文化や社会等に関する問題。

総合・憲法の平和主義と日米関係についての戦後の問題等に関する歴史・公民総合問題。
・経済のしくみや環境問題等に関する歴史・公民総合問題。

解答形式

《第１回》	記　述／マーク／併　用
《第２回》	記　述／マーク／併　用

出題傾向

小問数は例年，約50問とほぼ一定である。歴史分野の問題数がやや多いが，三分野から幅広く出題されている。

分野別に見ると，地理は世界の諸地域の地形や気候，産業が頻出。歴史は古代，近世，近代の政治や文化に関する問題が多い。公民は経済や国際社会に関する問題が多く，時事的な出来事に関連させた問題もある。

今後への対策

各分野とも，教科書の基本的な事項を身につけたうえで，地図帳や資料集等を用いた細かい学習をしていこう。

地理は世界の諸地域ごとに気候，産業等についてまとめていく。歴史は世界史と日本史を関連づけて覚える。公民は新聞やニュースの時事的な出来事を教科書の内容と結びつけて覚えるとよい。

◆社会出題分野一覧表◆

分野 ＼ 年度		2022 1回	2022 2回	2023 1回	2023 2回	2024 1回	2024 2回	2025予想※ 1回	2025予想※ 2回
地理的分野	地形図				●		●	△	◎
	アジア				人総	産	人	△	◎
	アフリカ	人	産	人			地	◎	△
	オセアニア			産		人	人	◎	△
	ヨーロッパ・ロシア	地産 人総	地産	産	地産	人		◎	◎
	北アメリカ	地	地産			産		◎	△
	中・南アメリカ	人	人	人	人		人総	◎	◎
	世界全般	地		地産			人	◎	△
	九州・四国	地産 人			地		地産	△	△
	中国・近畿					地 総	地産 総	△	△
	中部・関東		地産 人		産	地		△	◎
	東北・北海道					地		△	△
	日本全般		人	地産	地	地産	人	◎	◎
歴史的分野	旧石器～平安	●	●	●	●	●	●	◎	◎
	鎌倉	●		●	●	●	●	△	△
	室町～安土桃山	●			●	●	●	◎	◎
	江戸	●	●	●	●	●	●	◎	◎
	明治		●	●	●	●	●	◎	◎
	大正～第二次世界大戦終結	●	●	●		●	●	◎	◎
	第二次世界大戦後		●	●	●	●		△	◎
公民的分野	生活と文化					●		△	△
	人権と憲法		●		●	●	●	◎	◎
	政治	●			●	●	●	◎	◎
	経済			●	●	●	●	◎	◎
	労働と福祉		●			●		△	△
	国際社会と環境問題			●			●	△	△
時事問題								△	△

※予想欄　◎印：出題されると思われるもの。　△印：出題されるかもしれないもの。
地理的分野については，各地域ごとに出題内容を以下の記号で分類しました。
地…地形・気候・時差，　産…産業・貿易・交通，　人…人口・文化・歴史・環境，　総…総合

出題傾向と今後への対策 理科

出題内容

2024年度

《第１回》

大問数９題。 1小問集合８問。 2力学的エネルギー。 3電流と回路。 4水溶液とイオン。 5マグネシウムの酸化。 6動物の体のつくりとはたらき。 7植物の体のつくりとはたらき。 8地震。 9湿度。

《第２回》

大問数９題。 1小問集合８問。 2浮力。 3電流と回路(電力損失)。 4溶解度。 5酸・アルカリとイオン。 6遺伝の規則性。 7植物のなかま。 8火山。 9太陽の動き。

2023年度

《第１回》

大問数９題。 1小問集合８問。 2電流と回路。 3力学的エネルギー。 4水溶液とイオン。 5気体の発生と性質。 6消化と吸収。 7顕微鏡の使い方。 8火成岩。 9日本の気象。

《第２回》

大問数９題。 1小問集合８問。 2光の性質。 3音の性質。 4物質のすがた・化学変化。 5状態変化。 6心臓のつくり。 7動物のなかま。 8地震。 9金星の観察。

作…作図・グラフ作成問題 記…文章記述問題

解答形式

《第１回》 記 述／マーク／併 用

《第２回》 記 述／マーク／併 用

出題傾向

総小問数は40～50問と問題量が多い。また，小問集合題が含まれているため，出題範囲は広い。

問題は基礎～標準的な内容のものがほとんどだが，発展的な内容のものも出題されている。そのため，正確な知識や科学的な思考力以外にも，応用力，考察力が必要。

今後への対策

教科書の重要用語や実験・観察の手順・結果・考察をまとめよう。その後，標準的な問題集を１冊解き，正確な知識が身についているかを確認。間違えた問題は，教科書やノートを見直すこと。

さらに，過去の入試問題を解き，応用力や考察力を身につけたい。また，解答形式や時間配分などにも慣れたい。

◆◆◆◆◆ 理科出題分野一覧表 ◆◆◆◆◆

分野	年度	2022		2023		2024		2025予想※	
		1回	2回	1回	2回	1回	2回	1回	2回
身近な物理現象	光 と 音	●	●		●	●		◎	◎
	力のはたらき(力のつり合い)		●				●	◎	◎
物質のすがた	気体の発生と性質	●	●	●	●		●	◎	◎
	物質の性質と状態変化				●	●		◎	◎
	水 溶 液		●		●	●	●	◎	◎
電流とその利用	電流と回路	●	●	●		●	●	◎	◎
	電流と磁界(電流の正体)			●				◎	◎
化学変化と原子・分子	いろいろな化学変化(化学反応式)	●		●	●	●		◎	◎
	化学変化と物質の質量					●		△	△
運動とエネルギー	力の合成と分解(浮力・水圧)	●		●		●	●	◎	◎
	物体の運動	●					●	◎	◎
	仕事とエネルギー		●	●		●		◎	◎
化学変化とイオン	水溶液とイオン(電池)		●	●		●		◎	◎
	酸・アルカリとイオン	●	●	●			●	◎	◎
生物の世界	植物のなかま	●	●				●	◎	◎
	動物のなかま		●	●	●	●		◎	◎
大地の変化	火山・地震	●		●	●	●	●	◎	◎
	地層・大地の変動(自然の恵み)		●					◎	◎
生物の体のつくりとはたらき	生物をつくる細胞				●			△	△
	植物の体のつくりとはたらき					●		◎	◎
	動物の体のつくりとはたらき	●	●	●	●	●	●	◎	◎
気象と天気の変化	気象観察・気圧と風(圧力)		●	●	●	●		◎	◎
	天気の変化・日本の気象		●	●		●	●	◎	◎
生命・自然界のつながり	生物の成長とふえ方							△	△
	遺伝の規則性と遺伝子(進化)	●	●				●	◎	◎
	生物どうしのつながり							△	△
地球と宇宙	天体の動き	●			●		●	◎	◎
	宇宙の中の地球	●	●			●		◎	◎
自然環境・科学技術と人間				●	●			△	△
総 合	実験の操作と実験器具の使い方	●	●	●			●	◎	◎

※予想欄 ◎印：出題されると思われるもの。 △印：出題されるかもしれないもの。
分野のカッコ内は主な小項目

出題傾向と今後への対策　国語

出題内容

2024年度

《第１回》

一 国語の知識　二 論説文　三 小説　四 古文

課題文
二オリバー・バークマン『限りある時間の使い方』
三森沢明夫『大事なことほど小声でささやく』
四『落栗物語』

《第２回》

一 国語の知識　二 論説文　三 小説　四 古文

課題文
二香西秀信『反論の技術』
三安岡章太郎『海辺の光景』
四安楽庵策伝『醒睡笑』

2023年度

《第１回》

一 国語の知識　二 論説文　三 小説　四 古文

課題文
二鷲田清一・内田樹『大人のいない国』
三重松　清『めだか，太平洋を往け』
四『古今著聞集』

《第２回》

一 国語の知識　二 論説文　三 小説　四 古文

課題文
二永田和宏『知の体力』
三葉室　麟『孤蓬のひと』
四『古今著聞集』

解答形式

《第１回》　記　述／マーク／併　用

《第２回》　記　述／マーク／併　用

出題傾向

ここ数年，出題傾向に大きな変化はない。設問は，国語の知識の問題に10問，現代文の読解問題に合計15問程度，古文に８問程度で，全体で30問強の出題となっている。設問のレベルは，国語の知識については標準的であるが，読解問題についてはいくつか難度の高いものが見られる。

今後への対策

まずは，論説文・小説・古文の基本的な読解力を身につける必要がある。そのためには，問題集をできるだけたくさんこなすのがよい。また，国語の知識については，出題範囲が広いので，それぞれの分野について，参考書などを使って知識をノートに整理しておくこと。そして，最後に問題集で確認しておくとよい。

国語出題分野一覧表

分野		年度	2022 1回	2022 2回	2023 1回	2023 2回	2024 1回	2024 2回	2025予想※ 1回	2025予想※ 2回
現代文	論説文 説明文	主題・要旨				●		●		◎
		文脈・接続語・指示語・段落関係	●	●	●	●	●	●	◎	◎
		文章内容	●	●	●	●	●	●	◎	◎
		表現			●	●	●		◎	△
	随筆 日記 手紙	主題・要旨								
		文脈・接続語・指示語・段落関係								
		文章内容								
		表現								
		心情								
	小説	主題・要旨					●		△	
		文脈・接続語・指示語・段落関係	●						△	
		文章内容	●	●	●	●		●	◎	◎
		表現	●	●			●	●	◎	◎
		心情	●	●	●	●	●	●	◎	◎
		状況・情景								
韻文	詩	内容理解								
		形式・技法								
	俳句 和歌 短歌	内容理解			●				△	
		技法	●	●		●	●	●	◎	◎
古典	古文	古語・内容理解・現代語訳	●	●	●	●	●	●	◎	◎
		古典の知識・古典文法	●	●	●	●			◎	◎
	漢文	(漢詩を含む)	●	●	●	●	●	●	◎	◎
国語の知識	漢字 語句	漢字	●	●	●	●	●	●	◎	◎
		語句・四字熟語	●	●	●	●	●	●	◎	◎
		慣用句・ことわざ・故事成語	●	●	●	●	●		◎	◎
		熟語の構成・漢字の知識	●	●	●	●	●	●	◎	◎
	文法	品詞	●			●	●		◎	△
		ことばの単位・文の組み立て	●						△	
		敬語・表現技法	●	●	●		●	●	◎	◎
	文学史		●	●	●	●	●	●	◎	◎
作文・文章の構成・資料										
その他										

※予想欄　◎印：出題されると思われるもの。　△印：出題されるかもしれないもの。

2025年度 高校受験用

佐野日本大学高等学校　3年間スーパー過去問

をご購入の皆様へ

お詫び

本書、佐野日本大学高等学校の入試問題につきまして、誠に申し訳ございませんが、以下の問題文は著作権上の問題により掲載することができません。設問と解説、解答は掲載してございますので、ご必要とされる方は原典をご参照くださいますよう、お願い申し上げます。

記

2024年度　第1回　国語　二　の問題文

以上

株式会社　声の教育社　編集部

2024年度 佐野日本大学高等学校(第1回)

【英　語】（50分）〈満点：100点〉

■リスニングテストの音声は，当社ホームページで聴くことができます。(当社による録音です)
再生に必要なユーザー名とアクセスコードは「収録内容一覧」のページに掲載しています。

1　ただ今からリスニングテストを行います。テストはPart A，Part Bに分かれています。それぞれのPartの初めに放送される日本語の説明にしたがって，解答してください。

Part A

Part Aは絵を見て答える問題です。問題ごとに1～4の短い英文が読まれます。絵の内容を表す最も適切な英文を，1つ選びなさい。英文はそれぞれ1回しか読まれません。

問1

問2

問3

Part B

Part Bは短い会話を聞いて答える問題です。それぞれの会話の後に質問が続きます。その質問に対する答えとして最も適切なものを，1～4より1つ選びなさい。会話と質問は2回読まれます。

問4
1．He will get a bad grade.
2．He will stay after school.
3．His friend will help him.
4．His teacher will give him more homework.

問5
1．He will send a letter.
2．He will talk to a doctor.
3．He will call the doctor's office.

4．He will go to the website.

※＜**リスニングテスト放送台本**＞は英語の問題の終わりに付けてあります。

2　次の(1)～(8)の英文の空所に入る最も適切なものを，１～４より１つ選びなさい。

(1)　(　　　　) have you been playing tennis ?

１．How far　　２．How many
３．How soon　　４．How long

(2)　I am looking forward (　　　　) you soon !

１．to see　　２．to seeing
３．at see　　４．at seeing

(3)　These days, (　　　　) countries are developing new energy technologies.

１．many and many
２．much and much
３．more and less
４．more and more

(4)　The girl (　　) on the stage is my daughter Hanako.

１．singing　　２．sings
３．sang　　４．who sing

(5)　This is the mountain (　　) "Kurokami yama" a long time ago.

１．called　　２．calling
３．to call　　４．which called

(6)　His newest book (　　　　) by many people all over the world.

１．are bought　　２．are sold
３．is buying　　４．is read

(7)　A：How was the movie ?
　　B：It really (　　) me cry.

１．take　　２．took
３．make　　４．made

(8)　A：(　　) will take care of your dog while you are away ?
　　B：Our neighbor will.

１．Which　　２．What
３．Who　　４．Whose

③ 次のメッセージのやりとりを読み，後の設問に答えなさい。

Akina
Mom, can you tell me how to get to Aunt Kumi's house?

Mom
Oh! Where are you now?

Akina
I'm in front of Minami Station.

Mom
Aunt Kumi's house is near Nishi Station. You should take Sakura *Line from there and change trains at Hato Station. Then get off at Nishi Station. It takes about ten minutes on foot from Nishi Station to her house.

Akina
So close!

Mom
Wait, there is another way. You don't have to change trains if you get off at Tsubame Station. But you have to walk for twenty minutes from the station to her house.

Akina
Sounds good. It's sunny today. I guess it will be good to walk. I would like to take just one line.

Mom
Then enjoy your walk.

Akina
Thank you Mom. It is 2:30 now. I'll take the 2:40 train, and *the time table says it arrives at Tsubame Station at 3:45. I can see Aunt Kumi before the dinner time.

（注） Line　路線　　the time table　時刻表

問1　Kumiおばさんの家へ行くためにAkinaが降りることにした駅はどこか，最も適切なものを1～4より1つ選びなさい。

1．Minami Station
2．Nishi Station
3．Hato Station
4．Tsubame Station

問2　Kumiおばさんの家に最も近い駅はどこか，最も適切なものを1～4より1つ選びなさい。

1．Minami Station
2．Nishi Station
3．Hato Station
4．Tsubame Station

問3　AkinaがKumiおばさんの家に到着する時間として最も適切なものを，1～4より1つ選びなさい。

1．3:40　　2．3:55
3．4:05　　4．4:35

4　次の米国，日本，インド，中国，韓国についてのグラフと英文を読み，後の設問に答えなさい。

As the world gets more and more connected, international education gets more important. According to *the OECD, the total number of students who *had chosen to study abroad *had increased from 1.3 million in 1990 to 4.5 million in 2012. This shows that more and more young people *are eager to study outside their home countries and *expand their horizons.

It *should be noted that students in Asia have been more *mobile than those in the *rest of the world. In fact, more than half of all students who studied overseas worldwide in 2012 were from Asian countries. *In particular, China sent the most students abroad (see Figure 1). More than 760,000 Chinese students went to study abroad during that year. And the figure was *four times as large as that in 2002. Among Asian countries, India and *South Korea *respectively sent the second and third largest numbers of students abroad in 2012.

What about Japanese students? The number of Japanese students who studied outside Japan in 2012 was about (　ア　). This was about 30 percent lower than the *peak in 2004. To encourage Japanese students to study abroad, the Japanese government started a new program called "*The Tobitate! Young Ambassador Program" in October, 2013. The goal of this program is to *double the number of Japanese students studying abroad to 120,000 by the year 2020. The number of such students has been increasing little by little, but Japan has a long way to go.

（注）the OECD　経済協力開発機構　　had chosen　選んだ
had increased　増加した　　are eager to　～したがる
expand their horizons　視野を広げる　　should be noted　注目されるべきだ
mobile　流動性が高い　　rest　残り　　in particular　特に
four times as large as ～　～の4倍　　South Korea　韓国
respectively　それぞれ　　peak　ピーク
The Tobitate! Young Ambassador Program　「トビタテ！留学JAPAN日本代表プログラム」
double　2倍にする

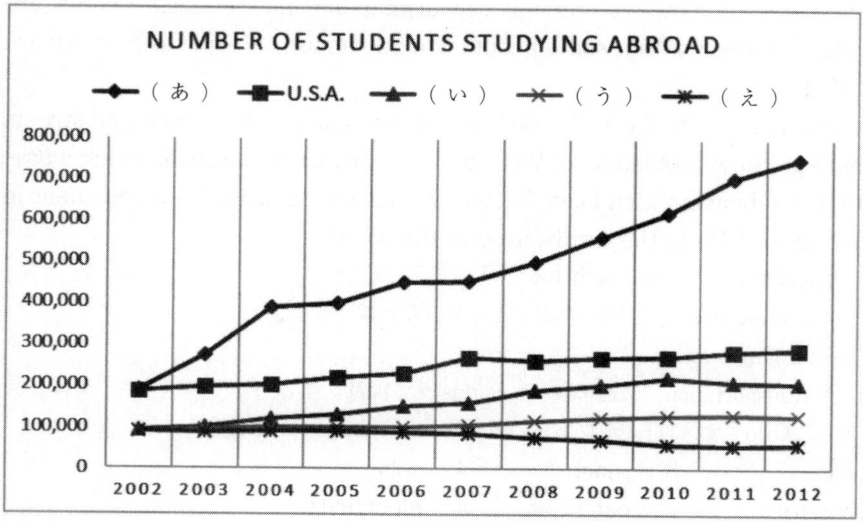

Figure 1（図 1）

問 1　グラフの(あ)に入る国名として最も適切なものを，1～4より1つ選びなさい。

1．China　2．India　3．South Korea　4．Japan

問 2　グラフの(い)に入る国名として最も適切なものを，1～4より1つ選びなさい。

1．China　2．India　3．South Korea　4．Japan

問 3　グラフの(え)に入る国名として最も適切なものを，1～4より1つ選びなさい。

1．China　2．India　3．South Korea　4．Japan

問 4　空所(ア)に入る数字として最も適切なものを，1～4より1つ選びなさい。

1．640,000　2．320,000　3．60,000　4．10,000

問 5　本文や表の内容と合う最も適切なものを，1～4より1つ選びなさい。

1．The Japanese government tried to increase the number of students studying abroad.
2．In 2007, more students from India went to study abroad than the students from the U.S.A. did.
3．The total number of students studying abroad decreased around the world from 2002 to 2012.
4．More students from the U.S.A. wanted to study in Japan than from China.

5　次の英文を読み，文中の空所(1)～(5)に入る最も適切なものを，それぞれ後の1～4より1つ選びなさい。

*Electric vehicles (EVs) are better for the environment. They do not *emit any *exhaust gas including CO_2, and do not make much noise. Then, why don't we see many EVs in Japan? This is probably because EVs still have a lot of problems to (1). For example, they are expensive, and their *cruising range is short. Also, their batteries need several hours to *recharge, and there are not so many *recharging stations. If *power stations produce (2) with fossil fuels, it is not good for the environment even if you drive an EV.

However, in some countries, EVs are becoming very popular. One of those countries is Norway. Its government decided to stop selling gasoline cars by the year 2025. In fact, 80 percent of the new cars (3) last year in the country were electric. Norway is attracting attention from all over the world as it shows a possible future of *transportation.

Though some people don't want to drive EVs, many people in Norway are getting (4) to them.

On weekends, there are long lines of cars waiting for recharging at the stations. People are complaining, but there is not the *confusion that some people worried about. People in Norway are accepting the change *gracefully.

EVs seem good for the environment. The air in *Oslo has now become much cleaner, and streets are very silent. However, there are new problems. EVs (5) the surface of the roads much worse than gasoline cars, because they are heavier with large batteries. However, with *advancement in technology, there will be much more EVs in the future around the world.

（注） electric vehicles (EVs) 電気自動車　emit 排出する
exhaust gas 排気ガス　cruising range １回の充電で走行できる距離
recharge 充電する　recharging stations 充電ステーション
power stations 発電所　transportation 交通手段　confusion 混乱
gracefully 余裕をもって　Oslo オスロ（ノルウェーの首都）　advancement 発達

(1)	1. catch	2. decide	3. reach	4. solve
(2)	1. water	2. diversity	3. batteries	4. electricity
(3)	1. sold	2. were selling	3. sell	4. to sold
(4)	1. use	2. using	3. used	4. to use
(5)	1. feel	2. damage	3. build	4. go

6 下の英文中の(1)～(4)の〔 〕内の語句を，前後関係を考慮して，意味が通るように並べかえなさい。解答は例にならって，正しい順にマークしなさい。（ただし，文頭に来る語も小文字にしてある。）

> 例題　彼はサッカーがうまい。
> 〔1. is　2. soccer　3. a good　4. he〕player.
> この例ではHe is a good soccer player. が正解なので，上から順に④，①，③，②とマークすることになる。

"How was your weekend ?" "How's that little dog of yours ?" "Did you see the Tigers game on TV last night ?"

These questions, and the answers to these questions, are examples of small talk —— the short, friendly conversation that people have with *co-workers and friends. The topics (1)〔1. be　2. small talk　3. may　4. of〕unimportant, but this type of communication between people is in fact very important, especially on the job. By making conversation, people show that they are friendly and interested in each other.

The topics are simple. For example, people like to talk about the weather. The weather is something that most people are interested in, and it changes often. There is always something people can say to each other about the weather.

People also like to talk about their free time. On Fridays, in workplaces everywhere, you can hear people are asking, "(2)〔1. going to　2. are you　3. what　4. do〕this weekend ?" On Mondays, co-workers often greet each other by asking, "(3)〔1. did　2. anything special　3. do　4. you〕over the weekend ?" When people talk about how they spend their free time, they often talk about their family members. It is very common for people to talk with co-workers and friends about husbands, wives, and children. For example, they talk about children's sports activities, birthdays, and other family events. But they don't usually talk about family problems, because such topics are very personal.

Another common topic of conversation is television. People often talk about TV programs that were shown the night before : "Did you watch the quiz show last night ?" "What did you think of the football game ?" They also like to (4)〔1. popular movies 2. their opinions 3. about 4. share〕. "*Steven Spielberg's new movie is really wonderful." "I don't think it was worth the price of the ticket !"

There are some topics, however, that are not good for small talk. "How old are you ?" "Are you married ?" Most people think it is *rude to ask these questions. So conversations on such topics don't usually happen between co-workers and friends.

（注） co-workers 会社の同僚 Steven Spielberg スティーブン・スピルバーグ（映画監督） rude 失礼な

7 次の英文を読み，後の設問に答えなさい。

It was the very cold winter of 1925. Dr. Welch, the only doctor in the little town of *Nome in Alaska, found out that some people were sick and dying with a disease called *diphtheria. But there wasn't enough medicine in Nome. He thought, "If I can get enough medicine, I can save those sick people." In bad weather, there was no plane that could fly into Nome in Alaska. The only hope was to get the medicine from some place near Nome in Alaska. He called the *radio station. A radio message for help went across Alaska.

A doctor in *Anchorage in south Alaska heard the message, and he had enough medicine ! But the problem was how to send the medicine to Nome. It could not go by ship because the seas near Nome were frozen. So he decided to send it to *Nenana by train. Nenana was the town closest to Nome, one and a half days away on the railway.

The trip with the important medicine began. After about 510 kilometers by train, the medicine had to travel about 1,100 kilometers over the difficult and frozen road between Nenana and Nome. Only *sledges pulled by dog teams could do this job. Again, the radio station asked for help : this time for *drivers of dog teams. These drivers are known as *mushers*. Soon, some mushers with very strong dogs agreed (1)to help.

On Tuesday evening, January 27, the medicine arrived at Nenana (ア), and it was given to the first musher. The great *relay race began. Each musher *relayed the medicine to the next man waiting with another dog team.

On Sunday, the medicine was relayed to the last musher, Gunnar Kaasen. Before his start, heavy snow began to fall. But he continued the race and his dogs kept running.

On the morning of February 2, five and a half days after the first dog team started, Kaasen entered the town of Nome. Soon, he found the hospital. Dr. Welch was very glad and said, "You got here in time ! You have done a wonderful job."

"No. (イ). They brought us here," answered Kaasen, as he put the important medicine in the doctor's hands. The race against death was won at last !

（注） Nome アラスカ州のノーム市 diphtheria ジフテリア（病名）
radio station ラジオ局 Anchorage アラスカ州のアンカレッジ市
Nenana アラスカ州のネナナ市 sledges そり drivers そりの操縦者
relay race リレー relayed 交代で運んだ

問1　次の質問の答えとして最も適切なものを，1～4より1つ選びなさい。

How far is it from Anchorage to Nome？

1．About 510 km.　　2．About 1,100 km.

3．About 1,610 km.　　4．The story does not say.

問2　ラジオ局が薬を運ぶ方法を模索して，放送で人々に助けを求めた回数として最も適切なものを，1～4より1つ選びなさい。

1．1回　　2．2回　　3．3回　　4．4回

問3　下線部(1)の具体的な内容として最も適切なものを，1～4より1つ選びなさい。

1．to break the ice in the seas near Nome with their strong dogs

2．to let their dogs carry the medicine on their back without any human help

3．to take the medicine to Nome in their dog teams

4．to take the medicine to Nenana on foot

問4　本文の内容に合うように，空所(ア)に入る最も適切なものを，1～4より1つ選びなさい。

1．by train　　2．by sledge　　3．by ship　　4．by plane

問5　本文の内容に合うように，空所(イ)に入る最も適切なものを，1～4より1つ選びなさい。

1．Gunnar Kaasen did it by himself

2．A doctor in Anchorage did it by himself

3．The dogs did it

4．You did not do it

問6　Nenana から Nome まで薬を運ぶのにかかった日数として最も適切なものを，1～4より1つ選びなさい。

1．1.5日　　2．3日　　3．5.5日　　4．7日

問7　次の英文が本文の内容と一致している場合は1，一致していない場合は2をマークしなさい。

1．Some people in Nenana were dying from diphtheria and needed medicine.

2．The doctor in Anchorage could not send the medicine by plane though the weather was good.

3．Gunnar Kaasen and his dogs arrived at Nome in the difficult condition of heavy snow.

＜リスニングテスト放送台本＞

ただ今からリスニングテストを行います。テストは Part A，Part B に分かれています。それぞれの Part の初めに放送される日本語の説明にしたがって，解答してください。

Part A

Part A は絵を見て答える問題です。問題ごとに1～4の短い英文が読まれます。絵の内容を表す最も適切な英文を，1つ選びなさい。英文はそれぞれ1回しか読まれません。

では始めます。

問1　1．A man is raising his hand to stop the bus.

2．Two men are reading newspapers at the bus stop.

3．The people are talking and laughing.

4．The woman is using her smartphone at the bus stop.

問2　1．The friends are watching basketball at 6 o'clock.

2．The friends are watching a game at 9 o'clock.

3．They are watching a game in the stadium.

4．The friends like to watch baseball.

問３　１．The people are running outside.
２．The weather outside is rainy.
３．The people are doing exercise together.
４．The kids are studying outside in the park.

Part B

Part B は短い会話を聞いて答える問題です。それぞれの会話の後に質問が続きます。その質問に対する答えとして最も適切なものを，１～４より１つ選びなさい。会話と質問は２回読まれます。

では始めます。

問４

Teacher : Do you have your homework today ?
Student : Oh no ! I forgot it at home !
Teacher : That's fine, bring it tomorrow or you will get 0 points !
Student : OK ! I promise I won't forget it.
QUESTION : What will happen if the student does not bring his homework ?
繰り返します。

問５

Man : Is there a doctor's office nearby ? I want to see a doctor.
Woman : Yes there is, but you should call first.
Man : I don't like calling, can I send them an email instead ?
Woman : Yes, you can find an email address on their website.
Man : Great ! Thanks, I will do that now !
QUESTION : What will the man do ?
繰り返します。

【数　学】　（50分）〈満点：100点〉

（注意）　1．円周率はπとして計算しなさい。

2．計算機，定規，コンパス等の使用は禁止します。

1　次の[　]にあてはまる数値を求めなさい。

(1)　$4-(-2)\times3-5=$[ア]

(2)　$(0.4)^2\div\left(\dfrac{2}{5}-\dfrac{1}{10}\right)\times2.5=\dfrac{[イ]}{[ウ]}$

(3)　$\dfrac{2x+y}{3}-\dfrac{2x-y}{5}=\dfrac{[エ]x+[オ]y}{[カキ]}$

(4)　$-x^2y\times(3xy^2)^2\div\left(-\dfrac{3}{2}xy^2\right)=[ク]x^{[ケ]}y^{[コ]}$

(5)　$(\sqrt{7}-1)^2-\dfrac{14}{\sqrt{7}}=[サ]([シ]-\sqrt{[ス]})$

(6)　$(x+3)(x-4)-3x=(x-[セ])(x+[ソ])$

2　次の[　]にあてはまる数値を求めなさい。

(1)　$x=2-\sqrt{5}$ のとき，$x^2-4x+5=$[ア]である。

(2)　2次方程式 $(2x-1)^2=-2(x-1)(x+1)$ を解くと，$x=\dfrac{[イ]\pm\sqrt{[ウエ]}}{[オ]}$ である。

(3)　連立方程式 $\begin{cases}\dfrac{1}{4}x+\dfrac{1}{6}y=1\\ 0.3x+0.8y=3\end{cases}$ を解くと，$x=$[カ]，$y=$[キ]である。

(4)　2024は連続する2つの偶数の積で表すことができる。これらの2つの偶数の和は[クケ]である。

(5)　次のデータは，あるクラスの女子生徒14人のハンドボール投げの記録である。

21	19	12	26	11	21	25	15	14	10	17	13	22	15

（m）

この記録の中央値は[コサ]mである。

(6)　大小2つのさいころを同時に投げるとき，出た目の積が20以上となる確率は$\dfrac{[シ]}{[ス]}$である。

(7)　$\sqrt{\dfrac{540n}{11}}$ の値が自然数となるような最小の自然数 n の値は[セソタ]である。

(8)　右の図1のような，底面の半径が1 cm，母線の長さが3 cmである円すいの表面積は[チ]π cm²である。

(9)　次のページの図2において，$\angle x=$[ツテ]°である。ただし，線分BDは円の直径とする。

(10)　次のページの図3は，線分ABを直径とする円Oを底面とし，高さが6 cmである円柱をある平面で切ったときにできる立体である。この立体の体積は[トナ]π cm³である。

図1

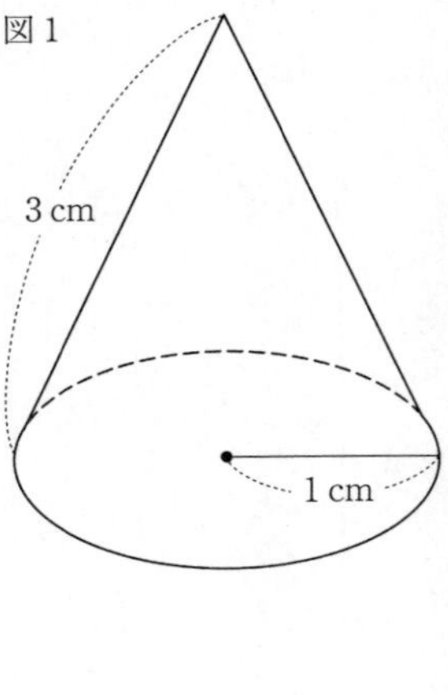

図２

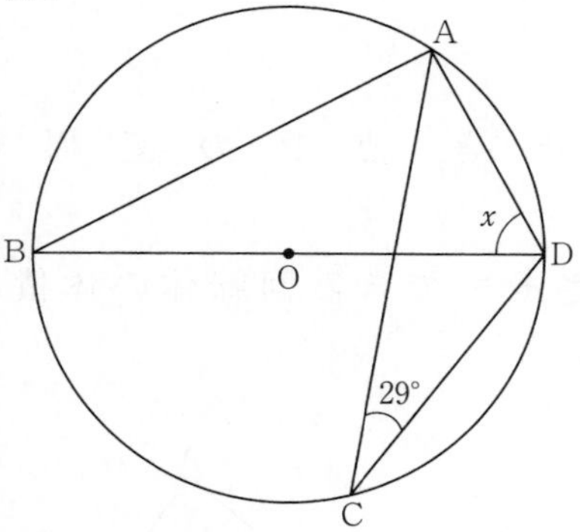

図３

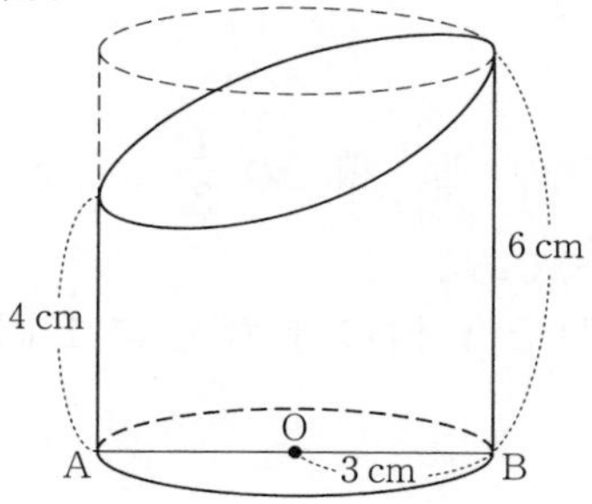

3 太郎君のクラスは，文化祭で合計400個のアイスを売ることになった。１日目は１個300円で販売し，２日目の午前は１日目と同じ金額で販売し，午後はその値段の２割引きで販売したところ，午後だけで１日目の1.5倍の個数を売り上げた。また，３日目は１個200円で販売したところ，１日目よりも40個多く売れた。３日間で400個すべてを売り切ることができ，売り上げ金額の合計は98,900円であった。１日目の売り上げ個数をx個，２日目の午前中の売り上げ個数をy個とするとき，次の問いに答えなさい。

(1) 売り上げ個数について方程式をつくると，[ア].[イ]$x+y=$[ウ][エ][オ]である。

(2) 売り上げ金額について方程式をつくると，[カ][キ]$x+15y=$[ク][ケ][コ][サ]である。

(3) $x=$[シ][ス]，$y=$[セ][ソ]である。

4 下の図のように，放物線$y=ax^2$ $(a>0)$…①と傾き１の直線②が２点A，Bで交わっている。２点A，Bのx座標はそれぞれ-2，６である。また，点Cは直線②とx軸との交点，点Dは点Bからx軸に引いた垂線とx軸との交点，点Pは放物線①上にあり，x座標は正とする。

このとき，下の問いに答えなさい。

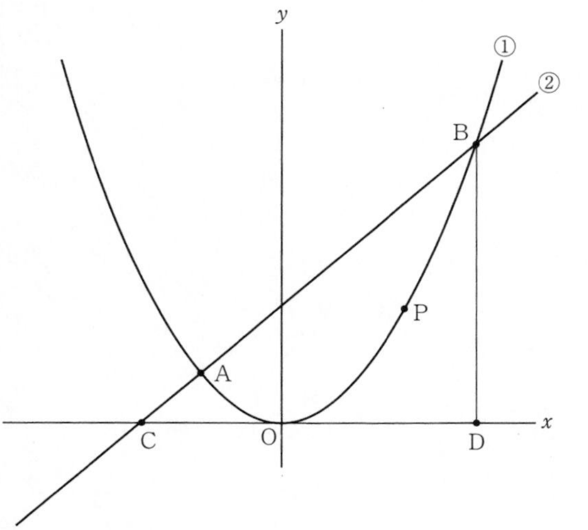

(1)　$a=\dfrac{\boxed{\text{ア}}}{\boxed{\text{イ}}}$ である。

(2)　△PCDの面積が△BCDの面積の$\dfrac{1}{3}$となるとき，点Pの座標は$(\boxed{\text{ウ}}\sqrt{\boxed{\text{エ}}},\ \boxed{\text{オ}})$である。

(3)　(2)の点Pにおいて，△PCDをx軸のまわりに1回転させてできる回転体の体積は$\boxed{\text{カ}\,\text{キ}}\pi$である。

5　右の図のように，AB＝5，BC＝6の△ABCがあり，∠Bの二等分線と∠Cの二等分線の交点をDとする。点Dを通り辺BCに平行な直線と2辺AB，ACの交点をそれぞれE，Fとすると，AE＝3であった。

　このとき，次の問いに答えなさい。

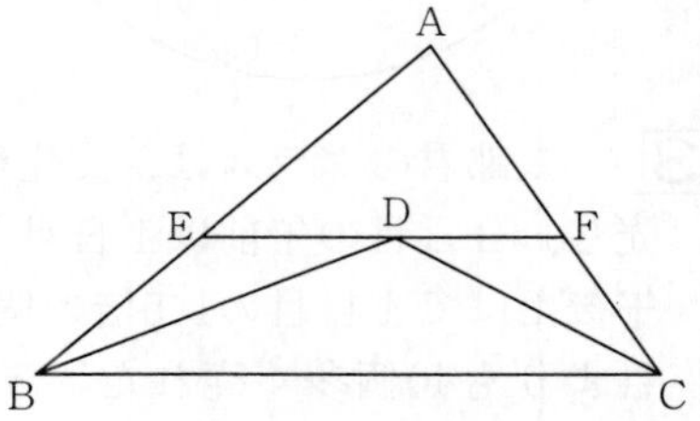

(1)　EF＝$\dfrac{\boxed{\text{ア}\,\text{イ}}}{\boxed{\text{ウ}}}$ である。

(2)　ED＝$\boxed{\text{エ}}$であり，AC＝$\boxed{\text{オ}}$である。

(3)　△AEFと△DBCの面積比は$\boxed{\text{カ}}:\boxed{\text{キ}\,\text{ク}}$である。

【社　会】（50分）〈満点：100点〉

1　次の地図をみて，(1)～(6)の問いに答えなさい。

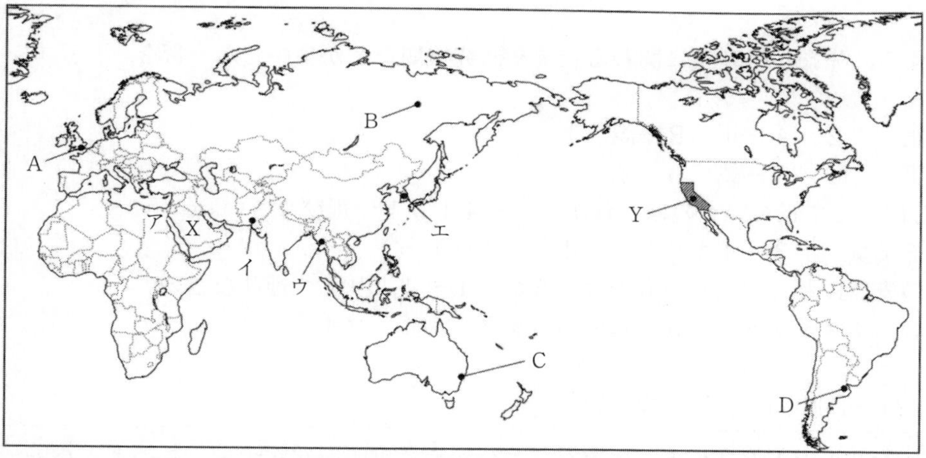

(1)　地図中のＡ～Ｄのうち，次の写真のような住居がみられる地域はどこか。１～４より１つ選びなさい。

１．Ａ　　２．Ｂ　　３．Ｃ　　４．Ｄ

(2)　地図中のア～エのうち，次の写真のような建築物がみられる地域はどこか。１～４より１つ選びなさい。

１．ア　　２．イ　　３．ウ　　４．エ

(3)　地図中のＸの国で遊牧されている動物として正しいものはどれか。１～４より１つ選びなさい。

１．ラクダ　　２．ヤク　　３．アルパカ　　４．リャマ

(4)　地図中のＹの斜線で示した地域について述べた文Ａ・Ｂの正誤の組み合わせとして正しいものは

どれか。1～4より1つ選びなさい。

A：この地域では，かつて大規模な綿花栽培が行われていたが，現在は大豆やとうもろこしの栽培が増えている。

B：この地域に存在する，先端技術産業に関わる企業や研究機関などが集中した一帯を，シリコンバレーという。

1．A－正　B－正　　2．A－正　B－誤

3．A－誤　B－正　　4．A－誤　B－誤

(5)　EUに加盟している国として正しいものはどれか。1～4より1つ選びなさい。

1．スイス　　2．チェコ　　3．イギリス　　4．ノルウェー

(6)　ニュージーランドの先住民として正しいものはどれか。1～4より1つ選びなさい。

1．アボリジニ　　2．イヌイット　　3．ヒスパニック　　4．マオリ

2　次の文章を読み，(1)～(5)の問いに答えなさい。

地球上には $_a$地震の震源や火山が帯のように連なって分布する場所が存在する。このような場所は造山帯とよばれ，大きな山脈などがみられる。日本列島は造山帯の範囲に位置しているため，陸地の約4分の3が山地と丘陵地からなる。

日本列島の地形は $_b$フォッサマグナを境に東西で大きく異なる。東側は南北方向の山脈が多く，西側は東西方向の山脈が多くみられる。また日本は周囲を海で囲まれた島国であるため，$_c$リアス海岸やサンゴ礁に囲まれた海岸など，さまざまな海岸地形がみられる。

南北に長い日本列島は場所によって気候にも違いがみられる。例えば，沖縄県のように南にある地域は一年を通して暖かく，北海道のように北にある地域は気温が低くなる。このように日本列島は，地形や気候の影響を受けてさまざまな $_d$自然環境がみられ，$_e$その環境に適した産業が営まれている。

(1)　下線部aについて，北アメリカプレートと太平洋プレートの境界付近の海底で発生した地震として正しいものはどれか。1～4より1つ選びなさい。

1．熊本地震　　2．東北地方太平洋沖地震　　3．新潟県中越地震　　4．兵庫県南部地震

(2)　下線部bについて，フォッサマグナの西端が通る都市として正しいものはどれか。1～4より1つ選びなさい。

1．石川県金沢市　　2．神奈川県小田原市　　3．静岡県静岡市　　4．新潟県新潟市

(3)　下線部cについて，リアス海岸がみられる地域として正しいものはどれか。1～4より1つ選びなさい。

1．有明海　　2．九十九里浜

3．若狭湾　　4．東京湾

(4)　下線部dに関して，日本の自然環境について述べた文として正しいものはどれか。1～4より1つ選びなさい。

1．日本はアルプス・ヒマラヤ造山帯に属しているため，険しい山地が多い。

2．日本の河川は大陸を流れる河川と比べて，流れが急で距離が短いという特徴がある。

3．日本は暖流と偏西風の影響を受けるため，緯度が高いわりに暖かい西岸海洋性気候である。

4．日本の冬は，南東からの季節風の影響を受けて太平洋側を中心に降水量が多い。

(5)　下線部eについて，次の説明文が示す地形として正しいものはどれか。1～4より1つ選びなさい。

この地形は，水はけの良い地形であるため，果樹園などに利用されている。

1．砂丘　　2．三角州　　3．台地　　4．扇状地

3　右の近畿地方の地図をみて，(1)～(4)の問いに答えなさい。

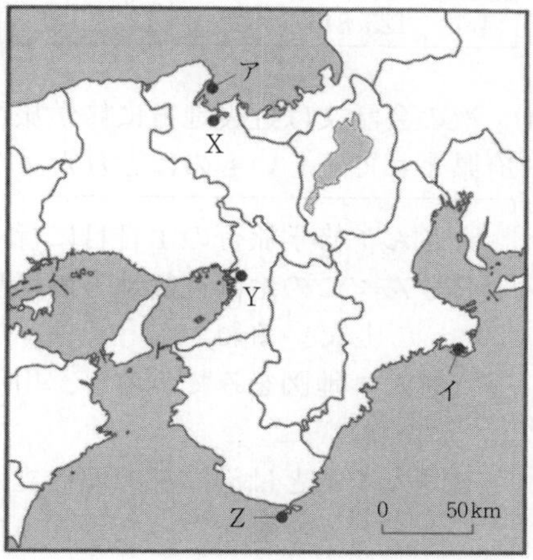

(1)　次の写真は地図中ア・イのどちらかの地点で撮影されたものである。写真が撮影された地点と名称の組み合わせとして正しいものはどれか。1～4より1つ選びなさい。

1．アー天橋立　　2．アー英虞《あご》湾　　3．イー天橋立　　4．イー英虞湾

(2)　次のカ～クの雨温図は地図中X～Zのいずれかの地点のものである。雨温図と各地点の組み合わせとして正しいものはどれか。1～6より1つ選びなさい。

カ

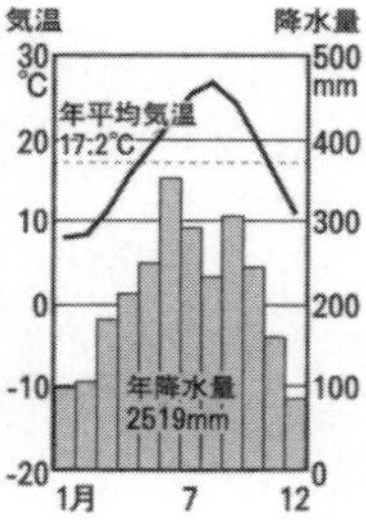

キ

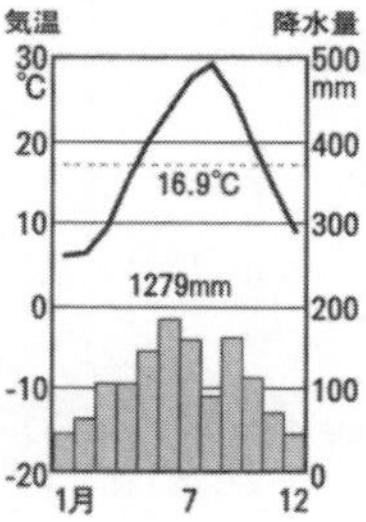

ク

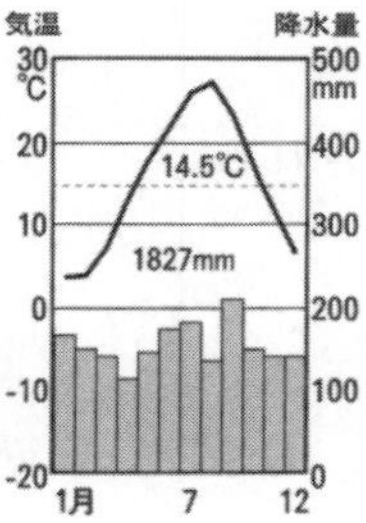

	カ	キ	ク
1	X	Y	Z
2	X	Z	Y
3	Y	X	Z
4	Y	Z	X
5	Z	X	Y
6	Z	Y	X

(3)　次のページの表は，京浜工業地帯・京葉工業地域・中京工業地帯・阪神工業地帯の製造品出荷額(億円)とその内訳(%)を示したものである。阪神工業地帯に該当するものとして正しいものはどれか。1～4より1つ選びなさい。

	製造品出荷額	金属	機械	化学	食料品	繊維	その他
1	252,929	9.4	47.0	18.7	11.6	0.4	12.9
2	589,550	9.5	68.6	6.6	4.7	0.7	9.9
3	336,597	20.9	37.9	15.9	11.1	1.3	12.9
4	125,846	21.3	12.7	40.1	16.1	0.2	9.6

（日本国勢図会 2019年）

(4)　次の会話文は近畿地方に修学旅行に行くＡさんとＢさんのものである。２人の会話が示している府県として正しいものはどれか。１～４より１つ選びなさい。

Ａさん：修学旅行の１日目に行く場所がどんなところか調べておこう。
Ｂさん：この地は近畿地方の経済や文化の中心地で，去年まで日本一の高さだったビルも存在しているね。
Ａさん：地図をみてみると，川沿いの平野部に人口が集中していて大都市がたくさんみられるね。
Ｂさん：あとは沿岸部の埋め立て地に工場やテーマパークが存在しているよ。ところで，昔はどんな場所だったか知ってる？
Ａさん：この地は江戸時代に物流や商業の中心地であったことから，「天下の台所」とよばれていたよ。

１．大阪府　　２．京都府　　３．兵庫県　　４．和歌山県

4　次の年表をみて，(1)～(5)の問いに答えなさい。

年	できごと
1336	a 建武の新政が始まる
	↕【ア】
1392	b 足利義満により南北朝が統一される
	↕【イ】
1467	京都で c 応仁の乱が起こる
	↕【ウ】
1543	日本に初めて鉄砲が伝わる
	↕【エ】
d 1582	本能寺の変が起こる
	↕【オ】
1590	豊臣秀吉が全国を統一する

(1)　下線部ａについて述べた文Ａ・Ｂの正誤の組み合わせとして正しいものはどれか。１～４より１つ選びなさい。

Ａ：この政治を行った後醍醐天皇は，これまでの武家のしきたりを尊重しながらも，天皇中心の国づくりをめざした。

Ｂ：この政治を行った後醍醐天皇は，天皇の補佐役である管領に楠木正成を任命し，京都の統治を任せた。

１．Ａ－正　Ｂ－正　　２．Ａ－正　Ｂ－誤
３．Ａ－誤　Ｂ－正　　４．Ａ－誤　Ｂ－誤

(2) 下線部bの人物について述べた文として正しいものはどれか。1～4より1つ選びなさい。

1．朝廷を監視するため，京都に六波羅探題を設置した。

2．倭寇と正式な船を区別するため，勘合を用いた貿易を明と始めた。

3．書院造で知られる銀閣を，京都の東山に建てた。

4．楽市・楽座を行い，座や関所を廃止して，商工業の発展をめざした。

(3) 下線部cの戦乱について述べた文A・Bの正誤の組み合わせとして正しいものはどれか。1～4より1つ選びなさい。

A：この戦乱の要因は，将軍足利義政の跡継ぎ争いと，有力家臣の細川氏と山名氏の対立があげられる。

B：この戦乱では，悪党とよばれる軽装備の歩兵が略奪行為をくり返した。

1．A－正　B－正　　2．A－正　B－誤

3．A－誤　B－正　　4．A－誤　B－誤

(4) 下線部dの年に起こったできごととして正しいものはどれか。1～4より1つ選びなさい。

1．天正遣欧少年使節の派遣

2．キリスト教の日本伝来

3．安土城の完成

4．バテレン追放令の発布

(5) 右の史料は，ある一揆にまつわるものである。この一揆は年表の【ア】～【オ】のどの時期に起こったものか。1～5より1つ選びなさい。

1．【ア】　2．【イ】　3．【ウ】　4．【エ】　5．【オ】

> 正長《しょうちょう》元年ヨリ
> サキ者《は》、カンへ《(べ)》四カン
> カウ《(こう)》ニヲヰ《い》メアル
> へ《(べ)》カラス《(ず)》

5 次の会話文を読み，(1)～(5)の問いに答えなさい。

先　生：皆さん，毎年9月1日は防災の日ですが，その由来は知っているかな？

Aさん：何か大災害が起こった日だったよね。

先　生：そう，1923年，(　ア　)が起こった日だよ。死者と行方不明者あわせて10万人を超える日本史上最悪の自然災害と言われているんだ。昨年はちょうど100年ということで注目されたね。では，今日は日本の災害の歴史について学んでいこう。

Bさん：災害といえば，地震や火事，昔は飢きんもありましたよね？

先　生：そうだね。記録によると，a 1181年の養和の大飢きん，b 1293年の鎌倉大地震などが大きな被害を残したと言われる。火事はどんなものがあったかな？

Cさん：たしか，都の応天門が焼けたことがあったと思います。

Aさん：c 明暦の大火というのもあったよね？

先　生：みんな，よく知っているね。では，疫病にはどんなものがあるかな。

Bさん：うーん，新型コロナウイルスとか。

Cさん：昔は天然痘やペストが流行したって聞きました。

先　生：『日本書紀』には，d 奈良時代に天然痘が流行したという記録があるね。それにより当時政治の中心だった藤原四兄弟が死んでしまったらしいよ。

それでは，各班で気になる災害について調べてみよう。

(1) 会話文中の空欄(ア)にあてはまるできごとはどれか。1～4より1つ選びなさい。

1．伊勢湾台風　　2．富士山大噴火

3．阪神・淡路大震災　　4．関東大震災

(2) 下線部ａに関して，この時期に政治の実権を握っていた人物は，武家として初めて太政大臣になったことで知られる。この人物は誰か。１～４より１つ選びなさい。

１．藤原頼通　　２．平清盛

３．北条義時　　４．白河上皇

(3) 下線部ｂに関して，この時期の社会について述べた文として正しいものはどれか。１～４より１つ選びなさい。

１．町人の河村瑞賢により，東北地方や北陸地方の年貢を運ぶため，西廻り航路や東廻り航路が開かれた。

２．地方の武士団が成長し，瀬戸内地方で藤原純友が反乱を起こした。

３．元寇により困窮した御家人を救済するため，幕府は徳政令を発布した。

４．戦乱から復興した京都では，町衆とよばれた裕福な商工業者が政治を行った。

(4) 下線部ｃに関して，この火災の時期から５代将軍徳川綱吉の時代までの美術作品として正しいものはどれか。１～４より１つ選びなさい。

１．

２．

３．

４．

(5) 下線部ｄに関して，この時代の農民について述べた文Ａ・Ｂの正誤の組み合わせとして正しいものはどれか。１～４より１つ選びなさい。

Ａ：農民に対しては，布や特産物を都に納める庸・調などの税が課された。

Ｂ：有力な農民を中心に惣とよばれる自治組織が作られ，村のおきてなどが定められた。

１．Ａ－正　Ｂ－正　　２．Ａ－正　Ｂ－誤

３．Ａ－誤　Ｂ－正　　４．Ａ－誤　Ｂ－誤

6　次の文章を読み，(1)～(5)の問いに答えなさい。

江戸時代前期は幕府の下で戦乱のない安定した時期が続いた。富を蓄えた町人たちは俳諧(俳句)を楽しんだり，芝居を見たりするゆとりが生まれ，17世紀末から18世紀初めにかけて京都や大阪といった $_{a}$上方を中心に町人による文化が成立した。

$_{b}$幕藩体制や $_{c}$鎖国体制の確立とともに社会は安定し， $_{d}$身分制社会も定着していった。また，農業生産力があがり，さまざまな作物が作られるようになった。交通網も整備され， $_{e}$産物が各地へ行き渡るようになり，商業がさかんになった。

(1) 下線部ａの文化の名称と，その文化に関する説明文の組み合わせとして正しいものはどれか。１～４より１つ選びなさい。

１．文化の名称－元禄文化

説明－十返舎一九の『東海道中膝栗毛』や滝沢馬琴の『南総里見八犬伝』などが庶民に広く読まれた。

2．文化の名称―元禄文化
説明―尾形光琳が，俵屋宗達などに刺激を受けて華やかで美しい装飾画を完成させた。
3．文化の名称―化政文化
説明―井原西鶴が，浮世草子とよばれる小説に町人の欲望や生活をいきいきと描いた。
4．文化の名称―化政文化
説明―松尾芭蕉が，俳諧を和歌と対等の芸術に高め，『奥の細道』を書いた。

(2) 下線部ｂに関して述べた文として誤っているものはどれか。１～４より１つ選びなさい。
1．幕府は旗本や御家人を各藩へ派遣して各藩の政治を担わせ，中央集権化を図った。
2．幕府は貨幣の発行権を独占し，大きな経済力を有していた。
3．幕府は京都・大阪・奈良・長崎などの重要な都市や主な鉱山を直接支配した。
4．幕府は大名を親藩，譜代大名，外様大名に分けて全国に配置した。

(3) 下線部ｃに関して述べた文として正しいものはどれか。１～４より１つ選びなさい。
1．1612年に徳川家光が幕府領にキリスト教の禁教令を発布した。
2．1616年にヨーロッパ船の来航地を長崎と浦賀に限定した。
3．1624年にポルトガル船の来航を禁止した。
4．1635年に日本人の海外への行き来を禁止した。

(4) 下線部ｄに関して述べた文Ａ・Ｂの正誤の組み合わせとして正しいものはどれか。１～４より１つ選びなさい。
Ａ：百姓に対しては年貢を安定して徴収するため土地の売買を禁止し，衣食などの生活に関しても規制をかけた。
Ｂ：江戸時代には武士と百姓，町人の身分のほかに，「えた」「ひにん」という身分がおかれ，職業は固定されていたが，居住地に関しては原則として自由であった。
1．Ａ―正　Ｂ―正
2．Ａ―正　Ｂ―誤
3．Ａ―誤　Ｂ―正
4．Ａ―誤　Ｂ―誤

(5) 下線部ｅに関して，以下の２つの資料Ａ・Ｂはともに江戸時代の諸産業の発達に関するものである。それぞれの資料について述べた説明文の組み合わせとして正しいものはどれか。１～４より１つ選びなさい。

資料Ａ

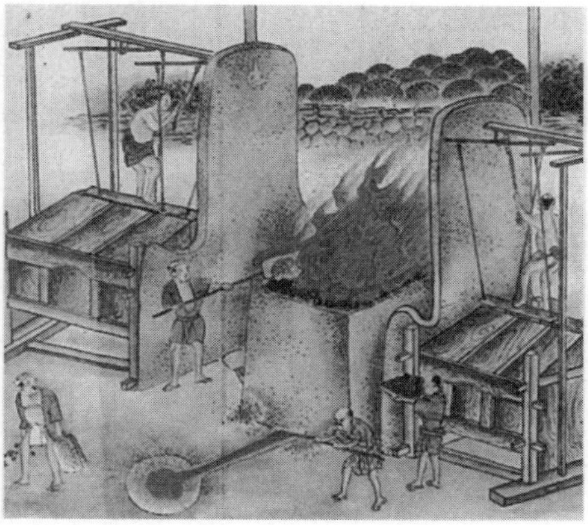

説明
ア：これは中国地方で見られた「たたら製鉄」とよばれる製鉄法の様子を示したものである。
イ：これは「反射炉」（高温で金属を溶かす炉）の様子を示したものである。

資料Ｂ

説明

ウ：これは蝦夷地でさかんに行われていた，にしん漁の様子を示したものである。

エ：これは瀬戸内海沿岸地域で見られた潮の干満の差を利用した塩田の様子を示したものである。

1．ア・ウ　　2．ア・エ　　3．イ・ウ　　4．イ・エ

7　次の会話文を読み，(1)～(5)の問いに答えなさい。

先生：Ａ君，今年は第39回の夏季オリンピック競技大会が a フランスのパリで開催されることは知っているかい？

Ａ君：はい。ニュースで知りました。パリでオリンピックが開催されるのはこれが初めてですか？

先生：実はパリでのオリンピックは今回が３度目にあたるんだ。１回目は b 1900年に開催された夏季オリンピック，２回目は1924年に開催された夏季オリンピック，そして３回目が今年開催予定の夏季オリンピックだよ。

Ａ君：へえ，思っていたよりも多いですね。

先生：1924年はちょうど今から100年前だね。その頃の日本ではどのようなことが起こっていたかイメージできるかい？

Ａ君：1924年は c 大正時代の後半にあたるというのはわかりますが，難しいですね。

先生：1924年といえば加藤高明を首相とする連立内閣が成立した年だよ。

Ａ君：なるほど。確か d 加藤内閣の時には普通選挙法が成立したんですよね。 e 同時期の海外と日本のできごとを比較してみると，いろいろな発見があって面白いですね。

(1)　下線部ａに関して述べた文として正しいものはどれか。１～４より１つ選びなさい。

1．1789年にパリで蜂起したナポレオンによってフランス革命が始まった。

2．フランスは1840年のアヘン戦争で清に勝利し，南京条約を結んだ。

3．フランスでは製鉄・機械・鉄道・造船などの産業が急速に発達し，19世紀には「世界の工場」とよばれた。

4．群馬県に建てられた富岡製糸場は，フランス人技師の指導の下で操業を開始した。

(2)　下線部ｂに関して，この年に日本では以後の政治の中心となる政党が結成された。その政党名と初代総裁の組み合わせとして正しいものはどれか。１～４より１つ選びなさい。

1．立憲政友会－大隈重信　　2．立憲政友会－伊藤博文

3．立憲改進党－大隈重信　　4．立憲改進党－伊藤博文

(3)　下線部ｃに関して，大正時代のできごとについて述べた文として誤っているものはどれか。１～４より１つ選びなさい。

1．部落解放運動が広がり，京都で全国水平社が結成された。

2．東京や大阪などでラジオ放送が始まり，全国へ広がっていった。
3．ニューヨークの株式市場で株価が大暴落したことを機に，世界恐慌が発生した。
4．シベリア出兵によって米の値段が上昇すると，安売りを求める米騒動が全国で発生した。

(4) 下線部ｄに関して述べた文として正しいものはどれか。１～４より１つ選びなさい。
1．この選挙法と同年に治安警察法が制定された。
2．男性だけでなく女性にも参政権が与えられた。
3．満20歳以上の男子に選挙権が与えられた。
4．納税額による選挙制限が廃止された。

(5) 下線部ｅに関して，日本の時代区分とその時代に起こった海外のできごとの組み合わせとして正しいものはどれか。１～４より１つ選びなさい。

	日本の時代区分	海外のできごと
1	平安時代	朝鮮の建国
2	鎌倉時代	モンゴル帝国の成立
3	室町時代	清による中国統一
4	江戸時代	コロンブスによるアメリカ到達

8 次の会話文を読み，(1)～(5)の問いに答えなさい。

Ａさん：最近「グローバル社会」という言葉をよく聞くね。
Ｂさん：確かに。けれど，そういうなかで自分は ａ「日本の伝統文化」を大切にしていきたいと感じているよ。
Ａさん：今は ｂ伝統的な年中行事も，われわれ若者世代は行わなくなってきていると聞いたことがあるよ。ただ，最近の物価高の原因などを考えると，国際協力も大切だと感じるね。
Ｂさん：例えばどんなことが必要だと思う？
Ａさん：一番は相互援助だね。日本は発展途上国に資金援助をしているけれど，ｃ食料自給率はとても低いよね。だから，お互い困ったことは助け合っていかないとね。
Ｂさん：なるほど。確かに伝統文化も大切だけど，ｄ情報化の進展などにも対応していかなければならないな。
Ａさん：ただ，情報化の進展に伴ってサイバー犯罪が増えてきているのも事実だよ。これからの世代は，ｅルール作りや自己決定の能力をしっかりと身につけていかなければならないよね。

(1) 下線部ａについて述べた文Ａ・Ｂの正誤の組み合わせとして正しいものはどれか。１～４より１つ選びなさい。
Ａ：文化財保護法にもとづいて，国や地方自治体は有形・無形の文化財保護に努めている。
Ｂ：沖縄・奄美群島の人々が育《はぐく》んできたアイヌ文化や，北海道などの先住民による琉球文化など，多様な文化が存在している。
1．Ａ－正　Ｂ－正　　2．Ａ－正　Ｂ－誤
3．Ａ－誤　Ｂ－正　　4．Ａ－誤　Ｂ－誤

(2) 下線部ｂについて，春に行われる年中行事として正しいものはどれか。１～４より１つ選びなさい。
1．七五三　　2．ひな祭り

3．盂蘭盆会《うらぼんえ》　　4．七夕

(3)　下線部cについて，右のグラフは日本の品目別自給率の推移である。グラフ中の折れ線Aが指す品目は何か。1～4より1つ選びなさい。

1．米　　2．魚介類　　3．大豆　　4．小麦

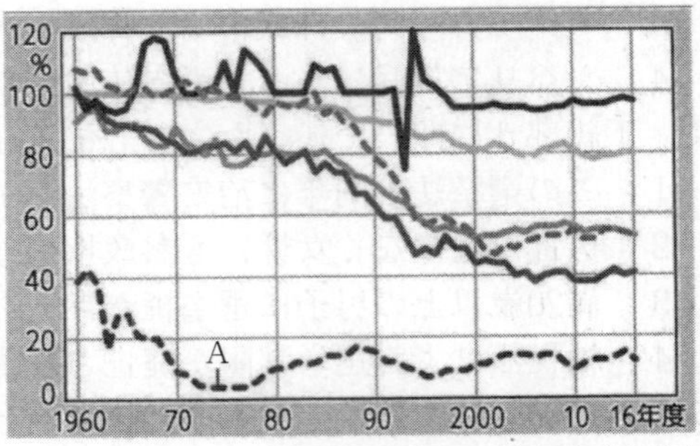

（食料需給表 平成28年度ほか）

(4)　下線部dに関して述べた文として正しいものはどれか。1～4より1つ選びなさい。

1．情報をあつかう手段や技能を持つ人と持たない人の格差をデジタル・デバイドという。

2．情報を正しく活用する能力のことを情報モラルという。

3．多くの情報から，推論したり判断したりする人間の知能の働きをコンピューターに持たせたものをIoTという。

4．インターネットを使って，大勢の人が情報を互いに送受信できるサービスをビッグデータという。

(5)　下線部eに関して，ルール作りの方式や自己決定について述べた文A・Bの正誤の組み合わせとして正しいものはどれか。1～4より1つ選びなさい。

A：全会一致制は，決定に時間がかかるという短所がある。

B：多数決は，少数意見が反映されやすいという長所がある。

1．A―正　B―正　　2．A―正　B―誤

3．A―誤　B―正　　4．A―誤　B―誤

9　次の文章を読み，(1)～(5)の問いに答えなさい。

ここ数年間で性的マイノリティや戦争難民の増加などの人権問題がさけばれるようになってきた。人権は，人間が生まれながらにして持っている権利のことで，平等に扱われるものとされている。その歴史は13世紀にイギリスのa「マグナ・カルタ」で芽生えたとされ，17世紀から18世紀のヨーロッパで生まれたb社会契約説が，「人の支配」を打ち破る大きな力となった。

c日本における人権思想は，明治維新の前後に日本に入ってきたことで広まった。1889年のd大日本帝国憲法の制定によって，ようやく日本人に人権が保障されたが，不十分な保障も多かった。1946年にe日本国憲法が公布され，日本国民は自分たちが中心となって民主政治を行っていくことができる条件を得たのである。

(1)　下線部aについて，この法典の条文として正しいものはどれか。1～4より1つ選びなさい。なお，引用文はすべて現代日本語訳されたものである。

1．そもそも国政は，国民の厳粛《げんしゅく》な信託によるものであって，その権威は国民の代表者がこれを行使し，その福利は国民がこれを享受《きょうじゅ》する。

2．人は生まれながらに，自由で平等な権利を持つ。社会的な区別は，ただ公共の利益に関係のある場合にしか設けられてはならない。

3．いかなる自由民も，その同輩の合法的裁判によるか，または国士の法によるものでなければ，逮捕・監禁・差押え・法外放置，もしくは追放され，または何らかの方法によって侵害されることはない。

4．経済生活の秩序は，全ての人に人間に値する生存を保障することを目指す，正義の諸原則にか

なうものでなければならない。

(2) 下線部bについて述べた文として正しいものはどれか。1～4より1つ選びなさい。

1．社会契約説とは，政府や君主が行使する政治権力を，憲法の力で制限しようとする考え方である。

2．社会契約説とは，社会は個人との約束により成り立っているため，社会を構成する権力者が国民の意志に反する行動を起こした場合は，権力がなくなってしまうという考え方である。

3．社会契約説とは，憲法や法律，条例など，だれにでも平等に適用される明確なルールにもとづいて権力が行使されるという考え方である。

4．社会契約説とは，人間は理性と良心を授けられており，同朋《どうほう》の精神を持って互いに行動しなければならないという考え方である。

(3) 下線部cについて，明治時代から昭和時代にかけて日本で起こった次の3つのできごとを古い順に並べ替えた時，正しいものはどれか。1～6より1つ選びなさい。

X：第一次護憲運動により，憲法の擁護が唱えられた。

Y：日本の体制の変革や社会主義制度を取り締まる治安維持法が制定された。

Z：衆議院議員選挙において，女性が初めて選挙に参加した。

1．X→Y→Z　2．X→Z→Y　3．Y→X→Z

4．Y→Z→X　5．Z→X→Y　6．Z→Y→X

(4) 下線部dについて述べた文として誤っているものはどれか。1～4より1つ選びなさい。

1．この憲法は，天皇が定める欽定憲法の形式で発布された。

2．この憲法で，国会は天皇の協賛機関とされた。

3．この憲法では，内閣が軍隊の統帥権を持つことが明記された。

4．この憲法に，地方自治についての条文はなかった。

(5) 下線部eについて述べた文として正しいものはどれか。1～4より1つ選びなさい。

1．この憲法は，GHQ(連合国軍最高司令官総司令部)の改正案をもとに，衆議院と参議院でそれぞれ修正され成立した。

2．この憲法で，投票の義務・勤労の義務・納税の義務の3つが規定された。

3．この憲法における憲法改正は，天皇の発議を経て，国会の議決により成立すると規定された。

4．この憲法で，国会は国権の最高機関とされた。

10　次の会話文を読み，(1)～(5)の問いに答えなさい。

Aさん：世の中では「増税反対」という声をよく聞くけど，なんで税金って払わなければいけないの？

Bさん：政府は税金で社会資本と公共サービスを私たちに与えてくれているんだ。こういった政府の経済活動は a財政といって，決して税金は無駄遣いされているわけじゃないんだよ。ほかにも b生活保護などの社会保障政策などにも使われているんだ。

Aさん：そうなんだ。けれど高校生の私たちはまだ税金を納めるって実感がないのよね。

Bさん：いやいや，すでに消費税という税金を払っているじゃないか。

Aさん：そうなの？　でも払っている感覚がなかったわ。

Bさん：税金は c直接税と間接税にわけられて，消費税は間接税だから，実際に納めている人と負担する人が違う税金なんだ。

Aさん：税金って大切なのね。

Bさん：だけど，日本はd財政赤字が拡大してきているんだ。そのための対策のほか，税の負担を低くするe「小さな政府」を目指すことも必要なのかもしれない。とにかく，今高校生の私たちは，この国の将来をもっと真剣に考えなくてはいけないね。

(1) 下線部aについて，財政の役割として誤っているものはどれか。1～4より1つ選びなさい。
1．好景気の際に住宅ローンの金利や企業への貸出金利を引き上げ，お金を借りにくくする。
2．民間企業だけでは十分に供給できないものを，政府が代わって供給し，地域間の資源のかたよりをなくす。
3．所得の高い人には税を多く負担してもらい，他方で社会保障政策を行うことで，所得の格差を是正する。
4．景気循環の大きな変動に対し，中央銀行と協調しながら景気を調節して安定させる。

(2) 下線部bについて，生活保護が含まれる制度として正しいものはどれか。1～4より1つ選びなさい。
1．社会保険　2．公的扶助　3．社会福祉　4．公衆衛生

(3) 下線部cに関して，所得税・法人税・相続税の分類として正しい組み合わせはどれか。1～6より1つ選びなさい。

	直接税	間接税
1	所得税　法人税　相続税	なし
2	所得税　法人税	相続税
3	所得税　相続税	法人税
4	法人税　相続税	所得税
5	所得税	法人税　相続税
6	法人税	所得税　相続税

(4) 下線部dについて，財政赤字の原因や今後の対策について述べた文として正しいものはどれか。1～4より1つ選びなさい。
1．財政赤字の原因として，少子高齢化による社会保障費の増大があげられる。
2．政府の借金である国債の発行は，年々減少してきている。
3．歳入を高める方法として，所得が高い人ほど高い税率が適用される軽減税率制度の適用があげられる。
4．財政回復の手段として，景気の回復があげられ，民間企業の仕事を増やすために社会資本の整備などへの支出を増やす，財政投融資を増加させることが必要である。

(5) 下線部eに関して，右のグラフはアメリカ・イギリス・ドイツ・日本の国民の租税負担率と，国民所得(NI)に占める社会保障支出の割合を示したもので，それぞれの割合が高ければ大きな政府，低ければ小さな政府となる。日本を示しているグラフはどれか。1～4より1つ選びなさい。
1．A　2．B　3．C　4．D

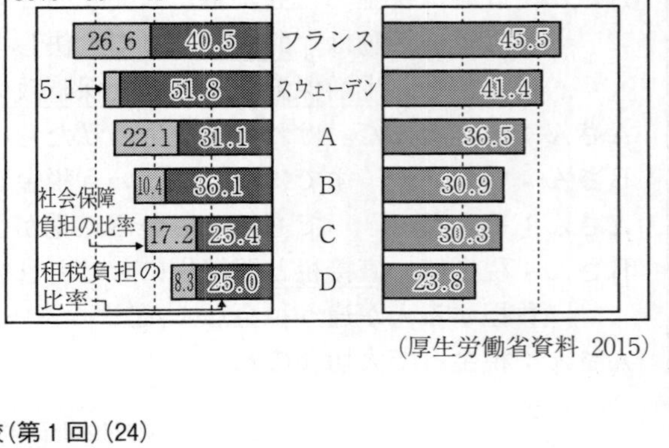

(厚生労働省資料 2015)

【理　科】（50分）〈満点：100点〉

（注意）計算機等の使用は禁止します。

1　次の問いに答えなさい。

問１　日大さんは，海に浮いている同型の船Ａ，Ｂを見つけた。

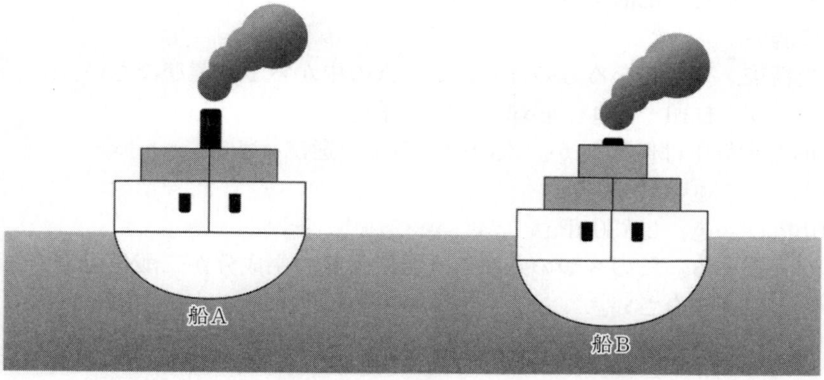

ＢはＡよりも荷物を多く積んでおり，上の図のようにＡよりいくらか沈んでいた。荷物を含めたＡにはたらく重力の大きさを W_A，Ｂにはたらく重力の大きさを W_B，Ａにはたらく浮力の大きさを F_A，Ｂにはたらく浮力の大きさを F_B とする。それらの大小関係を表したものはどれか。次の中から１つ選びなさい。

① $W_A < W_B$，$F_A = F_B$

② $W_A < F_A$，$W_B < F_B$

③ $W_A < F_A < W_B < F_B$

④ $W_A = F_A < W_B = F_B$

問２　右の図のように，筒を通して水槽をのぞくと，魚の背びれが見えた。見えた魚は図のア～ウのどれか。また，魚の見える位置は，実際に魚がいる位置に比べてどのように見えるか。次の中から１つ選びなさい。

	魚がいる位置	見える位置
①	ア	実際より浅い位置
②	イ	実際と同じ位置
③	ウ	実際より深い位置
④	ア	実際と同じ位置
⑤	イ	実際より深い位置
⑥	ウ	実際より浅い位置

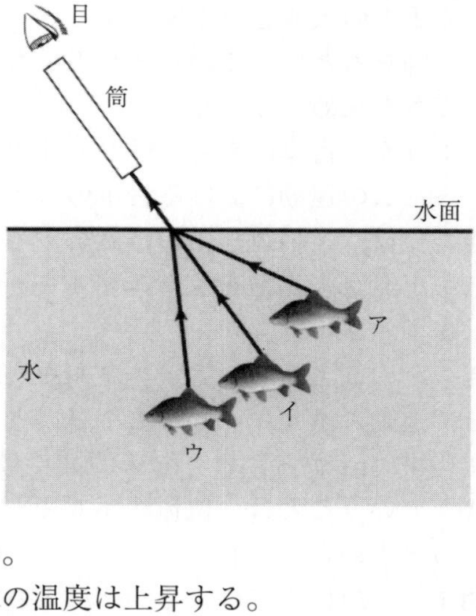

問３　次の文で正しいものはどれか。次の中から１つ選びなさい。

① ビーカーの中の水を加熱し続けると，沸騰している間も水の温度は上昇する。

② 水は液体から固体になると，質量は変わらず体積が大きくなる。

③ ビーカーの中の水の温度が沸点に達していないとき，蒸発は起こらない。

④ 水の分子どうしの距離は，液体から気体へと変化しても変わらない。

問４　塩化ナトリウムを水に溶かすと塩化ナトリウム水溶液ができる。質量パーセント濃度が15％の塩化ナトリウム水溶液を200ｇつくるには，水は何ｇ必要か。次の中から１つ選びなさい。

① 30g　② 90g　③ 120g　④ 170g　⑤ 300g

問5　両生類について説明した文として**誤っているもの**はどれか。次の中から1つ選びなさい。

① 子はえらや皮膚で呼吸し，親は肺や皮膚で呼吸する。
② 体表はうろこでおおわれている。
③ 子は水中，親はおもに陸上や水辺で生活する。
④ 卵を水中に産み，乾燥に弱い。

問6　被子植物の構造の中で受精後，果実となるものはどれか。次の中から1つ選びなさい。

① めしべ　② おしべ　③ 柱頭　④ 胚珠　⑤ 子房

問7　高度0mにおける標準的な大気圧は何hPaか。次の中から1つ選びなさい。

① 113hPa　② 213hPa　③ 1013hPa
④ 2013hPa　⑤ 10130hPa　⑥ 20130hPa

問8　太陽系には8つの惑星が存在する。この8つの惑星のうち，大気の主成分が二酸化炭素であるものはいくつか。次の中から1つ選びなさい。

① 1　② 2　③ 3　④ 4　⑤ 5　⑥ 6　⑦ 7　⑧ 8
⑨ 存在しない

2　東西に沿ってなめらかなレールが敷かれており，レールの上を質量2.0kgの台車が走行する。東向きにx軸をとり，x軸方向の台車の位置と運動エネルギーKの関係を調べたところ，図のようになった。この図について，AとBが会話をしている。下の問いに答えなさい。また，質量100gの物体にはたらく重力の大きさを1Nとする。

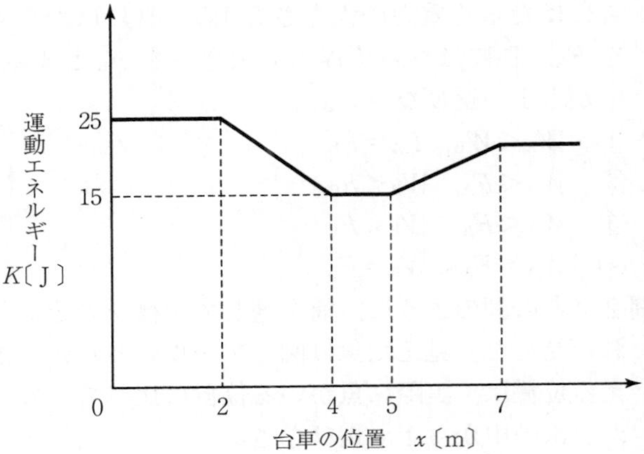

A：図をもとに，このレールの最も高い地点の高さを求めてみよう。
B：うん。台車は重力だけから仕事をされるから，この運動における台車の(　ア　)エネルギーは保存されるよね。
A：では，この運動における(　ア　)エネルギーがわかれば，図から位置エネルギーを求められそうだ。
B：出発点の高さを位置エネルギーの基準とすると，出発点の位置エネルギーは(　イ　)Jと求められるよ。
A：そのことから(　ア　)エネルギーは，(　ウ　)Jであることもわかるね。
B：運動エネルギーが最も小さいときに，位置エネルギーは最も大きくなるから，この物体は，xが(　エ　)mから(　オ　)mの範囲で最も高い位置にいると考えられるよ。
A：ということは，位置エネルギーの最大値は(　カ　)Jであり，最も高い地点の高さは(　キ　)mであると求められるね。

問1　(ア)にあてはまる語句はどれか。次の中から1つ選びなさい。

① 運動　② 位置　③ 力学的

問2　(イ)にあてはまる数値は何Jか。次の中から1つ選びなさい。

① 0　② 5　③ 10　④ 15　⑤ 20　⑥ 25

問3　(ウ)にあてはまる数値は何Jか。次の中から1つ選びなさい。

① 0　② 5　③ 10　④ 15　⑤ 20　⑥ 25

問４　(エ)と(オ)にあてはまる数値は何mか。次の中から１つ選びなさい。

	エ	オ
①	0	2
②	2	4
③	4	5
④	5	7

問５　(カ)にあてはまる数値は何Ｊか。次の中から１つ選びなさい。

①　0　　②　5　　③　10　　④　15　　⑤　20　　⑥　25

問６　(キ)にあてはまる数値は何mか。次の中から１つ選びなさい。

①　0.2　　②　0.3　　③　0.5　　④　0.8　　⑤　0.9　　⑥　1.0

３

電流とそのはたらきを調べるために，電熱線ａ，電気抵抗25Ωの電熱線ｂ，電気抵抗15Ωの電熱線ｃを用いて，【実験１】と【実験２】を行った。下の問いに答えなさい。

図１

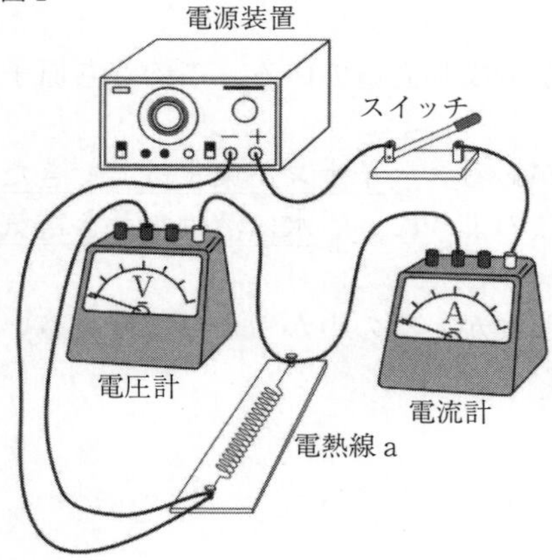

図２

図３

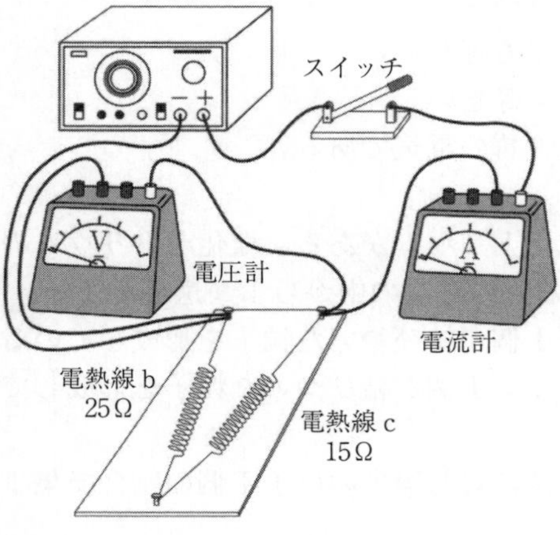

図４

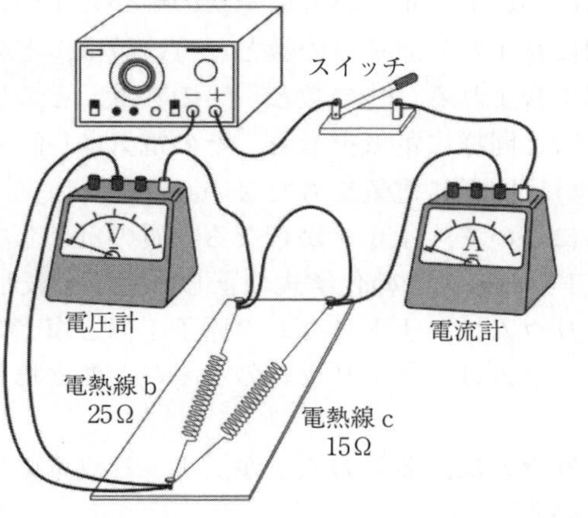

【実験１】　図１のように，電源装置，スイッチ，電熱線ａ，電流計，電圧計をつないで回路をつくり，

スイッチを入れたところ，電流計の針は図２のようになり，電圧計は12Vを示した。

【実験２】 電源装置，スイッチ，電熱線ｂ，電熱線ｃ，電流計，電圧計を用意し，図３と図４の回路をつくった。それぞれの回路のスイッチを入れたところ，電圧計はどちらも６Ｖを示した。

問１ 【実験１】で，電熱線ａの電気抵抗は何Ωか。次の中から１つ選びなさい。

① 24Ω ② 48Ω ③ 72Ω ④ 98Ω

問２ 【実験１】で，電熱線ａが消費する電力は何Ｗか。次の中から１つ選びなさい。

① ３Ｗ ② ６Ｗ ③ 24Ｗ ④ 48Ｗ

問３ 【実験２】で，図３の回路の電流計の値はいくらか。次の中から１つ選びなさい。

① 150mA ② 240mA ③ 1.5A ④ 2.4A

問４ 【実験２】で，図４の回路の電流計の値は何mAか。次の中から１つ選びなさい。

① 280mA ② 440mA ③ 640mA ④ 880mA

問５ 【実験２】で，図４の回路について，50秒間に電熱線ｂと電熱線ｃで発生する熱量の合計は何Ｊか。次の中から１つ選びなさい。

① 174J ② 192J ③ 216J ④ 268J

4 次の文を読み，下の問いに答えなさい。

すべての原子は中心にある原子核とその周囲を運動する（ ア ）から成り立っている。このうち原子核は電気をもつ（ イ ）と電気をもたない（ ウ ）からできている。

原子は化学反応によって電気をもったイオンになっていることがある。ａイオンが集まってできた物質は水に溶けて，その水溶液は電気を通しやすいものが多い。このように，ｂ水に溶けたとき電気を通す物質を（ エ ）とよぶ。

問１ 文中の（ア）～（エ）にあてはまる語句の正しい組み合わせはどれか。次の中から１つ選びなさい。

	ア	イ	ウ	エ
①	陽子	中性子	電子	非電解質
②	電子	中性子	陽子	電解質
③	電子	陽子	中性子	電解質
④	中性子	陽子	電子	非電解質
⑤	中性子	電子	陽子	電解質

問２ 次の記述について，正しいものを次の中から１つ選びなさい。

① 原子１個に含まれる原子核の数と（ア）の数は，どの原子でも等しい。

② 原子１個に含まれる（ア）の数と（イ）の数は，どの原子でも等しい。

③ （ア）は（イ）と同様に電気をもち，その電気は（イ）と同じ性質の電気である。

④ （ア）と（ウ）は同様に電気をもたない。

問３ 下線部ａについて，イオンからなる物質の例として塩化ナトリウムがある。塩化ナトリウムの化学式はNaClである。この化学式の正しい意味を表しているものを次の中から１つ選びなさい。

① 塩化ナトリウムは，ナトリウムの原子１個と塩素の原子１個が結びついた粒子を形成している。

② 塩化ナトリウムは，ナトリウムのイオン１個と塩素のイオン１個が結びついた粒子を形成している。

③ 塩化ナトリウムは，多数の原子が，ナトリウムの原子１個に対し塩素の原子１個の割合で集まってできている。

④ 塩化ナトリウムは，多数のイオンが，ナトリウムのイオン１個に対し塩素のイオン１個の割合

で集まってできている。

問4　下線部bについて，次の物質のうち(エ)**でないもの**はいくつあるか。

物質【でんぷん　硫酸　砂糖　酢酸　硝酸カリウム　エタノール】

①　1　②　2　③　3　④　4　⑤　5　⑥　6

5　日大さんは，授業中マグネシウムをガスバーナーで加熱する実験を行った。そのとき，疑問に思ったことを別の実験で確かめ，ノートにまとめた。下の問いに答えなさい。

【実験1】　日大さんは，マグネシウムが酸化マグネシウムに化学変化するときの，マグネシウムと酸素の質量の比について調べる実験を行い，ノートにまとめた。

【ノート1】

(方法)　右の図のように，細かくけずったマグネシウム0.6gをステンレス皿全体にうすく広げ，加熱したときにマグネシウムが飛び散るのを防ぐために，ステンレス皿に金あみでふたをして，ガスバーナーで一定時間加熱した。加熱後，ステンレス皿全体をよく冷ましてから，加熱後の物質の質量を測定した。

測定後，ステンレス皿の中の物質をよくかき混ぜてからふたたび加熱し，冷ましてから質量を測定する操作を，質量が増えることなく一定になるまでくり返した。加熱後の物質の質量は，加熱後の金あみとステンレス皿の質量を引いて求めた。

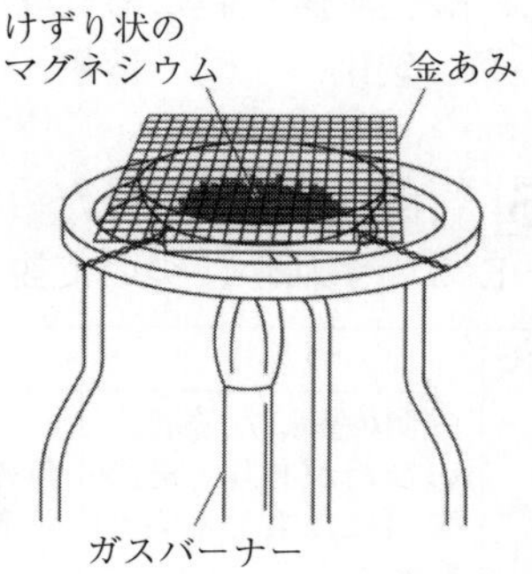

(結果)　加熱回数ごとの加熱後の物質の質量は，次の表のようになった。

加熱回数	1回目	2回目	3回目	4回目	5回目	6回目	7回目
加熱後の物質の質量[g]	0.86	0.88	0.94	0.98	1.0	1.0	1.0

【実験2】　日大さんは，二酸化炭素で満たした集気びんの中に燃焼したマグネシウムリボンを入れるとどのようになるのか実験で調べ，ノートにまとめた。

【ノート2】

(方法)　空気中でマグネシウムリボンをガスバーナーで加熱し，燃焼しているマグネシウムリボンを右の図のように，二酸化炭素で満たした集気びんに入れた。

(結果)　二酸化炭素で満たした集気びんの中でもマグネシウムリボンは燃焼し続けた。燃焼後，集気びんの中には，酸化マグネシウムと同じような白い物質のほかに，黒い物質もできていた。

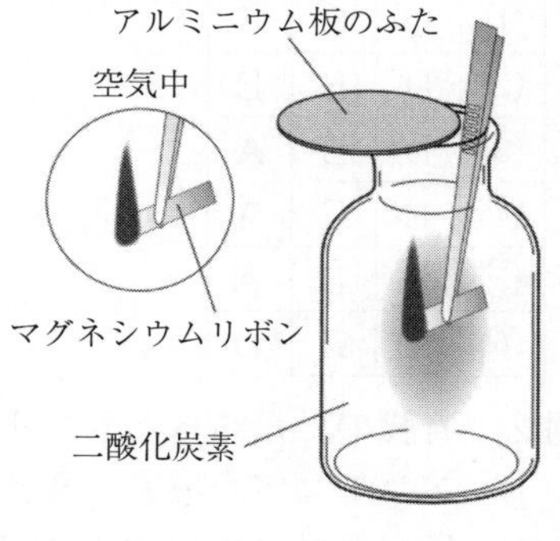

問1　【ノート1】について，マグネシウムと酸素が結びついて酸化マグネシウムができるとき，マグネシウムと酸素の質量の比はどのようになるか。次の中から1つ選びなさい。

①　1：1　②　1：2　③　2：1

④　1：3　⑤　2：3　⑥　3：1

⑦　3：2

問2　【ノート1】について，加熱回数が2回目のとき，加熱後の物質にふくまれている酸化マグネシウムは何gか。その値を小数点第2位で次の形式で表すとき，[ア]にあてはまる数字を下の中から1つ選びなさい。

0.[ア]0g

①　1　②　2　③　3　④　4　⑤　5

⑥　6　⑦　7　⑧　8　⑨　9

問3　【ノート2】について，二酸化炭素で満たした集気びんの中でマグネシウムが燃焼したときにできる黒い物質は何か。次の中から1つ選びなさい。

①　酸素　②　マグネシウム　③　炭素　④　酸化マグネシウム

問4　【ノート2】について，二酸化炭素で満たした集気びんの中でマグネシウムが燃焼したときに，二酸化炭素に起こる化学変化は何か。次の中から1つ選びなさい。

①　酸化　②　溶解　③　中和　④　還元

6　図はヒトのからだの中を正面からみた模式図である。表はA～Eのいずれかについて説明したものである。下の問いに答えなさい。

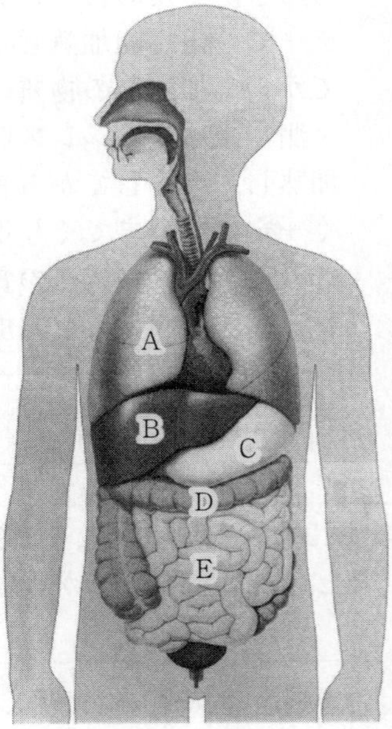

	つくり	はたらき
a	内側の壁にたくさんのひだがあり，その表面には柔毛という突起がある	無機物や消化された栄養の吸収
b	血液が大量に流入してくる大きな臓器である	食物にまぎれこんだ有害物質の無毒化や養分の貯蔵
c	小さな袋が集まって構成されている	血液中に酸素を取り込む

問1　表中a～cが示す器官は図中A～Eのうちそれぞれどれか。正しい組み合わせを次の中から1つ選びなさい。

	a	b	c
①	D	C	E
②	D	B	E
③	D	B	A
④	E	C	A
⑤	E	B	A
⑥	E	B	D

問2　腎臓のはたらきとして正しいものはどれか。次の中から1つ選びなさい。

①　アンモニアを尿素に変える。

②　尿を体外に排出するまで一時的にためる。

③　血液中の不要な物質を取り除き，塩分もからだに適した濃さに保つ。

④　胆汁を合成し，脂肪の消化に関わる。

問3　次の文の(ア)～(ウ)にあてはまるものは何か。下の中から1つ選びなさい。

肺には(　ア　)がないため，自らふくらみ，しぼむことができない。横隔膜《おうかくまく》が(　イ　)とともに(　ア　)によりろっ骨が(　ウ　)。そして肺に空気が吸い込まれる。

	ア	イ	ウ
①	細胞	下がる	上がる
②	細胞	上がる	下がる
③	筋肉	下がる	上がる
④	筋肉	上がる	下がる

問4　次の消化液のうち，図中Ａ～Ｅに**示されていない**器官でつくられる消化液はいくつあるか。
消化液【胆汁　　すい液　　胃液　　だ液】
①　1　　②　2　　③　3　　④　4

7　わたしたちの身の回りには花を咲かせる植物が多くみられる。図１はマツの花のつくりを，図２はアブラナの花のつくりを示している。下の問いに答えなさい。

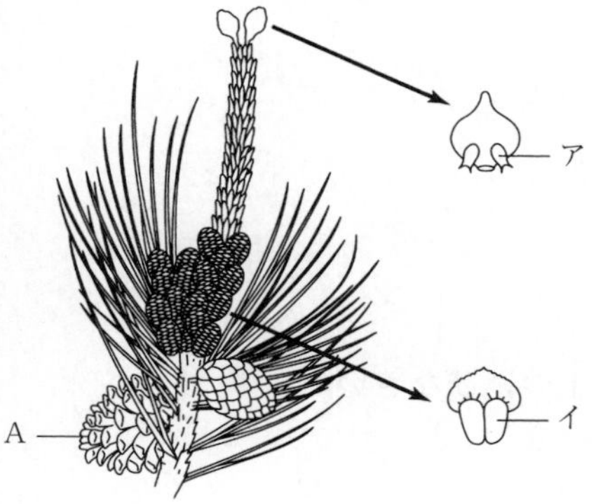

図１　マツの花のつくり

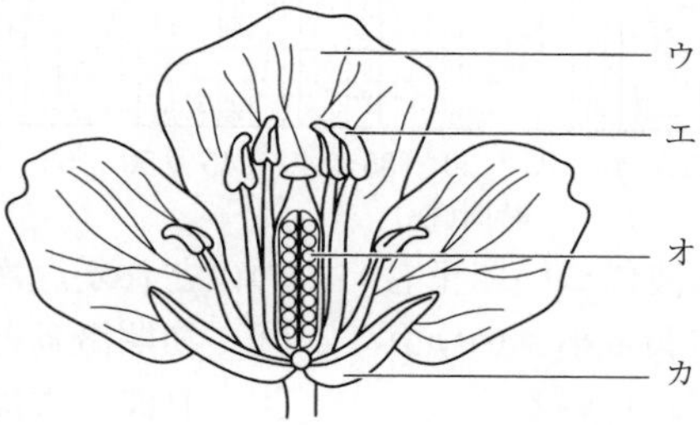

図２　アブラナの花のつくり

問1　マツの花のアにあたる部分はアブラナの花のつくりのどれか。次の中から１つ選びなさい。
①　ウ　　②　エ　　③　オ　　④　カ

問2　マツの花のイにあたる部分はアブラナの花のつくりのどれか。次の中から１つ選びなさい。
①　ウ　　②　エ　　③　オ　　④　カ

問3　図１のＡで示されているまつかさはいつごろ受粉したと予測できるか。また，雌花と雄花のどちらが変化したものか。次の中から１つ選びなさい。

	受粉した時期	変化したもの
①	１週間前	雄花
②	１週間前	雌花
③	２か月前	雄花
④	２か月前	雌花
⑤	２年前	雄花
⑥	２年前	雌花

問4　マツとアブラナの共通点として**誤っている**文はどれか。次の中から１つ選びなさい。
①　種子をつくる。　　②　葉緑体で光合成を行う。
③　果実をつくる。　　④　葉，茎，根の区別がある。

問5　アブラナと同じ花弁のつくりの植物はどれか。次の中から１つ選びなさい。
①　エンドウ　　②　ツツジ　　③　タンポポ　　④　アサガオ

8　グラフは，ある地震について，S波とP波の伝わる距離と時間を示したものである。下の問いに答えなさい。

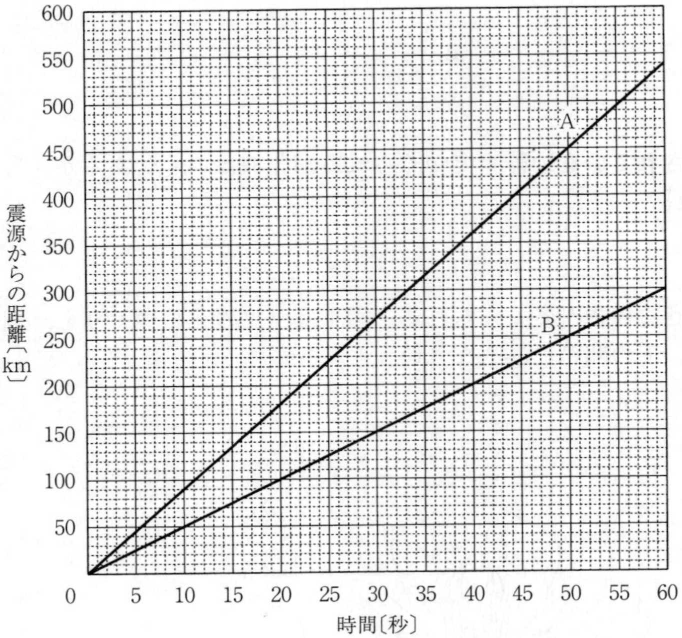

問1　Bで表される波について正しいものはどれか。次の中から1つ選びなさい。

①　Aより先に伝わる小さいゆれ　　②　初期微動とよばれている

③　主要動とよばれている　　④　P波とよばれている

問2　Aで表される波の速さは何km/秒か。次の中から1つ選びなさい。

①　7km/秒　　②　9km/秒

③　70km/秒　　④　90km/秒

問3　震源からの距離が200kmの地点での初期微動継続時間は何秒か。次の中から1つ選びなさい。

①　14秒　　②　18秒　　③　22秒　　④　24秒

問4　ある地点で，この地震の初期微動継続時間が45秒であった。この地点の震源からの距離はおよそ何kmか。次の中から1つ選びなさい。

①　50km　　②　250km　　③　450km　　④　500km

9　私たちが快適に生活するためには，温度調節のみならず湿度の調節も大切な要因のひとつである。日大さんは日時を変えて，密閉された部屋の湿度を2種類の方法で確かめた。下の問いに答えなさい。

【方法1】

手順1　金属製のコップに，くみ置きの水を入れて水温をはかる。

手順2　急激に水温が下がらないようにかき混ぜながら，金属製のコップに氷水を少しずつ入れる。

手順3　金属製のコップの表面に水滴がかすかにつき始めたら，氷水を入れるのをやめて，コップの中の水温をはかる。このときの水温は15℃で気温は19℃であった。

表1　気温と飽和水蒸気量との関係

気温(℃)	10	11	12	13	14	15	16	17	18	19	20
飽和水蒸気量(g/m^3)	9.4	10.0	10.7	11.4	12.1	12.8	13.6	14.5	15.4	16.3	17.3

【方法２】

【方法１】とは別の日に乾湿計を使って，目盛りを読んだところ，乾球は24℃，湿球は17℃であった。

表２　湿度表

乾球の示度〔℃〕	乾球と湿球との示度の読みの差〔℃〕												
	2.0	2.5	3.0	3.5	4.0	4.5	5.0	5.5	6.0	6.5	7.0	7.5	8.0
30	85	82	78	75	72	68	65	62	59	56	53	50	47
29	85	81	78	74	71	68	64	61	58	55	52	49	46
28	85	81	77	74	70	67	64	60	57	54	51	48	45
27	84	81	77	73	70	66	63	59	56	53	50	47	43
26	84	80	76	73	69	65	62	58	55	52	48	45	42
25	84	80	76	72	68	65	61	57	54	51	47	44	41
24	83	79	75	71	67	64	60	56	53	49	46	43	39
23	83	79	75	71	67	63	59	55	52	48	45	41	38
22	82	78	74	70	66	62	58	54	50	47	43	39	36
21	82	77	73	69	65	61	57	53	49	45	41	38	34
20	81	77	72	68	64	60	56	52	48	44	40	36	32
19	81	76	72	67	63	59	54	50	46	42	38	34	30
18	80	75	71	66	62	57	53	49	44	40	36	32	28
17	80	75	70	65	61	56	51	47	43	38	34	30	26
16	79	74	69	64	59	55	50	45	41	36	32	28	23
15	78	73	68	63	58	53	48	43	39	34	30	25	21

問１　下線部のときの温度を何というか。次の中から１つ選びなさい。

①　沸点　　②　融点　　③　露点　　④　凝固点　　⑤　飽和点

問２　【方法１】で実験をしたとき，空気１m^3あたりに含まれている水蒸気量は何ｇか。次の中から１つ選びなさい。

①　12.8g　　②　13.6g　　③　14.5g　　④　15.4g　　⑤　16.3g　　⑥　17.3g

問３　【方法１】で実験をしたときの湿度はおよそ何％か。次の中から１つ選びなさい。

①　12.8％　　②　17.3％　　③　30.1％　　④　60.2％　　⑤　74.0％　　⑥　78.5％

問４　【方法２】で実験をしたときの湿度は何％か。次の中から１つ選びなさい。

①　17％　　②　24％　　③　41％　　④　46％　　⑤　51％　　⑥　66％

問５　次の文で**誤っているもの**はどれか。次の中から１つ選びなさい。

①　【方法１】で金属製のコップを使用する理由は熱を伝えやすいからである。

②　【方法１】では水滴が観察できたが，コップの表面が０℃より低い場合は霜(しも)になることがある。

③　飽和水蒸気量を超え，空気中の水蒸気が地表付近で冷やされてできたものを霧(きり)という。

④　やかんの水を沸騰させると水蒸気と湯気を目で直接見ることができる。

問二　傍線部(2)の現代語訳として最も適当なものを次から選びなさい。

1　買いなさい　2　買わない
3　買うだろう　4　買おう

問三　傍線部(3)の理由として最も適当なものを次から選びなさい。

1　常連客になってほしかったから
2　仲間にもお金をもうけてほしかったから
3　自分の目籠は売れてしまっていたから
4　仲間の品物の方が良いものだったから

問四　傍線部(4)の本文中での意味として最も適当なものを次から選びなさい。

1　たやすい　2　恥ずかしい
3　けなげだ　4　やすらかだ

問五　傍線部(5)の本文中での意味として最も適当なものを次から選びなさい。

1　どんどん　2　ただただ
3　さまざま　4　ずんずん

問六　本文の内容と合致するものとして最も適当なものを次から選びなさい。

1　端の隆は田舎の身分の低い女たちが互いを思いやり生きていく姿を見て自らの強欲な心を反省した
2　世間に批判的な端の隆は、誰に対しても誠実な対応をする田舎の少女と出会い自分のこれまでの生き方を悔いた
3　端の隆は、身分が低いながらも他者への思いやりを持っている田舎の女の美しい心に触れ感動した
4　目籠を売って栄えていた端の隆は、田舎の貧しい女の目籠のできに劣っていることを悟り大変悔しがった

問七　本文の出典『落栗物語』は随筆であるが、随筆の作品を次から選びなさい。

1　平家物語　2　方丈記　3　土佐日記　4　竹取物語

1　故郷からの手紙で自分のことを理解してもらっていると強く実感し家族に対する気持ちがあふれている
2　自己暗示をかけて良い作品を描き続けられると思ったのに、それができず悔しがっている
3　手紙で田舎を思い出し、両親を懐かしく思う気持ちがあふれている
4　母からの手紙で父の命がまもなく尽きることを悟り、耐え切れない気持ちにあふれている

問三　[3] に当てはまる語として最も適当なものを次から選びなさい。
1　足　2　口　3　頭　4　耳

問四　[4] に当てはまる語として最も適当なものを次から選びなさい。
1　とうとう　2　ひっそり
3　たまたま　4　そうそう

問五　傍線部(5)の意味として最も適当なものを次から選びなさい。
1　すっきりとした顔　2　真面目な顔
3　憮《ぶ》然とした顔　4　素知らぬ顔

問六　傍線部(6)からうかがえる心情として最も適当なものを次から選びなさい。
1　漫画家としての自分を応援してくれている父のことを思い、仕事に対する気持ちを新たにした
2　家族の温かい言葉により漫画家としての重圧から解放され、自らの道を歩み始めた
3　病気の父のことを心配しているが、心配しても仕方がないと割り切ろうとしている
4　父への仕送りを増やすために、もっと作品を描かなければと思っている

問七　本文の内容と合致するものとして最も適当なものを次から選びなさい。
1　美鈴は母からの手紙をきっかけに病床の父に思いを馳《は》せ、今の自分があるのは父のおかげであると再認識した
2　美鈴はスランプに陥り、作品が書けなくなった自分を情けなく思っている
3　美鈴はわがままを許してくれた家族のためにも、大賞を取らなければという重圧感に押しつぶされている
4　麻美は美鈴の苦悩を思いやり、努めて明るくいようと振る舞った

四

次の文章を読んで、後の問いに答えなさい。

※端《はし》の隆《たかし》は学問を好み、詩（漢詩）をよく作りて名高き人なり。されど世（世間）をもどきたる似非者《えせもの》（を非難するしたたか者）にて、一生宮仕へせざりけり。ある時、※芳野《よしの》の花見に行きしに、※蔵王堂《ざわうだう》の辺りにて、年のころ十三四なる賤《しづ》（身分の低い）の女《め》ふたり打つれつつ（二人が連れだちながら）、竹にて編みたる目籠《めかご》といふ物と、鳥の姿に造りたる物を、あまた持ち来て売るに行き逢《あ》ひたり。都の苞《つと》（土産）にせんと(1)呼び留めて、かの鳥を二つ三つ買ひけり。「目籠をも(2)買はん」と言へば、(3)先へ行きたる者を呼び帰し、「我は鳥を参らせぬ。目籠はそこより参らせよ」と言ひたりしを聞きて、いと(4)やさしき心ばへかな。都の人は(5)ひたすら勢ひある方に付きて身の栄を望み、兄弟一門をも越えて、おのれ独り世にあらんとのみするが、かかる田舎の幼き賤の女には遥《はる》かに劣れりとて、涙を流しける。

（『落栗物語《おちぐりものがたり》』より）

※〈語注〉　端の隆…江戸時代の知識人。
芳野…奈良県の吉野山。桜の名所。
蔵王堂…吉野山にある金峰山寺《きんぷせんじ》の本堂。

問一　傍線部(1)の主語として最も適当なものを次から選びなさい。
1　端の隆　2　賤の女　3　都の人　4　作者

慢性閉塞性肺疾患の略称で、煙草などによって肺胞の壁が破壊され、正常な呼吸ができなくなる病だ。少しでも身体を動かすと呼吸困難になるため、自宅でじっとしていることが多くなり、それが原因で今度は筋肉が弱っていき、最終的には寝たきりになってしまう。美鈴の父は、まさにその最終段階にさしかかりつつあった。

　父がCOPDを患っていることが分かったのは、美鈴が上京して、一年後のことだった。それから父は徐々に畑仕事ができなくなっていき、やがて入退院を繰り返した。根気よく薬と呼吸理学療法を併用し続けたものの、病状はまるで良くはならず、いまは自宅で安静にしながら酸素供給機の管を鼻に通して、なんとか呼吸をしている状況だった。

　父が畑に出られなくなったことを知ってから、一人娘の美鈴は実家に仕送りをはじめた。いまでこそ使い切れないほどの収入があるけれど、駆け出しの頃は生活費を切り詰めながらの仕送りだった。家族は［3］をそろえて仕送りなどいらないと言っていたのだが、「いらないなら、わたしの銀行口座に預金しておいて」と言って、毎月可能な限りの送金をし続けた。

　もちろん、美鈴が送金したところで、その金で父が旅行に行けるわけでもなく、母もまた父を差し置いて娯楽に興じられるわけもない。年老いた祖父母だって、作物の面倒を見なければならないのだから、［　4　］遊んでなどいられない。そのことは、重々承知していた。それでも、美鈴は仕送りをやめられなかったのだ。今まさに生活力を失いつつある家族を実家に置き去りにして、ひとり自分の好きな道に進ませてもらったことへの「罪ほろぼし」的な意識が、美鈴の内側に巣くっていたのだった。

　二分間ほど便座に腰掛けたまま泣いて、美鈴は立ち上がった。そして深呼吸で気持ちを落ち着かせて、(5)何喰《く》わぬ顔でアトリエに戻る。麻美はすでに仕事に集中していた。左手でポッキーを口に運びながら、右手はペンを動かしている。

　美鈴も自分のデスクについた。母からの手紙をデスクの抽《ひ》き出しにそっとしまい、ベッドの上の父を憶《おも》った。

「みぃちゃんは、お絵描きがホントに上手だなぁ。将来は漫画家さんになれるな」

　幼い頃、父にそんなふうに褒められながら、どれだけ頭を撫《な》でられたことだろう。

　思えば、漫画家になるなどという大それた夢が叶《かな》ったのも、父のサポートがあればこそだった。少年漫画誌のコンテストへの投稿も、もとはといえば父が情報を仕入れてきてくれたのだ。そして、力試しに応募してみたその作品が、思いがけず大賞に選ばれたのだった。美鈴の漫画家デビュー決定の電話を編集部からもらったとき、まるで子供のように廊下でぴょんぴょん飛び跳ねて喜んでくれたのも父だった。

　その父がいま、病床で自分の作品を心待ちにしてくれているのだ。美鈴は少し短くなった鉛筆を手にして、真っ白い原稿用紙に視線を落とした。今夜は絵コンテを描かねばならない。「スナックひばり」で教えてもらったブルームーンを使ったシーンを頭のなかに思い描く。(6)そして、鉛筆をさらさらと原稿用紙に走らせた。

（森沢明夫『大事なことほど小声でささやく』より）

問一　傍線部(1)からうかがえる心情として当てはまらないものを次から選びなさい。

1　継続的に作品を描き続けなければならない責任に押しつぶされそうになっている
2　「がんばって」と言われることを素直に受け入れられないでいる
3　周囲からの声援を嬉しく感じ、それに応えようと自らを鼓舞している
4　周囲からの期待の込められた声掛けに大きな重圧を感じている

問二　傍線部(2)からうかがえる心情として最も適当なものを次から選びなさい。

期待してますので、がんばってくださいって言ってましたよ」
幸せそうにポッキーを翳《かざ》りながら麻美が言う。
(1)また、がんばって、か……。
考えたら、胃がきゅっとなった。見えない手で握られているみたいな、嫌な感覚だ。美鈴はデスクに向かったまま、そっと目を閉じ、大きく息を吸い込むと、意識的にゆっくりと吐き出した。そして、いつものように自己暗示をかける。
大丈夫。だいじょうぶ。ダイジョウブ。わたしはがんばれるし、描き続けられるし、みんなの期待に応えられる……。
「あと、先生、茨城から、また荷物が届いてますよ」
茨城というのは、農業を営んでいる美鈴の実家のことだった。サツマイモを主に作っているのだが、それ以外にも十数種の作物を少量ずつ育てている。
「え、そうなの。どこ?」
「コピー機の脇に置いておきました。いつもの美味しいお野菜ですかね?」
美鈴は「さあ、どうかな」と言って立ち上がり、コピー機の脇に置かれた段ボール箱からガムテープをはがしにかかった。背後から麻美が覗《のぞ》き込んでいる。
開けてみると、予想通り、中身は穫れたての野菜だった。
「わあ、やっぱりお野菜だ。しかも泥つき。美味しそうですねぇ」
「麻美ちゃん、少し持って帰ってね。わたし一人じゃこんなに食べ切れないし」
「ラッキー。ありがとうございます。今度うちに友達を呼んで、野菜カレーのパーティーやっちゃいます。先生もよかったら来ません? って、あ……。ダメか。先生が女だってバレたらやばいですもんね」
麻美はペロッと舌を出して、首をすくめてみせた。そういう芝居じみた仕種が、この娘には不思議とよく似合う。美鈴は返事の代わりに「ふふふ」と軽く笑ってみせ、野菜の上に置かれた白い封筒を手にした。封筒の角には、野菜の泥が少しついていた。美鈴はその泥を指でさっと払ってデスクに戻ると、ハサミで丁寧に開封した。
封筒のなかには、季節外れのあじさい柄の便箋《せん》が二枚入っていて、書き出しは《庭のしだれ桜がきれいに咲きました。》だった。美鈴が生まれたときに父が植えてくれた桜だ。毎年、庭の真ん中でピンク色の花をいっぱいに咲かせては、季節を華やかに彩ってくれていた。
そうか、もう、そんな季節なんだ――。
美鈴の脳裏に、しだれ桜の咲く庭の情景が鮮明に浮かんできた。くすぐったいような春風の感触や、ふっくらとした畑の土の匂いまでもが、その書き出しの一行から甦《よみがえ》ってくるようだった。しかし、その先の文面に目を通すやいなや、美鈴のなかで咲いたしだれ桜は、霞《かす》んで消えてしまった。
《美鈴は元気にしていますか? こちらは元気です。お父さんはとりあえず悪くなってはいません。露地もハウスも、おじいちゃんとおばあちゃんと一緒に、なんとかこつこつ続けています。
段ボールに詰めた野菜は、すべて無農薬です。安心して食べてね。そうそう、あなたの漫画のファン第一号のお父さんは、毎週「月光の拳士」を心待ちにしています。テレビアニメもしっかりチェックしていますよ。
お仕事、忙しいとは思うけど、あまり無理はしないで健康第一でね。あなたは昔から「ほどほど」という言葉を知らない子なので、ちょっと心配です。たまには実家に顔を見せて、お母さんの手料理でも食べにおいで。じゃあ、またね。 母より》
手紙を読み終えると、便箋を元通りに丁寧に折りたたみ、封筒に戻した。そして何気ない素振りで席を立ち、トイレに向かった。美鈴はフタをしたままの便座に座り、ロールペーパーを引き出した。じんわり、じんわりと、まぶたの奥から染み出してくる温かいしずくを、ロールペーパーで押さえるようにして、(2)声を殺して泣いた。
美鈴の父は、重篤なレベルのCOPD患者だった。COPDとは

※〈語注〉 頽落…崩れ落ちること
敬虔…神仏につつしんで仕える様子

問一 傍線部(1)と同じ用法の「の」を含むものを次から選びなさい。
1 そのまま、時間的に存在する
2 生まれてから死ぬまでの時間
3 天国を信じているのと同じようなもの
4 風の強いスウェーデンの海辺

問二 傍線部(2)の説明として最も適当なものを次から選びなさい。
1 有限な時間をどのように使うかということが僕という人間の現在を規定するということ
2 限られた時間をいかに充実させるかによって人生の価値が決まるということ
3 人間は時間を意識することで初めて存在価値を見出すことができるということ
4 人間の存在は時間の有限性によって規定されているということ

問三 [3] にあてはまる語として、最も適当なものを次から選びなさい。
1 モチーフ　2 アイロニー
3 ニュアンス　4 レトリック

問四 傍線部(4)の説明として最も適当なものを次から選びなさい。
1 人生は選択の連続であり、選択されなかった選択肢を絶えず捨て続けることによって成立しているということ
2 何かを選択するという行為は人生で必要なことであり、それこそが存在するための中心的課題であるということ
3 人は人生の最期に自分が捨てた選択肢を後悔するものなので、選択は慎重に行わなくてはならないということ
4 人生は選択の連続であり、その時選択しなかった選択肢は次の機会まで温存されることになるということ

問五 傍線部(5)の説明として最も適当なものを次から選びなさい。
1 一度死に直面し人生に限りがあるということを実感した人のみが自分の人生を真摯に生きることができるということ
2 人生が限られたものであるという認識を持ち、その態度で過ごすことによって人生に真摯に向き合えるということ
3 限られた生という事実に直面することで初めて快適さを追求することができ、それこそが健全な生き方であるということ
4 嫌な仕事でもやり続け重い現実から目をそらさないことで「頽落」した生き方を避けることができるということ

問六 筆者が傍線部(6)の著書を引用した理由として最も適当なものを次から選びなさい。
1 筆者に対する対立意見を掲示するため
2 筆者の論を補強するため
3 筆者とは異なる視点の意見を紹介するため
4 話題の転換を促すため

問七 [7] にあてはまる語として、最も適当なものを次から選びなさい。
1 しかし　2 つまり　3 そのうえ　4 もっとも

三

次の文章を読んで、後の問いに答えなさい。

「先生、お帰りなさ〜い」
「ただいまぁ。麻美ちゃん、遅くまでご苦労さま」
美鈴はゴンママにもらったポッキーを麻美に渡すと、自分専用のデスクに向かって座り、ノートパソコンを開いてメールをチェックした。メルマガ、広告、迷惑メール、仕事関係者から数通、そして担当編集者の西山からの進捗状況伺いのメールが入っていた。
《月影先生、今週もそろそろ山場だと思いますが、なんとか乗り切ってくださいませ——。》
携帯のメールにも、留守電にも、西山からの似たようなエール(という名の尻叩き)が残されていた。
「先生、ついさっき、編集の西山さんから電話があって、次の号も

二〇二四年度　佐野日本大学高等学校（第一回）

【国語】（五〇分）〈満点：一〇〇点〉

一　次の各問いに答えなさい。

問一　次の傍線部と同じ漢字を用いるものを後から選びなさい。

私はイッカイのサラリーマンでしかない

1　カイリツを破る　　2　昔をカイコする
3　カイゴの仕事をする　　4　カイキ現象を調べる

問二　次の「与」と同じ意味で「与」を用いているものを後から選びなさい。

贈与税を納める

1　国政に参与する　　2　事件に関与する
3　与党議員の演説を聞く　　4　患者に薬を投与する

問三　傍線部のカタカナの類義語として最も適当なものを後から選びなさい。

キャリア形成のショウヘキとなる旧弊を取り除く

1　消耗　　2　障害　　3　困窮　　4　疲弊

問四　傍線部の語句の使い方として最も適当なものを次から選びなさい。

1　何年もの修行の末、ようやく登竜門にたどりついた
2　彼はまったくの役不足で一勝もできなかった
3　彼は急場をしのぐため、姑息な手段をとった
4　もはや引くことはできず、試金石で挑戦した

問五　次のカタカナ語とその意味の組み合わせとして適当なものを選びなさい。

1　アポイントメント―討論
2　リアリズム―隠喩《ゆ》
3　フラストレーション―最高潮
4　パラドックス―逆説

問六　敬語の使い方が正しくないものを次から選びなさい。

1　本日、私は自宅におります
2　私は先生の絵をご覧になった
3　社長はいらっしゃいますか
4　先生が昼食を召し上がった

問七　「殿上人」の読みを次から選びなさい。

1　でんじょうにん　　2　てんじょうびと
3　とのうえびと　　4　てんじょうにん

問八　次の和歌に用いられている修辞法を後から選びなさい。

見渡せば　花も紅葉も　なかりけり　浦の苫屋《とまや》の　秋の夕暮れ

1　直喩　　2　対句　　3　反復法　　4　体言止め

問九　次の傍線部を読む順番として適当なものを後から選びなさい。

言ハ不レ可カラレ不ルレ慎マ。

1　二番目　　2　三番目　　3　四番目　　4　五番目

問十　次の漢文で読む順番が正しいものを選びなさい。

1　[3]二 [1] [2]一 [6]二 [4] [5]一
2　[6] [1]レ [2] [5]レ [3]レ [4]
3　[3]二 [1] [2]一 [6]レ [4]レ [5]
4　[6] [1]レ [2] [5]二 [3] [4]一

二　次の文章を読んで、後の問いに答えなさい。

〔編集部注…課題文は著作権上の問題により掲載しておりません。作品の該当箇所につきましては次の書籍を参考にしてください〕

・オリバー・バークマン著／高橋璃子訳『限りある時間の使い方』
〈かんき出版　二〇二二年六月二〇日第一刷発行
二〇二二年一二月一五日第八刷発行〉
七三頁最終行～七九頁後ろから二行目

2024年度／佐野日本大学高等学校（第１回）

英語解答

1 問１　4　　問２　2　　問３　3
問４　1　　問５　4

2 (1)　4　　(2)　2　　(3)　4　　(4)　1
(5)　1　　(6)　4　　(7)　4　　(8)　3

3 問１　4　　問２　2　　問３　3

4 問１　1　　問２　2　　問３　4
問４　3　　問５　1

5 (1)　4　　(2)　4　　(3)　1　　(4)　3
(5)　2

6 (1)　4→2→3→1
(2)　3→2→1→4
(3)　1→4→3→2
(4)　4→2→3→1

7 問１　3　　問２　2　　問３　3
問４　1　　問５　3　　問６　3
問７　1…2　2…2　3…1

1〔放送問題〕解説省略

2〔適語（句）選択〕

(1)how long は，‘期間’を尋ねる疑問詞。　「あなたはどれくらいテニスをしていますか」

(2)look forward to ～ing で「～するのを楽しみにする」。この to は前置詞なので，後ろに動詞の原形を続けることはできない。　「もうすぐあなたに会えるのを楽しみにしています」

(3)‘比較級＋and＋比較級’で「ますます～」という意味を表す。　many－more－most　「最近，ますます多くの国々が新たなエネルギー技術を開発している」

(4)The girl singing on the stage は，現在分詞から始まる語句が前の名詞を修飾する‘名詞＋現在分詞＋語句’の形。　「ステージで歌っている女の子は，私の娘のハナコだ」

(5)the mountain called “Kurokami yama” a long time ago は，過去分詞から始まる語句が前の名詞を修飾する‘名詞＋過去分詞＋語句’の形。　「これは，昔『黒髪山』と呼ばれた山だ」

(6)主語の His newest book は単数なので，これを受ける be動詞は are ではなく is。直後の by から‘be動詞＋過去分詞＋by ～’の受け身形になる。　read[rí:d]－read[réd]－read[réd]　「彼の最新の本は世界中の多くの人に読まれている」

(7)過去形できかれているので，過去形で答える。‘make＋人＋動詞の原形’で「〈人〉に…させる」という意味を表す。　A：映画はどうだった？／B：それには本当に泣かされたよ。　make－made－made

(8)take care of ～「～の世話をする」の主語であり，この疑問文に対して Our neighbor will.「うちの近所の人がします」と答えているので，疑問詞の who「誰が」が入る。　A：あなたたちが留守の間，誰が犬の世話をしますか？／B：うちの近所の人がします。

3〔長文読解─要旨把握─チャット〕

≪全訳≫❶アキナ(A)：ママ，クミおばさんの家への行き方を教えてくれる？❷母(M)：あら！　今どこにいるの？❸A：ミナミ駅の前よ。❹M：クミおばさんの家はニシ駅の近くよ。そこからサクラ線に乗って，ハト駅で乗り換えるの。そして，ニシ駅で降りるのよ。ニシ駅からおばさんの家まで歩いて約10分よ。❺A：とても近いのね！❻M：待って，別の方法があるわ。ツバメ駅で降りれば，電車を乗り換えなくていいわよ。でも，駅からおばさんの家まで20分歩かなくちゃいけないわ。❼A：いいわよ。今日は晴れてるから。歩くのがいいと思う。電車は１本だけにしたいし。❽M：じゃあ，お散歩を楽しんでね。❾A：ありがとう，ママ。今は２時30分ね。２時40分の電車に乗って，時刻表によれば，ツバメ駅には３時45分に着く。夕食前にはクミおばさんに会えるわ。

＜解説＞問１．第６，７段落参照。乗り換えないでツバメ駅から歩くことにした。　問２．第４～

6段落参照。ニシ駅とツバメ駅から行けるがニシ駅の方が近い。　**問3**．第6～9段落参照。ツバメ駅に3時45分に着き，そこから20分歩く。

4〔**長文読解総合―説明文―グラフを見て答える問題**〕

≪全訳≫❶世界がますます結びつくにつれて，国際教育がますます重要になっている。経済協力開発機構によれば，海外留学を選んだ学生の総数は，1990年の130万人から2012年には450万人へと増加した。これは，ますます多くの若者が，母国以外で学んで，視野を広げたがっていることを示している。❷アジアの学生は世界の残りの地域の学生よりも動きが多いということは注目されるべきだ。実際，2012年に世界で海外留学した学生の半数以上が，アジアの国々からだった。特に，中国が最も多くの学生を海外留学させた(図1参照)。その年，76万人以上の中国人学生が海外留学した。そして，この数字は2002年の4倍だった。アジアの国々の中では，2012年にインドと韓国がそれぞれ2番目と3番目に多くの学生を海外留学させた。❸日本人学生はどうだろうか。2012年に日本国外に留学した日本人学生の数は約6万人だった。これは2004年のピーク時より約30パーセント少なかった。日本人学生の海外留学を奨励するため，日本政府は2013年10月に「トビタテ！留学JAPAN日本代表プログラム」と呼ばれる新たなプログラムを始めた。このプログラムの目標は，日本人留学生の数を2倍にして，2020年までに12万人にすることだ。日本人留学生の数は少しずつ増えてはいるが，まだまだ目標までの道のりは遠い。

問1＜適語選択＞第2段落第3文参照。中国が最も多くの留学生を送り出した。

問2＜適語選択＞第2段落最終文参照。インドがアジアで2番目，韓国が3番目である。

問3＜適語選択＞第3段落第1～3文参照。2004年から唯一減少していることから判断できる。

問4＜適語選択＞第3段落第5文参照。新たなプログラムで日本人留学生の数を2倍の12万人にするとある。

問5＜内容真偽＞1．「日本政府は留学生の数を増やそうとした」…○　第3段落第4，5文に一致する。　'encourage＋人＋to ～'「〈人〉が～するよう奨励する」　2．「2007年，アメリカからの留学生よりも，インドからの留学生の方が多かった」…×　図1参照。アメリカの方が一貫してインドよりも数値が大きい。　3．「留学生の総数は世界中で2002～2012年にかけて減少した」…×　第1段落第2文およびグラフ参照。増加した。　4．「日本に留学したい学生は，中国からの学生よりもアメリカからの学生の方が多かった」…×　「日本に留学したい学生」の数に関する記述やデータはない。

5〔**長文読解―適語(句)選択―説明文**〕

≪全訳≫❶電気自動車(EV)は環境に優しい。二酸化炭素を含む排気ガスを排出しないし，騒音も多くはない。では，なぜ日本で多くの電気自動車を見ないのだろうか。それはおそらく，電気自動車にはまだ多くの解決するべき問題があるからだ。例えば，価格が高く，1回の充電で走行できる距離が短い。さらに，バッテリーは充電するのに数時間かかり，充電ステーションもそんなに多くない。発電所が化石燃料で電気をつくっていれば，たとえ電気自動車に乗っていても環境には良くない。❷しかし，一部の国では電気自動車がとても人気になっている。そうした国の1つがノルウェーだ。ノルウェー政府は2025年までにガソリン車の販売停止を決定した。実際，ノルウェーで昨年販売された新車の80％は電気自動車だった。ノルウェーは交通手段の未来の可能性を示しているので，世界中から注目を集めている。❸電気自動車に乗りたがらない人もいるが，ノルウェーでは多くの人が電気自動車に慣れつつある。週末には，充電ステーションに充電を待つ車の長い列がある。人々は不満を言ってはいるが，一部の人が心配していた混乱はない。ノルウェーの人々はこの変化をいさぎよく受け入れているのだ。❹電気自動車は環境に良さそうだ。オスロの大気は今では以前よりもはるかにきれいになり，街はとても静かだ。しかし，新たな問題もある。電気自動車の方が大きなバッテリーがあって重いので，ガソリン車よりも道路の表面にずっとひどいダメージを与えるのだ。しかし，技術の発達とともに，将来は世界中で電気自動車がますます増えるだろう。

＜解説＞(1)solve problems で「問題を解決する」。ここは，to solve が problems を修飾する to不定詞の形容詞的用法。　(2)power stations「発電所」がつくっているのは electricity「電気」。produce「～を生産する」　diversity「多様性」　(3)過去分詞から始まる語句が前の名詞を修飾する‘名詞＋過去分詞＋語句’の形。the new cars sold last year in the country で「その国で昨年販売された新車」となる。　sell－sold－sold　(4)get used to ～「～に慣れる」 *cf.* be used to ～「～に慣れている」　(5)damage には，「～を損傷する」という動詞の用法がある。

6〔長文読解─整序結合─説明文〕

≪全訳≫❶「週末はいかがでしたか？」「あなたの飼っている子犬は元気ですか？」「昨夜のタイガースの試合をテレビで見ましたか？」❷これらの質問とその質問に対する答えは，スモールトーク，すなわち人々が会社の同僚や友人と行う短い友好的な会話の例である。(1)スモールトークの話題は重要ではないかもしれないが，この種の人とのコミュニケーションは，実際，特に仕事中は，非常に重要である。会話をすることによって，人々は友好的でお互いに興味があることを示しているのだ。❸話題は単純なものだ。例えば，人々は天気の話をするのが好きだ。天気はほとんどの人が興味を持つものであり，しばしば変化する。天気に関しては人々がお互いに対して言えることがいつもある。❹人々はまた，自分の自由時間について話すのも好きだ。金曜日には，どこの職場でも，人々が「今週末は(2)何をする予定なの？」と質問しているのを耳にする。月曜日には，同僚どうしが「週末には(3)何か特別なことをしたの？」と質問することによって，しばしばお互いに挨拶する。人々は自由時間の過ごし方について話すとき，しばしば家族のことについて話す。人々が同僚や友人と，夫や妻や子どもについて話すのはとても一般的だ。例えば，人々は子どものスポーツ活動や誕生日やその他の家族のイベントについて話す。しかし，家族の問題については，そのような話題は非常に個人的なものであるため，普通は話さない。❺会話のもう１つの共通の話題は，テレビである。人々は前夜に放映されたテレビ番組についてしばしば次のようなことを話す。「昨夜のクイズ番組見た？」「あのサッカーの試合についてどう思った？」人々はまた，(4)人気の映画に関する意見を共有するのも好きだ。「スティーブン・スピルバーグの新作映画は本当にすばらしいね」「私はその映画がチケット代の価値があったとは思えないな！」❻しかし，スモールトークにふさわしくない話題もある。「何歳ですか？」「結婚していますか？」　ほとんどの人は，このような質問をするのは失礼だと考えている。したがって，そうした話題に関する会話は，同僚や友人の間では通常，発生しない。

＜解説＞(1)The topics may be unimportant という文の骨組みをまずつくり，残りは of small talk とまとめ，主語の The topics を説明する語句として，その直後に置く。 The topics of small talk may be unimportant, but …　(2)疑問詞の what で始まる疑問文をつくる。 be going to ～「～をする予定だ」 What are you going to do this weekend?　(3)Did で始まる過去形の疑問文をつくる。なお，anything special は‘-thing＋形容詞’「～なもの」(‘-thing’は something/anything/nothing など)の形。 Did you do anything special over the weekend?　(4)like to ～「～することを好む」の直後は動詞の原形がくるので，share「～を共有する」を置き，その目的語として their opinions を続ける。残りは about popular movies とまとまる。 They also like to share their opinions about popular movies.

7〔長文読解総合─ノンフィクション〕

≪全訳≫❶それは，1925年のとても寒い冬のことだった。アラスカ州のノーム市という小さな町の唯一の医者であるウェルチ医師は，ジフテリアと呼ばれる病気にかかって死にかけている人がいることを知った。しかし，ノーム市には十分な薬がなかった。「もし十分な薬が入手できれば，そういった病気の人たちを救うことができる」と彼は考えていた。悪天候の中，アラスカ州のノーム市まで飛べる飛行機はなかった。唯一の望みは，アラスカ州のノーム市に近い場所から薬を入手することだった。彼はラジオ局に電話した。助けを求めるラジオメッセージがアラスカ州中に流れた。❷アラスカ州南部のアンカレッジ市に住む医師がそのメッセージを聞いており，彼は十分な薬を持っていた。しかし，問題はその薬をどうやってノーム市に送るかだった。ノーム市近くの海は凍っていたので，船では行けなかった。そこで彼は，薬をアラスカ州のネナナ市に列車で送ることにした。ネナナ市はノーム市に最も近い町で，鉄道で１日半の距離だった。❸大切な薬を携えた旅が始まった。 列車で約510キロ行った後，薬はネナナ市とノーム市の間の困難な凍った道路を約1100キロ移動する必要があった。犬たちが引くそりだけが，この仕事をすることができた。再び，ラジオ局は助けを求めた。今度は，犬ぞりの操縦者を求めたのだ。こうしたそりの操縦者はマッシャーとして知られている。まもなく，非常に強い犬を連れたマッシャー数名が，手伝うことに賛同した。❹１月27日火曜日の夜，薬はネナナ市に列車で到着し，最初のマッシャーに渡された。大規模なリレーが始まった。それぞれのマッシャーが，別の犬たちと一緒に待っている次の男性へと，薬を交代で運んだ。❺日曜日に，薬は最後のマッシャーであるグンナー・カーセンへと渡された。彼の出発前に，大雪が降り始めた。しかし彼はレースを続け，犬たちも走り続けた。❻最初の犬ぞりチームが出発して５日半後の２月２日の朝，カーセンはノーム市に入った。まもなく，彼は病院を見つけた。ウェルチ医師はとても喜んで，こう言った。「間に合ったよ！　あなたたちはすばらしい仕事をしてくれた」❼「いいえ，ィ犬たちがやったのです。彼らが私たちをここまで連れてきてくれました」とカーセンは答え，大切な薬を医師に手渡した。死との戦いについに勝利したのである。

問１＜英問英答＞「アンカレッジ市からノーム市までの距離はどれくらいか」―３.「約1610キロ」　第２段落～第３段落第２文参照。アンカレッジ市からネナナ市まで約510キロ，ネナナ市からノーム市まで約1100キロである。

問２＜要旨把握＞第１段落最終文(A radio message for help went across Alaska.)と第３段落第４文(Again, the radio station asked for help)の２回である。

問３＜語句解釈＞下線部を含む文の意味は「まもなく，非常に強い犬を連れたマッシャー数名が，手伝うことに賛同した」。この前で，薬をネナナ市からノーム市まで運ぶ犬ぞりチームが求められている。３.「犬ぞりチームで薬をノーム市まで運ぶ」が，この内容を表している。

問４＜適語句選択＞第２段落第４文および第３段落第２文参照。ネナナ市までは列車で運んだ。

問５＜適文選択＞ウェルチ医師に You have done a wonderful job. とたたえられた，最終マッシャーのカーセンの返答。直後の文の They が３の The dogs を指している。

問６＜要旨把握＞第６段落第１文参照。five and a half days「５日半」とある。

問７＜内容真偽＞１.「ネナナ市ではジフテリアで死につつあり，薬を必要としている人がいた」…×　第１段落第２文参照。ネナナ市ではなくノーム市である。　２.「アンカレッジ市の医師は，天気は良かったが，飛行機で薬を送れなかった」…×　第１段落第５文参照。悪天候だった。　３.「グンナー・カーセンと彼の犬たちは，大雪という困難な状況の中，ノーム市に到着した」…○　第５，６段落に一致する。

数学解答

1 (1) 5　(2) イ…4　ウ…3
(3) エ…4　オ…8　カ…1　キ…5
(4) ク…6　ケ…3　コ…3
(5) サ…4　シ…2　ス…7
(6) セ…6　ソ…2

2 (1) 6
(2) イ…2　ウ…1　エ…0　オ…6
(3) カ…2　キ…3
(4) ク…9　ケ…0
(5) コ…1　サ…6
(6) シ…2　ス…9
(7) セ…1　ソ…6　タ…5　(8) 4
(9) ツ…6　テ…1
(10) ト…4　ナ…5

3 (1) ア…3　イ…5　ウ…3　エ…6
オ…0
(2) カ…4　キ…3　ク…4　ケ…5
コ…4　サ…5
(3) シ…9　ス…0　セ…4　ソ…5

4 (1) ア…1　イ…4
(2) ウ…2　エ…3　オ…3
(3) カ…2　キ…7

5 (1) ア…1　イ…8　ウ…5
(2) エ…2　オ…4
(3) カ…9　キ…1　ク…0

1〔独立小問集合題〕

(1)＜数の計算＞与式$=4-(-6)-5=4+6-5=5$

(2)＜数の計算＞与式$=\left(\frac{2}{5}\right)^2\div\left(\frac{4}{10}-\frac{1}{10}\right)\times\frac{5}{2}=\frac{4}{25}\div\frac{3}{10}\times\frac{5}{2}=\frac{4}{25}\times\frac{10}{3}\times\frac{5}{2}=\frac{4\times10\times5}{25\times3\times2}=\frac{4}{3}$

(3)＜式の計算＞与式$=\frac{5(2x+y)-3(2x-y)}{15}=\frac{10x+5y-6x+3y}{15}=\frac{4x+8y}{15}$

(4)＜式の計算＞与式$=-x^2y\times9x^2y^4\times\left(-\frac{2}{3xy^2}\right)=\frac{x^2y\times9x^2y^4\times2}{3xy^2}=6x^3y^3$

(5)＜数の計算＞与式$=\{(\sqrt{7})^2-2\times\sqrt{7}\times1+1^2\}-\frac{14\times\sqrt{7}}{\sqrt{7}\times\sqrt{7}}=(7-2\sqrt{7}+1)-\frac{14\sqrt{7}}{7}=8-2\sqrt{7}-2\sqrt{7}=8-4\sqrt{7}=4(2-\sqrt{7})$

(6)＜式の計算―因数分解＞与式$=x^2-x-12-3x=x^2-4x-12=(x-6)(x+2)$

2〔独立小問集合題〕

(1)＜数の計算＞与式$=(2-\sqrt{5})^2-4(2-\sqrt{5})+5=4-4\sqrt{5}+5-8+4\sqrt{5}+5=6$
≪別解≫$x=2-\sqrt{5}$ より，$x-2=-\sqrt{5}$，$(x-2)^2=(-\sqrt{5})^2$，$x^2-4x+4=5$，$x^2-4x=1$ だから，与式$=(x^2-4x)+5=1+5=6$ となる。

(2)＜二次方程式＞$4x^2-4x+1=-2(x^2-1)$，$4x^2-4x+1=-2x^2+2$，$6x^2-4x-1=0$ となるから，解の公式より，$x=\frac{-(-4)\pm\sqrt{(-4)^2-4\times6\times(-1)}}{2\times6}=\frac{4\pm\sqrt{40}}{12}=\frac{4\pm2\sqrt{10}}{12}=\frac{2\pm\sqrt{10}}{6}$ である。

(3)＜連立方程式＞$\frac{1}{4}x+\frac{1}{6}y=1$……①，$0.3x+0.8y=3$……②とする。①×12 より，$3x+2y=12$……①′
②×10 より，$3x+8y=30$……②′　②′−①′ より，$8y-2y=30-12$，$6y=18$　$\therefore y=3$　これを①′に代入して，$3x+2\times3=12$，$3x=6$　$\therefore x=2$

(4)＜二次方程式の応用＞連続する２つの偶数のうち，小さい方を x とおくと大きい方は $x+2$ と表せる。連続する２つの偶数の積が2024になるとき，$x(x+2)=2024$ が成り立つ。これを解くと，$x^2+2x-2024=0$，$(x+46)(x-44)=0$　$\therefore x=-46,\ 44$　$x>0$ より，$x=44$ だから，連続する２つの偶数は 44，$44+2=46$ であり，その和は $44+46=90$ となる。

(5)＜データの活用―中央値＞14人の記録の中央値は，小さい方から７番目と８番目の記録の平均値である。記録を小さい順に並べると，10，11，12，13，14，15，15，17，19，21，21，22，25，26となるから，小さい方から７番目は15m，８番目は17m である。よって，中央値は，$\frac{15+17}{2}=16$(m)となる。

(6)＜確率―さいころ＞さいころの目の出方は６通りあるから，大小２つのさいころを同時に投げるときの目の出方は，全部で $6\times6=36$(通り)ある。このうち，出た目の積が20以上になる目の組は，(大，小)＝(4，5)，(4，6)，(5，4)，(5，5)，(5，6)，(6，4)，(6，5)，(6，6)の８通りだから，求める確率は $\frac{8}{36}=\frac{2}{9}$ となる。

(7)＜数の性質＞$\sqrt{\frac{540n}{11}}=\sqrt{\frac{2^2\times3^3\times5\times n}{11}}$ だから，$\sqrt{\frac{540n}{11}}$ の値が自然数となる最小の自然数 n は，$\frac{2^2\times3^3\times5\times n}{11}=2^2\times3^4\times5^2$ となる自然数 n である。よって，求める最小の自然数 n は，$n=3\times5\times11$ より，$n=165$ である。

(8)＜空間図形―面積＞底面の半径が１cm，母線の長さが３cm の円錐を，右図１のように展開する。側面のおうぎ形の中心角を a とおくと，側面のおうぎ形の弧の長さと底面の円の周の長さが等しいことから，$2\pi\times3\times\frac{a}{360^\circ}=2\pi\times1$ が成り立ち，$\frac{a}{360^\circ}=\frac{1}{3}$ となる。よって，側面のおうぎ形の面積は $\pi\times3^2\times\frac{a}{360^\circ}=\pi\times3^2\times\frac{1}{3}=3\pi$ である。底面の円の面積は $\pi\times1^2=\pi$ だから，円錐の表面積は $3\pi+\pi=4\pi$ (cm²)となる。

図１

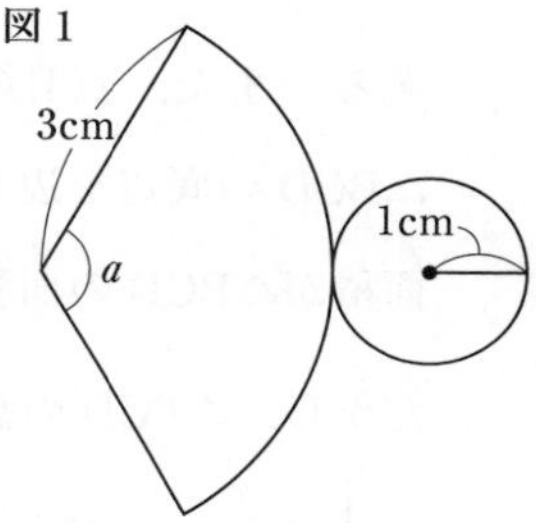

(9)＜平面図形―角度＞右図２で，線分 BD は円 O の直径だから，∠BAD＝90°である。また，$\overset{\frown}{AD}$ に対する円周角より，∠ABD＝∠ACD＝29°となる。よって，△ABD の内角の和より，∠x＝180°－∠BAD－∠ABD＝180°－90°－29°＝61°である。

図２

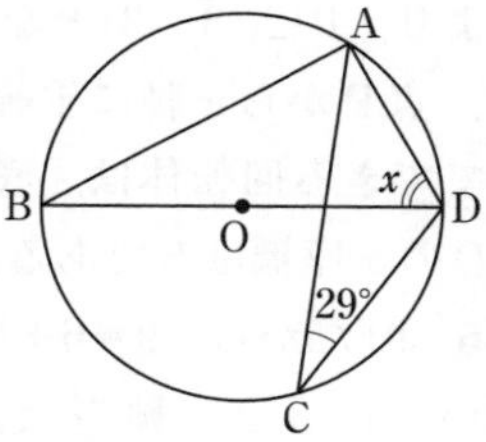

図３

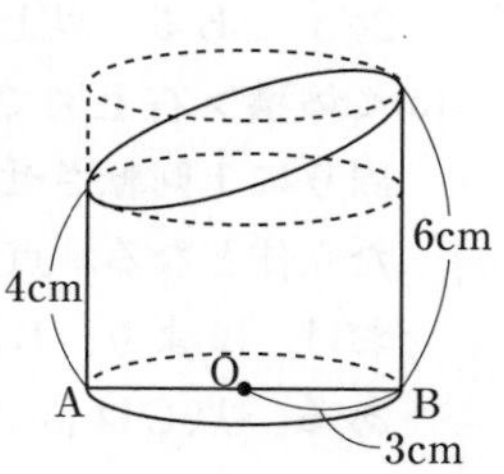

(10)＜空間図形―体積＞右図３のように，下の底面から４cm のところで，底面に平行な平面で立体を切ると，下の立体は，底面の半径が３cm，高さが４cm の円柱だから，体積は，$\pi\times3^2\times4=36\pi$ である。上の立体は，底面の半径が３cm，高さが $6-4=2$ の円柱を半分にした立体だから，体積は，$\frac{1}{2}\times(\pi\times3^2\times2)=9\pi$ となる。よって，求める立体の体積は，$36\pi+9\pi=45\pi$ (cm³)となる。

3 〔数と式―連立方程式の応用〕

(1)＜立式＞売り上げ個数は，１日目が x 個，２日目の午前が y 個であり，２日目の午後が１日目の1.5倍だから $1.5x$ 個，３日目が１日目よりも40個多いから $x+40$ 個である。３日間で400個全てを売り切っているので，$x+y+1.5x+(x+40)=400$ が成り立つ。これより，$3.5x+y=360$ が成り立つ。

(2)＜立式＞１日目と２日目の午前は，１個300円で，合わせて $x+y$ 個販売している。２日目の午後は，２割引きなので，１個 $300\times\left(1-\frac{2}{10}\right)=240$(円)で，$1.5x$ 個販売している。３日目は，１個200円で，$x+40$ 個販売している。よって，３日間での売り上げ金額の合計が98900円であることから，$300\times(x+y)+240\times1.5x+200\times(x+40)=98900$ が成り立ち，$300x+300y+360x+200x+8000=98900$，$860x+300y=90900$，$43x+15y=4545$ となる。

(3)＜x，yの値＞(1)，(2)より，$3.5x+y=360$……①，$43x+15y=4545$……②とする。①×2より，$7x+2y=720$……①′　①′×15−②×2より，$105x-86x=10800-9090$，$19x=1710$　$\therefore x=90$　これを①′に代入して，$630+2y=720$，$2y=90$　$\therefore y=45$

4 〔関数―関数 $y=ax^2$ と一次関数のグラフ〕

≪基本方針の決定≫(1)　直線ABの傾きをaを用いて表す。　(2)　底辺の長さが等しい三角形の面積の比は高さの比に等しい。

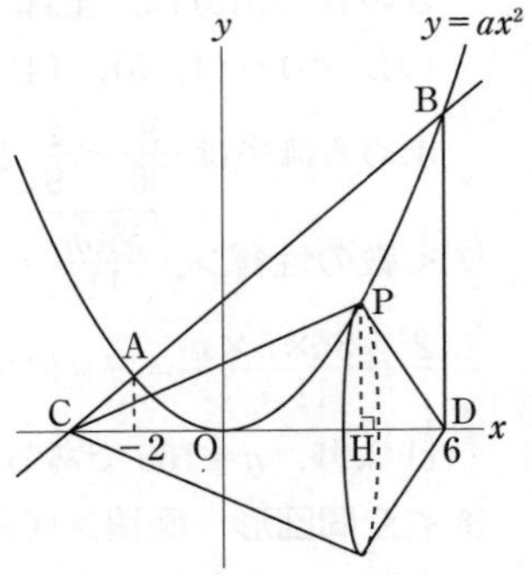

(1)＜**比例定数**＞右図で，2点A，Bは放物線$y=ax^2$上の点で，それぞれのx座標は-2，6だから，$y=a\times(-2)^2=4a$，$y=a\times6^2=36a$より，A$(-2,\ 4a)$，B$(6,\ 36a)$である。これより，直線ABの傾きは$\dfrac{36a-4a}{6-(-2)}=4a$と表せる。直線ABの傾きは1だから，$4a=1$が成り立ち，$a=\dfrac{1}{4}$となる。

(2)＜**面積**＞右図で，(1)より，$a=\dfrac{1}{4}$だから，放物線の式は$y=\dfrac{1}{4}x^2$である。また，点Bのy座標は$36a=36\times\dfrac{1}{4}=9$である。△PCDと△BCDの底辺を辺CDと見ると，これらの三角形の面積の比は高さの比に等しいから，△PCDの面積が△BCDの面積の$\dfrac{1}{3}$のとき，△PCDの高さは△BCDの高さの$\dfrac{1}{3}$である。△BCDの高さは9だから，△PCDの高さは$9\times\dfrac{1}{3}=3$となる。これより，点Pのy座標は3である。点Pは放物線$y=\dfrac{1}{4}x^2$上の点だから，$3=\dfrac{1}{4}x^2$より，$x^2=12$，$x=\pm2\sqrt{3}$となり，点Pのx座標は正だから，$x=2\sqrt{3}$である。以上より，P$(2\sqrt{3},\ 3)$となる。

(3)＜**体積**＞右上図で，点Pからx軸に垂線PHを引くと，(2)より，PH=3である。△PCDをx軸の周りに1回転させてできる回転体は，底面の半径がPH=3で，高さがDHとCHの円錐を合わせた立体となる。点Dのx座標は6である。また，直線ABの傾きは1だから，その式は$y=x+b$とおけ，(2)より，B$(6,\ 9)$だから，$9=6+b$より，$b=3$となる。よって，直線ABの式は$y=x+3$である。点Cは直線$y=x+3$とx軸の交点だから，$y=0$を代入して，$0=x+3$，$x=-3$となり，C$(-3,\ 0)$である。したがって，$\mathrm{DC}=6-(-3)=9$となり，求める回転体の体積は，$\dfrac{1}{3}\times\pi\times\mathrm{PH}^2\times\mathrm{DH}+\dfrac{1}{3}\times\pi\times\mathrm{PH}^2\times\mathrm{CH}=\dfrac{1}{3}\pi\times\mathrm{PH}^2\times(\mathrm{DH}+\mathrm{CH})=\dfrac{1}{3}\pi\times\mathrm{PH}^2\times\mathrm{DC}=\dfrac{1}{3}\pi\times3^2\times9=27\pi$である。

5 〔平面図形―三角形〕

≪基本方針の決定≫(2)　△EBDと△FCDがともに二等辺三角形になることに気づきたい。　(3)　△ABCの面積を基準に考えよう。

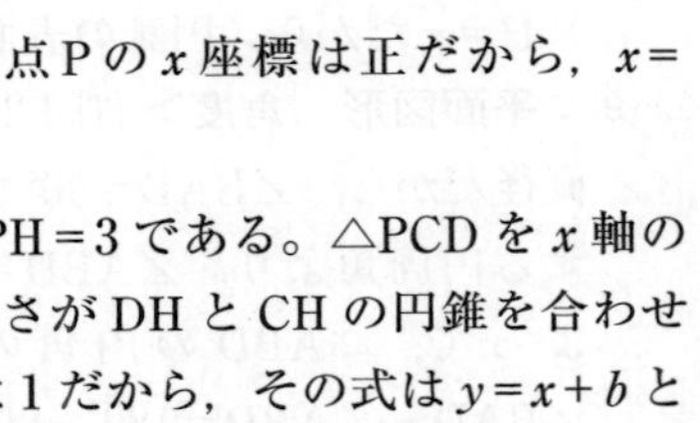

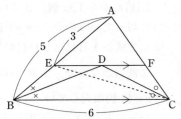

(1)＜**長さ―相似**＞右図で，∠EAF=∠BACであり，EF∥BCより，∠AEF=∠ABCだから，△AEF∽△ABCである。相似比はAE：AB=3：5だから，EF：BC=3：5であり，$\mathrm{EF}=\dfrac{3}{5}\mathrm{BC}=\dfrac{3}{5}\times6=\dfrac{18}{5}$である。

(2)＜**長さ**＞右図で，∠EBD=∠CBDであり，EF∥BCより，∠EDB=∠CBDだから，∠EBD=∠EDBである。これより，△EBD

は二等辺三角形となり，EB＝ED である。EB＝AB－AE＝5－3＝2 だから，ED＝2 となる。同様に，△FCD も二等辺三角形となり，FC＝FD である。(1)より，EF＝$\frac{18}{5}$ だから，FD＝EF－ED＝$\frac{18}{5}$－2＝$\frac{8}{5}$ となり，FC＝$\frac{8}{5}$ である。EF∥BC より，AC：FC＝AB：EB＝5：2 だから，AC＝$\frac{5}{2}$FC＝$\frac{5}{2}\times\frac{8}{5}$＝4 となる。

(3)＜**面積比**＞前ページの図で，(1)より，△AEF∽△ABC であり，相似比は 3：5 だから，△AEF：△ABC＝3^2：5^2＝9：25 となる。よって，△AEF＝$\frac{9}{25}$△ABC である。また，2 点 E，C を結ぶと，EF∥BC より，△DBC，△EBC は，底辺を辺 BC と見たときの高さが等しいから，△DBC＝△EBC である。△ABC，△EBC は，底辺をそれぞれ AB，EB と見たときの高さが等しいので，△ABC：△EBC＝AB：EB＝5：2 となり，△EBC＝$\frac{2}{5}$△ABC である。したがって，△DBC＝$\frac{2}{5}$△ABC となる。以上より，△AEF：△DBC＝$\frac{9}{25}$△ABC：$\frac{2}{5}$△ABC＝9：10 となる。

＝読者へのメッセージ＝

5の点 D は，∠ABC の二等分線と∠ACB の二等分線の交点で，△ABC の「内心」といいます。このとき，2 点 A，D を通る直線も，∠BAC の二等分線となります。つまり，三角形の 3 つの内角の二等分線は，1 点で交わります。この点は，三角形の全ての辺に接する円の中心でもあります。

社会解答

1 (1) 2　(2) 3　(3) 1　(4) 3
(5) 2　(6) 4

2 (1) 2　(2) 3　(3) 3　(4) 2
(5) 4

3 (1) 1　(2) 6　(3) 3　(4) 1

4 (1) 4　(2) 2　(3) 2　(4) 1
(5) 2

5 (1) 4　(2) 2　(3) 3　(4) 1
(5) 2

6 (1) 2　(2) 1　(3) 4　(4) 2
(5) 2

7 (1) 4　(2) 2　(3) 3　(4) 4
(5) 2

8 (1) 2　(2) 2　(3) 4　(4) 1
(5) 2

9 (1) 3　(2) 2　(3) 1　(4) 3
(5) 4

10 (1) 1　(2) 2　(3) 1　(4) 1
(5) 3

1　〔世界地理―総合〕

(1)**＜シベリアの住宅＞**写真より，雪におおわれた地域で，住居が高床になっていることがわかる。Bの地点を含むシベリアの特に寒い地域では，住居から出る熱が地面に伝わり，永久凍土が解けて住居が傾かないようにするために高床にした住居が見られる。

(2)**＜東南アジアの仏教寺院＞**写真より，手前に仏教の僧侶の姿，奥に東南アジアのパゴダと呼ばれる仏塔が見られることから，東南アジアにあるウ（ミャンマーの首都ネーピードー）やヤンゴンなどミャンマーの地域であると判断できる。

(3)**＜家畜の分布＞**X（サウジアラビア）のような乾燥地域で家畜として広く飼育されているのは，ラクダである。なお，ヤクはチベット地方，アルパカとリャマはアンデス地方で主に家畜として飼育されている。

(4)**＜カリフォルニア＞**Yはアメリカ合衆国の太平洋岸にあるカリフォルニア州である。カリフォルニア州は，地中海性気候に属する地域であるため，夏の乾燥に強いかんきつ類やぶどう，綿花やトマトなどの生産が盛んである（A…誤）。また，州を代表する都市であるサンフランシスコの南に位置するシリコンバレーは，サンベルトを構成する都市であり，先端技術産業であるICT関連企業が集中している（B…正）。

(5)**＜EU加盟国＞**チェコは21世紀に入ってからEUに加盟した東ヨーロッパ諸国の１つである。なお，スイスとノルウェーは代表的なEU未加盟国であり，イギリスは2020年にそれまで加盟していたEUから離脱した国である。

(6)**＜先住民＞**ニュージーランドの先住民はマオリである。なお，アボリジニはオーストラリアの，イヌイットは北アメリカ北極圏の先住民である。また，ヒスパニックはメキシコや中央アメリカ，西インド諸島のようなスペイン語圏からアメリカに移住してきた人々とその子孫を指す。

2　〔日本地理―自然環境〕

(1)**＜プレート境界＞**北アメリカプレートと太平洋プレートの境界は日本海溝であり，北海道から関東地方の太平洋沖に存在する。１～４のうち，日本海溝付近を震源とした地震は，2011年の東北地方太平洋沖地震であり，東日本大震災を引き起こした。

(2)**＜フォッサマグナ＞**フォッサマグナの西縁部は，新潟県糸魚川市と静岡県静岡市を結んだ線になっている。

⑶＜**リアス海岸**＞リアス海岸は，福井県の若狭湾沿岸のほか，岩手県を中心とする三陸海岸や，三重県の志摩半島の沿岸などに見られる。

⑷＜**日本の自然環境**＞日本は山がちな島国であるため，大陸と比べて河川は急流で長さは短い（２…○）。なお，日本列島は環太平洋造山帯に属している（１…×）。日本は，季節風の影響を受け，北海道と沖縄を除いて，温帯の中でも季節による気温や降水量の変化が大きい温暖湿潤気候となっている（３…×）。日本では，冬は北西から季節風を受けて日本海側で降水量が多くなり，夏は南東から季節風を受けて太平洋側で降水量が多くなる（４…×）。

⑸＜**扇状地**＞水はけがよく果樹園などに利用されるのは，扇状地である。なお，三角州とは，河川に運ばれた土砂が河口に堆積してできた地形である。

3〔**日本地理―近畿地方**〕

⑴＜**天橋立**＞写真は京都府の天橋立で，宮城県の松島，広島県の厳島とならぶ日本三景の１つである。なお，イは英虞湾で，三重県の志摩半島にある代表的なリアス海岸の湾である。

⑵＜**近畿地方の気候**＞カは夏の降水量が多いため，太平洋側の気候に属するＺ，キは年降水量が少ないため，瀬戸内の気候に属する大阪湾に位置するＹ，クは冬の降水量が多いため，日本海側の気候に属するＸが当てはまる。

⑶＜**阪神工業地帯**＞阪神工業地帯は，金属加工を行う中小企業の工場が多く集まっている。表を見ると，金属の割合が高いのは３と４だが，製造品出荷額が少なく，化学の割合が非常に高い４は京葉工業地域であり，３が阪神工業地帯である。なお，製造品出荷額が最も多く，機械の割合が非常に高い２は中京工業地帯，残った１は京浜工業地帯である。

⑷＜**大阪府**＞江戸時代に経済の中心地として「天下の台所」と呼ばれたのは，大阪府である。

4〔**歴史―室町時代～安土桃山時代の歴史**〕

⑴＜**建武の新政**＞後醍醐天皇は，武家のしきたりを軽視し，貴族を重んじる政策をとったため，足利尊氏に反乱を起こされて建武の新政は崩壊した（Ａ…誤）。管領は，室町幕府における将軍の補佐役である（Ｂ…誤）。

⑵＜**足利義満**＞1394年に室町幕府第３代将軍をやめた後も権力を維持した足利義満は，勘合を用い，中国皇帝にみつぎ物を贈る朝貢の形式で日明貿易を始めた（２…○）。なお，1221年の承久の乱後に六波羅探題を設置したのは鎌倉幕府第２代執権の北条義時（１…×），銀閣を建てたのは室町幕府第８代将軍の足利義政（３…×），楽市・楽座や関所の廃止を行ったのは織田信長などである（４…×）。

⑶＜**応仁の乱**＞応仁の乱は，室町幕府第８代将軍の足利義政の後継ぎ争いなどをきっかけに，有力守護大名である山名持豊〔宗全〕が西軍を，細川勝元が東軍を率いて戦った（Ａ…正）。応仁の乱では，足軽と呼ばれる軽武装の雇い兵が動員された（Ｂ…誤）。

⑷＜**天正遣欧使節**＞天正遣欧使節は，1582年，九州のキリシタン大名によってローマ教皇のもとへ派遣された（１…○）。なお，ザビエルによるキリスト教の日本伝来は1549年（２…×），織田信長による安土城の完成は1579年（３…×），豊臣秀吉によるバテレン追放令の発布は1587年である（４…×）。

⑸＜**正長の土一揆**＞史料は，1428年に起こった正長の土一揆の際に出されたもので，史料には，徳政が実施され，「ヲヰ《い》メ（負い目）」すなわち借金が帳消しにされたことが記されている（２…○）。

5〔**歴史―災害の歴史**〕

⑴＜**関東大震災**＞1923年９月１日に起こった大災害とは，関東大震災である（４…○）。なお，伊勢湾

台風は1959年（１…×），富士山大噴火は1707年（２…×），阪神・淡路大震災は1995年（３…×）に起こった。

(2)＜**平清盛**＞平安時代末期の12世紀後半，政治の実権を握り，武家として初めて太政大臣になったのは，平清盛である（２…○）。なお，藤原頼通が摂政・関白として朝廷の実権を握ったのは平安時代中頃の11世紀（１…×），北条義時が執権として幕府の実権を握ったのは鎌倉時代の13世紀前半（３…×），白河上皇が院政をしいて実権を握ったのは平安時代後半の11世紀末である（４…×）。

(3)＜**鎌倉時代**＞1293年は鎌倉時代の後期である。困窮した御家人を救うために借金を取り消しにするなどの徳政令が出されたのは1297年で，鎌倉時代である（３…○）。なお，西廻り航路や東廻り航路が整備されたのは江戸時代（１…×），瀬戸内地方で藤原純友が反乱を起こしたのは平安時代（２…×），京都で町衆が自治を行ったのは室町時代である（４…×）。

(4)＜**元禄文化**＞明暦の大火は1657年に江戸で起きた大火であり，徳川綱吉は江戸幕府第５代将軍を1680～1709年の間つとめた。この時期の17世紀末～18世紀初めに上方を中心に栄えた文化を元禄文化という。元禄文化を代表する美術作品として，菱川師宣の浮世絵『見返り美人図』がある（１…○）。なお，喜多川歌麿が浮世絵の美人画『ポッピンを吹く女』を描いたのは18世紀後半の江戸時代後期（２…×），黒田清輝が西洋画『湖畔』を描いたのは明治時代（３…×），雪舟が水墨画『秋冬山水図』を描いたのは室町時代である（４…×）。

(5)＜**奈良時代の農民**＞奈良時代は，律令に基づいた税制が行われており，成人男性は布を納める庸や特産物を納める調という税を負担した（Ａ…正）。惣と呼ばれる自治組織がつくられたのは，室町時代である（Ｂ…誤）。

6 〔歴史―江戸時代の歴史〕

(1)＜**元禄文化**＞17世紀末～18世紀初めに京都や大阪といった上方を中心に成立した町人による文化を元禄文化という。元禄文化を代表する文化人として，装飾画で知られる尾形光琳がいる（２…○）。なお，19世紀前半に江戸を中心に成立した，庶民までも担い手となった文化を化政文化という。十返舎一九や曲亭〔滝沢〕馬琴は化政文化を代表する読本作者である（１…×）。井原西鶴は元禄文化を代表する浮世草子作者である（３…×）。松尾芭蕉は元禄文化を代表する俳人である（４…×）。

(2)＜**幕藩体制**＞江戸幕府は，旗本や御家人という直属の家臣団をかかえ，幕領と呼ばれる直轄地を支配する一方で，各藩の支配は大名にゆだね，全体としては地方分権的な政治を行った（１…×）。

(3)＜**鎖国体制**＞江戸幕府は1635年，日本人の海外渡航と帰国を禁止し，貿易の統制を進めた（４…○）。なお，1612年に幕領に禁教令を発布したのは，徳川家康・秀忠の政権である（１…×）。1616年には外国船の来航地が長崎と平戸に制限された（２…×）。1624年にはスペイン船の来航が禁止された（３…×）。

(4)＜**身分制社会**＞江戸幕府は，百姓の土地の売買を禁止したり，百姓の生活に規制をかけたりすることで，百姓が貨幣経済に巻き込まれないようにし，年貢を確実に徴収しようとした（Ａ…正）。江戸幕府は「えた」「ひにん」という身分をおき，職業や居住地を固定した（Ｂ…誤）。

(5)＜**江戸時代の諸産業の発達**＞資料Ａは「たたら製鉄」の施設で，左上の人が板を踏む様子が描かれている。これは江戸時代にできた天びんふいごという装置を扱い，両足で左右の板を交互に踏み効率的に風を送っている様子である。これにより火力を安定させ，鉄を大量に溶かすことができるようになり，鉄の生産量は大きく向上した（ア…○）。資料Ｂで，手前に描かれたけむりは，奥に描かれた塩田の中で濃くした塩水を煮つめて，塩を取り出す際に出たものである（エ…○）。

7〔**歴史―オリンピック関連の歴史**〕

⑴＜**フランスの歴史**＞明治初期の1872年に殖産興業政策に基づいて群馬県に建てられた富岡製糸場は，フランス人技師の指導のもとで操業を開始した(４…○)。なお，軍人出身のナポレオンは，1799年にクーデタによって独裁権を握った後，1804年に自ら皇帝となり，フランス革命によって樹立された共和制を終了させた(１…×)。アヘン戦争に勝利し，南京条約を結んで清に香港を割譲させるなどしたのは，イギリスである(２…×)。世界で最初に産業革命を起こし，19世紀に「世界の工場」と呼ばれたのは，イギリスである(３…×)。

⑵＜**立憲政友会**＞日清戦争後，ロシアに対する軍備を増強するため，予算の決定権を握る帝国議会と政党の地位が高まった。そこで，政府の中心人物の一人だった元首相の伊藤博文は1900年に立憲政友会を結成し，初代総裁となった(２…○)。

⑶＜**大正時代の歴史**＞大正時代は1912～26年だが，世界恐慌の開始は1929年で，昭和時代初期の出来事である(３…×)。なお，全国水平社の結成は1922年(１…○)，ラジオ放送の開始は1925年(２…○)，米騒動の発生は1918年(４…○)で，全て大正時代の出来事である。

⑷＜**普通選挙法**＞普通選挙とは，制限選挙の対義語で，一定の年齢に達した者が納税額などの制限なく参加できる選挙を指す(４…○)。なお，普通選挙法と同じ1925年に制定されたのは，治安維持法である(１…×)。日本で女性参政権が実現するのは，敗戦後の1945年のことである(２…×)。普通選挙法では，満25歳以上の男子に選挙権が与えられた(３…×)。

⑸＜**同時代の日本と世界**＞鎌倉時代は1185～1333年で，モンゴル帝国の成立は1206年の出来事である。モンゴル帝国を建てたチンギス=ハンの孫のフビライ=ハンは，元寇を起こした(２…○)。なお，朝鮮の建国は1392年で，日本では室町時代(１…×)，清による中国の統一は1636年で，日本では江戸時代(３…×)，コロンブスによるアメリカ到達は1492年で，日本では室町時代である(４…×)。

8〔**公民―現代社会**〕

⑴＜**日本の伝統文化**＞文化財保護法は，国や地方自治体による有形文化財，無形文化財の保護を規定している(A…正)。沖縄・奄美群島には琉球文化，北海道にはアイヌ文化が存在している(B…誤)。

⑵＜**日本の年中行事**＞ひな祭りは春である３月の行事である(２…○)。なお，七五三は11月(１…×)，盂蘭盆会は７，８月(３…×)，七夕は７月に行われる(４…×)。

⑶＜**食料自給率**＞小麦は，安い外国産品の輸入によって自給率を低下させた代表的な作物であり，近年の自給率は10～20％程度である(４…○)。なお，米の近年の自給率は100％近い(１…×)。魚介類の近年の自給率は50％程度である(２…×)。大豆は小麦と並んで安い外国産品の輸入によって自給率を下げた作物だが，近年の自給率は小麦よりさらに低く，数％程度である(３…×)。

⑷＜**情報化**＞情報を扱う手段や技能を持つ人と待たない人の格差をデジタル・デバイドという(１…○)。なお，情報を正しく活用する能力のことを情報リテラシーという(２…×)。人間の知能のはたらきをコンピュータに持たせたものを人工知能〔AI〕という(３…×)。インターネットを使って，大勢の人が情報を互いに送受信できるサービスを，ソーシャル・ネットワーキング・サービス〔SNS〕という(４…×)。

⑸＜**全会一致，多数決**＞全会一致は，全員の意見が一致する必要があるため，決定に時間がかかる(A…正)。多数決は，より多くの人が賛成する意見が採用されるため，少数意見が反映されにくい(B…誤)。

9〔**公民―政治**〕

(1)＜**人権の歴史**＞マグナ・カルタは1215年，当時のイギリス王に対し貴族が結束して認めさせた憲章で，恣意的な逮捕の禁止などを定め，イギリス立憲政治の基礎となった(３…○)。なお，１は議会制民主主義を説いた日本国憲法の前文，２は全ての人間の自由と権利における平等を説いたフランス人権宣言，４は社会権の保障を初めて規定したドイツのワイマール憲法である。

(2)＜**社会契約説**＞社会契約説とは，ロックやルソーらによって唱えられた政治理論で，社会や国家は個人の間の契約によって成立しているという説である(２…○)。なお，政治権力を憲法の力で制限しようとする考え方は立憲主義(１…×)，誰にでも平等に適用される明確なルールに基づいて権力が行使されるという考え方は法の支配(３…×)，人間は，理性と良心とを授けられており，互いに同胞の精神を持って行動しなければならないというのは，世界人権宣言の第１条の条文である(４…×)。

(3)＜**年代整序**＞年代の古い順に，Ｘ(第一次護憲運動―1912～13年)，Ｙ(治安維持法制定―1925年)，Ｚ(男女平等の普通選挙初実施―1946年)となる。

(4)＜**大日本帝国憲法**＞大日本帝国憲法で軍隊の統帥権を持つと明記されたのは，天皇である(３…×)。

(5)＜**日本国憲法**＞日本国憲法第41条で，国会は国権の最高機関とされている(４…○)。なお，GHQ〔連合国軍最高司令官総司令部〕による憲法改正案の審議は，大日本帝国憲法の規定に基づいて，衆議院と貴族院で行われた(１…×)。日本国憲法で定められた国民の義務は，第26条の子女に普通教育を受けさせる義務，第27条の勤労の義務，第30条の納税の義務である(２…×)。第96条の規定により，憲法改正の発議は，各議院の総議員の３分の２以上の賛成で，国会が行う(３…×)。

10〔公民―経済〕

(1)＜**財政の役割**＞好景気の際に一般銀行の貸出金利を引き上げ，お金を借りにくくするように誘導するのは，日本銀行による金融政策の役割である(１…×)。なお，財政の役割のうち，民間企業だけでは十分に供給できない公共サービスなどを，政府が代わって供給するのは，資源配分の調整(２…○)，累進課税や社会保障などで所得の格差を是正するのは，所得の再分配(３…○)，公共投資や増減税などで景気を安定させるのは景気の安定化である(４…○)。

(2)＜**社会保障**＞生活保護は，最低限の生活を自力で営めない人々に対し，生活に必要な費用を支給する制度で，公的扶助に含まれる(２…○)。なお，社会保険は，年金保険や医療保険のように，保険料を集めて，必要に応じて給付を行う仕組み(１…×)，社会福祉は，障がい者や高齢者，子どもなど，社会的に弱い立場にある人々を支援する仕組み(３…×)，公衆衛生は，感染症の予防などで人々の健康や安全を守る仕組みである(４…×)。

(3)＜**直接税**＞所得税，法人税，相続税は，納税者と税の負担者が一致する直接税に分類される。

(4)＜**財政赤字**＞社会保障費は，少子高齢化により年々増加しており，近年は一般会計歳出に占める割合が３分の１程度になっている(１…○)。なお，1990年代初頭のバブル崩壊以来，財源不足を補うため，国債は毎年発行され続けている(２…×)。所得の高い人ほど高い税率が適用されるのは，累進課税である(３…×)。社会資本の整備などへの支出は，公共投資である(４…×)。

(5)＜**大きな政府と小さな政府**＞一般に，ドイツやイギリスのようなヨーロッパ諸国は高福祉高負担の大きな政府であり，アメリカは低福祉低負担の小さな政府の国の代表例である。日本はその中間であり，特に少子高齢化に伴って社会保障負担の比率が高くなっている。したがって，Ｃが日本である。なお，Ａはドイツ，Ｂはイギリス，Ｄはアメリカとなる。

理科解答

1 問１ ④　問２ ⑥　問３ ②
問４ ④　問５ ②　問６ ⑤
問７ ③　問８ ②

2 問１ ③　問２ ①　問３ ⑥
問４ ③　問５ ③　問６ ③

3 問１ ②　問２ ①　問３ ①
問４ ③　問５ ②

4 問１ ③　問２ ②　問３ ④
問４ ③

5 問１ ⑦　問２ ⑦　問３ ③
問４ ④

6 問１ ⑤　問２ ③　問３ ③
問４ ②

7 問１ ③　問２ ②　問３ ⑥
問４ ③　問５ ①

8 問１ ③　問２ ②　問３ ②
問４ ④

9 問１ ③　問２ ①　問３ ⑥
問４ ④　問５ ④

1〔小問集合〕

問１＜浮力＞同型の船Ａ，Ｂに荷物を積んだときの荷物を含めた重力の大きさは，船Ａより荷物を多く積んでいる船Ｂの方が大きいので，$W_A<W_B$ である。また，船が水面で浮いているときは，荷物を含めた船全体にはたらく重力と船にはたらく浮力がつり合っているので，$W_A=F_A$，$W_B=F_B$ である。よって，４つの力の大小関係は，$W_A=F_A<W_B=F_B$ となる。

問２＜光の屈折＞光が水中から空気中へ出ていくとき，屈折角は入射角より大きくなるので，光は境界面である水面に近づく向きに屈折する。これより，右図のように，魚の背びれのＡ点から出た光は，水面のＰ点で屈折し，目に入る。このとき，ヒトには，QPの延長方向のA′点の位置に魚の背びれが見える。よって，魚の見える位置は，実際に魚がいる位置に比べて浅い位置である。

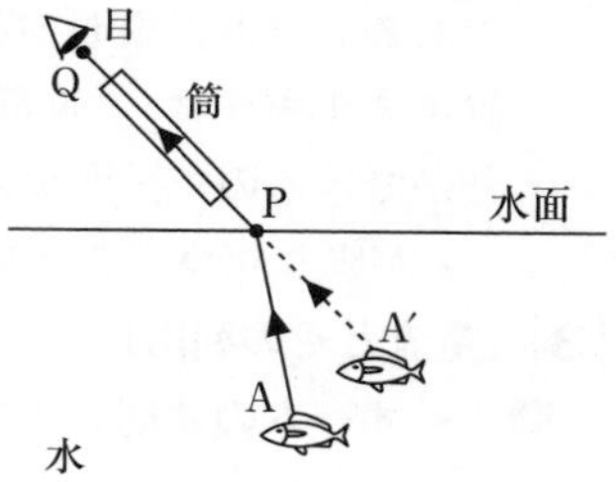

問３＜状態変化＞水が液体から固体(氷)になるとき，質量は変わらないが体積が大きくなる。そのため，密度は小さくなり，氷は水に浮く。よって，正しいものは②である。なお，水が沸騰している間，水の温度は100℃で一定である。また，水は沸点に達していなくても水面から蒸発している。水の分子どうしの距離は，液体のときより気体のときの方がずっと大きい。

問４＜質量パーセント濃度＞水溶液に含まれる溶質の質量は，〔溶質の質量(g)〕＝〔水溶液の質量(g)〕×$\frac{〔質量パーセント濃度(\%)〕}{100}$で求めることができる。これより，質量パーセント濃度15％の塩化ナトリウム水溶液200gに溶けている塩化ナトリウムの質量は，$200\times\frac{15}{100}=30$(g)となる。よって，必要な水の質量は，$200-30=170$(g)である。

問５＜両生類＞カエルなどの両生類の体表は，湿っていて，うろこはない。よって，誤っているものは②である。なお，寒天のようなもので包まれた卵を水中に産み，卵は乾燥に弱い。

問６＜被子植物＞被子植物のめしべの下のふくらんだ部分を子房，子房の中に入っている丸い粒を胚珠という。受精後，胚珠が種子に，子房が果実になる。

問７＜大気圧＞高度０ｍにおける標準的な大気圧を1013hPaと決め，これを１気圧という。大気圧は空気の重さによって生じる圧力で，山頂など高度が高い所ほど低くなる。

問８＜惑星＞太陽系に存在する８つの惑星の中で，大気の主成分が二酸化炭素なのは，金星と火星である。なお，他の惑星の大気の主成分は，地球は窒素と酸素，木星と土星は水素とヘリウム，天王星と海王星は水素とヘリウム，メタンであり，水星にはほとんど大気が存在しない。

2〔運動とエネルギー〕

問１＜力学的エネルギーの保存＞台車がなめらかなレール上を運動するとき，台車の持つ位置エネルギーと運動エネルギーの和である力学的エネルギーは保存され，その大きさは一定である。

問２＜位置エネルギー＞物体の持つ位置エネルギーの大きさは，基準面からの高さに比例する。よって，出発点の高さを位置エネルギーの基準とすると，出発点での位置エネルギーは０Jとなる。

問３＜力学的エネルギーの保存＞物体の持つ位置エネルギーと運動エネルギーの和は，常に一定に保たれている。問２より，出発点の台車の持つ位置エネルギーは０J，図より，運動エネルギーは25Jである。よって，台車の持つ力学的エネルギーは，0＋25＝25(J)となる。

問４＜力学的エネルギー＞図より，運動エネルギーが最も小さいのは，台車の位置が４～５mのときである。よって，この範囲で，位置エネルギーは最も大きくなり，物体は最も高い位置にいると考えられる。

問５＜力学的エネルギー＞図より，台車の位置が４～５mのとき，台車の持つ運動エネルギーは15Jである。問３より，台車の持つ力学的エネルギーは25Jである。よって，このとき，台車の持つ位置エネルギーは，25－15＝10(J)となる。

問６＜位置エネルギー＞問５より，台車の位置が４～５mのとき，台車の持つ位置エネルギーは10Jである。また，質量2.0kg，つまり2000gの台車の重さは，2000÷100＝20(N)である。よって，位置エネルギーは，〔位置エネルギー(J)〕＝〔物体の重さ(N)〕×〔基準面からの高さ(m)〕で求めることができるので，台車の位置が４～５mのときの台車の基準面からの高さをhmとすると，10＝20×hが成り立つ。これを解いて，h＝0.5(m)となる。

3〔電流とその利用〕

問１＜オームの法則＞実験１では，図２より，電流計は250mA，つまり0.25Aを示している。よって，電圧計が12Vを示したことから，電熱線aの電気抵抗は，オームの法則〔抵抗〕＝$\frac{〔電圧〕}{〔電流〕}$より，12÷0.25＝48(Ω)となる。

問２＜電力＞電熱線aを流れる電流は0.25A，加わっている電圧は12Vである。よって，〔電力(W)〕＝〔電流(A)〕×〔電圧(V)〕より，電熱線aが消費する電力は，0.25×12＝3(W)となる。

問３＜オームの法則＞図３は，25Ωの電熱線bと15Ωの電熱線cを直列につないだ回路で，回路全体にかかる電圧と流れる電流を測定している。回路全体の電気抵抗は，電熱線bと電熱線cの電気抵抗の和で，25＋15＝40(Ω)，回路全体にかかる電圧は６Vだから，回路全体を流れる電流は，6÷40＝0.15(A)となる。よって，電流計の値は，0.15×1000＝150(mA)である。

問４＜オームの法則＞図４は，25Ωの電熱線bと15Ωの電熱線cを並列につないだ回路で，電熱線bに加わる電圧が６Vであり，電流計は回路全体を流れる電流を測定している。並列回路では，それぞれの抵抗に加わる電圧は等しいから，電熱線cに加わる電圧も６Vである。また，並列回路では，それぞれの抵抗を流れる電流の和が回路全体を流れる電流に等しい。よって，回路全体を流れる電流は，6÷25＋6÷15＝0.24＋0.4＝0.64(A)となる。したがって，電流計の値は，0.64×1000＝640(mA)である。

問５＜電流による熱＞図４の回路では，回路全体に加わる電圧が６V，回路全体を流れる電流が0.64Aである。よって，〔熱量(J)〕＝〔電力(W)〕×〔時間(秒)〕より，50秒間に電熱線bと電熱線cで発生する熱量の合計は，6×0.64×50＝192(J)となる。

4〔化学変化とイオン〕

問１＜原子の構造＞原子の中心には原子核があり，原子核の周囲を電子が運動している。原子核は，電気を持つ陽子と，電気を持たない中性子からできている。また，原子が電気を帯びた粒子をイオンといい，水に溶けたときに電気を通す物質を電解質という。

問２＜原子の構造＞元素の種類は陽子の数で決まり，原子１個に含まれる電子の数と陽子の数は，どの原子でも等しい。

問３＜化学式＞塩化ナトリウム($NaCl$)は，多数のナトリウムイオン(Na^{+})と塩化物イオン(Cl^{-})が１：１の個数の割合で集まってできている。

問４＜非電解質＞水に溶けてもイオンに分かれず，水溶液に電気を通さない物質を非電解質という。６種類の物質のうち，非電解質はでんぷんと砂糖，エタノールの３つである。

5〔化学変化と原子・分子〕

問１＜化学変化と物質の質量＞ノート１の結果より，マグネシウム0.6gが完全に酸素と結びつくと酸化マグネシウムが1.0g生じる。よって，マグネシウム0.6gと反応した酸素の質量は，$1.0-0.6=0.4$(g)だから，結びつくマグネシウムと酸素の質量の比は，0.6：0.4＝３：２となる。

問２＜化学変化と物質の質量＞ノート１の結果より，加熱回数が２回目のときの加熱後の物質の質量は0.88gである。よって，このときマグネシウムと結びついた酸素の質量は，$0.88-0.6=0.28$(g)である。問１より，結びつくマグネシウムと酸素の質量の比は３：２だから，酸素0.28gと結びついたマグネシウムの質量は，$0.28\times\frac{3}{2}=0.42$(g)である。したがって，２回目の加熱後の物質に含まれている酸化マグネシウムは，$0.28+0.42=0.70$(g)となる。

問３，問４＜二酸化炭素とマグネシウムの反応＞実験２で，二酸化炭素を満たした集気びんの中に燃焼しているマグネシウムリボンを入れると，マグネシウムは二酸化炭素から奪った酸素と結びついて酸化マグネシウムとなり，酸素を奪われた二酸化炭素は炭素となる($CO_2+2Mg \longrightarrow C+2MgO$)。よって，この実験で生じた黒い物質は炭素である。また，二酸化炭素は酸素を奪われたので，二酸化炭素に起こった化学変化は還元である。

6〔生物の体のつくりとはたらき〕

問１＜動物の器官＞表中のａの器官は，内側の壁に柔毛があることから小腸を示していて，小腸は図中のＥである。ｂの器官は，食物に含まれる有害物質の無毒化や養分の貯蔵を行うことから肝臓を示していて，肝臓は図中のＢである。ｃの器官は，小さな袋が集まって血液中に酸素を取り込むはたらきをすることから肺を示していて，肺は図中のＡである。

問２＜じん臓＞じん臓は，血液中に含まれる尿素などの不要物をこしとり，尿として体外に排出する。また，血液中の水分や塩分の量を調節して，体に適した濃度に保つはたらきもある。

問３＜肺＞肺には筋肉がないため，横隔膜とろっ骨の上下の動きによってふくらんだりしぼんだりする。横隔膜が下がり，筋肉によってろっ骨が押し上げられると，肺は広がって空気が吸い込まれる。逆に，横隔膜が上がり，ろっ骨が押し下げられると，肺はもとの大きさに戻り空気がはき出される。

問４＜消化液＞胆汁は図中のＢの肝臓，すい液はすい臓，胃液は図中のＣの胃，だ液はだ液せんでつくられる。よって，図中に示されていない器官でつくられる消化液は，すい液とだ液の２つである。

7〔生物の体のつくりとはたらき〕

問１＜花のつくり＞図１のアは胚珠である。図２で，胚珠はオである。

問２＜花のつくり＞図１のイは花粉のうで，中に花粉が入っている。図２で，同様に花粉が入っている部分はエのやくである。

問３＜まつかさ＞図１のＡのように開いたまつかさは２年前の雌花である。なお，Ａの右上にある閉じたまつかさは１年前の雌花である。

問４＜裸子植物と被子植物＞マツは裸子植物で花に子房がなく果実はできないが，アブラナは被子植物で花に子房があるので果実ができる。なお，どちらも種子植物なので，葉，茎，根の区別があり，種子をつくってなかまをふやし，葉緑体で光合成を行う。

問５＜離弁花類＞アブラナは被子植物のうちの双子葉類で，花弁が１枚ずつに分かれている離弁花類である。①～④のうち，離弁花類のなかまはエンドウである。なお，ツツジ，タンポポ，アサガオは，花弁がくっついている合弁花類のなかまである。

8〔大地のつくりと変化〕

問１＜地震による波＞グラフより，震源からの距離が300kmの地点に，Ａの波が伝わる時間は約33秒，Ｂの波が伝わる時間は約60秒である。これより，伝わる速さの速いＡの波がＰ波，遅いＢの波がＳ波である。また，先に到着するＡの波（Ｐ波）によるゆれを初期微動，後から到着するＢの波（Ｓ波）によるゆれを主要動という。よって，正しいものは③である。

問２＜Ｐ波の伝わる速さ＞グラフより，Ａの波が，震源からの距離が450kmの地点に伝わる時間は約50秒である。よって，Ａの波が伝わる速さは，$450\div50=9$(km/s)となる。

問３＜初期微動継続時間＞グラフより，震源からの距離が200kmの地点にそれぞれの波が伝わる時間は，Ｐ波であるＡの波は約22秒，Ｓ波であるＢの波は40秒である。初期微動継続時間は，Ｐ波が到着してからＳ波が到着するまでの時間だから，$40-22=18$（秒）となる。

問４＜震源からの距離＞震源からの距離と初期微動継続時間は比例する。よって，問３より，震源からの距離が200kmの地点での初期微動継続時間は18秒だから，初期微動継続時間が45秒の地点の震源からの距離をx kmとすると，$x:45=200:18$が成り立つ。これを解くと，$x\times18=45\times200$より，$x=500$(km)となる。

9〔気象とその変化〕

問１＜露点＞方法１で，コップの表面に水滴がつき始めたときの水温は，空気中の水蒸気が水に変わる温度であり，露点という。

問２＜水蒸気量＞方法１では，コップの表面に水滴がつき始めたときの水温15℃が露点である。露点では，空気１m^3当たりに含まれる水蒸気量は，その気温での飽和水蒸気量に等しい。よって，このときの空気１m^3当たりに含まれている水蒸気量は，露点である15℃での飽和水蒸気量に等しく，表１より12.8g/m^3である。

問３＜湿度＞問２より，方法１で，空気１m^3当たりに含まれる水蒸気量は12.8gである。また，気温は19℃で，表１より19℃の飽和水蒸気量は16.3gである。よって，〔湿度(%)〕＝〔空気１m^3中に含まれる水蒸気量(g)〕÷〔その気温での空気１m^3中の飽和水蒸気量(g)〕×100より，求める湿度は，$12.8\div16.3\times100=78.52\cdots$となるから，約78.5%である。

問４＜乾湿計＞方法２では，乾球は24℃，湿球は17℃であったことから，乾球と湿球の示度の読みの差は$24-17=7.0$(℃)である。よって，表２より，求める湿度は46%となる。

問５＜空気中の水蒸気の変化＞水蒸気は目で見ることができない。よって，誤っているものは④である。なお，霧や湯気は水蒸気が凝結してできた細かい水滴なので，目で見ることができる。

2024年度／佐野日本大学高等学校（第１回）

国語解答

一 問一　3　問二　4　問三　2
問四　3　問五　4　問六　2
問七　2　問八　4　問九　4
問十　1

二 問一　3　問二　4　問三　3
問四　1　問五　2　問六　2
問七　4

三 問一　3　問二　1　問三　2
問四　4　問五　4　問六　1
問七　1

四 問一　1　問二　4　問三　2
問四　3　問五　2　問六　3
問七　2

一〔国語の知識〕

問一＜漢字＞「一介」と書く。１は「戒律」，２は「回顧」，３は「介護」，４は「怪奇」。

問二＜漢字の知識＞「贈与税」と「投与」の「与」は，あたえる，という意味。「参与」と「関与」の「与」は，関係する，という意味。「与党」の「与」は，仲間，という意味。

問三＜語句＞「障壁」と書く。「障壁」も「障害」も，妨げとなるもののこと。

問四＜語句＞「姑息《こそく》」は，その場のがれ，一時の間に合わせのこと。「登竜門」は，困難ではあるが，そこを突破すれば立身出世ができる関門のこと。「竜門」は，中国の黄河中流の急流で，ここを登った鯉《こい》は竜になると言われたことから生まれた語。「役不足」は，役目が実力にそぐわずに軽すぎること。「試金石」は，物事の価値や力量を判定する材料となるもののこと。

問五＜語句＞「アポイントメント」は，約束のこと。「リアリズム」は，現実主義のこと。「フラストレーション」は，欲求不満のこと。

問六＜敬語＞動作の主体は「私」だから，尊敬語の「ご覧になる」ではなく，謙譲語を用いて「私は先生の絵を拝見した」などとするのが正しい（２…×）。

問七＜古語＞「殿上人」は「てんじょうびと」と読み，宮中の清涼殿の間に入ることを許された一定の身分以上の貴族のこと。

問八＜和歌の技法＞「秋の夕暮れ」と体言で終わっているので，体言止め。

問九＜漢文の訓読＞「言」→「慎」→「不」→「可」→「不」の順に読む。漢文は上から順に読み，レ点は，下から上に一字返って読む。

問十＜漢文の訓読＞漢文の一・二点は，下から上に二字以上返って読む。２は，6→2→1→4→3→5の順に読む。３は，1→2→3→5→4→6の順に読む。４は，6→2→1→3→4→5の順に読む。

二〔**論説文の読解―哲学的分野―人生**〕出典：オリバー・バークマン／高橋璃子訳『限りある時間の使い方』。

≪本文の概要≫ハイデガーは，世界がそこにあるという事実が驚異的だという。ほとんどの哲学者や科学者は，存在しているものは何か，どんな関係を持つかなどと考えるが，ハイデガーは，物事がそもそも存在するということの根源的な問題に注目した。そして，人間の存在は，有限の時間と完全に結びついているとする。ハイデガーによれば，限られた時間こそが，人間の存在の本質であり，人間を成立させる絶対的な条件なのである。過去も現在も未来も，人が生きていくうえで，時間の使い方は制約されている。人は生きるうえでいくつもの選択をするが，それはできるかもしれなかった無数の可能性を切り捨てることである。有限性が人生を規定している以上，人が人として生きるためには，限られた生という事実を直視しなければならず，それこそが人生に真摯に向き合う唯一の方法である。人生は永遠に続かないからこそ価値があるのであり，時間の使い方が大切である。

問一＜品詞＞「存在しているのは」と「信じているのと同じ」の「の」は，体言の代用のはたらきをする格助詞で，～こと，～もの，などと言い換えられる。「そのまま」の「の」は副詞「そのまま」の一部。「死ぬまでの時間」の「の」は，連体修飾語をつくる格助詞。「風の強い」の「の」は，主語をつくる格助詞。

問二＜文章内容＞人間が存在するということは，「生まれてから死ぬまでの時間」，つまり，有限の時間を生きることであり，人間の存在は有限の時間と「完全に結びついている」のである。

問三＜文章内容＞「decide(決める)」の語源のラテン語「decidere」は，何かを「切り離す」という意味であり，可能性を切り離すという意味合いを持つ。つまり，この語は，可能であったかもしれない選択肢を捨てて，決定するという表現につながる。「ニュアンス」は，意味などの微妙な意味合いのこと。「モチーフ」は，表現の主題のこと。「アイロニー」は，皮肉のこと。「レトリック」は，修辞のこと。

問四＜文章内容＞人は，「１日のうちにも何百もの小さな選択」をする。それは，「できるかもしれなかった無数の可能性」を切り捨てるということである。限りある人生を生きるということは，自分が選んだもの以外の選択肢を絶えず捨てることなのである。

問五＜文章内容＞「自分の有限性から目を背け」て，重い現実から目をそらしていれば快適かもしれないが，その快適さは，「人生を僕たちの手から奪って」しまう。生きる時間が限られているということを自覚することが，「限りある人生を真摯に生きるための唯一のやり方」である。

問六＜文章内容＞哲学者マーティン・ヘグルンドは，命が永遠に続くとしたら，「人生には何の意味もない」し，人生は有限だからこそ，自分が過ごす時間を大切にすると主張する。この考えは，人生には必ず死が訪れると意識することが，「限りある人生を真摯に生きるための唯一のやり方」であるという筆者の意見と同じである。

問七＜接続語＞宗教では，永遠の命や永遠なる天国のことを説くが，そうはいっても「天国で永遠に暮らせると本気で信じている人はそんなに多くない」はずである。

三〔**小説の読解**〕出典：森沢明夫『大事なことほど小声でささやく』。

問一＜心情＞美鈴は，「がんばって」と言われると，「胃がきゅっと」なるような嫌な感じを持ってしまう。彼女は，「みんなの期待に応えられる」ように描き続けなければならないというプレッシャーを感じていたのである。

問二＜心情＞母からの手紙には，父の病状のこと，父が美鈴の漫画を楽しみに待っていること，そしてがんばりすぎないようにという気遣いなどが書かれていて，美鈴への思いやりにあふれるものであった。美鈴は，自分のことを心配し，理解してくれる家族の存在を改めて感じて，張りつめていた心が和んで涙があふれたのである。

問三＜慣用句＞「口をそろえる」は，多くの者が同時に同じことを言う，という意味。

問四＜表現＞祖父母は年老いているうえに，畑の作物の世話をしなければいけないから，それほど遊ぶことはできない。「そうそう」は，下に否定の表現を伴って，それほど(〜ない)，という意味。

問五＜慣用句＞「何喰わぬ顔」は，何も知らないというような顔つきのこと。

問六＜心情＞父は，美鈴が漫画家になることを誰よりも応援してくれた。「病床で自分の作品を心待ちにしてくれている」父のために，美鈴は「真っ白い原稿用紙」を前に気持ちを新たにして絵コンテを描き始めたのである。

問七＜要旨＞美鈴は，「がんばって」という言葉にプレッシャーを感じているが，作品が描けなくなったわけではない(２…×)。美鈴は，母からの手紙を通して，自分が漫画家になるのを応援してくれたのは父であることを改めて思い，病床にいる父のためにも作品を描こうと思った(１…○)。美鈴は，自分を応援してくれる家族のためにも作品を描こうと思っているのであり，大賞を取らなければならないとは思っていない(３…×)。麻美は，美鈴のアシスタントとしてしっかり働いているが，「努めて明るく」振る舞っているかどうかはわからない(４…×)。

四〔**古文の読解─随筆**〕出典：『落栗物語』七五。

≪現代語訳≫端の隆は学問を好み，漢詩を上手につくって名高い人である。けれども世間を非難するしたたか者で，一生宮仕えはしなかった。あるとき，吉野の花見に行ったが，蔵王堂の辺りで，歳が十三，十四くらいの身分の低い女二人が連れだちながら，竹で編んだ目籠という物と，鳥の姿に(竹で)つくった物を，たくさん持ってきて売るところに行きあった。都の土産にしようと(端の隆が)呼び止めて，その鳥を二つ三つ買った。「目籠も買おう」と言うと，(女が)先に行った者を呼び返して，「私は鳥をさし上げた。目籠はあなたから差し上げなさい」と言ったのを(端の隆が)聞いて，たいそうけなげな心持ちだなあ。都の人はただただ勢いのある方について我が身の栄えを望み，自分の兄弟や一族を超えて，自分一人だけがこの世で栄えようとばかりするが，このような田舎の幼い身分の低い女よりもはるかに劣っていると言って，涙を流した。

問一＜古文の内容理解＞竹で編んだ目籠と鳥を都への土産にしようと思ったのは，端の隆である。

問二＜現代語訳＞「ん」は，意志の助動詞で，〜よう，と訳す。

問三＜古文の内容理解＞端の隆は，女のうちの一人から竹で編んだ鳥を都への土産に購入した。竹で編んだ目籠も買おうとすると，女はもう一人の女から買わせようとしてもう一人の女を呼び返した。仲間と利益を分け合おうとする女の態度に端の隆は感動し，「いとやさしき心ばへかな」と言った。

問四＜古語＞「やさし」は，ここでは，けなげである，感心だ，という意味。

問五＜古語＞「ひたすら」は，ここでは，いちずに，ただもう，という意味。

問六＜古文の内容理解＞端の隆は，竹で編んだ目籠や鳥を売る身分の低い二人の女に出会い，一人の女から鳥を買う。目籠も買おうとしたら，女はもう一人の女を呼び返した。自分だけが利益を得るのではなく，仲間にも利益を得させようとする気持ちにふれ，自分だけが栄えればよいという都の人よりもはるかに優れていると端の隆は評価したのである。

問七＜文学史＞『方丈記』は鴨長明の随筆で，鎌倉時代の成立。『平家物語』は軍記物語で，鎌倉時代の成立。『土佐日記』は紀貫之の日記で，平安時代の成立。『竹取物語』はつくり物語で，平安時代の成立。

2024年度 佐野日本大学高等学校(第2回)

【英　語】 (50分) 〈満点：100点〉

■リスニングテストの音声は，当社ホームページで聴くことができます。(当社による録音です)

再生に必要なユーザー名とアクセスコードは「収録内容一覧」のページに掲載しています。

[1] ただ今からリスニングテストを行います。テストはPart A，Part Bに分かれています。それぞれのPartの初めに放送される日本語の説明にしたがって，解答してください。

Part A

Part Aは絵を見て答える問題です。問題ごとに１～４の短い英文が読まれます。絵の内容を表す最も適切な英文を，１つ選びなさい。英文はそれぞれ１回しか読まれません。

問1

問2

問3

Part B

Part Bは短い会話を聞いて答える問題です。それぞれの会話の後に質問が続きます。その質問に対する答えとして最も適切なものを，１～４より１つ選びなさい。会話と質問は２回読まれます。

問4　1. The man.　　2. The wife.
　　3. Both of them.　　4. Nobody.

問5　1. Because the teacher talks too fast.
　　2. Because he missed several classes.
　　3. Because the new lesson is not difficult.
　　4. Because the teacher talks too slowly.

※＜**リスニングテスト放送台本**＞は英語の問題の終わりに付けてあります。

2 次の(1)〜(8)の英文の空所に入る最も適切なものを，1〜4より1つ選びなさい。

(1) She ( ) her book for two hours yesterday.

1．has been looking for
2．was looking for
3．has been looking to
4．was looking to

(2) Please tell me ( ) this old tower was built.

1．what 2．when
3．which 4．who

(3) The gold medal ( ) by the president.

1．was given to him
2．gave to him
3．which he gave
4．that he gave

(4) The boys ( ) baseball since this morning.

1．play 2．played
3．are playing 4．have been playing

(5) I cannot forget the beautiful picture ( ) by the famous photographer.

1．takes 2．took
3．taking 4．taken

(6) I ( ) a lot of sweet candies, but now I don't eat them too much for my health.

1．use eating
2．used eating
3．used to eat
4．was used to eat

(7) Nice to meet you, everyone, let me ( ) first.

1．introduce myself
2．introduce yourself
3．to introduce myself
4．to introduce yourself

(8) You had ( ) your smartphone before going to bed.

1．better not use
2．not better use
3．not better using
4．better not using

3　Joey はアメリカのサンディエゴ(San Diego)から日本に来て６か月になります。母とのメッセージのやり取りを読み，後の設問に答えなさい。

MOTHER

How are you, Joey? Our dog, Alice, *gave birth to four puppies. Your dad and I are now thinking about giving some of them to friends because we cannot take care of all four puppies. Do you know anyone who likes dogs?

JOEY

Hi Mom, I'm good. I think Paul and Jeff from my soccer team will be interested. Carrie will be interested too, but she got a new dog a few months ago, so maybe you should ask those two.

MOTHER

Okay, thank you. By the way, how is your life in Japan?

JOEY

It has been great! My Japanese has been improving a lot and now I can understand most of the classes including science. But it is sometimes difficult to understand friends because they often speak too fast for me. When this happens, Osamu and Yukio always help me. They say they want to come and visit San Diego. Can they stay at our house?

MOTHER

Of course. They can share your room.

JOEY

Great! I have only one month before I leave. Please tell me what you want for a souvenir.

(注)　gave birth to ～　～を産んだ

問１　Joey の最初のメッセージの内容と合う最も適切なものを，１～４より１つ選びなさい。

1．Alice gave some of her babies to her friends.

2．Joey's father disagrees with giving their puppies.

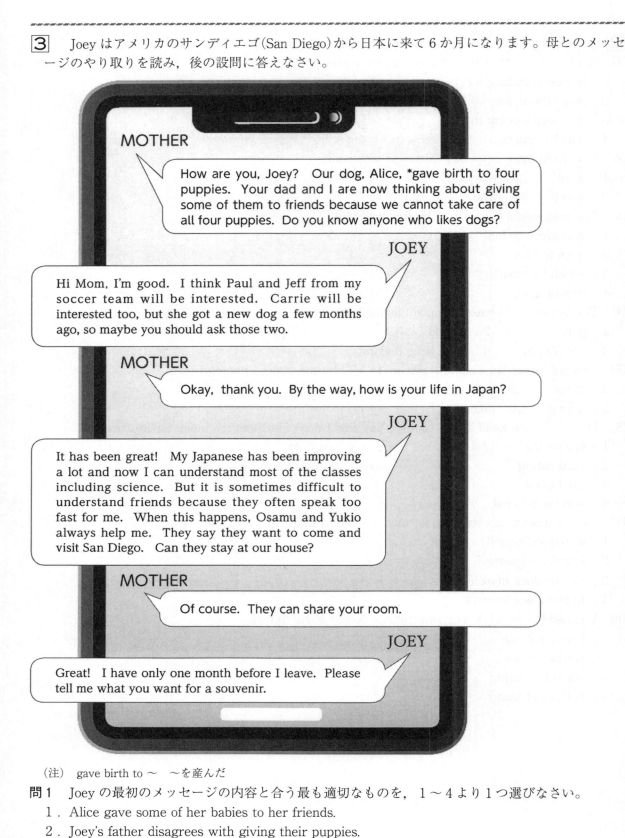

3．Joey's mother already gave Paul a puppy.

4．Joey told his mother that she should ask his friends about puppies.

問２　Joey の２番目のメッセージの内容と合う最も適切なものを，１～４より１つ選びなさい。

1．It is difficult for Joey to have friends in Japan.

2．Joey sometimes cannot understand what his friends talk about.

3．Joey can understand only science class.

4．Joey's friends always try to speak fast for him.

問３　Joey の最後のメッセージに対する Mother の返信として最も適切なものを，１～４より１つ選びなさい。

1．I don't think your room is big enough.

2．I want a kimono, but it may be too expensive.　Let me think.

3．I will give you a souvenir when you go to Japan.

4．Your father is also interested in going to Japan.

4　次のグラフと英文を読み，後の設問に答えなさい。

Ken researched the library at his school in order to give a presentation to his class.

There are 310 students at his school.　The students can borrow just one book at one time, for as long as two weeks.　The *average number of the books which are borrowed a month is eighty-one.　Half of the students who visit the library borrow books every month.

Many students borrowed books in December because they wanted to read during the winter vacation.　The total was 152, twice the number of books borrowed in November.　Of all the books borrowed in December, novels were the most popular, and its number was sixty-eight.　Travel books with a lot of photos and *illustrations came next, thirty-two.　Science books and history books were more popular than art books, and history books were less popular than science books.　The students borrowed twenty-one science books and eleven art books.　The difference between the number of history books and art books the students borrowed was four.　Language books were the（　ア　）popular and the number was only five.

（注）　average　平均の　　illustrations　イラスト

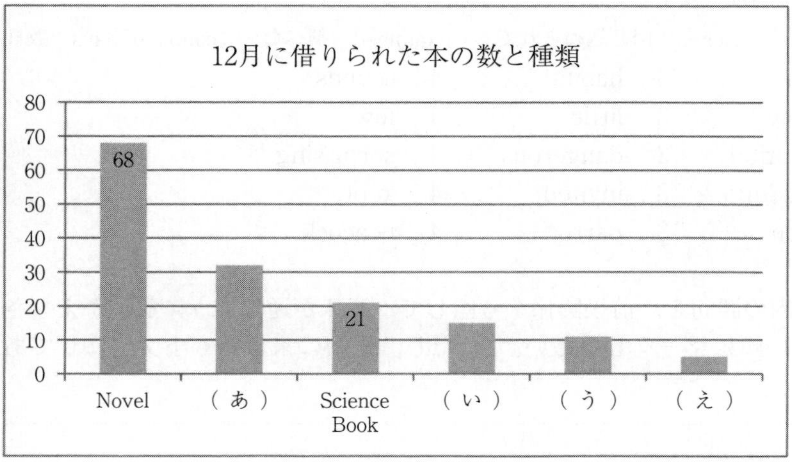

問１　毎月図書館を訪れる生徒数(のべ人数)の平均として，最も適切なものを，１～４より１つ選び

なさい。

1．約81人　2．約162人　3．約310人　4．約620人

問2　グラフの(あ)の本の種類として最も適切なものを，1～4より1つ選びなさい。

1．小説　2．旅の本　3．科学の本　4．歴史の本

問3　グラフの(い)の本の種類として最も適切なものを，1～4より1つ選びなさい。

1．小説　2．旅の本　3．科学の本　4．歴史の本

問4　空所(ア)に入る最も適切なものを，1～4より1つ選びなさい。

1．more　2．most　3．less　4．least

問5　11月に借りられた本の総数として最も適切なものを，1～4より1つ選びなさい。

1．38　2．76　3．152　4．228

5　次の英文を読み，文中の空所(1)～(5)に入る最も適切なものを，それぞれ下の1～4より1つ選びなさい。

A *crow lived in the forest and was *satisfied with his life. But one day he saw a *swan. "This swan is so white," he thought, "and I am so black. A swan must be the happiest bird in the world."

He expressed his (1) to the swan. "Actually," the swan *replied, "I was feeling that I was the happiest bird until I saw a *parrot. It has two colors and I now think the parrot is the happiest bird." The crow then went to the parrot. The parrot explained, "I lived a very happy life until I saw a *peacock. I have only two colors, but the peacock has (2) colors."

The crow then visited a peacock in the zoo and saw that hundreds of people *had gathered to see him. The crow came to the peacock and said, "Dear peacock, lots of people come to see you every day. You must be *praised for your beauty. When people see me, they immediately *drive me away. I think you are the happiest bird on the planet."

The peacock replied, "I always thought that I was the most (3) and happiest bird on the planet. But because of my beauty, I am *locked in this zoo. I've *examined the zoo very carefully for the past *couple of days, and I have realized you are the only bird that is not (4) in a cage and can go anywhere. So I think the (5) is the happiest bird of all."

(注)　crow　カラス　satisfied　満足して　swan　白鳥　replied　答えた　parrot　オウム
peacock　クジャク　had gathered　集まっていた　praised　賞賛されて
drive me away　私を追い払う　locked　閉じ込められて　examined　調べた　couple of days　数日

(1)　1．thoughts　2．life　3．habits　4．sounds

(2)　1．much　2．many　3．little　4．few

(3)　1．careful　2．beautiful　3．dangerous　4．surprising

(4)　1．swimming　2．walking　3．invited　4．kept

(5)　1．crow　2．swan　3．parrot　4．peacock

6　次の英文中の(1)～(4)の〔　〕内の語句を，前後関係を考慮して，意味が通るように並べかえなさい。解答は例にならって，正しい順にマークしなさい。(ただし，先頭に来る語も小文字にしてある。)

例題　彼はサッカーがうまい。
〔1．is　2．soccer　3．a good　4．he〕player.

この例ではHe is a good soccer player.が正解なので，上から順に④，①，③，②とマークすることになる。

We often hear the word "AI". AI *stands for *artificial intelligence. We sometimes see AIs in *science fictions. (1)〔1. famous examples 2. one 3. of 4. the most〕 is **HAL 9000* in a movie. *HAL* can communicate like a human and do different things. However, because of a *system failure, he kills the spaceship's *crew.

In real world, we have seen some wonderful AIs. In 2011, for example, **Watson* won first prize in a TV quiz show. These AIs are amazing, but they (2)〔1. than 2. not 3. are 4. better〕 AIs in fictions.

Now, development of new types of AI is a very popular topic. "*Generative AIs" can do a lot of things like a human. **Chat GPT* *was released in November 2022. It can chat with people, and answer (3)〔1. question 2. ask 3. any 4. people〕, make poems, and write essays.

These new types of AI may change human society. People all over the world are thinking what this new technology will do to us. Some people welcome it. It will solve many problems we have today, such as global warming. Others are worried that it will cause huge damage. Many people might (4)〔1. jobs 2. because 3. lose 4. of〕 this. Some people worry AI will be like *HAL* in the movie and kill us.

AIs are improving day by day. Nobody knows exactly what will happen in the future. We need to have new rules in order to use these powerful computer programs well.

（注） stands for ～　～を表す　　artificial intelligence　人工知能
science fictions　サイエンスフィクション(SF)
HAL 9000　ハル9000(映画に登場するAI)　　system failure　システム障害
crew　乗組員　　*Watson*　ワトソン(AIの名前)　　generative AIs　生成系AI
Chat GPT　チャットGPT(生成系AIの名前)　　was released　発表された

7　次の英文を読み，後の設問に答えなさい。

Do you like ramen? Ramen is probably one of the most popular dishes in Japan. The history of ramen in Japan started at the end of *the Edo period. At that time, Japan opened the ports in Yokohama, Kobe, Nagasaki and Hakodate. Many foreign people came to these four cities after that. Various foreign foods and goods, including Chinese noodle dishes, *flowed into Japan around the time. Ramen is one of those foods from China.

Ramen is eaten not only in Japan but also in foreign countries. In New York City, ramen has been popular for about 20 years. These days the number of ramen shops is increasing in (1)the city. At first, however, New Yorkers thought that ramen was not good for health because it had too much salt and oil. Some people said it was hard to eat because the noodles were too long. Japanese usually *slurp noodles, but most Americans don't like slurping. Some shops made the noodles shorter because some people wanted to eat noodles without slurping. Other shops changed the (2) *recipe a little, and some even created new ramen styles and unique names.

By the way, what ramen do you like? According to (3)some research, the kind of ramen foreigners like best is *tonkotsu. Many of them love its strong taste and *rich soup. However, many foreigners like different kinds, too. Shoyu ramen is second and miso ramen is third. Then how about the ramen foreigners don't like ? Actually, many of them least like tonkotsu for their health.

After ramen had great success in New York City, several ramen shops were opened in some cities around Europe, such as London, Paris, and *Frankfurt. In Frankfurt, a shop owner, (4)<u>Shinichi Yamamoto</u>, made a little change in noodles because German *flour didn't work well when he made ramen with it. He made his original noodles by using different kinds of flour produced in Europe, and they *perfectly matched with his soup. His shop has succeeded and a lot of people are waiting in line in front of his shop every day.

(　　5　　) People all over the world are enjoying ramen and will enjoy it in the future.

(注) the Edo period　江戸時代　flowed into ～　～に入ってきた
slurp ～　大きな音をたてながら～を食べる　recipe　調理法
tonkotsu　とんこつラーメン　rich　(味が)こってりした
Frankfurt　フランクフルト(ドイツの都市)　flour　小麦粉　perfectly　完璧に

問１　下線部(1)が指す都市として最も適切なものを，１～４より１つ選びなさい。
１．Yokohama　２．Kobe　３．Frankfurt　４．New York City

問２　次の英語の問いの答えとして最も適切なものを，１～４より１つ選びなさい。
What did New Yorkers think about Japanese ramen at first ?
１．They thought it was healthy because it didn't have any salt.
２．They thought they should often eat ramen because Japanese people do so.
３．They thought it wasn't good to eat ramen because it was too oily and salty.
４．They thought ramen shops there would be more popular than ones in Japan.

問３　空所(２)に入る最も適切なものを，１～４より１つ選びなさい。
１．traditional　２．thin　３．clear　４．comfortable

問４　下線部(3)の結果明らかになったこととして最も適切なものを，１～４より１つ選びなさい。
１．Foreign people like shoyu ramen best, and the next is miso ramen.
２．There are many foreigners who hate tonkotsu.
３．Many Japanese people don't like miso ramen because it has too much salt.
４．People in Europe like miso ramen because many foreigners like miso.

問５　下線部(4)の人物に当てはまることとして最も適切なものを，１～４より１つ選びなさい。
１．ヨーロッパで生産された数種類の小麦粉を使って自分で麺を作った。
２．ロンドンで最初に店を開いた。
３．パリの店では成功しなかったが，ロンドンの店では成功した。
４．日本で生産した麺がフランクフルトの店でも評判になった。

問６　空所(５)に入る英文として最も適切なものを，１～４より１つ選びなさい。
１．Today, the number of people who eat ramen is decreasing.
２．Today, ramen shops are facing difficulties.
３．Today, ramen is not only for the Japanese.
４．Today, ramen is less popular as an unhealthy dish around the world.

問７　次の英文が本文の内容と一致している場合は１，一致していない場合には２をマークしなさい。
１．Some Americans had a hard time when they ate ramen because the noodles were very long.
２．Ramen shops in New York City always keep following the Japanese recipe.
３．Shinichi Yamamoto gave up creating his original noodles because it was too difficult.

＜リスニングテスト放送台本＞

ただ今からリスニングテストを行います。テストは Part A，Part B に分かれています。それぞれの Part の初めに放送される日本語の説明にしたがって，解答してください。

Part A

Part A は絵を見て答える問題です。問題ごとに１～４の短い英文が読まれます。絵の内容を表す最も適切な英文を，１つ選びなさい。英文はそれぞれ１回しか読まれません。

では始めます。

問１　1．There are four birds flying above the man.
2．The man works inside the house.
3．The man is pulling the machine in the air.
4．The man is pushing the machine on the grass.

問２　1．The girl and her friend are washing dishes.
2．The girl is washing dishes.
3．The girl has broken a dish by the sink.
4．The girl is sad about washing dishes.

問３　1．There is a bag under the seat.
2．All of the passengers are using computers.
3．The staff is giving coffee to the passenger.
4．The inside of the plane is very dirty.

Part B

Part B は短い会話を聞いて答える問題です。それぞれの会話の後に質問が続きます。その質問に対する答えとして最も適切なものを，１～４より１つ選びなさい。会話と質問は２回読まれます。

では始めます。

問４

Woman：Happy Valentines day, what would you like to drink today?
Man：I will have two coffees, for me and my wife.
Woman：Anything else?
Man：Can I also have a chocolate cake for my wife and a sandwich for me please.
Woman：OK!

QUESTION：Who will eat the cake?

繰り返します。

問５

Mother：Your math test was worse than last time.
Son：I know mom, this new lesson is very difficult and I can't understand.
Mother：Why can't you understand it?　What's the problem?
Son：Our teacher talks really fast.　I can't understand him.
Mother：You should ask him to slow down and then you can hear him.

QUESTION：Why is the son's math test worse than last time?

繰り返します。

【数　学】　(50分)　〈満点：100点〉

(注意)　1．円周率はπとして計算しなさい。

　　　　2．計算機，定規，コンパス等の使用は禁止します。

1　次の［　］にあてはまる数値を求めなさい。

(1)　$7-6\div3+1=$［ア］

(2)　$\dfrac{2}{5}-\left(-\dfrac{2}{3}\right)^2\times6\div(-10)=\dfrac{［イ］}{［ウ］}$

(3)　$\dfrac{4x-2y}{3}-\dfrac{3x-y}{4}=\dfrac{［エ］x-［オ］y}{［カキ］}$

(4)　$\left(-\dfrac{\sqrt{3}}{2}xy^2\right)^2\times\dfrac{9}{2}x^3y^5\div(3xy^2)^3=\dfrac{［ク］}{［ケ］}x^{［コ］}y^{［サ］}$

(5)　$\sqrt{50}-\dfrac{4}{\sqrt{2}}=$［シ］$\sqrt{［ス］}$

(6)　$(2x+3)(x-1)-x(x+3)=(x+［セ］)(x-［ソ］)$

2　次の［　］にあてはまる数値を求めなさい。

(1)　$a=\sqrt{5}-3$のとき，$a^2-9=$［ア］$-$［イ］$\sqrt{［ウ］}$である。

(2)　連立方程式$\begin{cases}2x+3y=6\\x+ay=3a\end{cases}$の解が，$x=-3$，$y=b$であるとき，$a=$［エ］，$b=$［オ］である。

(3)　2次方程式$3x^2-4x-1=0$を解くと，$x=\dfrac{［カ］\pm\sqrt{［キ］}}{［ク］}$である。

(4)　ある連続する3つの自然数をそれぞれ2乗したとき，その和は434となる。この3つの自然数のうち，1番小さいものは［ケコ］である。

(5)　2次関数$y=ax^2$について，xの値が-1から4まで増加したときの変化の割合が2であった。この関数において，$x=-3$のとき，$y=$［サ］である。

(6)　$a^2-b^2=17$となるような自然数aとbを考える。このとき，$ab=$［シス］である。

(7)　大小2つのさいころを同時に投げる。大きいさいころの目をa，小さいさいころの目をbとするとき，$3<\sqrt{ab}<4$となる確率は$\dfrac{［セ］}{［ソ］}$である。

図1

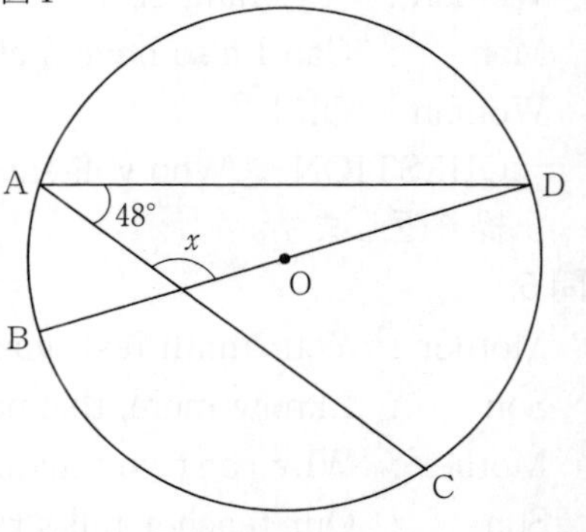

(8)　右の図1のように，円Oの周上に4点A，B，C，Dがある。線分BDは円Oの直径で，AC＝AD，∠CAD＝48°のとき，∠x＝［タチツ］°である。

(9)　次のページの図2のような1辺の長さが4 cmのひし形ABCDがある。辺CD上にCE＝3 cmとなるように点Eをとり，BEとACの交点をPとする。△ABPの面積が4 cm²であるとき，ひし形ABCDの面積は［テト］cm²である。

(10)　次のページの図3のような四角形ABCDを，直線lを軸として1回転させてできる立体の体積は$\dfrac{［ナニヌ］}{［ネ］}\pi$ cm³である。

図2

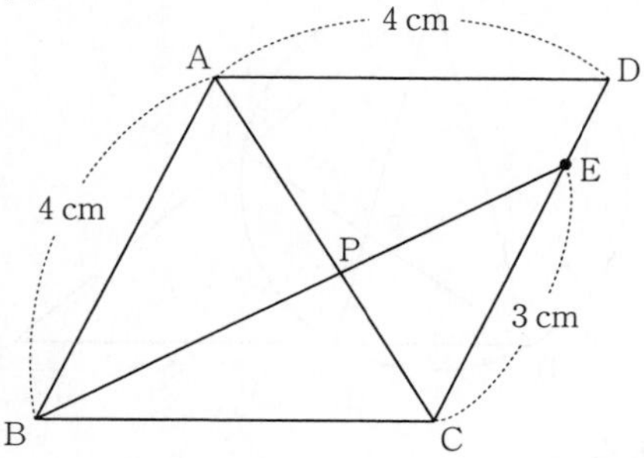

図3

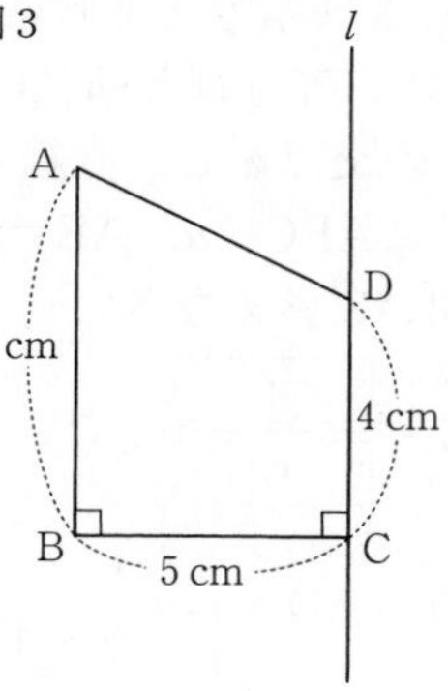

3 家から3280m離れた駅へ兄と弟が同時に家を出て向かう。弟は分速80mの速さで歩き続けた。兄は自転車で分速200mで進んでいたが，途中で友達と会い21分間立ち話をした。その後分速260mで進んだところ，弟より6分早く駅に着いた。

このとき，次の問いに答えなさい。

(1) 兄が駅に着いたのは，家を出発して[ア イ]分後である。

(2) 兄が分速200mで進んでいたのは[ウ]分間であり，立ち話をしていたのは家から[エ オ カ キ]m離れたところである。

(3) 弟が兄を追い越すのは家を出てから[ク ケ]分後であり，兄が弟を追い越すのは家を出てから[コ サ]分[シ ス]秒後である。

4 右の図のように，放物線 $y=ax^2\ (a>0)$ …① と直線 $y=bx+1\ (b>0)$ …②が2点A，Bで交わっており，それぞれの x 座標は -1，2である。直線②と x 軸との交点をCとするとき，次の問いに答えなさい。

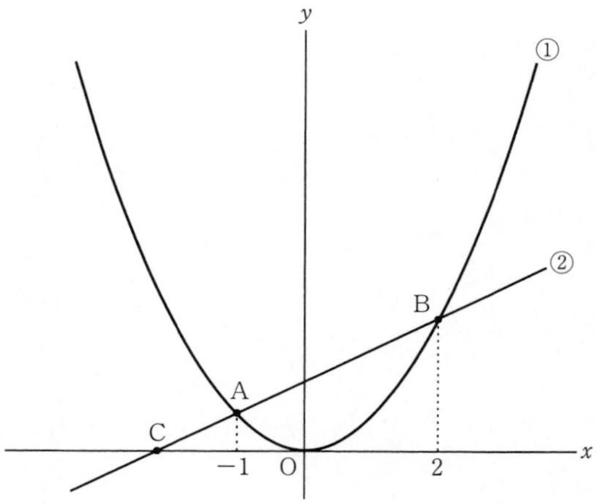

(1) $a=\frac{ア}{イ}$，$b=\frac{ウ}{エ}$ である。

(2) 点Bから x 軸に引いた垂線と x 軸との交点をHとする。このとき，△BCHと△OABの面積比は[オ]：[カ]である。

(3) 放物線上に点Pを△OABと△PCHの面積比が1：2となるようにとる。このとき，△PCHを x 軸の周りに1回転させてできる回転体の体積は[キ] π である。ただし，点Pの x 座標は正とする。

5　右の図のように，AB＝AC である二等辺三角形 ABC の３つの頂点を通る円がある。∠B の二等分線と弧 AC との交点をD，直線 AD と直線 BC との交点をE，直線 AC と直線 BD との交点をＦとする。∠ABC＝a，AE＝6，BE＝5，AB＝x とするとき，次の問いに答えなさい。

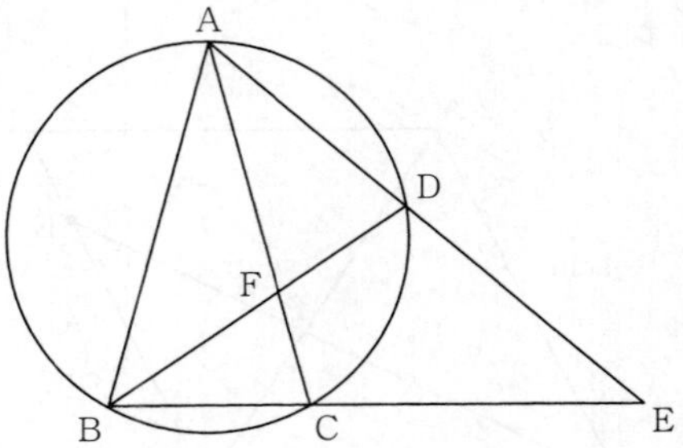

(1)　∠AEC＝$\dfrac{1}{\boxed{ア}}a$ であり，DE＝$\dfrac{\boxed{イ}}{\boxed{ウ}}x$ である。

(2)　∠BAE＝180°－$\dfrac{\boxed{エ}}{\boxed{オ}}a$ であり，AD＝$\dfrac{1}{\boxed{カ}}x^2$ である。

(3)　x＝$\boxed{キ}$ である。

【社　会】（50分）〈満点：100点〉

1　次の地図をみて，(1)～(6)の問いに答えなさい。

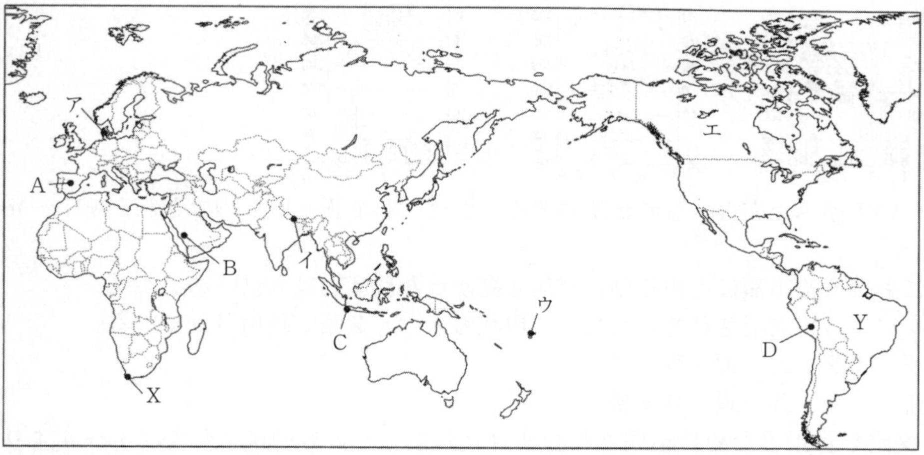

(1)　地図中のＡ～Ｄのうち，次の写真のような民族衣装がみられる地域はどこか。１～４より１つ選びなさい。

１．Ａ　　２．Ｂ
３．Ｃ　　４．Ｄ

(2)　地図中のア～エのうち，次の写真が撮影された国はどこか。１～４より１つ選びなさい。

１．ア　　２．イ
３．ウ　　４．エ

(3)　地図中のＸの都市の雨温図として正しいものはどれか。１～４より１つ選びなさい。

１．

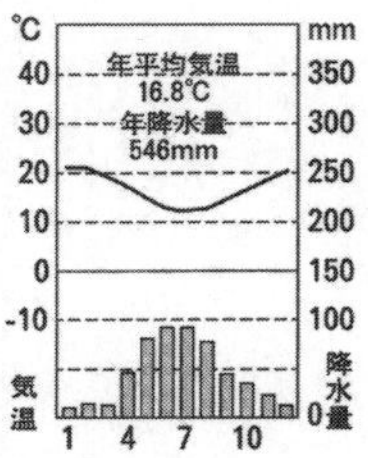

２．

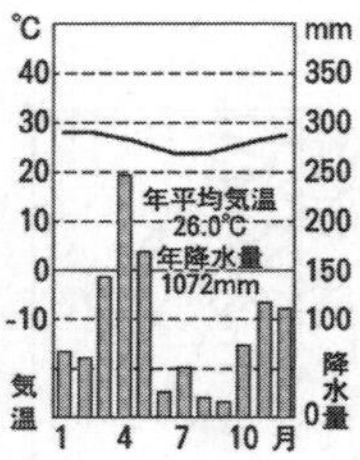

３．

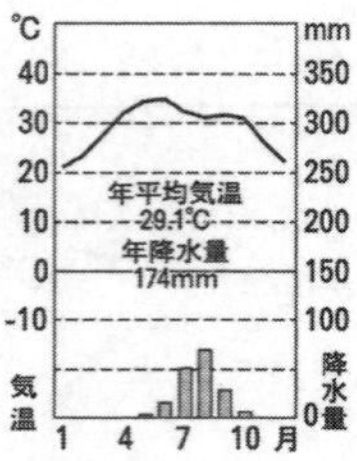

４．

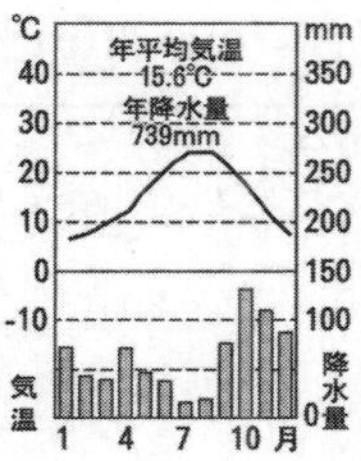

(4)　地図中のＹの国について述べた文Ａ・Ｂの正誤の組み合わせとして正しいものはどれか。１～４より１つ選びなさい。

Ａ：この国の2020年における輸出額に占める割合が最も高かった農産物は大豆である。

Ｂ：この国はスペインによって支配されていたため，現在もスペイン語が使用されている。

　１．Ａ―正　Ｂ―正　　２．Ａ―正　Ｂ―誤

　３．Ａ―誤　Ｂ―正　　４．Ａ―誤　Ｂ―誤

(5)　東南アジア地域の安定を目指すために結成された連合として正しいものはどれか。１～４より１つ選びなさい。

１．ASEAN　　２．AU

３．NATO　　４．TPP

(6)　インドで宗教別人口の割合が最も高い宗教はどれか。１～４より１つ選びなさい。

１．イスラム教　　２．キリスト教

３．ヒンドゥー教　　４．仏教

２　次の文章を読み，(1)～(5)の問いに答えなさい。

世界の人口は20世紀以降急速に増加を続けており，a人口が１億人を超える国家は2021年現在で10か国以上存在している。国連の発表によると，（ア）に世界の人口は80億人を突破したとされる。特に，近年人口増加が著しいのはアジア・アフリカ・ラテンアメリカである。これらの地域はb医療の発達によって死亡率が大きく下がり，出生率が高いままであったため人口が大きく増加した。一部では人口の増加を抑制するために，「c一人っ子政策」のような人口抑制政策を行っていた国も存在する。

一方で日本のように人口減少に転じている国もみられる。日本では少子高齢化が進んでおり，2008年をピークに人口が減少し続けている。日本の人口は三大都市圏に集中しており，農村部では人口が減少している。こうしたd過密・過疎の問題は住環境にも大きな影響を与えている。

(1)　文章中の空欄（ア）に該当する時期として正しいものはどれか。１～４より１つ選びなさい。

１．2010年11月　　２．2014年11月

３．2018年11月　　４．2022年11月

(2)　下線部ａについて，2021年現在で人口が１億人を超える国家として，正しいものはどれか。１～４より１つ選びなさい。

１．イギリス　　２．オーストラリア

３．韓国　　４．メキシコ

(3)　下線部ｂについて，次の表はドイツ・ナイジェリア・フィリピン・ペルーの2020年における出生率・死亡率・自然増加率を示したものである。ナイジェリアに該当するものとして正しいものはどれか。１～４より１つ選びなさい。

	出生率	死亡率	自然増加率
1	17.5	5.7	11.9
2	37.0	11.4	25.6
3	12.9	5.5	7.4
4	9.3	11.9	−2.6

（2020年　世界国勢図会）

(4)　下線部ｃについて，「一人っ子政策」が行われていた国家として正しいものはどれか。１～４より１つ選びなさい。

１．アメリカ合衆国　　２．インド
３．インドネシア　　　４．中国

(5)　下線部ｄについて，日本の過密・過疎地域で発生する問題として正しいものはどれか。１～４より１つ選びなさい。

１．過密地域では，老年人口の割合が高くなり地域社会の維持が困難になっている都市が存在している。
２．過密地域では，人口の増加でごみ問題や公害が発生し，地価の低下を招いている。
３．過疎地域では，ＩターンやＵターンによる都会からの移住者に対して，引っ越しの支援などを行っている。
４．過疎地域では，公共交通機関の整備が行われた結果，かえって深刻な交通渋滞が発生している。

3　右の中国・四国地方の地図をみて，(1)～(4)の問いに答えなさい。

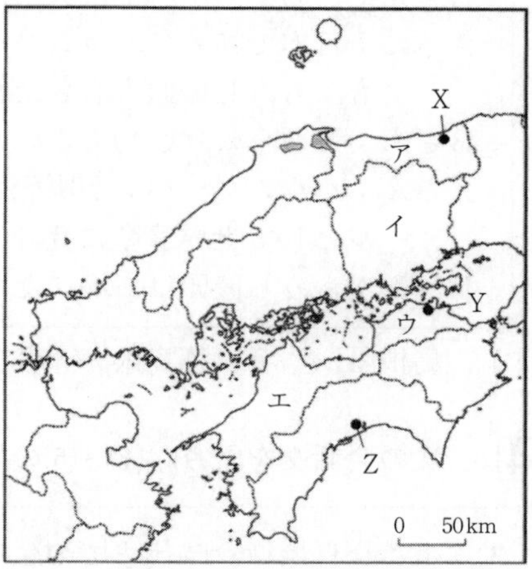

(1)　次の写真は地図中のア～エのいずれかの県で撮影されたものである。この写真が撮影された地点として正しいものはどれか。１～４より１つ選びなさい。

１．ア　　２．イ
３．ウ　　４．エ

(2)　右のカ～クの雨温図は地図中Ｘ～Ｚのいずれかの地点のものである。雨温図と各地点の組み合わせとして正しいものはどれか。１～６より１つ選びなさい。

カ　　キ　　ク

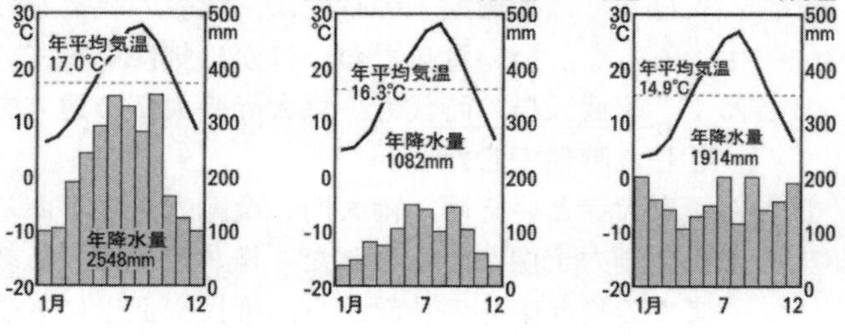

	カ	キ	ク
1	X	Y	Z
2	X	Z	Y
3	Y	X	Z
4	Y	Z	X
5	Z	X	Y
6	Z	Y	X

(3) 本州四国連絡橋について述べた文A・Bの正誤の組み合わせとして正しいものはどれか。1～4より1つ選びなさい。

A：この連絡橋が開通したことで，四国で生産された農作物の多くがトラックを使って近畿地方や関東地方に出荷されるようになった。

B：この連絡橋が開通したことで，自動車や鉄道での移動が活発になった結果，フェリーの利用者が減少し，現在は夏休みなどの限られた時期のみの運航となっている。

1．A－正　B－正　　2．A－正　B－誤

3．A－誤　B－正　　4．A－誤　B－誤

(4) 次の会話文は中国・四国地方に修学旅行に行くAさんとBさんの会話である。2人の会話が示している県として正しいものはどれか。1～4より1つ選びなさい。

Aさん：今回の修学旅行で行く場所はどんなところか事前に調べておこう。

Bさん：この県の中心部は太田川の三角州に広がっていて，人口が120万人くらいいるよ。

Aさん：日本で初めてバウムクーヘンが販売されたのはこの県とされているらしいよ。ほかにも，もみじ饅頭も有名だね。

Bさん：どちらの食べ物もこの県の世界遺産と深い関わりがあるね。

Aさん：バウムクーヘンが販売された場所は，今では戦争の悲惨さや世界平和を求めるシンボルとして世界遺産に登録されているね。

Bさん：もみじ饅頭は，海にたたずむ鳥居がある神社のお土産として有名だね。

1．島根県　　2．徳島県　　3．広島県　　4．山口県

4　次の会話文を読み，(1)～(5)の問いに答えなさい。

先　生：今日は鎌倉時代までの仏教の歴史について考えてみよう。まず，仏教と聞いて，気になっていることはありますか？

Aさん：私は，a仏教はどの国で起こり，いつごろ日本に伝わってきたのかが気になるわ。

Bさん：たしか，インドが発祥だと聞いたことがあります。

Cさん：日本では聖徳太子の時代に，仏教の教えを取り入れて国づくりを行ったんだよね。

先　生：みんな，いい意見だね。ほかに気になっていることはある？

Bさん：b聖武天皇の時代も，東大寺の大仏の建立を命じたり，仏教によって国を安定させようとした時代でしたね。

Dさん：東大寺といえば，南大門の金剛力士像もあるね。間近でみたらすごい迫力だった。

先　生：金剛力士像がつくられたc鎌倉時代は，仏教にも新しい風潮が広がった時代だね。これまでの貴族中心の仏教から，庶民や武士にも受け入れられたことは大きな意義をもつよね。

Ｃさん：d平安時代の仏教はどんな特徴があるだろう。そこも調べてみたいな。
Ａさん：そういえば，京都のe平等院鳳凰堂も平安時代に建てられたんだよね。一度実物をみてみたいわ。
先　生：みんな，いろいろ興味関心が高まっているようだね。それでは，各自で気になったできごとや人物を調べてみよう。

⑴　下線部ａに関して，仏教の起こりと日本への広がりについて述べた文Ａ・Ｂの正誤の組み合わせとして正しいものはどれか。１～４より１つ選びなさい。
Ａ：インドのシャカ(釈迦)は，人は修行を積むことで一生の苦しみから解放され，心の安らぎを得られると説いた。
Ｂ：仏教は，白村江の戦いの際に朝鮮半島から連れてこられた捕虜によって日本に伝わり，急速に広まっていった。
　１．Ａ－正　Ｂ－正　　２．Ａ－正　Ｂ－誤　　３．Ａ－誤　Ｂ－正　　４．Ａ－誤　Ｂ－誤

⑵　下線部ｂに関して，聖武天皇が行った政策として正しいものはどれか。１～４より１つ選びなさい。
１．藤原京の完成　　２．遣唐使の廃止
３．国分寺・国分尼寺の建立　　４．班田収授法の制定

⑶　下線部ｃに関して，次のＡ～Ｄの文はこの時代の新しい仏教の開祖と特徴を説明したものである。Ａ～Ｄの文のうち，正しい組み合わせはどれか。１～４より１つ選びなさい。
Ａ：浄土宗の開祖である法然は，「南無阿弥陀仏」と念仏を唱えれば救われると説いた。
Ｂ：栄西は，永平寺を中心に座禅を組むことで悟りを開く曹洞宗を開いた。
Ｃ：浄土真宗の親鸞は，自分の罪を自覚した悪人こそが救われる対象であると説いた。
Ｄ：日蓮は，念仏をすすめるため札を配ったり，踊りを取り入れるなど布教の拡大をはかった。
　１．Ａ・Ｃ　　２．Ａ・Ｄ　　３．Ｂ・Ｃ　　４．Ｂ・Ｄ

⑷　下線部ｄに関する次の文章の空欄(ア)・(イ)に入る語句の組み合わせとして正しいものはどれか。１～４より１つ選びなさい。

　平安時代初め，遣唐使とともに唐に渡った(　ア　)や(　イ　)は，それまでの仏教とは異なる新しい教えを日本に伝えた。天台宗を伝えた(　ア　)は，比叡山に延暦寺を建て，真言宗を伝えた(　イ　)は，高野山に金剛峯寺を建て，山奥での厳しい修行を行った。

	ア	イ
1	最澄	空海
2	行基	空海
3	空海	最澄
4	行基	最澄

⑸　下線部ｅの建築物が建立される背景となった信仰について述べた文として正しいものはどれか。１～４より１つ選びなさい。
１．仏教の力に頼って，伝染病や災害などの不安から国家を守りたいとする信仰。
２．不幸な死をとげた人の霊が，祟りや災いをもたらすという信仰。
３．念仏を唱えて阿弥陀如来にすがり，死後に極楽浄土へ生まれ変わろうとする信仰。
４．すべての生物や無機物に，霊魂や精霊が宿っているとする信仰。

5　次の文章を読み，(1)～(5)の問いに答えなさい。

> 1467年の応仁の乱で権力を失った室町幕府は京都を支配するだけのものとなり，守護大名の地位を奪ったり，a守護大名が成長したりして，戦国大名が各地に登場した。
> このような時代の中で，b鉄砲やcキリスト教が日本に伝来し，これらは全国統一の動きを促した。その後，d織田信長やe豊臣秀吉の統一事業がはじまり，1590年に豊臣秀吉によって全国統一が完成した。

(1)　下線部ａについて，守護大名から戦国大名になった者，もしくはその子孫として誤っているものはどれか。１～４より１つ選びなさい。

１．上杉謙信　　２．武田信玄
３．今川義元　　４．島津貴久

(2)　下線部ｂについて述べた文として誤っているものはどれか。１～４より１つ選びなさい。

１．鉄砲はスペイン人によって伝えられた。
２．鉄砲が最初に伝えられた場所は種子島である。
３．堺や国友の刀鍛冶職人によって鉄砲が国産化された。
４．鉄砲は長篠の戦いなどの戦乱で使用された。

(3)　下線部ｃに関して，日本におけるキリスト教について述べた次の３つのできごとを古い順に並べ替えたとき，正しいものはどれか。１～６より１つ選びなさい。

Ｘ：キリシタン大名により，ローマ教皇のもとへ天正遣欧使節が派遣された。
Ｙ：迫害を受けたキリスト教徒が，島原・天草一揆を起こした。
Ｚ：宣教師の国外追放を命じる，バテレン追放令が出された。

１．Ｘ→Ｙ→Ｚ　　２．Ｘ→Ｚ→Ｙ
３．Ｙ→Ｘ→Ｚ　　４．Ｙ→Ｚ→Ｘ
５．Ｚ→Ｘ→Ｙ　　６．Ｚ→Ｙ→Ｘ

(4)　下線部ｄの人物について述べた文として，正しいものはどれか。１～４より１つ選びなさい。

１．近江国に名護屋城を築城した。
２．自治都市として栄えた博多を武力で従わせた。
３．一向宗の根拠地の石山本願寺を，長い戦いの末に降伏させた。
４．関所を多く設け，さまざまな税を課した。

(5)　下線部ｅの人物について述べた文として，正しいものはどれか。１～４より１つ選びなさい。

１．「天下布武」の印判をもちいて統一事業を進めた。
２．朝廷から関白・太政大臣に任命された。
３．刀狩令を出し，武士と農民の身分を統一した。
４．慶長大判とよばれる統一的な貨幣を鋳造した。

6　江戸時代について，(1)～(3)の問いに答えなさい。

(1)　次の３つの政策【Ａ】～【Ｃ】を古い順に並べ替えたとき，正しいものはどれか。１～６より１つ選びなさい。

> 【Ａ】
> 有能な人材を積極的に登用し，江戸に目安箱を設置して民衆の投書を参考にしたほか，公事方御定書という法律を整備し，裁判の基準とした。

【B】
大名が１年おきに領地と江戸を往復する参勤交代が制度化された。

【C】
江戸の湯島に孔子を祀《まつ》る聖堂を建て，儒学を盛んにし，学問を重んじて忠孝や礼儀を説く政治を推進した。

１．A→B→C　２．A→C→B　３．B→A→C
４．B→C→A　５．C→A→B　６．C→B→A

(2) (1)の政策【A】～【C】とその時代の将軍の組み合わせとして正しいものはどれか。１～６より１つ選びなさい。
１．A　綱吉　B　家康　C　吉宗　２．A　吉宗　B　家康　C　綱吉
３．A　綱吉　B　家光　C　吉宗　４．A　吉宗　B　家光　C　綱吉
５．A　綱吉　B　家光　C　家斉　６．A　吉宗　B　家光　C　家斉

(3) 次の文章X～Zは江戸時代に行われた政策について述べたものである。X～Zの政策を行った人物として正しいものはどれか。１～４より１つずつ選びなさい。
X：江戸に出稼ぎに来ていた者は農村に帰し，凶作に備えて村ごとに米を蓄えさせ，商品作物の栽培を制限した。
Y：財政を建てなおすために貨幣の質を元にもどし，長崎での貿易を制限して金や銀の海外流出をおさえた。
Z：物価上昇の原因は株仲間が商品の流通を独占しているためと考えて，株仲間の解散を命じた。
１．田沼意次　２．新井白石　３．水野忠邦　４．松平定信

7　次の文章を読み，(1)～(5)の問いに答えなさい。

2024年には千円，五千円，一万円の紙幣(日本銀行券)が一新される予定である。紙幣のデザインの刷新は実に2004年以来20年ぶりのことであり，偽造防止のための世界初の技術として，傾けるとホログラムの肖像の向きが変わってみえる３Dホログラムが採用されている。

これまでの野口英世にかわり，新たに千円札の表には a北里柴三郎が採用され，裏には b右の絵が採用される。

五千円札の表には(X)があらたに採用され，現在の樋口一葉に続き女性の図柄となる。

一万円札は1984年以来長らく福沢諭吉がデザインに採用されてきたが，今年あらたに c渋沢栄一へと変更になる。初めて一万円札に描かれた聖徳太子や，西洋の文化・学問などを日本に広めた福沢諭吉に続き，これで３人目となる。また，一万円札の裏には d東京駅が印刷される。

(1) 下線部aの人物について述べた文として正しいものはどれか。１～４より１つ選びなさい。
１．国際的に活躍し，国際連盟の事務局次長を務めた。
２．最先端の医学を求めてドイツに留学し，破傷風菌の純粋培養や血清療法など世界的な発見をした。

3．黄熱病などの病原体の研究で注目されたが研究中に自らも感染し，命を落とした。

4．フランスに留学し，日本に帰国後は民権思想の紹介に努めた。

(2) 下線部bに関して，この絵の作者と作品に関する説明の組み合わせとして正しいものはどれか。1～4より1つ選びなさい。

作者　A：歌川広重　　B：葛飾北斎

説明　ア：この絵は『名所江戸百景』に収録されている作品であり，ヨーロッパの絵画にも大きな影響を与えた。

イ：この絵は『富嶽三十六景』に収録されている作品であり，江戸後期の化政文化期の作品である。

1．作者A－説明ア　　2．作者A－説明イ

3．作者B－説明ア　　4．作者B－説明イ

(3) 空欄(X)に入る人物とその人物に関する説明の組み合わせとして正しいものはどれか。1～4より1つ選びなさい。

人物　A：平塚らいてう　　B：津田梅子

説明　ア：岩倉使節団に同行し，アメリカで教育を受け，帰国後に女子英学塾をつくった。

イ：女性の参政権獲得のために活動し，女性のための雑誌『青鞜』を刊行した。

1．人物A－説明ア　　2．人物A－説明イ

3．人物B－説明ア　　4．人物B－説明イ

(4) 下線部cの人物について述べた文A・Bの正誤の組み合わせとして正しいものはどれか。1～4より1つ選びなさい。

A：明治から昭和初期にかけて活躍した実業家であり，秩父鉄道や札幌麦酒会社など500におよぶ企業の設立に関わり，近代産業の発展に尽力した。

B：富岡製糸場や大阪紡績会社の設立に関わるなど，製糸業や紡績業の発展に寄与した。

1．A－正　B－正　　2．A－正　B－誤

3．A－誤　B－正　　4．A－誤　B－誤

(5) 下線部dについて，東京駅は大正時代初頭に完成した。そのころと同時期のできごとについて述べた文として正しいものはどれか。1～4より1つ選びなさい。

1．れんが造りなどの欧米風の建物が増え，道路には馬車が走り，ランプやガス灯が設置された。

2．日本とロシアとの間でポーツマス条約が締結された。

3．同盟国と連合国とに分かれて，第一次世界大戦がはじまった。

4．ニューヨークの株式市場で株価が暴落し，多くの銀行が倒産して恐慌が発生した。

8　次の文章を読んで，(1)～(5)の問いに答えなさい。

日本国憲法の第9条では，(　ア　)の放棄・戦力の不保持・(　イ　)の否認を定めている。しかし，東西冷戦の激化にともない，GHQは日本政府に非武装方針の変更を指示した。日本は，1950年に治安維持を目的とした a 警察予備隊を創設し，1952年には保安隊に改組《かいそ》した。さらに1954年に防衛庁が設置され，国防を任務とする自衛隊が発足した。このような動きにあわせ，b 政府の第9条に対する解釈も変化してきた。

1951年，日本はアメリカと日米安全保障条約を結び，c 必要な基地を日本が提供することを定め，この条約は(　ウ　)年に改定された。1991年に湾岸戦争が勃発すると，国際貢献としての d 自衛隊派遣が問題となり，1992年に成立した(　エ　)法に基づいて，自衛隊が初めて(　オ　)に派遣さ

れた。また冷戦終結後，日米安保体制の見直しもはかられ，特に2001年のアメリカ同時多発テロ事件以降，関連諸法の制定によりアメリカ軍などに対する後方支援が行われていった。

(1) 文章中の空欄(ア)～(オ)にあてはまる語句はどれか。1～8より1つずつ選びなさい。

1．1954　2．1960　3．PKO 協力　4．テロ対策特別措置

5．戦争　6．交戦権　7．ゴラン高原　8．カンボジア

(2) 下線部aの直接のきっかけとなった戦争はどれか。1～4より1つ選びなさい。

1．ベトナム戦争　2．朝鮮戦争　3．中東戦争　4．イラク戦争

(3) 下線部bについて，次の文A・Bの正誤の組み合わせとして正しいものはどれか。1～4より1つ選びなさい。

A：主権国家には自衛権があり，日本国憲法は「自衛のための必要最小限度の実力」をもつことは禁止していないと説明している。

B：日本と同盟関係にある国が攻撃を受け，日本にも危険がおよび，ほかに適当な手段がない場合，攻撃国に対して必要最小限度の集団的自衛権を行使できるとする法改正が行われた。

1．A―正　B―正　2．A―正　B―誤

3．A―誤　B―正　4．A―誤　B―誤

(4) 下線部cに関して，基地の返還計画がある普天間飛行場は地図中のどこか。1～4より1つ選びなさい。

1．A　2．B

3．C　4．D

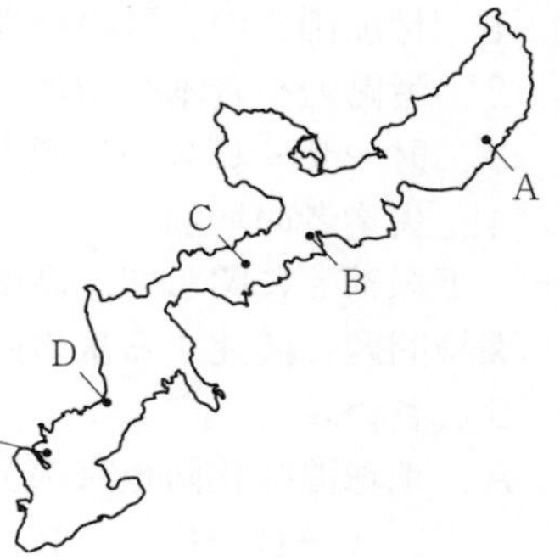

(5) 下線部dに関して，自衛隊の海外での主な活動を古い順に並べ替えたとき，正しいものはどれか。1～6より1つ選びなさい。

A．イラク戦争　B．モザンビーク PKO　C．ソマリア海域周辺

1．A→B→C　2．A→C→B　3．B→A→C

4．B→C→A　5．C→A→B　6．C→B→A

9　次の文章を読んで，(1)～(6)の問いに答えなさい。

第二次世界大戦後，日本を占領したGHQは，経済の民主化政策を行った。また，傾斜生産方式という思い切った産業政策と，強力な財政・a金融上の政策をとり，一定の成果をあげたが，その一方でbインフレーションがいっそう進行した。このため，GHQは経済安定九原則を提示し，ドッジ・ラインを実施した。その後，日本経済は鉱工業生産が戦前の水準を突破するまでに回復した。

1960年代以降，日本は高度経済成長の時代を迎え，年平均10％強の高い経済成長率を示し，c1968年には，国民総生産が資本主義諸国の中で第2位となった。

しかし，1973年の変動相場制への移行などにより，日本のd経済成長は減速しはじめ，同年の石油危機(オイル・ショック)によりe高度経済成長は終わりを迎えた。

1980年代前半には，産業の競争力が一段と強化され，ドル高・円安傾向であったことが追い風となって輸出が急増したが，各国との間に経済摩擦を生じさせた。そのため，1985年のプラザ合意によってドル安政策が実施された。これは，日本の輸出産業に打撃を与え，f不況が深刻化した。

(1)　下線部ａに関して，日本銀行の金融政策として正しいものはどれか。１～４より１つ選びなさい。

１．好景気の時は，国債などを売り，貸し出し金利を下げる。

２．好景気の時は，国債などを買い，貸し出し金利を上げる。

３．国債などの売買により，世の中に出回るお金の量を調整する。

４．好景気の時は，量的緩和政策をとり，銀行が使えるお金を減らす。

(2)　下線部ｂについての説明として正しいものはどれか。１～４より１つ選びなさい。

１．物価が下がり続けること。

２．物価が上がり続けること。

３．経済が急激に不況におちいること。

４．物価の下落と企業利益の減少が，連続して起こること。

(3)　下線部ｃに関して，この時期を含む好景気の名称として正しいものはどれか。１～４より１つ選びなさい。

１．神武景気　　２．岩戸景気　　３．いざなぎ景気　　４．オリンピック景気

(4)　下線部ｄの要因として誤っているものはどれか。１～４より１つ選びなさい。

１．付加価値の合計の増大

２．労働力や資本の増加

３．財やサービスの生産力の増加

４．失業者の増加

(5)　下線部ｅに関して，高度経済成長期において公害の広がりが問題となった。その後の公害対策や環境問題に関連する次の内容を古い順に並べ替えたとき，正しいものはどれか。１～６より１つ選びなさい。

Ａ．地球温暖化防止京都会議　　Ｂ．環境省設置　　Ｃ．環境基本法制定

１．Ａ→Ｂ→Ｃ　　２．Ａ→Ｃ→Ｂ　　３．Ｂ→Ａ→Ｃ

４．Ｂ→Ｃ→Ａ　　５．Ｃ→Ａ→Ｂ　　６．Ｃ→Ｂ→Ａ

(6)　下線部ｆの特徴として誤っているものはどれか。１～４より１つ選びなさい。

１．生産が拡大する　　２．生産が縮小する

３．在庫が増加する　　４．物価の上昇がにぶる

【理　科】（50分）〈満点：100点〉

（注意）計算機等の使用は禁止します。

1　次の問いに答えなさい。

問1　抵抗の大きさが同じ3つの抵抗を電池につなぎ，ビーカーの水を温める実験を行った。図1～図3の3つの抵抗のつなぎ方についてそれぞれ実験を行い，水の温度変化Tと経過時間tとの関係を調べたところ，図4のような，3本の直線のグラフが得られた。図1～図3のそれぞれの実験結果は，図4のア～ウのどれに対応しているか。後の中から1つ選びなさい。なお，それぞれの実験で用いた電池の電圧，用いた水の質量，室温はすべて同じであった。

図1

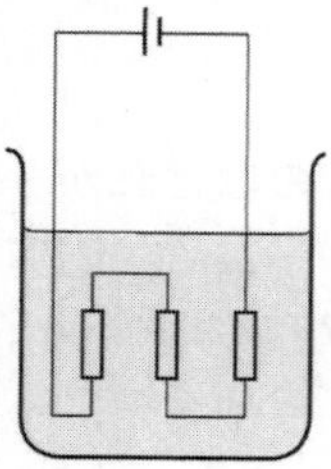

図2

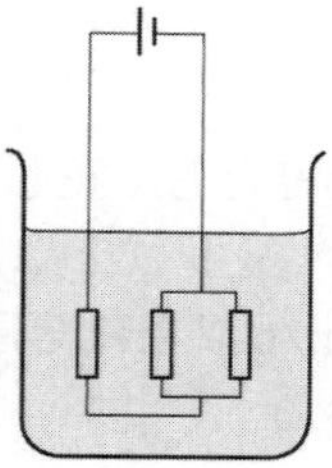

図3

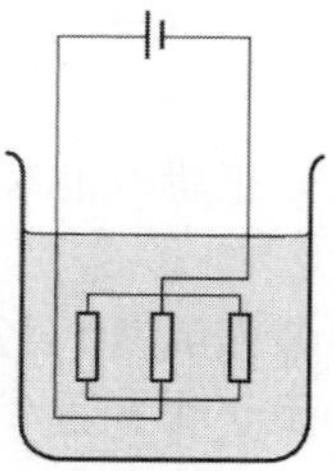

図4

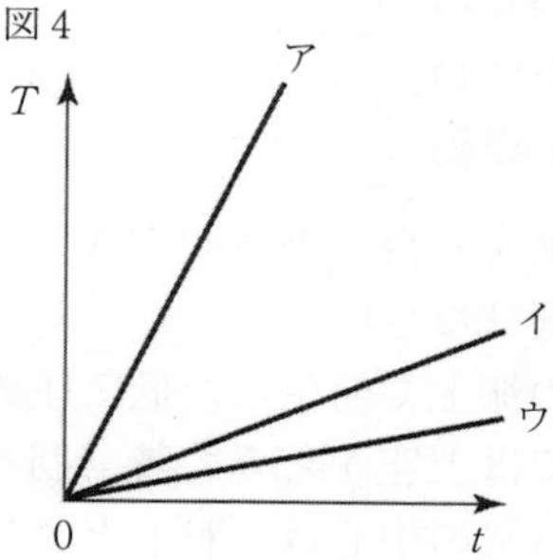

	ア	イ	ウ
①	図1	図2	図3
②	図2	図3	図1
③	図2	図1	図3
④	図3	図2	図1

問2　ある食品のパッケージに，電子レンジで最適に加熱する場合，「加熱時間は500Wで10分」と記されていた。この食品を800Wの電子レンジで最適に温めたい場合は，どれくらい加熱すればよいか。次の中から1つ選びなさい。

①　5分　　②　5分45秒　　③　6分　　④　6分15秒

問3　気体を発生させる実験について，下方置換法で集める気体の性質として正しいものはどれか。次の中から1つ選びなさい。

①　空気より密度が小さく，水に溶けやすい。　　②　空気より密度が小さく，水に溶けにくい。
③　空気より密度が大きく，水に溶けやすい。　　④　空気より密度が大きく，水に溶けにくい。

問4　発生した気体がアンモニアであることを確認するために使うものとして正しいものはどれか。次の中から1つ選びなさい。

①　塩化コバルト紙　　②　マグネシウムリボン　　③　青色リトマス紙　　④　赤色リトマス紙

問5　被子植物の中でひげ根を持つ植物はどれか。次の中から1つ選びなさい。

①　ツツジ　　②　アブラナ　　③　イネ　　④　タンポポ　　⑤　アサガオ

問6　肝臓について説明した文として**誤っているもの**はどれか。次の中から1つ選びなさい。

①　アンモニアから尿素を合成する。
②　小腸で吸収した栄養分をたくわえる。
③　アルコールなどの有害物質を無害化する。
④　胆汁を生成し，肝臓を構成する細胞内にたくわえる。

問7　地震についてまとめた文の（ア）～（ウ）にあてはまる語句の正しい組み合わせはどれか。次の中から1つ選びなさい。

地震が発生した場所を（ ア ）という。地震のゆれを地震計で記録すると，初めに小さく小刻なゆれである（ イ ）が記録され，その後に大きなゆれが記録される。大きなゆれを伝える波を（ ウ ）波という。

	ア	イ	ウ
①	震源	初期微動	P
②	震源	初期微動	S
③	震源	主要動	S
④	震央	初期微動	P
⑤	震央	主要動	P
⑥	震央	主要動	S

問8　日本に到来する台風の説明文Ａ～Ｃのうち，正誤の組み合わせとして正しいものはどれか。次の中から１つ選びなさい。

Ａ．熱帯地方の海上で発生した低気圧のうち，最大風速が17.2m/s以上に発達したものをいう。

Ｂ．地上付近では上空からみて時計回りに強い風が吹き込んでいる。

Ｃ．発達した台風の中心は「目」とよばれ，気圧が最も高い。

	A	B	C
①	正	正	正
②	正	正	誤
③	誤	正	誤
④	誤	誤	正
⑤	誤	正	正
⑥	正	誤	正
⑦	正	誤	誤
⑧	誤	誤	誤

2　次の文を読み，問いに答えなさい。

水を入れたビーカーを台ばかりにのせ，台ばかりが示す値を確認したのち，軽い糸でつるした球を水の中に入れた。球を沈めたときの台ばかりが示す値について，ＡとＢが会話をしている。

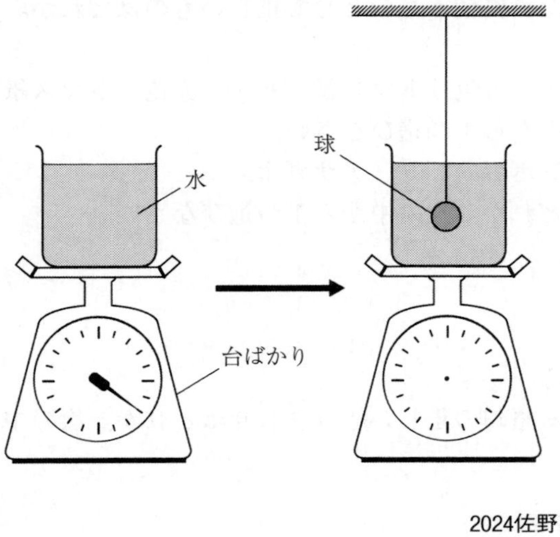

A：糸でつるした状態のまま球を沈めたとき，台ばかりが示す値がどうなるか考えてみよう。
B：糸でつるしているんだから，値は変わらないと思うよ。
A：本当にそうかな。じゃあ順に考えてみよう。まず，球には（ ア ），（ イ ），（ ウ ）の３つの力がはたらいているよね。
B：うん，そうだね。球は静止しているから，それらの３つの力はつりあっているよ。
A：次に，水が受ける力を考えよう。水は，重力のほかに，球にはたらく（　　エ　　）を受けているね。
B：なるほど！　ということは，水を入れたビーカーが台ばかりから受ける垂直抗力は，水とビーカーにはたらく重力の大きさと（　　エ　　）の和になるのかな。
A：そういうことだね。そうすると，球を沈めたあとの台ばかりの値がどうなるかな。もうわかるかな。
B：球を沈める前の垂直抗力の大きさは，水とビーカーが受ける重力の大きさと等しいから，球を沈めたあとの台ばかりの値は，沈める前と比べると（ オ ）と考えられるね。
A：最後に，おもりをつるしている糸を切ってみよう。糸を切ると，球はビーカーの底に沈むよね。
B：水を入れたビーカーが台ばかりから受ける垂直抗力には，球にはたらく（ カ ）の反作用が加わることになるので，台ばかりの値は（ キ ）ね。

問１　(ア)～(ウ)にあてはまる語句の正しい組み合わせはどれか。次の中から１つ選びなさい。

	ア	イ	ウ
①	重力	表面張力	糸の張力
②	重力	糸の張力	浮力
③	垂直抗力	表面張力	糸の張力
④	垂直抗力	糸の張力	浮力

問２　問１の３つの力を図示したものはどれか。次の中から１つ選びなさい。ただし，力が重なってしまう場合は，力の作用線をずらして書いてあり，また，力の作用点は省略してある。

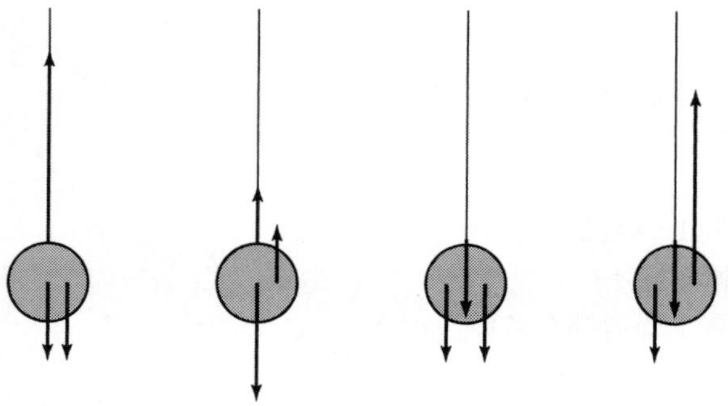

①　　②　　③　　④

問３　(エ)にあてはまる語句はどれか。次の中から１つ選びなさい。
①　糸の張力の反作用　　②　重力の反作用　　③　垂直抗力の反作用　　④　浮力の反作用

問４　(オ)にあてはまる語句はどれか。次の中から１つ選びなさい。
①　小さくなる　　②　大きくなる　　③　変わらない

問５　(カ)にあてはまる語句はどれか。次の中から１つ選びなさい。
①　糸の張力　　②　重力　　③　垂直抗力　　④　浮力

問６　(キ)にあてはまる語句はどれか。次の中から１つ選びなさい。
①　さらに小さくなる　　②　さらに大きくなる　　③　変わらない

3　次の文を読み，問いに答えなさい。

送電について，AとBの２人が会話をしている。

A：最近，交流について勉強したけれど，直流と違って難しい気がするよ…。なんで交流電圧や交流電流が使われるのかな。

B：交流のメリットの１つは，（ ア ）を使って電圧を簡単に上げたり下げたりできることなんだ。直流はそれが簡単ではないんだよ。

A：電圧を変化させられると，どんなときに便利なの？

B：発電所から，都市部へ電力を送電するときに便利だよ。発電所から（ イ ）い電圧で電力を送ると，送電線の抵抗で生じる熱によるエネルギーの損失が小さくなるから，効率よく送電できるんだ。

A：じゃあ，今まで習った知識で，そのことを確認してみよう。

B：発電所から一定の電力を送るとき，送電線に送り出される交流の電圧をV，電流をIとすると，その電力は（ ウ ）と表されるね。送電線の抵抗値がRであるとき，送電線で消費される電力をIとRで表してみて。

A：（ エ ）と表せるね。

B：そのとおり。したがって，同じ電力量を送るとき，送電線での電力損失を小さくするには流れる（ オ ）を小さくすればよいことがわかるね。

A：うん。抵抗値Rが変化しないのだから，同じ電力量を送るには電圧を（ イ ）くして送電した方がいいね。じゃあ，電圧を10倍に上げると，電流は（ カ ）倍になり，電力損失は（ キ ）倍になるのか！　すごいね！

問１　（ア）にあてはまる語句はどれか。次の中から１つ選びなさい。

①　可変抵抗器　　②　交流電圧計　　③　変圧器　　④　交流電流計

問２　（イ）にあてはまる語句はどれか。次の中から１つ選びなさい。

①　高　　②　低　　③　遅　　④　速

問３　（ウ）にあてはまる式はどれか。次の中から１つ選びなさい。

①　$V+I$　　②　$V-I$　　③　$\frac{I}{V}$　　④　VI

問４　（エ）にあてはまる式はどれか。次の中から１つ選びなさい。

①　RI　　②　RI^2　　③　RI^3　　④　$\frac{R}{I}$

問５　（オ）にあてはまる語句はどれか。次の中から１つ選びなさい。

①　電流　　②　電圧　　③　電気量　　④　電圧降下

問６　（カ）にあてはまる数値はどれか。次の中から１つ選びなさい。

①　0.01　　②　0.1　　③　100　　④　1000

問７　（キ）にあてはまる数値はどれか。次の中から１つ選びなさい。

①　0.01　　②　0.1　　③　100　　④　1000

4　水に溶ける物質の質量と水の温度との関係を調べるために，４種類の物質Ａ～Ｄを用意し，実験を行った。後の問いに答えなさい。

【実験１】　物質Ａ～Ｄをそれぞれ同じ質量ずつ取り，50℃の水100gが入った４つのビーカーに別々に入れてよくかき混ぜたところ，どのビーカーもすべて溶けた。

【実験２】　【実験１】の４つのビーカーの水溶液を15℃まで冷やしたところ，１つのビーカーで結晶が現れたが，残りの３つのビーカーでは変化がみられなかった。

【実験３】 60℃の水100ｇが入った４つのビーカーを用意し，これらに物質Ａ～Ｄを別々に溶かして，表に示した４種類の水溶液ａ～ｄをつくった。

水溶液ａ	物質Ａの60℃の飽和水溶液
水溶液ｂ	物質Ｂの60℃の飽和水溶液
水溶液ｃ	物質Ｃの60℃の飽和水溶液
水溶液ｄ	物質Ｄの60℃の飽和水溶液

【実験４】 【実験３】の４つのビーカーの水溶液を30℃まで冷やし，それぞれの水溶液から得られた結晶の質量を調べた。ただし，グラフは物質Ａ～Ｄについて，溶解度と温度との関係を表したものである。

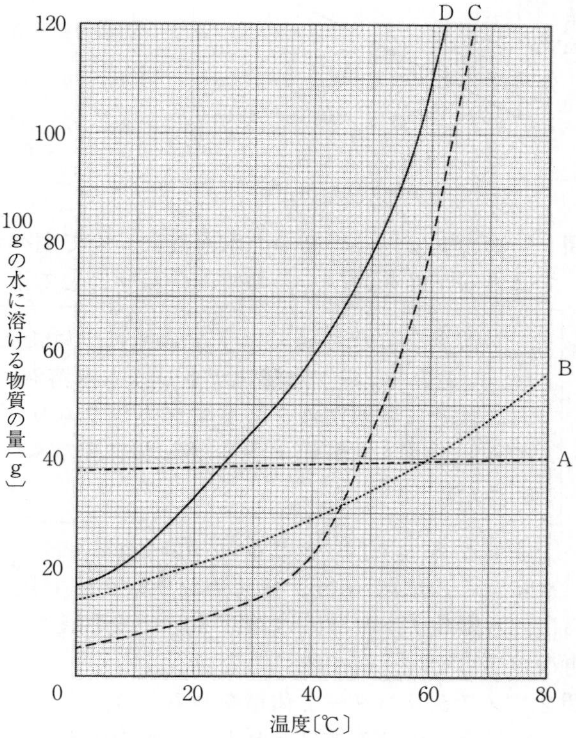

問１ 次の文の（ア）と（イ）にあてはまる語句の正しい組み合わせはどれか。次の中から１つ選びなさい。

食塩水は，食塩を水に溶かしてできたものである。このとき，食塩のように溶けている物質を（ ア ），水のように（ ア ）を溶かしている物質を（ イ ）という。

	ア	イ
①	溶媒	溶質
②	溶媒	溶液
③	溶質	溶媒
④	溶質	溶液
⑤	溶液	溶質
⑥	溶液	溶媒

問２ 【実験１】と【実験２】でビーカーに入れた物質の質量として正しいものはどれか。次の中から１つ選びなさい。

① 5ｇ ② 15ｇ ③ 30ｇ ④ 35ｇ

問３ 【実験３】の水溶液ｃの質量パーセント濃度は約何％か。グラフから読み取った値をもとに計算し，その数値を整数で次の形式で表すとき，［ウ］と［エ］にあてはまる数字は**同じもの**である。次の中から１つ選びなさい。

［ウ］［エ］％

① 1 ② 2 ③ 3 ④ 4 ⑤ 5
⑥ 6 ⑦ 7 ⑧ 8 ⑨ 9

問４ 【実験４】で，水溶液ａ～ｄから得られた結晶の質量はどのようになるか。結晶の質量が小さい順に並べているものはどれか。次の中から１つ選びなさい。

① abcd ② abdc ③ acbd ④ acdb ⑤ bacd
⑥ bcad ⑦ bcda ⑧ cadb ⑨ cbda

5　ある濃度の塩酸と水酸化ナトリウム水溶液をつくった。この２つの水溶液がちょうど中和するときの，塩酸の体積と水酸化ナトリウム水溶液の体積との関係はグラフのようになった。後の問いに答えなさい。

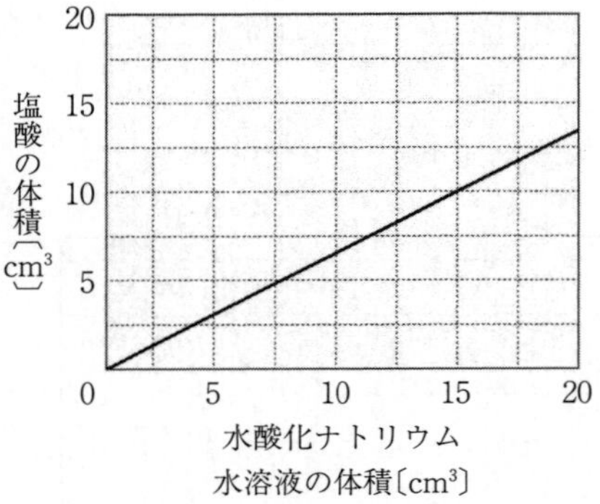

問１　次の文は，この２つの水溶液について調べた結果を述べたものである。文中の(　)の中からあてはまる記号を選び，その組み合わせとして正しいものはどれか。次の中から１つ選びなさい。

> 水溶液をガラス棒でリトマス紙につけたとき，赤色リトマス紙が青色に変わっていたのは(ａ：塩酸　ｂ：水酸化ナトリウム水溶液)であった。
> 試験管に各水溶液をとりマグネシウムリボンを入れたとき，水素が発生したのは(ｃ：塩酸のみ　ｄ：水酸化ナトリウム水溶液のみ　ｅ：塩酸と水酸化ナトリウム水溶液の両方)であった。

①　ａとｃ　②　ａとｄ　③　ａとｅ　④　ｂとｃ　⑤　ｂとｄ　⑥　ｂとｅ

次に，この塩酸 $16\,cm^3$ をメスシリンダーで量りとり，ビーカーに移した後，水を $8\,cm^3$ 加え，さらに，水酸化ナトリウム水溶液 $30\,cm^3$ を加えた。このとき，できた水溶液は中性ではなかったので，再び(　ア　)を加えて中性にした。

問２　メスシリンダーで体積を測るとき，正しい目盛りの読み方はどれか。右図の中から１つ選びなさい。

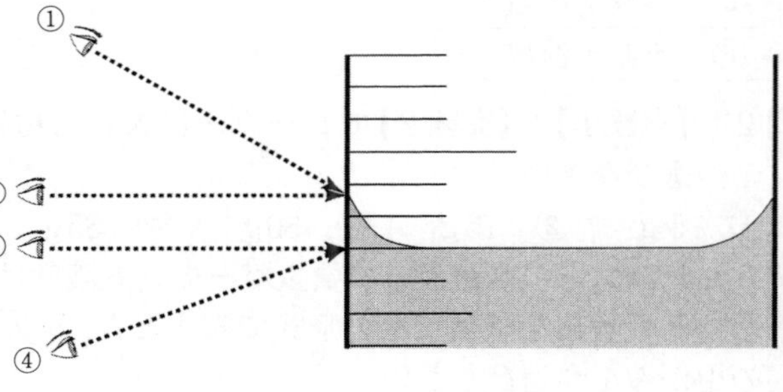

問３　上の文中の(ア)にあてはまるものはどれか。次の中から１つ選びなさい。

①　塩酸 $4\,cm^3$
②　水酸化ナトリウム水溶液 $4\,cm^3$
③　塩酸 $6\,cm^3$
④　水酸化ナトリウム水溶液 $6\,cm^3$
⑤　塩酸 $9\,cm^3$
⑥　水酸化ナトリウム水溶液 $9\,cm^3$

6　エンドウマメの遺伝について，次の問いに答えなさい。

丸い種子をつくる遺伝子をＡ，しわのある種子をつくる遺伝子をａとしたとき，代々丸い種子をつくる純系と代々しわのある種子をつくる純系の親どうしをかけあわせると生まれた子はすべて丸い種子となった。次に，この子どうしをかけあわせてできた孫は丸い種子をつくる個体としわのある種子をつくる個体がみられた。

問１　丸い種子をつくる純系の親の遺伝子を，記号を用いて表したものはどれか。次の中から１つ選びなさい。

①　A　　②　a　　③　AA　　④　Aa　　⑤　aa

問２　しわのある種子をつくる純系の親がつくる生殖細胞の遺伝子を，記号を用いて表したものはどれか。次の中から１つ選びなさい。

①　A　　②　a　　③　AA　　④　Aa　　⑤　aa

問３　子の遺伝子を，記号を用いて表したものはどれか。次の中から１つ選びなさい。

①　A　　②　a　　③　AA　　④　Aa　　⑤　aa

問４　孫ではしわのある種子が299個みられた。このとき，丸い種子は何個みられると予測されるか。次の中から最も近い数を選びなさい。

①　100　　②　150　　③　300　　④　600　　⑤　900　　⑥　1200

問５　子にしわのある種子をつくる個体をかけあわせたところ，しわのある種子が408個みられた。このとき，丸い種子は何個みられると予測されるか。次の中から最も近い数を選びなさい。

①　100　　②　200　　③　400　　④　800　　⑤　1200　　⑥　1600

7　私たちの身の回りではたくさんの植物がみられるが，植物の種類によって体の構造や生殖方法が異なっている。次の問いに答えなさい。

図１

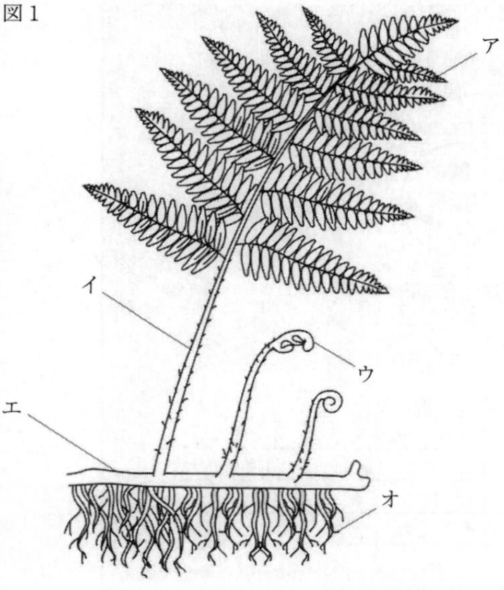

図２

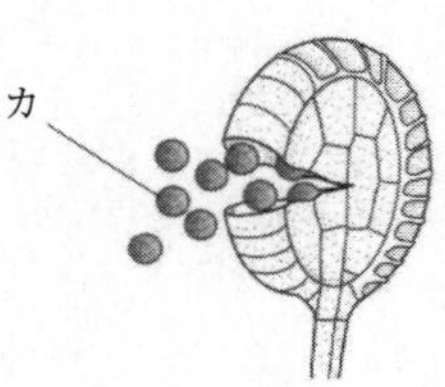

問１　体のつくりを「葉・茎・根」に**分けられないもの**はどれか。次の中から１つ選びなさい。

①　アブラナ　　②　マツ　　③　ユリ

④　イチョウ　　⑤　ゼニゴケ　　⑥　ゼンマイ

問２　図１はイヌワラビの体の構造を表している。茎はどこか。次の中から１つ選びなさい。

①　ア　　②　イ　　③　ウ　　④　エ　　⑤　オ

問３　図２の構造は図１のイヌワラビのどの部分にあるか。次の中から１つ選びなさい。

①　ア　　②　イ　　③　ウ　　④　エ　　⑤　オ

問４　図２のカは何か。次の中から１つ選びなさい。

①　胞子　　②　精子　　③　花粉　　④　卵細胞

8　さにっぴーとA君は学習した火山と岩石についてやり取りを行っている。後の問いに答えなさい。

く さにっぴー

さにっぴー：今年は山に行こうと思っているんだ。

A君：以前、山に行ったとき、こんな看板を見かけたよ。

A君：行くときは火山活動の確認を忘れずにね。

さにっぴー：はーい！

A君：そう言えば、火成岩AとBを観察してスケッチしたんだ。

火成岩A　　火成岩B

さにっぴー：上手！

A君：②まわりの一様に見えるごく小さな鉱物の集まりやガラス質の部分を（　a　）、比較的大きな結晶を（　b　）と言い、火成岩Aは（　c　）組織、火成岩Bは（　d　）組織だと勉強したね。この前の実験でミョウバンを水に溶かして（　e　）冷やしながら結晶をつくったら火成岩Aのような形状になったよ。

さにっぴー：火成岩のつくりが異なるのは結晶ができるまでの時間が異なるからだよね。

A君：その通り！よく勉強しているね。

さにっぴー：次は③火山灰を顕微鏡で観察したいな〜

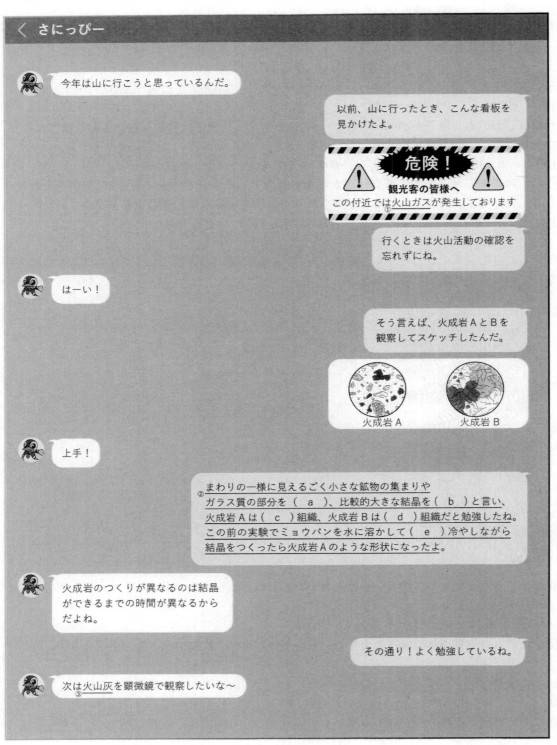

問1　下線部①の火山ガスの大部分を占めているものは何か。次の中から1つ選びなさい。

①　一酸化炭素　　②　二酸化炭素　　③　酸素

④　水蒸気　　⑤　硫化水素

問2　下線部②の（a）～（e）にあてはまるものはどれか。次の中から1つ選びなさい。

	a	b	c	d	e
①	石基	斑晶	等粒状	斑状	すばやく
②	斑晶	石基	等粒状	斑状	ゆっくり
③	石基	斑晶	等粒状	斑状	ゆっくり
④	斑晶	石基	斑状	等粒状	ゆっくり
⑤	石基	斑晶	斑状	等粒状	すばやく
⑥	斑晶	石基	斑状	等粒状	すばやく

問3　以下の火山の中にマグマの粘り気が弱く，傾斜が緩やかな火山はいくつあるか。

【キラウエア　　マウナロア　　昭和新山　　雲仙普賢岳】

①　1　　②　2　　③　3　　④　4

問4　下線部③には以下の鉱物が見つかった。その鉱物中に有色鉱物はいくつあるか。

【角セン石　　カンラン石　　石英　　輝石　　黒雲母　　長石　　磁鉄鉱】

①　1　　②　2　　③　3　　④　4　　⑤　5　　⑥　6　　⑦　7

9　日本のある地点で，夏至の日の太陽の南中高度を測定したところ，77.0度であった。図はそのときの太陽の通り道を表している。次の問いに答えなさい。ただし，地球の地軸は公転面の垂直方向から23.4度傾いているものとする。

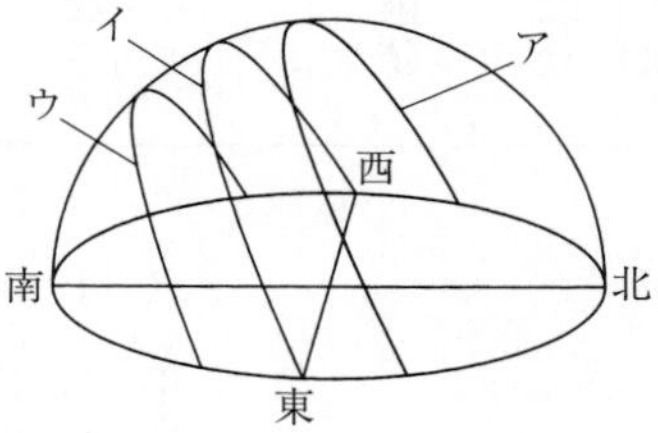

問1　この観測地点の緯度は何度か。次の中から1つ選びなさい。

①　36.4　　②　43.4　　③　53.6

④　66.6　　⑤　90.0

問2　この観測地点の冬至のときの太陽の南中高度は何度か。次の中から1つ選びなさい。

①　30.2　　②　53.6

③　66.6　　④　77.0

問3　観測当日の太陽の通り道として正しいものはどれか。次の中から1つ選びなさい。

①　ア　　②　イ　　③　ウ

問4　太陽が1日中沈まない白夜になるときがある地域を北極圏，南極圏とよぶ。北極圏は北緯何度以上の地域か。次の中から1つ選びなさい。

①　34.6　　②　53.6

③　66.6　　④　90.0

問5　観測当日，昼と夜の長さがほぼ等しくなるのはどの場所か。次の中から1つ選びなさい。

①　北極付近　　②　日本付近

③　北緯23度付近　　④　赤道付近

四　次の文章を読んで、後の問いに答えなさい。

けしからず《異様なほど》ものごとに祝ふ《縁起をかつぐ》者ありて、与《よ》三郎《さぶらう》といふ※中間《ちゅうげん》に、大晦日の晩言ひ教へけるは、「今宵《こよひ》は常よりとく宿に帰り休み、明日は早々起きて来たり門をたたけ。内より『たそや』と問ふ時、『福の神にて候《さうら》ふ』と答へよ。」と、(3)ねんごろに言ひ含めて後《のち》、亭主は(4)心にかけ、鶏の鳴くと同じやうに起きて門に待ち居けり。案のごとく戸をたたく。「たそ、たそ」と問ふ。「いや、与三郎」と答ふる。無興《ぶきょう》なかなかながら《不愉快極まりなかったものの》門を開けてより、そこもと火をともし※若水《わかみず》を汲《く》み、羹《かん》を据《す》うれども《雑煮を置くが》、(5)亭主顔のさまあしくて《顔つきが不機嫌で》、さらに物言はず。中間不審に思ひ、つくづく思案しゐて、宵に教へし福の神をうち忘れ、やうやう酒を飲むころに思ひ出《い》だし、仰天し、膳をあげ、座敷を立ちざまに、「さらば福の神でござる。おいとま申し参らする」と言うた。

なお、(1)すなはち戸を開けて (2)呼び入れん

（『醒睡笑《せいすいしょう》』より）

※〈語注〉　中間…使用人。
若水…元旦に、その年初めて汲む水。無病《むびょう》息災《そくさい》をもたらすとされる。

問一　傍線部(1)の本文中の意味として最も適当なものを次から選びなさい。

1　すぐに　2　こっそり　3　やはり　4　先に

問二　傍線部(2)の現代語訳として最も適当なものを次から選びなさい。

1　呼び入れるべきだ　2　呼び入れた方が良い
3　呼び入れるまい　4　呼び入れよう

問三　傍線部(3)の本文中の意味として最も適当なものを次から選びなさい。

1　嬉しそうに　2　厳かに　3　念入りに　4　雑に

問四　傍線部(4)の内容として最も適当なものを次から選びなさい。

1　与三郎が家の前で大声であいさつをすること
2　与三郎が約束通り福の神に仮装してくること
3　与三郎が大晦日に夜遊びしていないかということ
4　与三郎が元旦に亭主の家の門をたたくこと

問五　傍線部(5)の理由として最も適当なものを次から選びなさい。

1　主人が誰かと尋ねた時に、与三郎が自分の名前を間違えたから
2　主人が与三郎に問答を教えたのに、その教えを忘れたから
3　与三郎は使用人であるのに、主人に食事を用意させたから
4　与三郎に朝早起きするように言ったのに、寝坊をしたから

問六　本文の内容と合致するものとして最も適当なものを次から選びなさい。

1　福の神がやってきたのは良かったが、想像以上に飲んだり食べたりされたため生活が苦しくなってしまった
2　良い一年にすべく努力をした亭主と与三郎だったが、勘違いにより満足のいかない結果となった
3　縁起をかつごうとした亭主の意図通りに元旦に福の神が来たことになり、亭主は喜んだ
4　縁起をかつごうとした亭主の意図とは裏腹に福の神が去るという縁起の悪い結末となった

問七　この物語の出典である『醒睡笑』は江戸時代の作品であるが、同時代の作品を次から選びなさい。

1　おくの細道　2　今昔物語集
3　平家物語　4　徒然草

さきにアキれていた。僕はその間にサッサとお金をもらって風呂屋へ行った。悪いことは重《かさな》って起るものだ。僕が出るときもらったのは十銭だった。これまで風呂へ行くときは、いつも五銭玉ばかりもらうようにしていたのに。僕は番台へわたしながら、ようやくそのことに気がついた。……帰りがけ、おばさんは一銭しかおツリをよこさなかったのである。僕は、いつまでも立っていた。しかしムダだった。おばさんは僕へ顔を見すえながらケヤキ板の上にのせた一銭銅貨を、さらに前へつき出した。

（安岡章太郎『海辺の光景』より）

問一　傍線部(1)の理由として最も適当なものを次から選びなさい。

1　家族にも学校の友達にも宿題をやっていないことを知られてはいけないから
2　膨大な量の宿題を終わらせるには昼夜を問わずやるしかないから
3　従兄からテツヤの話を聞いて、自分もテツヤをしてみたかったから
4　宿題をやらねばならないが、家族に宿題をやっていないことを気づかれてはいけないから

問二　傍線部(2)から読み取れる心情として最も適当なものを次から選びなさい。

1　宿題が終わっていないことをお母さんに気づかれずに済んで安心する気持ち
2　やらなければならない宿題は残っているが、夜中に勉強をせずに済んだことに安堵する気持ち
3　うまく言い逃れて借金を返さなくて済んだことをよかったと思う気持ち
4　宿題ができないほど学習に遅れが出ていることをお母さんに知られずに済んで助かったと思う気持ち

問三　[3] に当てはまる語として最も適当なものを次から選びなさい。

1　よろよろと　2　つかつかと
3　せっせと　4　こつこつと

問四　傍線部(4)と同じ構成を持つ熟語として適当なものを次から選びなさい。

1　危険　2　握手
3　教室　4　非常

問五　傍線部(5)の理由として最も適当なものを次から選びなさい。

1　ひまそうにぼんやり立っているとお母さんに見つかって宿題をやるように言われるから
2　友達に相手にされず一緒に遊べない自分をお母さんに見られたくないから
3　友達との野球に参加したいが仲間外れにされるのが嫌だから
4　力では絶対に勝てない強そうな大工の子を上から見下したかったから

問六　傍線部(6)の言葉の意味として最も適当なものを次から選びなさい。

1　後ろをふり返って　2　よく注意して
3　じっと見つめて　4　問題にせずに

問七　本文から読み取れる「僕」の説明として最も適当なものを次から選びなさい。

1　テツヤで宿題をしたり友達と喧嘩をすることで環境になじめずにいることをお母さんに隠そうとしている
2　友達に宿題を手伝ってもらいたいが、どう声をかけたらよいかわからず悩んでいる
3　お母さんを頼らず自分の力で何とかしようと健気にふるまうが、不運ばかりで落ち込んでいる
4　お母さんの目を気にしてさまざまな計略を思いつくものの、何かとうまくいかずに困っている

4　意見の本質とは何かを考えていくと、学問とはいかなるものかということに通じるということ

三

次の文章を読んで、後の問いに答えなさい。

(1)これはどうしてもテツヤをするほかはない、と僕は考えた。テツヤと云《い》うのは従兄《いとこ》がよくいう言葉で、非常に威力があるように思えた。もちろん秘密にしなければならないので、僕は寝床の中で父と母とが寝しずまるのを待った。すっかり音がしなくなったら、こっそり起き出して先ず物ほし台へ上って深呼吸しよう。それから、それから、と想像しながら暗い部屋で眼をあけて待っているのだが、いつまでも話し声がきこえたり、あたりは静まらない。……僕は眼をちょっと閉じることもある。しかし眠りはしない。だが安心して起き出せるほど静かにならないうちに、不思議に物ほし台にはカンカン日があたっている。毎朝僕は、物ほし台に上って空をみながら、失敗した計画をおもってタメ息をついた。本当は、言訳《いいわけ》だけで借金とりを追いはらった人の、(2)ほっとした一息だった。

一日ごとに日は短くなる。夕方のくるのが早くなるのが僕にも解った。僕は、もう二階で寝ころんでナマケモノに見られるのがおそろしく、［3］外で遊ぶフリをしながら、夜のくるのを待った。暗くなるときの気持《きもち》は、なんとも云えないものだ。消えてしまった一日のために、それだけ荷の重くなる宿題と、近づいてくる厭《いや》な勉強の時間のこととで僕の胸は、あたりの空気と同じくだんだん黒くなって行く。晩ご飯がすむと、もう早速、僕はふとんの中だ。夜中に起き出す(4)冒険のことを考えると、イライラして、起きてはいられなかった。ふとんの中で眼をさますために、チューインガムをぐしゃぐしゃ嚙んでいると口中ににおってくるハッカの臭いで、ふと、つい此《こ》の間までの怠けていられた頃のことがかえってなつかしく思い出された。

僕が、たった一しゅん間眼をつぶるうちに、もう日は次の日にまたがり、たちまち学校の始《はじま》る日はあと一日に迫った。その日の午後、僕は近所の大工の子と喧嘩した。僕は殴られて血を出した。あんな大喧嘩はこれまでやったことがなかった。その子は、もう高等科へ行っていたが、ふだんから僕が「島津さん」で遊んでいると、ときどきフラリとそばへ来ては——「自分の妹は生《うま》れたとき九百目あった。だからクメ子と云う名前だ」なんて云って、またすぐツマらなそうに何処《どこ》かへ行ってしまう。僕はひとりで島津さんの柿の木にのぼって、サルカニ合戦の話を思い出していた。僕は野球はやらない。大勢やっていると、打つ番が来ても、みんなは忘れたフリをして僕をとばしてしまう。しかしそのことは何でもない。困るのは、そのときお母さんがそばを通りかかることだ。誰にも相手にされずにボンヤリ立っているのを、知っている人に見られるくらいイヤなものはない。それを用心して僕は、(5)サモ面白そうに枝にまたがって青い柿をちぎって投げていた。気がつくと、あの大工の子が汚い着物をきて帯に手をはさんで、下から僕を見上げている。何故だろう？　とつぜん腹が立ってきて、僕は、ちぎった柿をガリガリ嚙んで、ツバといっしょに吐き出した。ヨダレは曲《まが》りながら落ちた。その子は何か云った。

「カキクケコ。カキクケコ」

僕にはそう聞えた。夢中で飛び下りると、ハダシのままその子に組みついた。大工の子は、はるかに強かった。崩れかかった煉瓦《れんが》の塀のそばの、でこぼこした地面の穴ボコに僕は組み伏せられてしまった。脚をふんばって、馬乗りになっている子を下からハネかえそうとするが、力を入れても入れても、肩が柔《やわ》い土の中にメリ込んで行くだけだ。ツバをひっかけようとしたら口の中へ赤土のカタマリを押しこまれた。鼻の穴も耳の穴も、眼の中も、顔じゅう土だらけになった。ようやくハネとばしたと思ったときは、その子はもう立ち上《あが》って、騒ぎたてる子供たちを(6)尻目に帰りかけるところだった。僕は石をつかんで後から二三発、投げつけたが当らなかった。

シャツの袖は肩から切れてなくなり、体は血と泥まみれになって、痛さよりも母に言訳するのがつらかった。しかし母は、怒るよりも

う制度があり、誰からも反対が出ていないのに、わざわざ「Aは存続すべきである」ということを最初に発言する必要はまったくない。まず発言し、立証しなければならないのは、当然「Aは廃止すべきである」と主張する側である。このようにディベートのような議論ゲームでさえも、最初の肯定側立論で「現状」に反対させることにより、「意見を言う」ことの本質的姿勢を守っているのである。

（香西秀信『反論の技術―その意義と訓練方法―』より）

問一 [1] に当てはまる語として最も適当なものを次から選びなさい。

1 後払い　2 先払い　3 露払い　4 人払い

問二 傍線部(2)の理由として最も適当なものを次から選びなさい。

1 意見は対立する主張に対する反論でなければいけないという「常識」があるから
2 意見は「常識」を否定するときに主張されるものだから
3 意見は根拠を持って対立する主張を述べる際にのみ用いるものだから
4 意見は対立する主張があるという認識のもとに主張されるものだから

問三 傍線部(3)の理由として最も適当なものを次から選びなさい。

1 議論において交わされる意見には、例外なく「反論」の要素が含まれると言えるから
2 議論は実在する「先行意見」に反論することで始まるから
3 議論は相手の意見に反論し、言い負かすことを目的として行われるものだから
4 「異見」を述べるだけでは反論にはならず、議論と呼べないから

問四 傍線部(4)とあるが、筆者が「迷信」と表現するのはなぜか。最も適当なものを次から選びなさい。

1 本来反論とはある人が主張したものに対して行うべきものであるはずなのに、一般的にそれがなされていないから
2 神の力によって人は正直さや無私無欲の証拠を出すものだから
3 立論はその主張が明白で一般的なものであるという性質を帯びていなければならないから
4 何かを主張すること自体が反論の要素を含むものなのに、ある意見に対して述べられるものを反論と考えているから

問五 [5] に当てはまる熟語として最も適当なものを次から選びなさい。

1 我田引水　2 秋霜烈日　3 一日千秋　4 異口同音

問六 傍線部(6)とあるが、筆者が「宇佐美氏」の発言を引用した理由として最も適当なものを次から選びなさい。

1 筆者に対する対立意見を提示するため
2 話題の転換を促すため
3 筆者とは異なる視点の意見を紹介するため
4 筆者の論を補強するため

問七 次の一文が入る本文中の箇所として最も適当なものを後から選びなさい。

だから彼の発言は、可能性として生ずるであろう対立意見を、時間を逆転させて「先行」させ、それに対するものとして述べられていると考えられるのである。

1 (A)　2 (B)　3 (C)　4 (D)

問八 本文の内容と合致するものとして最も適当なものを次から選びなさい。

1 賛成と表明することは何らかの先行意見に対する異見が存在しているという認識を無視しているということ
2 意見の対立を避けるためには、「常識」に反しない考え方を持つべきであるということ
3 ディベートにおいて、まず肯定側立論が「現状」に反対することは「意見」の本義に即した行いであるということ

主張が明白であらゆる人が当然のこととして受け入れる性質の主張ではない、ということを意味する。神の存在を証明しなければならぬということは、神の存在が不可疑ではないということである。ある人の正直さや無私無欲の証拠を出さねばならぬことは、その人のこれらの性格が問題視されているということである。」

既に十分であろうが、あることを主張するということは、それだけで先行する意見に対する異論・反論の性質をもっている。つまり、反論は（二）の段階で初めて現れるものではなく、（一）の立論が既に反論の性質を帯びているのだ。しかも現実の議論では、これは、動機が反論になっているというだけではなく、先行意見に対する明確で具体的な反論の部分を含んでいるものが多い。試みに、自分の周囲にある総合雑誌でもめくって、そこに載っている幾つかの評論に目を通してみればいい。それらは特に「反論」として書かれたものでなくても、必ず先行意見に対する反論を幾つか含んでいるはずである。これは当然のことで、全く新しい分野で、一番最初に発言するなどということがほとんどありえない以上、われわれが発言する前には、既に誰かがその問題について意見を言ってしまっているわけである。（そして大抵の場合、その蓄積は膨大な量になる。）その時、新たに発言するわれわれの意見にもし何らかの意味があるとすれば、それは先行する意見といかに異なっているかということをおいて他はない。(D)

このことは、われわれの書く論文が、必然的に先行研究に対する批判になるのと同じである。哲学者宇佐美寛氏は、また論争家としても著名であるが、そのあまりに［5］な批判ぶりが災いしてか、しばしば「宇佐美は批判ばかりしている」という陰口を叩かれたという。これについて、(6)宇佐美氏は、次のように反論している。

「およそ学問の業績というものは、新しいものでなければならない。今までの旧《ふる》いものとは異なるものでなければならない。それでなければ意義がない。先人の業績のくり返しは、まねか、せいぜいのところまとめにすぎない。創造的であることこそが学問の本質である。

だから、およそ学問の業績というものは、旧い業績に対する批判である。旧いものを批判するからこそ、新しいものであり得るのである。批判という性質を持たないものは、学問の業績とはいえない。」

この宇佐美氏の意見は正しい。よく、「他人のものを批判する暇があるなら、自分のものを出すべきだ」などと言う人がいる。が、これはおかしい。他人の研究に不満がないなら、「自分のもの」を出す必要もないからである。そんなものは紙の無駄になるだけだ。断っておくと、私がここでやっているのは学問論などという高級なものではない。あくまでも、新たに意見を言うとはどういうことかという、その本質について論じているのだ。

だから、話を戻すと、（一）立論、（二）反論という順序は、厳密には不正確である。（一）の立論が既に反論なのだから。反論の性質をもたない純然たる立論など、ディベートのような、不自然で人工的な議論ゲームにさえも現れない。なぜなら、ディベートでは、論題にある条件を課すことによって、立論に多少なりとも反論の性質をもたせているからである。「論題は、肯定側に立証責任を与えながら、現在の状態からのある重大な変化を定義しなければならない」というのがそれだ。つまり、議論においては、「現状」は、「それに反対する十分な理由が提示されるまでは、有効である」と見なされ、「立証責任は、それに異議を唱える側にある」とされる。だから、例えば、もしAという制度が現実に存在しているなら、「Aは廃止すべきである」あるいは「Aは改革すべきである」と主張する者に立証責任が課せられる。また、「AはBである」という意見が広く一般に受け入れられているのであれば、「AはBではない」と異議を唱える者が立証責任を負わねばならない。ディベートでは、このように「現状」に反対する論題を義務づけることにより、最初に発言される肯定側立論に、「現状」に対する反論という性質を与えているのである。これは考えてみれば当然のことで、現にAとい

二　次の文章を読んで、後の問いに答えなさい。なお、設問の都合上、一部省略した箇所がある。

「議論」という現象が成立するためには、いくつかの条件が必要であろうが、その中で絶対に欠くことのできない必須条件をひとつあげるとすれば、それは意見の対立ということをおいて他はない。「議論が成り立つためには、意見の対立が必要だなどという指摘は、取るに足らないことのように見えるかもしれないが、実はこれこそが、議論研究者の間で意見が対立していない数少ない認識の一つなのである。」要するに、「議論は、意見が対立する事柄においてのみ、可能となる。」こちらは、ローマ帝国弁論術欽定講座初代教授、マルクス・ファビウス・クィンティリアヌスの言葉である。言っていることは至極当たり前のことで、これだけのためにわざわざこんな大物の亡霊を呼び出して、私の論の［　1　］をさせるのも気が引けるのであるが、後述するように現在の国語教育の意見文指導、議論指導では、必ずしもこのことが「常識」となっていないようなので、ここではしつこく念を押しておきたい。(A)

ところで、今「意見の対立」という言葉を使ったが、(2)「意見」というものは本来的に対立するものである。これは、われわれがなぜ意見を主張するのかということを考えてみればよい。われわれがある意見を主張するときには、それを意識しているにせよいないにせよ、前提とするひとつの認識がある。それは、われわれの意見と対立する意見の持ち主がいる、あるいは対立しないまでも、無条件で賛成しない人間がいるという認識である。もし、全員が自分の意見に賛成ならば、わざわざそれを主張し、論証する必要もないからだ。

日常われわれが何かに意見をもつときの自然なかたちを考えてみよう。それは決して何もないところに生じるものではないはずだ。必ず、何らかの「先行意見」を誘因としてもち、それに対する（広義の）異論・反論として述べられているはずである。ここで、いや、賛成するという意見のもち方だってあるではないかと言う人がいるかもしれない。当然の疑問である。しかし、この場合の「賛成」とは実は別の人に対する「反対」のことなのである。なぜなら、「私は、○○さんの意見に賛成だ」ということをわざわざ意見として表明するということは、「○○さん」の意見に、ひいては自分の意見に対立する意見があるという意識の現れだからだ。だから、「私は、○○さんの意見に賛成だ」ということは、「○○さん」に、「先行意見」に対する反論を代行してもらっているだけなのである。(B)

もっとも、ここでいう「先行意見」とは、必ずしも実在して先行するものだけではない。例えば、会議などで、全く新しい話題が議題になったとする。当然ながら、実在する先行意見はない。ある人が口火を切って喋り始める。が、彼の意見はやはり「先行意見」をもっているのである。それは、彼の意識の中で、可能性として存在する。彼が何らかの意見を言う以上、当然自分とは違う意見があるであろうことを意識しているはずだからだ。何度も言うように、もし全員が自分と同じ意見だと思っているのなら、あえて発言する必要はないのである。(C)

要するに、意見とは、本質的に先行する意見に対する「異見」として生まれ、たとえそれが具体的な明確な形では現れなくても、対立する意見に対する「反論」という性質をもっている。意見を述べるとは、反論することだ。(3)反論という行為は、議論の一要素などというものではなく、議論の本質そのものなのである。

だから、ここで、反論についてのわれわれの「迷信」のひとつを改める必要がある。それは、(4)反論は、議論過程において二番目に登場するという「迷信」である。つまり、(一)ある人が何かを主張し、それを論証する、(二)別の人がそれに反論する、のように、まず立論があって、その後初めて反論が現れるというとらえかただ。が、これはおかしい。なぜ、「ある人」は「何かを主張し、それを論証する」必要があったのか。ペレルマンはこう言っている。「ある主張を弁護するためその主張の根拠をあげるということは、その

二〇二四年度　佐野日本大学高等学校（第二回）

【国　語】（五〇分）〈満点：一〇〇点〉

【一】次の各問いに答えなさい。

問一　次の傍線部と同じ漢字を用いるものを後から選びなさい。
モウソウにふける
1　全国をモウラする　2　モウイを振う
3　モウハツを採取する　4　モウゲンを吐く

問二　次の「辞」と同じ意味で「辞」を用いているものを後から選びなさい。
祝辞を述べる
1　参加を辞退する　2　辞世の句を作る
3　辞令を交付される　4　友人宅を辞去する

問三　次の傍線部のカタカナの対義語として最も適当なものを後から選びなさい。
権利とは闘争を経てカクトクされたものであった。
1　喪失　2　沈潜　3　収拾　4　退行

問四　傍線部の語句の使い方として最も適当なものを次から選びなさい。
1　疑問点について余儀なく説明されている
2　他人の一挙手一投足を観察する
3　急に怒り出す彼に、私は呆気ない表情になった
4　厳しいことばかりを言う反面教師には気が滅入る

問五　次のカタカナ語とその意味の組み合わせとして適当なものを選びなさい。
1　アウトプット―入力　2　インボイス―問題
3　エビデンス―証拠　4　クリエイト―薬品

問六　敬語の使い方が正しくないものを次から選びなさい。
1　社長はおりますか
2　私は、画伯の絵を拝見した
3　先生はお弁当を召し上がった
4　お客様は、何時にいらっしゃいますか

問七　「上達部」の読みを次から選びなさい。
1　じょうたつぶ　2　かんだちめ
3　かみたちぶ　4　うえたつべ

問八　次の短歌の中で句切れがないものを選びなさい。
1　清水へ　祇園をよぎる　桜月夜　こよひ逢ふ人　みなうつくしき
2　海恋し　潮の遠鳴り　かぞへては　少女《をとめ》となりし　父母の家
3　金色の　ちひさき鳥の　かたちして　銀杏ちるなり　夕日の岡に
4　なにとなく　君に待たるる　ここちして　出でし花野の　夕月夜かな

問九　次の傍線部を読む順番として適当なものを後から選びなさい。
懸ケテ㆓羊頭ヲ㆒売ル㆓狗肉ヲ㆒。
1　三番目　2　四番目　3　五番目　4　六番目

問十　次の漢文で読む順番が正しいものを選びなさい。
1　5㆓ 4㆑ 1 2㆒ 3
2　1㆑ 4㆑ 5㆑ 2 3
3　5㆑ 4㆓ 1 2 3㆒
4　1 4㆑ 5 2㆑ 3

英語解答

1 問１ 4　問２ 2　問３ 3
問４ 2　問５ 1

2 (1) 2　(2) 2　(3) 1　(4) 4
(5) 4　(6) 3　(7) 1　(8) 1

3 問１ 4　問２ 2　問３ 2

4 問１ 2　問２ 2　問３ 4
問４ 4　問５ 2

5 (1) 1　(2) 2　(3) 2　(4) 4
(5) 1

6 (1) 2→3→4→1
(2) 3→2→4→1
(3) 3→1→4→2
(4) 3→1→2→4

7 問１ 4　問２ 3　問３ 1
問４ 2　問５ 1　問６ 3
問７ 1…1　2…2　3…2

1〔放送問題〕解説省略

2〔適語（句）選択・語形変化〕

(1)yesterday「昨日」のような明確に過去を表す語（句）と現在完了（進行）形は一緒に使えない。look for ～「～を捜す」　「彼女は昨日，本を２時間捜していた」

(2)空所以下は‘疑問詞＋主語＋動詞’の語順の間接疑問。when this old tower was built で「この古い塔がいつ建てられたのか」となる。　「この古い塔がいつ建てられたのかを教えてください」

(3)空所の前後に述語動詞となる動詞がないので，関係代名詞節となる３と４は不可。メダルは「与えられる」ものなので，‘be動詞＋過去分詞’の受け身になる。　give－gave－given　「金メダルが大統領から彼に与えられた」

(4)「～以来」の意味の since は，現在完了時制とともに用いるのが原則。have been playing は現在完了進行形。　「男の子たちは今朝からずっと野球をしている」

(5)過去分詞から始まる語句が前の名詞を修飾する‘名詞＋過去分詞＋語句’の形。the beautiful picture taken by the famous photographer で「その有名な写真家によって撮られた美しい写真」という意味になる。　take－took－taken　「その有名な写真家によって撮られた美しい写真を，私は忘れられない」

(6)‘used to＋動詞の原形’で「以前は～したものだ」という‘過去の習慣’を表す。　*cf.* be used to ～ing「～することに慣れている」　「私は以前は甘いキャンディーをよく食べていたが，今は健康のためにあまり多くは食べない」

(7)‘let＋人＋動詞の原形’「〈人〉に～させる〔～することを許す〕」の形。introduce ～self は「自己紹介をする」。ここでは自己紹介をするのは「私」なので introduce myself となる。　「はじめまして，皆さん，まず自己紹介をさせてください」

(8)‘had better not＋動詞の原形’で「～しない方がよい」という意味。これは‘had better＋動詞の原形’「～する方がよい」の否定形。　「寝る前にスマートフォンを使わない方がよい」

3〔長文読解総合―チャット〕

≪全訳≫❶母（M）：ジョーイ，元気？　うちの犬のアリスが子犬を４匹産んだわ。お父さんと私は，４匹全部の世話はできないから，何匹かを友達にあげようと今考えているの。誰か犬が好きな人を知ってる？❷ジョーイ（J）：やあ，ママ，僕は元気だよ。サッカーチームのポールとジェフが興味を持つと思うよ。キャリーも興味があるだろうけど，彼女は数か月前に新しい犬を飼うようになったから，最初の２人にきいてみるといいかも。❸M：わかったわ，ありがとう。ところで，日本での生活はどう？❹J：すばらしいよ！　僕の日本語もだいぶ上達しているし，今では理科を含めて授業の大半が理解できる。でも，友達が話すのが僕にとっては速すぎることが多いから，ときどき彼らの言うことを理解するのが難しいんだ。そんなことが起きたときは，オサムとユキオがいつも僕を助けてくれる。彼らはサンディエゴに来たいと言っているんだ。彼らがうちに泊まることはできるかな？❺M：もちろんよ。あなたの部屋をシェアできるわ。❻J：いいね！ 出発まであと１か月しかない。お土産に何が欲しいか教えてね。

問１＜内容真偽＞１.「アリスは赤ちゃんを何人か友達にあげた」…×　２.「ジョーイの父親は子犬をあげることに反対している」…×　３.「ジョーイの母親はすでにポールに子犬をあげた」…×　４.「ジョーイは母親に，子犬について彼の友達に尋ねるべきだと言った」…○　第３文に一致する。

問２＜内容真偽＞１.「ジョーイが日本で友達を持つのは難しい」…×　２.「ジョーイは友達が話していることを理解できないときがある」…○　第３文に一致する。　３.「ジョーイは理科の授業だけ理解できる」…×　４.「ジョーイの友達はいつも，彼のために速く話そうとしている」…×

問３＜文脈把握＞ジョーイは最後のメッセージで「お土産に何が欲しいか教えて」と言っている。その返答となるのは，２.「着物が欲しいけど，高すぎるかもしれない。考えさせて」。　souvenir「お土産」

4 〔長文読解総合―グラフを見て答える問題〕

≪全訳≫❶ケンはクラスでプレゼンテーションをするために，学校の図書館を調べた。❷彼の学校には310人の生徒がいる。生徒は本を１回に１冊だけ，２週間まで借りられる。１か月に借りられる本の平均数は81冊である。図書館を訪れる生徒の半数は，毎月本を借りている。❸多くの生徒が冬休み中に本を読みたかったので，12月に本を借りた。その総数は152冊で，11月に借りられた本の数の２倍だった。12月に借りられた全ての本の中で，小説が最も人気があり，その数は68冊だった。多くの写真やイラストがある旅の本が２位で，32冊だった。科学の本と歴史の本は，美術の本よりも人気があり，歴史の本は科学の本よりも人気がなかった。生徒は科学の本を21冊，美術の本を11冊借りた。生徒が借りた歴史の本と美術の本の数の差は４冊だった。語学の本は最も人気がなく，その数はわずか５冊だった。

問１＜要旨把握＞第２段落参照。１か月に借りられる本の平均が81冊で，図書館を訪れる生徒の半分が毎月本を借り，１人１冊しか借りられないことから，毎月図書館を訪れる生徒数(のべ人数)の平均は81×２で「162人」となる。

問２＜適語選択＞第３段落第３，４文参照。最も人気があるのは68冊の novel「小説」で，その次は travel book「旅の本」の32冊である。

問３＜適語選択＞第３段落後半参照。まとめると science book「科学の本」(21冊)＞history book「歴史の本」(15冊)＞art book「美術の本」(11冊)＞language book「語学の本」(５冊)となる。

問４＜適語選択＞語学の本の５冊は最下位なので「最も人気がなかった」という意味になればよい。「最も～でない」は the least ～ で表せる。　little－less－least

問５＜要旨把握＞第３段落第２文参照。twice は「２倍」なので，11月の総数は12月の152の半分である。

5 〔長文読解―適語選択―物語〕

≪全訳≫❶あるカラスが森にすんでいて，自分の生活に満足していた。しかしある日，彼は１羽の白鳥を見た。「この白鳥はとても白い」と彼は思った。「そして，私はとても黒い。白鳥は世界一幸せな鳥に違いない」❷彼は自分の考えを白鳥に伝えた。「実は」と白鳥は答えた。「私はオウムを見るまでは，私が一番幸せな鳥だと感じていました。オウムは２色を持っていて，私は今，オウムが一番幸せな鳥だと思っています」　そこで，カラスはオウムのところへ行った。オウムはこう説明した。「私はクジャクを見るまで，とても幸せな人生を送っていました。私は2色だけですが，クジャクは多くの色を持っています」❸そこで，カラスが動物園のクジャクを訪ねると，何百人もの人々が彼を見るために集まっていることに気づいた。カラスはクジャクのところに来て，言った。「クジャクさん，たくさんの人が毎日あなたを見に来ています。あなたは，その美しさを賞賛されているでしょうね。人々は私を見ると，すぐに私を追い払います。私はあなたが地球上で一番幸せな鳥だと思います」❹クジャクは答えた。「私はいつも，私が地球上で一番美しく幸せな鳥だと思っていました。でも，その美しさのせいで，私はこの動物園に閉じ込められています。私はここ数日，動物園をとても注意深く調べてみて，あなたが鳥かごに閉じ込められずにどこにでも行ける唯一の鳥だということに気づきました。だから，私はカラスが全ての中で一番幸せな鳥だと思います」

＜解説＞(1)express は「(考えなど)を述べる，表現する」という意味。直前にカラスが思ったことが具体的に書かれている。その「考え」を白鳥に伝えたのである。　thought(s)「考え」　(2)カラスは黒だけ，白鳥は白だけ，オウムは2色だけ，クジャクは多くの色を持つ，という関係になっている。　(3)3文前で your beauty，直後の文で my beauty と，クジャクの「美しさ」について述べられていることから判断できる。　(4)前にある you は「カラス」のこと。カラスは「鳥かごに閉じ込められていない」鳥である。is not kept in a cage は，直前の文にある am locked in this zoo「この動物園に閉じ込められている」と対照的な意味になる。　(5)文頭の So は「だから」の意味。カラスは閉じ込められておらずどこにでも行けるから，一番幸せ」という文脈である。

6 〔長文読解─整序結合─説明文〕

≪全訳≫❶私たちはよく「AI」という言葉を耳にする。AIはArtificial Intelligence「人工知能」を表す。私たちはときどき，AIをサイエンスフィクション(SF)の中で目にする。(1)最も有名な例の1つは，映画の中のハル9000である。ハルは人間のようにコミュニケーションをとって，さまざまなことができる。しかし，システム障害により，ハルは宇宙船の乗組員を殺してしまう。❷現実世界でも，私たちはいくつかのすばらしいAIを目にしている。例えば，2011年にはワトソンがテレビのクイズ番組で優勝した。これらのAIはすばらしいが，フィクションの中のAI(2)ほど優れてはいない。❸今，新種のAIの開発が非常に人気の話題である。「生成系AI」は人間のように多くのことができる。チャットGPTは2022年11月に発表された。これは人とチャットしたり，(3)人々が尋ねるどんな質問にも答えたり，詩をつくったり，エッセイを書いたりできる。❹これらの新種のAIが人間社会を変えるかもしれない。世界中の人々が，この新しいテクノロジーが私たちに何をするのかを考えている。これを歓迎している人々もいる。こうしたAIは，地球温暖化のような，現在私たちが持つ多くの問題を解決するだろう。こうしたAIが大きな損害をもたらすだろうと心配している人もいる。多くの人々がこの(4)せいで仕事を失うかもしれない。AIが映画のハルのようになって，私たちを殺すだろうと心配している人もいる。❺AIは日に日に改善している。将来何が起こるかは誰にも正確にはわからない。これらの強力なコンピュータープログラムをうまく使うために，私たちは新たなルールを持つ必要がある。

＜解説＞(1)‘one of the＋最上級＋名詞の複数形’「最も～なものの1つ」の形をつくる。　One of the most famous examples is …　(2)‘*A*＋be動詞＋better than *B*’「*A*は*B*よりも優れている」という比較級の文。ここは主語が複数なので be動詞が are になり，否定語の not が加わった形。…, but they are not better than AIs in fictions.　(3)動詞 answer の目的語となる部分。any question の後 people ask と続けると question と people の間に目的格の関係代名詞が省略された‘名詞＋主語＋動詞’の形になる。なお，肯定文での any は「どんな～でも」という意味。　…, and answer any question people ask, …　(4)助動詞 might「～するかもしれない」の後は，動詞の原形の lose「～を失う」，lose の目的語となる jobs「仕事」の順に続ける。最後に because of ～「～のせいで，～が原因で」を置く。　Many people might lose jobs because of this.

7〔**長文読解総合─説明文**〕

≪全訳≫❶あなたはラーメンが好きだろうか。ラーメンはおそらく日本で最も人気のある料理の１つだ。日本のラーメンの歴史は，江戸時代末期に始まった。当時，日本は横浜，神戸，長崎，函館に港を開いた。その後，多くの外国人がこの４都市にやってきた。中国の麺料理を含め，さまざまな外国の食品や商品が，その頃日本に入ってきた。ラーメンは中国から伝わったそうした料理の１つである。❷ラーメンは日本だけでなく，外国でも食べられている。ニューヨーク市では，ラーメンは約20年にわたって人気だ。最近，同市ではラーメン店の数が増えている。しかし，当初ニューヨークの人々は，ラーメンは塩分と油分が多すぎるため，健康に良くないと考えていた。麺が長すぎて食べにくいと言う人もいた。日本人は普通，大きな音を立てながら麺を食べるが，アメリカ人の大半は大きな音を立てながら食べるのを好まない。麺を大きな音を立てずに食べたい人もいるので，麺を短くした店もあった。伝統的な調理法を少し変えた店もあれば，新しいラーメンのスタイルやユニークな名前まで生み出した店もあった。❸ところで，あなたはどんなラーメンが好きだろうか。ある調査によれば，外国人が一番好きなラーメンはとんこつラーメンである。外国人の多くは，濃い味とこってりしたスープが大好きだ。しかし，多くの外国人は違う種類も好む。しょう油ラーメンが２位，みそラーメンが３位である。では，外国人が好きではないラーメンはどうだろうか。実は，外国人の多くは，健康のためにとんこつラーメンを最も好まない。❹ラーメンがニューヨーク市で大成功した後，いくつかのラーメン店が，ロンドンやパリ，フランクフルトといったヨーロッパ中の都市で開店した。フランクフルトで，店主の山本真一は，ドイツの小麦粉を使ってラーメンをつくるとうまくいかないので，麺を少し変えた。彼はヨーロッパで生産されたさまざまな種類の小麦粉を使ってオリジナルの麺をつくり，その麺はスープに完璧にマッチした。彼の店は成功し，多くの人が毎日，彼の店の前に並んでいる。❺(5)今日，ラーメンは日本人のためだけのものではない。世界中の人々がラーメンを楽しみ，将来も楽しむだろう。

問１＜指示語＞the city「その都市」なので，直前に出ている都市を指す。

問２＜英問英答＞「ニューヨークの人々は最初，日本のラーメンをどう思ったか」─３．「油や塩が多すぎるので，ラーメンを食べるのは良くないと思った」　第２段落第４文参照。

問３＜適語選択＞前の文からは，ラーメンがアメリカ人向けに変えられた具体例が述べられている。その例の１つとして「伝統的なレシピを変えた」とする。　thin「薄い」(↔thick「厚い」)　clear「澄んだ」　comfortable「快適な」

問４＜文脈把握＞調査でわかったことは，下線部の直後から，同じ段落の最後にかけて述べられている。２．「とんこつラーメンを嫌う外国人は多い」は，第３段落最終文の内容に一致する。least like「～を最も好まない」を hate「～を嫌う」を使って言い換えている。

問５＜要旨把握＞１の内容は，下線部を含む文の次の文の内容に一致する。… flour produced in Europe の produced は過去分詞で，produced in Europe「ヨーロッパで生産された」が前の名詞 flour「小麦粉」を修飾している。　different kinds of ～「さまざまな種類の～」

問６＜適文選択＞直後の文が，空所に入る文の具体的な説明になっていると考えられる。

問７＜内容真偽＞１．「一部のアメリカ人は，麺がとても長かったので，ラーメンを食べるときに苦労した」…○　第２段落第５文の内容に一致する。　２．「ニューヨーク市のラーメン店は，いつも日本の調理法を守り続けている」…×　第２段落最終文に反する。　３．「山本真一は，あまりに難しかったので，オリジナルの麺をつくるのを諦めた」…×　第４段落第２，３文に反する。

2024年度／佐野日本大学高等学校（第２回）

数学解答

1 (1) 6　(2) イ…2　ウ…3
(3) エ…7　オ…5　カ…1　キ…2
(4) ク…1　ケ…8　コ…2　サ…3
(5) シ…3　ス…2
(6) セ…1　ソ…3

2 (1) ア…5　イ…6　ウ…5
(2) エ…3　オ…4
(3) カ…2　キ…7　ク…3
(4) ケ…1　コ…1　(5) 6
(6) シ…7　ス…2
(7) セ…2　ソ…9
(8) タ…1　チ…0　ツ…8
(9) テ…1　ト…4
(10) ナ…4　ニ…0　ヌ…0　ネ…3

3 (1) ア…3　イ…5
(2) ウ…6　エ…1　オ…2　カ…0
キ…0
(3) ク…1　ケ…5　コ…3　サ…2
シ…2　ス…0

4 (1) ア…1　イ…2　ウ…1　エ…2
(2) オ…8　カ…3　(3) 3

5 (1) ア…2　イ…5　ウ…6
(2) エ…3　オ…2　カ…6　(3) 4

1〔独立小問集合題〕

(1)＜数の計算＞与式$=7-2+1=6$

(2)＜数の計算＞与式$=\frac{2}{5}-\frac{4}{9}\times6\times\left(-\frac{1}{10}\right)=\frac{2}{5}-\left(-\frac{4\times6\times1}{9\times10}\right)=\frac{2}{5}+\frac{4}{15}=\frac{6}{15}+\frac{4}{15}=\frac{10}{15}=\frac{2}{3}$

(3)＜式の計算＞与式$=\frac{4(4x-2y)-3(3x-y)}{12}=\frac{16x-8y-9x+3y}{12}=\frac{7x-5y}{12}$

(4)＜式の計算＞与式$=\frac{3}{4}x^2y^4\times\frac{9}{2}x^3y^5\div27x^3y^6=\frac{3x^2y^4}{4}\times\frac{9x^3y^5}{2}\times\frac{1}{27x^3y^6}=\frac{3x^2y^4\times9x^3y^5\times1}{4\times2\times27x^3y^6}=\frac{1}{8}x^2y^3$

(5)＜数の計算＞与式$=\sqrt{5^2\times2}-\frac{4\times\sqrt{2}}{\sqrt{2}\times\sqrt{2}}=5\sqrt{2}-\frac{4\sqrt{2}}{2}=5\sqrt{2}-2\sqrt{2}=3\sqrt{2}$

(6)＜式の計算―因数分解＞与式$=2x^2-2x+3x-3-x^2-3x=x^2-2x-3=(x+1)(x-3)$

2〔独立小問集合題〕

(1)＜数の計算＞与式$=(\sqrt{5}-3)^2-9=5-6\sqrt{5}+9-9=5-6\sqrt{5}$

≪別解≫与式$=a^2-3^2=(a+3)(a-3)=(\sqrt{5}-3+3)(\sqrt{5}-3-3)=\sqrt{5}\times(\sqrt{5}-6)=5-6\sqrt{5}$

(2)＜連立方程式―解の利用＞$2x+3y=6$……①，$x+ay=3a$……②とする。①，②の連立方程式の解が$x=-3$，$y=b$だから，解を①に代入すると，$2\times(-3)+3b=6$より，$3b=12$，$b=4$となる。よって，解は，$x=-3$，$y=4$だから，②に代入して，$-3+a\times4=3a$，$a=3$となる。

(3)＜二次方程式＞解の公式より，$x=\frac{-(-4)\pm\sqrt{(-4)^2-4\times3\times(-1)}}{2\times3}=\frac{4\pm\sqrt{28}}{6}=\frac{4\pm2\sqrt{7}}{6}=\frac{2\pm\sqrt{7}}{3}$となる。

(4)＜二次方程式の応用＞連続する３つの自然数のうち，一番小さい数をxとおくと，連続する３つの自然数は，x，$x+1$，$x+2$と表せる。それぞれの２乗の和が434となるので，$x^2+(x+1)^2+(x+2)^2=434$が成り立つ。これを解くと，$x^2+x^2+2x+1+x^2+4x+4=434$，$3x^2+6x-429=0$，$x^2+2x-143=0$，$(x+13)(x-11)=0$　$\therefore x=-13$，11　xは自然数なので，一番小さい数は$x=11$である。

(5)＜関数―yの値＞関数$y=ax^2$において，$x=-1$のとき$y=a\times(-1)^2=a$，$x=4$のとき$y=a\times4^2=16a$だから，xの値が-1から４まで増加したときの変化の割合は，$\frac{16a-a}{4-(-1)}=3a$と表せる。これが２であるから，$3a=2$が成り立ち，$a=\frac{2}{3}$となる。よって，関数は$y=\frac{2}{3}x^2$となるから，$x=$

-3 のとき，$y=\frac{2}{3}\times(-3)^2=6$ である。

⑹＜**数の性質**＞$a^2-b^2=17$ より，$(a+b)(a-b)=17$ である。a，b はともに自然数だから，$a+b$ は自然数，$a-b$ は整数であり，$a+b>a-b$ である。よって，$a+b$，$a-b$ の組は，$(a+b,\ a-b)=(17,\ 1)$ である。$a+b=17$……①，$a-b=1$……②とすると，①＋②より，$a+a=17+1$，$2a=18$，$a=9$ となり，これを①に代入して，$9+b=17$，$b=8$ となる。これより，$ab=9\times8=72$ である。

⑺＜**確率―さいころ**＞大小２つのさいころを同時に投げるとき，それぞれ６通りの目の出方があるから，目の出方は全部で $6\times6=36$(通り)あり，a，b の組も36通りある。このうち，$3<\sqrt{ab}<4$ となるのは，$\sqrt{9}<\sqrt{ab}<\sqrt{16}$，$9<ab<16$ となる場合である。$a=1$ のときはない。$a=2$ のとき $b=5$，6の２通り，$a=3$ のとき $b=4$，5の２通り，$a=4$ のとき $b=3$ の１通り，$a=5$ のとき $b=2$，3の２通り，$a=6$ のとき $b=2$ の１通りある。よって，$9<ab<16$ となる場合は，$2+2+1+2+1=8$(通り)あるから，求める確率は $\frac{8}{36}=\frac{2}{9}$ となる。

⑻＜**平面図形―角度**＞右図１のように点Eを定め，点Cと点B，点Dをそれぞれ結ぶ。△ACD は AC＝AD の二等辺三角形なので，∠ECD＝(180°－∠CAD)÷2＝(180°－48°)÷2＝66° である。また，線分 BD が円Oの直径より，∠BCD＝90° であり，$\overset{\frown}{\mathrm{CD}}$ に対する円周角より，∠CBD＝∠CAD＝48° だから，△BCD で，∠EDC＝180°－∠BCD－∠CBD＝180°－90°－48°＝42° となる。よって，△CDE で内角と外角の関係より，∠x＝∠ECD＋∠EDC＝66°＋42°＝108° である。

図１

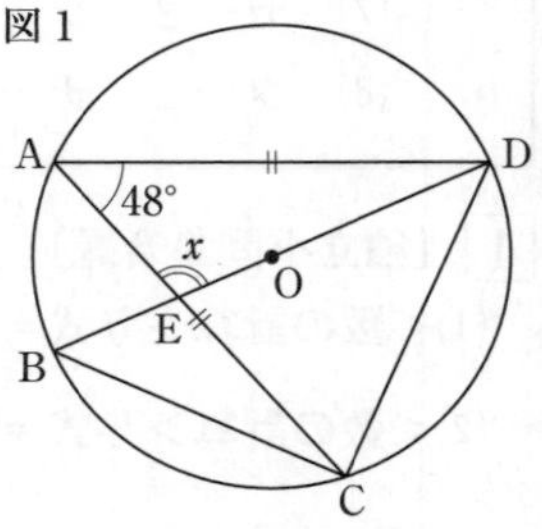

⑼＜**平面図形―面積**＞右図２で，∠APB＝∠CPE であり，AB∥EC より，∠ABP＝∠CEP だから，△ABP∽△CEP である。これより，AP：CP＝AB：CE＝4：3 である。△ABP と△CBP で，底辺をそれぞれ辺 AP，辺 CP と見ると高さが等しいので，△ABP：△CBP＝AP：CP＝4：3 となる。よって，$△\mathrm{CBP}=\frac{3}{4}△\mathrm{ABP}=\frac{3}{4}\times4=3$ となり，△ABC＝△ABP＋△CBP＝4＋3＝7 となるから，〔ひし形 ABCD〕＝2△ABC＝2×7＝14(cm²)である。

図２

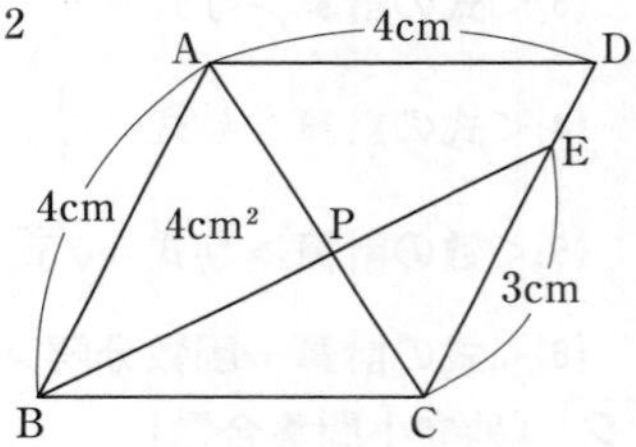

⑽＜**空間図形―体積**＞右図３のように，点Aから直線 l に垂線 AH を引くと，∠ABC＝∠BCD＝90° だから，四角形 ABCH は長方形となる。よって，四角形 ABCD を，直線 l を軸として１回転させてできる立体は，長方形 ABCH を１回転させてできる円柱から，△ADH を１回転させてできる円錐を除いた立体となる。長方形 ABCH を１回転させてできる円柱は，底面の半径が BC＝5，高さが AB＝6 だから，体積は，$\pi\times5^2\times6=150\pi$ となる。また，△ADH を１回転させてできる円錐は，底面の半径が AH＝BC＝5 であり，HC＝AB＝6 より，高さが DH＝HC－CD＝6－4＝2 である。これより，体積は，$\frac{1}{3}\times\pi\times5^2\times2=\frac{50}{3}\pi$ となる。したがって，求める立体の体積は，$150\pi-\frac{50}{3}\pi=\frac{400}{3}\pi$ (cm³)である。

図３

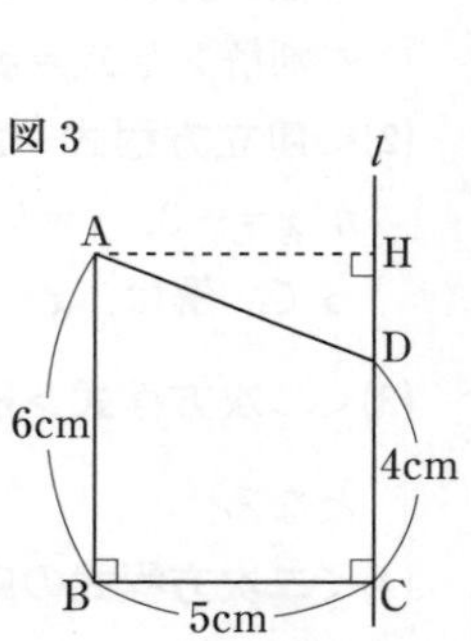

3 〔**数と式―一次方程式の応用**〕

⑴＜**時間**＞家から駅までの道のりは3280m で，弟の歩く速さは分速80m だから，3280÷80＝41 より，

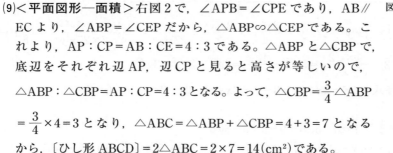

弟が駅に着いたのは家を出発してから41分後である。兄は弟より６分早く駅に着いたので，兄が駅に着いたのは，家を出発してから $41-6=35$(分)後となる。

⑵＜時間，道のり＞兄が分速200m で進んだ時間を x 分間とする。兄は，途中で21分間立ち話をして，家を出発してから35分後に駅に着いたので，分速260m で進んだ時間は，$35-x-21=14-x$(分間)と表せる。家から駅までの道のりが3280m だから，$200x+260(14-x)=3280$ が成り立つ。これを解くと，$200x+3640-260x=3280$，$-60x=-360$，$x=6$(分間)となる。また，分速200m で進んだ道のりは $200\times6=1200$(m)より，立ち話をしていたのは家から1200m 離れたところである。

⑶＜時間＞弟が兄を追い越すときとして考えられるのは，兄が立ち話をしているときである。兄が立ち話をしているのは家から1200m 離れたところだから，$1200\div80=15$ より，家を出発してから15分後である。兄が立ち話をしているのは，家を出発してから６分後から $6+21=27$(分)後までなので，適する。次に，兄が弟を追い越すのは，兄が分速260m で進んでいるときである。家を出発してから y 分後に兄が弟を追い越すとする。このとき，弟が家から進んだ道のりは，$80y$m である。また，兄は，立ち話をしているところから $y-27$ 分間進んでいるので，家から進んだ道のりは，$1200+260(y-27)=260y-5820$(m)である。兄が弟を追い越すとき，２人の進んだ道のりは等しいから，$80y=260y-5820$ が成り立ち，$180y=5820$，$y=\frac{97}{3}$(分)後となる。$\frac{97}{3}=32+\frac{1}{3}$，$60\times\frac{1}{3}=20$ より，$\frac{97}{3}$分は32分20秒だから，32分20秒後である。

4 〔関数―関数 $y=ax^2$ と一次関数のグラフ〕

≪基本方針の決定≫⑴　２点Ａ，Ｂの y 座標は，それぞれ２通りに表すことができる。

⑴＜比例定数，傾き＞右図で，点Ａは，x 座標が -1 であり，放物線 $y=ax^2$ 上にあるので，y 座標は，$y=a\times(-1)^2=a$ と表せる。直線 $y=bx+1$ 上にもあるので，y 座標は，$y=b\times(-1)+1=-b+1$ とも表せる。よって，$a=-b+1$……㋐が成り立つ。点Ｂは，x 座標が２だから，同様にして，$y=a\times2^2=4a$，$y=b\times2+1=2b+1$ より，$4a=2b+1$……㋑が成り立つ。㋐を㋑に代入すると，$4(-b+1)=2b+1$，

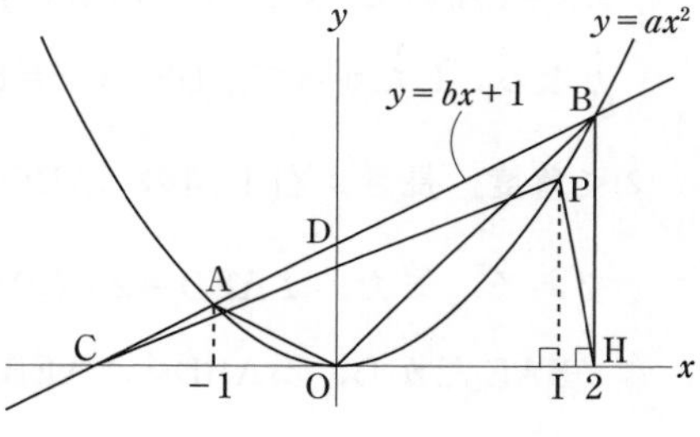

$-4b+4=2b+1$，$-6b=-3$，$b=\frac{1}{2}$ となり，これを㋐に代入して，$a=-\frac{1}{2}+1$，$a=\frac{1}{2}$ となる。

⑵＜面積比＞右上図で，⑴より，直線 AB の式は $y=\frac{1}{2}x+1$ であり，点Ｂの y 座標は $4a=4\times\frac{1}{2}=2$ だから，B(2, 2)である。点Ｃは直線 $y=\frac{1}{2}x+1$ と x 軸の交点だから，$y=0$ を代入して，$0=\frac{1}{2}x+1$，$x=-2$ より，C$(-2,\ 0)$である。よって，$\mathrm{CH}=2-(-2)=4$，$\mathrm{BH}=2$ だから，$\triangle\mathrm{BCH}=\frac{1}{2}\times\mathrm{CH}\times\mathrm{BH}=\frac{1}{2}\times4\times2=4$ となる。また，直線 $y=\frac{1}{2}x+1$ と y 軸の交点をＤとすると，切片が１より，D(0, 1)であり，$\mathrm{OD}=1$ である。△AOD と△BOD の底辺を辺 OD と見ると，２点Ａ，Ｂの x 座標より，高さは，それぞれ１，２だから，$\triangle\mathrm{OAB}=\triangle\mathrm{AOD}+\triangle\mathrm{BOD}=\frac{1}{2}\times1\times1+\frac{1}{2}\times1\times2=\frac{3}{2}$ となる。したがって，$\triangle\mathrm{BCH}:\triangle\mathrm{OAB}=4:\frac{3}{2}=8:3$ である。

⑶＜体積―回転体＞右上図で，$\triangle\mathrm{OAB}:\triangle\mathrm{PCH}=1:2$ より，$\triangle\mathrm{PCH}=2\triangle\mathrm{OAB}=2\times\frac{3}{2}=3$ である。

点Pからx軸に引いた垂線とx軸の交点をIとすると，$\frac{1}{2}\times \mathrm{CH}\times \mathrm{PI}=3$だから，CH=4より，$\frac{1}{2}\times 4\times \mathrm{PI}=3$が成り立ち，$\mathrm{PI}=\frac{3}{2}$となる。BH=2より，PI＜BHだから，点Pは放物線$y=\frac{1}{2}x^2$上の点Oと点Bの間，点Iは線分OH上にある。よって，△PCHをx軸の周りに1回転させてできる回転体は，底面の半径がPIで，高さをCI，HIとする2つの円錐を合わせたものになる。したがって，求める体積は，$\frac{1}{3}\times\pi\times \mathrm{PI}^2\times \mathrm{CI}+\frac{1}{3}\times\pi\times \mathrm{PI}^2\times \mathrm{HI}=\frac{1}{3}\pi\times \mathrm{PI}^2\times(\mathrm{CI}+\mathrm{HI})=\frac{1}{3}\pi\times \mathrm{PI}^2\times \mathrm{CH}=\frac{1}{3}\times\pi\times\left(\frac{3}{2}\right)^2\times 4=3\pi$である。

5 〔平面図形—円と二等辺三角形〕

≪基本方針の決定≫(2)　△ABD∽△AEBであることに気づきたい。

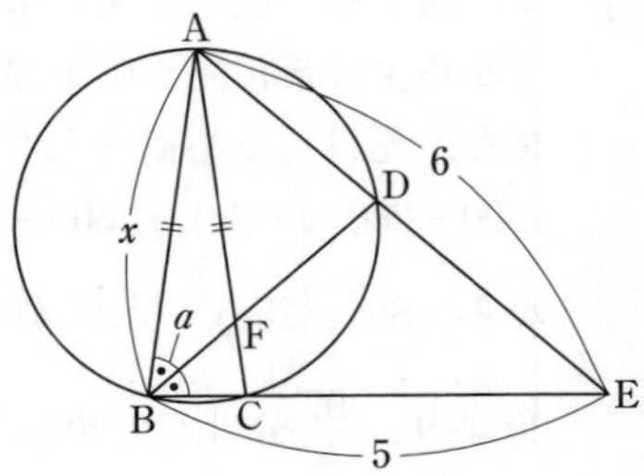

(1)**＜角度，長さ＞**右図で，△ABCはAB=ACの二等辺三角形だから，∠ACB=∠ABC=aである。また，線分BDは∠ABCの二等分線だから，$\angle\mathrm{CBD}=\frac{1}{2}\angle\mathrm{ABC}=\frac{1}{2}a$であり，$\overset{\frown}{\mathrm{CD}}$に対する円周角より，$\angle\mathrm{CAE}=\angle\mathrm{CBD}=\frac{1}{2}a$である。よって，△ACEで内角と外角の関係より，$\angle\mathrm{AEC}=\angle\mathrm{ACB}-\angle\mathrm{CAE}=a-\frac{1}{2}a=\frac{1}{2}a$となる。次に，$\angle\mathrm{AEC}=\angle\mathrm{CAE}=\frac{1}{2}a$だから，△ACEはAC=CEの二等辺三角形である。AC=AB=xなので，CE=xである。また，∠DBE=∠CAE，∠DEB=∠CEAより，△BDE∽△ACEとなる。したがって，DE：CE=BE：AE=5：6より，$\mathrm{DE}=\frac{5}{6}\mathrm{CE}=\frac{5}{6}x$である。

(2)**＜角度，長さ＞**右上図の△ABEで，$\angle\mathrm{BAE}=180^\circ-\angle\mathrm{ABC}-\angle\mathrm{AEC}=180^\circ-a-\frac{1}{2}a=180^\circ-\frac{3}{2}a$である。また，$\angle\mathrm{ABD}=\angle\mathrm{CBD}=\frac{1}{2}a$，$\angle\mathrm{AEB}=\frac{1}{2}a$より，∠ABD=∠AEBであり，∠DAB=∠BAEだから，△ABD∽△AEBである。これより，AD：AB=AB：AEだから，AD：x=x：6が成り立ち，AD×6=$x\times x$，$\mathrm{AD}=\frac{1}{6}x^2$となる。

(3)**＜長さ＞**右上図で，AD+DE=AEだから，(1)，(2)より，$\frac{1}{6}x^2+\frac{5}{6}x=6$が成り立つ。これを解くと，$x^2+5x=36$，$x^2+5x-36=0$，$(x+9)(x-4)=0$　$\therefore x=-9,\ 4$　$x>0$だから，$x=4$である。

＝読者へのメッセージ＝

関数$y=ax^2$のグラフは放物線です。放物線は，英語でパラボラ(palabora)といいます。パラボラアンテナは，放物線の形を利用してつくられています。なぜ放物線の形なのかは，高校の数学で，放物線の特徴について学習すると，わかると思います。

社会解答

1 (1) 4　(2) 3　(3) 1　(4) 2
(5) 1　(6) 3

2 (1) 4　(2) 4　(3) 2　(4) 4
(5) 3

3 (1) 1　(2) 6　(3) 2　(4) 3

4 (1) 2　(2) 3　(3) 1　(4) 1
(5) 3

5 (1) 1　(2) 1　(3) 2　(4) 3
(5) 2

6 (1) 4　(2) 4
(3) X…4　Y…2　Z…3

7 (1) 2　(2) 4　(3) 3　(4) 1
(5) 3

8 (1) ア…5　イ…6　ウ…2　エ…3
オ…8
(2) 2　(3) 1　(4) 4　(5) 3

9 (1) 3　(2) 2　(3) 3　(4) 4
(5) 5　(6) 1

1〔世界地理―総合〕

(1)＜**アンデスの民族衣装**＞写真に見られる民族衣装はDのアンデス地方の先住民のものであり，昼と夜の気温差の大きい地域で，帽子と合わせて，着たり脱いだりしやすくなっている。

(2)＜**オセアニアの生活**＞写真では，南国の植物を扱う様子が見られる。ア～エのうち，ウのフィジーは南太平洋の熱帯の島国なので，この写真が撮影された国と考えられる。

(3)＜**ケープタウンの気候**＞Xは南アフリカ共和国のケープタウンである。ケープタウンは南半球にあるため，12～２月頃が夏にあたり，気温が高く，１か２のどちらかが当てはまる。また，ケープタウンは地中海性気候であり，夏に降水量が少なく乾燥する。したがって，１が当てはまる。

(4)＜**ブラジルの地誌**＞Yはブラジルである。ブラジルは，主に輸出向けに大豆の生産量を急速に伸ばしており，2020年現在は生産量，輸出量ともに世界第１位で，ブラジルの品目別輸出額でも大豆が第１位となっている（A…正）。ブラジルは16～19世紀にポルトガルの支配を受けたため，現在もポルトガル語が使用されている（B…誤）。

(5)＜**ASEAN**＞1967年，東南アジア地域の安定を目指すために結成されたのは，ASEAN〔東南アジア諸国連合〕である（１…○）。なお，AU〔アフリカ連合〕は2002年，アフリカ諸国の政治的，経済的統合を進めるために結成された（２…×）。NATO〔北大西洋条約機構〕は冷戦期の1949年，アメリカや西ヨーロッパ諸国など西側諸国が結成した集団防衛機構である（３…×）。TPP〔環太平洋経済連携協定〕（TPP11）は2018年，日本を含めた環太平洋諸国が，貿易の自由化など経済関係を強化するために発足させた協定である（４…×）。

(6)＜**ヒンドゥー教**＞インドで宗教別人口の割合が最も高い宗教はヒンドゥー教で，信者は総人口の約８割を占める。ヒンドゥー教の信者は牛を神の使いとして牛肉を食べないほか，殺生をきらって菜食主義の人も多く，ガンジス川を聖なる川として沐浴するなどの特徴がある。

2〔地理―世界と日本の人口問題〕

(1)＜**世界人口**＞国連は2022年11月に世界人口が80億人を突破したと発表した。

(2)＜**人口が１億人を超える国家**＞2021年現在で人口が１億人を超える国家は，2021年の人口の多い順に中国，インド，アメリカ合衆国，インドネシア，パキスタン，ブラジル，ナイジェリア，バングラデシュ，ロシア，メキシコ，日本，エチオピア，フィリピン，エジプトの14か国である。

(3)＜**アフリカの人口問題**＞ナイジェリアのようなアフリカ諸国の多くは，死亡率は高いが出生率がさらに高く多産多死で，自然増加率が高くなっている（２…○）。なお，１はペルー，３はフィリピン，４はドイツである。

⑷＜**一人っ子政策**＞中国では，急激な人口増加を抑えるために，1970年代末から子どもを１組の夫婦で１人に制限する「一人っ子政策」を行ってきたが，少子高齢化の急速な進行に対応するため，2015年末に廃止を決定した。

⑸＜**過疎と過密**＞過疎地域の中には，人口増加を目的に，過疎地域から都市部へ移り住んだ人々が過疎地域へ戻るＵターンや，都市部出身者が過疎地域に移住するＩターンを支援・促進する政策をとっている地域もある(３…○)。なお，老人人口の割合が高くなり地域社会の維持が困難になっている地域は，過疎地域の農村部に多く見られる(１…×)。過密地域で地価が下がったのは，1990年代初頭のバブル経済の崩壊が大きな原因であり，その後は郊外から都心部へ人々が移住する都心回帰に伴って，地価は再び上昇傾向にある(２…×)。過疎地域では，人口減少によるバスや鉄道などの公共交通機関の廃止が深刻な問題となっている(４…×)。

3〔日本地理―中国・四国地方〕

⑴＜**鳥取砂丘**＞写真に見られる景観は，砂浜海岸が発達したアの鳥取県にある鳥取砂丘である。

⑵＜**中国・四国地方の気候**＞カは夏の降水量が多いため，夏の南東季節風の影響を受ける太平洋側の気候に属するＺ，キは１年を通して降水量が少ないため，山地にはさまれて夏も冬も湿った季節風の影響を受けにくい瀬戸内の気候に属するＹ，クは冬の降水量が多いため，冬の北西季節風の影響を受ける日本海側の気候に属するＸである。

⑶＜**本州四国連絡橋**＞本州四国連絡橋の中でも，特に淡路島をはさんで兵庫県と徳島県を結ぶ神戸・鳴門ルートは，四国の農作物をトラックで近畿地方などに運ぶルートの一部である(Ａ…正)。本州四国連絡橋の開通で，フェリー利用者は減少し減便や廃止となった航路も少なくないが，本州四国連絡橋の通らない島も多く，フェリーは現在でも日常的な公共交通機関の１つである(Ｂ…誤)。

⑷＜**広島県**＞太田川の三角州を中心に，中国・四国地方最大の人口をかかえ，中国地方唯一の百万都市となっているのは，広島県の県庁所在地である広島市である。広島県では，原爆ドームと厳島神社の２つが世界文化遺産に登録されている。

4〔歴史―世界と日本の仏教の歴史〕

⑴＜**仏教の歴史**＞紀元前５世紀頃のインドに生まれたシャカ〔釈迦〕は，正しい行いを実践すれば苦しみから解放されると説いた(Ａ…正)。仏教は，古墳時代である紀元後６世紀半ば，朝鮮半島南西部の百済から日本に公式に伝えられた。なお，白村江の戦いは７世紀後半の出来事である(Ｂ…誤)。

⑵＜**聖武天皇**＞奈良時代である８世紀前半，聖武天皇は，仏教の力で国家を守ろうと考え，国ごとに国分寺・国分尼寺を建立し，都では東大寺の大仏を造立した(３…○)。なお，藤原京の完成は，飛鳥時代の７世紀末，持統天皇の時代である(１…×)。遣唐使派遣の中止は，平安時代の９世紀末，菅原道真の提案である(２…×)。班田収授法は，飛鳥時代の７世紀中頃，改新の詔の中に見られ，７世紀末に最初に実施された(４…×)。

⑶＜**鎌倉仏教**＞浄土宗の開祖である法然は，念仏を唱えれば死後に極楽往生できると説いた(Ａ…○)。浄土真宗の開祖である親鸞は，悪人の自覚を持つものこそが，阿弥陀仏の救いの対象であると説いた(Ｃ…○)。なお，栄西は，建仁寺を中心に臨済宗を開き，道元は永平寺を中心に曹洞宗を開いた(Ｂ…×)。日蓮は，法華経の題目を唱えることで救われると説いて日蓮宗〔法華宗〕を開き，一遍は全国を巡って札を配ったり踊念仏を行ったりして念仏をすすめ，時宗の開祖とされた(Ｄ…×)。

⑷＜**平安仏教**＞平安時代初期，延暦寺を建て，天台宗を広めたのは最澄であり，金剛峯寺を建て，真言宗を広めたのは空海である(１…○)。なお，行基は，奈良時代，民衆に仏教を広め，各地に用水施設や救済施設をつくった。

⑸＜**浄土信仰**＞平安時代の中頃，社会不安を背景に，念仏を唱えて阿弥陀如来にすがることで，死後

に極楽往生することを願う浄土信仰が都でおこり，やがて地方にも広まった。各地に阿弥陀如来をまつる阿弥陀堂が建てられたが，宇治に藤原頼通が建てた平等院鳳凰堂は代表例である。

5〔日本史─戦国時代の歴史〕

⑴**＜守護大名と戦国大名＞**守護大名は室町幕府から守護に任命されることで権限を得て一国全体を支配したが，戦国大名は幕府没落後に実力で領国を支配した。戦国大名の出自はさまざまだが，１の上杉謙信は越後(新潟県)の守護代であった長尾氏の出身である。なお，武田信玄は甲斐(山梨県)の守護，今川義元は駿河・遠江(静岡県)の守護，島津貴久は薩摩・大隅(鹿児島県)の守護である。

⑵**＜鉄砲伝来＞**鉄砲は1543年，中国人倭寇の船に同乗していたポルトガル人によって，種子島に伝えられた。

⑶**＜年代整序＞**年代の古い順に，Ｘ(天正遣欧使節の派遣─1582年)，Ｚ(バテレン追放令─1587年)，Ｙ(島原・天草一揆─1637年)となる。

⑷**＜織田信長＞**石山本願寺は，一向宗〔浄土真宗〕の本山として各地で一向一揆を指揮し，織田信長と争ったが，1580年に信長に対して降伏した(３…○)。なお，信長が近江(滋賀県)に建てたのは，安土城である(１…×)。信長が支配下に置いた自治都市は，堺である(２…×)。信長は，関所を廃止して流通を促進した(４…×)。

⑸**＜豊臣秀吉＞**豊臣秀吉は，朝廷から関白・太政大臣に任命され，朝廷の権威を背景に全国の戦国大名に停戦を命じるなど，全国支配を行った(２…○)。なお，「天下布武」は織田信長が用いた(１…×)。秀吉は刀狩令を出すことで，武士の身分と百姓の身分を明確に分ける兵農分離を進めた(３…×)。秀吉は天正大判と呼ばれる統一的な金貨を発行した(４…×)。

6〔歴史─江戸時代の歴史〕

⑴**＜年代整序＞**年代の古い順に，Ｂ(参勤交代の制度化─17世紀前半)，Ｃ(元禄時代─17世紀後半)，Ａ(享保の改革─18世紀前半)となる。

⑵**＜江戸幕府の歴代将軍＞**Ａは享保の改革の内容で，第８代将軍徳川吉宗が主導した。Ｂは参勤交代の制度化で，第３代将軍徳川家光が出した武家諸法度で定めた。Ｃは元禄時代の政策で，第５代将軍徳川綱吉によるものである。

⑶**＜江戸時代の諸政策＞**Ｘは18世紀末の寛政の改革の内容で，老中松平定信が主導した(…４)。Ｙは18世紀初めの正徳の治の内容で，儒学者新井白石が主導した(…２)。Ｚは19世紀中頃の天保の改革の内容で，老中水野忠邦が主導した(…３)。なお，田沼意次は18世紀後半の老中で，株仲間の公認などを行った。

7〔歴史─江戸時代～大正時代の歴史〕

⑴**＜北里柴三郎＞**北里柴三郎は，明治時代末期，破傷風菌の純粋培養や血清療法などを発見し，世界最先端の細菌学者となった(２…○)。なお，大正時代の1920年，国際連盟の初代事務局次長となったのは，新渡戸稲造(１…×)，大正時代，エクアドルで黄熱病を研究したのは，野口英世(３…×)，明治時代初期にフランスに留学し，帰国後に民権思想を紹介したのは，中江兆民である(４…×)。

⑵**＜葛飾北斎＞**資料は浮世絵『富嶽三十六景』の中の「神奈川沖浪裏」であり，作者は化政文化期の絵師である葛飾北斎である。

⑶**＜津田梅子＞**2024年発行の五千円札の肖像画は，津田梅子である。津田梅子は，明治時代初期の1871年に出発した岩倉使節団に同行してアメリカに留学し，帰国後は女子教育の発展に尽力した。

⑷**＜渋沢栄一＞**渋沢栄一は，500以上の企業の設立に関わり，「日本資本主義の父」と呼ばれる(Ａ…正)。明治時代初期の殖産興業政策の一環として設立された富岡製糸場や，明治時代中期の1882年に設立され，日本の産業革命のさきがけになった大阪紡績会社にも関わっている(Ｂ…正)。

(5)＜**大正時代**＞大正時代は1912～26年であり，この間の1914年に第一次世界大戦が起きた(3…○)。なお，文明開化は明治時代初期(1…×)，ポーツマス条約の締結は明治時代末期の1905年(2…×)。世界恐慌の発生は昭和時代初期の1929年である(4…×)。

8 〔公民―平和主義〕

(1)＜**日本の戦争放棄**＞日本国憲法の第9条の条文には，「国権の発動たる戦争と，武力による威嚇又は武力の行使は，国際紛争を解決する手段としては，永久にこれを放棄する」(ア…5)，「国の交戦権は，これを認めない」(イ…6)とある。1951年に結ばれた日米安全保障条約は，アメリカ軍が日本の領域に基地を置くことを認める内容であった。岸信介内閣のもと，1960年(ウ…2)に条約は改定・強化され，他国が日本の領域を侵したときには，自衛隊と駐日アメリカ軍が共同で対応するという内容となった。1992年に成立したPKO協力法〔国際平和協力法〕(エ…3)により，自衛隊の海外でのPKO〔平和維持活動〕参加が可能となり，カンボジア(オ…8)に自衛隊が派遣された。

(2)＜**警察予備隊**＞1950年，朝鮮戦争が始まり，日本を占領していたアメリカ軍が朝鮮半島に出撃すると，GHQ〔連合国軍最高司令官総司令部〕の指令により，アメリカ軍に代わる治安維持組織として，警察予備隊が新設された。

(3)＜**第9条の政府解釈**＞1954年の自衛隊発足時，日本政府は，自衛のために必要な最小限度の防衛力ならば，違憲ではないとの見解を示した(A…正)。2014年，安倍晋三内閣は，限定的な集団的自衛権は，自衛のための措置として，憲法上許容されるとの閣議決定を行い，2015年には安全保障関連法が改正された(B…正)。

(4)＜**普天間飛行場**＞住宅密集地にあるため日本側に返還計画がある普天間飛行場は，沖縄本島南部の宜野湾市に位置している。

(5)＜**年代整序**＞年代の古い順に，B(モザンビークPKO―1993～95年)，A(イラク戦争―2003～09年)，C(ソマリア海域周辺―2009年～現在)となる。

9 〔公民―経済〕

(1)＜**金融政策**＞日本銀行の役割の中心は，通貨価値の安定である。通貨価値は，通貨量が多ければ下がり，少なければ上がるため，通貨量を調整することが通貨価値の安定につながる。日本銀行による通貨価値の安定化政策を金融政策といい，主に一般銀行との間で国債を売買することで通貨量を調整する(3…○)。なお，好景気のときは，通貨量が多く，通貨価値が下がり，物価が持続的に上昇するインフレーション〔インフレ〕が発生するため，日本銀行は国債などを一般銀行に売り(2…×)，代金の形で資金を吸収することで銀行の資金を減らし，貸し出し金利を上げる(1…×)。好景気のときは，日本銀行は量的引き締め政策をとり，銀行が使えるお金の量を減らす(4…×)。

(2)＜**インフレーション**＞インフレーション〔インフレ〕とは，物価が上がり続けることをいう(2…○)。なお，物価が下がり続けることを，デフレーション〔デフレ〕という(1…×)。経済が急速に不況におちいることを，恐慌という(3…×)。物価の下落と企業利益の減少が，連続して起こることを，デフレ・スパイラルという(4…×)。

(3)＜**いざなぎ景気**＞1968年は，3のいざなぎ景気(1965～70年)の時期である。なお，高度経済成長期には，神武景気(1954～57年)，岩戸景気(1958～61年)，オリンピック景気(1962～64年)，いざなぎ景気と好景気が続いた。

(4)＜**経済成長**＞失業者の増加は，景気の後退期に見られる。

(5)＜**年代整序**＞年代の古い順に，C(環境基本法制定―1993年)，A(地球温暖化防止京都会議―1997年)，B(環境省設置―2001年)となる。

(6)＜**景気循環**＞生産の拡大は，景気の回復期に見られる。

理科解答

1	問１ ④	問２ ④	問３ ③		
	問４ ④	問５ ③	問６ ④		
	問７ ②	問８ ⑦			
2	問１ ②	問２ ②	問３ ④		
	問４ ②	問５ ③	問６ ②		
3	問１ ③	問２ ①	問３ ④		
	問４ ②	問５ ①	問６ ②		
	問７ ①				
4	問１ ③	問２ ②	問３ ④		
	問４ ②				
5	問１ ④	問２ ③	問３ ①		
6	問１ ③	問２ ②	問３ ④		
	問４ ⑤	問５ ③			
7	問１ ⑤	問２ ④	問３ ①		
	問４ ①				
8	問１ ④	問２ ⑤	問３ ②		
	問４ ⑤				
9	問１ ①	問２ ①	問３ ①		
	問４ ③	問５ ④			

1〔小問集合〕

問１＜電流による発熱量＞水の上昇温度は，電流により発生する熱量に比例し，電流により発生する熱量は，〔熱量(J)〕=〔電力(W)〕×〔時間(s)〕=〔電圧(V)〕×〔電流(A)〕×〔時間(s)〕で求められる。これより，時間が同じとき，発生する熱量は消費電力に比例し，さらに，電圧が一定のとき，水の上昇温度は，電流に比例する。また，電流は，オームの法則$〔電流〕=\frac{〔電圧〕}{〔抵抗〕}$より，電圧が一定のとき，回路全体の抵抗に反比例する。つまり，時間が同じで電圧が一定のとき，水の上昇温度は，回路全体の抵抗が小さいほど大きくなる。よって，図１～図３の回路について，全体の抵抗の大きさを求める。１本の抵抗の大きさをrΩとすると，図１の回路は，３本の抵抗が直列につながっているので，回路全体の抵抗は各抵抗の和となり，$r+r+r=3r$(Ω)である。図２の回路は，２本の抵抗が並列につながれた部分の抵抗は１本の抵抗の$\frac{1}{2}$になるので，$\frac{1}{2}r$Ωであり，この部分に１本の抵抗が直列につながっているので，回路全体の抵抗は$\frac{1}{2}r+r=\frac{3}{2}r$(Ω)となる。図３の回路は，３本の抵抗が並列につながっているので，回路全体の抵抗は１本の抵抗の$\frac{1}{3}$になり，回路全体の抵抗は$\frac{1}{3}r$Ωである。以上より，回路全体の抵抗の大きさは，図１＞図２＞図３となるから，時間が同じで電圧が一定のとき，水の上昇温度は，図１＜図２＜図３となる。したがって，図４で，それぞれの実験の結果は，図１は同じ時間での上昇温度が最も小さいウであり，図２は上昇温度が中間のイ，図３は上昇温度が最も大きいアである。

問２＜電力量＞〔電力量(J)〕=〔電力(W)〕×〔時間(s)〕より，食品を500Wの電力で10分，つまり，60×10=600(秒)間，最適に加熱する場合の電力量は，500×600=300000(J)となる。同じ食品を，800Wの電力で最適に温める場合は，電力量が同じになればよいので，300000÷800=375(s)より，６分15秒加熱すればよい。

問３＜気体の捕集方法＞下方置換法で集める気体は，空気よりも密度が大きい気体である。また，水に溶けやすい気体は水上置換法では集められないため，下方置換法で集める。なお，空気より密度が小さく，水に溶けやすい気体は上方置換法で，水に溶けにくい気体は水上置換法で集める。

問４＜アンモニアの性質＞アンモニアは水に溶けやすく，水に溶けると，その水溶液はアルカリ性を示す。よって，水にぬらした赤色リトマス紙をアンモニアに触れさせると青色に変化する。なお，塩化コバルト紙は液体が水であることを，青色リトマス紙は水溶液が酸性であることを確認するために使う。

問５＜被子植物の分類＞被子植物の中でひげ根を持つ植物は，子葉が１枚の単子葉類で，葉脈は平行脈なので，ア～エのうち，単子葉類はイネである。なお，子葉が２枚の双子葉類は，根が主根と側根からなり，葉脈は網目状である。

問６＜肝臓のはたらき＞肝臓は胆汁を生成するが，生成した胆汁は胆のうに蓄えられる。

問７＜地震＞地震が発生した場所を震源といい，地震によるゆれのうち，初めの小さなゆれを初期微動，初期微動に続いて起こる大きなゆれを主要動という。初期微動を伝える波はＰ波であり，主要動を伝える波はＳ波である。

問８＜台風＞Ａ…正。熱帯地方の太平洋上で発生した熱帯低気圧のうち，中心付近の最大風速が17.2m/s以上になったものを台風という。　Ｂ…誤。台風の地上付近では，上空から見て中心に向かって反時計回りに空気が吹き込んでいる。　Ｃ…誤。発達した台風の中心付近に生じる雲がない領域を台風の目という。台風は低気圧の一種で，中心付近には強い上昇気流が生じているため，台風の目では気圧が最も低い。

２〔運動とエネルギー〕

問１，問２＜球にはたらく力＞糸でつるして水中に沈めた球には，右図のように，球にはたらく重力W，糸が球を引く張力T，水による浮力Fの３つの力がはたらいている。これらの３つの力のうち，重力Wは下向きに，張力Tと浮力Fは上向きにはたらいていて，下向きの重力Wと，上向きの張力Tと浮力Fの２つの力の合力がつり合っている。

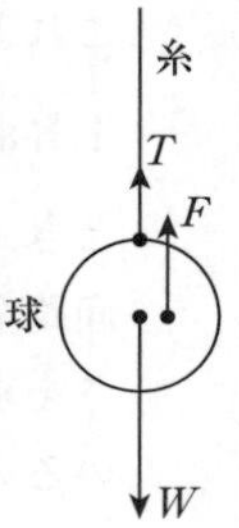

問３＜作用，反作用＞一方の物体が他方の物体に力を加える(作用)と，力を加えた物体は，力を加えられた物体から大きさが等しく，逆向きの力(反作用)を受ける。これより，水は，水が球に加える上向きの浮力に対する反作用を，球から下向きに受けていることになる。

問４＜台ばかりの示す値＞台ばかりは，台ばかりに乗せた物体が台ばかりから受ける垂直抗力の大きさを測っている。球を水に沈める前，水を入れたビーカーが台ばかりから受ける垂直抗力の大きさは，ビーカーと水にはたらく重力の和に等しい。糸でつるした球を水に沈めると，台ばかりには，ビーカーと水にはたらく重力の他に，水が球から受ける力(反作用)が加わる。よって，糸でつるした球を水に沈めたときにビーカーが台ばかりから受ける垂直抗力の大きさは，ビーカーと水にはたらく重力と，水が球から受ける力(反作用)の和に等しく，球を水に沈める前と比べて大きくなる。そのため，球を水に沈めた後の台ばかりの値は，沈める前と比べると大きくなる。

問５，問６＜台ばかりの示す値＞球をつるしている糸を切ると，球はビーカーの底に沈み，台ばかりには，ビーカーと水にはたらく重力に加え，球にはたらく重力が加わる。このとき，ビーカーが台ばかりから受ける垂直抗力の大きさは，ビーカーと水，球にはたらく重力の和に等しい。また，糸でつるした球は水に沈んでいるので，球にはたらく浮力は，球にはたらく重力より小さい。よって，球をつるしている糸を切ったとき，ビーカーが台ばかりから受ける垂直抗力は，糸を切る前と比べると大きくなる。したがって，台ばかりの示す値は糸を切る前と比べると大きくなるから，球を沈める前と比べるとさらに大きくなる。

３〔電流とその利用〕

問１＜変圧器＞電圧を変えるための機器を変圧器という。変圧器は，電磁誘導を利用して電圧の大きさを変えている。

問２＜送電＞発電所から遠く離れた地域に電気を送るときは，送電線の抵抗によるエネルギーの損失を小さくするため，発電所から高い電圧で電気が送られている。なお，高い電圧の電気は危険なので，途中に設置されている変電所や変圧器を使って電圧を下げ，一般家庭には100Vの電圧で供給される。

問３＜電力＞送電線に送り出される交流の電圧をV，電流をIとすると，〔電力(W)〕＝〔電圧(V)〕×〔電流(A)〕より，発電所から送られる電力は，$V \times I = VI$と表すことができる。

問４＜電力損失＞送電線に送り出される交流の電圧をV，電流をI，送電線の抵抗をRとすると，オームの法則〔電圧〕＝〔抵抗〕×〔電流〕より，電圧は$V = RI$となる。よって，送電線で消費される電力は，$RI \times I = RI^2$と表すことができる。

問５＜電力と電流＞問４より，送電線で消費される電力はRI^2と表すことができ，送電線の抵抗Rは変化せず，一定だから，送電線で消費される電力は電流I^2に比例する。よって，送電線で消費される電力(電力損失)を小さくするには，電流を小さくすればよいことがわかる。

問６，問７＜電力損失＞問３より，発電所から送られる電力はVIと表せ，この電力は一定だから，電圧Vと電流Iは反比例している。よって，電圧Vを10倍にすると，電流Iは$\frac{1}{10} = 0.1$(倍)になる。このとき，電線が損失した電力は，$R \times (0.1I)^2 = 0.01RI^2$となる。したがって，電力損失は，0.01倍になる。

4 〔物質のすがた〕

問１＜水溶液＞物質を水に溶かしたとき，溶けている物質を溶質，水のように溶質を溶かしている物質を溶媒，できた液体を溶液，特に溶媒が水の場合は水溶液という。

問２＜再結晶＞グラフより，15℃におけるそれぞれの物質の溶解度は，Ａは約38.0g，Ｂは約18.8g，Ｃは約8.8g，Ｄは約27.0gである。よって，はじめに溶かした物質の質量が8.8g以上18.8g未満であれば，15℃に冷やしたときに物質Ｃを溶かしたビーカーにだけ結晶が現れる。よって，①～④のうち，ビーカーに入れた物質の質量は15gである。

問３＜質量パーセント濃度＞グラフより，60℃における物質Ｃの溶解度は80.0gだから，物質Ｃの60℃の飽和水溶液ｃは，水100gに物質Ｃを80.0g溶かした水溶液である。よって，〔質量パーセント濃度(%)〕＝$\frac{〔溶質の質量(g)〕}{〔水溶液の質量(g)〕}$×100より，この水溶液の質量パーセント濃度は，$\frac{80}{100+80} \times 100 =$ 44.4…となり，約44％である。

問４＜再結晶＞実験３でつくった水溶液ａ～ｄを30℃まで冷やしたときに得られる結晶の質量は，物質の60℃と30℃の溶解度の差になる。よって，グラフより，それぞれの水溶液から得られる結晶の質量は，水溶液ａでは物質Ａの結晶が$39.4 - 38.5 = 0.9$(g)，水溶液ｂでは物質Ｂの結晶が$40.0 - 24.0 = 16.0$(g)，水溶液ｃでは物質Ｃの結晶が$80.0 - 14.0 = 66.0$(g)，水溶液ｄでは物質Ｄの結晶が$110.0 - 45.0 = 65.0$(g)となる。したがって，小さい順に並べると，ａ，ｂ，ｄ，ｃである。

5 〔化学変化とイオン〕

問１＜酸とアルカリ＞赤色リトマス紙が青色に変わるのは，アルカリ性の水溶液である水酸化ナトリウム水溶液をつけたときで，青色リトマス紙が赤色に変わるのは，酸性の水溶液である塩酸をつけたときである。また，マグネシウムリボンは，塩酸に入れると溶けて水素が発生するが，水酸化ナトリウム水溶液に入れても反応しない。

問２＜メスシリンダー＞メスシリンダーで体積を測るときは，図の③のように，液面の最も低い所の目盛りを真横から見て，最小目盛りの$\frac{1}{10}$まで目分量で読み取る。

問３＜中和＞グラフより，実験で，塩酸10cm^{3}とちょうど中和する水酸化ナトリウム水溶液は15cm^{3}であり，ちょうど中和する塩酸と水酸化ナトリウム水溶液の体積は比例する。よって，ちょうど中和する塩酸と水酸化ナトリウム水溶液の体積比は，$10:15=2:3$である。また，この塩酸16cm^{3}に水を８cm^{3}加えても，水溶液中に存在する水素イオンの数は塩酸16cm^{3}のときと変わらないから，塩酸は水を加える前の16cm^{3}として考える。ここで，塩酸16cm^{3}に水酸化ナトリウム水溶液30cm^{3}を加えたとき，塩酸と水酸化ナトリウム水溶液の体積比は，$16:30=8:15=2:3.75$なので，できた水溶液をちょうど中和するためには，塩酸を加える必要があることがわかる。よって，水酸化ナトリウム水溶液30cm^{3}とちょうど中和する塩酸の体積をx cm^{3}とすると，$x:30=2:3$が成り立ち，これを解くと，$x\times3=30\times2$より，$x=20$(cm^3)となる。したがって，できた水溶液を中性にするには，再び塩酸を$20-16=4$(cm^3)加えればよい。

6 〔生命・自然界のつながり〕

問１＜遺伝子＞遺伝子は対になって存在する。よって，丸い種子をつくる遺伝子をA，しわのある種子をつくる遺伝子をａとすると，丸い種子をつくる純系の親が持つ遺伝子はAA，しわのある種子をつくる純系の親が持つ遺伝子はaaと表せる。

問２＜生殖細胞＞精細胞や卵細胞などの生殖細胞は減数分裂によってつくられ，含まれる染色体の数は，体細胞の$\frac{1}{2}$である。よって，aaの遺伝子を持つしわのある種子をつくる純系の親がつくる生殖細胞の遺伝子は，ａと表される。

問３＜遺伝の規則性＞AAの遺伝子を持つ親がつくる生殖細胞にはAが，aaの遺伝子を持つ親がつくる生殖細胞にはａが含まれているから，これらをかけあわせてできた子の持つ遺伝子は全てAaとなる。

問４＜遺伝の規則性＞Aaの遺伝子を持つ子どうしをかけあわせてできた孫の持つ遺伝子の組み合わせと数の比は，右表１のように，AA：Aa：aa＝１：２：１となる。よって，Aの遺伝子を持つ孫は丸い種子に，持たない孫はしわのある種子になるから，孫の種子のうち，丸い種子としわのある種子の数の比は，$(1+2):1=3:1$になる。したがって，しわのある種子が299個できたとき，できた丸い種子の数は，$299\times3=897$より，約900個見られると予測される。

表１

	A	a
A	AA	Aa
a	Aa	aa

問５＜遺伝の規則性＞代々しわのある種子をつくる純系のエンドウが持つ遺伝子はaaだから，Aaの遺伝子を持つ子のエンドウとaaの遺伝子を持つエンドウをかけあわせると，できる種子の持つ遺伝子の組み合わせと数の比は，右表２のように，Aa：aa＝２：２＝１：１となる。よって，しわのある種子が408個見られたとき，丸い種子もほぼ同数の400個見られると予測される。

表２

	A	a
a	Aa	aa
a	Aa	aa

7 〔生物の世界〕

問１＜植物の体のつくり＞①～⑥の植物の中で，体のつくりを葉・茎・根に分けることができないのは，コケ植物のなかまのゼニゴケである。なお，種子植物のなかまであるアブラナ，マツ，ユリ，イチョウ，シダ植物のなかまであるゼンマイは，体のつくりを葉・茎・根に分けられる。

問２＜シダ植物の体のつくり＞図１で，イヌワラビの茎はエで，地下茎と呼ばれる。なお，ア，イ，ウは葉，オは根を表している。

問３，問４＜胞子のう＞図２は胞子のうを表し，中から飛び出しているカは胞子である。胞子のうは，図１のアの葉の裏に多くできる。

８〔大地の変化〕

問１＜火山噴出物＞火山ガスの大部分を占めているのは水蒸気で，二酸化炭素や二酸化硫黄なども含まれる。

問２＜火成岩＞マグマが冷えて固まってできた岩石を火成岩といい，火成岩Ａの，ごく小さな鉱物がガラス質になった部分を石基，大きな鉱物の結晶である部分を斑晶といい，石基の中に斑晶が散らばったつくりを斑状組織という。これに対し，火成岩Ｂのように，大きな鉱物が組み合わさったつくりを等粒状組織という。斑状組織を持つ火成岩を火山岩，等粒状組織を持つ火成岩を深成岩という。また，火山岩は，マグマが地表や地表付近で急速に冷え固まってでき，深成岩は，マグマが地下深い所でゆっくり冷え固まってできたものである。よって，ミョウバンを水に溶かして冷やしたとき，火成岩Ａのような形状の結晶が現れるのは，すばやく冷やした場合である。

問３＜火山の形＞火山の形は，噴出したマグマの性質で決まる。マグマの粘り気が弱いと，傾斜の緩やかな形になり，粘り気が強いと，おわんをふせたような形になる。４つの火山のうち，キラウエアとマウナロアは傾斜が緩やかな火山で，昭和新山と雲仙普賢岳はおわんをふせたような形の火山である。

問４＜鉱物＞鉱物には，黒っぽい有色鉱物と白っぽい無色鉱物とがある。７つの鉱物のうち，角セン石，カンラン石，輝石，黒雲母，磁鉄鉱の５つは有色鉱物で，石英と長石の２つは無色鉱物である。

９〔地球と宇宙〕

問１＜太陽の南中高度＞夏至の日の太陽の南中高度は，〔夏至の日の南中高度〕$=90°-$(〔観測地の緯度〕$-23.4°$)で求めることができる。この観測地点では，夏至の日の南中高度が77.0°だったことから，この観測地点の緯度を$x°$とすると，$77.0°=90°-(x-23.4°)$が成り立つ。これを解くと，$x=36.4°$となる。

問２＜太陽の南中高度＞冬至の日の太陽の南中高度は，〔冬至の日の南中高度〕$=90°-$(〔観測地の緯度〕$+23.4$)で求めることができる。問１より，観測地点の緯度は36.4°だから，冬至の日の太陽の南中高度は，$90°-(36.4°+23.4°)=30.2°$となる。

問３＜太陽の日周運動＞日本では，夏至の日の太陽は，１年のうちで最も北寄りの東の地平線から昇り，最も北寄りの西の地平線に沈む。よって，図で，観察当日の太陽の通り道として正しいのはアである。

問４＜白夜の地域＞右図は，夏至の日における地球の模式図である。図のＰ点より北の地域では，常に太陽の光が当たっているため白夜になる。Ｐ点の緯度は図中の$x°$で示され，地軸は公転面の垂直方向から23.4°傾いているので，$x°=90°-23.4°=66.6°$より，北極圏は北緯66.6°以上の地域である。

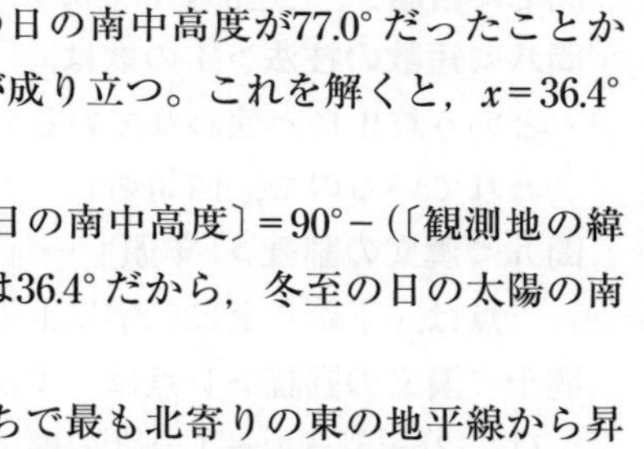

問５＜昼夜の長さ＞夏至の日に昼と夜の長さがほぼ等しくなるのは，赤道付近である。なお，赤道付近では，１年を通して昼と夜の時間はほぼ等しい。

国語解答

一	問一　4	問二　3	問三　1		三	問一　4	問二　2	問三　3
	問四　2	問五　3	問六　1			問四　2	問五　2	問六　4
	問七　2	問八　4	問九　4			問七　4		
	問十　3				四	問一　1	問二　4	問三　3
二	問一　3	問二　4	問三　1			問四　4	問五　2	問六　4
	問四　4	問五　2	問六　4			問七　1		
	問七　3	問八　3						

一〔国語の知識〕

問一＜漢字＞「妄想」と書く。１は「網羅」，２は「猛威」，３は「毛髪」，４は「妄言」。

問二＜漢字の知識＞「祝辞」と「辞令」の「辞」は，言葉，という意味。「辞世」と「辞去」の「辞」は，挨拶をして立ち去る，という意味。「辞退」の「辞」は，断る，という意味。

問三＜語句＞「獲得」は，手に入れること。対義語は，失う，という意味を表す「喪失」。

問四＜語句＞「一挙手一投足」は，細かな一つ一つの動作のこと。「余儀ない」は，他の方法がないさま。「呆気《あっけ》ない」は，期待はずれで物足りないさま。「反面教師」は，そうなってはいけないという悪い見本となるような事柄や人物のこと。

問五＜語句＞「アウトプット」は，出力のこと。「インボイス」は，送り状のこと。「クリエイト」は，創造すること。

問六＜敬語＞動作の主体である「社長」を敬うのだから，謙譲語の「おる」ではなく，尊敬語を用いて「社長はいらっしゃいますか」などとするのが正しい（１…×）。

問七＜古語＞「上達部」は「かんだちめ」と読み，公卿の別名で，身分の高い貴族のこと。

問八＜短歌の技法＞１の歌は，「桜月夜」で体言止めとなっているので三句切れ。２の歌は，「恋し」という終止形が使われているので，初句切れ。３の歌は「ちるなり」の「なり」という終止形が使われているので，四句切れ。

問九＜漢文の訓読＞「羊頭」→「懸」→「狗肉」→「売」の順に読む。漢文は上から順に読み，一・二点は，下から上に二字以上返って読む。

問十＜漢文の訓読＞レ点は，下から上に一字返って読む。１は，[1]→[4]→[2]→[5]→[3]の順に読む。２は，[2]→[5]→[4]→[1]→[3]の順に読む。４は，[1]→[5]→[4]→[3]→[2]の順に読む。

二〔論説文の読解―哲学的分野―哲学〕出典：香西秀信『反論の技術―その意義と訓練方法―』。

≪本文の概要≫「議論」が成立するための必須条件として，意見の対立がある。「意見」というものは，本来的に対立するものである。我々がある意見を主張するときには，意識しているにせよしていないにせよ，我々の意見と対立する意見の持ち主がいるという認識，あるいは我々の意見に無条件で賛成しない人がいるという認識を，前提としている。意見とは，本質的に先行する意見に対して「異見」として生まれ，対立する意見に「反論」するという性質を持つ。あることを主張することは，それだけで先行する意見に対する異論・反論の性質を持つ。自分の周囲で，全く新しい分野で最初に発言することは，ほとんどありえない。それでも，新しく発言する場合は，先行する意見といかに異なっているかに意味がある。議論する場合，第一に，ある人が何かを主張し，それを論証する立論があり，第二に，別の人がそれに反論するという順序は，厳密には不正確である。第一の立場が，すでに現状に対する反論の性質を持っているからである。

問一＜語句＞「露払い」は，先導して道を開くこと。「私」の論に納得してもらうために，そのさきがけとして，ローマ帝国の弁論術欽定《きんてい》講座初代教授の「議論は，意見が対立する事柄においてのみ，可能となる」という言葉を示すのは，気が引ける。

問二＜文章内容＞人がある意見を述べるとき，その人は，自分の「意見と対立する意見の持ち主がいる」と認識している。あるいは，対立とまではいかなくても，自分の意見に「無条件で賛成しない人間がいるという認識」は持っている。なぜなら，仮に「全員が自分の意見に賛成」ならば，意見を述べる必要はないからである。

問三＜文章内容＞もし「全員が自分と同じ意見だと思っている」のであれば，わざわざ意見を述べる必要はない。したがって，議論において意見を述べることは，先行する意見が実在するのか可能性として存在するのかにかかわらず，先行する意見に対する反論という性質を持っている。

問四＜文章内容＞ある人が何かを主張することは，それだけで「先行する意見に対する異論・反論の性質をもっている」のだから，第一の立論の段階で反論の要素を帯びている。誰かの主張に対して，別の人の反論が生まれるという順序ではない。

問五＜四字熟語＞「秋霜烈日」は，秋の冷たい霜や夏の激しい日差しのように，信念がきわめて強いこと。哲学者の宇佐美氏は，「論争家としても著名」であり，その非常に強く厳しい批判ぶりが陰口を招いていた。

問六＜文章内容＞新たに意見を言うことに意味があるとすれば，「先行する意見といかに異なっているか」ということである。宇佐美氏は，「学問の業績というものは，旧い業績に対する批判」であると述べており，意見を言うことの本質は反論にあるという「私」と，同じ考えを持っている。

問七＜文脈＞ある人が新しい話題で自分の意見を述べるとき，その人は自分の意識の中で可能性として存在する反対意見を想定して，自分の意見を述べている。「もし全員が自分と同じ意見だと思っているのなら，あえて発言する必要はない」から，「彼の発言は，可能性として生ずるであろう対立意見を，時間を逆転させて『先行』させ，それに対立するものとして述べられている」のである。つまり，「意見を述べるとは，反論すること」なのである。

問八＜要旨＞議論が成り立つためには，意見の対立が必要である(2…×)。「○○さんの意見に賛成だ」と表明することは，「自分の意見に対立する意見があるという意識の現れ」である(1…×)。「創造的であることこそが学問の本質」であり，「学問の業績というものは，旧い業績に対する批判である」という宇佐美氏の考えは，意見の本質とは先行意見と異なることを言うことにあるという，「私」の考えを補強している(4…×)。ディベートにおいて，最初の肯定的立論で「現状」に反対することは，全ての「意見」は先行意見に対する反論であるという，「意見」の本質的姿勢を守ることである(3…○)。

三〔小説の読解〕出典：安岡章太郎『海辺の光景』。

問一＜文章内容＞「僕」は，夏休みの宿題を終えていないことを両親に知られてはならない状況にあり，夜中にこっそり起き出して「テツヤ」をするしかないと思ったのである。

問二＜心情＞両親に気づかれずに，まだ終わっていない宿題を徹夜してやるつもりだったのに，いつの間にか「僕」は寝入ってしまい，朝を迎えていた。宿題は減ることなく残っているのだが，寝てしまったことで，「僕」は夜中に勉強せずにすんだことに対してよかったと思っていた。

問三＜表現＞「僕」は，昼間は二階で寝ころんで何もしていないように家族に思われるのが嫌だったので，一生懸命に「外で遊ぶフリ」をしていたのである。

問四＜熟語の構成＞「冒険」と「握手」は，下の漢字が上の漢字の目的語になっている熟語。「危険」は，似た意味の漢字を重ねた熟語。「教室」は，上の漢字が下の漢字を修飾している熟語。「非常」は，下の漢字を上の漢字が打ち消している熟語。

問五＜文章内容＞「僕」が野球をやらないのは，「誰にも相手にされずにボンヤリ立っている」のをお母さんに見られたくないからである。だから，「サモ面白そうに」一人で柿の木に上っていたのである。

問六＜語句＞「〜を尻目に」の形で，無視して構わずに自分の行動を進める，という意味。

問七＜文章内容＞「僕」は，宿題が終わっていないことを両親に知られたくなくて，夜中にこっそり勉強しようとするが，いつも朝まで寝てしまい計画倒れになっていた。また，友達に相手にされないことをお母さんに知られまいとして，一人で遊ぶことが楽しいとばかりに，柿の木に上り青い実を近所の子に投げつけた結果，その子とけんかになってひどい目に遭った。「僕」は，自分のしていることがうまくいかず，どうしようもない気持ちになっていた。

四〔古文の読解―笑話〕出典：安楽庵策伝『醒睡笑』巻之一「祝ひ過ぎるも異なもの」。

≪現代語訳≫異様なほど物事に縁起をかつぐ者がいて，与三郎という使用人に，大晦日《おおみそか》の夜に教えて言ったことには，「今夜はいつもより早く家に帰って休み，明日は早くに起きて(ここに)来て門をたたけ。家の中から『誰ですか』と尋ねたときに，『福の神でございます』と答えろ。すぐに戸を開けて(お前を)呼び入れよう」と，念入りに言い含めてその後，主人は気をつけて，鶏が鳴くのと同じくらいに起きて門のところで待っていた。思ったとおりに(与三郎が)戸をたたく。「誰か，誰か」と(主人が)尋ねる。(与三郎が)「やあ，与三郎です」と答える。(主人は)不愉快極まりなかったものの門を開けるやいなや，そこで火をともして若水を汲み，雑煮を置くが，主人の顔つきが不機嫌で，全くものを言わない。使用人は不審に思い，つくづくと考えて，昨夜に教え(られ)た福の神のことをすっかり忘れていたが，だんだん酒を飲む頃に思い出して，びっくりして，膳を片づけて，座敷を立つときに，「さようなら福の神でございます。おいとま申します」と言った。

問一＜古語＞「すなはち」は，すぐに，という意味。

問二＜現代語訳＞「ん」は，意志の助動詞で，〜よう，と訳す。

問三＜古語＞「ねんごろなり」は，熱心だ，念入りだ，という意味。

問四＜古文の内容理解＞主人は，与三郎に元日の朝早く家に来て，「福の神」と名乗るように教えておいたので，自分も朝早く起き出し，与三郎が家の門をたたくのを注意して待っていたのである。

問五＜古文の内容理解＞主人は与三郎に，元日の早朝に誰かと尋ねられたら「福の神」と名乗れと教えておいた。しかし，与三郎はそのことをすっかり忘れて，与三郎ですと自分の名前を名乗ってしまったので，主人は機嫌が悪かったのである。

問六＜古文の内容理解＞主人は縁起をかつぐ人だったので，元日の早朝に「福の神」が家を訪れたことにしたいと考え，与三郎に「福の神」と名乗れと教えた。しかし，与三郎はその教えを忘れてしまい，帰るときにやっと思い出して「福の神」と名乗ったため，福の神が去ってしまうということになったので，かえって縁起の悪いことになったのである。

問七＜文学史＞『おくのほそ道』は，松尾芭蕉の俳諧紀行文で，江戸時代の成立。『今昔物語集』は，説話で，平安時代の成立。『平家物語』は，軍記物語で，鎌倉時代の成立。『徒然草』は，兼好法師の随筆で，鎌倉時代の成立。

2023年度 佐野日本大学高等学校(併願・第1回)

【英　語】（50分）〈満点：100点〉

■リスニングテストの音声は，当社ホームページで聴くことができます。(当社による録音です)
再生に必要なユーザー名とアクセスコードは「収録内容一覧」のページに掲載しています。

1 　ただ今からリスニングテストを行います。テストはPart A，Part Bに分かれています。それぞれのPartの初めに放送される日本語の説明にしたがって，解答してください。

Part A

Part Aは絵を見て答える問題です。問題ごとに1～4の短い英文が読まれます。絵の内容を表す最も適切な英文を，1つ選びなさい。英文はそれぞれ1回しか読まれません。

問1

問2

問3

Part B

Part Bは短い会話を聞いて答える問題です。それぞれの会話の後に質問が続きます。その質問に対する答えとして最も適切なものを，1～4より1つ選びなさい。会話と質問は2回読まれます。

問4　1．Because she always sits in the front row.
　　2．Because she can't see far.
　　3．Because it is too close to the screen.
　　4．Because the tickets are more expensive.

問5　1．She says it is too expensive.
　　2．She says she likes it.

3．She says she doesn't know who painted the picture.
4．She says it is not famous.

問6　1．Because it is too fast.
2．Because he doesn't want to spend too much money.
3．Because he doesn't have the time.
4．Because the Shinkansen leaves later.

※＜リスニングテスト放送台本＞は英語の問題の終わりに付けてあります。

2 次の(1)～(10)の英文の空所に入る最も適切なものを，１～４より１つ選びなさい。

(1) Mr. Smith is the man who (　　) the most information about the town's history.
1．is　2．was
3．have　4．has

(2) We will go for a swim as soon as Tom (　　) home.
1．will come　2．come
3．comes　4．is coming

(3) You and Kate are good friends, aren't you?　How long (　　) each other?
1．do you know　2．are you knowing
3．did you know　4．have you known

(4) A：Excuse me, but could you tell me where the nearest post office is from here?
B：(　　). I'm a stranger here.
1．All right　2．Thank you
3．Sorry　4．Here you are

(5) Susan was so happy to hear (　　) her son's safe return.
1．to　2．of
3．in　4．at

(6) (　　) did you buy that same book for?
1．Where　2．When
3．How　4．What

(7) May I ask you where (　　)?
1．have you been　2．did you go
3．you have been　4．to you went

(8) That famous artist was born in Japan (　　) February 5th, 1947.
1．at　2．on
3．of　4．in

(9) It is difficult (　　) questions in English.
1．for me to answer
2．to me for answering
3．to answer by me
4．me to answer

(10) Those children (　　) happy when they are playing outside.
1．see　2．look
3．watch　4．show

3 Laura と母の text massage（メール）を読み，後の設問に答えなさい。

Monday, February 6

Mother: Hi, how was school? I'm going to the supermarket now. Do you want me to buy you anything? Also, what time will you be home tonight?
3:46 p.m.

Laura: School was okay. I finished my speech for science class. I did my best but my teacher said that I need to practice more.
4:02 p.m.

Hmm. I don't think I need anything. I have soccer practice today, so I won't be home until 7:00. What time do you want to eat dinner?
4:03 p.m.

Mother: Oh, that's too bad. You have another speech next week, right? Let's practice it tonight.
4:10 p.m.

How about dinner at 7:30? I'm going to make spaghetti.
4:11 p.m.

Laura: Okay. Dinner at 7:30. Yum! Spaghetti sounds delicious. My speech next week is on Friday. We can practice this weekend. Thank you!
4:15 p.m.

Oh no. I have to study for my math exam tomorrow! I will go to the library after soccer practice and study. I'll be home in about 3 and a half hours.
5:03 p.m.

Mother: No problem. Do your best! I will put the spaghetti and salad in the refrigerator. You can eat it when you get home.
5:10 p.m.

Laura: Thanks Mom!
5:12 p.m.

（注） yum おいしい

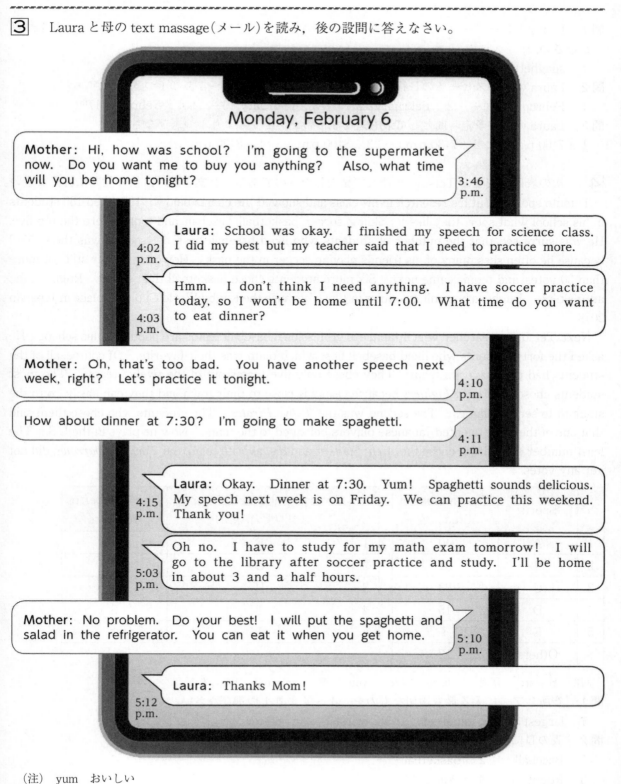

問1　Lauraがスーパーマーケットで買ってほしいものとして最も適切なものを，1～4より1つ選びなさい。

1．spaghetti　　2．salad　　3．meat　　4．nothing

問2　Lauraの次のスピーチの日程として最も適切なものを，1～4より1つ選びなさい。

1．February 10th　　2．February 12th　　3．February 15th　　4．February 17th

問3　Lauraの帰宅予定時間として最も適切なものを，1～4より1つ選びなさい。

1．7:00 p.m.　　2．7:30 p.m.　　3．8:00 p.m.　　4．8:30 p.m.

4　次の表は高校生のTetsutoが授業で発表したものである。英文を読み，後の設問に答えなさい。

Tetsuto spoke about his research in his class and showed the charts below. He asked 130 students in his school what sport they liked. Skiing, soccer, basketball, baseball, and tennis were the top five. He was surprised that the number of students who liked baseball best, not soccer, was the (ア) because he often sees many of his friends playing soccer in the park. However, soccer still got more than 30 votes, and tennis came next. Six more students chose basketball than skiing. Rugby came after skiing. Rugby is becoming popular in Japan because the Rugby World Cup took place in Japan in 2019.

Next, Tetsuto researched which Japanese professional baseball teams are popular in his school. He asked the forty students who liked baseball best which team was their favorite. Of course, all of the students had their favorite team. They chose only five teams out of the twelve teams. The most students chose the *Osaka Fighters* because Osaka is close to their town and they can easily go to the stadium to see the games. The second was the *Tokyo Pirates*. The students who chose them said that one of the most talented Japanese players belonged to the team. Now he plays in the U.S. The least number of students chose the *Aichi Spiders*, and his favorite team, the *Tochigi Sparrows*, did not get any votes.

	Sports	The Number of Students
1	A	40
2	B	31
3	C	23
4	D	15
5	E	(イ)
	Others	12

	Professional Baseball Team (プロ野球球団)	The Number of Students
1	F	16
2	G	8
3	H	7
4	I	5
5	J	(ウ)

(注)　research　研究　　charts　図表　　votes　票　　talented　才能のある

問1　空所(ア)に入る最も適切なものを，1～4より1つ選びなさい。

1．largest　　2．smallest　　3．worst　　4．better

問2　表のDに入る最も適切なものを，1～4より1つ選びなさい。

1．Baseball　　2．Basketball

3．Rugby　　4．Skiing

問3　表の(イ)に入る数字として最も適切なものを，1～4より1つ選びなさい。

1．9　　2．11　　3．13　　4．14

問4　表の（ ウ ）に入る数字として最も適切なものを，1～4より1つ選びなさい。

1．1　　2．2　　3．3　　4．4

問5　本文や表の内容と合う最も適切なものを，1～4より1つ選びなさい。

1．Before he did the research, Tetsuto expected soccer to be the most popular sport because some of his friends often talked about it.

2．You can tell that Tetsuto and his friends live close to *Tokyo Pirates* stadium.

3．Many of the students who like baseball best said they liked the *Osaka Fighters* because they had a player who now plays in the U.S.

4．The baseball team Tetsuto likes is not popular in his school.

5　次の英文を読み，文中の空所（ 1 ）～（ 5 ）に入る最も適切なものを，それぞれ下の1～4より1つ選びなさい。

John and I got married about 50 years ago. We lived together for a long time and he was also my best friend. We loved going to the movies and on walks through town. He always held my hand when we walked and I felt（ 1 ）.

Every year on Valentine's Day, he wrote the same note : "I love you more today than yesterday."

And then one day he died. Our children came to stay with me for a while, but after a few weeks, they（ 2 ）and I was alone.

It was so difficult to live without him, but I tried.

Then Valentine's Day came around again. I felt so sad because I knew I had to spend the day by myself.

Imagine my（ 3 ）when the bell rang and I opened the door. I saw the owner of the flower shop near my house there. He held a bouquet of roses and a little note. "From your husband," he said.

For a moment, I felt so angry and said to him, "Is this some kind of joke ?" The flower shop owner said, "（ 4 ）. Before your husband died, he came in and prepaid for many years of roses. He asked me to give a bouquet of roses to you every year on Valentine's Day（ 5 ）of him."

I finally opened the note and read : "I love you more today than yesterday."

（注） got married　結婚した　　note　メモ　　imagine　を想像する
　　　bouquet　花束　　prepaid　先払いした

（1）　1．beautiful　　2．happy　　3．sick　　4．lonely

（2）　1．arrived　　2．knew　　3．left　　4．sent

（3）　1．surprise　　2．message　　3．courage　　4．letter

（4）　1．I have no idea　　2．Yes, it is　　3．I'm joking　　4．No, it isn't

（5）　1．instead　　2．take care　　3．think　　4．go out

6　次の英文中の(1)～(6)の〔　〕内の語句を，前後関係を考慮して，意味が通るように並べかえなさい。解答は例にならって，正しい順にマークしなさい。

例題　彼はサッカーがうまい。
〔1．is　　2．soccer　　3．a good　　4．he〕player.
この例ではHe is a good soccer player.が正解なので，上から順に④，①，③，②とマークすることになる。

My mother likes traveling and has traveled to many countries in the world. I would like to (1)〔1. I 2. you 3. one of the most exciting stories 4. tell〕 heard from her. She stayed in a hotel which was built of salt!

The hotel stands alone in a huge salt desert in Bolivia, South America. The salt desert is (2)〔1. about 3,700 meters 2. is probably 3. above the ocean 4. and〕 the largest in the world with an area of about 12,000 square kilometers. A long time ago, it was not a salt desert, but later the ocean floor rose up and mountains were created. So, a lot of seawater was left in the mountains and a lake was created. Then the water of the lake disappeared and a salt desert was left. It is called *Salar de Uyuni* now. When you visit it, you will find (3)〔1. it 2. beautiful 3. is 4. how〕.

The salt hotel is very strange. Everything (4)〔1. salt blocks 2. made 3. is 4. from〕, from beds to tables and chairs. There is no electricity——the hotel (5)〔1. the natural heat 2. the sun 3. of 4. uses〕. During the day, the sun makes the blocks of salt warm, and it (6)〔1. comfortable 2. the rooms 3. keeps 4. warm and〕 even at night. By the way, the hotel does not have any baths or showers because it is in the center of the huge desert of salt!

（注） Bolivia ボリビア　square kilometers 平方キロメートル　ocean floor 海底
Salar de Uyuni ウユニ塩湖　huge 巨大な

7 次の英文を読み，後の設問に答えなさい。

There are many ways of naming a child in the world. Some parents seem to name their children after their favorite things. In some families, grandparents or professional name makers give a child a name. **(1)** And in some cases, parents choose a name according to a child's birthday.

In European countries, names are usually chosen by parents. Names they choose for their children are taken from names of relatives or ancestors within their family members. For example, in Italy, children are traditionally named after their grandparents. The name of the father's parents is often used in many cases. **(2)** Also, people in Eastern Europe take a name for their children from relatives who have died. This tradition is seen as a way to protect their children from evil.

In some Asian countries, many people ask a child's grandfather or a fortune-teller to choose the child's name. In this case, names are chosen based on a traditional idea: a name can influence the child's personality. For example, names may have a connection to certain elements such as fire, water, earth, wood, or metal. **(3)** Also, the characters used in the name can have some important meanings like beauty, strength, or kindness.

In some African cultures, people name their children after the day of their birth. Each day has its own meaning. A boy and a girl born on the same day have different names. However, they have the same meaning. (ア), in Ghana's Akan culture, if they have a boy on Friday, people would choose a name, Kofi. (イ), a girl on Friday would have Afua as her own name. Both Kofi and Afua mean "explorer" or "traveler." In other places in Africa, names can have a meaning of place. If you see a girl in Ethiopia named Zara, she probably comes from the southwestern part of the country.

The name given to a baby is the first gift for their life. Though the way to name a baby is different from place to place, each name has its own special meaning, and the name reflects something about the culture. **(4)**

（注） relatives　親せき　　evil　災い　　fortune-teller　占い師　　based on　に基づいて　　personality　性格
certain elements　特定の要素　　Ghana's Akan　ガーナ（アフリカの国）のアカン族
Ethiopia　エチオピア（アフリカの国）　　reflects　反映する

問1　第2段落の内容と一致する最も適切なものを，1～4より1つ選びなさい。

1．イタリアでは子どもの父親の名前が最初の子どもの名前に使われることが多い。
2．イタリアでは子どもの母親の名前が二番目以降の子どもの名前に使われることが多い。
3．ヨーロッパの国々では子どもの名前は親せきの人が選ぶことが多い。
4．東ヨーロッパでは，亡くなった親せきの名前にちなんで子どもに名前を付けることが多い。

問2　下線部の内容として最も適切なものを，1～4より1つ選びなさい。

1．Parents' personalities sometimes make a fortune-teller choose their child's name.
2．A name that has a specific meaning can affect a personality of a child.
3．Parents sometimes name their child after their character.
4．Grandparents or a fortune-teller should choose a name for a child.

問3　空所（ア）に入る最も適切なものを，1～4より1つ選びなさい。

1．For example　　2．However　　3．On the other hand　　4．Instead

問4　空所（イ）に入る最も適切なものを，1～4より1つ選びなさい。

1．For example　　2．Still　　3．On the other hand　　4．On one hand

問5　次の英語の問いの答えとして最も適切なものを，1～4より1つ選びなさい。

What is true about the cultures in Africa?

1．Boys named Kofi are asked to become a traveler because the name means "traveler."
2．If you know the name of a girl in Ethiopia, you can know what place she lives in now.
3．In Ghana's Akan culture, the names, Kofi and Afua, have different meanings.
4．You can sometimes tell when or where people in Africa were born from their names.

問6　下の英文が入る最も適切な箇所を，本文中の**(1)**～**(4)**より1つ選びなさい。

So, we should respect all names.

問7　次の英文が本文の内容と一致している場合は1，一致していない場合には2をマークしなさい。

1．All families must follow their own culture when they name a baby.
2．In European countries, parents are the only persons who can choose a baby's name.
3．Some parents choose their child's name because they think the name can protect their child.

＜リスニングテスト放送台本＞

ただ今からリスニングテストを行います。テストは Part A，Part B に分かれています。それぞれの Part の初めに放送される日本語の説明にしたがって，解答してください。

Part A

Part A は絵を見て答える問題です。問題ごとに1～4の短い英文が読まれます。絵の内容を表す最も適切な英文を，1つ選びなさい。英文はそれぞれ1回しか読まれません。

問1
1．The man is holding the baby while the woman is cooking.
2．The man is cooking while the woman is talking on the phone.
3．The woman is holding the baby while the man is cooking.
4．The man and the woman are cooking dinner while the baby is smiling.

問2
1．The man and the woman are fighting in the kitchen.
2．The man and the woman are eating dinner in the kitchen.

3．The man and the woman are enjoying the conversation.

4．The man and the woman are having tea.

問3　1．A boy is raising his hand.

2．Two boys are talking to each other.

3．All the boys are shouting at each other.

4．Two boys are shaking hands.

Part B

Part B は短い会話を聞いて答える問題です。それぞれの会話の後に質問が続きます。その質問に対する答えとして最も適切なものを，1～4より1つ選びなさい。会話と質問は2回読まれます。

問4

Man　　: Welcome to our movie theater.　Can I help you?

Woman : Hello, yes, I would like to buy a ticket for Spiderman.

Man　　: Sure, where would you like to sit?

Woman : Some place near the front.　I can't see from the back.

Man　　: OK, we have some seats available in the front row.

Woman : That's too close.　Do you have a seat somewhere in the middle row?

Man　　: Sure, I can find you a seat there.

QUESTION : Why doesn't the woman want to sit in the front row?

問5

Man　　: Wow, that is a beautiful picture.　Do you know who painted it?

Woman : Yes, it was painted by Picasso.

Man　　: Really?　I never knew he painted nature scenes.

Woman : Well, this picture is not famous.　I really don't like it.

Man　　: Well, I usually don't like Picasso either, but I like this picture.

QUESTION : What does the woman say about the picture?

問6

Man　　: Hello.　Can you tell me what time the next train for Yokohama leaves?

Woman : It leaves at five o'clock.　Also, you can take the Shinkansen at six.　Both of them get to Yokohama at the same time.

Man　　: Oh really?

Woman : Yes, would you like a ticket for the Shinkansen?

Man　　: Is it more expensive than the local train?

Woman : Yes, it is about 5,000 yen more.

Man　　: Wow, that's expensive.　I'll just take the local train.

QUESTION : Why doesn't the man take the Shinkansen?

【数　学】 (50分) 〈満点：100点〉

(注意)　1．円周率はπとして計算しなさい。

　　　　2．計算機，定規，コンパス等の使用は禁止します。

1　次の$\boxed{}$にあてはまる数値を求めなさい。

(1)　$6\times3\div2-4\times2=\boxed{\text{ア}}$

(2)　$\left(\dfrac{1}{2}\right)^2\div0.1\times3-3.5=\boxed{\text{イ}}$

(3)　$\dfrac{3x-y}{2}-\dfrac{x-5y}{6}=\dfrac{\boxed{\text{ウ}}\,x+y}{\boxed{\text{エ}}}$

(4)　$\left(\dfrac{1}{2}x^2y\right)^2\div(-4xy^2)\times(-4x^2y)^3=\boxed{\text{オ}}\,x^{\boxed{\text{カ}}}y^{\boxed{\text{キ}}}$

(5)　$(\sqrt{3}+\sqrt{6})^2-3(\sqrt{2}+1)^2=\boxed{\text{ク}}$

(6)　$(x+1)^2-2(x+1)-3=(x-\boxed{\text{ケ}})(x+\boxed{\text{コ}})$

2　次の$\boxed{}$にあてはまる数値を求めなさい。

(1)　2次方程式$(x+3)^2=12x$を解くと，$x=\boxed{\text{ア}}$である。

(2)　$x=\sqrt{2}-1$，$y=\sqrt{2}+1$のとき，$xy^2-x^2y=\boxed{\text{イ}}$である。

(3)　連立方程式$\begin{cases}2x+5y=4\\3x+2y=-5\end{cases}$を解くと，$x=-\boxed{\text{ウ}}$，$y=\boxed{\text{エ}}$である。

(4)　yはxに反比例し，$x=-3$のとき，$y=32$である。$x=-8$のとき，$y=\boxed{\text{オ}}\boxed{\text{カ}}$である。

(5)　右の図1において，Aは関数$y=ax^2$，Bは関数$y=bx^2$，Cは関数$y=cx^2$，Dは関数$y=dx^2$のグラフである。a，b，c，dの値を小さい順に左から並べたとき，正しいものは$\boxed{\text{キ}}$である。

　ただし，答えは次の①～④の中から1つ選び，番号で答えなさい。

①　c，d，a，b

②　b，a，d，c

③　d，c，b，a

④　c，d，b，a

図1

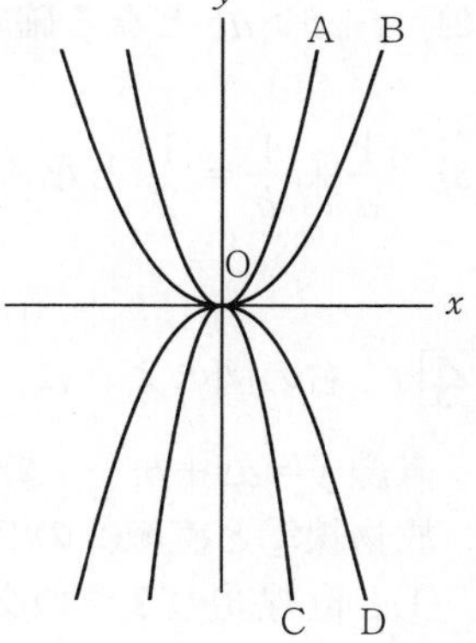

(6)　$9<\sqrt{3a}<12$を満たす自然数aは全部で$\boxed{\text{ク}}\boxed{\text{ケ}}$個である。

(7)　下の図2のヒストグラムは，20人のテストの結果をまとめたものである。このテストの平均値は$\boxed{\text{コ}}\boxed{\text{サ}}$(点)である。

図2

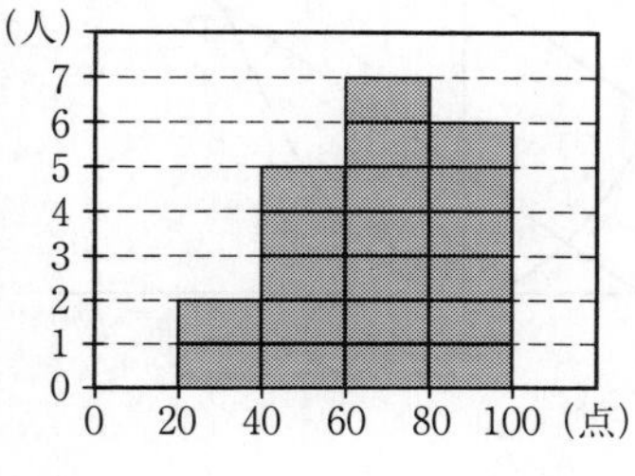

図3

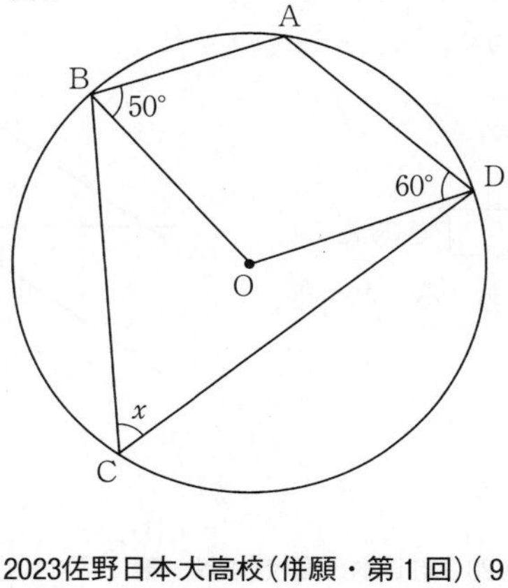

(8)　前のページの図３において，$\angle x=$ $\boxed{\text{シ}\,\vdots\,\text{ス}}$°である。

(9)　下の図４は半径４cmの円Oを底面とする円すいを底面に平行な平面で切ったときにできる立体である。PO＝3cm，PA＝2cmとするとき，この立体の体積は $\boxed{\text{セ}\,\vdots\,\text{ソ}}$ πcm^{3}である。

図４

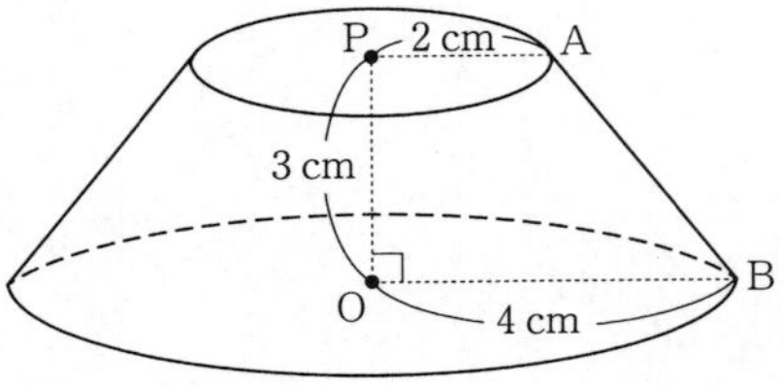

図５

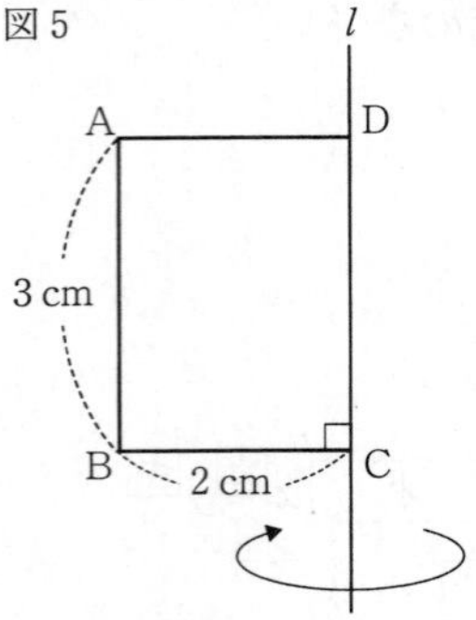

(10)　上の図５のような長方形ABCDを，直線 l を軸として１回転させてできる立体の表面積は $\boxed{\text{タ}\,\vdots\,\text{チ}}$ πcm^{2}である。

3　大小２つのさいころを投げ，大きいさいころの出た目を a，小さいさいころの出た目を b とする。

このとき，次の問いに答えなさい。

(1)　a と b がともに偶数となる確率は $\dfrac{\boxed{\text{ア}}}{\boxed{\text{イ}}}$ である。

(2)　$a+b>ab$ となる確率は $\dfrac{\boxed{\text{ウ}\,\vdots\,\text{エ}}}{\boxed{\text{オ}\,\vdots\,\text{カ}}}$ である。

(3)　$\dfrac{1}{a}+\dfrac{1}{b}=\dfrac{1}{2}$ となる確率は $\dfrac{\boxed{\text{キ}}}{\boxed{\text{ク}\,\vdots\,\text{ケ}}}$ である。

4　右の図のように，放物線 $y=\dfrac{3}{4}x^2$……①と２直線 $y=ax+b$……②，$y=ax+c$……③がある。放物線①と直線②の２つの交点をA，B，放物線①と直線③の２つの交点のうち，x 座標が正である点をPとする。また，点Aと点Bの x 座標はそれぞれ -2，４である。ただし，$0<c<b$ とする。

このとき，次の問いに答えなさい。

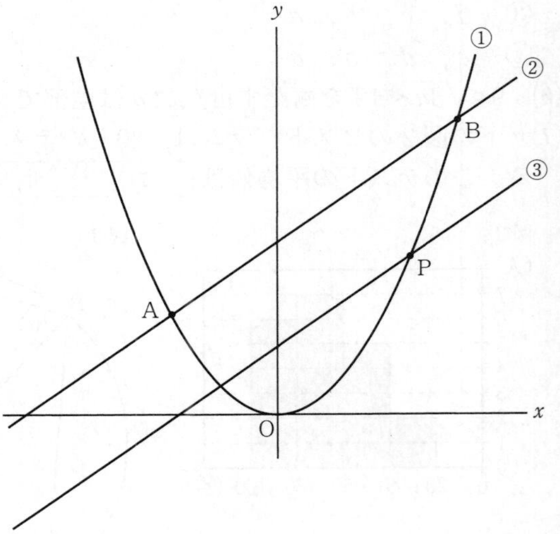

(1)　$a=\dfrac{\boxed{\text{ア}}}{\boxed{\text{イ}}}$，$b=\boxed{\text{ウ}}$ である。

(2)　△OABの面積は $\boxed{\text{エ}\,\vdots\,\text{オ}}$ である。

(3)　△ABPの面積が５であるとき，$c=\dfrac{\boxed{\text{カ}\,\vdots\,\text{キ}}}{\boxed{\text{ク}}}$ である。

5　右の図のような点A，B，C，D，E，Fを頂点とし，AD＝DE＝EF＝4 cm，∠ABC＝90°の三角柱がある。辺AB，ACの中点をそれぞれM，Nとする。

このとき，次の問いに答えなさい。

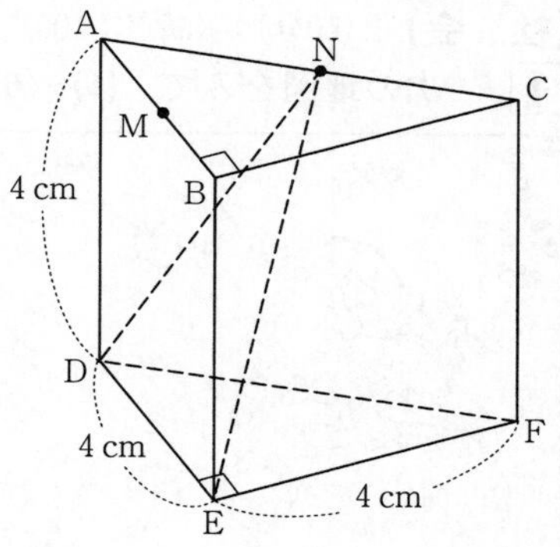

(1)　線分DNの長さは $\boxed{ア}\sqrt{\boxed{イ}}$ cmである。

(2)　△DENの面積は $\boxed{ウ}\sqrt{\boxed{エ}}$ cm^2 である。

(3)　点Mから△DENに引いた垂線と△DENの交点をHとする。

このとき，線分MHの長さは $\dfrac{\boxed{オ}\sqrt{\boxed{カ}}}{\boxed{キ}}$ cmである。

【社　会】（50分）〈満点：100点〉

1　次の地図をみて，⑴～⑹の問いに答えなさい。

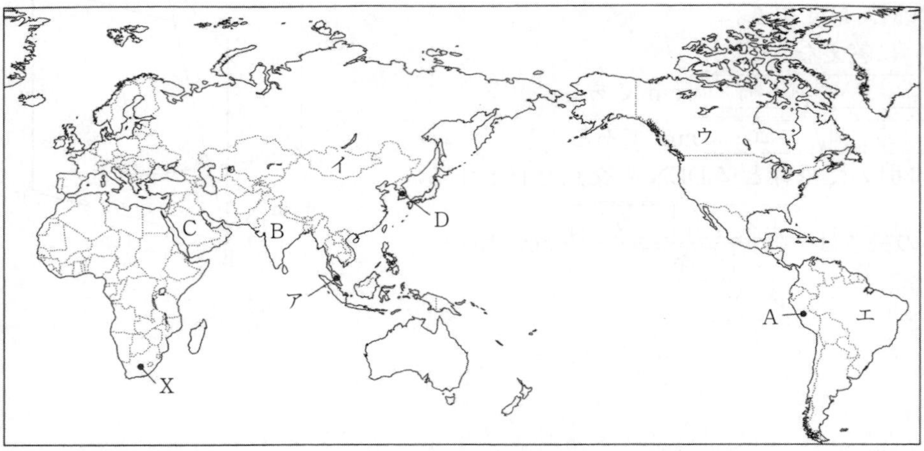

⑴　地図中のA～Dのうち，次の写真のような民族衣装がみられる地域はどこか。1～4より1つ選びなさい。

1．A　　2．B　　3．C　　4．D

⑵　地図中のア～エのうち，次の写真のような森林がみられる地域はどこか。1～4より1つ選びなさい。

1．ア　　2．イ　　3．ウ　　4．エ

⑶　オーストラリアの産業と貿易について説明した文A・Bの正誤の組み合わせとして正しいものはどれか。1～4より1つ選びなさい。

A：貿易相手国の第一位は，近年日本から中国へと変化した。

Ｂ：この国では，羊の飼育がさかんであり，現在輸出品の第一位は羊毛となっている。
　１．Ａ－正　Ｂ－正　　２．Ａ－正　Ｂ－誤
　３．Ａ－誤　Ｂ－正　　４．Ａ－誤　Ｂ－誤

⑷　右の写真はドイツの特徴的な農業の形態を示したものである。この農業の形態を何というか。１～４より１つ選びなさい。

１．酪農
２．地中海式農業
３．遊牧
４．混合農業

⑸　地図中のＸ国の歴史と社会について説明した文Ａ・Ｂの正誤の組み合わせとして正しいものはどれか。１～４より１つ選びなさい。
Ａ：この国の人々は，イギリスの植民地時代に先住民との混血が進み，メスチーソとよばれた。
Ｂ：この国では，長期間にわたり黒人差別政策が行われてきたが，現在は廃止されている。
　１．Ａ－正　Ｂ－正　　２．Ａ－正　Ｂ－誤
　３．Ａ－誤　Ｂ－正　　４．Ａ－誤　Ｂ－誤

⑹　北海道の北東にある島々は日本古来の領土で，北方領土とよばれる。ここは太平洋戦争後にソ連に占領され，現在まで不法に占拠された状態となっている。この領土として誤っているものはどれか。１～４より１つ選びなさい。
１．尖閣諸島　　２．択捉島
３．歯舞群島　　４．国後島

２　次の文を読み，⑴～⑸の問いに答えなさい。

日本列島は，海と山に囲まれ，水資源が多く，四季の恵みをうけて豊かな自然を有している。その一方で，最近はその自然がもたらす災害に関するニュースや話題を頻繁《ひんぱん》に耳にするようになってきた。

私たちが暮らす日本は，世界でも自然災害が多い国といわれている。例えば，日本の国土は全世界の１％にも満たないのに，a世界で起こる地震の２割は日本で発生している。近年起こっている地震の多くは，b2011年の東日本大震災の余震といわれている。また，近年は集中豪雨による土砂崩れやc河川の堤防が決壊するなどの被害が頻発している。

なぜこれほどまで自然災害が多いのだろうか。その理由として次の点が挙げられる。まず，d日本列島の周辺には４つのプレートの境界が集中しているため，地震活動や火山活動が活発であること。また，日本は国土の７割が山地であるため，河川が急流であること。さらに，eモンスーンの影響を受ける地域に位置しており，梅雨と台風の時期にしばしば集中豪雨が起きやすいことである。

⑴　下線部ａに関して，世界には地震が頻繁に起こる２つの造山帯がある。この２つの造山帯のいずれにも属さない国はどこか。１～４より１つ選びなさい。
１．トルコ　　２．インドネシア
３．ブラジル　　４．ニュージーランド

(2)　下線部ｂに関して，東日本大震災では津波により大きな損害を受けた原子力発電所があった。そのため，世界的に再生可能エネルギーの活用がはかられることとなった。再生可能エネルギーとして誤っているものはどれか。１～４より１つ選びなさい。

１．風力エネルギー　　２．バイオマスエネルギー
３．地熱エネルギー　　４．火力エネルギー

(3)　下線部ｃについて説明した文Ａ・Ｂの正誤の組み合わせとして正しいものはどれか。１～４より１つ選びなさい。

Ａ：洪水や河川の氾濫《はんらん》に備えて，県や市町村が作成した地図をハザードマップという。
Ｂ：河川の氾濫の一因として，森林の減少があげられる。

１．Ａ－正　Ｂ－正　　２．Ａ－正　Ｂ－誤
３．Ａ－誤　Ｂ－正　　４．Ａ－誤　Ｂ－誤

(4)　下線部ｄについて，日本の東海地方から九州地方の東海岸までの地域は，フィリピン海プレートがユーラシアプレートの下に沈み込んでおり，近い将来に巨大地震が発生すると予測されている。この地域を何というか。１～４より１つ選びなさい。

１．サンベルト　　　２．南海トラフ
３．フォッサマグナ　４．太平洋ベルト

(5)　下線部ｅについて説明した文Ａ・Ｂの正誤の組み合わせとして正しいものはどれか。１～４より１つ選びなさい。

Ａ：この風はヨーロッパ州では偏西風とよばれ，西から東に向かって一年中吹いている。
Ｂ：日本では，冬にはシベリアから冷たいモンスーンが吹き付け，東北地方の日本海側や北陸地方では豪雪となる。

１．Ａ－正　Ｂ－正　　２．Ａ－正　Ｂ－誤
３．Ａ－誤　Ｂ－正　　４．Ａ－誤　Ｂ－誤

3　日本と世界のつながりについて，(1)～(3)の問いに答えなさい。

(1)　次の地図は東京を中心としたある図法の地図である。この地図について説明した文Ａ・Ｂの正誤の組み合わせとして正しいものはどれか。１～４より１つ選びなさい。

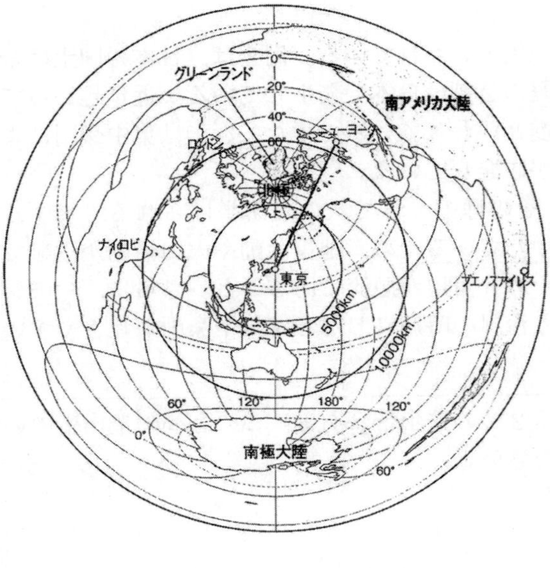

A：東京の東にはブエノスアイレスがある。
B：この地図は，実際の面積を正しく示すことができる。
1．A―正　B―正　　2．A―正　B―誤
3．A―誤　B―正　　4．A―誤　B―誤

(2)　日本は多くの資源を輸入に依存している。次のグラフは，原油，石炭，鉄鉱石，液化天然ガスの輸入相手国を示している。グラフ中のX・Yにあてはまる国はどれか。1～6よりそれぞれ1つずつ選びなさい。

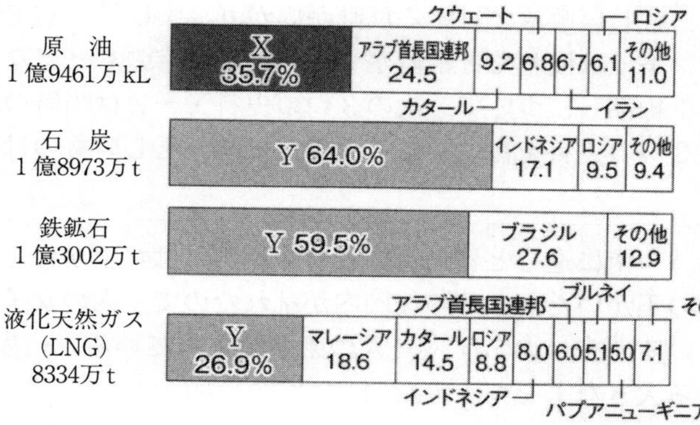

(2016年)〈財務省貿易統計〉

1．アメリカ合衆国
2．オーストラリア
3．インド
4．カナダ
5．サウジアラビア
6．中国

(3)　次のA～Dの図は，オーストラリア，ブラジル，インドネシア，日本の国土面積と排他的経済水域の面積を示したものである。日本の面積を示したものはどれか。1～4より1つ選びなさい。

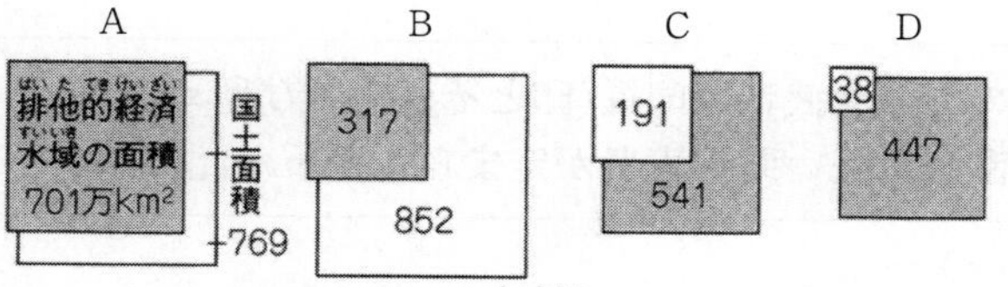

※排他的経済水域の面積には領海《りょうかい》をふくみます。
〈海洋白書　2009，ほか〉

1．A　　2．B
3．C　　4．D

4　次の文を読み，(1)～(5)の問いに答えなさい。

$_a$東アジアの中で最も早く統一帝国をつくり上げた中国は，古代から近代にかけて，朝鮮や日本など周囲の国々との間に朝貢とよばれる関係を結んだ。朝貢とは周辺諸国の支配者が中国に使節を送り，中国皇帝に貢ぎ物を差し出す制度であり，漢の時代に始まった。

日本に関しては，$_b$かつて日本列島に小さな国がたくさんあったころ，中国に朝貢したことが中国の歴史書に記されている。4～6世紀にかけては，日本だけでなく朝鮮半島の国々も中国に朝貢を行い，その結果として共通の文化を持つ東アジア世界が形成された。唐の時代には，$_c$日本は遣唐使を通じて中国から律令などの制度を取り入れ，国家体制を整備していった。また，都を中心に$_d$仏教と唐の影響を強く受けた国際的な天平文化が栄えた。

しかし，唐は国内で反乱が起こるなど9世紀には勢力が衰え，日本も菅原道真の建議によって894年以降は遣唐使の派遣を停止した。その後，10世紀後半に（　A　）が中国を統一し，朝鮮半島でも同じころに（　B　）が建国され，やがて新羅を滅ぼした。

日本はこれらの国とは正式な国交を結ばなかったが，両国の商人と交易を行った。

(1)　下線部ａについて，紀元前３世紀には秦によって中国が統一された。秦に関して述べた文として誤っているものはどれか。１～４より１つ選びなさい。

１．北方の遊牧民族の侵入を防ぐために万里の長城を築いた。
２．秦の始皇帝は中央集権体制を実現し，長さ・容積・重さをはかる基準(度量衡)を統一した。
３．厳しい政治に対する反乱が広がり，秦は統一してからわずか15年で滅びた。
４．秦では優れた青銅器がつくられ，漢字のもとになった甲骨文字を生み出した。

(2)　下線部ｂについて，次の３つの史料Ｘ～Ｚは当時の日本の様子を記した中国の歴史書である。この３つの史料を古い順に並べ替えた時，正しいものはどれか。１～６より１つ選びなさい。

Ｘ

「…南に進むと邪馬台国に着く。ここは女王が都を置いている所である。…倭にはもともと男の王がいたが，その後国内が乱れたので一人の女子を王とした。名を卑弥呼といい，成人しているが夫はおらず，一人の弟が補佐している。…卑弥呼が死んだとき，直径が100歩余りもある大きな墓をつくった。」

Ｙ

「楽浪郡の海のかなたに倭人がいて，100以上の国をつくっており，中には定期的に漢に朝貢する国もある。」

Ｚ

「建武中元２年に倭の奴国が後漢に朝貢したので，光武帝は印綬(印とそれを結び留める紐《ひも》)をおくった。…桓帝と霊帝のころ，倭は大いに乱れ，長い間代表者が定まらなかった。」

１．Ｘ→Ｙ→Ｚ　　２．Ｘ→Ｚ→Ｙ　　３．Ｙ→Ｘ→Ｚ
４．Ｙ→Ｚ→Ｘ　　５．Ｚ→Ｘ→Ｙ　　６．Ｚ→Ｙ→Ｘ

(3)　下線部ｃに関して述べた文Ａ・Ｂの正誤の組み合わせとして正しいものはどれか。１～４より１つ選びなさい。

Ａ：701年に唐の律令を参考にした大宝律令が完成した。
Ｂ：中央の政府は神祇官と太政官，太政官の下に組織された８つの省で構成された。

１．Ａ－正　Ｂ－正　　２．Ａ－正　Ｂ－誤
３．Ａ－誤　Ｂ－正　　４．Ａ－誤　Ｂ－誤

(4)　下線部ｄに関して，この時代の作品として正しいものはどれか。資料１～４より１つ選びなさい。

１．

２．

3．

4．

(5) 文中の空欄（Ａ）・（Ｂ）に入る語句の組み合わせとして正しいものはどれか。１～４より１つ選びなさい。

	A	B
1	宋(北宋)	高句麗
2	宋(北宋)	高麗
3	元	高句麗
4	元	高麗

5 次の身分制度に関する生徒のレポートを読み，(1)～(5)の問いに答えなさい。

日本において身分制度がみられるのはいつからでしょうか。調べてみると，古代の邪馬台国の時代にはすでに身分の違いがあったそうです。そして，律令体制下においては，人々は良民と賤《せん》民《みん》に分けられ，身分に応じて口分田が与えられました。

その後，a鎌倉時代や室町時代を経て，武士層と農民層の境目が安土桃山時代にはっきりとするようになっていきました。豊臣秀吉は，一揆などに備えて刀狩令を発布し，農民から武器を取り上げましたが，これは別の面からみると武士と農民の区別がはっきりついたという面もあります。

この流れは江戸時代になっても継承され，やがて士農工商の身分制度が始まり，身分の固定化が進みました。江戸時代にはb武士，百姓，町人などの身分がおかれ，すべての人々が身分・職業・居住地を原則として固定され，社会的な上下関係に組み込まれていきました。しかし，こうした過程で百姓や町人に組み入れられなかった一部の人々は差別されることになりました。

ちなみに海外にはこのような身分制度や身分差はあったのでしょうか。フランスではc18世紀においても第一身分(聖職者)・第二身分(貴族)・第三身分(平民)の３つの身分で社会が構成されていたそうです。このような体制の下，d1789年に国王や大貴族中心の政治に対する不満が爆発し，フランス革命が起こりました。この革命は市民革命の代表例とされ，ヨーロッパが民主主義にもとづく市民社会に変わっていく転換点になりました。

日本では明治時代になると，政府は中央集権体制の強化を進めるとともに，封建的な諸制度をつぎつぎと撤廃しました。1869年の(Ａ)によって藩主と藩士との主従関係が解消され，封建的な身分制度を大幅に改革し，大名・公家を華族，一般武士を士族，農工商らの庶民を平民へと改めたのです。そして1871年には，いわゆる解放令を布告し，これまでのえた・ひにんの呼称を廃止して，身分・職業ともすべて平民と同じにしました。

(1) 下線部ａに関して，次の資料Ａ・Ｂはともに鎌倉時代のものである。それぞれの資料についての説明文の組み合わせとして正しいものはどれか。１～４より１つ選びなさい。

資料Ａ

説明

ア：これは琵琶という楽器を弾きながら，さまざまな物語などを語った芸能者である琵琶法師の活動を示したものである。

イ：これは時宗の開祖である一遍の布教の様子を描いた絵巻物の一場面である。

資料Ｂ

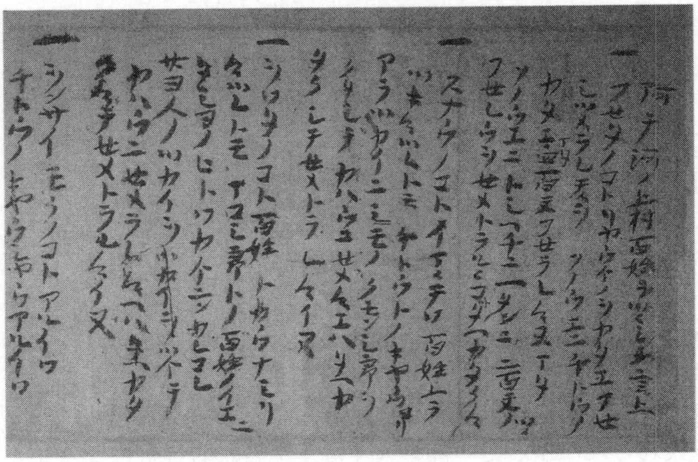
阿テ河ノ上村百姓ラツヽシテ言上

説明

ウ：これは紀伊国の阿氐河荘の農民たちが，地頭の乱暴を荘園領主に訴えるために書いた訴状である。

エ：これは惣とよばれる自治組織が定めた村の掟の一部で，農業用水路の管理や森林の利用・管理などについて記されている。

１．ア・ウ　　２．ア・エ　　３．イ・ウ　　４．イ・エ

(2)　下線部ｂに関して，右のグラフについて述べた文Ａ・Ｂの正誤の組み合わせとして正しいものはどれか。１～４より１つ選びなさい。

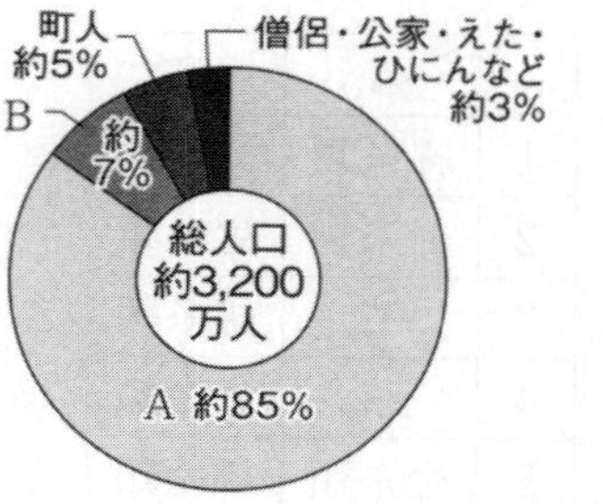

〔関山直太郎〕『近世日本の人口構造』

Ａ：グラフ中のＡは百姓であり，農地を持ち年貢を納める本百姓と，農地を持たない水呑《みずのみ》百姓に分かれていた。

Ｂ：グラフ中のＢは武士であり，名字を名乗ることや刀を差すこと(帯刀)などの特権をもっていた。

１．Ａ－正　Ｂ－正　　２．Ａ－正　Ｂ－誤
３．Ａ－誤　Ｂ－正　　４．Ａ－誤　Ｂ－誤

(3)　下線部ｃに関して，18世紀に起こったできごととして正しいものはどれか。１～４より１つ選びなさい。

１．アメリカ独立戦争が起こり，アメリカ独立宣言が発表された。
２．イギリスで名誉革命が起こり，立憲君主制と議会政治が確立した。
３．中国とイギリスとの間でアヘン戦争が起こり，イギリスが勝利した。
４．「鉄血宰相」とよばれたビスマルクの指導の下，ドイツ帝国が誕生した。

(4)　下線部ｄに関して，この時期に日本で行われていた改革を主導した人物はだれか。１～４より１人選びなさい。

１．徳川吉宗　　２．松平定信　　３．水野忠邦　　４．島津久光

(5)　文中の空欄（Ａ）に入る語句として正しいものはどれか。１～４より１つ選びなさい。

１．地租改正　　２．廃藩置県　　３．版籍奉還　　４．欧化政策

6　次の会話文を読み，(1)～(3)の問いに答えなさい。

先　生：皆さん，神奈川県の県庁所在地は知っているかな。
Ａさん：はい。横浜市です。
先　生：その通り。横浜は約150年前に a 日本が開国して港を開いたことから発展した街なんだ。
Ｂさん：そうなんですね。初めて知りました。
先　生：その後，b 外国人の居留地が設けられるなど発展して，日本有数の人口を誇る大都市になっていったんだ。
Ａさん：横浜はいろんな名物がありますよね。料理とか遊園地とか。
先　生：私はその中でも特に，c 交通や通信網の発達の中心になっていったことを挙げさせてもらうよ。今や欠かせない情報などの通信は，はじめは横浜が中心的役割をしていたといっても過言ではないんだよ。
Ｂさん：そうなんですね。もっと勉強してみます。

(1)　下線部ａについて，次のグラフは明治時代の横浜港からのおもな輸出品の推移を示したものである。このなかでＡ・Ｂの折れ線グラフにあてはまる輸出品の組み合わせとして正しいものはどれか。１～６より１つ選びなさい。

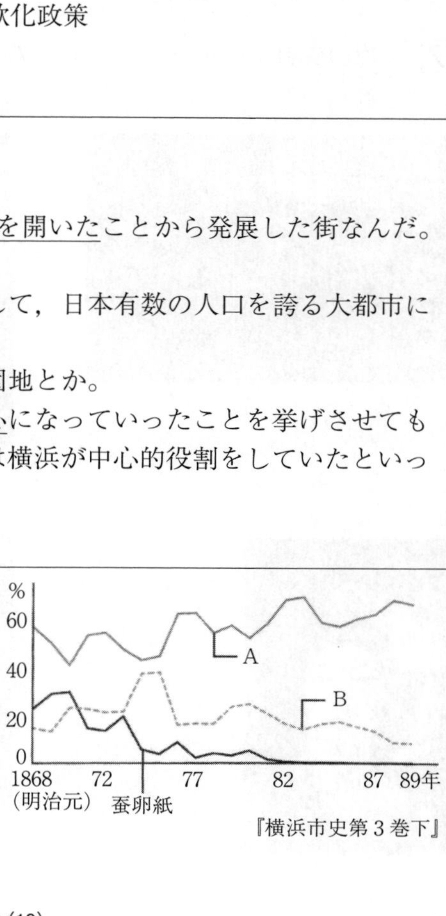

『横浜市史第３巻下』

	A	B
1	綿糸類	茶
2	綿糸類	生糸類
3	茶	綿糸類
4	茶	生糸類
5	生糸類	綿糸類
6	生糸類	茶

(2) 下線部ｂに関して，横浜近郊で発生した外国人殺傷事件である生麦事件をきっかけに起きたできごとは何か。１～４より１つ選びなさい。

１．安政の大獄　　２．桜田門外の変

３．薩英戦争　　　４．長州征討

(3) 下線部ｃについて述べた文Ａ・Ｂの正誤の組み合わせとして正しいものはどれか。１～４より１つ選びなさい。

Ａ：東京・横浜間に日本で初めての電信が開通した。

Ｂ：日本で初めての日刊新聞が横浜で発刊された。

１．Ａ－正　Ｂ－正　　２．Ａ－正　Ｂ－誤

３．Ａ－誤　Ｂ－正　　４．Ａ－誤　Ｂ－誤

7　次の資料Ⅰ～Ⅳをみて，(1)～(7)の問いに答えなさい。

Ⅰ

Ⅱ

Ⅲ

Ⅳ

(1)　資料Ⅰについて述べた文として正しいものはどれか。１～４より１つ選びなさい。
１．この会議で結ばれた講和条約は，日露戦争の戦後処理についてのものである。
２．この会議で結ばれた講和条約は，日本で締結された。
３．この会議で結ばれた講和条約で，日本は賠償金をもらえなかった。
４．この会議で結ばれた講和条約で，日本は朝鮮や台湾の独立を認めた。

(2)　資料Ⅰの講和会議の後のできごととして誤っているものはどれか。１～４より１つ選びなさい。
１．ロシアはドイツやフランスとともに，日本が獲得した遼東半島の清への返還を要求した。
２．朝鮮が国名を大韓帝国に改称した。
３．朝鮮では，日本の明治維新にならって政治を改革しようとする甲申《こうしん》事変が起こった。
４．日本では，伊藤博文を中心に立憲政友会が結成された。

(3)　資料Ⅱについて述べた文Ａ・Ｂの正誤の組み合わせとして正しいものはどれか。１～４より１つ選びなさい。
Ａ：この資料が描かれた背景には，日本経済が破綻し，紙幣の価値が紙くず同然になっていたことが挙げられる。
Ｂ：この資料の男性は豪商の姿を描いたものである。
１．Ａ－正　Ｂ－正　　２．Ａ－正　Ｂ－誤
３．Ａ－誤　Ｂ－正　　４．Ａ－誤　Ｂ－誤

(4)　資料Ⅱで描かれている時期のできごととして誤っているものはどれか。１～４より１つ選びなさい。
１．中国では，民族の自立と民主主義の確立を求める五・四運動が起こった。
２．日本はロンドン海軍軍縮会議で補助艦の保有制限に合意した。
３．国際平和を維持するために，国際連盟が設立された。
４．日本はワシントン会議で中国に山東半島を返還した。

(5)　資料Ⅲの雑誌が発刊された時期に活躍していた文学者はだれか。１～４より１人選びなさい。
１．樋口一葉　　２．芥川龍之介　　３．二葉亭四迷　　４．尾崎紅葉

(6)　資料Ⅲの雑誌が発刊された時期の日本の文化・生活について述べた文として正しいものはどれか。１～４より１つ選びなさい。
１．木造やコンクリートにかわって，レンガづくりの建築物が増えた。
２．それまでの暦にかわり，欧米と同じ太陽暦が採用された。
３．ラジオ放送などのメディアが発達し，スポーツが大衆の娯楽となった。
４．西田幾多郎や福沢諭吉による哲学や民俗学の研究が進んだ。

(7)　資料Ⅳに関して，大正時代の社会運動について述べた文として正しいものはどれか。１～４より１つ選びなさい。
１．社会主義の思想が広まり，非合法の政党である日本共産党が結成された。
２．労働組合の全国的組織である全国水平社が結成された。
３．農村で小作争議が相次ぎ，全国的組織である友愛会が結成された。
４．選挙運動が行われ，すべての満25歳以上の男女に選挙権を与える普通選挙法が成立した。

8　次の文を読み，(1)～(4)の問いに答えなさい。

$_{a}$第二次世界大戦後の国際社会で宗教に関連する紛争は大きな問題となっている。例えば，ユダヤ人とアラブ人が対立するパレスチナ問題が挙げられる。直接のきっかけは，第二次世界大戦

後の1948年，パレスチナの地に，ユダヤ人がイスラエルという国家を建設したことであった。歴史的な経緯をみると，この地にはかつてユダヤ人の王国があったが，ローマ軍に敗れ，世界各地に離散したユダヤ人にとってパレスチナは，帰るべき「約束の地」と考えられていた。祖国をもたないユダヤ人は，長い間ヨーロッパ各地で差別され，迫害を受けてきたが，19世紀末になると，ｂパレスチナへの帰郷を望む運動がさかんになった。こうしたなか，（ Ａ ）が当時の国際情勢の中で自国の立場を有利にするために，ユダヤ人とアラブ人それぞれにパレスチナでの国家建設を約束したことが，両者の対立の大きな原因となった。

　パレスチナ問題は，ｃエルサレムの宗教的な重要性や，（ Ｂ ）が中心のイスラエルと（ Ｃ ）が中心のパレスチナとの宗教対立も，問題の解決を困難なものにしている。1993年，イスラエルとパレスチナ解放機構は，（ Ｄ ）合意により，お互いを認め，パレスチナ暫定自治に合意した。しかし，2004年になると再び双方の対立が激化し，現在も対立は続いている。

⑴　下線部ａに関するできごととして冷戦がある。冷戦の対立の構図を示す次の表の空欄（ア）～（エ）にあてはまる語句はどれか。１～６よりそれぞれ１つずつ選びなさい。

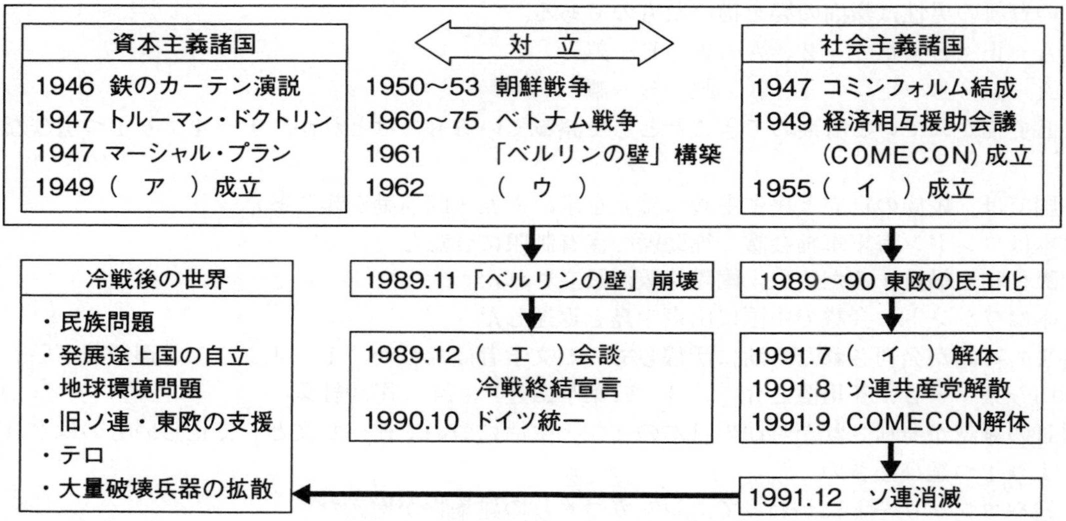

１．ＮＡＴＯ　　２．キューバ危機　　３．石油危機
４．ワルシャワ条約機構　　５．マルタ　　６．ヤルタ

⑵　文中の空欄（Ａ）～（Ｄ）に入る適語はどれか。１～８より１つずつ選びなさい。

１．ユダヤ教徒　　２．ヒンドゥー教徒　　３．イスラム教徒　　４．キリスト教徒
５．イギリス　　６．アメリカ　　７．オスロ　　８．プラザ

⑶　下線部ｂの運動は何とよばれるか。１～４より１つ選びなさい。

１．チャーティスト運動　　２．ラッダイト運動
３．シオニズム運動　　４．ナショナルトラスト運動

⑷　下線部ｃについて述べた文Ａ・Ｂの正誤の組み合わせとして正しいものはどれか。１～４より１つ選びなさい。

Ａ：ユダヤ教，キリスト教，イスラム教，３つの宗教の聖地である。
Ｂ：イスラエルとパレスチナそれぞれが国家の首都として主張している。

１．Ａ－正　Ｂ－正　　２．Ａ－正　Ｂ－誤
３．Ａ－誤　Ｂ－正　　４．Ａ－誤　Ｂ－誤

9　(1)〜(5)の問いに答えなさい。

(1)　次の文A・Bの正誤の組み合わせとして正しいものはどれか。1〜4より1つ選びなさい。

A：税や社会保険料は高いが，国のはたらきを強め，社会保障などを手厚くする方向性を大きな政府という。また，効率と公正の観点からは，大きな政府は社会の効率や自由を重視した考え方と言える。

B：税や社会保険料は高くないが，国のはたらきを国防などの必要最小限のものにし，社会保障に頼らずに個人の責任で暮らしていく方向性を小さな政府と言う。

1．A－正　B－正　　2．A－正　B－誤

3．A－誤　B－正　　4．A－誤　B－誤

(2)　右の表のような所得税の累進税率で，課税対象になる所得が400万円の場合の所得税額はどれか。1〜4より1つ選びなさい。

1．37万2500円

2．60万4000円

3．63万6000円

4．80万

個人の所得税率一覧

課税所得	所得税率
195万円以下	5％
330万円以下	10％
695万円以下	20％
900万円以下	23％
1,800万円以下	33％
4,000万円以下	40％
4,000万円超	45％

(3)　次の文A・Bの空欄(ア)・(イ)にあてはまる語句の組み合わせとして正しいものはどれか。1〜4より1つ選びなさい。

A：日本でつくった自動車をアメリカに輸出すると，(　ア　)の方が売れやすくなる。しかし，(　ア　)だと，日本で自動車をつくるために必要な原材料を，アメリカから輸入するのにかかる費用が増えてしまう。

B：アメリカに旅行に行く場合，空港の両替所で円をドルに交換するとき，(　イ　)のほうが受け取るドルが多くなるのでたくさんの買い物ができる。

1．ア－円安　イ－円安　　2．ア－円高　イ－円安

3．ア－円高　イ－円高　　4．ア－円安　イ－円高

(4)　右の図はある商品の需要量・供給量・価格の関係を示したものである。その説明として誤っているものはどれか。1〜4より1つ選びなさい。

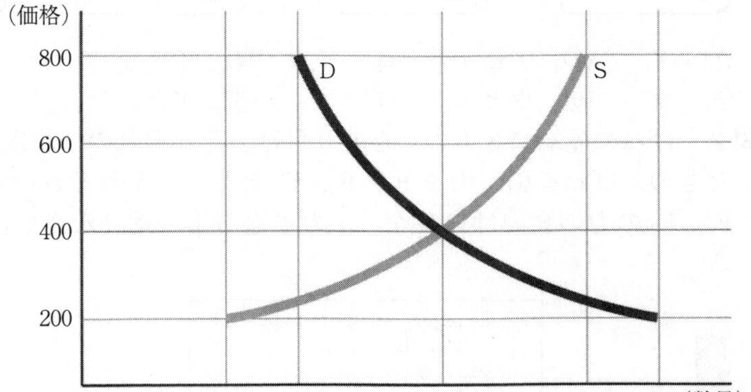

1．価格が1個800円の時，商品45個のうち20個売れ残る。

2．価格が1個400円の時，商品35個は完売する。

3．供給曲線(S)が左にシフトすると，均衡価格は上がる。

4．需要曲線(D)が右にシフトすると，均衡価格は下がる。

(5)　景気が良いときに行われる金融政策の組み合わせとして正しいものはどれか。1〜4より1つ選びなさい。

ア　国債を売る　　イ　国債を買う　　ウ　金利を上げる　　エ　金利を下げる

1．ア・ウ　　2．ア・エ　　3．イ・ウ　　4．イ・エ

【理　科】 (50分) 〈満点：100点〉

（注意） 計算機等の使用は禁止します。

1 次の問いに答えなさい。

問1 図のように，コイルと発光ダイオードをつなぎ，矢印の向きに棒磁石のＳ極をコイルに近づけると発光ダイオードが点灯した。発光ダイオードは，長い足の端子に＋極を，短い足の端子に－極をつないで電圧を加えると点灯し，逆向きにつないで電圧を加えると点灯しない。図の棒磁石のＮ極とＳ極を反対にし，棒磁石を動かす向きや発光ダイオードのつなぎ方を変えた場合，発光ダイオードが点灯するものをすべて選んでいるものはどれか。次の中から１つ選びなさい。ただし，矢印は棒磁石の動く向きをあらわすものとする。

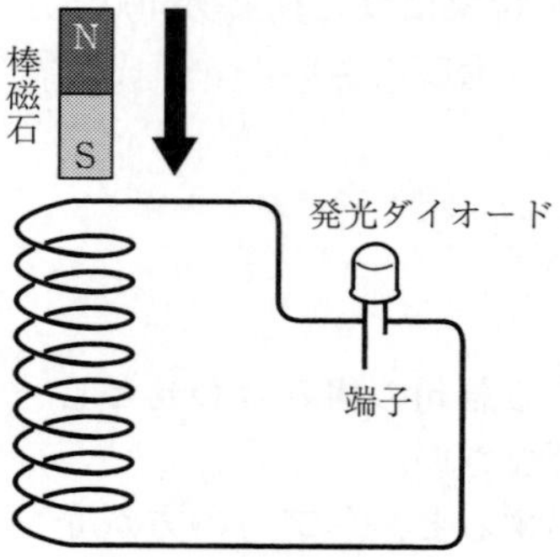

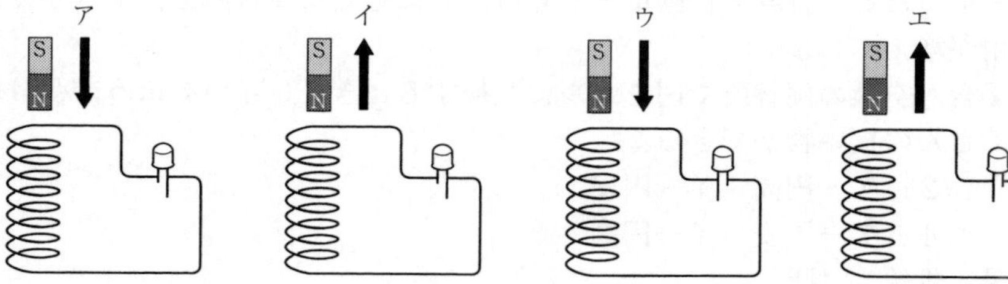

①　ア　　②　アとイ　　③　イ　　④　イとウ

⑤　ウ　　⑥　ウとエ　　⑦　エ　　⑧　アとエ

問2 ばねの先端に３本の糸を取り付け，それぞれのばねばかりとつないで，３方向に引いた。このときの，ばねを引く力をF_1，F_2，F_3として，それぞれの力を矢印であらわした。このとき，F_1，F_2，F_3の力の合力は何Ｎか。下の中から１つ選びなさい。ただし，方眼紙の１目盛りは１Ｎとする。

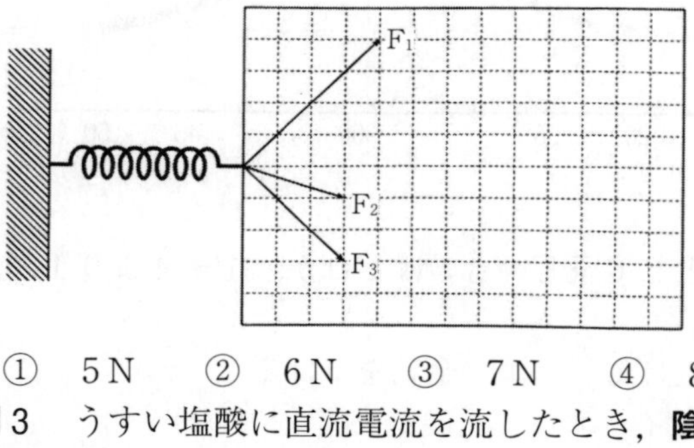

①　5Ｎ　　②　6Ｎ　　③　7Ｎ　　④　8Ｎ　　⑤　10Ｎ

問3 うすい塩酸に直流電流を流したとき，**陰極**で発生する気体の化学式はどれか。次の中から１つ選びなさい。

①　CO_2　　②　O_2　　③　Cl_2　　④　H_2　　⑤　CH_4

問4　水酸化カリウムと硝酸を過不足なく中和反応させたとき，この反応で生じた塩の化学式として正しいものはどれか。次の中から１つ選びなさい。

①　KCl　②　NaCl　③　K_2SO_4　④　HNO_3　⑤　KNO_3

問5　無脊椎動物の中で，軟体動物にも節足動物にも**属していない**生物はどれか。次の中から１つ選びなさい。

①　クモ　②　カタツムリ　③　イカ　④　ヒトデ　⑤　アサリ

問6　目の中で，瞳の大きさを変えている構造はどれか。次の中から１つ選びなさい。

①　網膜　②　視神経　③　レンズ(水晶体)　④　虹彩

問7　次の文は温度計を使って気温を測定する際に注意すべきことである。この中で**誤りを含む**ものはどれか。次の中から１つ選びなさい。

①　温度計の球部(感温部)に空気を十分に触れさせ測定する。
②　温度計を読むときは液面の高さに目を合わせる。
③　気温を測定するときは地面から1.5mの高さが基本である。
④　太陽の光の強さを考慮するため直射日光を当てて測定する。

問8　二酸化炭素が増加することで地球温暖化が進行する理由として正しいものはどれか。次の中から１つ選びなさい。

①　二酸化炭素が雲と反応し，世界各地の晴天率が増加するため。
②　二酸化炭素が大気中でレンズの役割をはたし，太陽光が集まりやすくなるため。
③　二酸化炭素が太陽の光で化学反応し，発熱するため。
④　二酸化炭素が地表から放出される熱を吸収し，大気中に再放射するため。

2　次の文を読み，問いに答えなさい。

右の表は，６種類のいろいろな物質について，長さ１m，断面積１mm^2にしたときの，室温での電気抵抗の大きさを示したものである。

物質	電気抵抗
アルミニウム	0.028Ω
銅	0.017Ω
鉄	0.10Ω
ニクロム	1.10Ω
ガラス	10^{16}Ω
ゴム	10^{18}Ω

問1　電流が流れやすい物質を何というか。次の中から１つ選びなさい。

①　導体
②　不導体
③　半導体
④　絶縁体

問2　表の物質のうち，不導体の物質をすべて選んでいるものはどれか。次の中から１つ選びなさい。

①　アルミニウムと鉄　②　銅とニクロム
③　アルミニウムとガラス　④　ガラスとゴム

問3　表の物質のうち，導線に用いるのに最も適しているものはどれか。次の中から１つ選びなさい。

①　アルミニウム　②　銅　③　鉄　④　ニクロム　⑤　ガラス　⑥　ゴム

右の図のように，スイッチと電流計を導線で乾電池につないだ回路をつくった。

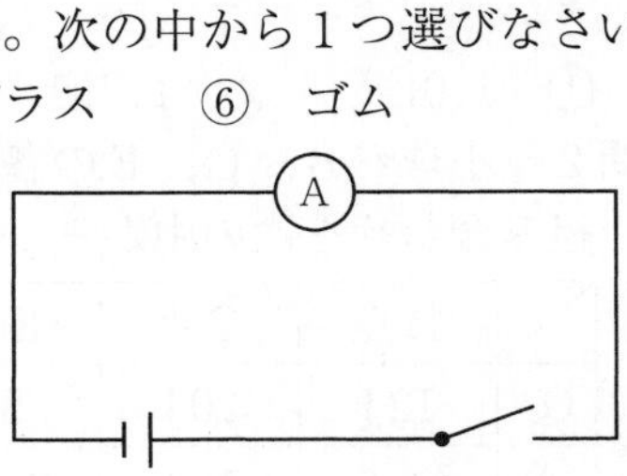

問4　回路に流れる電流の強さを調べるために，この状態のままではスイッチを入れてはいけない。この理由を説明した次の文の(ア)～(ウ)にあてはまる語句の正しい組み合わせはどれか。下の中から１つ選びなさい。

電流計は，電流を計りたいところに(ア)接続するため，内部の抵抗が非常に(イ)なるようにつくられている。図の回路の状態でスイッチを入れると電流計に(ウ)電流が流れ，電流計が壊れてしまう可能性があるから。

	ア	イ	ウ
①	直列	大きく	非常に大きい
②	直列	小さく	非常に大きい
③	並列	大きく	非常に小さい
④	並列	小さく	非常に小さい

問5　銅線と鉄線に１Ｖの電圧を加えたとき，それぞれ流れる電流は何Ａか。次の中から１つ選びなさい。

	銅線	鉄線
①	35.7A	0.9A
②	40.0A	4.5A
③	43.3A	8A
④	58.8A	10A

3　次の文を読み，問いに答えなさい。

図１のような装置を用いて，Ａ点(水平部分から１ｍの高さ)に重さ10Nの小球を置いて静かに手をはなしたところ，DF上のある高さまで上って再び下り始めた。ただし，水平部分を基準面とし，摩擦や空気の抵抗はないものとする。１kgの物体にはたらく重力の大きさを10Nとする。

図１

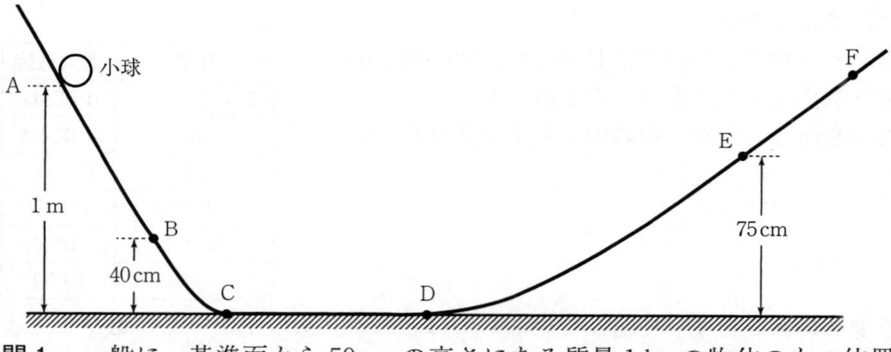

問1　一般に，基準面から50cmの高さにある質量１kgの物体のもつ位置エネルギーは，基準面から25cmの高さにある質量1.25kgの物体のもつ位置エネルギーの何倍か。次の中から１つ選びなさい。

①　1.0倍　　②　1.2倍　　③　1.6倍　　④　2.0倍

問2　小球がＢ，Ｃ，Ｅの各点にあるとき，小球のもつ運動エネルギーは，それぞれ何Ｊか。正しい組み合わせを次の中から１つ選びなさい。

	Ｂ点	Ｃ点	Ｅ点
①	12J	20J	5J
②	6J	10J	2.5J
③	7.5J	7.5J	7.5J
④	10J	2.5J	6J

問３　小球がＣ点にあるときの力学的エネルギーは，Ｅ点にあるときの力学的エネルギーの何倍になるか。次の中から１つ選びなさい。

①　1.0倍　　②　1.5倍　　③　2.0倍　　④　2.5倍

⑤　3.0倍　　⑥　3.5倍　　⑦　4.0倍

問４　レールDFを，図２のように短くて傾きが急なDGに変え，同様な実験を行った。Ｇ点から飛び出した小球は，どのような運動をするか。図の①～③の中から１つ選びなさい。

図２

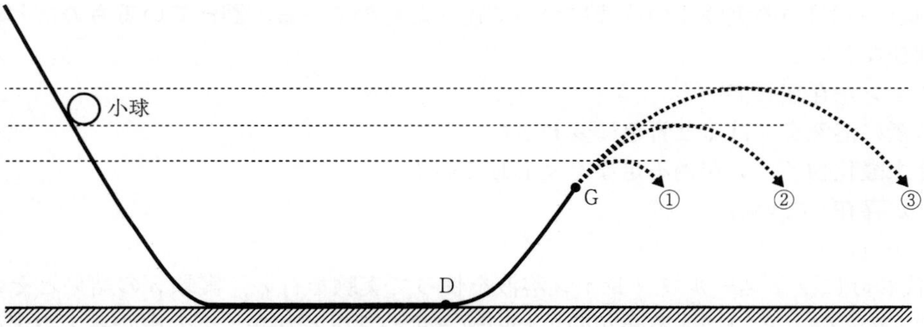

4　次の文を読み，問いに答えなさい。

佐野さんと日大くんは，塩酸に亜鉛を入れると水素が発生することに興味をもち，実験を行った。

佐野さん：試験管の中の塩酸に亜鉛を入れると，$_a$水素が発生し，亜鉛は$_b$とけていくよ。あの水素は，どこからきたのかな。

日大くん：塩酸の中の水素イオンが変化して，水素が発生したと思う。それを確かめるいい方法はないかな。

佐野さん：水素イオンについて調べることができるといいね。中和の反応を利用できないかな。中和の実験を行ってみよう。

問１　下線部ａについて，発生した気体が水素であることを示しているのはどれか。次の中から１つ選びなさい。

①　試験管に火のついた線香を入れると，線香は激しく燃える。

②　試験管の口に火のついた線香を近づけると，音を立てて燃える。

③　試験管の口に火のついた線香を入れると，消える。

④　試験管の口に直接鼻を近づけてにおいをかぐと，刺激臭がする。

問２　下線部ｂについて，亜鉛は塩酸にとけると亜鉛イオンになる。亜鉛イオンの化学式はどれか。次の中から１つ選びなさい。

①　Cu^{2+}　　②　Na^{+}

③　Zn^{2+}　　④　Mg^{2+}

⑤　Ba^{2+}

次に，佐野さんと日大くんは，中和の実験を行った。そのレポートの一部である。

〔レポート〕

濃度1.14％の塩酸Ａと濃度5.0％の水酸化ナトリウム水溶液Ｂを，さまざまな体積で混ぜて反応させた後，反応後の水溶液に緑色のBTB溶液を数滴加えて色の変化を調べた。その結果を表にまとめたものである。

〈結果〉

	実験1	実験2	実験3	実験4	実験5
Aの体積[cm^3]	5	10	15	20	25
Bの体積[cm^3]	25	20	15	10	5
BTB溶液を加えたときの溶液の色	青	青	青	緑	黄

問3　次の文は，〔レポート〕中の実験4の状態について述べたものである。**誤っているもの**はどれか。次の中から1つ選びなさい。

①　ナトリウムイオンが存在している。
②　赤色リトマス紙に溶液をつけると青色に変わった。
③　水素イオンと水酸化物イオンが過不足なく反応している。
④　塩化物イオンが存在している。
⑤　沈殿が生じなかった。

問4　BTB溶液の代わりにフェノールフタレイン溶液を使って実験を行い，実験5の結果とその理由について述べた文の(ア)と(イ)に入る語句の正しい組み合わせはどれか。下の中から1つ選びなさい。

実験5の結果は，フェノールフタレイン溶液を加えると溶液の色は(　ア　)色を示した。それは，結果の表からも推測できるように，この水溶液が(　イ　)性の性質であったためである。

	ア	イ
①	無	アルカリ
②	無	中
③	無	酸
④	赤	アルカリ
⑤	赤	中
⑥	赤	酸

5　日大くんは，気体の性質について興味をもち，計画を立てて，実験を行った。次の問いに答えなさい。

日大くんは，次のように4種類の気体A～Dを集める実験の計画を立てた。気体を下の表の方法で発生させ，下の図のように水上置換法で集めることにした。

気体	発生方法
A	石灰石にうすい塩酸を加える。
B	(　ア　)にうすい塩酸を加える。
C	塩化アンモニウムと水酸化カルシウムを混ぜ合わせて熱する。
D	オキシドールに二酸化マンガンを加える。

問1　表の(ア)にあてはまるものはどれか。次の中から1つ選びなさい。

① 水酸化ナトリウム水溶液　② 塩化ナトリウム　③ 銅　④ マグネシウムリボン

問２ 気体Ａ～Ｄのうち，化合物はどれか。正しい組み合わせを次の中から１つ選びなさい。

① ＡとＢ　② ＡとＣ　③ ＡとＤ

④ ＢとＣ　⑤ ＢとＤ　⑥ ＣとＤ

問３ 発生した気体Ａを確かめるために使うものはどれか。次の中から１つ選びなさい。

① 石灰水

② 塩化コバルト紙

③ 無色のフェノールフタレイン溶液

④ 水でぬらした赤色リトマス紙

問４ 日大くんは，実験の計画を見直したところ，水上置換法で気体Ｃを集めることができないと判断した。そのように判断したのは気体Ｃにどのような性質があるためか。次の中から１つ選びなさい。

① 水に溶けにくいから　② 水に溶けやすいから

③ 空気より軽いから　④ 空気より重いから

⑤ 水より密度が小さいから　⑥ 水より密度が大きいから

6 動物は口から食物を取り入れた後，消化吸収する。下の図はヒトの体における消化吸収の様子を示したものである。次の問いに答えなさい。

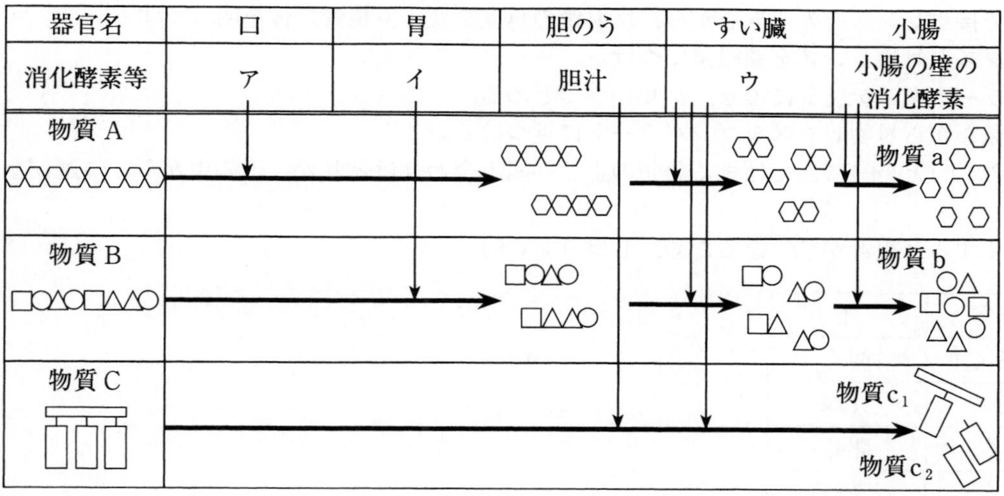

問１ 物質Ａ～Ｃはタンパク質，デンプン，脂肪のいずれかである。正しい組み合わせはどれか。次の中から１つ選びなさい。

	A	B	C
①	タンパク質	デンプン	脂肪
②	タンパク質	脂肪	デンプン
③	脂肪	タンパク質	デンプン
④	脂肪	デンプン	タンパク質
⑤	デンプン	タンパク質	脂肪
⑥	デンプン	脂肪	タンパク質

問２　物質Ｂが分解されることで生じる物質ｂはどれか。次の中から１つ選びなさい。

①　モノグリセリド　　②　アミノ酸

③　脂肪酸　　④　ブドウ糖

問３　物質Ａが分解されたことを確かめる方法はどれか。次の中から１つ選びなさい。

①　BTB 溶液を加え，溶液の色の変化を確認する。

②　ベネジクト溶液を加え，加熱したのちに溶液の色の変化を確認する。

③　石灰水を加え，石灰水の色の変化を確認する。

④　酢酸カーミン溶液を加え，染色されるか確認する。

問４　図中のイにあてはまる消化酵素はどれか。次の中から１つ選びなさい。

①　リパーゼ

②　トリプシン

③　アミラーゼ

④　ペプシン

７　顕微鏡による観察について，次の問いに答えなさい。

問１　顕微鏡の操作について述べた文を，正しい順番に並べ替えたとき４番目になるものはどれか。次の中から１つ選びなさい。

①　接眼レンズをのぞきながら，調節ねじを回してピントを合わせる。

②　低倍率で接眼レンズをのぞきながら，反射鏡の角度を変え，視野全体を明るくする。

③　接眼レンズと対物レンズを顕微鏡につける。

④　プレパラートをステージにのせ，クリップでとめる。

⑤　横から見ながら対物レンズをプレパラートに近づける。

問２　次の文の（ア）と（イ）にあてはまる語句の正しい組み合わせはどれか。下の中から１つ選びなさい。

倍率を高くすると視野が（ア）なるため，しぼりを（イ）。

	ア	イ
①	明るく	開く
②	明るく	しぼる
③	暗く	開く
④	暗く	しぼる

問３　スケッチをするときの正しい方法はどれか。次の中から１つ選びなさい。

①　目的のもののみを影をつけて立体的にかく。

②　目的のもののみを影をつけずに正確にかく。

③　視野内のすべてのものを影をつけて立体的にかく。

④　視野内のすべてのものを影をつけずに正確にかく。

問４　15倍の接眼レンズと10倍の対物レンズの組み合わせで，ある微生物を観察した。その後，対物レンズを40倍のものに変えたとき，視野における微生物の面積は何倍になるか。次の中から１つ選びなさい。

①　２倍　　②　４倍　　③　６倍

④　８倍　　⑤　10倍　　⑥　16倍

8　火成岩は，斑状か等粒状という組織の違いと色調の違いの２つの基準に基づいて分類される。日大くんはこれらについて以下の表にまとめた。また，図はある岩石を顕微鏡で観察したものである。次の問いに答えなさい。

表

色	a ←――――→ b		
マグマの粘り気	c ←――――→ d		
火山岩	A	B	C
深成岩	X	Y	Z

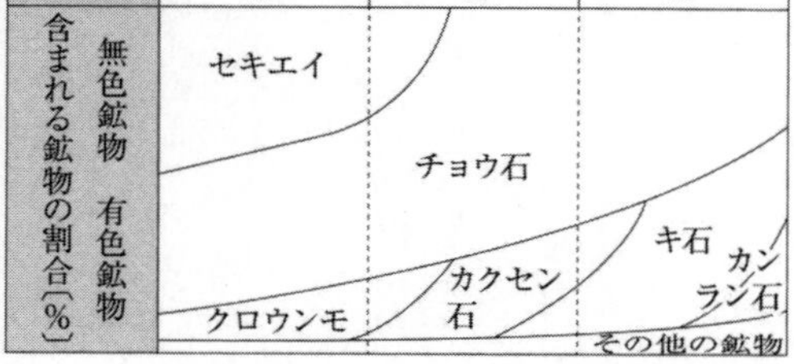

図

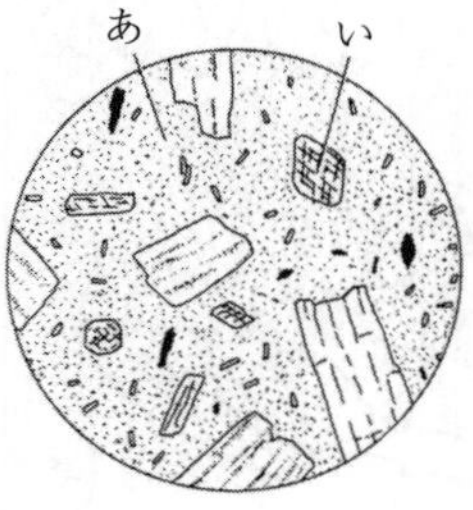

問１　表中のａ～ｄにあてはまる語句の正しい組み合わせはどれか。次の中から１つ選びなさい。

	a	b	c	d
①	黒っぽい	白っぽい	弱い	強い
②	黒っぽい	白っぽい	強い	弱い
③	白っぽい	黒っぽい	弱い	強い
④	白っぽい	黒っぽい	強い	弱い

問２　表中の火山岩Ａ～ＣのうちＡにあてはまるものはどれか。次の中から１つ選びなさい。

①　せん緑岩　　②　はんれい岩
③　花こう岩　　④　安山岩
⑤　玄武岩　　⑥　流紋岩

問３　表中の深成岩Ｘ～ＺのうちＺにあてはまるものはどれか。次の中から１つ選びなさい。

①　せん緑岩　　②　はんれい岩
③　花こう岩　　④　安山岩
⑤　玄武岩　　⑥　流紋岩

問４　図中の あ と い の名称と，この岩石のでき方の正しい組み合わせはどれか。次の中から１つ選びなさい。

	あ	い	岩石のでき方
①	斑晶	石基	マグマが地表で急に冷え固まってできた
②	斑晶	石基	マグマが地表で長い時間をかけて冷え固まってできた
③	斑晶	石基	マグマが地下深くで急に冷え固まってできた
④	斑晶	石基	マグマが地下深くで長い時間をかけて冷え固まってできた
⑤	石基	斑晶	マグマが地表で急に冷え固まってできた
⑥	石基	斑晶	マグマが地表で長い時間をかけて冷え固まってできた
⑦	石基	斑晶	マグマが地下深くで急に冷え固まってできた
⑧	石基	斑晶	マグマが地下深くで長い時間をかけて冷え固まってできた

9 次の問いに答えなさい。

問1 図1は日本のある時期の天気図である。「ある時期」にあてはまるものを下の中から1つ選びなさい。

図1

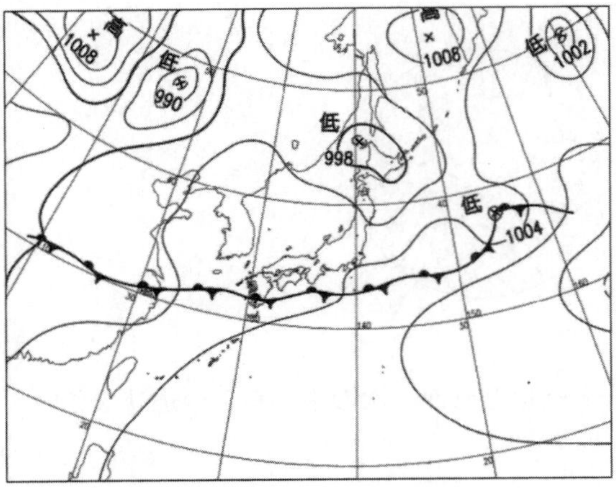

① 春　② 梅雨

③ 夏　④ 冬

問2 図1で見られる前線の名称を，次の中から1つ選びなさい。

① 温暖前線

② 寒冷前線

③ 停滞前線

④ 閉塞前線

図2は2018年の5月17日の天気図である。また，表1は図2中の観測点での気象データである。次の問いに答えなさい。

図2

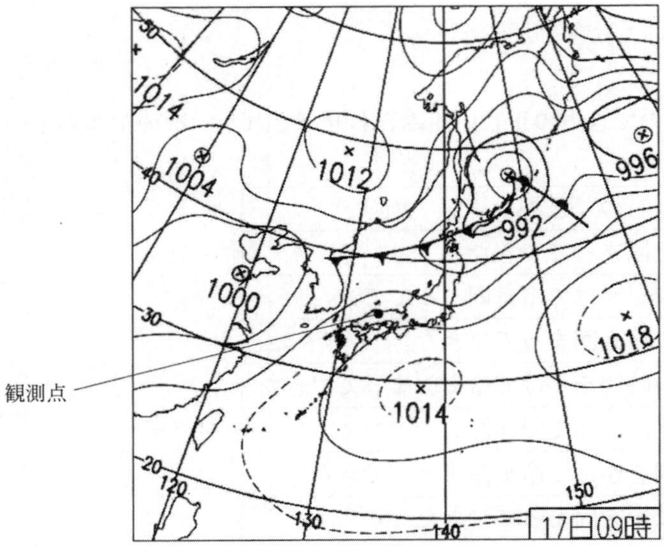

表1

2018年5月17～18日					
日	時	気温(℃)	風速(m/s)	風向	天気
17日	18	29	3	南南東	曇
	21	26.6	4.2	南東	薄曇
	24	25.1	4.1	南東	―
18日	3	25	2.6	南東	晴れ
	6	25.8	4.3	南	曇
	9	27.4	5.4	南南東	曇
	12	28.6	6.1	南	曇
	15	23.3	5.6	北西	雨
	18	18.6	4.5	北北西	雨

問3　5月18日に図2の観測点を通過した前線はどれか。次の中から1つ選びなさい。

①　温暖前線　　②　寒冷前線　　③　停滞前線　　④　閉塞前線

問4　問3の前線が図2の観測点を通過したのは，18日のどの時間帯か。次の中から1つ選びなさい。

①　3時～6時　　②　6時～9時　　③　9時～12時　　④　12時～15時　　⑤　15時～18時

問5　表1の17日18時の天気記号を正しくあらわしているものを，下の中から1つ選びなさい。ただし，風速に関しては表2を参考にしなさい。

表2

風力	地上10mの高さでの風速(m/s)
0	0.0～0.3未満
1	0.3～1.6未満
2	1.6～3.4未満
3	3.4～5.5未満

①
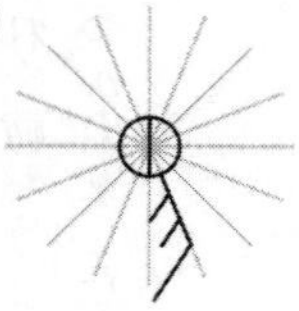
②
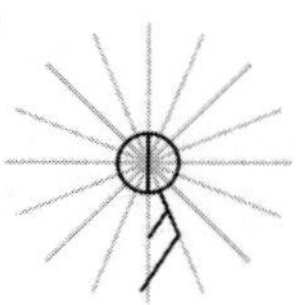
③
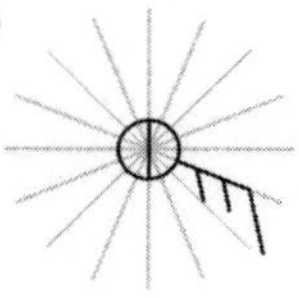
④
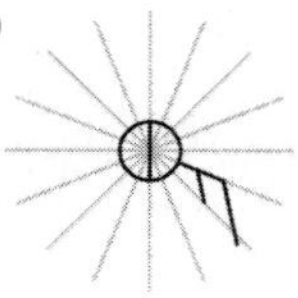
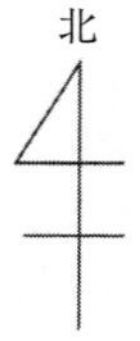

⑤
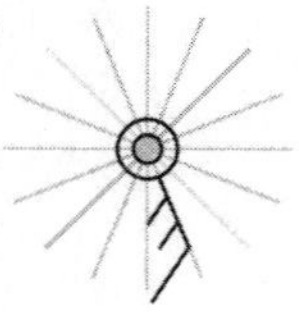
⑥
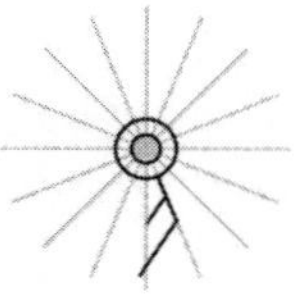
⑦
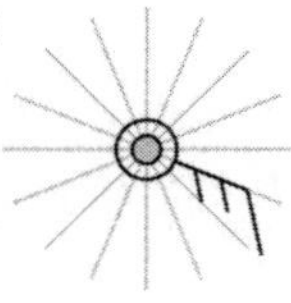
⑧
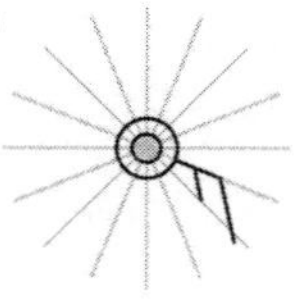

1　新潟県　2　福島県　3　岩手県　4　青森県

問二　傍線部(2)の本文中での意味として最も適当なものを次から選びなさい。

1　はかない　2　疲れている
3　みじめだ　4　無益だ

問三　傍線部(3)の本文中での意味として最も適当なものを次から選びなさい。

1　そのまま　2　しばらくして
3　だんだん　4　ついに

問四　傍線部(4)の返答の内容として最も適当なものを次から選びなさい。

1　夫がいなくなり生きていく希望を失ったということ
2　夫だけでなく仲間も殺されてしまい絶望しているということ
3　仲の良かった鴛鴦が二羽とも殺されてしまい嘆いているということ
4　昨日赤沼にいたのは自分ではないことを伝えたいということ

問五　傍線部(5)の現代語訳として最も適当なものを次から選びなさい。

1　ひどい誤解がありましただけなのに
2　それほど誤算がありましたわけでもなく
3　これといった過誤もありませんのに
4　ちょっとした誤答をしましたところ

問六　Aの和歌に詠まれている心情として最も適当なものを次から選びなさい。

1　夫を殺された怒り
2　夫を失った悲しみ
3　夫への恨み
4　夫への感謝

問七　傍線部(6)の理由として最も適当なものを次から選びなさい。

1　鳥の愛情の深さに感動したから
2　罪の深さを悟ったから
3　穢《けが》れを祓《はら》おうとしたから
4　いつか出家したかったから

問三　傍線部(3)の説明として最も適当なものを次から選びなさい。

1　元教育者としてテンコさんの一面的な教育観をたしなめようとしているということ

2　反抗的なテンコさんに対し議論で打ち負かし、年上としての示しをつけようとしているということ

3　テンコさんの情熱的な考えに対して、自らの考えが間違っていたのではないかと揺れ動いているということ

4　テンコさんの剣幕に対して内心を見透かされないように、平静さを装おうとしているということ

問四　**4** に当てはまる語として最も適当なものを次から選びなさい。

1　斬新奇抜　　2　明朗闊達《かったつ》

3　理路整然　　4　意気消沈

問五　傍線部(5)の理由として最も適当なものを次から選びなさい。

1　アンミツ先生のはっきりしない反応に、自分の意見に自信が持てなくなってしまったから

2　今まで意見を主張し続けてきた自分に急に嫌気がさして自信がなくなってしまったから

3　正論だと思っていたことが、実は誤りであったことに気づき敗北感を味わったから

4　「解消」ではなく「解決」しなければ意味がないのに自分も結局は逃げているだけだと悟ったから

問六　傍線部(6)の読みとして最も適当なものを次から選びなさい。

1　しょうこう　　2　そうごう

3　そうこう　　4　あいごう

問七　傍線部(7)の説明として最も適当なものを次から選びなさい。

1　先生に対して反抗を繰り返してきたが、その態度を反省し謝罪の意を示しているということ

2　いつも他人に対して警戒心を強く持っていたが、初めて先生に対して素直に接するようになったということ

3　昔アンミツ先生に教わっていた小学生の時の気持ちを徐々に思い出してきたということ

4　今まで頑《かたく》なな態度をとってきたが、先生に対して心を開いてきたということ

四　次の文章を読んで、後の問いに答えなさい。

(1)みちのくに田村の郷の住人、馬の允《じょう》、なにがしとかやいふをのこ、鷹《たか》を使ひけるが、鳥を得ずして(2)むなしく帰りけるに、赤沼といふ所に、鴛《を》鴦《し》の一つがひゐたりけるを、※くるりを持ちて射たりければ、過《あやま》たず雄《を》鳥《とり》に当たりてけり。その鴛鴦を、(3)やがてそこにてとりかひて《鷹に餌として与えて》、餌《ゑ》がらをば餌袋に入れて、家に帰りぬ。その次の夜の夢に、いとなまめきたる女の小《ちひ》さやかなる、枕に来てさめざめと泣きゐたり。あやしくて(4)何人《なにびと》のかくは泣くぞと問ひければ、昨日赤沼にて、(5)させる誤りも侍《はべ》らぬに、年ごろの男《長年連れそった夫》を殺し給《たま》へる悲しみに堪へずして、参りてうれへ申すなり。この思ひによりて、わが身もながらへ侍るまじきなりとて、一首の歌を唄へて、泣く泣く去りにけり。

A　日暮るれば誘ひしものをあかぬまのまこもがくれの独り寝ぞうき

あはれに不思議に思ふほどに、中一日ありて後、餌がらを見ければ、餌袋に、鴛鴦の妻鳥《めとり》の、※嘴《はし》をおのが嘴に食ひ交はして、死にてありけり。(6)これを見てかの馬の允、やがて※もとどりをきりて出家してけり。

（『古今著聞集』より）

※〈語注〉　くるり…水鳥や魚を射るための矢
　　嘴…口ばし
　　もとどり…束ねた髪

問一　傍線部(1)とありますが、これに当てはまらない現在の都道府県名として最も適当なものを次から選びなさい。

「でも……」
テンコさんは、ふう、と息をつきながら言った。「なんか、もう、疲れちゃいました」
「今日のことで？」
「今日だけじゃなくて、いままでのことも全部まとめて……バカみたい」
　他人ではなく自分自身を突き放して、アンミツ先生に言った。
「先生、わたしに気をつかわなくていいから、お酒飲んでくださいよ」
「だいじょうぶよ」
　アンミツ先生はお茶を啜る。あいかわらず苦くて渋い。けれど、その苦みと渋みをまっすぐに受け止めなければ、と自分に言い聞かせた。
　お酒が少し入ったほうが話しやすいのは確かでも、自分だけお酒を飲むことはできない。テンコさんは教え子なのだ。こっちは教師なのだ。現役を引退しているからこそ、しっかりとケジメはつけなければ、ずるずると楽なほうに流れて、ただの「おばあちゃん」になってしまいかねない。
　だが、テンコさんは「わたしもストレス解消しながらおしゃべりしますから」と意味ありげに笑う。「ストレス解消の趣味、一つだけあったのを思いだしました」
　キッチンのほうを指差す。その先には、ウニの瓶詰めをくるんでいたエアキャップ――いわゆる「プチプチ」があった。
「わたし、子どもの頃からあれをつぶすのが好きだったんです。夢中になって、飽きないんですよね、不思議と」
　もらっていいですよね、と訊かれた先生が困惑しながらうなずくと、テンコさんは自分で席を立って、プチプチを持ってきた。小さな瓶をくるんでいたのだから、サイズはほんのささやかなものだ。
「ね、ちょっと、ちょっとだけ待ってて」
　先生はキッチンに向かう。収納庫の扉を開けて覗《のぞ》き込むと、お歳暮のワインをくるんだプチプチを見つけた。これならたっぷり時間をかけて楽しめる。
　テンコさんも、うわあ、と(6)相好を崩した。(7)童心に返ったような、素直な笑顔だった。
「先生もお酒、どうぞ」
　そうなると、こちらも心おきなく――。
　冷蔵庫の野菜室から、とっておきの純米大吟醸を出した。広島の酒どころ・西条の地酒だ。軟水で醸したやわらかい味わいが気に入っている。
　食卓を挟んで、かつての教師は日本酒を切子のグラスでちびちび飲《や》って、かつての教え子はプチプチを両手の親指でつぶしていく。いきさつをなにも知らなければ、ずいぶん奇妙な光景だった。いや、当の先生自身、なんだかヘンなことになっちゃったなあ……と戸惑っている。
　テンコさんも「なにやってるんでしょうね、わたしたち」と笑う。くすぐったそうに、あきれたように、けれど、すごく楽しそうに。

（重松　清『めだか、太平洋を往け』より）

問一　傍線部(1)からうかがえる心情として最も適当なものを次から選びなさい。

1　翔也のことを心配していたのに、当の本人が元気だったため安心する一方で拍子抜けした心情
2　あんなに元気がいいのに、すぐに新しいクラスになじめない翔也に対して不審に思う心情
3　翔也の元気で明るい様子に対して安心したものの、それならばなぜ登校しないのかと非難する心情
4　翔也の不自然な元気を目の当たりにし、子供らしくないと批判したくなる心情

問二　[2] に当てはまる語として最も適当なものを次から選びなさい。

1　嘆き　　2　不安　　3　熱意　　4　心づかい

なに明るい子だとは思いませんでした」と、(1)元気の良さをどこか咎《とが》めるような声にもなった。

わかっていないのだ、翔也のお芝居が。

「ああいう子だったら、すぐに新しいクラスにも馴染《なじ》めますよ。逆に、いつまでもウチの中にひとりぼっちでいたら、元気を持て余して、病気になっちゃうんじゃないですか？」

伝わっていないのだ、落ち込むテンコさんへの翔也の［2］が。

「……ねえ、テンコさん」

先生はガスコンロにかけたやかんを見つめ、テンコさんには背中を向けたまま、「あなた、ほんとうに翔也が明るくて元気のいい子だと思ってる？」と訊《き》いた。

テンコさんは少し怪訝《けげん》そうな間をおいて、それでも「ええ」と迷いなく答えた。「だって、人見知りもしないで、ハキハキしてて、すごくいい子じゃないですか」

「明るくて元気な子は、いい子？」

「ええ、まあ、そうですよね」

「明るくなくて、元気じゃない子は？」

「はあ？」

「そういう子は、良くない子？」

「いえ、まあ……『良くない』とは言いませんけど、やっぱり元気を出してほしいし、明るくなってほしいし……」

お湯が沸く。やかんの口から湯気とともにシューシューという音が漏れてくる。

「でもね、テンコさん、元気や明るさって、おとなが安心するときにわかりやすいサインっていうだけなんじゃないの？」

コンロの火を止めて、振り向いた。テンコさんと目が合った。挑むような、反発するような、強いまなざしだったが、(3)先生はひるまずに言った。

「子どもたちの幸せって、元気や明るさだけじゃないと思う」

食卓に向き合って座った。お茶を啜《すす》ると、苦みと渋みがふだんよりキツかった。

「テンコさんは、お酒……酔っぱらうのがあんまり好きじゃない、って言ってたけど、飲めないわけじゃないのよね？」

アンミツ先生は湯呑《の》みを口から離して訊いた。ほんのちょっとでもテンコさんに「その気」があるのなら、すぐにお酒に切り替えるつもりだった。

だが、テンコさんは迷うそぶりも見せずに「『好きじゃない』じゃなくて、『嫌い』なんです」と返した。「さっきもそう言ったと思うんですけど」

「じゃあ、ストレス解消は？」

スポーツ、カラオケ、甘いもの、遊園地の絶叫マシン、食べ歩き、ショッピング……いくつか挙げてみたが、どれも「そんなこと、べつにしません」と首を横に振る。「ギャンブルとか、アイドルの追っかけとか？」と訊くと、冗談はやめてください、とそっぽを向いてしまう。そして、「ストレス解消って、よくわからないんですよ」とつづけた。

「ストレスは『解消』じゃなくて『解決』しなくちゃだめなんじゃないんですか？」

お酒のほろ酔いでいい気分になっても、解決にはならない。趣味を楽しんでも、そんなのは仕事から逃げているだけだ。しかも、ニッポンのおとなたちの言う「ストレス解消」とは「とりあえず、いまはそのことを忘れておく」だけで、正しい意味での「解消」にすらなっていない。

テンコさんは淀《よど》むことのない［4］とした口調で言った。アンミツ先生は「それはまあ、そうだけど……」と気おされて、苦くて渋いお茶を啜るしかない。

ところが、(5)テンコさんの表情に、議論に勝った満足感はなかった。あれだけ滔々《とうとう》と語っていたのに、しゃべり終えると急に自信のなさそうな様子になって、伏し目がちにまばたきをする。

つあるからかも知れない。

（鷲田清一・内田　樹『大人のいない国』より）

※〈語注〉　くびき…自由を束縛するもの

問一　傍線部(1)に当てはまるものとして最も適当なものを次から選びなさい。

1　ひとの生命にかかわるもっとも基本的な営み
2　公共制度やサーヴィス機関
3　生命維持をめぐる最低のセルフ・ケア
4　〈協同〉の営み

問二　傍線部(2)の熟語の構成の説明として最も適当なものを次から選びなさい。

1　同じような意味の漢字を重ねたもの
2　反対の意味を表す漢字を重ねたもの
3　上の字が主語、下の字が述語の関係になっているもの
4　下の字が上の字の目的語になっているもの

問三　傍線部(3)の説明として最も適当なものを次から選びなさい。

1　個人の自由時間を増大させたいと願っていた人間の願望が別のものに変化していくという過程
2　自ら中央管理的なシステムに依存することでセルフケアの能力が弱体化していくという過程
3　かつて家族や地域が持っていた生きるための相互依存の営みが失われつつあるという過程
4　家族や地域の共同の営みが自己責任を担えるものに変化していくという過程

問四　[4]に当てはまる語として最も適当なものを次から選びなさい。

1　恣《し》意的　2　先鋭的　3　受動的　4　能動的

問五　傍線部(5)の説明として最も適当なものを次から選びなさい。

1　社会に従順であることで安心で穏やかな生活が保障されるということ
2　「弱い者」を管理できる社会のみが安心に暮らせる社会であるということ
3　「社会にぶら下がる」ことでのみ、自由な生活が保障されるということ
4　家事以外の非労働の場での活躍こそが「自立」を実現するということ

問六　傍線部(6)の理由として最も適当なものを次から選びなさい。

1　社会の因襲的なくびきから解放されたことでむしろ重大な決定や責任を負わずにすむことになったから
2　自由を追求するあまり、他者に対して無償の支えあいを行おうとする奉仕の精神にかけてしまっているから
3　近代経済学では合理的に行動する市民的個人としての立場が求められているから
4　「自立した自由」な主体であるはずが〈協同〉の機能が失われることで、不自由なものになっているから

問七　次の一文が入る本文中の箇所として最も適当なものを後から選びなさい。

そうなりたくなければ「がんばれ」、というわけだ。

1　(A)　2　(B)　3　(C)　4　(D)

三

次の文章を読んで、後の問いに答えなさい。

食事を終えると、翔也は「僕、お風呂入ってきまーす」と、バタバタとした小走りで浴室に向かった。少しは食休みの時間をとったほうが体にはいいのだが、アンミツ先生とテンコさんを早く二人きりにしてあげよう、という気づかいなのだろう。

先生にはそれがわかるから、食器の片付けを終えると「お茶いれるね」と席を立った。

だが、テンコさんは――。

「翔也くん、あの調子なら明日から学校に来られますね」

やかんにお湯を沸かす先生の背中に、冷静な声で言った。「あん

会のようにひとびとの協働体制がはてしなく複雑に機構化されてくると、他人の手を借りていることじたいも見えにくくなる。(A)

調理、排泄物処理、洗濯、繕い物、看病、出産、介護、葬送、教育など、ひとの生命にかかわるもっとも基本的な営みは、かつては家族や地域の共同の営みであった。が、そのほとんどは、「近代化」の駆動とともに、家庭の外部にある、あるいは地域を超えた、公共制度やサーヴィス機関によって代行されるようになっていった。「必要」へのかかわりを最小限にすることで個人の「自由時間」を増大させるという意味では、人類は皮肉にもディオゲネスの「簡易生活」の理想に技術の進化で応えた、と言えるかもしれない。

が、「必要」事を強いている生命上の「欠乏」がそれで消えたわけではない。震災時のようにこうした公共的なサーヴィス機能が停止し、(2)遮断されると、たちまち個人のセルフ・ケアが不能になるから、やはり生命維持をめぐる最低のセルフ・ケアは独力でできる訓練をしておかなければならない……と、ここで言いたいのではない。そうではなくて、かつて家族や地域がもっていた〈協同〉の機能が、その細部まで中央管理的なシステムに吸い上げられることで急速に痩《や》せ細ってきたという事実を言いたいのだ。それを言いかえると、「生活の標準化」というかたちで家族が国家による個人管理の細胞としての機能をはたす場へと鞍替《くらが》えし、(3)「私的なものの抵抗の拠点」としての反対ベクトルの力を削《そ》がれてゆくプロセスなのでもあった。そういう〈協同〉の営みとしての家事一つとっても、その合理化、たとえば電化、サーヴィス商品化によって家事労働への幽閉からの婦人の解放を促進しはしたが、他方で女性の社会性が家事以外には非労働の場（サークルやクラブ）でしか確認できないような状況がずっと続いてきたわけで、その点からすると、家事の外部化以上に、「協同家事」や「家事空間の共有」というかたちでいわば〈協同〉の視点から同じ目的を追求する道があったはずだ。(B)

〈協同〉の力を削いでゆくこのプロセスこそ、福祉政策というより大きな〈協同〉の衣をまとうことでその実「弱い者」をさらに弱体化してゆくプロセスであった。扶養する者－扶養される者、保護する者－保護される者というかたちで、家庭や福祉施設や学校を一方的な管理のシステムとして再編成し、「弱い者」を管理される者という［ 4 ］な存在へと押し込めることになった。女性も老人も子どもも、その対抗性、破壊性を封印され、(5)「可愛い」存在であることでしか安寧を約束されないという体制が社会に浸透していった。(C)

「がんばれ」というのは「強い」主体になれということだ。「強い」主体というのは、みずからの意思決定にもとづいて自己管理ができ、自己責任を担いうる主体のことだ。そういう「自立した自由な」主体が、社会の細胞として要請される。それ以外の者は、「社会にぶら下がる」ことでしか生きられない保護と管理の対象とみなされる。そしてそういう「自立した自由な」主体を想定して、近代の法制度は作られてきた。そういう合理的に行動する市民的個人を前提として、近代経済学は作られてきた。(D)

しかし、「自由」というのは、「自立」を、つまりは自己決定と自己管理と自己責任を引き受けうるということをかならず前提とするものだろうか。各人がじぶんの主人であること、そういう意味で、決定と責任の主体でありうるような自己完結した存在の想定なしには不可能なことだろうか。「自由」の概念は、社会の因襲的な※くびきから解放された「リバティ」の意識として歴史的には深い意味があったが、「自由」にはもうひとつ、「リベラリティ」という言い方がある。「気前のよさ」という意味だ。「じぶんが、じぶんが……」といった不自由から自由になることと言い換えてもよい。「自己実現」とか「自分探し」というかたちで、より確固たる自己を求めるひとが、同時に(6)ひりひりとても傷つきやすい存在であるように見えるのは、無償の支えあいという、この「気前のよさ」へと放たれていないからかも知れない。「自立」がじつは「孤立」としてしか感受しえないのも、「支えあい」の隠れた地平、つまりは家族や地域といった中間世界がこの社会で確かなかたちを失いつ

二〇二三年度 佐野日本大学高等学校（併願・第一回）

【国 語】（五〇分）〈満点：一〇〇点〉

一 次の各問いに答えなさい。

問一 次の傍線部と同じ漢字を用いるものを後から選びなさい。

式のシダイを決定する

1 カンダイな処置を受ける　2 キュウダイ点を取る
3 ワダイの洋菓子店　4 レキダイの大統領

問二 次の語の組み合わせの中で、対義語の関係になっていないものを選びなさい。

1 架空―虚構　2 具体―抽象
3 攻撃―防御　4 感情―理性

問三 次の（　）に当てはまるものとして最も適当なものを後から選びなさい。

失敗しても（　）の志で励むことで、人生の道は拓《ひら》ける

1 捲土《けんど》重来　2 胡蝶《こちょう》の夢
3 水魚の交わり　4 水清ければ魚棲《す》まず

問四 「馬脚をあらわす」という慣用句と類義の関係にあるものとして、最も適当なものを次から選びなさい。

1 虎の威を借る　2 頭角をあらわす
3 ばけの皮がはがれる　4 足下から鳥が立つ

問五 「物事をためらわずに、思い切って決断する」という意味の四字熟語を次から選びなさい。

1 一日千秋　2 一念発起
3 一致団結　4 一刀両断

問六 「ユニーク」の意味として最も適当なものを次から選びなさい。

1 個別　2 普遍　3 独特　4 一般

問七 敬語の使い方が最も適当なものを次から選びなさい。

1 ご利用するサービスをお選びください
2 この施設はどなたでもご利用になれます
3 詳しいことは受付で伺ってください
4 どうぞお召し上がりになられてください

問八 次の鑑賞文に当てはまる短歌として最も適当なものを後から選びなさい。

＊ 青春の憂いを聴覚と視覚を巧みに取り入れ、叙情豊かに歌い上げた作品である。反復表現によって感情の高まりや思いを強調し、心地よいリズムを生み出している。

1 東海の小島の磯の白砂にわれ泣きぬれて蟹とたはむる
2 いつしかに春の名残となりにけり昆布干場のたんぽぽの花
3 ふるさとの訛《なまり》なつかし停車場の人ごみの中にそを聴きにゆく
4 春の鳥な鳴きそ鳴きそあかあかと外の面の草に日の入る夕《ゆうべ》

問九 『竹取物語』と同じ時代の作品として最も適当なものを次から選びなさい。

1 『方丈記』　2 『平家物語』
3 『源氏物語』　4 『奥の細道』

問十 次の傍線部を読む順番として適当なものを後から選びなさい。

宋人ニ有リ二耕スレ田ヲ者一。

1 三番目　2 四番目　3 五番目　4 六番目

二 次の文章を読んで、後の問いに答えなさい。

相互依存(interdependence)、それはあまりにあたりまえすぎる事実だと言ってよい。個人として生きるというのは、じぶんの面倒をじぶんで見るということだ。食べたいものを食べ、入浴したいときに入浴し、見たいものを見る。そういうセルフ・ケアが独力でできなくなったときは(すでに見たように、そういうセルフ・ケアも実際は見かけのうえでしかなりたっていないのだが)、他人の手を借りるしかない。これもあたりまえのことだが、それが(1)いまの社

2023年度／佐野日本大学高等学校(併願・第1回)

英語解答

1 問1　3　問2　1　問3　1
問4　3　問5　4　問6　2

2 (1)　4　(2)　3　(3)　4　(4)　3
(5)　2　(6)　4　(7)　3　(8)　2
(9)　1　(10)　2

3 問1　4　問2　4　問3　4

4 問1　1　問2　2　問3　1
問4　4　問5　4

5 (1)　2　(2)　3　(3)　1　(4)　4
(5)　1

6 (1)　4→2→3→1
(2)　1→3→4→2
(3)　4→2→1→3
(4)　3→2→4→1
(5)　4→1→3→2
(6)　3→2→4→1

7 問1　4　問2　2　問3　1
問4　3　問5　4　問6　4
問7　1…2　2…2　3…1

1〔放送問題〕解説省略

2〔適語(句)選択〕

(1)直前の who は主格の関係代名詞。the man「男性」が information「情報」を have「持っている」という関係だが，先行詞が the man なので，have ではなく3人称単数現在形の has になる。「スミスさんは町の歴史に関する最も多くの情報を持っている人だ」

(2)‘時’や‘条件’を表す副詞節(if, when, as soon as などから始まる副詞のはたらきをする節)の中は，未来の内容でも現在形で表す。対応する主語が Tom なので3人称単数現在形の comes になる。4の進行形は意味上不適切。　「トムが帰ってきたらすぐに，私たちは泳ぎに行くつもりだ」

(3)How long「どれくらい(長い間)」があるので，過去のある時から現在までの‘継続’を表す現在完了形(‘have/has＋過去分詞’)を使う。　「あなたとケイトはいい友達だよね？　お互いにどれくらい長い間知っているの」

(4)道をきかれたBの返答。直後で stranger「その土地に詳しくない人」と言っているので，道がわからず断っていることがわかる。　A：すみませんが，ここから一番近い郵便局はどこか教えていただけませんか？／B：すみません。私はこの辺りはよくわからないんです。

(5)hear of ～「～のことを聞く」　「スーザンは息子の安全な帰還について聞いて，とても喜んだ」

(6)‘What＋疑問文＋for ?’で「何のために〔どうして〕～するのか？」という意味。　「何のために，その同じ本を買ったのですか」

(7)‘ask＋人＋物事’「〈人〉に〈物事〉を尋ねる」の‘物事’の部分が‘疑問詞＋主語＋動詞’の間接疑問になった形。　「あなたがどこにいたのか尋ねてもいいですか」

(8)‘日付’の前に置く前置詞は on。　「その有名な芸術家は1947年2月5日に日本で生まれた」

(9)‘It is ～ for … to —’「…が〔…にとって〕—することは～だ」の形式主語構文。　「私にとって英語で質問に答えることは難しい」

(10)‘look＋形容詞’「～(の状態)に見える」　「あの子どもたちは外で遊んでいるとき，楽しそうに見える」

3 〔長文読解─要旨把握─Eメール〕

≪全訳≫ 2月6日(月)❶**母(M)**：学校はどうだった？　今スーパーに向かってるの。何か買ってほしい物はある？　あと，今夜は何時に帰ってくるの？　3:46 p.m.❷**ローラ(L)**：学校は大丈夫。理科の授業のスピーチが終わったの。ベストを尽くしたけど，先生にはもっと練習する必要があるって言われたわ。　4:02 p.m.／うーん。何も必要ないと思う。今日はサッカーの練習があるから，7時まで家に帰れないの。お母さんは何時に夕食を食べたいの？　4:03 p.m.❸**M**：まあ，それは残念ね。来週，別のスピーチがあるのよね？　今夜はその練習をしましょう。　4:10 p.m.／夕食は7時30分でどう？　スパゲッティをつくるつもりよ。　4:11 p.m.❹**L**：オッケー。夕食は7時30分ね。わあ！　スパゲッティはおいしそう。来週のスピーチは金曜日よ。今週末に練習できるね。ありがとう！　4:15 p.m.／あっ，どうしよう。明日の数学の試験のために勉強しないと！　サッカーの練習後に，図書館に行って勉強してくる。帰りは約3時間半後になるわ。　5:03 p.m.❺**M**：大丈夫よ。がんばってね！　スパゲッティとサラダは冷蔵庫に入れておくわね。帰ってきたら食べられるわよ。　5:10 p.m.❻**L**：ありがとう，ママ！　5:12 p.m.

＜解説＞問1．ローラの4:03 p.m.のメール参照。「何も必要ない」と答えている。　**問2**．電話の画面の一番上にこの日の日付があり，ローラの4:15 p.m.のメールに「来週のスピーチは金曜日」とある。　**問3**．ローラの5:03 p.m.のメールに「帰宅は約3時間半後」とある。このinは「(今から)～後に」という意味。

4 〔長文読解総合─説明文─表を見て答える問題〕

≪全訳≫❶テツトは授業で自分の調査について話し，下の図表を見せた。彼は，学校の生徒130人にどんなスポーツが好きか質問した。スキー，サッカー，バスケ，野球，テニスがトップ5だった。彼は友達の多くが公園でサッカーをしているのをよく見るので，サッカーではなく野球が一番好きな生徒が最も多いことに驚いた。しかし，サッカーはそれでも30を超す票を獲得し，テニスがその次だった。バスケを選んだ生徒は，スキーよりも6人多い。ラグビーはスキーの次だった。ラグビーのワールドカップが2019年に日本で開催されたので，ラグビーは日本でも人気になっている。❷次に，テツトはどの日本のプロ野球チームが学校で人気なのかを調査した。彼は野球が一番好きな生徒40人に，どのチームが一番好きかを質問した。もちろん，生徒全員にひいきのチームがあった。彼らは12球団中，5球団しか選ばなかった。最も多くの生徒が大阪ファイターズを選んでおり，この理由は，大阪は自分たちの町から近く，試合を見に球場に簡単に行けるからだ。2番目は東京パイレーツだった。このチームを選んだ生徒たちは，日本で最も才能のある選手の1人がチームに所属していると言っていた。現在，彼はアメリカでプレイしている。生徒の票数が最も少なかったのは愛知スパイダーズで，テツトが大好きなチームである栃木スパローズは1票も獲得しなかった。

問1＜適語選択＞直後の文に「サッカーはそれでも30を超す票を獲得」とあるので，野球，サッカーの順に票数が多かったことがわかる。the number「数」の大小はlarge，smallで表すことに注意。

問2＜適語選択＞第1段落より，A＝野球，B＝サッカー，C＝テニス，D＝バスケ，E＝スキー，となる。ラグビーはOthers「その他」に含まれる。

問3＜適語選択＞第1段落第2文より，調査の対象となった生徒の数は130人なので，130から表の全ての数字をひけばよい。また，第１段落終わりから３文目の「バスケを選んだ生徒は，スキーよりも６人多い」からも，答えはわかる。

問４＜適語選択＞第２段落第２文より，母集団は forty「40」人なので，40から表の全ての数をひけばよい。

問５＜内容真偽＞１．「調査をする前，テツトは友人の一部がサッカーについてよく話していたので，サッカーが最も人気のあるスポーツだと予想していた」…×　第１段落第４文参照。サッカーが一番人気だと思っていた理由は，多くの友達がサッカーをしているのをよく見ていたから。　２．「テツトと友人たちは東京パイレーツ球場の近くに住んでいることがわかる」…×　第２段落第５文参照。東京パイレーツではなく，大阪ファイターズである。　３．「野球が一番好きな生徒の多くは，現在，アメリカでプレイしている選手がいるので，大阪ファイターズが好きだと言っていた」…×　第２段落第６～８文参照。大阪ファイターズではなく，東京パイレーツである。　４．「テツトが好きな野球チームは，学校では人気がない」…○　第２段落最終文に一致する。

５〔長文読解―適語（句）・適文選択―物語〕

≪全訳≫❶ジョンと私は約50年前に結婚した。私たちは長い間一緒に暮らし，彼は私の親友でもあった。私たちは映画を見に行ったり，街を散歩したりするのが大好きだった。彼は散歩をするときはいつも私の手を握ってくれたので，私は幸せに感じた。❷毎年バレンタインデーには，彼は「今日は昨日よりもっと君を愛している」という同じメモを書いた。❸そしてある日，彼は亡くなった。子どもたちがしばらく私と一緒にいてくれたが，数週間後には帰ってしまい，私は１人になった。❹彼なしで生きていくのはとても大変だったが，私はがんばった。❺そして，バレンタインデーがまた巡ってきた。その日を１人で過ごさなくてはならないことがわかっていたので，私はとても悲しく感じた。❻ベルが鳴って，私がドアを開けたときの驚きを想像してほしい。私はそこで，家の近くにある花屋の店主に会ったのだ。彼はバラの花束と小さなメモを抱えていた。「ご主人からです」と彼は言った。❼一瞬，私はとても腹が立って，「これは何かの冗談ですか？」と彼に言った。花屋の店主はこう言った。「いいえ。ご主人が亡くなる前にやってきて，何年分ものバラの代金を先払いされました。ご主人は私に，毎年バレンタインデーに，ご主人の代わりにあなたにバラの花束をあげるように頼まれたのです」❽私はようやくメモを開けて読むと，「今日は昨日よりもっと君を愛している」と書いてあった。

＜解説＞(1)仲の良かった夫と散歩をしているときに，いつも手を握ってくれたことをどう感じていたかを考える。　'feel＋形容詞'「～な感じがする」　(2)直後に「私は１人になった」とあるので，子どもたちは「去った」のである。　leave－left－left　(3)夫が死んでしまった後に，花屋の店主が花束を持って訪ねてきたときの感情が入る。　courage「勇気」　(4)前の文の Is this some kind of joke？「これは何かの冗談ですか」に対する花屋の店主の返答である。この後の内容から，冗談ではないことがわかる。　(5)instead of ～「の代わりに」

６〔長文読解―整序結合―説明文〕

≪全訳≫❶私の母は旅行好きで，世界のいろいろな国に旅行したことがある。その母から(1)私が聞いた最もわくわくする話の１つをあなたにお話ししたい。母は，塩で建てられたホテルに泊まったのだ！❷そのホテルは南米のボリビアにある広大な塩の砂漠の中に，ただ１つ建っている。塩の砂漠は(2)海抜約3700メートルにあり，おそらく世界最大で，面積は約１万2000平方キロメートルだ。昔は塩の砂漠ではなかったが，その後，海底が隆起して，山がつくられた。そこで，多くの海水が山の中に残り，湖がつくられた。その後，湖の水がなくなり，塩の砂漠が残った。現在，この砂漠はウユニ塩湖と呼ばれている。そこに行ってみると，(3)それがどんなに美しいかがわかるだろう。❸塩のホテルはとても奇妙だ。ベッドからテーブルや椅子に至る全てが(4)塩の塊でつくられている。電気はなく，ホテルは(5)太陽の自然な熱を使っている。日中は，日光が塩の塊を温かくしており，夜でも(6)部屋を暖かく快適に保っている。ちなみに，ホテルは塩の広大な砂漠の中心部にあるので，風呂もシャワーもない。

＜解説＞(1)would like to ～「～したい」の‘～’には動詞の原形が続くので tell を最初に置き，‘tell＋人＋物事’「〈人〉に〈物事〉を話す」の形をつくる。stories と I の間には目的格の関係代名詞が省略されている。 I would like to tell you one of the most exciting stories I heard from her.
(2)The salt desert is に続く部分。語群に and と別の is を含む is probably があることから，The salt desert is ～ and is probably the largest … という文だと判断できる。‘～’の部分は about 3,700 meters above the ocean「約3700メートル海の上にある」→「海抜約3700メートルにある」とまとまる。 The salt desert is about 3,700 meters above the ocean and is probably the largest in the world … (3)‘how＋形容詞〔副詞〕＋主語＋動詞’「どんなに～か」の感嘆文の形をつくる。 …, you will find how beautiful it is. (4)be made from ～「～でできている」の形をつくる。 Everything is made from salt blocks, … (5)electricity「電気」がないので，ホテルは the natural heat of the sun「太陽の自然な熱」を uses「使っている」という文脈を読み取る。 … the hotel uses the natural heat of the sun. (6)‘keep＋目的語＋形容詞’で「～を…(の状態)に保つ」という意味を表せる。 comfortable「快適な」 …, and it keeps the rooms warm and comfortable even at night.

7 〔長文読解総合―説明文〕

≪全訳≫❶世界には子どもの名前をつける多くの方法がある。一部の親は，自分の好きなものにちなんで，子どもを名づけるようだ。一部の家庭では，祖父母や名前をつける専門家が子どもに名前をつける。さらに一部の場合には，親が子どもの誕生日に合わせて名前を選ぶ。❷ヨーロッパの国々では，名前は普通，親によって選ばれる。親が子どものために選ぶ名前は，家系の中にいる親戚や先祖の名前からとられる。例えば，イタリアでは，子どもは伝統的に祖父母にちなんで名づけられる。多くの場合，父親の両親の名前が使われる。また，東ヨーロッパの人々は，子どもの名前を，亡くなった親戚からとる。この伝統は，子どもを災いから守る方法と考えられている。❸アジアの一部の国では，多くの人々は，子どもの祖父や占い師に子どもの名前を選んでもらうように頼む。この場合，名前は伝統的な考え，すなわち，名前は子どもの性格に影響を与えることがある，という考えに基づいて選ばれる。例えば，名前は火，水，土，木，金属などの特定の要素と関連していることがある。また，名前に使われる文字が，美しさ，強さ，優しさのような重要な意味を持つこともある。❹アフリカの一部の文化では，人々は子どもを生まれた曜日にちなんで名づける。それぞれの日がそれ自体の意味を持つ。同じ日に生まれた男の子と女の子は，違う名前を持つ。しかし，その名前は同じ意味を持つ。例えば，ガーナのアカン族の文化では，男の子が金曜日に生まれたら，人々はコフィという名前を選ぶだろう。他方では，金曜日に生まれた女の子は，アフアを自分自身の名前として持つだろう。コフィとアフアはどちらも「探検家」あるいは「旅人」を意味する。アフリカの他の地域では，名前が場所に関する意味を持つことがある。ザラという名の女の子をエチオピアで見かけたら，その子はおそらく国の南西部の出身だ。**5**赤ちゃんに与えられる名前は，人生で最初の贈り物だ。名前のつけ方は地域によって異なるが，それぞれの名前にはそれ自体の特別な意味があり，名前は文化に関する何かを反映している。したがって，私たちは全ての名前を尊重すべきである。

問1＜内容真偽＞1・2…×　第3，4文参照。　3…×　第1，2文参照。「親」が選ぶ。　4…○　終わりから2文目の内容に一致する。

問2＜語句解釈＞直後にあるコロン(:)に注目。コロンは「つまり，すなわち」の意味で，直前の内容を言い換えたり，具体的に説明したりする場合に用いられる。2．「特定の意味を持つ名前は，子どもの性格に影響を与えることがある」は，コロンの後に続く内容を言い換えた内容になっている。　influence≒affect「～に影響を与える」

問3＜適語(句)選択＞この後に続く内容は，直前で述べた「男女で違う名前だが同じ意味である」という内容の具体例になっている。　for example「例えば」

問4＜適語(句)選択＞直前で a boy on Friday について述べ，直後で a girl on Friday について述べているので，‘対比’を表す on the other hand「他方では」が入る。

問5＜英問英答＞「アフリカの文化について，正しいのはどれか」―4．「アフリカの人々がいつ，どこで生まれたか，名前からわかることがある」　第4段落第1文および同段落最後から2文目参照。

問6＜適所選択＞脱落文の内容は，本文全体の結論に相当する内容と考えられる。直前の文にある each name「それぞれの名前」を受けて，all names「全ての名前」といっている。

問7＜内容真偽＞1．「赤ちゃんに名前をつけるとき，全ての家族が自分たちの文化に従わねばならない」…×　「従わなければならない」という記述はない。　**2**．「ヨーロッパの国々では，親だけが赤ちゃんの名前を選ぶことができる」…×　第2段落第1文参照。　usually「たいていは，通常は」　**3**．「一部の親は，名前が子どもを守れると考えているがゆえに，子どもの名前を選んでいる」…○　第2段落最後の2文に一致する。　protect「～を守る」

数学解答

1 (1) 1　(2) 4
(3) ウ…4　エ…3
(4) オ…4　カ…9　キ…3　(5) 0
(6) ケ…2　コ…2

2 (1) 3　(2) 2
(3) ウ…3　エ…2
(4) オ…1　カ…2　(5) ④
(6) ク…2　ケ…0
(7) コ…6　サ…7
(8) シ…7　ス…0
(9) セ…2　ソ…8
(10) タ…2　チ…0

3 (1) ア…1　イ…4
(2) ウ…1　エ…1　オ…3　カ…6
(3) キ…1　ク…1　ケ…2

4 (1) ア…3　イ…2　ウ…6
(2) エ…1　オ…8
(3) カ…1　キ…3　ク…3

5 (1) ア…2　イ…6
(2) ウ…4　エ…5
(3) オ…4　カ…5　キ…5

1 〔独立小問集合題〕

(1)＜数の計算＞与式 $=\frac{6\times3}{2}-8=9-8=1$

(2)＜数の計算＞与式 $=\frac{1}{4}\div\frac{1}{10}\times3-\frac{35}{10}=\frac{1}{4}\times10\times3-\frac{7}{2}=\frac{15}{2}-\frac{7}{2}=\frac{8}{2}=4$

(3)＜式の計算＞与式 $=\frac{3(3x-y)-(x-5y)}{6}=\frac{9x-3y-x+5y}{6}=\frac{8x+2y}{6}=\frac{4x+y}{3}$

(4)＜式の計算＞与式 $=\frac{1}{4}x^4y^2\div(-4xy^2)\times(-64x^6y^3)=\frac{x^4y^2}{4}\times\left(-\frac{1}{4xy^2}\right)\times(-64x^6y^3)=\frac{x^4y^2\times1\times64x^6y^3}{4\times4xy^2}$ $=4x^9y^3$

(5)＜数の計算＞与式 $=(3+2\sqrt{3\times6}+6)-3(2+2\sqrt{2}+1)=(9+2\sqrt{3^2\times2})-3(3+2\sqrt{2})=9+2\times3\sqrt{2}-9-6\sqrt{2}=9+6\sqrt{2}-9-6\sqrt{2}=0$

≪別解≫与式 $=\{\sqrt{3}(1+\sqrt{2})\}^2-3(\sqrt{2}+1)^2=(\sqrt{3})^2(1+\sqrt{2})^2-3(\sqrt{2}+1)^2=3(1+\sqrt{2})^2-3(1+\sqrt{2})^2=0$

(6)＜式の計算―因数分解＞与式 $=x^2+2x+1-2x-2-3=x^2-4=x^2-2^2=(x-2)(x+2)$

≪別解≫$x+1=A$ とおくと，与式 $=A^2-2A-3=(A-3)(A+1)=(x+1-3)(x+1+1)=(x-2)(x+2)$ となる。

2 〔独立小問集合題〕

(1)＜二次方程式＞$x^2+6x+9=12x$，$x^2-6x+9=0$，$(x-3)^2=0$　$\therefore x=3$

(2)＜数の計算＞与式 $=xy(y-x)$ と変形して，$x=\sqrt{2}-1$，$y=\sqrt{2}+1$ を代入すると，与式 $=(\sqrt{2}-1)(\sqrt{2}+1)\{\sqrt{2}+1-(\sqrt{2}-1)\}=\{(\sqrt{2})^2-1^2\}(\sqrt{2}+1-\sqrt{2}+1)=(2-1)\times2=1\times2=2$ となる。

(3)＜連立方程式＞$2x+5y=4$……①，$3x+2y=-5$……②とする。①×3 より，$6x+15y=12$……①′　②×2 より，$6x+4y=-10$……②′　①′−②′ より，$15y-4y=12-(-10)$，$11y=22$　$\therefore y=2$　これを①に代入して，$2x+5\times2=4$，$2x+10=4$，$2x=-6$　$\therefore x=-3$

(4)＜関数―y の値＞y は x に反比例するので，比例定数を a として，その式は $y=\frac{a}{x}$ とおける。$x=-3$ のとき $y=32$ より，$32=\frac{a}{-3}$ が成り立ち，$a=-96$ である。よって，反比例の式は $y=-\frac{96}{x}$ となるから，$x=-8$ のとき，$y=-\frac{96}{-8}=12$ である。

(5)＜**関数—a，b，c，dの値の大小**＞yがx^2に比例する関数のグラフでは，比例定数が正のとき上に開いた放物線になり，負のとき下に開いた放物線になる。また，比例定数の絶対値が大きいほどグラフの開き方は小さくなる。よって，右図1で，関数$y=ax^2$，$y=bx^2$のグラフは上に開いているので，$a>0$，$b>0$であり，関数$y=cx^2$，$y=dx^2$のグラフは下に開いているので，$c<0$，$d<0$である。また，関数$y=ax^2$と関数$y=bx^2$のグラフは，関数$y=ax^2$のグラフの方が開き方が小さいので，aの絶対値はbの絶対値より大きく，$b<a$となる。関数$y=cx^2$と関数$y=dx^2$のグラフは，関数$y=cx^2$のグラフの方が開き方が小さいので，cの絶対値はdの絶対値より大きく，$c<d$となる。以上より，$c<d<b<a$となる。

図1

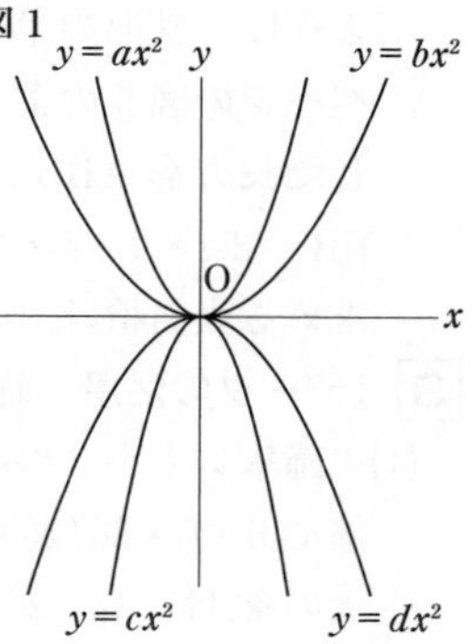

(6)＜**数の性質**＞$9<\sqrt{3a}<12$より，$\sqrt{81}<\sqrt{3a}<\sqrt{144}$，$81<3a<144$，$3\times27<3a<3\times48$，$27<a<48$である。$a$は自然数なので，$a=28$，29，30，……，47であり，$47-27=20$(個)ある。

(7)＜**データの活用—平均値**＞平均値は，各階級の〔階級値〕×〔度数〕を合計し，度数の合計でわって求める。20〜40点の階級は，階級値が$\frac{20+40}{2}=30$(点)，度数が2人，40〜60点の階級は，階級値が$\frac{40+60}{2}=50$(点)，度数が5人，60〜80点の階級は，階級値が$\frac{60+80}{2}=70$(点)，度数が7人，80〜100点の階級は，階級値が$\frac{80+100}{2}=90$(点)，度数が6人である。度数の合計は20人なので，求めるテストの平均値は，$(30\times2+50\times5+70\times7+90\times6)\div20=1340\div20=67$(点)となる。

(8)＜**平面図形—角度**＞右図2のように，円の中心Oと点Aを結ぶ。△OABと△OADはそれぞれOA＝OB，OA＝ODの二等辺三角形だから，∠OAB＝∠OBA＝50°，∠OAD＝∠ODA＝60°となり，∠BAD＝∠OAB＋∠OAD＝50°＋60°＝110°である。四角形ODABの内角の和は360°だから，∠BOD＝360°−∠OBA−∠BAD−∠ODA＝360°−50°−110°−60°＝140°となる。よって，$\overset{\frown}{\mathrm{BD}}$に対する円周角と中心角の関係より，$\angle x=\frac{1}{2}\angle\mathrm{BOD}=\frac{1}{2}\times140°=70°$である。

図2

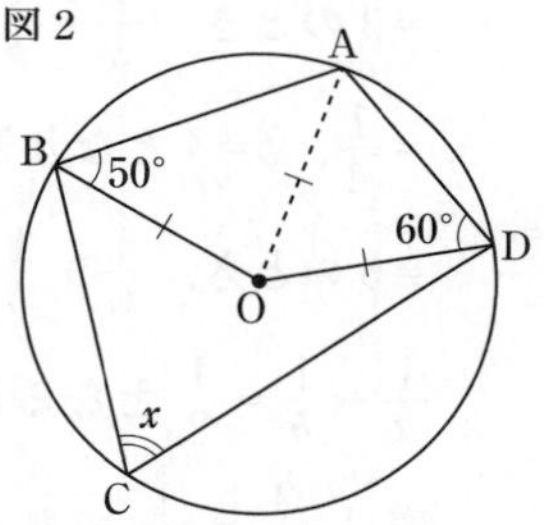

(9)＜**空間図形—体積**＞右図3のように，もとの円錐を考え，その円錐の頂点をQとすると，円錐を底面に平行な平面で切っているので，∠QPA＝∠QOB＝90°，∠PQA＝∠OQBより，△QAP∽△QBOとなる。よって，QP：QO＝PA：OBである。QP＝x(cm)とおくと，QO＝QP＋PO＝$x+3$と表せるから，$x:(x+3)=2:4$が成り立ち，$x\times4=(x+3)\times2$，$4x=2x+6$，$2x=6$，$x=3$となる。求める立体の体積は，底面の半径がOB＝4，高さがQO＝$x+3=3+3=6$の円錐の体積から，底面の半径がPA＝2，高さがQP＝$x=3$の円錐の体積をひけばよいので，$\frac{1}{3}\times\pi\times4^2\times6-\frac{1}{3}\times\pi\times2^2\times3=32\pi-4\pi=28\pi(\mathrm{cm}^3)$である。

図3

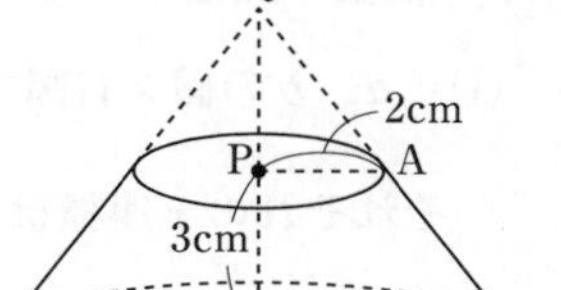

図4

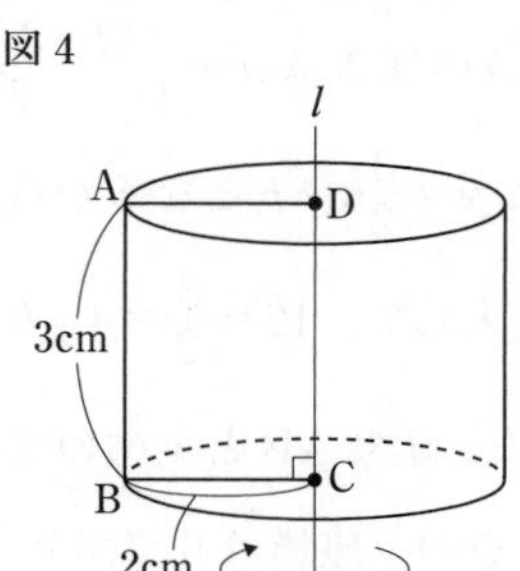

図5

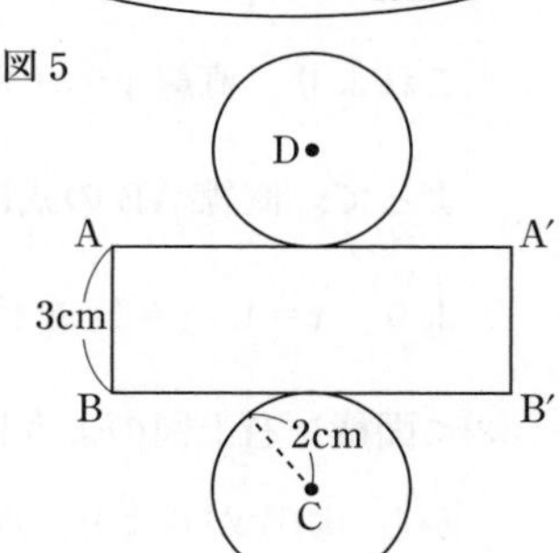

(10)＜**空間図形—面積—回転体**＞長方形ABCDを，直線lを軸として1回転させると，右図4の

ように，底面の半径が BC＝2，高さが AB＝3 の円柱となる。よって，この円柱を展開すると，前ページの図5のようになる。円Cの半径は 2 cm だから，底面積は $\pi\times2^2=4\pi$ である。側面を展開した長方形 ABB′A′ は，縦の長さが AB＝3 で，横の長さは，底面の円の周の長さと等しいから，$BB'=2\pi\times2=4\pi$ である。よって，側面積は，〔長方形 ABB′A′〕$=3\times4\pi=12\pi$ となる。以上より，求める表面積は，$4\pi\times2+12\pi=20\pi$(cm²) である。

3 〔データの活用―確率―さいころ〕

(1)＜確率＞大小2つのさいころを投げるとき，それぞれ6通りの目の出方があるから，目の出方は全部で $6\times6=36$(通り)あり，a，b の組は36通りある。このうち，a，b がともに偶数となる a，b の組は，$(a,\ b)=(2,\ 2)$，$(2,\ 4)$，$(2,\ 6)$，$(4,\ 2)$，$(4,\ 4)$，$(4,\ 6)$，$(6,\ 2)$，$(6,\ 4)$，$(6,\ 6)$ の9通りある。よって，求める確率は $\dfrac{9}{36}=\dfrac{1}{4}$ である。

(2)＜確率＞(1)より，a，b の組は全部で36通りある。このうち，$a+b>ab$ となる a，b の組は，$a=1$ のとき，$1+b>b$ だから，$b=1$，2，3，4，5，6 の6通りある。$a=2$ のとき，$2+b>2b$ だから，$b=1$ の1通りある。$a=3$ のとき，$3+b>3b$ だから，$b=1$ の1通りある。以下同様にして，$a=4$ のとき $b=1$ の1通り，$a=5$ のとき $b=1$ の1通り，$a=6$ のとき $b=1$ の1通りある。よって，$a+b>ab$ となる a，b の組は $6+1+1+1+1+1=11$(通り)あるから，求める確率は $\dfrac{11}{36}$ である。

(3)＜確率＞a，b はともに1以上6以下の整数だから，$\dfrac{1}{a}>0$，$\dfrac{1}{b}>0$ である。$\dfrac{1}{a}+\dfrac{1}{b}=\dfrac{1}{2}$ となるとき，$\dfrac{1}{a}<\dfrac{1}{2}$，$\dfrac{1}{b}<\dfrac{1}{2}$ であるから，a，b の値として考えられるのは，3，4，5，6 である。$a=3$ のとき，$\dfrac{1}{3}+\dfrac{1}{b}=\dfrac{1}{2}$ より，$\dfrac{1}{b}=\dfrac{1}{6}$，$b=6$ となり適する。$a=4$ のとき，$\dfrac{1}{4}+\dfrac{1}{b}=\dfrac{1}{2}$ より，$\dfrac{1}{b}=\dfrac{1}{4}$，$b=4$ となり適する。$a=5$ のとき，$\dfrac{1}{5}+\dfrac{1}{b}=\dfrac{1}{2}$ より，$\dfrac{1}{b}=\dfrac{3}{10}$，$b=\dfrac{10}{3}$ となり適さない。$a=6$ のとき，$\dfrac{1}{6}+\dfrac{1}{b}=\dfrac{1}{2}$ より，$\dfrac{1}{b}=\dfrac{1}{3}$，$b=3$ となり適する。よって，36通りの a，b の組のうち，$\dfrac{1}{a}+\dfrac{1}{b}=\dfrac{1}{2}$ となる a，b の組は，$(a,\ b)=(3,\ 6)$，$(4,\ 4)$，$(6,\ 3)$ の3通りあるから，求める確率は $\dfrac{3}{36}=\dfrac{1}{12}$ である。

4 〔関数―関数 $y=ax^2$ と一次関数のグラフ〕

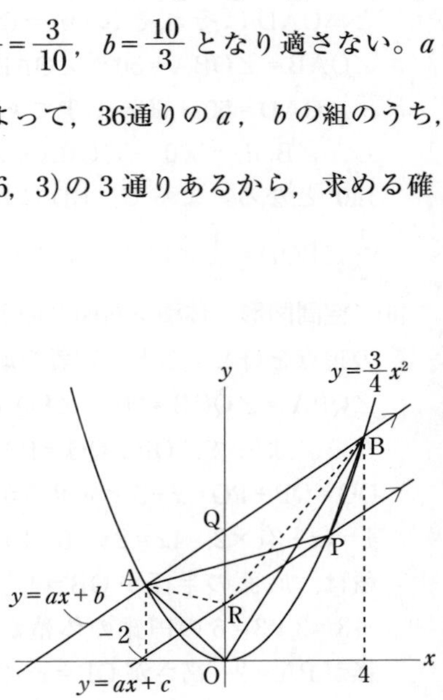

(1)＜a，b の値＞右図で，2点A，Bは放物線 $y=\dfrac{3}{4}x^2$ 上の点で，それぞれの x 座標は −2，4 だから，y 座標は $y=\dfrac{3}{4}\times(-2)^2=3$，$y=\dfrac{3}{4}\times4^2=12$ となり，A(−2，3)，B(4，12) である。これより，直線 $y=ax+b$ の傾きは $a=\dfrac{12-3}{4-(-2)}=\dfrac{3}{2}$ となる。よって，直線 AB の式は $y=\dfrac{3}{2}x+b$ となるから，点Bの座標より，$x=4$，$y=12$ を代入して，$12=\dfrac{3}{2}\times4+b$ より，$b=6$ である。

(2)＜面積＞右上図のように，直線 AB と y 軸の交点をQとする。(1)より直線 AB の式は $y=\dfrac{3}{2}x+6$ だから，切片が6より，点Qの y 座標は6であり，OQ＝6 である。△OAB＝△OAQ＋△OBQ として，

△OAQ と△OBQ の底辺を OQ と見ると，2点A，Bの x 座標がそれぞれ -2，4なので，△OAQ の高さは2，△OBQ の高さは4となる。よって，$\triangle OAB=\triangle OAQ+\triangle OBQ=\frac{1}{2}\times6\times2+\frac{1}{2}\times6\times4=18$ である。

(3)＜c の値＞前ページの図のように，直線 $y=ax+c$ と y 軸の交点をRとする。直線 $y=ax+b$ と直線 $y=ax+c$ の傾きは等しいから，AB∥RP である。これより，△ABR と△ABP の底辺を AB と見ると，高さが等しいので，面積も等しく，$\triangle ABR=\triangle ABP=5$ となる。$\triangle ABR=\triangle AQR+\triangle BQR$ として，△AQR と△BQR の底辺を QR と見ると，点Qの y 座標は6であり，直線 $y=ax+c$ の切片より，点Rの y 座標は c だから，$QR=6-c$ と表せる。△AQR と△BQR の高さはそれぞれ2，4だから，$\triangle ABR=\triangle AQR+\triangle BQR=\frac{1}{2}\times(6-c)\times2+\frac{1}{2}\times(6-c)\times4=18-3c$ となる。よって，$18-3c=5$ が成り立ち，これを解いて，$-3c=-13$，$c=\frac{13}{3}$ である。

5 〔空間図形―三角柱〕

≪基本方針の決定≫(2)　DN＝EN の二等辺三角形であることに気づきたい。

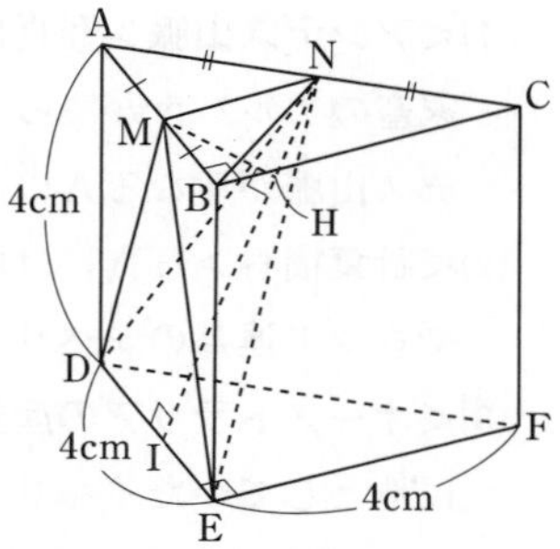

(1)＜長さ―三平方の定理＞右図で，四角形 ACFD は長方形だから，△ADN は∠NAD＝90°の直角三角形である。∠ABC＝90°，$AB=BC=4$ より，△ABC は直角二等辺三角形だから，$AC=\sqrt{2}AB=\sqrt{2}\times4=4\sqrt{2}$ である。点Nは辺 AC の中点だから，$AN=\frac{1}{2}AC=\frac{1}{2}\times4\sqrt{2}=2\sqrt{2}$ となる。よって，△ADN で三平方の定理より，$DN=\sqrt{AD^2+AN^2}=\sqrt{4^2+(2\sqrt{2})^2}=\sqrt{24}=2\sqrt{6}$ (cm) である。

(2)＜面積―三平方の定理＞右図で，点Bと点Nを結ぶ。BE⊥〔面 ABC〕だから，△BEN は∠EBN＝90°の直角三角形である。また，△ABC は直角二等辺三角形であり，点Nは辺 AC の中点だから，∠BAN＝45°，∠BNA＝90°となり，△ABN も直角二等辺三角形となる。これより，$BN=AN=2\sqrt{2}$ となり，△BEN で三平方の定理より，$EN=\sqrt{BE^2+BN^2}=\sqrt{4^2+(2\sqrt{2})^2}=\sqrt{24}=2\sqrt{6}$ となる。(1)より $DN=2\sqrt{6}$ だから，△DEN は DN＝EN の二等辺三角形である。点Nから辺 DE に垂線 NI を引くと，点Iは辺 DE の中点となり，$DI=\frac{1}{2}DE=\frac{1}{2}\times4=2$ である。△NDI で三平方の定理より，$NI=\sqrt{DN^2-DI^2}=\sqrt{(2\sqrt{6})^2-2^2}=\sqrt{20}=2\sqrt{5}$ となるから，$\triangle DEN=\frac{1}{2}\times DE\times NI=\frac{1}{2}\times4\times2\sqrt{5}=4\sqrt{5}$ (cm^2) となる。

(3)＜長さ＞右上図のように，点Mと3点D，E，Nをそれぞれ結び，三角錐 MDEN をつくる。MH⊥〔面 DEN〕だから，線分 MH の長さは，三角錐 MDEN の底面を△DEN としたときの高さとなる。また，△ABC で中点連結定理より，$MN=\frac{1}{2}BC=\frac{1}{2}\times4=2$，MN∥BC である。∠ABC＝∠EBC＝90°より，BC⊥〔面 ABED〕だから，MN⊥〔面 ABED〕となる。よって，三角錐 MDEN は底面を△DEM としたときの高さが MN＝2となるので，〔三角錐 MDEN〕$=\frac{1}{3}\times\triangle DEM\times MN=\frac{1}{3}\times\frac{1}{2}\times4\times4\times2=\frac{16}{3}$ である。したがって，三角錐 MDEN の体積について，$\frac{1}{3}\times\triangle DEN\times MH=\frac{16}{3}$ だから，$\frac{1}{3}\times4\sqrt{5}\times MH=\frac{16}{3}$ が成り立つ。これを解くと，$MH=\frac{4\sqrt{5}}{5}$ (cm) となる。

2023年度／佐野日本大学高等学校(併願・第１回)

社会解答

1 (1) 1　(2) 3　(3) 2　(4) 4　(5) 3　(6) 1

2 (1) 3　(2) 4　(3) 1　(4) 2　(5) 3

3 (1) 2　(2) X…5　Y…2　(3) 4

4 (1) 4　(2) 4　(3) 1　(4) 3　(5) 2

5 (1) 3　(2) 1　(3) 1　(4) 2　(5) 3

6 (1) 6　(2) 3　(3) 1

7 (1) 2　(2) 3　(3) 4　(4) 2　(5) 2　(6) 3　(7) 1

8 (1) ア…1　イ…4　ウ…2　エ…5　(2) A…5　B…1　C…3　D…7　(3) 3　(4) 1

9 (1) 3　(2) 1　(3) 4　(4) 4　(5) 1

1　〔**世界地理―総合**〕

(1)＜**アンデス山脈**＞写真には，強い日差しを避けるために帽子をかぶり，衣服を重ね着している人と，家畜のアルパカが写っている。このような民族衣装と家畜が見られるのは，南アメリカ大陸のアンデス山脈が連なるＡのペルーやチリなどである。

(2)＜**針葉樹林**＞写真には広大な針葉樹林が写っている。このような針葉樹林が見られるのは，カナダやロシア連邦のシベリアなどの冷帯〔亜寒帯〕に属する地域である。

(3)＜**オーストラリアの産業と貿易**＞オーストラリアの貿易相手国は，かつては，オーストラリアを植民地としていたイギリスが第１位だったが，その後，日本との貿易額が増加し，現在では中国が最大の貿易相手国となっている(Ａ…正)。オーストラリアでは羊の飼育が盛んで，かつては羊毛が輸出品の中心であったが，現在の輸出品の第１位は鉄鉱石である(Ｂ…誤。統計資料は2020年)。

(4)＜**混合農業**＞ドイツでは，小麦などの作物とトウモロコシなどの飼料作物を栽培し，家畜を飼育して家畜のふんなどを肥料に用いる混合農業が行われている。混合農業では，耕地をいくつかに区分して，耕作と休耕を繰り返すことによって，土地の生産力の低下を防いでいる。なお，酪農は，乳牛を飼育して牛乳や乳製品を生産することで，デンマークやオランダなどで行われている。地中海式農業は，地中海性気候に属する地域において，降水量の少ない夏には果樹を栽培し，降水量が比較的多い冬には小麦などを栽培する農業である。遊牧は，アラビア半島やモンゴルの草原(ステップ)などの乾燥した地域において，家畜とともに広大な地域を移動する牧畜である。

(5)＜**南アフリカ共和国**＞地図中のＸ国は南アフリカ共和国である。メスチーソとは，南アメリカにおける先住民のインディオと，スペイン人などのヨーロッパ人の混血を指す(Ａ…誤)。南アフリカ共和国では，かつてアパルトヘイトと呼ばれる人種隔離政策が行われていたが，1990年代前半に廃止された(Ｂ…正)。

(6)＜**北方領土**＞東シナ海に位置する尖閣諸島は，沖縄県に属する日本固有の領土だが，中国と台湾も領有を主張していて，領有権をめぐる主張の違いが存在している。なお，北方領土は択捉島，国後島，色丹島，歯舞群島の４島からなり，日本が固有の領土と主張しているが，実際にはロシア連邦が占拠している。

2 〔日本地理―総合〕

⑴＜**造山帯**＞地球上には，トルコやインドネシアが含まれるアルプス・ヒマラヤ造山帯と，日本列島やニュージーランドが含まれる環太平洋造山帯の２つの造山帯がある。ブラジルはどちらの造山帯にも含まれない。

⑵＜**再生可能エネルギー**＞いずれは枯渇してしまう石油，石炭などのエネルギーに対して，枯渇する心配がなく持続的に利用が可能な太陽熱，地熱，風力などのエネルギーを再生可能エネルギーと呼ぶ。火力エネルギーは，石油，天然ガス，石炭などを燃料としている。

⑶＜**自然災害**＞自然災害による被害の軽減や防災対策に使用する目的で，被災想定区域や避難場所・避難経路，防災関係施設の位置などを表示した地図をハザードマップといい，多くの県や市区町村で作成されている(A…正)。森林には，降水などによる水を蓄える保水のはたらきがあるので，森林の減少は河川の氾濫の原因となる(B…正)。

⑷＜**南海トラフ**＞海洋プレートの沈み込みなどによって形成される海底の溝のうち，最大水深が6000m以上のものを海溝，6000m未満のものをトラフという。東海地方から九州地方の太平洋岸に連なるトラフは南海トラフと呼ばれ，近い将来，巨大地震が起こると予測されている。なお，サンベルトとは，アメリカ合衆国の北緯37度以南の地域を指す。フォッサマグナとは，日本列島を２つに分ける大地溝帯のことで，本州の中央部をほぼ南北に貫くように位置している。太平洋ベルトとは，関東地方から九州地方北部に連なる工業が盛んな帯状の地域のことである。

⑸＜**モンスーン**＞モンスーンとは季節風のことで，季節によって一定の方向から吹く風を指す。これに対して偏西風とは緯度がおよそ30度から60度の地域に一年中吹く西風を指す(A…誤)。日本付近では冬に北西のモンスーンが吹き，日本海を渡るときに多くの水蒸気を含んだ空気が山地にぶつかることで，東北地方の日本海側や北陸地方に雪を降らせる(B…正)。

3 〔地理―日本と世界〕

⑴＜**正距方位図法**＞図は東京を中心とする正距方位図法の地図である。この図法では，中心の地点からの距離と方位が正しく表される(A…正)。一方で，大陸の形は大きくゆがみ，面積を正しく表すことはできない(B…誤)。

⑵＜**資源の輸入先**＞日本の資源の品目別輸入先は，原油はサウジアラビアが，石炭や鉄鉱石，液化天然ガスはオーストラリアが最も多い(2020年)。

⑶＜**国土面積と排他的経済水域**＞排他的経済水域は，沿岸の国が水産資源や鉱産資源を利用する権利を持つ水域で，海岸線から200海里(約370km)以内の領海を除いた範囲に設けられている。日本の国土面積は約38万km^2だが，周囲を海で囲まれているため，領海と排他的経済水域を合わせた面積は，国土面積の10倍以上になる。なお，Aはオーストラリア，Bはブラジル，Cはインドネシアを表している。

4 〔歴史―奈良時代まで〕

⑴＜**秦**＞４は，殷について述べている。なお，万里の長城は戦国時代に北方の遊牧民族の侵入を防ぐ目的で部分的に築かれていたものを，秦の始皇帝が長くつなげる形で増改築した。

⑵＜**中国の歴史書に記録された日本**＞年代の古い順に，Y(紀元前１世紀頃―100余国が分立している様子を記した『漢書』地理志)，Z(１世紀―奴国の朝貢について記した『後漢書』東夷伝)，X(３

世紀―邪馬台国について記した『魏志』倭人伝)となる。

⑶＜**律令制度**＞701年に唐の制度を参考とした大宝律令が完成し，日本の律令体制が整った(A…正)。大宝律令によって整えられた日本の統治機構は，二官八省と呼ばれる。二官は太政官と神祇官を指し，八省は太政官の下に組織された８つの役所(省)を指す(B…正)。

⑷＜**天平文化**＞３の作品は，薬師寺吉祥天像で，天平文化が栄えた奈良時代の作品である。なお，１は法隆寺の釈迦三尊像で飛鳥文化が栄えた飛鳥時代の仏像，２は高松塚古墳の壁画で奈良時代より古い７世紀末から８世紀初めに描かれたと考えられている。４は法隆寺にある玉虫厨子で飛鳥時代のものである。

⑸＜**10世紀のアジア**＞中国では，907年に唐が滅んだ後，960年に宋(北宋)が統一を果たした。朝鮮半島では新羅を滅ぼした高麗が，936年に半島を統一した。

5〔**歴史―鎌倉時代～明治時代初期**〕

⑴＜**鎌倉時代**＞資料Aは，鎌倉時代の僧で，時宗の開祖である一遍の布教の様子を伝える一遍上人絵伝の一部である。資料Bは，現在の和歌山県にあった阿《あ》氏《て》河荘《がわのしょう》という荘園の農民が地頭の横暴な振る舞いを荘園領主に訴えた訴状である。

⑵＜**江戸時代の身分**＞江戸時代の百姓の多くは農民である。百姓には農地を持ち年貢を納める本百姓と本百姓の農地を借りて耕作する水呑百姓がいた(A…正)。A〔農民〕，町人，僧侶・公家など以外のBは，名字帯刀の特権を持つ武士である(B…正)。

⑶＜**18世紀の出来事**＞アメリカで独立戦争が起こったのは1775年のことで，1776年には独立宣言が出された(１…○)。なお，イギリスで名誉革命が起こったのは17世紀末の1688年のこと(２…×)，アヘン戦争が起こったのは19世紀半ばの1840年のこと(３…×)，ドイツ帝国の成立は19世紀後半の1871年のことである(４…×)。

⑷＜**寛政の改革**＞18世紀末の1787年，江戸幕府の老中松平定信は，寛政の改革を始めた。なお，徳川吉宗が享保の改革を行ったのは18世紀前半のこと，水野忠邦が天保の改革を行ったのは19世紀半ばのことである。島津久光は江戸時代末に薩摩藩主の父として藩政の実権を握った人物である。

⑸＜**版籍奉還**＞中央集権的な政治体制を目指す明治新政府は，1869年に大名に対して土地と人民を朝廷に返させる版籍奉還を実施した。なお，廃藩置県は1871年に，地租改正は1873年に実施された。欧化政策は，不平等条約の改正を目指す明治政府が，欧米の文化や生活を取り入れようとした政策である。

6〔**歴史―江戸時代末～明治時代初期**〕

⑴＜**明治時代の貿易**＞江戸時代末に欧米諸国との貿易を開始した日本の主な輸出品は，生糸と茶だった。特に生糸は，この時期の日本の最大の輸出品だった。

⑵＜**薩英戦争**＞1862年に薩摩藩士がイギリス人を殺害した生麦事件の報復として，翌年，イギリスは薩摩藩を攻撃して薩英戦争が起こった。当時，幕府が開国したのに対して，外国の勢力を排除しようとする攘夷論が高まっていたが，この戦争を通してイギリスの軍事力を知った薩摩藩は，攘夷は不可能と認識し，その後イギリスと関係を深めることとなった。

⑶＜**文明開化**＞明治時代初めの1869年，東京・横浜間に電信が開通した(A…正)。1870年には日本人による初の日刊新聞である「横浜毎日新聞」が刊行された(B…正)。

7 〔歴史―明治時代後半～昭和時代初期〕

⑴＜**日清戦争**＞資料Ⅰは，日清戦争(1894～95年)の講和会議の様子を描いたものである(１…×)。日清戦争の講和会議は，日本の下関で開かれた(２…○)。この会議で結ばれた下関条約では，清は朝鮮の独立を認め，遼東半島や台湾などが日本領となったほか，清から日本へ賠償金が支払われた(３，４…×)。

⑵＜**日清戦争前後の出来事**＞朝鮮で甲申事変が起こったのは，日清戦争前の1884年のことである。なお，遼東半島の返還を求める三国干渉は講和会議後の1895年，朝鮮が大韓帝国と改称したのは1897年，立憲政友会の結成は1900年のことである。

⑶＜**大戦景気**＞資料Ⅱは，第一次世界大戦の影響で一時的に景気が良くなり，急に金持ちになった「成金」と呼ばれる者が現れたことを表している(A，B…誤)。

⑷＜**大正時代の出来事**＞資料Ⅱで描かれているのは，第一次世界大戦(1914～18年)頃の大正期のことである。ロンドン海軍軍縮会議が開かれたのは，1930年(昭和５年)のことである。大正時代に開かれたのはワシントン会議(1921～22年)で，主力艦の保有を制限する海軍軍縮条約が調印されたほかに，中国の主権を尊重し，領土を保全する条約が結ばれ，これにより日本が山東半島で得ていた利権が中国に返還された。

⑸＜**大正時代～昭和初期の文化**＞資料Ⅲは，1924年に創刊された大衆雑誌『キング』である。この時期に活躍した文学者は，芥川龍之介である。なお，樋口一葉，二葉亭四迷，尾崎紅葉は，いずれも明治時代の文学者である。

⑹＜**大正時代～昭和時代初期の文化，生活**＞資料Ⅲの大衆雑誌が発刊されたのは，大正時代末の1924年のことである。ラジオ放送が始まったのは1925年のことである。なお，１，２は，いずれも明治時代のこと，４の福沢諭吉が活躍したのは江戸時代末から明治時代前半のことである。

⑺＜**大正時代の社会運動**＞日本共産党の結成は1922年(大正11年)のことである(１…○)。なお，1922年に結成された全国水平社は，被差別部落民に対する差別の解消を目指す組織だった(２…×)。1912年に結成された友愛会は，後に日本労働総同盟に発展する労働者の組織である(３…×)。1925年に成立した普通選挙法では，女性の参政権は認められていなかった(４…×)。

8 〔歴史・公民総合―現代の国際社会〕

⑴＜**冷戦**＞ア．冷戦の対立が激しくなっていく中で，1949年には資本主義陣営の軍事同盟であるNATO〔北大西洋条約機構〕が結成された。　**イ**．NATO結成に対してソビエト連邦〔ソ連〕を中心とする社会主義陣営は，1955年にワルシャワ条約機構を結成した。　**ウ**．アメリカ合衆国に近いカリブ海の国キューバで社会主義政権が誕生し，そこにソ連が核ミサイル基地を建設し始めると，1962年，アメリカは海上封鎖を行った。この際に核戦争が起こる寸前まで両国の緊張関係が高まった。この出来事をキューバ危機という。　**エ**．1989年，アメリカのブッシュ大統領とソ連のゴルバチョフ書記長は，地中海のマルタ島で会談し，冷戦の終結を宣言した。

⑵＜**パレスチナ問題**＞**A**．ユダヤ人とアラブ人の両方に国家建設を約束したのは，イギリスである。**B**，**C**．イスラエルは，ユダヤ人が建国したユダヤ教徒中心の国家，パレスチナは，特にイスラム教徒中心のアラブ人の住む地域を指す。　**D**．イスラエルとパレスチナ解放機構がノルウェーのオスロで和平交渉を行い，1993年に合意に達した。これをオスロ合意という。なお，ヒンドゥー教

はインド人の多くが信仰している宗教，プラザ合意は，1985年に出された先進５か国の財務責任者による，行きすぎたドル高の是正に向けた合意である。

⑶＜**シオニズム運動**＞祖国を失って世界中に散らばったユダヤ人による，ユダヤ人国家建設を目指す運動をシオニズム運動という。なお，チャーティスト運動は，19世紀にイギリスで起こった都市労働者による普通選挙などを求める運動，ラッダイト運動は，イギリスの産業革命期の19世紀初めに起こった，手工業職人による機械破壊運動である。また，ナショナルトラスト運動は，貴重な自然環境や歴史的建造物を，地域の住民が買い取ることによって保全，維持して後世に伝えようとする運動のことで，19世紀末のイギリスで始まった。

⑷＜**エルサレム**＞エルサレムは，ユダヤ教，キリスト教，イスラム教の聖地とされている(A…正)。また，イスラエルとパレスチナの両方が首都であると主張している(B…正)。

9〔公民―総合〕

⑴＜**大きな政府，小さな政府**＞税や社会保険料が高く，その分，政府による社会保障が手厚いような政府を大きな政府という。大きな政府では社会の効率や個人の自由は制限を受ける(A…誤)。反対に，税や社会保険料が安い分，国のはたらきを最小限に抑えていく政府を小さな政府という(B…正)。

⑵＜**累進課税制度**＞課税所得が400万円の場合，400万円のうち195万円までの所得には５％の税率が，195万円から330万円までの所得には10％の税率が，330万円を超える所得には20％の税率が適用されるので，所得税額は，195万円×0.05＋(330万円－195万円)×0.1＋(400万円－330万円)×0.2＝９万7500円＋13万5000円＋14万円＝37万2500円となる。

⑶＜**円高と円安**＞１ドル＝200円から１ドル＝100円のように為替相場が変動することを，ドルの価値に対して円の価値が上昇しているので，円高と呼び，逆の変動を円安と呼ぶ。例えば，日本からアメリカに100万円の自動車を輸出する場合，１ドル＝100円のときに１万ドルだったものが，円安により１ドル＝200円となるときは５千ドルとなって売れやすくなる。しかし，アメリカから１万ドルの原材料を輸入する場合，その費用は円安により100万円から200万円に増えてしまう。また，両替所で100万円をドルに交換する場合，１ドル＝200円のときは５千ドルを受け取るが，円高により１ドル＝100円となるときは受け取るドルが１万ドルに増える。

⑷＜**需要と供給**＞需要曲線が右にシフトすると均衡価格を表す需要曲線と供給曲線の交点の位置は上がる(４…×)。なお，価格が１個800円のとき，供給量は45個，需要量は25個なので20個売れ残る(１…○)。価格が１個400円のとき，需要量と供給量は35個で一致するので商品は完売する(２…○)。供給曲線が左にシフトすると均衡価格を表す需要曲線と供給曲線の交点の位置は上がる(３…○)。

⑸＜**景気対策**＞景気が良いときには物価が上がりやすくなるので，社会に出回る通貨量が減少するような政策をとる。中央銀行が手持ちの国債を売ると社会から通貨を回収することになる。また，金利を上げると銀行などの金融機関から企業・個人が資金を借りにくくなり，経済活動を抑制する効果がある。

2023年度／佐野日本大学高等学校（併願・第１回）

理科解答

1 問１ ⑧　問２ ⑤　問３ ④
問４ ⑤　問５ ④　問６ ④
問７ ④　問８ ④

2 問１ ①　問２ ④　問３ ②
問４ ②　問５ ④

3 問１ ③　問２ ②　問３ ①
問４ ①

4 問１ ②　問２ ③　問３ ②
問４ ③

5 問１ ④　問２ ②　問３ ①
問４ ②

6 問１ ⑤　問２ ②　問３ ②
問４ ④

7 問１ ⑤　問２ ③　問３ ②
問４ ⑥

8 問１ ④　問２ ⑥　問３ ②
問４ ⑤

9 問１ ②　問２ ③　問３ ②
問４ ④　問５ ⑥

1〔小問集合〕

問１＜誘導電流＞図のように，コイルに棒磁石を近づけたとき，コイルに電流が流れる現象を電磁誘導といい，流れる電流を誘導電流という。誘導電流が流れる向きは，近づける棒磁石の極を反対にすると逆になり，棒磁石を動かす向きを反対にすると逆になる。図で，棒磁石のＳ極をコイルの上端に近づけると発光ダイオードが点灯しているので，発光ダイオードの長い足の端子に＋極をつないだことになり，電流は長い足の端子から流れ込んでいることがわかる。以上より，ア，イのように，図と発光ダイオードのつなぎ方を変えた場合，誘導電流の流れる向きが逆になったときに発光ダイオードは点灯する。アでは，棒磁石の極を反対のＮ極にして近づけたので，誘導電流が流れる向きは図と逆になり，イでは，棒磁石を動かす向きがアと反対になっているので，誘導電流が流れる向きは図と同じになる。よって，発光ダイオードが点灯するのはアである。また，ウ，エのように，図と発光ダイオードのつなぎ方は変えないで，棒磁石の極を反対にした場合，誘導電流の流れる向きが同じになったときに発光ダイオードは点灯する。ウでは，誘導電流が流れる向きは図と逆になり，エでは，誘導電流が流れる向きは図と同じになるから，発光ダイオードが点灯するのはエである。

問２＜合力＞３力の合力は，まず，２力の合力を求め，その合力と残る１つの力との合力を求めればよい。まず，F_2とF_3の合力は，右図のように，F_2とF_3を２辺とする平行四辺形を作図したときの対角線となる。この合力をF_4として，F_4とF_1の合力を同様に求め，その合力をF_5とする。このとき，F_5の長さは方眼10目盛り分になるので，求める３力の合力の大きさは，10Nである。

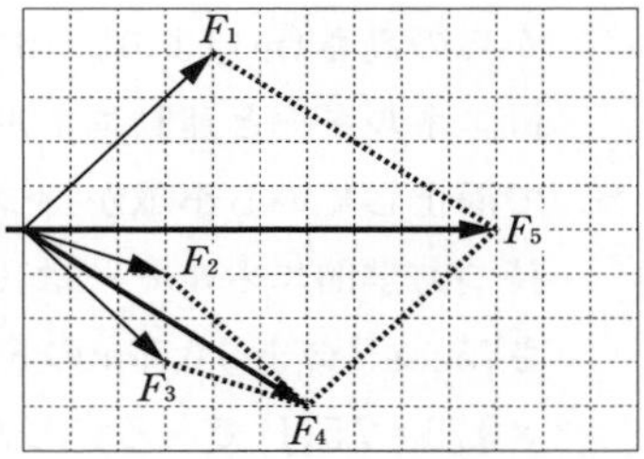

問３＜電気分解＞うすい塩酸（HCl）を電気分解すると，陰極に水素（H_2），陽極に塩素（Cl_2）が発生する。

問４＜中和＞水酸化カリウム（KOH）と硝酸（HNO_3）を混合すると，水（H_2O）と硝酸カリウム（KNO_3）という塩《えん》が生じる。

問５＜動物の分類＞ヒトデは無脊椎動物だが，軟体動物でも節足動物でもなく，ウニやナマコと同じ棘皮《きょくひ》動物に属している。なお，クモは節足動物，カタツムリとイカ，アサリは軟体動物に属している。

問６＜目のしくみ＞目の中で，ひとみの大きさを変えている構造は虹彩《こうさい》である。虹彩は，レンズの前にある円盤状の薄い膜で，伸び縮みすることで眼球内に入る光の量を調節する。

問７＜気温の測定＞気温は，地上から1.5m程度の高さの直射日光が当たらない風通しのよい日陰に置いた温度計で測定する。温度計に直射日光を当てると，実際の気温より高い数値になってしまう。

問８＜地球温暖化＞二酸化炭素には地表から放出される熱を蓄積し，大気中に再放射する性質がある。そのため，大気中の二酸化炭素が増加すると，地球温暖化が進行すると考えられている。

2〔電流とその利用〕

問１＜導体＞電流が流れやすい物質を導体，電流が極めて流れにくい物質を不導体(絶縁体)という。

問２＜不導体＞電気抵抗は電流の流れにくさを表す数値で，数値が大きいほど電流が流れにくい。よって，表より，不導体は電気抵抗が非常に大きいガラスとゴムである。

問３＜導線＞導線に適しているのは，電流が流れやすい導体，つまり，抵抗の小さい物質である。よって，表の物質のうち，導線に用いるのに最も適しているのは，電気抵抗の最も小さい銅である。

問４＜電流計＞電流計は，流れる電流の量をはかろうとする部分に直列につなぐため，内部の抵抗を非常に小さくしてある。そのため，図のように，電流計だけを乾電池につなぐと，電流計に非常に大きい電流が流れ，電流計が壊れてしまう可能性がある。

問５＜オームの法則＞表より，長さ１m，断面積１mm^2の銅線の抵抗は0.017Ω，鉄線の抵抗は0.10Ωである。よって，それぞれに１Ｖの電圧を加えたとき流れる電流の大きさは，オームの法則〔電流〕＝〔電圧〕÷〔抵抗〕より，銅線は１÷0.017＝58.82…となり約58.8A，鉄線は１÷0.10＝10(A)となる。

3〔運動とエネルギー〕

問１＜位置エネルギー＞物体の持つ位置エネルギーの大きさは，基準面からの高さにも物体の質量にも比例する。よって，基準面から50cmの高さにある質量１kgの物体の持つ位置エネルギーは，基準面から25cmの高さにある質量1.25kgの物体に比べて，基準面からの高さについて，50÷25＝2(倍)，質量について，1÷1.25＝0.8(倍)なので，2×0.8＝1.6(倍)である。

問２＜力学的エネルギーの保存＞図１で，水平部分を基準面とすると，基準面から１mの高さのＡ点にある小球の持つ位置エネルギーの大きさは，〔位置エネルギー(J)〕＝〔物体の重さ(N)〕×〔基準面からの高さ(m)〕より，10×1＝10(J)である。また，力学的エネルギーの保存より，小球の持つ位置エネルギーと運動エネルギーの和(力学的エネルギー)は一定である。これより，高さ１mのＡ点で静止している小球が持つ位置エネルギーの大きさは10Jで，運動エネルギーは０Jだから，小球の持つ力学的エネルギーは10Jである。よって，高さ40cm，つまり0.4mのＢ点，高さ０mのＣ点，高さ75cm，つまり0.75mのＥ点で持つ位置エネルギーは，それぞれ10×0.4＝4(J)，10×0＝0(J)，10×0.75＝7.5(J)である。したがって，それぞれの点で小球が持つ運動エネルギーは，Ｂ点では，10－4＝6(J)，Ｃ点では10－0＝10(J)，Ｅ点では10－7.5＝2.5(J)となる。

問３＜力学的エネルギーの保存＞力学的エネルギーの保存より，他の種類のエネルギーに変化することがなければ，小球の持つ力学的エネルギーは一定に保たれる。よって，Ｃ点での力学的エネルギーは，Ｅ点での力学的エネルギーと同じなので，1.0倍となる。

問４＜力学的エネルギー＞図２で，小球はＧ点から飛び出した後も水平方向に運動し続けているので，常に運動エネルギーを持っている。つまり，最高点に達した小球が持つ力学的エネルギーは全て位置エネルギーに変換されていないので，このときの位置エネルギーは，Ａ点で小球が持つ位置エネルギーより小さい。よって，最高点に達した小球の高さは，①のように，Ａ点より低くなる。

４〔化学変化とイオン〕

問１＜**水素の性質**＞水素を満たした試験管の口に火のついた線香を近づけると，ポンと音をたてて水素が燃える。水素が燃えると，空気中の酸素と結びついて水が生じる。

問２＜**イオンの化学式**＞亜鉛イオンは，電子を２個失ってできる陽イオンである。よって，亜鉛の化学式Znの右肩に２＋をつけて，Zn^{2+}と表される。

問３＜**中和**＞表より，実験４では，BTB溶液を加えたときの溶液の色が緑になったことから，溶液は中性である。中性の水溶液を赤色リトマス紙につけても色は変化しないので，誤っているのは②である。

問４＜**中和**＞表より，実験５では，BTB溶液を加えたときの溶液の色が黄色になったことから，溶液は酸性である。フェノールフタレイン溶液は，酸性と中性では無色で，アルカリ性では赤色になる。

５〔物質のすがた〕

問１＜**気体の発生**＞マグネシウムリボンにうすい塩酸を加えると，水素が発生する。なお，銅にうすい塩酸を加えても，気体は発生しない。

問２＜**化合物**＞１種類の元素からできている物質を単体，２種類以上の元素からできている物質を化合物という。気体Ａは二酸化炭素（CO_2），気体Ｂは水素（H_2），気体Ｃはアンモニア（NH_3），気体Ｄは酸素（O_2）である。よって，水素と酸素は単体，二酸化炭素は炭素と酸素の化合物，アンモニアは窒素と水素の化合物である。

問３＜**二酸化炭素**＞気体Ａは二酸化炭素である。発生した二酸化炭素に石灰水を入れてよく振ると白くにごることで，二酸化炭素であることが確かめられる。

問４＜**アンモニア**＞気体Ｃはアンモニアである。アンモニアは，水に非常に溶けやすいので，水上置換法で集めることはできないが，空気より密度が小さいので，上方置換法で集めることができる。

６〔生物の体のつくりとはたらき〕

問１＜**三大栄養素**＞図で，物質Ａは口，すい臓，小腸から出される消化液に含まれる消化酵素によって分解されているのでデンプン，物質Ｂは胃，すい臓，小腸から出される消化液に含まれる消化酵素によって分解されているのでタンパク質，物質Ｃは胆汁のはたらきと，すい臓から出される消化液に含まれる消化酵素によって分解されているので脂肪である。

問２＜**タンパク質**＞問１より物質Ｂはタンパク質である。タンパク質は，最終的にアミノ酸に分解され，小腸の柔毛から吸収される。

問３＜**糖の検出**＞問１より物質Ａはデンプンで，最終的にデンプンはブドウ糖に分解される。デンプンが分解されたことは，ブドウ糖がいくつかつながった物質ができたことで確かめられるから，ベネジクト溶液を用いればよい。ブドウ糖を含む水溶液に青色のベネジクト溶液を加えて加熱すると，赤褐色の沈殿が生じる。

問４＜**消化酵素**＞胃液に含まれる，タンパク質を分解する消化酵素はペプシンである。なお，アミラーゼはだ液に含まれる，デンプンを分解する消化酵素，リパーゼはすい液に含まれる，脂肪を分解する消化酵素である。

7〔総合〕

問１＜顕微鏡の操作＞顕微鏡の操作について述べた①～⑤の文を，正しい順番に並べ替えると，③→②→④→⑤→①となる。なお，③では，鏡筒にゴミが入るのを防ぐため，接眼レンズ，対物レンズの順につける。①，⑤では，対物レンズがプレパラートにぶつからないようにするため，横から見ながらプレパラートと対物レンズをできるだけ近づけ，対物レンズとプレパラートを離しながらピントを合わせる。

問２＜倍率と視野＞顕微鏡を高倍率にして観察すると，見える範囲は狭くなり，入ってくる光の量が減るため，視野は暗くなる。視野を明るくするには，しぼりを開いて入ってくる光の量を多くすればよい。

問３＜スケッチの方法＞顕微鏡で観察したものをスケッチするときは，目的のもののみを影をつけずに正確にかくようにする。また，輪郭を１本の線ではっきりとかく。

問４＜倍率と視野＞対物レンズを10倍のものから40倍のものに変えると，倍率は $40\div10=4$(倍)になる。倍率を４倍にすると，観察しているものの縦と横がそれぞれ４倍に見えるので，観察していた微生物の面積は，$4\times4=16$(倍)に見える。

8〔大地の変化〕

問１＜鉱物とマグマの性質＞表で，含まれる鉱物の割合は，左側にいくほど，無色鉱物であるセキエイとチョウ石の含まれる割合が多い。よって，左側の火成岩ほど白っぽいことがわかる。また，粘り気が強いマグマが固まってできた火成岩の色は白っぽくなることが多いので，左側ほどマグマの粘り気が強い。

問２，問３＜火成岩＞火山岩を白っぽいものから順に並べると，流紋岩，安山岩，玄武岩である。また，深成岩を白っぽいものから順に並べると，花こう岩，せん緑岩，はんれい岩である。

問４＜火山岩の組織＞図のあは，ごく小さな鉱物がガラス質になった部分で，石基という。石基の中に散らばったいは，比較的大きな鉱物の結晶で，斑晶という。このようなつくりを斑状組織といい，斑状組織を持つ火成岩は，マグマが地表や地表付近で急に冷えてできた火山岩である。

9〔気象と天気の変化〕

問１，問２＜梅雨の天気図＞図１の天気図では，東西に停滞前線が見られる。このように停滞前線が見られるのは，梅雨の時期や夏の終わりから秋の初めの秋雨が降る時期である。

問３，問４＜寒冷前線の通過＞表１より，18日の12時から15時にかけて，気温が急激に下がり，風向が南寄りから北寄りに変化している。このような気象の変化が見られるのは，寒冷前線が通過するときなので，図２の観測点を通過した前線は寒冷前線である。

問５＜天気図記号＞17日18時の天気は曇で，曇を表す天気記号は◎である。また，風向は南南東なので，矢羽根は南南東の側にかく。さらに，風速が3 m/sのとき，表２より，風力は２だから，矢羽根の数は２となる。よって，このときの天気記号は⑥のようになる。なお，天気記号の⦶は晴れを表す。

2023年度／佐野日本大学高等学校（併願・第１回）

国語解答

一 問一 2　問二 1　問三 1
問四 3　問五 4　問六 3
問七 2　問八 4　問九 3
問十 4

二 問一 2　問二 1　問三 3
問四 3　問五 1　問六 4
問七 3

三 問一 3　問二 4　問三 1
問四 3　問五 2　問六 2
問七 4

四 問一 1　問二 4　問三 1
問四 1　問五 3　問六 2
問七 2

一〔国語の知識〕

問一＜漢字＞「次第」と書く。１は「寛大」，２は「及第」，３は「話題」，４は「歴代」と書く。

問二＜語句＞「架空」は，事実に基づいていないこと。「虚構」は，事実そのままではないが，想像力を使って真実らしく見せること。

問三＜故事成語＞「捲土重来」は，負けたり失敗したりして一度は退いたが，態勢を立て直して再び勢いを取り戻すこと。「胡蝶の夢」は，現実と夢の区別がつかないこと。人生が夢のようにはかないことのたとえとしても使われる。「水魚の交わり」は，魚と水のように，互いに離れがたい関係のこと。「水清ければ魚棲まず」は，あまりに清廉潔白な人は，かえって人から敬遠されてしまう，という意味。

問四＜慣用句＞「馬脚をあらわす」は，芝居で，馬の脚の役者が姿を見せてしまうことから，隠していた正体が露見してしまう，という意味。「ばけの皮がはがれる」は，包み隠していた素性や真相などがあらわになる，という意味。「虎の威を借る」は，弱い者が権力者の権威を借りていばる，という意味。「頭角をあらわす」は，学問や才能が他の人より優れていて目立っている，という意味。「足下から鳥が立つ」は，思いがけないことが突然身近なところで起こる，という意味。

問五＜四字熟語＞「一日千秋」は，一日が千年に感じられるほどに待ち遠しいこと。「一念発起」は，思い立って，あることを成し遂げようと決心すること。「一致団結」は，組織や団体の人全員が心を一つにして力を合わせること。「一刀両断」は，刀の一振りで物を真っ二つにすることから，思いきってはっきりと処置すること。

問六＜語句＞「ユニーク」は，他に類がないことで，独特，という意味。

問七＜敬語＞話しかける相手が「利用する」ときは，尊敬語を使う。「ご利用されるサービスをお選びください」「ご利用になるサービスをお選びください」などが正しい。利用する人に対する表現なので，「ご利用になれます」という尊敬語が正しい。話しかける相手に対する表現なので，尊敬語を使う。「詳しいことは受付でお聞きになってください」などが正しい。話しかける相手に対する表現なので，尊敬語を使うが，「お召し上がりになられて」と二重に尊敬語を使うのは誤り。「どうぞお召し上がりください」「どうぞ召し上がってください」などが正しい。

問八＜短歌の内容理解＞「春の鳥」の歌は，春の鳥よ，鳴かないでくれ，太陽があかあかと外の草原を染めながら沈もうとしている，という意味で，鳥の鳴き声や太陽の「あかあかと」沈む様子が，よまれている。また，「な鳴きそ」「鳴きそ」と繰り返されている。

問九＜文学史＞『竹取物語』は，平安時代に成立した物語。『源氏物語』は，平安時代に成立した紫式部による物語。『方丈記』は，鎌倉時代に成立した鴨長明による随筆。『平家物語』は，鎌倉時代に成立した軍記物語。『おくのほそ道』は，江戸時代に成立した松尾芭蕉による俳諧紀行文。

問十＜漢文の訓読＞「宋人」→「田」→「耕」→「者」→「有」の順に読む。漢文は上から順に読み，レ点は，下から上に一字返って読む。一・二点は，下から上に二字以上返って読む。

二〔**論説文の読解―社会学的分野―現代社会**〕出典；鷲田清一・内田樹『大人のいない国』。

≪本文の概要≫自分で自分の面倒をみて，個人として生きることができなくなったときは，他人の手を借りるしかない。相互依存は当たり前のことである。かつては家族や地域がお互いを支えていたが，近代化が進むとともに，公共制度やサーヴィス機関が，人々の協働体制を形成するようになった。家族や地域が持っていた協同の機能が，国家の中央管理システムに吸い上げられ，福祉政策の名のもとで，協同の機能は低下してしまった。「弱い者」は，管理される者という存在になり，家庭や福祉施設や学校は，一方的な管理システムとして再編成された。自分で意思決定ができ自己責任を担える自立した自由な主体，「強い」主体が，社会の細胞として期待され，それ以外の者は，保護と管理の対象と見なされる。しかし，自由は，自立を必ず前提とするものではない。自由の概念には，リバティとリベラリティがある。リベラリティは，気前のよさ，という意味である。「じぶんが，じぶんが…」という不自由さから自由になることである。今は自立を孤立としか感じられないのも，支え合いのある家族や地域がこの社会で確かな形を失いつつあることと，無関係ではない。

問一＜文章内容＞「セルフ・ケアが独力でできなくなった」ときは，他人の手を借りることになる。人間の「もっとも基本的な営みは，かつては家族や地域の共同の営み」であったが，「近代化」が進むにつれて，「公共制度やサーヴィス機関」によって代行されるようになった。

問二＜熟語の構成＞「遮」は「さえぎる」，「断」は「たつ」という意味で，「遮断」は，同じような意味の漢字を重ねた熟語である。

問三＜文章内容＞「かつて家族や地域がもっていた〈協同〉の機能」は，国家のシステムに組み込まれることで，「私的」なものから「標準化」されていった。個人が中央で管理されることで，家族や地域社会でお互いに支え合う「協同」の力が弱くなってしまったのである。

問四＜表現＞「弱い者」は，「扶養される者」や「保護される者」と認識される存在，つまり主体性を持たない受け身の存在になった。

問五＜文章内容＞「安寧」は，穏やかで安らかなこと。福祉や教育が「一方的な管理のシステム」として再編成されると，「女性も老人も子ども」も，「管理される者」となり，社会に抵抗せず従うことで保護され，安心を得られるようになってしまったのである。

問六＜文章内容＞自分で決定し，責任を引き受け，「より確固たる自己を求めるひと」は，自立していて自由に見えるが，家庭や地域の協同の機能が失われつつある現代では，「無償の支えあい」という「リベラリティ」を実感できなくなって，かえって不自由さを感じているのである。

問七＜文脈＞社会に対抗もできず，一方的に管理されるだけの存在になるのがいやなら，自分で主体的に行動できるようにがんばって「強い」主体になれということである。

三〔**小説の読解**〕出典；重松清『めだか，太平洋を往け』。

問一＜心情＞テンコさんは，翔也の明るく元気な様子を見て，「あんなに明るい子」で元気なのに，なぜ学校に来られないのかと，責めるような声になっていた。

問二＜文章内容＞テンコさんは，落ち込んでいる自分に対してわざと元気なふりをして「お芝居」をしている翔也の気持ちに気づいていないのである。

問三＜文章内容＞テンコさんは，「明るくて元気な子」が「いい子」だと言うが，アンミツ先生は，「元気や明るさって，おとなが安心するときにわかりやすいサインっていうだけ」で，子どもの幸せは「元気や明るさだけじゃない」ことを，テンコさんに伝えようとしたのである。

問四＜四字熟語＞テンコさんは，ストレス解消はとりあえず問題を「忘れておく」だけであり，問題の「解決にはならない」という意見を，話の筋道がきちんと通っている口調で話したのである。「理路整然」は，話の筋道が整っている様子を表す。「斬新奇抜」は，思いつきがこれまでになく，きわだって新しい様子を表す。「明朗闊達」は，性格が明るく朗らかで，小さなことにこだわらないこと。「意気消沈」は，元気がなく，しょげていること。

問五＜文章内容＞テンコさんは，自分の考えを「滔々と語っていた」が，「なんか，もう，疲れちゃいました」「バカみたい」と言い，自分の言葉に対して急に自信がなくなってしまったのである。

問六＜漢字＞「相好」は「そうごう」と読み，顔つき，という意味。

問七＜文章内容＞テンコさんは，アンミツ先生の言葉を聞かず，自分の主張を述べるばかりだったが，プチプチをきっかけに，心を開き素直な気持ちになったのである。

四〔古文の読解―説話〕出典；『古今著聞集』巻第二十，七一三。

≪現代語訳≫みちのくの国の田村の里の住人で，馬の允なにがしとかいう男が，鷹を使って(狩りをして)いたが，鳥を捕まえることができずに無益に帰っていたときに，赤沼という所に，おしどりでオスとメスのつがいでいたのを，鳥を射る矢を用いて射たところ，間違いなく雄鳥に(矢が)当たっていた。そのおしどり(の雄鳥)を，そのまま鷹に餌として与えて，餌の食べ残しを餌の袋に入れて，家に帰った。その次の夜の夢に，たいそう優美で美しい女で小柄な女が，(男の)枕元に来てさめざめと泣いて座っていた。不思議に思って，どういう人がこのように泣くのかと尋ねたところ，昨日赤沼で，これといった過誤もありませんのに，長年連れ添った夫を殺しなさった悲しみに堪えられず，(あなたのもとに)参上して(自分の)嘆きを訴え申すのである。この思いによって，我が身も生き長らえるつもりもありませんと言って，和歌一首を声に出してよんで，泣く泣く去っていった。

日が暮れると誘い合って夜をともに過ごしていたのに，(夫が射られてから)赤沼の水辺に生えるまこもの陰で独り寝るのがつらい。

しみじみと不思議に思ううちに，一日たった後，(鷹に与えた)餌の食べ残しを見たところ，餌の袋に，おしどりの雌鳥が，(雄鳥の)口ばしを自分の口ばしにくわえ合わせて，死んでいた。これを見てあの馬の允は，すぐにそのまま束ねた髪を切って出家してしまった。

問一＜古典の知識＞「みちのく」は，現在の東北地方のこと。

問二＜古語＞「むなし」は，無駄である，無益だ，という意味。

問三＜古語＞「やがて」は，そのまま，すぐに，という意味。

問四＜古文の内容理解＞夢に現れた女に，どうして泣いているのかと尋ねたところ，女は，赤沼で長年連れ添った夫が殺されてしまい，自分も生き長らえるつもりはないと答えた。

問五＜現代語訳＞「させる」は，下に打ち消しの語を伴って，大して(～ない)，それほど(～ない)，という意味を表す。「侍らぬ」の「侍り」は，ございます，という意味。「ぬ」は，打ち消しの助動詞「ず」の連体形。全体で，大して誤りということもございませんのに，という意味。

問六＜和歌の内容理解＞「うし」は，つらい，という意味。夢に現れた女は，日が暮れると誘い合って夜をともに過ごしたのに，夫が射られた今は，赤沼でまこもの陰で独り寝るのがつらいという歌をよんだ。

問七＜古文の内容理解＞餌の袋の中の自分が殺したおしどりの雄鳥のそばで，雌鳥が死んでいたのを見て，馬の允は，自分のしたことは非常に罪深いことだと思い，出家したのである。

2023年度 佐野日本大学高等学校（第2回）

【英　語】（50分）〈満点：100点〉

■リスニングテストの音声は，当社ホームページで聴くことができます。（当社による録音です）

再生に必要なユーザー名とアクセスコードは「収録内容一覧」のページに掲載しています。

1　ただ今からリスニングテストを行います。テストはPart A，Part Bに分かれています。それぞれのPartの初めに放送される日本語の説明にしたがって，解答してください。

Part A

Part Aは絵を見て答える問題です。問題ごとに１～４の短い英文が読まれます。絵の内容を表す最も適切な英文を，１つ選びなさい。英文はそれぞれ１回しか読まれません。

問１

問２

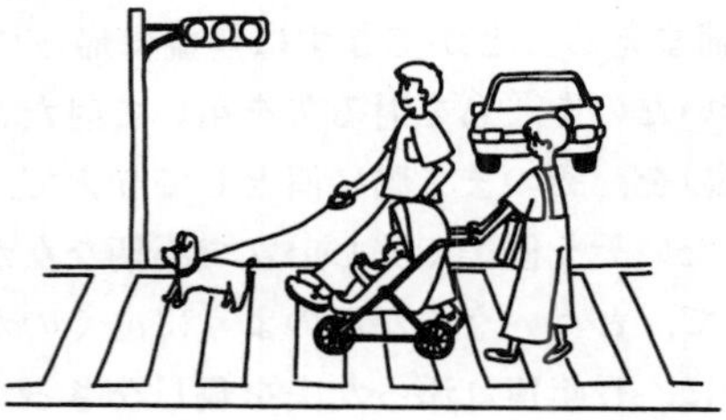

問３

Part B

Part Bは短い会話を聞いて答える問題です。それぞれの会話の後に質問が続きます。その質問に対する答えとして最も適切なものを，１～４より１つ選びなさい。会話と質問は２回読まれます。

問４　１．They will ride bikes and then take a taxi.
　　　２．They will take a train and then a taxi.
　　　３．They will take a train and then walk.
　　　４．They will take a taxi and then ride bikes.

問５　１．Because he may not go fishing.
　　　２．Because he may not be able to catch fish.
　　　３．Because he is worried about the weather.
　　　４．Because he doesn't like fresh fish.

問６　１．He will go to another bookstore for books about Hawaii.
　　　２．He will look at books about Hawaii in Japanese.
　　　３．He will look at the novels in English.

4．He will look at the novels in Japanese.

※＜**リスニングテスト放送台本**＞は英語の問題の終わりに付けてあります。

2　次の(1)〜(10)の英文の空所に入る最も適切なものを，１〜４より１つ選びなさい。

(1) My father (　　) me this camera two days ago.
　1．has bought　　2．have bought　　3．bought　　4．was bought

(2) I (　　) my brother to carry my suitcase to my room.
　1．asked　　2．answered　　3．said　　4．talked

(3) I don't feel like (　　) very far this winter.
　1．travel　　2．traveled　　3．to travel　　4．traveling

(4) My mother prepared a salad with (　　) eggs.
　1．boil　　2．boiling　　3．boiled　　4．to boil

(5) (　　) at the restaurant were Australian.
　1．The people we met　　2．We met the people
　3．The people met us　　4．We met with the people

(6) The bicycle he bought was twice as expensive (　　).
　1．as mine　　2．than mine　　3．as me　　4．than me

(7) Don't open the present (　　) your birthday.
　1．while　　2．by　　3．until　　4．as

(8) (　　) you or I have to attend the meeting.
　1．Both　　2．Each　　3．Either　　4．All

(9) He (　　) working though he was tired.
　1．made　　2．took　　3．got　　4．kept

(10) The game was canceled (　　) the heavy rain.
　1．because　　2．as　　3．because of　　4．instead of

3　次のメールを読み，後の設問に答えなさい。

To : Sam
From : Takuya
Date : May 14th

Hi Sam,

How are you doing ?　Yesterday, I finally finished the final examinations !　Would you like to go to a movie with me ?　Actually, I have two movies I want to see.　One is the soccer movie, 'The First and Last Game.'　I hear it's very exciting.　The other is 'Father and Son.'　According to the review in the movie magazine, it is very heartwarming.　Both were released at the end of last week, and are very popular.　Which movie would you like to see ?　I can only go on May 27th, 28th, 29th, or 30th.　I hear there will be an event about 'Father and Son' after the movie, and I really want to go.　However, I will need to finish my homework by May 31st, so I will go to the city library after the movie.　Is it OK with you ?

To : Takuya
From : Sam
Date : May 15th

Hello Takuya,

Thank you for your e-mail and thank you for inviting me to a movie. I think 'Father and Son' is better because I've wanted to see it since I saw its advertisement on TV. It's fine with me even if we can't go to the event after the movie. I saw information about tickets on the Internet. All the tickets on May 27th or 28th were already sold out. However, there are some tickets for the other two days. On May 29th, I'm not free because I will visit my grandfather with my family. On May 30th, I'm going to play basketball with some of my friends in junior high school. However, I will be free in the afternoon, so the movie starting at 2:30 is the best for me. I'll buy our tickets on the Internet if you like.

(注) review 批評　heartwarming 心温まる　were released 公開された　advertisement 宣伝

問1　次の英語の問いの答えとして最も適切なものを，１～４より１つ選びなさい。

When are Takuya and Sam going to see the movie 'Father and Son'?

1．On the afternoon of May 27th
2．On the morning of May 28th
3．On the morning of May 29th
4．On the afternoon of May 30th

問2　Takuyaが映画のイベントに参加できない理由として最も適切なものを，１～４より１つ選びなさい。

1．Takuya must go to the city library to finish his homework.
2．Takuya must go to see his grandfather with his family.
3．Takuya is going to play basketball with his friends.
4．Takuya is going to see some of his friends in junior high school at 2:30.

問3　メールの内容に最も合うものを，１～４より１つ選びなさい。

1．Takuya will finish his homework before going to the movie.
2．Sam is going to visit his grandmother on May 29th.
3．Sam is going to buy the movie tickets on the Internet.
4．Takuya and Sam will see the soccer movie starting at 1:30.

4　次の英文を読み，後の設問に答えなさい。

Lucy : What is this, Aya?
Aya : It shows five places to clean. Each group has to clean one place for a week.
Lucy : How do you use it?
Aya : Like this. For example, I am in Group 6. So I clean the science room this week.
Lucy : What group am I in?
Aya : You are in Group (ア). So you clean the music room this week.
Lucy : I see. How about next week?

Aya : Each week, the groups move around like a clock. I will clean (　　イ　　) next week, and you (　　ウ　　).

Lucy : OK. And there is one group which doesn't have to clean anywhere each week.

Aya : That's right. But there is an exception. Our school has a cleaning contest once a month, on the second Thursday, and then the group without work has to help the group cleaning the classroom. And tomorrow is the day of the contest!

Lucy : All right. I see which group will clean our classroom tomorrow.

(注) exception 例外

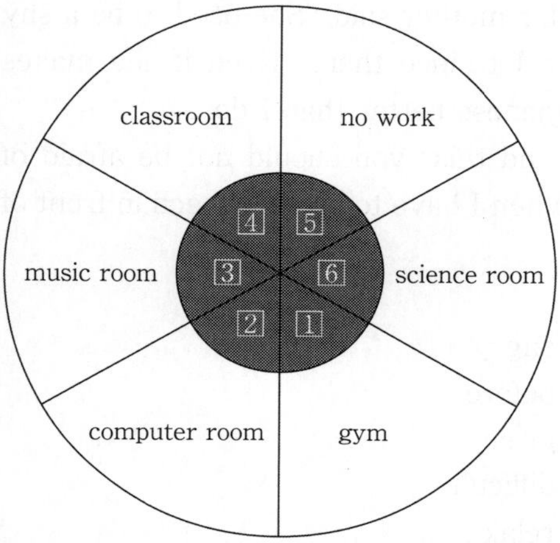

問1 この会話が行われている場所として最も適切なものを，1～4より1つ選びなさい。

1．the restaurant
2．the classroom
3．the station
4．the bathroom

問2 空所(ア)に入る数字として最も適切なものを，1～4より1つ選びなさい。

1．2　　2．3　　3．4　　4．5

問3 空所(イ)と(ウ)に入る組み合わせとして最も適切なものを，1～4より1つ選びなさい。

1．(イ) the classroom　　(ウ) the computer room
2．(イ) the gym　　(ウ) the classroom
3．(イ) the science room　　(ウ) the music room
4．(イ) the gym　　(ウ) the computer room

問4 下線部に該当するグループとして最も適切なものを，1～4より1つ選びなさい。

1．Group 4　　2．Group 3 and 4
3．Group 4 and 5　　4．Group 4 and 6

問5 本文や表の内容と合う最も適切なものを，1～4より1つ選びなさい。

1．There are five groups in their class.
2．Aya had to clean the classroom last week.
3．Aya will clean the gym, after she cleans the computer room for a week.
4．The school has a cleaning contest every month.

5 次の英文を読み，文中の空所（１）～（５）に入る最も適切なものを，それぞれ下の１～４より１つ選びなさい。

Mai, a new student in our class, came from Vietnam. When she introduced herself to us in English, I was impressed at her great confidence. She looked very comfortable while she was speaking in front of the class, and did not seem (1) at all. I often get embarrassed when I have to give a presentation. Therefore, I'm now trying to speak as well as she does, (2) it is still difficult for me.

One day, I came across Mai's mother at a school event. When I told her that Mai and I were classmates, she looked happy and started talking about her daughter. As I listened to her, I was very surprised at the story. Mai had (3) confidence before. Her mother said, "She used to be a shy girl. But she has decided to be (4). She has changed a lot since then. Even if she makes mistakes, she doesn't care so much. Now she even speaks Japanese better than I do."

Mai's mother's story encouraged me a lot. I now understand this : you should not be afraid of making a mistake if you want to make a good presentation. When I have to give a speech in front of others next time, I will (5) and do my best.

（注） impressed 感心して confidence 自信 care 気にする

（１） １．happy ２．glad ３．nervous ４．angry
（２） １．though ２．so ３．until ４．before
（３） １．high ２．many ３．little ４．great
（４） １．positive ２．negative ３．sad ４．difficult
（５） １．care ２．feel sick ３．give up ４．relax

6 次の英文中の(1)～(6)の〔 〕内の語句を，前後関係を考慮して，意味が通るように並べかえなさい。解答は例にならって，正しい順にマークしなさい。

> 例題 彼はサッカーがうまい。
> 〔１．is ２．soccer ３．a good ４．he〕player.
> この例では He is a good soccer player. が正解なので，上から順に④，①，③，②とマークすることになる。

English is a language (1)〔１．is ２．by ３．which ４．used〕a lot of people all over the world. It is spoken in countries like the U.K., Canada, the U.S.A., Australia, and New Zealand. It is also spoken in other parts of the world. Only Chinese is spoken by more people.

In some countries, many different languages are spoken. In one country, people have over ten languages. One language is spoken in one part of the country, and another is spoken in a different part of the country. When two people from different parts of the country meet, they cannot understand each other because they don't know (2)〔１．speaks ２．the other ３．person ４．the language〕. How can people with different native languages understand each other ? In such a case, English is usually used.

In business, English is a common language. Some people buy from one country and sell to another, so they believe it is important (3)〔１．for ２．to ３．them ４．learn〕English. In many countries, students must learn two languages, English and their own language, and a lot of schools give (4)〔１．the ２．almost ３．lessons in ４．all〕English.

Scientists often (5)〔１．to ２．about ３．talk ４．meet〕things they are studying.

They come from different countries.　Most of them can read and write in English, so English is very often used as a common language.

English is now the language of many people in the world.　There are different ways of speaking and pronouncing English in different parts of the world.　Sometimes even Americans cannot understand British people. English (6)〔1．from　2．different　3．place　4．is〕 to place and changes little by little.

7　次の英文を読み，後の設問に答えなさい。

In one afternoon, I learned everything about selling from my father at his furniture store.　I was 12 years old.

I was helping my father when an elderly woman entered the store.　I asked my father if I could wait on her.　"Sure," he replied.

"(　ア　)"

"Yes, young man.　I bought a sofa from your store and the leg fell off.　I want to know when you're going to repair it."

"When did you buy it ?"

"About 10 years ago."

I told my father that she thought we were going to repair her old sofa for free.　He said to tell her we'd be at her house (　イ　).

After screwing on the new leg at her house, we returned to the store.　When we drove home, my father asked me, (1)"What's the matter with you, son ?"

"You know that I want to go to college.　If we always visit our customers' houses and repair their furniture for free, we'll go broke !"

"You had to learn how to do that repair job anyway.　Besides, (2)you missed the most important part.　You didn't notice the store tag when we flipped the sofa over.　She bought it not from our store but from another."

"You mean we did that job for free and she's not even our customer ?"

My father looked at me in a sincere way and said, (3)"She is now."

Two days later, she returned to our store and bought new furniture for several thousand dollars from me.　When we delivered it, she put a big box full of five, ten, twenty, fifty and hundred dollar bills on the kitchen table.　"Take all the bills you need for the furniture.　I trust you.　I'll buy all the furniture at your store for the rest of my life," she said and left the room.

I've been selling for 30 years ever since.　I've done good business in every store I have worked at, because I treat every customer with respect.

(注)　wait on　に応対する　　fell off　はずれた　　after screwing on　をねじで取り付けて
　　go broke　破産する　　store tag　店の札　　flipped 〜 over　〜をひっくり返した

問1　空所(ア)に入る最も適切なものを，1〜4より1つ選びなさい。

1．Can you help me ?
2．May I help you ?
3．Long time no see.
4．What a surprise !

問2　空所(イ)に入る最も適切なものを，1〜4より1つ選びなさい。

1．that afternoon
2．by legs
3．with a new sofa
4．10 years ago

問3　下線部(1)のように著者の父が尋ねた理由として最も適切なものを，1～4より1つ選びなさい。
1．おばあさんに親切にしたことで，息子が満足そうだったから
2．息子がおばあさんからチップをたくさんもらったから
3．無料でソファーを直したことに，息子が不満そうだったから
4．父の仕事ぶりに息子が感心していたから

問4　下線部(2)の内容として最も適切なものを，1～4より1つ選びなさい。
1．The elderly woman paid the cost of repairing.
2．The elderly woman did not buy the sofa at the father's store.
3．The father was not able to repair the sofa well enough.
4．The father was a skillful carpenter.

問5　下線部(3)の省略を補うものとして最も適切なものを，1～4より1つ選びなさい。
1．She is rich enough to buy new furniture now.
2．She is disappointed with our repair job now.
3．She is selling the sofa to another store now.
4．She is our customer now.

問6　本文の内容に合うように次の英文の空所(　)に入る最も適切なものを，1～4より1つ選びなさい。
The important lesson the son learned from his father is (　　　　).
1．to repair furniture for free
2．to watch customers carefully
3．to sell things at the lowest price
4．to wait on customers with respect

問7　次の英文が本文の内容と一致している場合は1，一致していない場合には2をマークしなさい。
1．The son didn't want his father to repair the sofa for free because he was afraid that his family would become poor.
2．Ten years ago, the elderly woman bought sofas not only from the father's store but from another store.
3．The elderly woman didn't like the father's repair job, so she refused to pay its cost.

＜リスニングテスト放送台本＞

ただ今からリスニングテストを行います。テストは Part A，Part B に分かれています。それぞれの Part の初めに放送される日本語の説明に従って解答してください。

Part A

Part A は絵を見て答える問題です。問題ごとに1～4の短い英文が読まれます。絵の内容を表す最も適切な英文を，1つ選びなさい。英文はそれぞれ1回しか読まれません。

問1　1．The man wearing a helmet is dropping a delivery on the floor.
2．The man wearing a helmet is driving a car for a delivery.
3．The woman is getting a delivery from the man wearing a helmet.

4．The woman is waiting for a delivery from the man holding a helmet in his hand.

問２　1．The people are walking among the trees.

2．The people are walking on the escalator.

3．The people are walking down the stairs.

4．The people are walking across the street.

問３　1．There are books beside the man.

2．There is a bookshelf beside the man.

3．The bird is flying above the man.

4．The bird is on the man's knee.

Part B

Part B は短い会話を聞いて答える問題です。それぞれの会話の後に質問が続きます。その質問に対する答えとして最も適切なものを１～４より１つ選びなさい。会話と質問は２回読まれます。

問４

Boy：I'm tired.　Let's go to my house and rest.

Girl：OK, what is the best way to get there?

Boy：Well, we can take the train to the station and then walk.

Girl：Do we have to walk?　Can we take a taxi from the train station?

Boy：Yes, but it will be expensive.

Girl：No problem.　I have enough money for us.

QUESTION：How will they get to the boy's house?

問５

Man　：I hope the weather is good tomorrow.

Woman：Why?　Do you have plans?

Man　：Yes, I plan to go to the river with my family.

Woman：Sounds fun.　What are you going to do at the river?

Man　：We're going fishing and then we may have a barbeque if we catch fish.

Woman：That sounds great.　Have fun!

QUESTION：Why does the man say he MAY have a barbeque?

問６

Man　：Excuse me, I am looking for some books in English.

Woman：Most of our books are in Japanese.　However, we have some novels in English.

Man　：Oh, I am looking for some books about Hawaii.

Woman：Sorry, we don't have that kind of books in English.

Man　：OK, where are the novels in English?

Woman：They're on the third floor.

QUESTION：What will the man do?

以上でリスニングテストを終わります。

【数　学】（50分）〈満点：100点〉

（注意）　1．円周率はπとして計算しなさい。

2．計算機，定規，コンパス等の使用は禁止します。

1　次の$\boxed{}$にあてはまる数値を求めなさい。

(1)　$6-9\div3+2\times3=\boxed{\text{ア}}$

(2)　$\left(\dfrac{3}{4}-\dfrac{2}{7}\right)\div\dfrac{13}{6}-\dfrac{1}{21}=\dfrac{\boxed{\text{イ}}}{\boxed{\text{ウ}}}$

(3)　$\dfrac{3x-2y}{4}-\dfrac{x-y}{6}=\dfrac{\boxed{\text{エ}}x-\boxed{\text{オ}}y}{\boxed{\text{カキ}}}$

(4)　$\left(\dfrac{2}{3}x^3y^2\right)^2\div(2xy^2)^2\times18xy^3=\boxed{\text{ク}}\,x^{\boxed{\text{ケ}}}y^{\boxed{\text{コ}}}$

(5)　$\left(\sqrt{27}-\dfrac{3}{\sqrt{3}}\right)^2=\boxed{\text{サシ}}$

(6)　$(x-3)(2x+7)-(x+3)(x-3)=(x+\boxed{\text{ス}})(x-\boxed{\text{セ}})$

2　次の$\boxed{}$にあてはまる数値を求めなさい。

(1)　2つの2次方程式$x^2-ax+b=0$と$x^2+ax-8=0$の共通の解が$x=1$のとき，$a=\boxed{\text{ア}}$，$b=\boxed{\text{イ}}$である。

(2)　2次方程式$3x^2-5x+1=0$の解は$x=\dfrac{\boxed{\text{ウ}}\pm\sqrt{\boxed{\text{エオ}}}}{\boxed{\text{カ}}}$である。

(3)　関数$y=ax^2$において，xの変域が$1\leqq x\leqq3$のとき，yの変域が$b\leqq y\leqq27$であった。このとき$a=\boxed{\text{キ}}$，$b=\boxed{\text{ク}}$である。

(4)　yはxに反比例し，$x=4$のとき，$y=-\dfrac{3}{2}$である。$x=-\dfrac{3}{8}$のとき，$y=\boxed{\text{ケコ}}$である。

(5)　$\sqrt{20-x^2}$が整数となるような整数xの個数は全部で$\boxed{\text{サ}}$個である。

(6)　大小2つのさいころを同時に投げるとき，大きいさいころの目の数が小さいさいころの目の数の2倍以上となる確率は$\dfrac{\boxed{\text{シ}}}{\boxed{\text{ス}}}$である。

(7)　あるクラスの男子生徒20人が反復横跳びを行い，その記録を整理したところ，中央値は50回であった。この20人の記録について，必ず正しいといえるものは$\boxed{\text{セ}}$である。ただし，答えは次の①～④の中から1つ選び，番号で答えなさい。

①　20人の記録の合計は，1000回である。

②　20人のうち，記録が50回であった生徒が最も多い。

③　20人のうち，記録が60回以上であった生徒は1人もいない。

④　20人のうち，記録が50回以上であった生徒が少なくとも10人いる。

図1

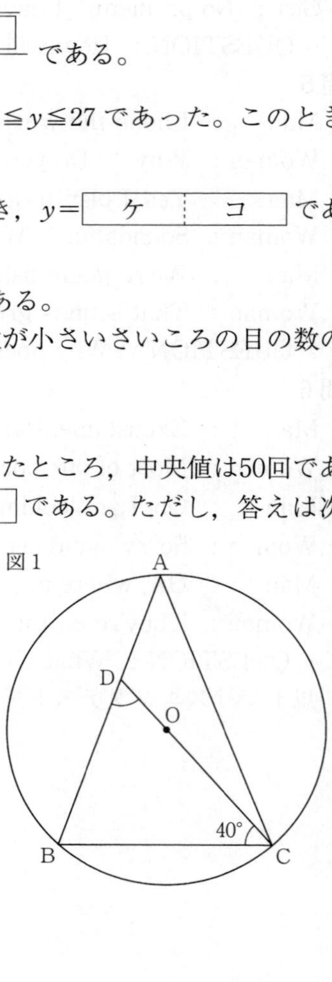

(8)　右の図1のように，点Oを中心とする円の周上の点A，B，Cを頂点とする△ABCがあり，AB＝ACである。COの延長と辺ABの交点をDとする。∠BCD＝40°のとき，∠BDC＝

$\boxed{\text{ソタ}}$°である。

(9) 下の図2のような底面が1辺6 cmの正方形で体積が96 cm^3である四角すいの高さは$\boxed{\text{チ}}$ cmである。

(10) 下の図3は，AB＝4 cm，∠ACB＝30°，∠ABC＝90°の直角三角形ABCに重なるように，線分BCを直径とする半円Oを描いたものである。このとき，斜線部の面積は$\boxed{\text{ツ}}\sqrt{\boxed{\text{テ}}}-\boxed{\text{ト}}\pi\,\text{cm}^2$である。

図2

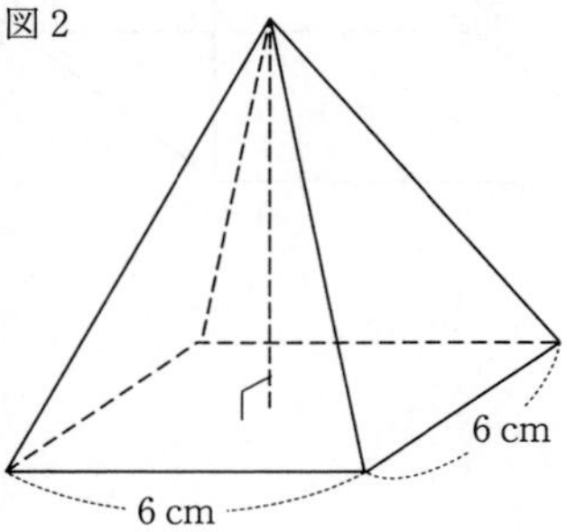

図3

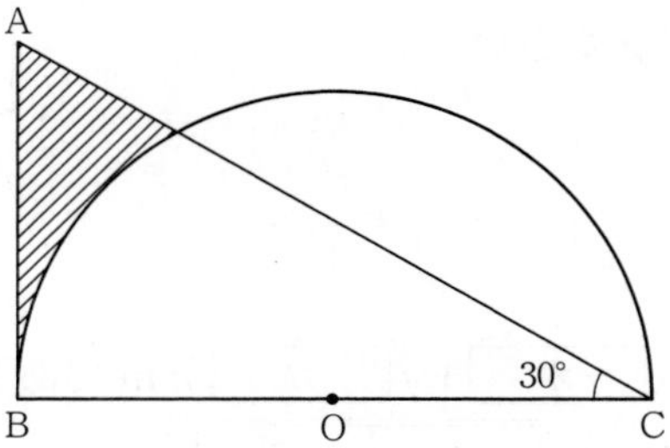

3 容器Aには濃度8％の食塩水300 gが，容器Bには濃度4％の食塩水500 gが入っている。このとき，次の問いに答えなさい。

(1) 容器Bから100 gの食塩水を取り出し，それを容器Aに入れて混ぜると，容器Aの食塩水の濃度は$\boxed{\text{ア}}$％になる。

(2) 最初に，容器Aから食塩水x g，容器Bから食塩水y gをそれぞれ取り出す。次に，容器Bから取り出した食塩水を容器Aに，容器Aから取り出した食塩水を容器Bに入れて混ぜると，容器A，容器Bの食塩水の濃度は，それぞれ5％，6％になった。このことから連立方程式をつくると，

$$\begin{cases} \boxed{\text{イ}}\,x+y=\boxed{\text{ウエオ}} \\ x+y=\boxed{\text{カキク}} \end{cases}$$

である。

(3) (2)でつくった連立方程式を解くと，$x=\boxed{\text{ケコサ}}$，$y=\boxed{\text{シスセ}}$である。

4 右の図のように，x軸上の2点A(-1，0)，B(1，0)を頂点とする正方形ABCDがある。さらに，放物線$y=ax^2$ ($a>0$) …①は2点C，Dを通る。

このとき，次の問いに答えなさい。

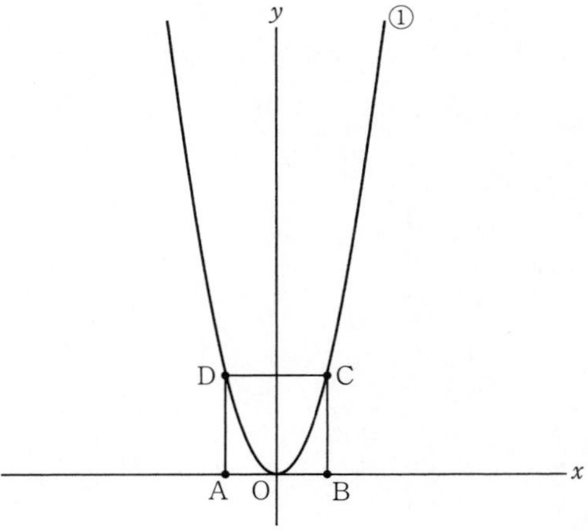

(1) $a=\boxed{\text{ア}}$である。

(2) 点Dを通り，直線OCに平行な直線と，放物線①の交点のうち点Dと異なる点をEとする。四角形OCEDの面積は$\boxed{\text{イ}}$である。

(3) 放物線①上に点Fをとる。△OCFの面積が(2)の四角形OCEDの面積と等しいとき，点Fのx座標は$\dfrac{\boxed{\text{ウ}}-\sqrt{\boxed{\text{エオ}}}}{\boxed{\text{カ}}}$である。ただし，点Fの$x$座標は負であるとする。

5　右の図のように，１辺の長さが６cmの立方体があり，辺AB，辺ADの中点をそれぞれP，Qとする。また，３点P，Q，Gを通る平面でこの立方体を切ったときの切り口の図形をKとする。

このとき，次の問いに答えなさい。

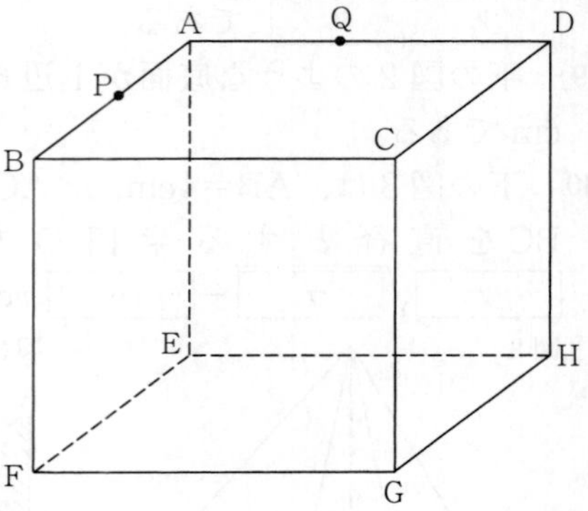

(1)　PQ＝［ア］$\sqrt{［イ］}$ cm である。また，図形Kは［ウ］である。ただし，［ウ］は選択肢の①～④の中から正しいものを１つ選び，番号で答えなさい。

選択肢
①　三角形　　②　四角形
③　五角形　　④　六角形

(2)　△PQGの周の長さは［エ］(［オ］＋$\sqrt{［カ］}$)cmである。

(3)　図形Kの面積は $\dfrac{［キ］［ク］\sqrt{［ケ］［コ］}}{2}$ cm² である。

【社　会】（50分）〈満点：100点〉

1　次の地図をみて，(1)～(6)の問いに答えなさい。

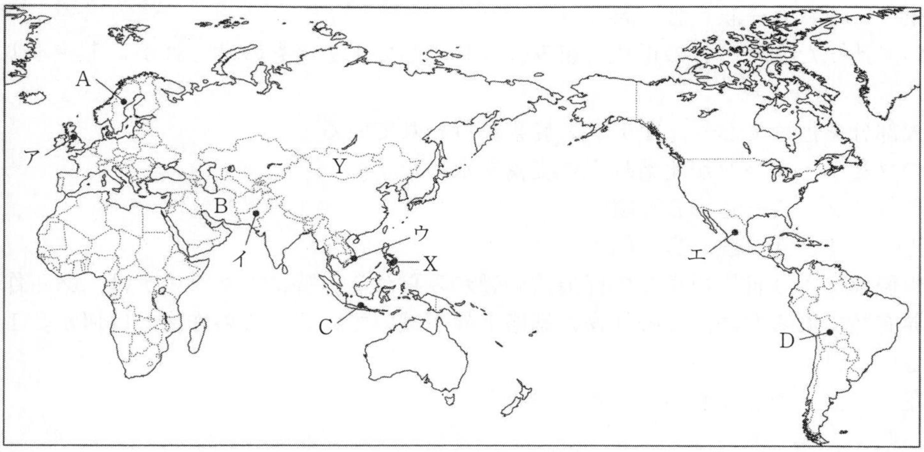

(1)　地図中のA～Dのうち，次の写真のような住居がみられる地域はどこか。1～4より1つ選びなさい。

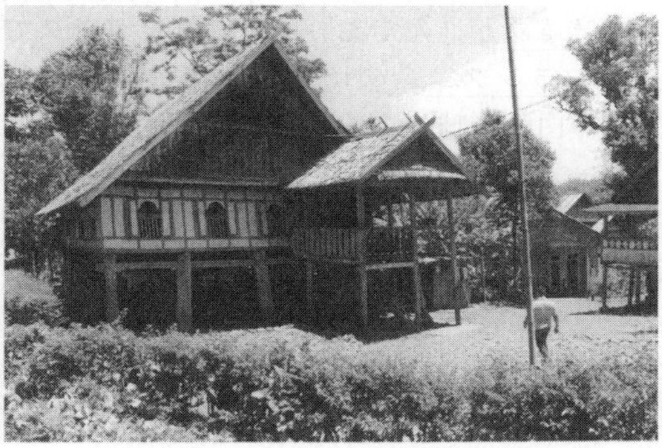

1．A　　2．B　　3．C　　4．D

(2)　地図中のア～エのうち，右の写真のような衣服がみられる国はどこか。1～4より1つ選びなさい。

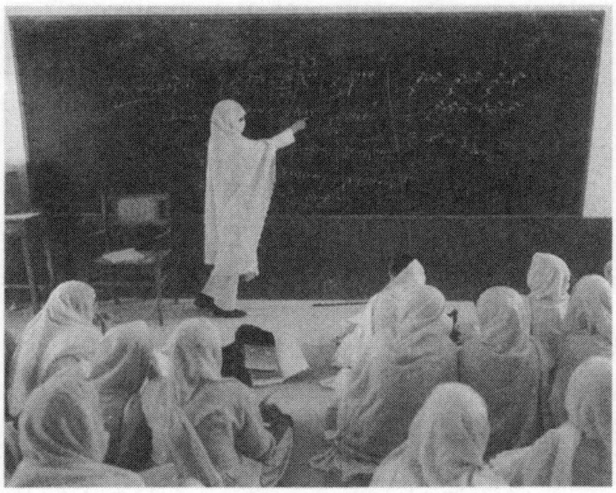

1．ア　　2．イ　　3．ウ　　4．エ

(3)　南アメリカ州の歴史と社会について述べた文として正しいものはどれか。1～4より1つ選びなさい。

1．ヨーロッパ州の白人と先住民との混血である人々はメスチーソとよばれている。

2．アンデス山脈の高地ではインカ帝国が栄えたが，イギリス人によって滅ぼされた。

3．ブラジルやアルゼンチンでは，白人以外の移民を制限する白豪主義がとられた。

4．16世紀以降，南アメリカ州からヨーロッパ州へと多くの奴隷流出がみられた。

(4)　地図中Xの国について述べた文A・Bの正誤の組み合わせとして正しいものはどれか。1～4より1つ選びなさい。

A：この国はASEANに加盟しておらず，東南アジアの中では経済発展が進んでいない。

B：この国はフランスの支配下にあったことから，現在はカトリック信者が多数を占《し》めている。

　1．A―正　B―正　　2．A―正　B―誤

　3．A―誤　B―正　　4．A―誤　B―誤

(5)　地図中Yの国について述べた文A・Bの正誤の組み合わせとして正しいものはどれか。1～4より1つ選びなさい。

A：この国は砂漠が大部分を占めており，オアシス農業が行われている。

B：13世紀，この国のフビライ＝ハンが北条時宗に服属を求めた。

　1．A―正　B―正　　2．A―正　B―誤

　3．A―誤　B―正　　4．A―誤　B―誤

(6)　ロシアのウクライナ侵攻により世界規模での経済的影響がみられる。特にウクライナは，ある作物の生産・輸出が世界有数であるため，この作物の価格上昇が続いている。この作物とは何か。1～4より1つ選びなさい。

1．小麦　　2．綿花　　3．キャッサバ　　4．バナナ

2　次の文を読み，(1)～(5)の問いに答えなさい。

2025年，大阪・関西で万国博覧会(万博)が開催される予定である。万博は1851年に$_a$ロンドンで開催されたのが始まりである。当時のイギリスは$_b$産業革命が進んでおり，鉄の柱とガラスでできた「水晶宮」という美しい建物が話題となった。$_c$フランス革命の100周年を記念して開催されたパリ万博では，エッフェル塔が完成し，エジソンの白熱電球による初の夜間照明が設置された。

日本で初めて開催されたのは1970年，場所は同じ$_d$大阪であった。今回のテーマは「いのち輝く，未来社会のデザイン」というものであるが，1970年の万博でも月の石や人間洗濯機といった「光り輝く未来」を示す展示が話題となった。その後，1985年のつくば科学万博では，光通信や青色LED(発光ダイオード)など当時最先端の科学技術や産業技術が展示された。

21世紀初の万博として話題となったのが，$_e$愛知県で開かれた愛・地球博である。会期中の185日間に2200万人が来場した。

(1)　下線部aの都市に該当する雨温図はどれか。1～4より1つ選びなさい。

1．

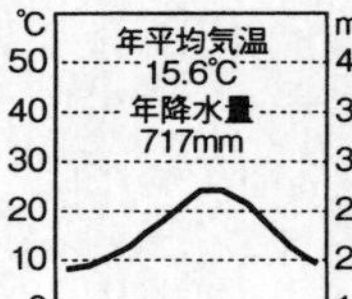

2．

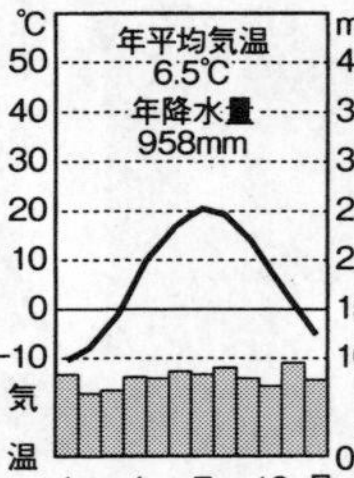

3．

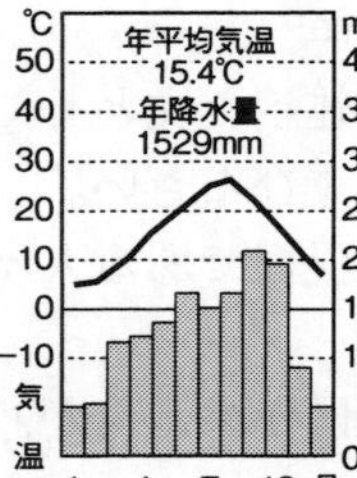

4．

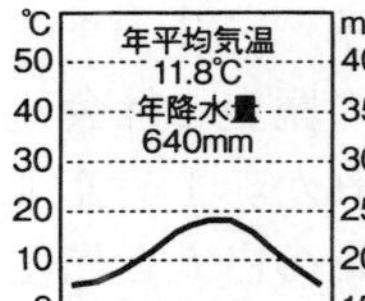

(2)　下線部bに関して，日本でみられた産業革命について述べた文A・Bの正誤の組み合わせとして正しいものはどれか。1～4より1つ選びなさい。

A：重化学工業の分野では，九州北部に民間の八幡製鉄所が建設された。

B：紡績業や製糸業の女性労働者は工女とよばれ，劣悪な労働条件で働かされた。

　1．A―正　B―正　　2．A―正　B―誤

　3．A―誤　B―正　　4．A―誤　B―誤

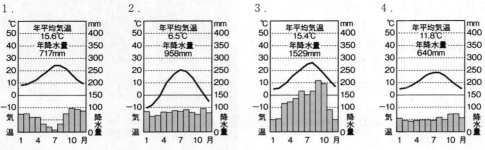

(3) 下線部ｃについて述べた文Ａ・Ｂの正誤の組み合わせとして正しいものはどれか。１～４より１つ選びなさい。

Ａ：この革命時に，国民主権や私有財産の不可侵を唱える人権宣言が発表された。

Ｂ：この革命後に，諸外国との戦いで活躍したクロムウェルが国王を処刑し，共和政を築いた。

１．Ａ－正　Ｂ－正　　２．Ａ－正　Ｂ－誤

３．Ａ－誤　Ｂ－正　　４．Ａ－誤　Ｂ－誤

(4) 下線部ｄの都市は，桃山時代から江戸時代において日本の中心的な都市であった。これらの時代に大阪で起こったできごととして正しいものはどれか。１～４より１つ選びなさい。

１．織田信長は家臣の明智光秀にそむかれ，大阪の本能寺で自害した。

２．二度にわたる大阪の役で，豊臣秀頼は石田三成らに滅ぼされた。

３．江戸時代，大阪は「天下の台所」とよばれ，諸藩の蔵屋敷が集まっていた。

４．江戸時代の後半，大阪の役人であった高杉晋作が飢饉に苦しむ民衆のため反乱を起こした。

(5) 下線部ｅに関して，愛知県がある中部地方について述べた文Ａ・Ｂの正誤の組み合わせとして正しいものはどれか。１～４より１つ選びなさい。

Ａ：名古屋を中心とした工業地帯は，伊勢湾沿いの臨海部と一体化して発展し，東海工業地域とよばれる。

Ｂ：中部地方では，日照時間が長く，降水量が少ない気候に適した柑橘類などの栽培がさかんである。

１．Ａ－正　Ｂ－正　　２．Ａ－正　Ｂ－誤

３．Ａ－誤　Ｂ－正　　４．Ａ－誤　Ｂ－誤

3

日本の自然環境について，(1)～(4)の問いに答えなさい。

(1) 次の地形図の縮尺として正しいものはどれか。１～４より１つ選びなさい。

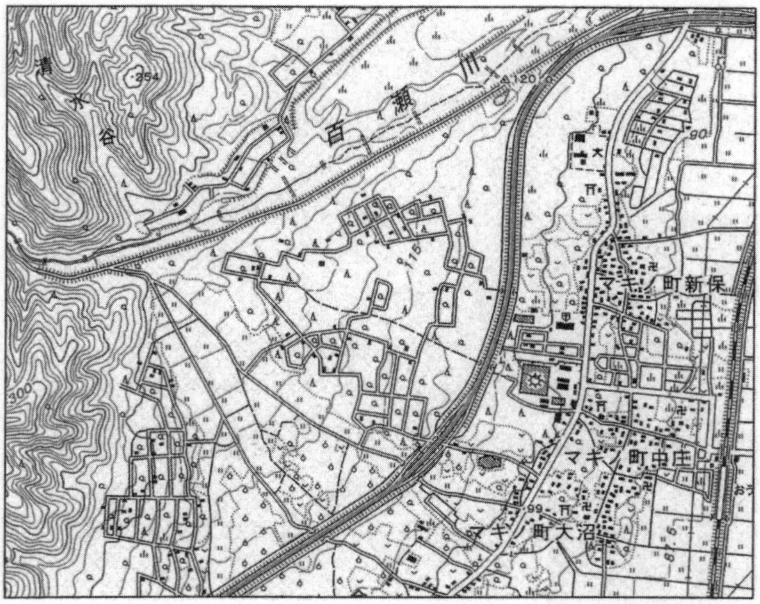

１．２万５千分の１　　２．５万分の１　　３．７万５千分の１　　４．10万分の１

(2) (1)の地形図は，扇状地を示している。扇状地の特徴について述べた文Ａ・Ｂの正誤の組み合わせとして正しいものはどれか。１～４より１つ選びなさい。

Ａ：扇状地の中央部では，水が得やすいため，茶畑に利用される。
Ｂ：扇状地の末端では，わき水がとれることが多いため，集落ができやすい。
　１．Ａ－正　Ｂ－正　　２．Ａ－正　Ｂ－誤
　３．Ａ－誤　Ｂ－正　　４．Ａ－誤　Ｂ－誤

(3)　次の写真のような樹木群は，多様な生物の生息地となっている。このような地形がみられるのはどこか。地図中の１～４より１つ選びなさい。

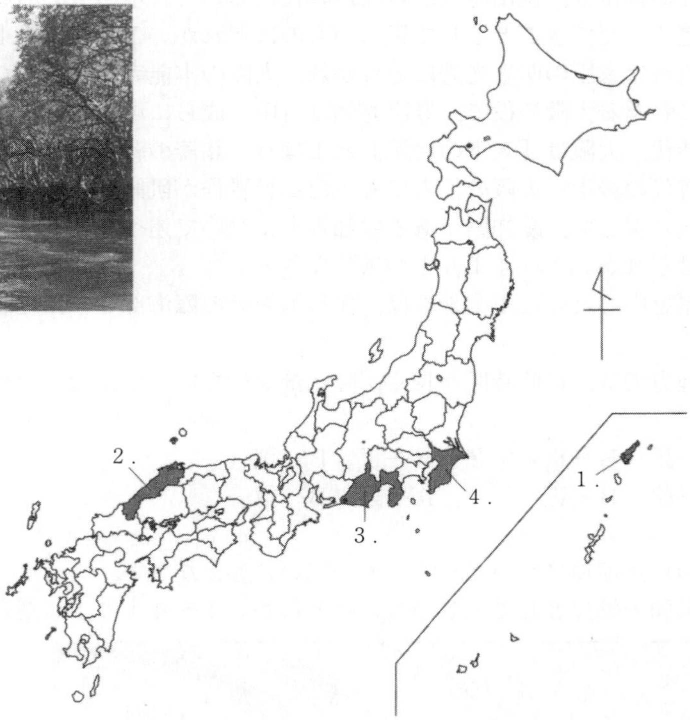

(4)　次の写真は，九州地方にある火山を示している。このように火山の噴火による陥没などによってできた大きなくぼ地を何というか。１～４より１つ選びなさい。

１．カルスト　　２．シラス　　３．ポルダー　　４．カルデラ

4 次の文を読み，(1)～(5)の問いに答えなさい。

A君は歴史の授業で，10世紀～15世紀の間に起こったいくつかのできごとをカードにまとめ，古い順に並べてみた。

【カード①】

関東地方の武士である(ア)はみずから新皇と名乗って反乱を起こした。また，同時期に瀬戸内地方から(イ)が海賊を率いて反乱を起こした。これらは中央政府に対して公然とはむかったもので，貴族たちに大きな衝撃をあたえた。

【カード②】

京都で a 保元の乱・平治の乱が起こった。この２つの内乱を通じて，朝廷内の対立が武士の力によって決着したことから，武士が政治の上で大きな力を持つようになった。

【カード③】

(ウ)では後鳥羽上皇が敗れ，隠岐に流された。そして京都には六波羅探題が設置され，朝廷を監視した。

【カード④】

将軍の後継ぎ問題をめぐって，有力な守護大名の細川氏と山名氏が対立すると，(エ)が始まった。b この戦乱は京都から全国に広がり，地方の社会に新たな動きが起こった。

(1) カード①の空欄(ア)・(イ)に入る人物の組み合わせとして正しいものはどれか。１～４より１つ選びなさい。

	ア	イ
1	平将門	藤原清衡
2	平将門	藤原純友
3	平正盛	藤原清衡
4	平正盛	藤原純友

(2) 下線部aに関して述べた文Ａ・Ｂの正誤の組み合わせとして正しいものはどれか。１～４より１つ選びなさい。

Ａ：保元の乱では，後白河天皇が平清盛や源義朝ら武士の協力を得て，兄の崇徳上皇に勝利した。

Ｂ：平治の乱では，平清盛が源義朝を破り，義朝の子である源頼朝は伊豆へ流された。

１．Ａ－正　Ｂ－正　　２．Ａ－正　Ｂ－誤

３．Ａ－誤　Ｂ－正　　４．Ａ－誤　Ｂ－誤

(3) カード③・④の空欄(ウ)・(エ)に入る語句の組み合わせとして正しいものはどれか。１～４より１つ選びなさい。

	ウ	エ
1	前九年合戦	後三年合戦
2	後三年合戦	前九年合戦
3	承久の乱	応仁の乱
4	応仁の乱	承久の乱

(4) 下線部ｂに関して述べた文Ａ・Ｂの正誤の組み合わせとして正しいものはどれか。１～４より１つ選びなさい。

Ａ：この戦乱によって多くの公家や文化人が地方の戦国大名を頼って都から下り，京都の文化を地方へ広める役割を果たした。

Ｂ：周防《すおう》(山口県)の大友氏は，画家の雪舟や連歌師の宗祇らを招いて京都の文化の普及に努めたため，山口は西日本の文化の中心となった。

１．Ａ－正　Ｂ－正　　２．Ａ－正　Ｂ－誤

３．Ａ－誤　Ｂ－正　　４．Ａ－誤　Ｂ－誤

(5) Ａ君はもう１枚の【カードＸ】を追加で作成した。５枚のカードを古い順になるように並べた時，【カードＸ】が入る位置として正しいものはどれか。１～５より１つ選びなさい。

【カードＸ】

後三条天皇の子である白河天皇が天皇の位を幼少の皇子にゆずり，上皇として政治を動かす院政を始めた。

１．カード①の前　　２．カード①と②の間　　３．カード②と③の間

４．カード③と④の間　　５．カード④の後ろ

5 次の文を読み，(1)～(5)の問いに答えなさい。

a1825年，蒸気機関を利用する鉄道が初めてイギリスで実用化された。それから約50年後の1872年10月，日本初の鉄道が新橋・横浜間に開業し，2022年に日本は鉄道開業150年を迎えた。鉄道は各地を結び，その結果都市や農村は大きく変化した。

鉄道のない時代，日本の交通はどのようなものだったのだろうか。振り返ってみると，律令体制下では都と地方を結ぶ道路で馬が利用され，「駅」が設置されていた。ここでいう「駅」とは現在の鉄道の駅とは違い，馬を備えた宿泊施設を指す。このことは「駅」という漢字に馬が使われていることからもわかるだろう。

b中世に入ると農業や手工業などの発達に伴い，商業活動が活発化した。商人が商品を売り歩くだけではなく，交通の便利な場所や寺社の門前には市が開かれた。また，京都などの大都市と地方を結ぶ交通網の整備も進み，馬や船を使う専門の運送業者も増えていった。

江戸時代になると，陸上交通においては江戸の日本橋を起点にc五街道が定められ，街道の途中には宿場が設置された。地方の街道も次第に整備され，(　ア　)による通信手段も発達し，宿場町や門前町が発達した。水上交通では全国各地で河川の改修が行われ，17世紀後半には酒田を起点として，太平洋側に(　イ　)航路，日本海側に(　ウ　)航路が整備された。また，江戸と大阪の間にも廻船による定期航路ができた。産業と交通の発達は，城下町など各地の都市の成長を促し，なかでも特に大きく発展した江戸・大阪・京都は三都とよばれた。交通の整備・発展は都市の成長とも大きく関わっているのである。

(1) 下線部ａに関して，1825年に起こったできごととして正しいものはどれか。１～４より１つ選びなさい。

１．江戸幕府が異国船打払令を発布した。

２．ロシア使節のレザノフが長崎に来航した。

３．水野忠邦によって天保の改革がはじめられた。

４．中国(清)とイギリスとの間でアヘン戦争が起こった。

(2) 下線部bに関して述べた文A・Bの正誤の組み合わせとして正しいものはどれか。1～4より1つ選びなさい。

A：室町時代には，手工業の発達によって西陣・博多の絹織物，越前・播磨・美濃などの紙，瀬戸の陶器など，各地にさまざまな特産物が生まれた。

B：室町時代に京都や奈良などの大都市で大きな利益を得ていた酒屋は，高利貸し業である土倉をかねる者も多かった。

1．A－正　B－正　　2．A－正　B－誤
3．A－誤　B－正　　4．A－誤　B－誤

(3) 下線部cのうち，箱根や新居などの関所が設置された街道として正しいものはどれか。1～5より1つ選びなさい。

1．中山道　　2．東海道　　3．甲州道中
4．奥州道中　　5．日光道中

(4) 文中の空欄(ア)に入る語句として正しいものはどれか。1～4より1つ選びなさい。

1．馬借　　2．車借
3．問丸　　4．飛脚

(5) 文中の空欄(イ)・(ウ)に入る語句の組み合わせとして正しいものはどれか。1～4より1つ選びなさい。

	イ	ウ
1	西廻り	東廻り
2	東廻り	西廻り
3	北廻り	南廻り
4	南廻り	北廻り

6　次の会話は，「好きな地域を選んで調査し，その内容を発表する」という授業における，あるグループの様子である。(1)～(7)の問いに答えなさい。

Aさん：私達のグループはどの地域について発表しようか。
Bさん：僕は a北海道がいいと思うよ。広い面積の中でさまざまな地域があるし，食事もおいしいしね。歴史的には，もともと蝦夷地と呼ばれていたのを北海道に改称して，(ア)という役所を置いて土地の管理などを行ったんだ。その後，職を失った士族を防備と開拓にあたらせる(イ)の制度をつくったんだ。一方で，原住民のアイヌ民族は規制や移住を強《し》いられ，1899年に(ウ)が定められたけど，依然として苦しい生活を強いられたらしいよ。
Aさん：そういう歴史的背景も，調べ学習をする上で大切なことだね。ほかに提案はあるかい。
Cさん：自分は b山口県を提案するよ。明治維新に重大な役割を果たした c長州藩があった場所でもあるんだよ。
Aさん：長州藩は d外国と戦ったという面でも，時代の先駆けだったのかもしれないね。
Dさん：神奈川県なんてどうかしら。私は小さいころから横浜中華街によく行って，中国に関心を持っているんだけど，e近現代において日本と中国がどうつながってきたのか，歴史や文化を調べてみたいわ。
Aさん：なるほど。最後に僕は f東京都を提案するよ。なんといっても歴史的なできごとも多く起きているから，それを調べるのもいいかもしれないよ。

(1) 下線部ａについて述べた文として正しいものはどれか。１～４より１つ選びなさい。

1．日米和親条約で開港した函館は，日米修好通商条約の締結後に閉鎖された。

2．戊辰戦争では，旧幕府軍の勝海舟が五稜郭に立てこもり，最後まで抵抗した。

3．人材育成を目的とする札幌農学校に，お雇い外国人としてクラークが招かれた。

4．樺太・千島交換条約により，択捉島以南の千島列島を日本の領土とした。

(2) 文中の空欄(ア)～(ウ)に入る語句の組み合わせとして正しいものはどれか。１～４より１つ選びなさい。

	ア	イ	ウ
1	開拓使	屯田兵	北海道旧土人保護法
2	屯田兵	開拓使	北海道旧土人保護法
3	開拓使	屯田兵	アイヌ文化振興法
4	屯田兵	開拓使	アイヌ文化振興法

(3) 下線部ｂについて，この場所で起こったできごととして正しいものはどれか。１～４より１つ選びなさい。

1．ノルマントン号事件

2．エルトゥールル号事件

3．萩の乱

4．秋月の乱

(4) 下線部ｃについて，この藩の出身ではない人物は誰か。１～４より１つ選びなさい。

1．吉田松陰　　2．板垣退助

3．木戸孝允　　4．伊藤博文

(5) 下線部ｄに関して，次の資料は下関が欧米４か国の艦隊に占領されたできごとを写したものである。この４か国にあてはまらない国はどこか。１～４より１つ選びなさい。

1．イギリス　　2．フランス

3．オランダ　　4．ロシア

(6) 下線部ｅに関して，第二次世界大戦以降，中国で起こった次の３つのできごとを古い順に並べ替えた時，正しいものはどれか。１～６より１つ選びなさい。

Ｘ：毛沢東の主導で，国民の思想改革を目指す文化大革命がはじまった。

Ｙ：学生・市民らが広場に集まって民主化を要求したが，軍に鎮圧された天安門事件が起こった。

Z：日本と中国の友好を深める日中平和友好条約が締結された。

1．X→Y→Z　　2．X→Z→Y
3．Y→X→Z　　4．Y→Z→X
5．Z→X→Y　　6．Z→Y→X

(7)　下線部ｆについて，東京(江戸)で起こったできごとを写したものとして正しいものはどれか。1～4より1つ選びなさい。

1．

2．

3．

4．

7　次の文を読み，(1)～(3)の問いに答えなさい。

2024年発行の新紙幣の肖像には，渋沢栄一が採用される予定である。この人物は現在の(　ア　)出身で，最初は$_{a}$明治政府の太政官で役人として勤め，$_{b}$1871年の新しい貨幣の鋳造に携わったとされる。その後，経済の発展に尽くし，(　　イ　　)富岡製糸場の建設にも携わるなど，「日本資本主義の父」と称された。

(1)　文中の空欄(ア)・(イ)に入る語句・文の組み合わせとして正しいものはどれか。１～４より１つ選びなさい。

	ア	イ
1	大阪府	綿花から糸をつむぐ
2	埼玉県	綿花から糸をつむぐ
3	大阪府	蚕のまゆから生糸をつくる
4	埼玉県	蚕のまゆから生糸をつくる

(2)　下線部ａについて，明治政府の太政官の組織として誤っているものはどれか。１～４より１つ選びなさい。

１．外務省　　２．式部省　　３．大蔵省　　４．宮内省

(3)　下線部ｂの時に発行された貨幣について，その画像と単位の組み合わせとして正しいものはどれか。１～４より１つ選びなさい。

A

B

	画像	単位
1	A	円・銭・厘
2	B	円・銭・厘
3	A	両・分・朱
4	B	両・分・朱

8　次の会話文を読み，(1)～(6)の問いに答えなさい。

Ａさん：私の夢は，たくさんの人に自分がデザインした服を着てもらうことなの。
Ｂさん：それは素晴らしいね。そしたら起業して，a生産者になるということだね。資金はどうする予定なの？
Ａさん：オンラインをb市場として考えているから，c資金もインターネット上で集めることのできる(　ア　)を行うわ。
Ｃさん：でもそれには多くの人に賛同してもらったり，知ってもらう必要がありそうね。
Ａさん：そうなの。だから今のうちからSNSに自分のデザインを載せて宣伝してるのよ。
Ｃさん：ほんとだ。このデザインなら私もd購入したいわ。
Ｂさん：でも，なんでも発信できるといってもe著作権や特許権などには気をつけないとね。
Ａさん：分かっているわ。ありがとう。

(1)　下線部ａに関して，生産を行うのに必要な要素として誤っているものはどれか。１～４より１つ選びなさい。

１．土地　　２．資本財　　３．労働力　　４．消費者

(2)　下線部ｂに関して，寡占状態にある市場では，企業同士が競争せず，話し合いによって価格を高く維持する行為がみられることがある。その行為として正しいものはどれか。１～４より１つ選びなさい。

１．トラスト　　２．カルテル　　３．コンツェルン　　４．コングロマリット

(3)　下線部ｃに関して述べた文Ａ・Ｂの正誤の組み合わせとして正しいものはどれか。１～４より１つ選びなさい。

A：株式会社は，株式を発行し，出資者に買ってもらうことで多くの資本を集める方法をとっている。

B：株式会社が倒産した場合は，株主は出資額を失うだけで，それ以上の責任を負うことはない。

1．A－正　B－正　　2．A－正　B－誤

3．A－誤　B－正　　4．A－誤　B－誤

(4) 文中の空欄(ア)に入る語句として正しいものはどれか。1～4より1つ選びなさい。

1．ベンチャーキャピタル　　2．クラウドファンディング

3．フィンテック　　4．ノンバンク

(5) 下線部dに関して述べた文A・Bの正誤の組み合わせとして正しいものはどれか。1～4より1つ選びなさい。

A：ある商品の需要量が供給量を上回っているときは，その商品の価値が高まり，価格は上昇する。

B：均衡価格とはその商品の価値の平均であり，商品ごとにある程度決まっている。

1．A－正　B－正　　2．A－正　B－誤

3．A－誤　B－正　　4．A－誤　B－誤

(6) 下線部eに関して，形になった発明やアイデアなどを守るための権利として正しいものはどれか。1～4より1つ選びなさい。

1．知的財産権　　2．請求権

3．占有権　　4．環境権

9

次の文を読み，(1)～(5)の問いに答えなさい。

今日では多くの国でa民主主義にもとづく政治の仕組みが取り入れられている。民主政治には，国民が重要な決定に直接参加して意思を表明する直接民主制と，国民がb選挙によって選んだ代表者が政治を行う間接民主制がある。またc民主政治では，話し合いを十分にする必要があり，それでも合意できない場合は最終的には多数決で決定する。ただし，民主政治にもとづいた(　ア　)の尊重の考え方からしても，異なる意見をもつ人たちの考え方を取り入れて，より多くの人が納得できる合意をする努力を行わなければならない。また，民主政治では主権者の意見を反映させるためにも，d私たち自身の参加が求められている。

(1) 文中の空欄(ア)に入る語句として正しいものはどれか。1～4より1つ選びなさい。

1．国会　2．個人　3．世論　4．国家

(2) 下線部aに関して，民主主義では権力をいくつかに分割し，互いに抑制と均衡をとる三権分立制がとられている。三権にあてはまらないものはどれか。1～4より1つ選びなさい。

1．銀行　　2．裁判所　　3．国会　　4．内閣

(3) 下線部bに関して，日本の選挙制度について述べた文として誤っているものはどれか。1～4より1つ選びなさい。

1．選挙区の人口や議員定数の関係で，議員一人当たりの有権者数に偏りが起きる問題を一票の格差という。

2．比例代表制は，各政党の得票数に比例して議席を配分する制度で，死票が少ない傾向にある。

3．女性の参政権が認められたのは，第二次世界大戦後の1945年で25歳以上の男女に対する普通選挙制が実現した。

4．選挙制度の原則は普通選挙・平等選挙・直接選挙・秘密投票であり，日本国憲法の下でも，この原則は保障されている。

(4) 下線部ｃに関して，地方自治は民主主義の何とよばれているか。１～４より１つ選びなさい。
　１．見本　　２．課題　　３．訓練　　４．学校

(5) 下線部ｄに関して，右の資料は日本の選挙における年代別投票率の推移を示したものである。グラフから読み取れることとして正しいものはどれか。１～４より１つ選びなさい。

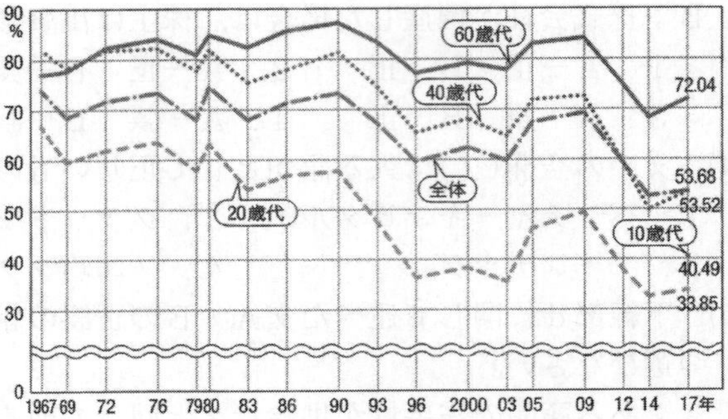

　１．1967年から60歳代の投票率が常に一番高くなっている。
　２．2017年をみると，選挙権年齢が新たに引き下げられた10歳代が一番低いものとなっている。
　３．全体の投票率でみると，常に60％を維持している。
　４．20歳代の投票率をみると，一番高い年と一番低い年の差は30％以上ある。

10　次の文を読み，(1)～(3)の問いに答えなさい。

> 19世紀には（ ア ）権の考え方の下で経済活動がさかんになり，資本主義経済が発展した。そのため，20世紀に入ると，貧富の差の拡大を防ぐため（ イ ）権が認められるようになった。また，科学技術の進展など社会の変化にともなって a 新しい人権が主張されるようになった。
> 日本国憲法では自由および権利は，b「濫用してはならないのであって，常に公共の福祉のためにこれを利用する責任を負う」としており，すべての人の権利が等しく尊重されることを定めている。

(1) 文中の空欄（ア）・（イ）に入る語句として正しいものはどれか。１～５よりそれぞれ１つずつ選びなさい。
　１．社会　　２．参政　　３．自由　　４．表現　　５．教育

(2) 下線部ａについて述べた文Ａ・Ｂの正誤の組み合わせとして正しいものはどれか。１～４より１つ選びなさい。
　Ａ：民主主義の発展に伴い，国家が保有している情報の公開を求めることができる情報公開法など，知る権利が認められた。
　Ｂ：医療技術の発展により，延命治療を拒否する意思表示をすることや，自分の死後に移植のため臓器提供するかどうかをカードに記入して持つことが義務付けられた。
　　１．Ａ－正　Ｂ－正　　２．Ａ－正　Ｂ－誤
　　３．Ａ－誤　Ｂ－正　　４．Ａ－誤　Ｂ－誤

(3) 下線部ｂは日本国憲法の何条に記されているか。１～４より１つ選びなさい。
　１．９条　　２．12条　　３．13条　　４．25条

【理　科】（50分）〈満点：100点〉

（注意）計算機等の使用は禁止します。

1　次の問いに答えなさい。

問１　太陽光発電が，水力発電・火力発電・原子力発電のどれとも異なっている点は何か。次の中から１つ選びなさい。

①　エネルギー源のおおもとが太陽のエネルギーであること。

②　エネルギー源から直接電気エネルギーに変換していること。

③　有害な廃棄物や地球温暖化の原因物質を出さないこと。

④　発電した電気が交流であること。

問２　光の屈折について調べるために，透明な直方体のガラスと光源装置を水平な台の上に置き，ガラスに斜めに光を当て，光が空気中からガラスへ入るときと，ガラスから空気中へ出ていく光の進み方を観察した。この実験を真上から見たとき，光の進み方はどのようになるか。次の中から１つ選びなさい。

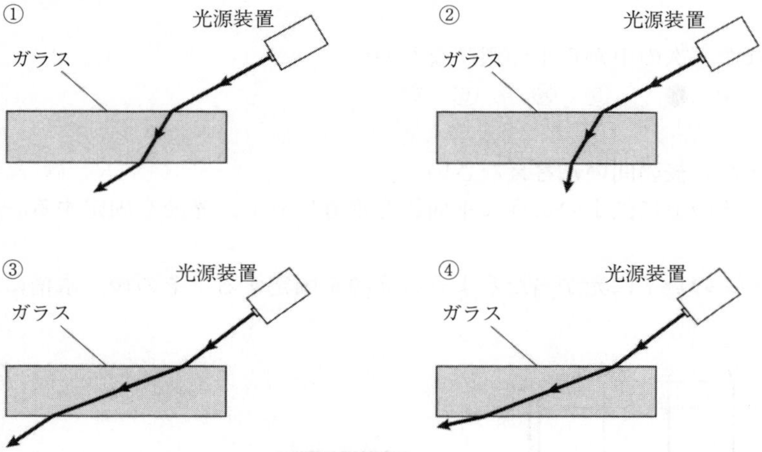

問３　次の文のうち，**誤りを含むもの**はどれか。次の中から１つ選びなさい。

①　氷は水よりも密度が小さいため水に浮く。

②　お酒を蒸留するとエタノールを分離することができる。

③　沸点の違いを利用して２種類以上の混合物を分けることを，蒸留という。

④　再結晶は，主に温度による溶解度の差が大きい物質を分離するときに使われる。

⑤　うすい食塩水をろ紙でろ過すると，食塩を取り出すことができる。

問４　次の気体のうち，水上置換法で集められるものは何種類あるか。次の中から１つ選びなさい。

気体　【アンモニア・窒素・塩素・硫化水素・塩化水素】

①　１種類　　②　２種類　　③　３種類　　④　４種類　　⑤　５種類

問５　植物細胞の中に存在し，細胞が成長するほど大きくなる細胞内のつくりはどれか。次の中から１つ選びなさい。

①　液胞　　②　葉緑体　　③　核

問６　Ａ～Ｃのうち葉緑体が見られるものはどれか。過不足なく選んでいる組み合わせを次の中から１つ選びなさい。

Ａ．ヒトのほおの内側の粘膜

Ｂ．オオカナダモの葉

Ｃ．孔辺細胞を含まないムラサキツユクサの表皮

①　A　　　②　B　　　③　C　　④　AとB
⑤　AとC　　⑥　BとC　　⑦　AとBとC

問7　次の文の(A)～(C)にあてはまる語句の正しい組み合わせはどれか。次の中から1つ選びなさい。

日時計は影の方向を利用して時刻を知る道具である。日本で日時計をつくる場合，太陽は東からのぼって，南を通って西へ沈んでいくので，影のできる方向を考えると朝は(A)，昼は(B)，夕方は(C)に時刻を示す数字を書き入れればよい。

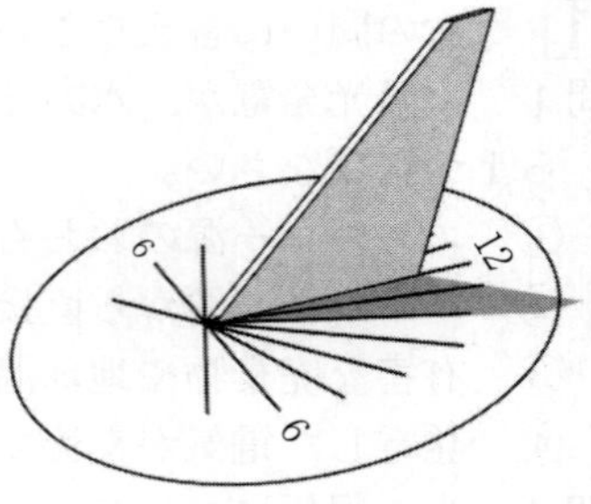

	A	B	C
①	西	北	東
②	東	北	西
③	西	南	東
④	東	南	西

問8　雨をあらわす天気記号はどれか。次の中から1つ選びなさい。
①　⦶　　②　◬　　③　○　　④　●　　⑤　⊗　　⑥　◎

2　光の性質に関する実験を行った。後の問いに答えなさい。

【実験1】　机の上に方眼紙を置き，その上に図1のように平面鏡を垂直に立て，光源を固定する。その後，平面鏡に光を当てる。

【実験2】　図2のように，スクリーンの点Yに光が当たるように光源を固定する。その後，水槽に水を入れていく。

図1

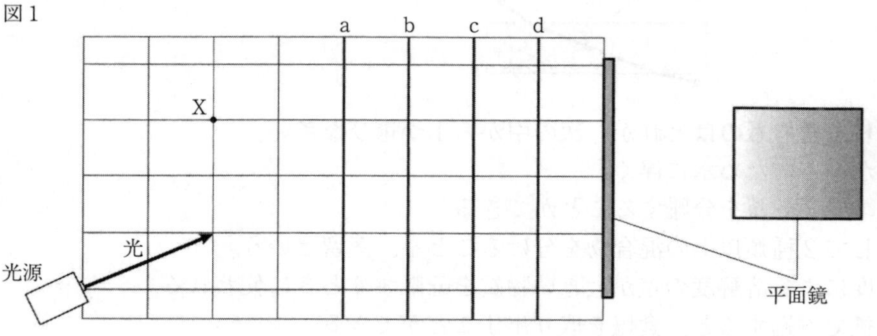

図2

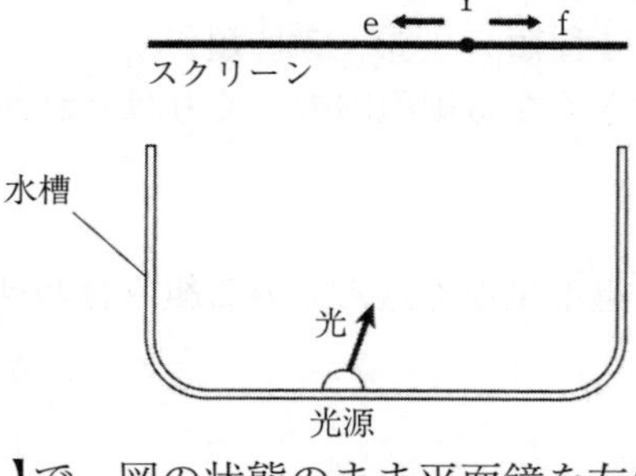

問1　【実験1】で，図の状態のまま平面鏡を左側に動かして，鏡で反射した光が点Xを通るようにするとき，鏡の位置はどの線上になるか。次の中から1つ選びなさい。

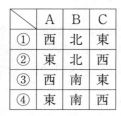

① a　② b　③ c　④ d

問2　光の性質の1つである屈折について説明している文の(ア)～(ウ)にあてはまる語句の正しい組み合わせはどれか。後の中から1つ選びなさい。

種類の(ア)物質の(イ)で光が(ウ)進む現象のことである。

	ア	イ	ウ
①	同じ	内部	折れ曲がって
②	同じ	境界面	真っすぐ
③	異なる	境界面	折れ曲がって
④	異なる	内部	真っすぐ

問3　【実験2】で，水を水槽の半分まで入れたとき，光がスクリーンに当たる位置はどのようになるか。次の中から1つ選びなさい。

① eの方にずれる　② fの方にずれる　③ 点Yのまま変化しない

問4　【実験2】で，水を水槽の半分まで入れたあと，さらに水を加えていくと，スクリーンに当たっている光はどのようになるか。次の中から1つ選びなさい。

① 点Yに近づく　② 点Yからはなれる

③ 変化しない　④ 水面から出なくなる

3　図のように，同じ大きさの試験管A～Fに，量を変えて水を入れたものを用意し，試験管の口を吹いたときに出る音と，糸でつるして試験管の口を軽くたたいたときに出る音の高さを調べた。次の問いに答えなさい。

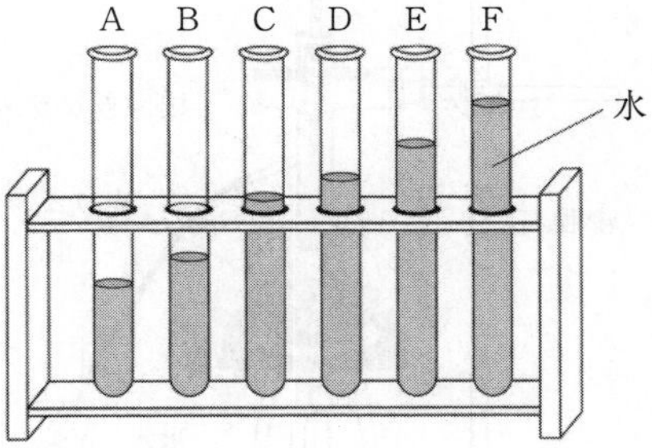

問1　試験管の口を吹いたときに出る音は，何が振動して発生しているか。次の中から1つ選びなさい。

① 空気　② 水

③ 試験管　④ 振動しているものはない

問2　試験管の口を吹いたとき，もっとも高い音が出るのはどれか。次の中から1つ選びなさい。

① A　② B　③ C　④ D　⑤ E　⑥ F

問3　試験管の口を棒で軽くたたいたとき，音を出しているものは何か。次の中から最も適当なものを1つ選びなさい。

① 水　② 水と試験管　③ 試験管

問4　試験管の口を棒で軽くたたいたとき，もっとも高い音が出るのはどれか。次の中から1つ選びなさい。

① A　② B　③ C　④ D　⑤ E　⑥ F

4　混合物を分ける実験を行った。後の問いに答えなさい。

【実験1】　図1のように，試験管にアンモニア水約$10cm^3$と沸騰石を入れ，弱火で熱して出てきた気体を乾いた丸底フラスコに集めた。このとき，丸底フラスコの口のところに水でしめらせた赤色リトマス紙を近づけると青くなった。

次に，気体を集めた丸底フラスコを用いて図2のような装置を作り，ビーカーの中には水を入れた。スポイトを押して丸底フラスコの中に水を入れると，ビーカーの水が吸い上げられ噴水が見られた。

図１

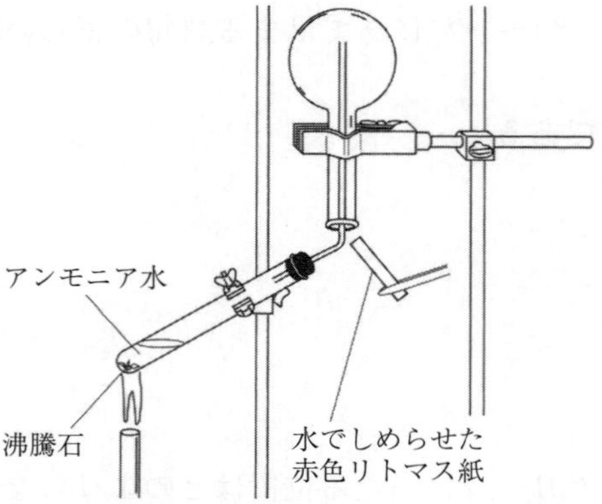

図２

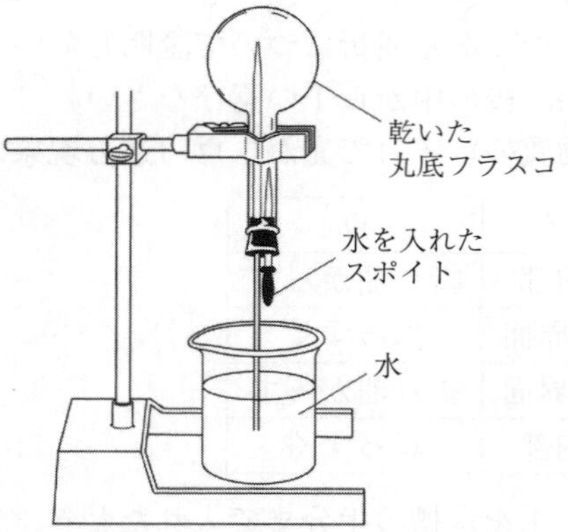

【実験２】 図３のような装置を作り，枝付きフラスコにエタノールの濃度が12％の赤ワイン $30\,cm^3$ と沸騰石を入れ，弱火で熱し出てきた液体を約 $2\,cm^3$ ずつ試験管Ａ，Ｂ，Ｃの順に集めた。次に，Ａ～Ｃの液体をそれぞれ蒸発皿に移し，マッチの火をつけると，ＡとＢの液体は燃えたが，Ｃの液体は燃えなかった。

図３

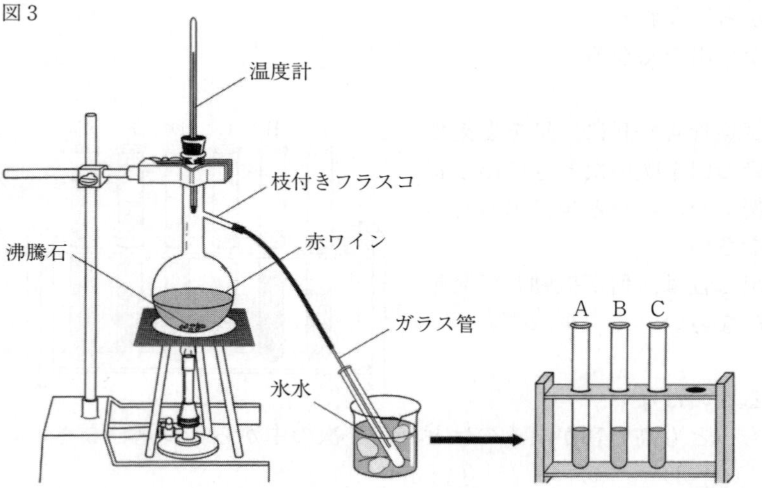

問１ 【実験１】で，水でしめらせた赤色リトマス紙を青色に変化させた気体は何か。次の中から１つ選びなさい。

① 酸素 ② 水素 ③ 窒素 ④ 二酸化炭素 ⑤ アンモニア

問２ 次の文中の(ア)と(イ)にあてはまる語句の正しい組み合わせはどれか。後の中から１つ選びなさい。

【実験１】で集めた気体は，空気より密度が(ア)，水に(イ)性質をもつため，上方置換法で集める必要がある。

	ア	イ
①	大きく	溶けにくい
②	大きく	溶けやすい
③	小さく	溶けにくい
④	小さく	溶けやすい

問３ 【実験１】で，図２のビーカーの水に緑色のBTB溶液を加えて実験を行うと，噴水は何色を示

すか。次の中から１つ選びなさい。

① 白色　② 緑色　③ 青色　④ 黄色　⑤ 赤色

問４　【実験１】と同じ気体を発生させるためには，塩化アンモニウムとどの物質を反応させればよいか。次の中から１つ選びなさい。

① 二酸化マンガン　② 塩酸　③ 水酸化カルシウム

④ 硫化鉄　⑤ 塩化ナトリウム

問５　【実験２】で，ＡとＣの液体の密度の説明として正しいものを次の中から１つ選びなさい。ただし，エタノールの密度は0.79 g/cm^3，水の密度は1.0 g/cm^3 とする。

① Ａの液体の方がＣの液体より密度が大きい。

② Ａの液体の方がＣの液体より密度が小さい。

③ Ａの液体とＣの液体の密度が同じ。

問６　【実験２】で，エタノール(C_2H_6O)が燃えたときの化学変化を化学反応式であらわすと次のようになる。(ウ)と(エ)にあてはまる整数の組み合わせとして正しいものを後の中から１つ選びなさい。

$C_2H_6O+3O_2$→(ウ)CO_2＋(エ)H_2O

エタノール

	ウ	エ
①	1	3
②	1	6
③	2	3
④	2	6
⑤	3	2
⑥	3	3

問７　アンモニア水や赤ワインのように，いくつかの物質が混ざり合ったものを混合物という。次の物質のうち**混合物でない**ものの正しい組み合わせを，次の中から１つ選びなさい。

物質 [ａ 食塩水　ｂ 炭酸水素ナトリウム　ｃ ブドウ糖　ｄ みりん　ｅ 塩酸]

① ａとｂ　② ａとｃ　③ ａとｄ　④ ａとｅ　⑤ ｂとｃ

⑥ ｂとｄ　⑦ ｂとｅ　⑧ ｃとｄ　⑨ ｄとｅ

5　右の表は1013hPaのもとで５種類の物質(Ａ～Ｅ)の融点と沸点を示したものである。物質Ａ～Ｅは，塩化ナトリウム，パルミチン酸，エタノール，水，酸素のいずれかである。次の問いに答えなさい。

	融点〔℃〕	沸点〔℃〕
A	−219	−183
B	−115	78
C	0	100
D	63	360
E	801	1485

問１　90℃のとき，気体である物質はどれか。次の中から１つ選びなさい。

① ＡとＢ　② ＡとＣ　③ ＡとＤ　④ ＡとＥ

⑤ ＢとＣ　⑥ ＣとＤ　⑦ ＤとＥ

問２　105℃のとき，液体である物質はどれか。次の中から１つ選びなさい。

① Ａ　② Ｂ　③ Ｃ　④ Ｄ　⑤ Ｅ　⑥ ＡとＢ　⑦ ＢとＣ　⑧ ＤとＥ

問３　50℃のとき，固体である物質はどれか。次の中から１つ選びなさい。

① Ａ　② Ｂ　③ Ｃ　④ Ｄ　⑤ Ｅ　⑥ ＡとＢ　⑦ ＢとＣ　⑧ ＤとＥ

問４　物質Ａ～Ｅの中でエタノールはどれか。次の中から１つ選びなさい。

① Ａ　② Ｂ　③ Ｃ　④ Ｄ　⑤ Ｅ

6　右の図はヒトの心臓の断面を模式的にあらわしたものである。また，ア～カは体内を流れる血液について述べたものである。後の問いに答えなさい。

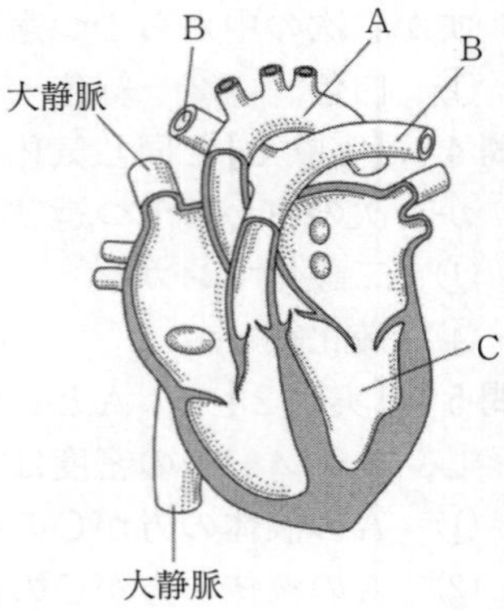

ア　心臓から全身に向かう血液が流れる。
イ　心臓から肺に向かう血液が流れる。
ウ　全身から心臓に向かう血液が流れる。
エ　肺から心臓に向かう血液が流れる。
オ　酸素が多く，二酸化炭素が少ない血液が流れる。
カ　酸素が少なく，二酸化炭素が多い血液が流れる。

問１　ア～カのうち血管Aを流れる血液に関して述べている文として，正しいものの組み合わせはどれか。次の中から１つ選びなさい。
①　アとオ　②　アとカ　③　イとオ
④　イとカ　⑤　ウとオ　⑥　ウとカ
⑦　エとオ　⑧　エとカ

問２　ア～カのうち血管Bを流れる血液に関して述べている文として，正しいものの組み合わせはどれか。次の中から１つ選びなさい。
①　アとオ　②　アとカ　③　イとオ
④　イとカ　⑤　ウとオ　⑥　ウとカ
⑦　エとオ　⑧　エとカ

問３　動脈と静脈の特徴と図中Cの名称として，正しい組み合わせはどれか。次の中から１つ選びなさい。

	動脈	静脈	C
①	弁がついている	血管の壁が厚い	右心室
②	弁がついている	血管の壁が厚い	右心房
③	弁がついている	血管の壁が厚い	左心室
④	弁がついている	血管の壁が厚い	左心房
⑤	血管の壁が厚い	弁がついている	右心室
⑥	血管の壁が厚い	弁がついている	右心房
⑦	血管の壁が厚い	弁がついている	左心室
⑧	血管の壁が厚い	弁がついている	左心房

問４　ヒトと同じく２心房２心室の心臓をもつ生物はどれか。次の中から１つ選びなさい。
①　フナ　②　ニワトリ　③　カエル　④　トカゲ　⑤　サメ

7　下の表のA～Eはそれぞれ脊椎動物のうち，ほ乳類，鳥類，両生類，は虫類，魚類のどれかである。後の問いに答えなさい。

<table>
<tr><th></th><th>A</th><th>B</th><th>C</th><th>D</th><th>E</th></tr>
<tr><td>子の生まれ方</td><td>ア</td><td colspan="4">イ</td></tr>
<tr><td>呼吸</td><td colspan="3">ウ</td><td>エ</td><td>オ</td></tr>
<tr><td>体温調節</td><td colspan="2">する</td><td colspan="3">しない</td></tr>
<tr><td>体表</td><td>毛</td><td>羽毛</td><td colspan="2">うろこ</td><td>湿った皮膚</td></tr>
</table>

問1　表中のアとイにあてはまる語句の正しい組み合わせはどれか。次の中から1つ選びなさい。

	ア	イ
①	胎生	分裂
②	分裂	胎生
③	胎生	卵生
④	卵生	胎生
⑤	卵生	分裂
⑥	分裂	卵生

問2　表中のウ～オにあてはまる語句の正しい組み合わせはどれか。次の中から1つ選びなさい。

	ウ	エ	オ
①	えら呼吸	肺呼吸	幼体はえら呼吸，成体は肺呼吸
②	えら呼吸	幼体はえら呼吸，成体は肺呼吸	肺呼吸
③	肺呼吸	えら呼吸	幼体はえら呼吸，成体は肺呼吸
④	肺呼吸	幼体はえら呼吸，成体は肺呼吸	えら呼吸
⑤	幼体はえら呼吸，成体は肺呼吸	肺呼吸	えら呼吸
⑥	幼体はえら呼吸，成体は肺呼吸	えら呼吸	肺呼吸

問3　表中のCにあてはまる生物はどれか。次の中から1つ選びなさい。

①　ニワトリ　　②　カエル
③　カメ　　④　サンショウウオ
⑤　シーラカンス　　⑥　イヌ

問4　表中のEにあてはまる生物はどれか。次の中から1つ選びなさい。

①　ヤモリ　　②　クラゲ
③　ヒトデ　　④　ハト
⑤　イルカ　　⑥　イモリ

問5　草食動物と肉食動物ではそれぞれの生態に沿った特徴がある。それぞれの特徴について正しく説明している文はどれか。次の中から1つ選びなさい。

①　ライオンは目が顔の正面についていることで，広範囲を見渡すことができ，背後まで警戒できる。
②　シマウマは目が顔の正面についていることで，立体的に見える範囲が広い。
③　ライオンは獲物を捕まえる際に口を閉じづらくなるので，犬歯が発達していない。
④　シマウマは固い草をかみ砕くために犬歯が発達している。
⑤　ライオンは短い距離をはやく走るためにかぎ爪を持っている。

8　図は，ある地震のゆれを地震計が記録したものである。次の問いに答えなさい。

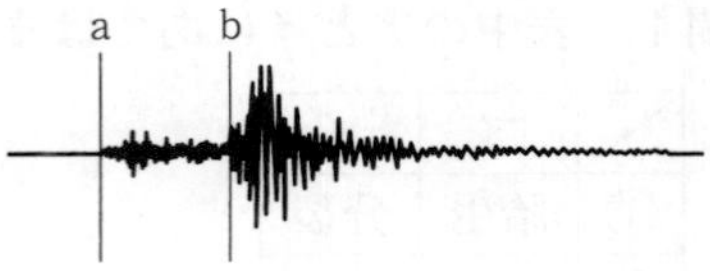

問１　地震が起きるとニュース等で「マグニチュード」という言葉がよく用いられる。「マグニチュード」の値が２大きくなるとエネルギーの大きさは何倍になるか。次の中から１つ選びなさい。

①　２倍　　②　４倍　　③　10倍　　④　100倍　　⑤　1000倍

問２　地震が発生した真上の地点を何というか。次の中から１つ選びなさい。

①　震源　　②　観測点　　③　断層　　④　震央　　⑤　震度

問３　図のａの時刻は午前３時21分７秒，ｂの時刻は午前３時21分15秒であった。震源から地震計がある地点までの距離はおよそ何 km か。次の中から１つ選びなさい。ただし，Ｓ波は４km/s，Ｐ波は８km/s で進むものとする。

①　４km　　②　８km　　③　16km　　④　32km　　⑤　64km

問４　次の文の（Ａ）と（Ｂ）にあてはまる語句の正しい組み合わせはどれか。次の中から１つ選びなさい。

地震が起こると，震源で（　　Ａ　　）発生する。Ｐ波の方がＳ波よりも速く伝わるため，震源からの距離が大きいほど，初期微動継続時間は（　　Ｂ　　）。

	Ａ	Ｂ
①	Ｐ波が先で，遅れてＳ波が	短くなる
②	Ｐ波が先で，遅れてＳ波が	長くなる
③	Ｐ波が先で，遅れてＳ波が	変化しなくなる
④	Ｓ波が先で，遅れてＰ波が	短くなる
⑤	Ｓ波が先で，遅れてＰ波が	長くなる
⑥	Ｓ波が先で，遅れてＰ波が	変化しなくなる
⑦	Ｐ波とＳ波が同時に	短くなる
⑧	Ｐ波とＳ波が同時に	長くなる
⑨	Ｐ波とＳ波が同時に	変化しなくなる

9　佐野市で金星の観察を行った。次の問いに答えなさい。

問１　図は，太陽を基準に地球と金星の位置関係を模式的にあらわしている。金星の公転の向きと，地球の自転の向きの正しい組み合わせはどれか。次の中から１つ選びなさい。

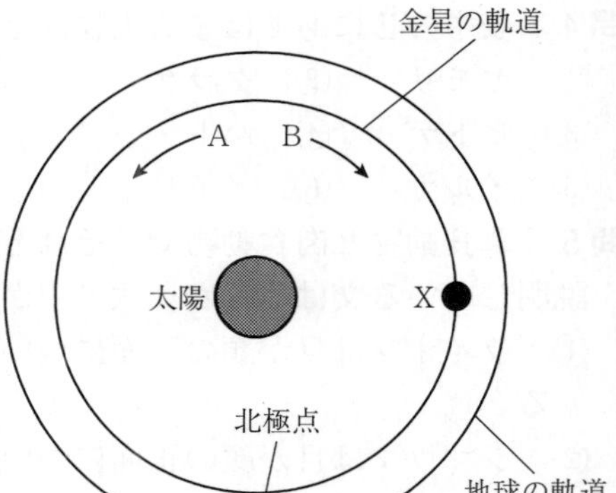

	金星の公転の向き	地球の自転の向き
①	A	C
②	A	D
③	B	C
④	B	D

問２　夕方や明け方に金星を観察することができるが，真夜中に観察することはできない。その理由として**誤っているもの**はどれか。次の中から１つ選びなさい。

①　金星は地球から見て太陽とは反対側に位置することがないから。

② 金星は地球よりも太陽に近いところを公転しているため。
③ 金星は外惑星だから。
④ 地球から見た金星は太陽から大きく離れることがないから。

問3 図中のXの位置にある金星を，地球から天体望遠鏡で観察するとどのように見えるか。次の中から1つ選びなさい。ただし①～⑥は形を比較するために大きさを同じにした。また，天体望遠鏡で観察すると肉眼で見たものとは，上下左右が逆になる。

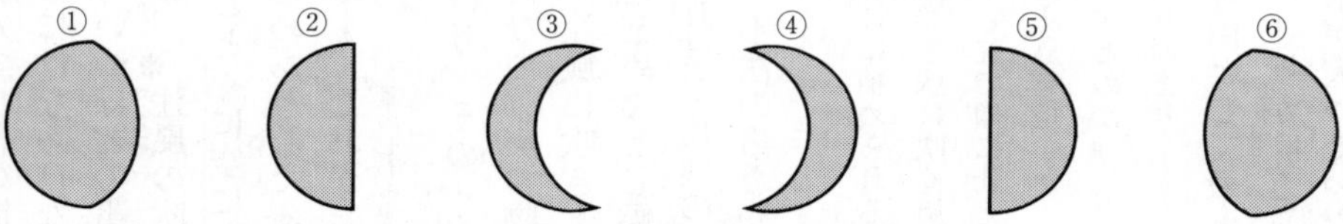

問4 図中のXの位置にある金星を観察できる時間と，見える方角の正しい組み合わせはどれか。次の中から1つ選びなさい。

	時間	方角
①	明け方	東
②	明け方	西
③	夕方	東
④	夕方	西

問5 下の文は金星に関して説明したものである。(ア)～(ウ)にあてはまる語句の正しい組み合わせはどれか。次の中から1つ選びなさい。

金星は(ア)惑星である。直径は地球(イ)。主要な大気は(ウ)である。

	ア	イ	ウ
①	地球型	よりもかなり大きい	二酸化炭素
②	地球型	よりもかなり大きい	水素とヘリウム
③	地球型	とほぼ同じである	二酸化炭素
④	地球型	とほぼ同じである	水素とヘリウム
⑤	木星型	よりもかなり大きい	二酸化炭素
⑥	木星型	よりもかなり大きい	水素とヘリウム
⑦	木星型	とほぼ同じである	二酸化炭素
⑧	木星型	とほぼ同じである	水素とヘリウム

四

次の文章を読んで、後の問いに答えなさい。

鳥羽僧正は近き世にはならびなき絵書《ゑかき》なり。法勝寺の金堂の扉の絵かきたる人なり。いつほどの事にか、※供米《くまい》の不法の事ありける時、絵にかかれける。※辻風《つじかぜ》の吹きたるに、米の俵を多く吹き上げたるが、(1)塵灰《ぢんくわい》のごとくに空にあがるを、※大童子《だいどうじ》・法師ばら走り散りて、とりとどめんとしたるを、さまざまおもしろう筆をふるひてかかれたりけるを、たれかしたりけん《誰のしわざであろうか》、(2)その絵を※院御覧じて、御(3)入興《じゆきよう》ありけり。その(4)心を僧正に御尋ねありければ、「あまりに供米不法に候《さうら》ひて、実の物は入り候はで、※糟糠《さうかう》のみ入りてかろく候ふゆゑに、辻風に吹き上げられ候ふを、さりとてはとて、小法師ばらがとりとどめんとし候ふが、をかしう候ふを、かきて候ふ。」と(5)申されければ、比興《ひきよう》の事なりとて、それより供米の※沙《さ》汰《た》きびしくなりて、不法の事なかりけり。

（『古今著聞集』より）

※〈語注〉 供米…寺社に納められる米
辻風…渦巻き状に吹く風・つむじ風
大童子…寺院で僧に仕えた年長の少年
院…白河法皇を指すか
糟糠…かすとぬか
沙汰…取り締まり

問一 傍線部(1)の理由として最も適当なものを次から選びなさい。
1 あまりに強い辻風が吹き荒れたから
2 生育の悪い米が入っていたから
3 大童子・法師ばらが中の米を食べてしまったから
4 本物の米が入っていなかったから

問二 傍線部(2)の内容は「辻風の吹きたるに」から始まります。終わりの部分として最も適当なものを次から選びなさい。
1 俵を多く吹き上げたる
2 塵芥のごとくに空にあがる
3 とりとどめんとしたる
4 筆をふるひてかかれたりける

問三 傍線部(3)における「興」と異なる意味で用いられているものを次から選びなさい。
1 座興　2 興趣　3 興亡　4 即興

問四 傍線部(4)の本文中の意味として最も適当なものを次から選びなさい。
1 意味　2 心情　3 愛情　4 方法

問五 傍線部(5)の主語として最も適当なものを次から選びなさい。
1 鳥羽僧正　2 大童子・法師ばら
3 院　4 小法師ばら

問六 鳥羽僧正が「その絵」を描いたことによってどのようなことが起こりましたか。最も適当なものを次から選びなさい。
1 不正の報告に絵が用いられるようになった
2 芸術を愛する気運が高まった
3 供米に関する不正がなくなった
4 見事な絵を描いた僧正に褒美が与えられた

問七 本文の出典『古今著聞集』は鎌倉時代の作品であるが、異なる時代の作品を次から選びなさい。
1 『徒然草』　2 『今昔物語集』
3 『平家物語』　4 『方丈記』

「わたしは、そうは思っておりませぬ」
遠州が哀《かな》しげに言うと、織部は、ふん、と鼻で嗤《わら》い、手にしていた茶碗の破片を捨てた。(6)どこか寂し気だった。
「所詮、よくないものは、割ってもどうにもならぬようだ」
織部は言い捨てると、遠州との話に興味を失ったように横になった。遠州は手をつかえ、頭を下げて(7)辞去するしかなかった。
それが織部との最後の別れになった。

（葉室　麟『孤篷のひと』より）

※〈語注〉家康…徳川家康のこと
大御所様…徳川家康のこと
利休様…千利休のこと。織部の茶の師匠
継ぐ…ばらばらになっているものを、つなぎ合わせる

問一 傍線部(1)の理由として最も適当なものを次から選びなさい。
1 徳川様が自分のために薬を調合してくれていることは、事前に聞いて知っていたから
2 徳川様が自分を見守っていてくれたことを知り、うれしく思ったから
3 徳川様から見張られていたことがわかり、その事実に納得したから
4 織部の声によって眉をひそめた遠州の様子におかしみを感じたから

問二 傍線部(2)の本文中での意味として最も適当なものを次から選びなさい。
1 自分の手で　2 手間をかけて
3 手段を選ばずに　4 手柄を与えるため

問三 傍線部(3)の説明として最も適当なものを次から選びなさい。
1 弟子からもっともらしい茶の心得を説かれ気分を害したということ
2 弟子が説く茶の心得は見当はずれでしかなく、あきれてしまったということ
3 弟子が徳川様と通じていることを確信し、もはや話す気力が失せたということ
4 弟子が茶の心得について何もわかっていないことに憤慨しているということ

問四 傍線部(4)の内容として最も適当なものを次から選びなさい。
1 織部には徳川様に見張られる理由などないこと
2 織部が徳川様に対して謀反を企てていること
3 織部に反逆の心があると徳川様が考えていること
4 織部に対する徳川様の疑いは見当違いであること

問五 傍線部(5)の説明として最も適当なものを次から選びなさい。
1 茶人として茶碗の金継ぎばかりに嗜《し》好が変化してきたということ
2 徳川様の代わりに天下を取ろうとしているということ
3 神仏の祟《たた》りをも恐れない傲《ごう》慢な気持ちを持っているということ
4 徳川様に対して歯向かう気持ちがあるということ

問六 傍線部(6)の理由として最も適当なものを次から選びなさい。
1 手を掛けてきた弟子が反論をしてきたことに多少の頼もしさを感じたから
2 立身出世のためにどこまでも徳川様に仕えようとする弟子の姿勢に嫌悪感を感じたから
3 弟子と比較して自分が出世できないことに苛《いら》立ちを感じたから
4 弟子の遠州が自分とは異なる意見を述べたことに対し、失望したから

問七 傍線部(7)の「辞」と同じ意味で使われている熟語を次から選びなさい。
1 辞書　2 辞世　3 辞任　4 固辞

ていた。

織部が〈十文字〉の銘をつけた井戸茶碗がある。もともとは大振りな茶碗だったが、織部はこれを割り、ひとまわり小振りにして漆《うるし》で継いだ。茶碗にははっきりと十文字の継いだ跡が見えるため、銘にしたのである。

遠州は織部のこのような嗜好《しこう》に不安を覚えることがあった。

（形あるものをわざわざ壊すとは、神仏を恐れぬ所業ではあるまいか）

そう危惧《きぐ》していただけに、目の前で茶碗を割られると、(5)織部が胸中にただならぬものを抱いているのではあるまいか、と気にかかった。

かつて利休が好んだ黒楽茶碗の傲然《ごうぜん》とした様が脳裏に浮かんできた。織部もまた、茶人としてのおのれを貫くために、天下人に抗《あらが》おうとしているのではないだろうか。

遠州は膝を正した。

「お師匠様、もし、なにか不穏な思い立ちをされているのでございますならば、思い止《とど》まりください」

織部は遠州を見据えた。

「不穏な思い立ちとは、謀反ということか」

遠州は言葉を発せず、大きくうなずいた。織部は、ふふ、と笑った。

「徳川様はかつて豊太閤に仕えた。そのことを思えば、いま大坂城の秀頼様を攻めていることこそ、謀反ではないのか」

「それは——」

遠州が言いかけるのを織部は手で制した。

「徳川様だけではない。豊太閤にしても、本能寺の変の後、織田家の天下を乗っ取った。さらに言えば、織田信長公は将軍の足利義昭《よしあき》様を京より逐《お》って自ら天下を手にしようとした。言うなれば、天下人とは、皆、謀反人ではないか」

厳しい声音で言う織部のそばに遠州はにじり寄った。

「それもこれも、天下泰平のためではございませぬか。戦《いくさ》の無い世をもたらすために織田右府《うふ》公や太閤殿下、さらには大御所様はお働きになられたのだと存じます」

「さて、そうであろうか」

織部は無表情な顔で遠州を見返した。

「織田様は家臣の明智光秀《あけちみつひで》に討たれた。まことに天下泰平のために働いておられたのであれば、さようなことにはならなかったのではないか。豊太閤は天下を取った後、海を越えて朝鮮に兵を出し、無用の戦をした。そして徳川様は関ヶ原の合戦で勝ち、将軍となって天下を治めながら、かように大坂城攻めの戦をいたしておる。所詮《しょせん》、天下人とは戦を忘れられぬものだ」

目を閉じて織部の言葉を聞いていた遠州は、しばらく黙してから瞼《まぶた》を上げた。

「しからば、われら茶人はいかがでございましょうか」

織部は目をしばたたいた。

「茶人がどうだというのだ」

「思えば、山上宗二《やまのうえそうじ》様も利休様も太閤殿下に逆らい、非業《ひごう》の死を遂げられました。茶の湯を守られたともいえますが、ひとがひとを憎み、争う心にからめとられていったともいえるかと存じます」

淡々と遠州が応じると織部は声を荒らげた。

「そなた、利休様を謗《そし》るのか」

「決してさようではございません。利休様なくして、茶の道はなかったと存じます。ただ、茶は相手が今日も健やかに生きることを願って点てるものだと思いますゆえ、ひとと争う気持があっては、天下泰平の茶は点てられぬのではございますまいか」

織部はゆっくりと首を横に振った。

「そなたの申すことは、徳川様に仕えて、おのれの立身出世を図ろうとしている言い訳としか聞こえぬ。つまるところ、天下ではなく、おのれの安寧のために天下人に媚《こ》びる茶を点てようというのであろう」

遠州が声をかけると、織部はうなずいて苦笑いした。

「危うく死ぬところであった」

「お師匠様は、茶杓《ちゃしゃく》を作る竹を求めて竹林に入っておられていたとか」

※家康から聞いたことを遠州が口にすると、織部は鋭い視線をくれた。

「そのこと、誰から聞いた」

織部の声に緊張が走ったのに気づいて、遠州は眉をひそめた。

「※大御所様にございます」

「なるほど徳川様がな」

(1)織部はにやりと笑った。

「大御所様は(2)手ずから調合された薬をお見舞いにくだされました。ありがたくお使いくださいませ」

遠州が薬の包みを差し出すと織部は顔をそむけてぽつりと言った。

「それは使えぬな」

遠州は息を呑《の》んだ。

「何を仰せになられます。大御所様が直々《じきじき》にくだされたお薬でございますぞ」

「だからこそだ。そなたは加藤清正《かとうきよまさ》殿が上方から領国へ戻られる前、徳川様から毒を盛られたという噂を聞いておらぬのか」

織部は何かに憑《つ》かれたかのような目をして言った。

「さような噂を耳にしたことはございません」

きっぱりと遠州が答えると、織部は目を伏せて、なら、それでよい、とだけ言った。遠州は膝を乗りだして言葉を続けた。

「お師匠様、もし、それが毒であったとしても出された茶は黙って飲むのが茶人なのではございますまいか」

(3)織部はひややかな目でちらりと遠州を見た。

「そなた、わしに茶の心得を説くつもりか」

「滅相《めっそう》もないことでございます。ただ、わたしはさような思いで茶席に臨んでいると申し上げたいだけでございます」

「つまるところ、出されたものに文句を言わず、飲み込むのが、徳川様に仕えるそなたの世渡りだと申したいのであろう」

織部の厳しい言葉は鞭《むち》のように遠州を打った。遠州は唇を噛《か》んだ。

「わしは力強き者に屈する生き方はしたくない。それが※利休様より学んだ茶の心だ。しかし、そなたは違うようだな」

織部から厳しい目を向けられて、遠州は表情を硬くした。織部に伝えたい言葉があった。しかし、それが何なのか、このときの遠州にはわからなかった。

織部は大きく息をついた。

「わしが竹林に入ったことを徳川様がご存じであったのは、おそらくわしを見張る者がいるゆえであろう」

「大御所様がなにゆえ、お師匠様を見張らねばならないのでございましょうか」

遠州は息を詰めた。

「わしが豊臣家に通じているのではないか、と徳川様は疑《うたご》うておられる」

「まさか、(4)さようなことは——」

「いや、わしの息子の重行《しげゆき》は、秀頼《ひでより》様の小姓として大坂城に居る。疑うなという方が無理な話だ」

苦い顔で織部は言った。

「ならば、大御所様に身の潔白を申し上げて、あらぬ疑いを解いていただかねばなりません」

遠州が懸命に言うと、織部は自嘲《じちょう》するように、ははっと力なく笑いながら、手にしていた茶碗を持ち上げて、板敷に叩きつけた。

茶碗は鋭い音を立てて割れ、破片が飛び散った。

「お師匠様——」

遠州は息を呑んだ。織部は茶碗の破片をゆっくりと拾い集める。

「つまらぬ茶碗だが、金で※継《つ》げば新たな風合いが見えるであろう」

織部はこのころ、割れた茶碗を金で継いで楽しむことが多くなっ

（永田和宏『知の体力』より）

問一 傍線部(1)の理由として最も適当なものを次から選びなさい。

1 アナログ世界はあくまで感覚的なものであり、そのままを言葉や数字で表現することはできないから

2 類似や近似によって表示されたアナログ世界は、全ての人に理解されるものではないから

3 アナログ世界は連続量を離散量に標本化する作業であり、どうしても隙間が残ってしまうから

4 デジタルで表現することでしか、感覚的な表現は理解されないから

問二 [2] に当てはまる語として最も適当なものを次から選びなさい。

1 普遍的　2 具体的　3 相対的　4 便宜的

問三 傍線部(3)の理由として最も適当なものを次から選びなさい。

1 適切な表現を見つけ出すために、言葉の客観性を保持していくことが何より大切だから

2 外界の無限の多様性の隙間に、必ず当てはまる表現が言語には存在するから

3 人間の場合コミュニケーションとして伝えたいことの全てを言語に頼らざるを得ないから

4 言葉で言い表そうとしても、どうしても隙間が残ってしまうから

問四 [a] ～ [d] に入る語の組み合わせとして最も適当なものを次から選びなさい。

1 a アナログ　b デジタル　c デジタル　d アナログ

2 a デジタル　b アナログ　c デジタル　d アナログ

3 a アナログ　b デジタル　c アナログ　d デジタル

4 a デジタル　b アナログ　c アナログ　d デジタル

問五 [4] に当てはまる語として最も適当なものを次から選びなさい。

1 いわゆる　2 しかし　3 従って　4 その上

問六 本文の内容に合致するものとして最も適当なものを次から選びなさい。

1 アナログ世界の代表的なものである詩歌や文学はデジタル世界とは無縁のものである

2 コミュニケーションは相手がうまく表現しきれなかったものを補う気持ちをお互いにもつことで円滑に進むものである

3 デジタルをデジタルに変換しただけのコミュニケーションは、客観的な視点を失わせる行為である

4 アナログからデジタルに変換したものをコミュニケーションだと錯覚してしまうものである

問七 次の一文が入る本文中の箇所として最も適当なものを後から選びなさい。

「言葉には尽くせない」という表現自体が、言葉のデジタル性をよく表わしている。

1 (A)　2 (B)　3 (C)　4 (D)

三

次の文章は、戦で負傷した古田織部《ふるたおりべ》を茶の弟子である小堀遠《こぼりえん》州《しゅう》が訪ねた場面である。文章を読んで、後の問いに答えなさい。

織部はたまたま佐竹義宣《さたけよしのぶ》を訪ねていたおりに、今福の戦いに巻き込まれて負傷したらしい。

遠州が今福砦《とりで》を訪れた際、織部は家臣に介抱されながら陣小屋にいた。胡坐《あぐら》をかいて茶を飲んでいるところだった。具足をつけ、陣羽織を着ている。頭に白い布を巻いているのが痛々しかった。

「お怪我はいかがでございましょうか」

度で類似させたり、温度を水銀柱の高さで近似させたりする、これらがアナログ表示。いっぽう、デジタル時計では、連続量である時間を数値化する。標本化するのだと言ってもいいだろう。連続量を離散量に標本化する作業だから、どんなに細かく区切っても、量と量のあいだには空隙《くうげき》が残る。

　われわれはアナログの世界に生きている。1分、2分という区切りに関係なく時間は私のなかを流れているし、空気にもその匂いにも境目はなく、数えることはもちろんできない。

　そんな世界にあって、感覚としてアナログを捉《とら》えることはできても、それを表現することはできないものである。表現した途端にそれはアナログからデジタルに変換されてしまうからである。(1)アナログ世界は表現不可能性のなかでのみ成立しているとも言える。「今日は38度もあった」と言えば、38度という数値は理解できるが、その人が感じている暑さは、38という数値のなかにはない。

　何も数値化だけがデジタル化なのではなく、言葉で何かを言い表わす、そのことがすなわちデジタル化そのものなのである。言葉で表わすとは、対象を取り出して、当てはまる言葉に振り分ける、すなわち分節化する作業である。外界の無限の多様性を、有限の言語によって切り分けるという作業なのである。(A)

　一本の大きな樹がある。「大きな」という言葉の選択の裏には、「見上げるばかりの」とか「天にも届きそうな」とかの別の表現が、潜在的な可能性としては数えきれないほど存在したはずで、そんな可能性をすべて断念し、捨象した表現が「大きな樹」という[　2　]な表現になったのである。「大きな樹」は、その樹の属性の一部ではあっても、その樹の全体性には少しも届いていない。(B)

　人は自分の感情をうまく言い表わせない時、(3)言葉のデジタル性を痛感する。言葉と言葉の間にあるはずのもっと適切な表現をめぐって苦闘する。感情を含めたアナログ世界をデジタル表現に移し替えようとするのが、詩歌や文学における言語表現であるとも言える。

折に触れてコミュニケーションの大切さが言われるが、私たちはともすれば、デジタルをデジタルに変換しただけの作業を、コミュニケーションだと錯覚しがちである。「この文章の意図するところを五〇字以内でまとめよ」式の、言葉の指示機能の反復レッスンは、デジタル表現を別のデジタル表現に変換する練習にしか過ぎない。(C)

　もともと言語化できないはずのアナログとしての感情や思想があり、それを言語に無理やりデジタル化して相手に伝えること、それがコミュニケーションの基本である。『哲学事典』(平凡社)は、そのところを、「送り手が記号を媒介にして知覚、感情、思考など各種の心的経験を表出し、その内容を受け手に伝える過程」と定義している。ここで言う「記号」とは、ヒトの場合であれば言語ということになるが、動物の場合は、鳴き声や、身振り、威嚇など、いずれもアナログな表現がコミュニケーションの「媒介」手段である。ヒトだけが、例外的にコミュニケーションにデジタルを用いることが多いのである。(D)

　言語を媒介としているので、受け手としては、どうしても言語の抱え持っている辞書的な情報そのものを、送り手の伝えたかったすべてと考えてしまいやすい。しかし、送り手の内部で[　a　]の[　b　]化は、ほとんどの場合、不十分なものであるはずなのである。特に複雑な思考や、あいまいな感情などを伝えようとするときには、デジタル化はほぼ未完のままに送り出されると思っておいたほうがいいだろう。

[　4　]、伝えられたほうは、言葉を単にデジタル情報として、その辞書的な意味だけを読み取るのではなく、デジタル情報の隙間《すき》から漏れてしまったはずの相手の思いや感情を、自分の内部に再現する努力をしてはじめてコミュニケーションが成立するのである。真のコミュニケーションとは、ついに相手が言語化しきれなかった「間《あいだ》」を読みとろうとする努力以外のものではないはずである。それが[　c　]表現の[　d　]化であり、別名、「思いやり」とも呼ばれるところのものなのである。

二〇二三年度　佐野日本大学高等学校（第二回）

【国　語】（五〇分）〈満点：一〇〇点〉

一　次の各問いに答えなさい。

問一　次の傍線部と同じ漢字を用いるものを後から選びなさい。

利益をカンゲンする

1　カンジョウを済ませる
2　イッカンした考え方
3　カンキョウに配慮する
4　強制ソウカンされる

問二　「枯れ木も山のにぎわい」ということわざの意味として最も適当なものを次から選びなさい。

1　年季の入ったものほど重宝するものだ
2　つまらないものでもないよりはましだ
3　無駄に見えることほど大切にすべきだ
4　役に立たないものは見切りをつけるべきだ

問三　次の（　）に当てはまるものとして最も適当なものを後から選びなさい。

インターネットの普及が子供の思考力の低下を（　　）した

1　阻害　　2　助長　　3　啓蒙　　4　緩和

問四　次の（　）に当てはまる四字熟語として最も適当なものを後から選びなさい。

あの人はいつも穏やかなので、（　　）を絵に描いたような人だと言われる

1　八面六臂《ぴ》　　2　八方美人
3　温厚篤実　　4　平身低頭

問五　次の語の組み合わせの中で、類義語の関係になっていないものを選びなさい。

1　理解―会得　　2　手腕―技量
3　著名―有名　　4　真実―真価

問六　次の傍線部と同じ文法的性質のものを後から選びなさい。

彼の性格はほがらかだと言われている

1　明日からの天気は毎日穏やかだ
2　私の父の職業は会社員だ
3　飛行機がアメリカへ向かって飛んだ
4　今日はこれから雨が降るそうだ

問七　次の短歌の中で句切れがないものを選びなさい。

1　のど赤き玄鳥《つばくらめ》ふたつ屋梁《はり》にゐて足乳根《たらちね》の母は死にたまふなり
2　おりたちて今朝の寒さを驚きぬ露しとしとと柿の落ち葉深く
3　牡丹花《ほたんか》は咲き定まりて静かなり花の占めたる位置のたしかさ
4　街をゆき子供の傍《そば》を通る時蜜柑《みかん》の香せり冬がまた来る

問八　「十一月」の異名を次から選びなさい。

1　神無月　　2　文月　　3　霜月　　4　水無月

問九　「宮沢賢治」の作品として適当でないものを次から選びなさい。

1　『どんぐりと山猫』　　2　『銀河鉄道の夜』
3　『風の又三郎』　　4　『斜陽』

問十　次の傍線部を読む順番として適当なものを後から選びなさい。

懸ケテ二羊頭ヲ一売ル二狗肉ヲ一。

1　一番目　　2　二番目　　3　三番目　　4　四番目

二　次の文章を読んで、後の問いに答えなさい。

アナログとかデジタルという言葉も、もう普通に使われる言葉になってしまった。デジタルはディジット、つまり指に由来する言葉である。指折り数えるというような、離散的な量の表示である。

アナログは連続量と訳されることが多いが、もともとはアナ（類似の）とログ（論理）に由来する言葉である。ある量を別の何かの量に変えて表示すること。時間という連続量を、文字盤の上の針の角

英語解答

1 問１　3　　問２　4　　問３　1
問４　2　　問５　2　　問６　3

2 (1)　3　　(2)　1　　(3)　4　　(4)　3
(5)　1　　(6)　1　　(7)　3　　(8)　3
(9)　4　　(10)　3

3 問１　4　　問２　1　　問３　3

4 問１　2　　問２　2　　問３　2
問４　3　　問５　4

5 (1)　3　　(2)　1　　(3)　3　　(4)　1
(5)　4

6 (1)　3→1→4→2
(2)　4→2→3→1
(3)　1→3→2→4
(4)　2→4→1→3
(5)　4→1→3→2
(6)　4→2→1→3

7 問１　2　　問２　1　　問３　3
問４　2　　問５　4　　問６　4
問７　1…1　2…2　3…2

1〔放送問題〕解説省略

2〔適語(句)選択・語形変化〕

(1)two days ago「２日前」という過去を表す語句があるので，過去の文。文の意味から受け身にする必要はないのでエは不適。　buy－bought－bought　「父が私にこのカメラを２日前に買ってくれた」

(2)‘ask＋人＋to ～’「〈人〉に～するように頼む」　「私は弟〔兄〕に私のスーツケースを部屋まで運んでくれるように頼んだ」

(3)feel like ～ing「～したい気がする」　「私はこの冬，あまり遠くに行きたくない」

(4)boiled egg で「ゆで卵」。boiled「ゆでられた」は boil「ゆでる」の過去分詞。　「私の母はゆで卵入りのサラダをつくった」

(5)後ろにある were が文の述語動詞と考えられるので，空所にはその主語が入る。The people we met は people と we の間に目的格の関係代名詞が省略された‘名詞＋主語＋動詞’の形。　「私たちがレストランで会った人たちは，オーストラリア人だった」

(6)‘倍数詞＋as＋原級＋as ～’「～の―倍…だ」の構文。また，The bicycle he bought「彼が買った自転車」との比較の対象となるのは，me「私」ではなく mine「私のもの」（＝my bicycle）である。　「彼が買った自転車は私の自転車の２倍高価だった」

(7)until は「～まで(ずっと)」という‘継続’を表す。なお，by は「～までに」という‘期限’を表す。　「プレゼントは誕生日まで開けないでください」

(8)‘either *A* or *B*’「*A*と*B*のどちらか」　*cf.* ‘both *A* and *B*’「*A*と*B*の両方」　「あなたと私のどちらかが会議に出席しなくてはならない」

(9)keep ～ing「～し続ける」　「彼は疲れていたが，働き続けた」

(10)直後にあるのが the heavy rain「大雨」という名詞のみなので，後ろに文が必要な接続詞の because や as ではなく，前置詞句の because of ～「～のせいで，～が原因で」が入る。instead of ～「～の代わりに」　「大雨のせいで，試合は中止になった」

3 〔長文読解総合―Ｅメール〕

≪全訳≫宛先：サム／差出人：タクヤ／日付：５月14日／こんにちは，サム／元気？　昨日，やっと期末テストが終わったよ！　一緒に映画を見に行かない？　実は，見たい映画が２つあるんだ。１つはサッカー映画の『最初で最後のゲーム』。とてもおもしろいんだって。もう１つは『父と息子』だよ。映画雑誌の批評によると，とても心温まるらしいよ。どちらも先週末に公開され，とても人気なんだ。どっちの映画を見たい？　僕が行けるのは５月27～30日だけなんだ。映画の後に『父と息子』のイベントがあるそうだから，僕はすごく行きたいんだ。でも，５月31日までに宿題を終わらせる必要があるから，映画の後は市立図書館に行くつもりだよ。君はそれで大丈夫かな？

宛先：タクヤ／差出人：サム／日付：５月15日／こんにちは，タクヤ／メールをありがとう，それから，映画に誘ってくれてありがとう。僕は『父と息子』の方がいいな，テレビで宣伝を見てからずっと見たいと思っていたから。映画の後のイベントに行けなくても，僕は大丈夫だよ。インターネットでチケットの情報を見たよ。５月27，28日のチケットは，もう全部売り切れてた。でも，他の２日間のチケットはあるよ。５月29日は，家族と一緒におじいちゃんのところに行くから空いてないんだ。５月30日は，中学校で友達とバスケをする予定なんだ。でも，午後は空いてるから，２時30分開始の映画が一番いいな。もしよければ，インターネットでチケットを買うよ。

問１＜英問英答＞「タクヤとサムが映画『父と息子』を見に行くのは，いつか」―４．「５月30日の午後」　サムのメールの最後から３，２文目参照。

問２＜要旨把握＞タクヤのメールの最後から３，２文目参照。この内容に一致するのは，１．「タクヤは宿題を終わらせるために市の図書館に行かなければならない」。

問３＜内容真偽＞１．「タクヤは映画に行く前に宿題を終わらせる予定だ」…×　タクヤのメールの最後から２文目参照。「前」ではなく「後」である。　２．「サムは５月29日に祖母を訪ねる予定だ」…×　サムのメールの最後から４文目参照。「祖母」ではなく「祖父」である。　３．「サムはインターネットで映画のチケットを買う予定だ」…○　サムのメールの最終文に一致する。
４．「タクヤとサムは１時30分開始のサッカー映画を見る予定だ」…×　サムのメールの最後から２文目参照。「１時30分」ではなく「２時30分」である。またサッカーの映画ではない。

4 〔長文読解総合―対話文〕

≪全訳≫❶ルーシー（Ｌ）：これは何，アヤ？❷アヤ（Ａ）：これは，掃除する５つの場所を示しているの。各班が１週間１つの場所を掃除しなくちゃいけないのよ。❸Ｌ：これをどう使うの？❹Ａ：こんな感じよ。例えば，私は６班なのね。だから，今週は理科室を掃除するの。❺Ｌ：私はどの班なの？❻Ａ：あなたは３班よ。だから，今週は音楽室を掃除するの。❼Ｌ：わかったわ。来週はどうなの？❽Ａ：毎週，班が時計のように動くのよ。私は来週，体育館の掃除で，あなたは教室の掃除ね。❾Ｌ：オッケー。そして，毎週，どこも掃除しなくていい班が１つあるのね。❿Ａ：そのとおりよ。でも，例外があるの。私たちの学校では，月に１回，第２木曜日に掃除コンテストがあって，そのときは，仕事のない班が教室を掃除する班を手伝わなくてはいけないの。そして，明日がコンテストの日よ！⓫Ｌ：わかったわ。明日はどの班が教室を掃除するのかわかるわ。

問１＜要旨把握＞「教室」でクラスの掃除当番について話している会話と考えられる。

問２＜適語選択＞直後の文参照。music room「音楽室」の担当は「３班」である。

問３＜適語句選択＞アヤは６班，ルーシーは３班であり，今週はそれぞれ「理科室」「音楽室」の担当である。アヤが前文で，週ごとに班が時計回りに１つ動くと説明している。

問４＜要旨把握＞図を見ると，今週の教室の担当は４班であり，さらに，アヤの最後のセリフから，no work「仕事のない」班である「５班」も手伝うことがわかる。

問５＜内容真偽＞１．「クラスには５つの班がある」…×　図参照。６班までである。　２．「アヤは先週，教室を掃除しなければならなかった」…×　アヤは今週，理科室の当番なので，先週は休みだったとわかる。　３．「アヤは１週間コンピューター室を掃除した後，体育館を掃除する予定だ」…×　図より，コンピューター室の後は音楽室の順になる。　４．「この学校には毎月掃除コンテストがある」…○　第10段落の内容に一致する。

5〔**長文読解─適語(句)選択─エッセー**〕

≪全訳≫❶私たちのクラスの新入生のマイは，ベトナムから来た。彼女が私たちに英語で自己紹介をしたとき，私は彼女の大きな自信に感心した。彼女はクラスの前で話しているとき，とても快適そうに見え，全く緊張していないように見えた。私はプレゼンをしなければいけないとき，よく恥ずかしくなる。だから，私にとってはまだ難しくはあるが，今は彼女と同じくらい上手に話そうと努力している。**❷**ある日，私は学校の行事でマイのお母さんにばったり会った。マイと私は同級生ですと彼女に話すと，彼女はうれしそうな顔をして，娘のことを話し始めた。私は彼女の話を聞きながら，その話にとても驚いた。マイは以前はほとんど自信がなかったのだ。お母さんは「マイは以前は内気な女の子だったの。でも，彼女は前向きになろうと決めたのね。それ以来，彼女は大きく変わったわ。たとえ間違っても，あまり気にしなくなったの。今では，彼女は私よりも上手に日本語も話すのよ」と言っていた。**❸**マイのお母さんの話は，私を大いに勇気づけた。私は今，次のことを理解している。良いプレゼンをしたいなら，間違うことを恐れてはいけないのだ。今度，人前でスピーチをしなければならないときは，私はリラックスしてベストを尽くすつもりだ。

＜解説＞(1)直前の looked very comfortable「とても快適そうに見えた」と and で並んでいるので，did not seem nervous at all「全く緊張していないように見えた」とつながる。‘look〔seem〕＋形容詞’「～(の状態)に見える」　not ～ at all「全く～ない」　(2)空所前後の内容が‘逆接’の関係になっている。‘though＋主語＋動詞…’で「～だが」。　(3)直前で述べた「驚いた」理由となる部分。今と違ってマイが前は「ほとんど自信がなかった」と聞いたから驚いたのである。　(4)文頭にある‘逆接’の But に着目すれば，shy「内気な」と対照的な意味の言葉が入るとわかる。positive「前向きな，ポジティブな」　used to ～「(かつては)～だった」　(5)スピーチをするときの心がけとして適切なものを選ぶ。　relax「リラックスする，くつろぐ」

6〔**長文読解─整序結合─説明文**〕

≪全訳≫❶英語は世界中の多くの人々(1)によって使われている言語である。英語はイギリス，カナダ，アメリカ，オーストラリア，ニュージーランドなどの国々で話されている。さらに，世界の他の地域でも話されている。(英語)より多くの人々によって話されているのは中国語だけだ。**❷**一部の国々では，多くの異なる言語が話されている。ある国では，人々は10以上の言語を持っている。ある言語がその国のある地域で話されており，別の言語がその国の別の地域で話されている。その国の異なる地域出身の２人が出会ったとき，(2)相手が話している言語を知らないので，お互いを理解できない。どうやって，異なる母語の人々がお互いを理解できるだろうか。そういった場合，たいていは英語が使われている。❸ビジネスでは，英語は共通言語である。ある国から物を買って，別の国に売る人もいるので，彼らは(3)自分たちが英語を学ぶことは重要だと考えている。多くの国では，学生は英語と母国語の２つの言語を学ばなければならず，多くの学校は，英語(4)でほとんど全ての授業を行っている。❹科学者たちは，自分たちが研究していること(5)について話すために集まることが多い。彼らはさまざまな国々の出身だ。彼らの大半は英語で読み書きができるので，英語が共通語として使われることが非常に多い。❺英語は現在，世界の多くの人々の言語である。世界のさまざまの地域に，英語のさまざまな話し方や発音の仕方がある。ときには，アメリカ人でさえ，イギリス人の言うことを理解できない。英語は(6)場所によって異なり，少しずつ変化しているのだ。

＜解説＞(1)前後を含めて「多くの人に話されている言語」という意味になると推測できる。which を主格の関係代名詞として使い，'be＋過去分詞＋by ～'「～によって…される」という受け身の形をつくる。 English is a language which is used by a lot of people all over the world.　(2)動詞 know の目的語として the language を置く。残りは the other person speaks とまとまり，これで the language を後ろから修飾する。the language と the other person の間に，目的格の関係代名詞が省略されている形。 … they don't know the language the other person speaks.　(3)'It is ～ for … to —'「…が〔…にとって〕—することは～だ」の形式主語構文。 … they believe it is important for them to learn English.　(4)'almost all the＋名詞の複数形'で「ほとんど全ての～」という意味になる。 'in＋言語'「〈言語〉で」 … a lot of schools give almost all the lessons in English.　(5)「研究していることを話し合うために集まる」という意味になると推測できる。 talk about ～「～について話す」 Scientists often meet to talk about things they are studying.　(6)from place to place で「場所によって」という意味を表せる。 English is different from place to place and changes little by little.

7〔長文読解総合—エッセー〕

≪全訳≫❶ある日の午後，私は父から，彼の家具屋で販売に関する全てを学んだ。私は12歳だった。❷私が父の手伝いをしていると，１人のおばあさんが店に入ってきた。私は父に彼女を応対してもいいですかと尋ねた。「もちろん」と父は答えた。❸「お手伝いしましょうか？」❹「ええ，お若い方。あなたのお店でソファーを買ったのだけど，脚がはずれちゃったのよ。いつ修理してくれるかを知りたいの」❺「いつお買いになったんですか？」❻「10年くらい前よ」❼彼女は私たちが彼女の古いソファーを無料で修理すると思っている，と私は父に伝えた。父は，午後に彼女の家に行くと彼女に伝えるように言った。❽彼女の家で新しい脚をねじで取りつけた後，私たちは店に戻った。車で家に戻っているとき，父が私に「どうしたんだい？　息子よ」と尋ねた。❾「僕が大学に行きたがってるのは知ってるよね。いつもお客さんの家に行って，無料で家具を修理していたら，破産しちゃうよ！」❿「お前はいずれにせよ，あの修理作業のやり方を学ばなければならなかったんだ。そのうえ，お前は一番重要な部分を見落としていた。私たちがソファーをひっくり返したときに，お前は店の札に気づかなかった。彼女はソファーを私たちの店ではなく，別の店で買っていたんだ」⓫「僕たちはあの仕事を無料でやって，彼女は私たちのお客さんですらない，ってこと？」⓬父は私を真剣に見つめて，こう言った。「今は私たちのお客さんだ」⓭２日後，彼女は私たちの店に戻ってきて，新しい家具を私から数千ドルで買った。

私たちがその家具を届けると，彼女は5ドル札，10ドル札，20ドル札，50ドル札，100ドル札でいっぱいの大きな箱を，台所のテーブルの上に置いた。「家具に必要なお札を全部持っていって。私はあなたを信頼しています。残りの人生，家具は全てあなたの店で買うわ」と彼女は言って，部屋を出ていった。
⓮私はそれ以来，30年間，販売をしている。私はこれまで，働いてきた全ての店で仕事がうまくいってきた，というのも全てのお客さんに敬意を持って接しているからだ。

問1＜適文選択＞May I help you？は，店員が客に対して話しかけるときの定型表現。

問2＜適語句選択＞第4段落最終文より，おばあさんは，修理にいつ来てくれるのかを知りたがっており，空所を含む文が，それに対する返答となっていることを読み取る。

問3＜文脈把握＞直後の息子の返答から，おばあさんに対する父親の対応に息子が不満を感じていたことが読み取れる。何でもかんでも無料で修理していたら，やっていけなくなるのではないかと息子は思っていたのである。　repair「～を修理する」　for free「無料で」

問4＜英文解釈＞下線部(2)の「一番重要な部分を見落としていた」の具体的な内容は次の2文で説明されている。2．「おばあさんは父の店でソファーを買わなかった」は，その内容に一致する。　'not *A* but *B*'「*A*ではなく*B*」

問5＜英文解釈＞下線部(3)は，その前で息子が言ったshe's not even our customer？という部分に対する返答になっていることを読み取る。重複となるour customerが省略されているのである。

問6＜内容一致＞「息子が父親から学んだ重要な教訓は(　　)」―4．「敬意を持ってお客さんに応対すること」　最終段落最終文参照。　treat「～を扱う，待遇する」

問7＜内容真偽＞1．「息子は自分の家族が貧しくなるのを恐れたので，父にソファーを無料で修理してほしくなかった」…○　第9段落の内容に一致する。　**2**．「10年前，おばあさんは父の店からだけでなく，別の店からもソファーを買った」…×　第10段落最終文参照。'not only *A* but (also) *B*'「*A*だけでなく*B*も」　**3**．「おばあさんは父の修理作業が気に入らなかったので，費用を払うのを拒否した」…×　おばあさんは父の対応が気に入り，その後お得意様になった。

数学解答

1 (1) 9　(2) イ…1　ウ…6

(3) エ…7　オ…4　カ…1　キ…2

(4) ク…2　ケ…5　コ…3

(5) サ…1　シ…2

(6) ス…4　セ…3

2 (1) ア…7　イ…6

(2) ウ…5　エ…1　オ…3　カ…6

(3) キ…3　ク…3

(4) ケ…1　コ…6　(5) 4

(6) シ…1　ス…4　(7) ④

(8) ソ…7　タ…5　(9) 8

(10) ツ…5　テ…3　ト…2

3 (1) 7

(2) イ…3　ウ…9　エ…0　オ…0

カ…5　キ…0　ク…0

(3) ケ…2　コ…0　サ…0　シ…3

ス…0　セ…0

4 (1) 2　(2) 8

(3) ウ…1　エ…3　オ…3　カ…2

5 (1) ア…3　イ…2　ウ…③

(2) エ…3　オ…6　カ…2

(3) キ…2　ク…1　ケ…1　コ…7

1 〔独立小問集合題〕

(1)＜数の計算＞与式$=6-3+6=9$

(2)＜数の計算＞与式$=\left(\frac{21}{28}-\frac{8}{28}\right)\times\frac{6}{13}-\frac{1}{21}=\frac{13}{28}\times\frac{6}{13}-\frac{1}{21}=\frac{3}{14}-\frac{1}{21}=\frac{9}{42}-\frac{2}{42}=\frac{7}{42}=\frac{1}{6}$

(3)＜式の計算＞与式$=\frac{3(3x-2y)-2(x-y)}{12}=\frac{9x-6y-2x+2y}{12}=\frac{7x-4y}{12}$

(4)＜式の計算＞与式$=\frac{4}{9}x^6y^4\div4x^2y^4\times18xy^3=\frac{4x^6y^4}{9}\times\frac{1}{4x^2y^4}\times18xy^3=\frac{4x^6y^4\times1\times18xy^3}{9\times4x^2y^4}=2x^5y^3$

(5)＜数の計算＞与式$=\left(\sqrt{3^2\times3}-\frac{3\times\sqrt{3}}{\sqrt{3}\times\sqrt{3}}\right)^2=\left(3\sqrt{3}-\frac{3\sqrt{3}}{3}\right)^2=(3\sqrt{3}-\sqrt{3})^2=(2\sqrt{3})^2=4\times3=12$

(6)＜式の計算―因数分解＞与式$=(2x^2+7x-6x-21)-(x^2-9)=2x^2+x-21-x^2+9=x^2+x-12=(x+4)(x-3)$

2 〔独立小問集合題〕

(1)＜二次方程式―解の利用＞２つの二次方程式$x^2-ax+b=0$，$x^2+ax-8=0$は，ともに$x=1$を解に持つので，$x=1$を$x^2-ax+b=0$に代入して，$1^2-a\times1+b=0$，$-a+b=-1$……①となり，$x^2+ax-8=0$に代入して，$1^2+a\times1-8=0$，$a=7$……②となる。②を①に代入して，$-7+b=-1$，$b=6$である。

(2)＜二次方程式＞解の公式より，$x=\frac{-(-5)\pm\sqrt{(-5)^2-4\times3\times1}}{2\times3}=\frac{5\pm\sqrt{13}}{6}$である。

(3)＜関数―a，bの値＞関数$y=ax^2$において，xの変域が$1\leqq x\leqq3$のときのyの変域が$b\leqq y\leqq27$より，yの値は正の値をとっているので，$a>0$である。これより，関数$y=ax^2$は，xの絶対値が大きくなるとyの値も大きくなる関数である。よって，xの絶対値が最大の$x=3$のときyは最大の$y=27$となるから，$27=a\times3^2$より，$a=3$である。関数は$y=3x^2$となるから，xの絶対値が最小の$x=1$のときyは最小の$y=b$であることより，$b=3\times1^2$，$b=3$となる。

(4)＜関数―yの値＞yはxに反比例するので，比例定数をaとすると，$y=\frac{a}{x}$と表せ，$xy=a$となる。$x=4$のとき$y=-\frac{3}{2}$であるから，$4\times\left(-\frac{3}{2}\right)=a$より，$a=-6$となる。よって，反比例の式は$y=-\frac{6}{x}$となるから，$x=-\frac{3}{8}$のとき，$y=-6\div x=-6\div\left(-\frac{3}{8}\right)=-6\times\left(-\frac{8}{3}\right)=16$である。

(5)＜数の性質＞xが整数より，x^2は0以上の整数だから，$20-x^2$は20以下の整数となる。よって，$\sqrt{20-x^2}$が整数となるとき，考えられる$20-x^2$の値は，$20-x^2=0$，1，4，9，16である。$20-x^2=0$のとき，$x^2=20$だから，これを満たす整数xはない。$20-x^2=1$のとき，$x^2=19$だから，これを満たす整数xはない。$20-x^2=4$のとき，$x^2=16$より，$x=\pm4$となる。$20-x^2=9$のとき，$x^2=11$だから，これを満たす整数xはない。$20-x^2=16$のとき，$x^2=4$より，$x=\pm2$となる。以上より，$\sqrt{20-x^2}$が整数となるような整数xは，$x=\pm2$，±4の4個ある。

(6)＜確率―さいころ＞大小2つのさいころを同時に投げるとき，それぞれ6通りの目の出方があるから，目の出方は全部で$6\times6=36$(通り)ある。このうち，大きいさいころの目の数が小さいさいころの目の数の2倍以上になるのは，(大，小)＝(2，1)，(3，1)，(4，1)，(4，2)，(5，1)，(5，2)，(6，1)，(6，2)，(6，3)の9通りだから，求める確率は$\frac{9}{36}=\frac{1}{4}$である。

(7)＜データの活用＞男子生徒20人の記録の中央値が50回なので，その記録を小さい順に並べたときの10番目と11番目の記録の平均が50回となる。このとき，10番目と11番目の記録がともに50回か，10番目の記録が50回より小さく11番目の記録が50回より大きいことが考えられる。10番目と11番目の記録がともに50回とすると，少なくとも10番目から20番目の11人の記録は50回以上となる。10番目の記録が50回より小さく11番目の記録が50回より大きいとすると，11番目から20番目の10人の記録が50回以上となる。以上より，記録が50回以上であった生徒は少なくとも10人いるので，正しいのは④である。

(8)＜平面図形―角度＞右図1のように，点Oと点Bを結ぶ。円Oの半径よりOB＝OCだから，△OBCは二等辺三角形であり，∠OBC＝∠OCB＝40°より，∠BOC＝180°－∠OBC－∠OCB＝180°－40°－40°＝100°となる。$\overset{\frown}{\mathrm{BC}}$に対する円周角と中心角の関係より，∠BAC＝$\frac{1}{2}$∠BOC＝$\frac{1}{2}\times100°=50°$となり，△ABCはAB＝ACの二等辺三角形だから，∠DBC＝∠ACB＝(180°－∠BAC)÷2＝(180°－50°)÷2＝65°である。よって，△DBCで，∠BDC＝180°－∠DBC－∠BCD＝180°－65°－40°＝75°となる。

図1

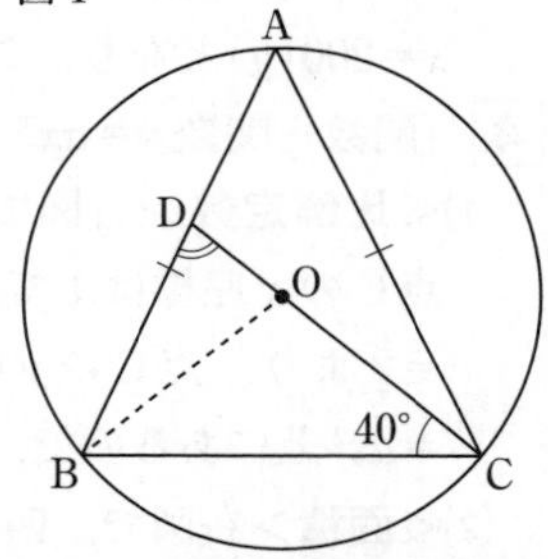

(9)＜空間図形―長さ＞四角錐の高さをh cmとする。四角錐は，底面が1辺6cmの正方形，体積が96cm³だから，四角錐の体積について，$\frac{1}{3}\times6\times6\times h=96$が成り立つ。これより，$h=8$(cm)となる。

(10)＜平面図形―面積＞右図2で，∠ACB＝30°，∠ABC＝90°より，△ABCは3辺の比が$1:2:\sqrt{3}$の直角三角形だから，BC＝$\sqrt{3}$AB＝$\sqrt{3}\times4=4\sqrt{3}$となり，△ABC＝$\frac{1}{2}$×AB×BC＝$\frac{1}{2}\times4\times4\sqrt{3}=8\sqrt{3}$となる。次に，辺ACと$\overset{\frown}{\mathrm{BC}}$の交点をDとし，点Oと点Dを結ぶと，$\overset{\frown}{\mathrm{BD}}$に対する円周角と中心角の関係より，∠BOD＝2∠BCD＝2×30°＝60°となるから，OD＝OB＝OC＝$\frac{1}{2}$BC＝$\frac{1}{2}\times4\sqrt{3}=2\sqrt{3}$より，〔おうぎ形OBD〕＝$\pi\times(2\sqrt{3})^2\times\frac{60°}{360°}=2\pi$となる。さらに，点Dから辺BCに垂線DHを引くと，△ODHは3辺の比が$1:2:\sqrt{3}$の直角三角形になるから，DH＝$\frac{\sqrt{3}}{2}$OD＝$\frac{\sqrt{3}}{2}\times2\sqrt{3}=3$となり，△OCD＝$\frac{1}{2}$×OC×DH＝$\frac{1}{2}\times2\sqrt{3}\times3=3\sqrt{3}$である。以上より，斜線部の面積は，△ABC－〔おうぎ形OBD〕－△OCD＝$8\sqrt{3}-2\pi-3\sqrt{3}=5\sqrt{3}-2\pi$(cm²)となる。

図2

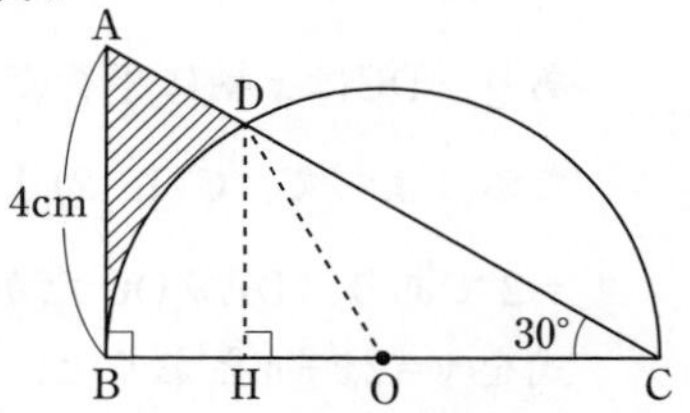

3 〔数と式―連立方程式の応用〕

(1)＜濃度＞容器Aには8％の食塩水が300g入っていて，これに，容器Bから取り出した4％の食塩水を100g入れるので，容器Aの食塩水の量は $300+100=400$(g)となる。また，8％の食塩水300gに含まれる食塩の量は $300\times\frac{8}{100}=24$(g)，4％の食塩水100gに含まれる食塩の量は $100\times\frac{4}{100}=4$(g)だから，このとき容器Aに入っている食塩水に含まれる食塩の量は $24+4=28$(g)となる。よって，この食塩水の濃度は $\frac{28}{400}\times100=7$(％)となる。

(2)＜立式＞容器Aは，300gのうちの x gの食塩水を取り出して，容器Bから取り出した y gの食塩水を入れるので，5％の食塩水は $300-x+y$gできる。このとき，8％の食塩水 $300-x$gと4％の食塩水 y gが混ざって5％の食塩水 $300-x+y$gとなるので，含まれる食塩の量について，$(300-x)\times\frac{8}{100}+y\times\frac{4}{100}=(300-x+y)\times\frac{5}{100}$ が成り立ち，$2400-8x+4y=1500-5x+5y$，$3x+y=900$……①となる。一方，容器Bは，500gのうちの y gの食塩水を取り出して，容器Aから取り出した x gの食塩水を入れるので，6％の食塩水は $500-y+x$gできる。このとき，8％の食塩水 x gと4％の食塩水 $500-y$gが混ざって6％の食塩水 $500-y+x$gとなるので，含まれる食塩の量について，$x\times\frac{8}{100}+(500-y)\times\frac{4}{100}=(500-y+x)\times\frac{6}{100}$ が成り立ち，$8x+2000-4y=3000-6y+6x$，$2x+2y=1000$，$x+y=500$……②となる。

(3)＜x，y の値＞(2)の①，②を連立方程式として解くと，①－②より，$3x-x=900-500$，$2x=400$，$x=200$(g)となり，これを②に代入して，$200+y=500$，$y=300$(g)となる。

4 〔関数―関数 $y=ax^2$ と一次関数のグラフ〕

(1)＜比例定数＞右図で，四角形ABCDは正方形だから，B(1，0)より，点Cの x 座標は1である。また，A(－1，0)だから，$BC=AB=1-(-1)=2$ より，点Cの y 座標は2であり，C(1，2)である。点Cは放物線 $y=ax^2$ 上にあるので，$2=a\times1^2$ より，$a=2$ となる。

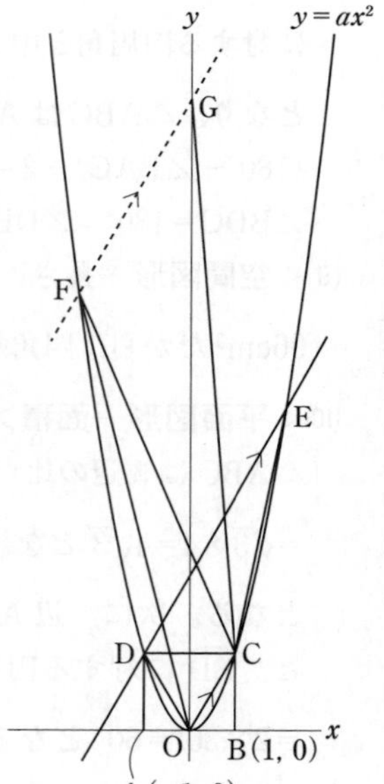

(2)＜面積＞右図で，四角形OCEDの面積は，△OCD＋△CDEで求められる。四角形ABCDが正方形だから，DCは x 軸に平行であり，$DC=AB=2$ である。△OCDは，DCを底辺と見ると，高さは $BC=2$ なので，$\triangle OCD=\frac{1}{2}\times2\times2=2$ である。次に，2点C，Dは放物線 $y=2x^2$ 上にあり，DCは x 軸に平行だから，2点C，Dは y 軸について対称な点となる。よって，C(1，2)より，D(－1，2)である。直線OCの傾きは $\frac{2}{1}=2$ であり，DE∥OCだから，直線DEの傾きも2である。直線DEの式を $y=2x+b$ とおくと，点Dを通ることより，$2=2\times(-1)+b$，$b=4$ となり，直線DEの式は $y=2x+4$ となる。点Eは放物線 $y=2x^2$ と直線 $y=2x+4$ の交点であるから，$2x^2=2x+4$，$x^2-x-2=0$，$(x+1)(x-2)=0$ より，$x=-1$，2となり，点Eの x 座標は2である。点Eの y 座標は $y=2\times2^2=8$ となるので，△CDEは，底辺をDCと見ると，高さは，2点E，Cの y 座標の差より，$8-2=6$ となり，$\triangle CDE=\frac{1}{2}\times2\times6=6$ となる。以上より，四角形OCEDの面積は，$\triangle OCD+\triangle CDE=2+6=8$ となる。

(3)＜x 座標＞右上図で，(2)より，△OCF＝〔四角形OCED〕＝8である。△OCG＝8となる点Gを y 軸上の正の部分にとると，$\triangle OCF=\triangle OCG$ より，$FG /\!/ OC$ となる。直線 OC の傾きは2だから，直線 FG の傾きも 2 となる。また，$\triangle OCG$ の底辺を OG と見ると，点Cの x 座標が1より，高さは1だから，$\triangle OCG$ の面積について，$\frac{1}{2}\times OG\times 1=8$ が成り立ち，$OG=16$ となる。これより，G(0, 16)であり，直線 FG の切片は16だから，直線 FG の式は $y=2x+16$ である。よって，点Fは放物線 $y=2x^2$ と直線 $y=2x+16$ の交点となる。この 2 式より，$2x^2=2x+16$，$x^2-x-8=0$ となり，解の公式より，$x=\frac{-(-1)\pm\sqrt{(-1)^2-4\times1\times(-8)}}{2\times1}=\frac{1\pm\sqrt{33}}{2}$ となる。点Fの x 座標が負より，$x<0$ だから，$x=\frac{1-\sqrt{33}}{2}$ であり，点Fの x 座標は $\frac{1-\sqrt{33}}{2}$ である。

5 〔空間図形―立方体〕

(1)**＜長さ，切り口の形＞**右図で，立体ABCD-EFGH は立方体であり，点P，点Qはそれぞれ辺 AB，辺 AD の中点だから，$AP=AQ=\frac{1}{2}AB=\frac{1}{2}\times6=3$，$\angle PAQ=90^\circ$ である。よって，$\triangle APQ$ は直角二等辺三角形だから，$PQ=\sqrt{2}AP=\sqrt{2}\times3=3\sqrt{2}$(cm)である。次に，直線 PQ と辺 CB の延長，辺 CD の延長との交点をそれぞれR，Sとし，線分 GR と辺 BF の交点をT，線分 GS と辺 DH の交点をUとする。3点P，Q，Gを通る平面は，点R，点Sも通るので，このことから，辺 BF と点Tで，辺 DH と点Uで交わる。したがって，切り口の図形Kは，五角形 PTGUQ となる。

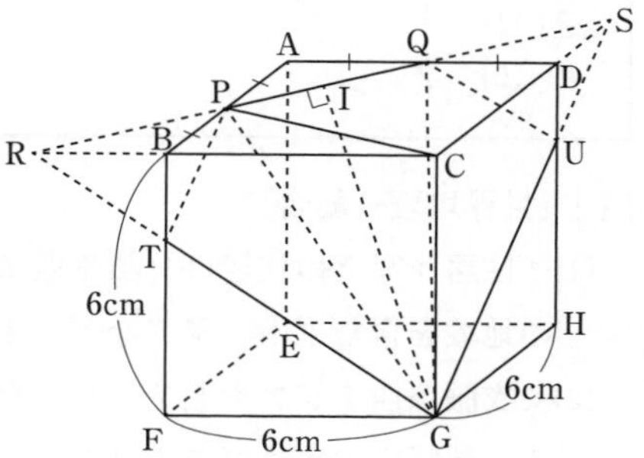

(2)**＜長さ―三平方の定理＞**右上図で，点Pと点Cを結ぶ。$BP=AP=3$，$\angle PBC=90^\circ$ だから，$\triangle PBC$ で三平方の定理より，$PC^2=BP^2+BC^2=3^2+6^2=45$ となる。また，CG⊥〔面 ABCD〕より $\angle PCG=90^\circ$ だから，$\triangle PCG$ で三平方の定理より，$PG=\sqrt{PC^2+CG^2}=\sqrt{45+6^2}=\sqrt{81}=9$ である。同様にして，$QG=9$ である。(1)より，$PQ=3\sqrt{2}$ だから，$\triangle PQG$ の周の長さは，$PG+QG+PQ=9+9+3\sqrt{2}=18+3\sqrt{2}=3(6+\sqrt{2})$cm となる。

(3)**＜面積＞**右上図で，$BP=AP$，$\angle PBR=\angle PAQ=90^\circ$，$\angle BPR=\angle APQ$ より，$\triangle BPR\equiv\triangle APQ$ だから，$PR=PQ$ である。同様にして，$\triangle APQ\equiv\triangle DSQ$ だから，$PQ=SQ$ である。よって，$PR=PQ=SQ$ となるから，$\triangle PRG=\triangle PQG=\triangle QSG$ であり，$\triangle RSG=3\triangle PQG$ である。また，〔面 ABFE〕//〔面 DCGH〕より，$PT /\!/ SG$ となるから，$\triangle RPT\backsim\triangle RSG$ である。相似比は $RP:RS=1:3$ であるから，$\triangle RPT:\triangle RSG=1^2:3^2=1:9$ となり，$\triangle RPT=\frac{1}{9}\triangle RSG=\frac{1}{9}\times3\triangle PQG=\frac{1}{3}\triangle PQG$ となる。同様に，$\triangle QSU=\frac{1}{3}\triangle PQG$ となる。したがって，図形Kの面積は，〔五角形 PTGUQ〕$=\triangle RSG-\triangle RPT-\triangle QSU=3\triangle PQG-\frac{1}{3}\triangle PQG-\frac{1}{3}\triangle PQG=\frac{7}{3}\triangle PQG$ と表せる。点Gから線分 PQ に垂線 GI を引くと，$\triangle PQG$ は $PG=QG$ の二等辺三角形だから，点Iは線分 PQ の中点となり，$PI=\frac{1}{2}PQ=\frac{1}{2}\times3\sqrt{2}=\frac{3\sqrt{2}}{2}$ である。$\triangle PGI$ で三平方の定理より，$GI=\sqrt{PG^2-PI^2}=\sqrt{9^2-\left(\frac{3\sqrt{2}}{2}\right)^2}=\sqrt{\frac{306}{4}}=\frac{3\sqrt{34}}{2}$ となるので，$\triangle PQG=\frac{1}{2}\times PQ\times GI=\frac{1}{2}\times3\sqrt{2}\times\frac{3\sqrt{34}}{2}=\frac{9\sqrt{17}}{2}$ となる。以上より，図形Kの面積は，〔五角形 PTGUQ〕$=\frac{7}{3}\triangle PQG=\frac{7}{3}\times\frac{9\sqrt{17}}{2}=\frac{21\sqrt{17}}{2}$(cm²)である。

2023年度／佐野日本大学高等学校（第２回）

社会解答

1 (1) 3　(2) 2　(3) 1　(4) 4
(5) 3　(6) 1

2 (1) 4　(2) 3　(3) 2　(4) 3
(5) 4

3 (1) 1　(2) 3　(3) 1　(4) 4

4 (1) 2　(2) 1　(3) 3　(4) 2
(5) 2

5 (1) 1　(2) 1　(3) 2　(4) 4
(5) 2

6 (1) 3　(2) 1　(3) 3　(4) 2
(5) 4　(6) 2　(7) 2

7 (1) 4　(2) 2　(3) 2

8 (1) 4　(2) 2　(3) 1　(4) 2
(5) 2　(6) 1

9 (1) 2　(2) 1　(3) 3　(4) 4
(5) 4

10 (1) ア…3　イ…1　(2) 2
(3) 2

1〔世界地理―総合〕

(1)**＜住居＞**写真の住居は，熱や湿気がこもらないように高床につくられた住居で，Ｃのインドネシアの地域を含む東南アジアなど，１年を通じて気温が高く，降水量も多い熱帯の地域に見られる。

(2)**＜衣服＞**西アジアや北アフリカなど，イスラム教徒の多い地域では，布で全身を覆う衣装が見られる。地図中のイはパキスタンで，国民のほとんどがイスラム教を信仰している。写真の白い衣装はシャルワール・カミーズと呼ばれる民族衣装である。

(3)**＜南アメリカ州の歴史と社会＞**南アメリカ州は，かつてヨーロッパ州のスペインやポルトガルの支配を受けた。先住民のインディオとヨーロッパ州の白人との混血の人々は，メスチーソと呼ばれる（１…○）。なお，インカ帝国を滅ぼしたのは，スペイン人である（２…×）。白人以外の移民を制限する白豪主義がとられたのは，オーストラリアである（３…×）。南アメリカ州の植民地では，先住民のインディオのほか，アフリカ大陸から連れてこられた黒人の人々が奴隷として働かされた（４…×）。

(4)**＜フィリピン＞**地図中のＸはフィリピンである。フィリピンはASEAN〔東南アジア諸国連合〕の加盟国である（Ａ…誤）。フィリピンはかつてスペインやアメリカの支配下にあった（Ｂ…誤）。

(5)**＜モンゴル＞**地図中のＹはモンゴルである。モンゴルでは広大な草原を利用した遊牧が行われている（Ａ…誤）。モンゴル帝国のフビライ=ハンは，13世紀，日本に服属を求めたが鎌倉幕府の第８代執権北条時宗に拒否されたため，２度にわたり日本を攻めた（Ｂ…正）。

(6)**＜黒土地帯＞**黒海北側のウクライナを中心とする黒土地帯は肥沃で世界的な小麦の産地であり，ウクライナの小麦の生産量は世界第８位である（2020年）。

2〔地理・歴史総合―総合〕

(1)**＜気候＞**イギリスの首都ロンドンの気候は，高緯度のわりに冬は温暖で，降水量は年間を通して少ない西岸海洋性気候である。なお，１は夏に乾燥する地中海性気候，２は夏と冬の気温差が大きく冬の寒さが厳しい冷帯〔亜寒帯〕気候，３は夏と冬の気温差が大きく年間の降水量が多い温暖湿潤気候の特色を表している。

(2)**＜日本の産業革命＞**明治時代後半に操業を始めた八幡製鉄所は民営ではなく官営だった（Ａ…誤）。

明治時代初期の富岡製糸場以来，紡績業や製糸業では工女と呼ばれた女性が労働力となった。当時の女性労働者は，低賃金・長時間労働という劣悪な労働条件で働いていた（B…正）。

(3)＜**フランス革命**＞1789年のフランス革命では，国民主権や私有財産の不可侵などを唱える人権宣言が発表された（A…正）。クロムウェルが国王を処刑したのは，17世紀半ばのイギリスのピューリタン革命のときである（B…誤）。

(4)＜**安土桃山時代～江戸時代**＞江戸時代，大商人の多い大阪に諸藩は蔵屋敷を建て，大阪は「天下の台所」と呼ばれた（3…○）。なお，織田信長が自害した本能寺は，京都にある（1…×）。大阪の役〔陣〕で豊臣氏を滅ぼしたのは，徳川家康である（2…×）。江戸時代後半，飢饉《ききん》に苦しむ民衆のために反乱を起こした大阪町奉行所の役人は，大塩平八郎である（4…×）。

(5)＜**愛知県**＞名古屋を中心とした工業地帯は，中京工業地帯で，東海工業地域は静岡県の工業地域である（A…誤）。日照時間が長く，降水量が少ない気候で柑橘類などの栽培が盛んなのは，瀬戸内地域である（B…誤）。

3〔**日本地理─自然環境**〕

(1)＜**縮尺**＞主曲線が10mごとに，計曲線が50mごとに引かれているので，この地形図の縮尺は2万5千分の1である。

(2)＜**扇状地**＞扇状地の中央部は水はけがよく，河川が地下にしみ込んでしまうため，果樹園などに利用されてきた（A…誤）。扇状地の末端では地下にしみ込んでいた水が湧き出すので集落ができやすい（B…正）。

(3)＜**マングローブ**＞写真の樹木群は，熱帯や亜熱帯に属する地域の河口付近に見られるマングローブである。このような樹木群は，水面下に伸びた根が魚の隠れ場所となるなど，多様な生物の生息地としての役割がある。日本では1の奄美大島を含む奄美群島や沖縄県などに見られる。

(4)＜**カルデラ**＞火山の噴火による山頂部の陥没などによってできたくぼ地をカルデラという。写真は九州地方の阿蘇山で，外輪山の内側に巨大なカルデラが形成されている。なお，カルストとは，石灰岩が雨水などによって溶けてできた地形で，日本では，山口県の秋吉台が知られ，その地下にある秋芳洞と呼ばれる鍾乳洞《しょうにゅうどう》が名高い。シラスは鹿児島県を中心にした地域に見られる火山灰地である。ポルダーとは，オランダの干拓地のことである。

4〔**歴史─平安時代～戦国時代**〕

(1)＜**平将門の乱，藤原純友の乱**＞10世紀前半に，新皇と名乗り，関東地方で反乱を起こしたのは平将門，ほぼ同時期に瀬戸内地方で反乱を起こしたのは藤原純友である。

(2)＜**保元の乱，平治の乱**＞1156年，保元の乱では，後白河天皇と兄の崇徳上皇がそれぞれ平氏・源氏の武士を味方につけて対立し，平清盛や源義朝らを味方にした天皇側が勝利した（A…正）。保元の乱の後，1159年の平治の乱では，平清盛が源義朝を破り，義朝の子の源頼朝が伊豆へ流されるとともに，清盛が政治の実権を握るきっかけとなった（B…正）。

(3)＜**承久の乱，応仁の乱**＞ウ．鎌倉時代前半の1221年，後鳥羽上皇率いる朝廷軍は，鎌倉幕府軍に敗れ，後鳥羽上皇は隠岐に流された。これを承久の乱と呼ぶ。　エ．室町時代半ばの1467年，将軍の後継ぎ問題をきっかけに京都で戦乱が起こり，この戦乱をきっかけに戦国時代が始まった。この戦乱を，応仁の乱と呼ぶ。

⑷＜**戦国時代**＞戦国時代，戦火を逃れて僧侶や公家が地方に下ったため，京都の文化が地方に広まった（A…正）。大友氏は九州の戦国大名で，戦国時代に西日本の文化の中心地となった山口は，大内氏の城下町である（B…誤）。

⑸＜**院政**＞白河上皇が院政を始めたのは，平安時代後期の1086年のことである。したがって，カードXは，平安時代中期（10世紀）のカード①と平安時代末期（12世紀）のカード②の間に入る。

5〔歴史―江戸時代〕

⑴＜**江戸時代の出来事**＞1825年，江戸幕府は異国船打払令を出した。なお，レザノフの来航は1804年のこと，天保の改革の開始は1841年のこと，アヘン戦争が起こったのは1840年のことである。

⑵＜**室町時代の産業**＞室町時代には，農業生産力の増加などを背景にして各地で手工業が発達し，さまざまな特産物が生まれた（A…正）。室町時代には，宋銭・明銭の流通などを背景に，高い利子でお金を貸す金融業を営む土倉・酒屋が現れた（B…正）。

⑶＜**五街道**＞箱根関所と新居関所は，ともに東海道に設けられた関所で，箱根関所は神奈川県の西部，新居関所は静岡県の西部に位置していた。

⑷＜**飛脚**＞江戸時代の通信手段は，飛脚である。なお，馬借・車借は陸上運送業者，問丸は港などで商品の保管・販売・運送などを行った業者である。

⑸＜**江戸時代の航路**＞北陸地方から北上して津軽海峡を通って太平洋に出て江戸に向かう航路を東廻り航路，北陸地方から日本海岸を西に向かい，関門海峡を通って瀬戸内海経由で大阪に向かう航路を西廻り航路と呼んだ。

6〔歴史―明治時代以降〕

⑴＜**北海道に関する出来事**＞明治時代，札幌農学校にお雇い外国人としてクラークが招かれた（３…○）。なお，日米和親条約で開港した函館は，日米修好通商条約でも開港地となった（１…×）。戊辰戦争で函館五稜郭に立てこもったのは，榎本武揚らである（２…×）。1875年にロシアとの間で結ばれた樺太・千島交換条約では，樺太をロシア領，択捉島より北の千島列島の全てを日本領とした（４…×）。

⑵＜**明治時代の北海道**＞明治政府は蝦夷地を北海道と改称し，開拓使という役所を置いて移民を奨励した。1874年には屯田兵制度を設けて主に士族を防備と開発に従事させた。そして1899年には，先住民であるアイヌを保護するという名目でアイヌを日本人に同化しようとする北海道旧土人保護法を制定した。なお，アイヌ文化振興法は，アイヌ文化を守るために1997年に制定された。

⑶＜**士族の反乱**＞明治政府の改革に反発する士族の反乱が明治時代の初め，西日本各地で起こった。そのうち，山口県で起こったのは，前原一誠を指導者とする萩の乱である。なお，秋月の乱は福岡県で起こった士族の反乱である。また，ノルマントン号事件は，1886年にイギリス商船が紀伊半島沖で沈没した事件で，領事裁判権の撤廃を求める世論が高まるきっかけとなった。エルトゥールル号事件は，1890年にトルコの軍艦が和歌山県沖で沈没した事件で，日本人が救助と介抱にあたった。

⑷＜**板垣退助**＞板垣退助は土佐藩の出身である。

⑸＜**四国艦隊砲撃事件**＞1863年に長州藩は，下関を通過する外国船に対して砲撃を加えて攘夷を実行しようとした。これに対して，イギリス，フランス，アメリカ，オランダの四国連合艦隊は翌年，下関に砲撃を加え砲台を占領した。資料はそのときの様子を伝えるものである。

(6)＜**第二次世界大戦後の中国**＞年代の古い順に，X(1966年—文化大革命の開始)，Z(1978年—日中平和友好条約の締結)，Y(1989年—天安門事件)となる。

(7)＜**東京に関する出来事**＞2は，1960年の日米安全保障条約改定に反対するデモが国会を取り巻いている様子を示している。なお，1はアメリカのサンフランシスコで平和条約に署名する吉田茂首相，3は1854年に来航したペリーが，横浜に上陸したときの様子を伝えている。また，4は1867年に江戸幕府第15代将軍の徳川慶喜が諸藩に大政奉還をすることを表明している場面を描いたもので，場所は京都の二条城である。

7〔歴史—江戸時代末～明治時代初期〕

(1)＜**適語補充**＞ア．渋沢栄一は，現在の埼玉県深谷市の出身である。　イ．製糸とは，蚕のまゆから生糸をつくることである。なお，綿花などの短い繊維から糸をつむぐことを紡績という。

(2)＜**明治政府**＞明治時代の中央統治機構は，古代の律令の官制をモデルにしたものだが，律令にはあった式部省は，明治時代の官制にはない。

(3)＜**明治時代の貨幣制度**＞Bは，明治政府が発行した20円金貨である。明治政府は円・銭・厘の貨幣単位を採用した。なお，Aは江戸時代の小判である。また，両・分・朱も江戸時代の貨幣単位である。

8〔公民—総合〕

(1)＜**生産の要素**＞土地，労働，資本を生産の三要素と呼ぶ。土地には天然資源などが，資本には生産をするための資金や機械・設備などが含まれる。

(2)＜**独占**＞少数の企業が，利益を確保するために価格や生産量について協定を結ぶことをカルテルと呼ぶ。なお，トラストとは同じ業種の企業が市場で優位になるために結びつくこと，コンツェルンとは銀行などの親会社が関連する子会社を支配する形を指す。コングロマリットとは，複数の業種にまたがって多角的な事業を行う巨大企業を意味する。

(3)＜**株式会社**＞株式会社は資金を集めるために株式を発行し，出資者は株式を買うことで出資をし，所有する株式に応じて利益の一部を配当として受け取ることができる(A…正)。株式会社が倒産した場合，出資者は株式を買うのに使った資金を失うだけで，それ以上の責任を負う必要はない(B…正)。

(4)＜**クラウドファンディング**＞インターネット上などで不特定多数に呼び掛けて資金を集めることを，クラウドファンディングと呼ぶ。なお，ベンチャーキャピタルとは，高い成長を見込めるベンチャー企業などに投資を行う投資会社を指す。フィンテックとは，情報技術と金融サービスを結びつけたさまざまな革新的な動きを意味する。ノンバンクとは，クレジット会社などの銀行以外の金融機関を指す。

(5)＜**需要と供給**＞需要量が供給量を上回るということは，売り手より買い手の方が多い状態なので，価格は上昇する(A…正)。均衡価格とは，需要量と供給量が一致するときの価格を意味する(B…誤)。

(6)＜**知的財産権**＞著作権，特許権などといった，形となった発明やアイデアを守るための権利を知的財産権という。

9〔公民—民主政治〕

⑴＜**個人の尊重**＞人権の保障や民主主義に基づいた政治の基本には，個人の尊重の原理がある。

⑵＜**三権分立**＞政治権力を分立させることによって人権を守ろうという考え方を三権分立という。三権分立の三権とは，国会が持つ立法権，内閣が持つ行政権，裁判所が持つ司法権を指す。

⑶＜**選挙制度**＞日本で女性の選挙権が認められたのは第二次世界大戦後の1945年のことだが，このとき20歳以上の男女による普通選挙が実現した（３…×）。

⑷＜**地方自治**＞身近な問題を住民が直接参加することによって解決するという地方自治は，民主政治の在り方が体験できる場である。その意味で「地方自治は民主主義の学校である」と表現される。

⑸＜**投票率の推移**＞20歳代の投票率が一番高かったのは1967年で65％を超え，一番低かったのは2014年で35％を下回っているので，その差は30％以上ある（４…○）。なお，1960年代は60歳代より40歳代の方が投票率が高かった（１…×）。2017年の投票率が最も低いのは20歳代である（２…×）。全体の投票率は，近年，60％より低くなっている（３…×）。

10〔**公民―基本的人権**〕

⑴＜**自由権と社会権**＞自由権，特に経済活動の自由は，資本主義の発達をもたらした。資本主義社会の進展とともに，社会に貧富の格差が拡大するようになると，社会の中で弱い立場の人たちに対して人間らしい生活を保障しようとする社会権が認められるようになった。

⑵＜**新しい人権**＞知る権利は国や地方の役所が保有する情報を手に入れる権利で，国の情報公開法が制定されたのは1999年である（Ａ…正）。Ｂは自己決定権について説明しているが，臓器提供をするかどうかを決定するのは権利であって，義務ではない（Ｂ…誤）。

⑶＜**公共の福祉**＞基本的人権について，濫用の禁止と公共の福祉のために行使する責任を定めているのは，日本国憲法第12条である。なお，第９条は戦争放棄について，第13条は個人の尊重と幸福追求権について，第25条は生存権の保障について定めている。

理科解答

1	問１ ②	問２ ①	問３ ⑤	問４ ①	問５ ①	問６ ②
	問７ ①	問８ ④				
2	問１ ①	問２ ③	問３ ②	問４ ①		
3	問１ ①	問２ ⑥	問３ ②	問４ ①		
4	問１ ⑤	問２ ④	問３ ③	問４ ③	問５ ②	問６ ③
	問７ ⑤					
5	問１ ①	問２ ④	問３ ⑧	問４ ②		
6	問１ ①	問２ ④	問３ ⑦	問４ ②		
7	問１ ③	問２ ③	問３ ③	問４ ⑥	問５ ⑤	
8	問１ ⑤	問２ ④	問３ ⑤	問４ ⑧		
9	問１ ②	問２ ③	問３ ⑥	問４ ①	問５ ③	

1〔小問集合〕

問１＜エネルギー＞太陽光発電が水力発電・火力発電・原子力発電と異なるのは，太陽からの光エネルギーを直接電気エネルギーに変換している点である。なお，水力発電では，水の持つ位置エネルギーを運動エネルギー→電気エネルギーと変換し，火力発電や原子力発電では，それぞれ化学エネルギーや核エネルギーを熱エネルギー→運動エネルギー→電気エネルギーと変換している。

問２＜光の屈折＞右図のように，光源装置から出た光が空気中からガラスへ入るとき，屈折角＜入射角となるので，光は境界面から遠ざかる向きに屈折する。その光がガラスから空気中へ出るとき，屈折角＞入射角となるので，光は境界面に近づく向きに屈折する。

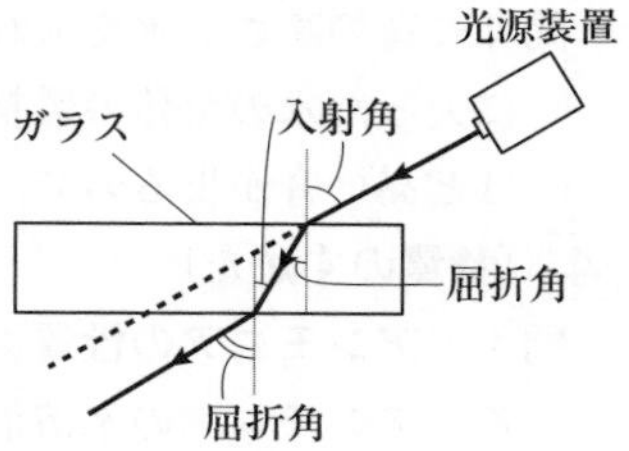

問３＜ろ過＞うすい食塩水では，食塩は全て溶けているため，ろ過しても，食塩の結晶を取り出すことはできない。ろ過は，液体に固体が混ざっている混合物から固体を取り出す操作である。

問４＜気体の捕集方法＞水上置換法は，気体を水と置き換えて集める方法なので，水に溶けにくい気体を集めるのに適している。５種類の気体のうち，水に溶けにくいのは窒素だけである。他の４種類の気体はいずれも水に溶けやすいので，水上置換法では集められない。

問５＜植物細胞＞①～③のうち，液胞と葉緑体は，植物細胞にだけ見られるつくりで，動物細胞には見られない。このうち，植物細胞が成長するほど大きくなるのは液胞である。液胞は栄養分や不要物などを貯蔵するはたらきをする。

問６＜葉緑体＞葉緑体は植物の細胞にだけ見られるが，根の細胞や孔辺細胞を除く表皮細胞には見られない。よって，Ａ～Ｃのうち，葉緑体が見られるのはＢだけである。

問７＜日時計＞日本では，太陽は東から昇り，南側の空を通って西に沈む。影は太陽とは反対側にできるので，日時計では，時刻を示す数字を朝は西，昼は北，夕方は東に書き入れればよい。

問８＜天気図記号＞雨を表す天気記号は●である。なお，⦶は晴れ，◬はあられ，○は快晴，◎はくもりを表し，⊗は不明を表す。

2〔身近な物理現象〕

問１＜光の反射＞光が鏡で反射するとき，入射角＝反射角となる（反射の法則）。よって，平面鏡で反射した光が点Ｘを通過するのは，次ページの図１のように，鏡をａの線上に立てたときである。

問２＜光の屈折＞屈折とは，光が種類の異なる物質の境界面で折れ曲がって進む現象である。

問３＜光の屈折＞光が水中から空気中へ出ていくときは，屈折角＞入射角となるので，光は境界面に近づく向きに屈折する。よって，右下図２のように，水を水槽の半分まで入れたとき，光はａのように屈折するから，スクリーンに当たる位置はｆの方にずれる。

問４＜光の屈折＞水を水槽の半分まで入れた後，さらに加えていくと，右図２ように，光はｂのように進むので，スクリーンに当たる位置は点Ｙに近づく。

図１

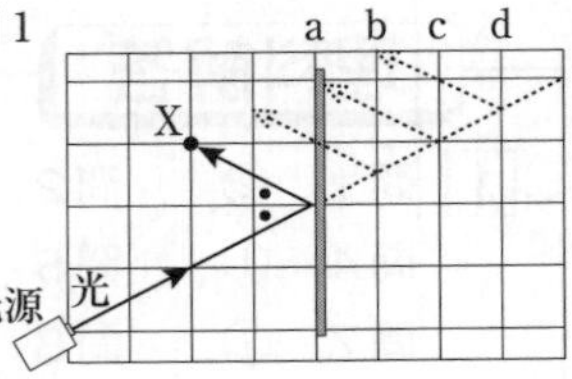

図２

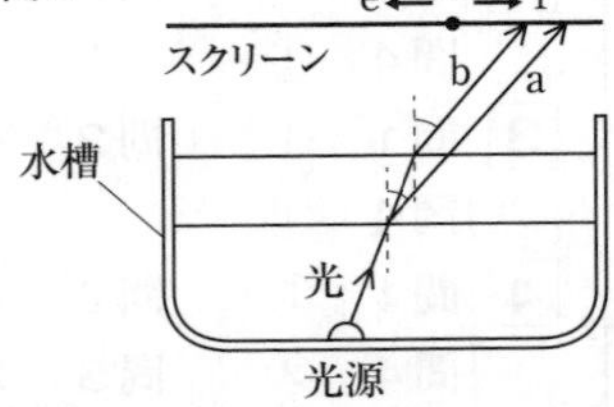

3 〔身近な物理現象〕

問１＜音源＞試験管に水を入れて試験管の口を吹くと，試験管の中の空気が振動して音が出る。この実験での空気のように，振動して音を発するものを音源(発音体)という。

問２＜音の高さ＞音は，振動数が大きいほど高い音になる。試験管の口を吹いたとき，空気の振動数は，振動する試験管内部の空気の高さが小さいほど大きくなり，高い音が出る。つまり，水の量が多い試験管ほど高い音が出るから，試験管Ａ～Ｆの中で，最も高い音が出るのは試験管Ｆである。

問３＜音源＞試験管に水を入れて糸でつるして試験管の口をたたくと，試験管と中に入れた水が振動して音が出る。よって，このときの音を出しているのは試験管と水である。

問４＜音の高さ＞水を入れた試験管の口を棒で軽くたたくとき，試験管と水の振動数は，試験管と中に入った水の全体の質量が小さいほど大きくなり，高い音が出る。つまり，水の量が少ない試験管ほど高い音が出るので，最も高い音が出るのは試験管Ａである。

4 〔物質のすがた〕

問１＜アンモニアの性質＞実験１で，アンモニア水を加熱したときに発生した気体はアンモニアである。アンモニアの水溶液はアルカリ性を示すので，水で湿らせた赤色リトマス紙は青色に変化する。

問２＜アンモニアの性質＞アンモニアは，無色の気体で刺激臭があり，空気より密度が小さく，非常に水に溶けやすい。そのため，上方置換法で集める必要がある。

問３＜アンモニアの噴水実験＞アンモニアは非常に水に溶けやすいので，フラスコ内に入ってきた水に急激に溶けてフラスコ内の気圧が下がり，ビーカーの水が大気圧によって押されて噴水のようにフラスコ内に入ってくる。アンモニアの水溶液はアルカリ性を示し，BTB溶液はアルカリ性では青色を示す。よって，緑色のBTB溶液を加えた水がフラスコ内に入ると青色に変化する。

問４＜アンモニアの発生＞①～⑤のうち，塩化アンモニウムと反応してアンモニアを発生するのは，水酸化カルシウムである。塩化アンモニウム(NH_4Cl)と水酸化カルシウム($Ca(OH)_2$)の混合物を加熱すると，$2NH_4Cl + Ca(OH)_2 \longrightarrow 2NH_3 + 2H_2O + CaCl_2$という化学変化が起こり，アンモニア($NH_3$)と水($H_2O$)，塩化カルシウム($CaCl_2$)が生じる。

問５＜蒸留＞実験２で，蒸留によって得られた試験管Ａの液体は，燃えたことからエタノールが多く含まれ，試験管Cの液体は，燃えなかったことから水が多く含まれることがわかる。エタノールの密度が$0.79 g/cm^3$，水の密度が$1.0 g/cm^3$より，密度の小さいエタノールが多く含まれるＡの液体の方が，密度が大きい水が多く含まれるＣの液体より密度が小さいといえる。

問６＜化学反応式＞化学反応式は，矢印の左側に反応前の物質の化学式，右側に反応後の物質の化学式を書き，矢印の左右で原子の種類と数が等しくなる。エタノールが燃えたときの化学変化を表す化学反応式で，矢印の左側に炭素原子(C)は2個，水素原子(H)は6個，酸素原子(O)は$1+3\times2=7$(個)あるから，右側に，炭素原子が2個になるよう，(ウ)に2を，水素原子が6個になるよう，(エ)に3を当てはめればよい。このとき，矢印の左右で，酸素原子の数が7個で等しいことを確認する。

問7＜純物質＞a～eの物質のうち，混合物は食塩水とみりん，塩酸で，残りの炭酸水素ナトリウムとブドウ糖はどちらも1種類の物質からできている純物質である。

5〔身の回りの物質〕

問1＜状態変化＞90℃のとき気体である物質は，沸点が90℃より低い物質である。よって，表より，沸点が－183℃の物質Aと，78℃の物質Bである。

問2＜状態変化＞105℃のとき液体である物質は，融点が105℃未満で，沸点が105℃より高い物質である。よって，融点が63℃，沸点が360℃の物質Dである。

問3＜状態変化＞50℃のとき固体である物質は，融点が50℃より高い物質である。よって，融点が63℃の物質Dと，融点が801℃の物質Eである。

問4＜エタノール＞エタノールは常温(20℃)で液体だから，融点が20℃未満で，沸点が20℃より高い。また，沸点は約78℃だから，表より，エタノールは物質Bである。なお，融点が0℃，沸点が100℃の物質Cは水である。

6〔生物の体のつくりとはたらき〕

問1＜大動脈の特徴＞図の血管Aは，Cの左心室とつながる血管なので大動脈である。大動脈には，心臓から全身に向かう，酸素が多く二酸化炭素が少ない血液(動脈血)が流れている。

問2＜肺動脈の特徴＞図の血管Bは，右心室とつながる血管だから肺動脈である。肺動脈には，心臓から肺に向かう，酸素が少なく二酸化炭素が多い血液(静脈血)が流れている。

問3＜血管と心臓＞血管には動脈と静脈があり，動脈は心臓から送り出された血液が流れる血管で，壁が厚く弾力があり弁はない。一方，静脈は心臓に戻る血液が流れる血管で，壁はうすく逆流を防ぐための弁がついている。また，心臓のCは，血液を全身に送り出す左心室である。

問4＜心臓のつくり＞ほ乳類と鳥類は，2心房2心室の心臓を持つ。よって，①～⑤のうち，ほ乳類のヒトと同じ2心房2心室の心臓を持つのは，鳥類のニワトリである。

7〔生物の世界〕

問1＜動物の分類＞表で，A～Eのうち，Aだけが子の生まれ方が他と異なっている。よって，Aはほ乳類だから，アは胎生，イは卵生である。

問2＜動物の分類＞表で，A(ほ乳類)とBは体温調節をするので，Bは鳥類であり，Eは体表が湿った皮膚なので両生類，Dは他の生物と呼吸のしかたが異なるので魚類である。よって，ウには肺呼吸，エにはえら呼吸，オには幼体はえら呼吸，成体は肺呼吸が当てはまる。

問3＜動物の分類＞表と問1，問2より，Cは卵生，肺呼吸，体表がうろこでおおわれているので，は虫類である。よって，①～⑥のうち，Cに当てはまる生物は，は虫類のカメである。なお，ニワトリは鳥類，カエルとサンショウウオは両生類，シーラカンスは魚類，イヌはほ乳類である。

問4＜動物の分類＞問2より，Eは両生類である。よって，①～⑥のうち，Eに当てはまる生物は，両生類のイモリである。なお，ヤモリはは虫類，クラゲとヒトデは無セキツイ動物，ハトは鳥類，イルカはほ乳類である。

問5＜草食動物と肉食動物＞ライオンのような肉食動物は，短い距離をはやく走るためにかぎ爪を持っている。また，目が顔の正面にあることでものを立体的に見ることができるので，獲物までの距離を正確にはかることができる。獲物をしとめやすいように，犬歯が発達している。なお，シマウマのような草食動物は，広い範囲を見て，天敵を一早く見つけて逃げることができるように目は顔の横についていて，固い草を細かくすりつぶすことができるように臼歯が発達している。

8〔大地のつくりと変化〕

問1＜マグニチュード＞マグニチュードは，地震のエネルギーの規模を示す尺度で，エネルギーの大きさは，数値が1大きくなると約32倍，2大きくなると1000倍になる。

問2＜震央＞地震が発生した場所を震源といい，震源の真上の地表の地点を震央という。なお，断層は地層が切れてずれたことでできるくい違いで，震度はある地点でのゆれの強さの程度を表したものである。

問3＜震源までの距離＞地震が起こったとき，速さの異なる2種類の波が同時に発生し，速い方の波をP波，遅い方の波をS波という。図で，aはP波が到着したことで起こるゆれ(初期微動)で，bはS波が到着したことで起こるゆれ(主要動)である。ここで，震源から地震計がある地点までの距離をx kmとすると，P波の速さが8km/s，S波の速さが4km/sより，P波が伝わるのにかかる時間が$\frac{x}{8}$時間，S波が伝わるのにかかる時間が$\frac{x}{4}$時間と表せる。また，P波が午前3時21分7秒に，S波が午前3時21分15秒に到着したことから，P波が到着してからS波が到着するまでの時間は15−7=8(s)である。よって，この時間について，$\frac{x}{4}-\frac{x}{8}=8$が成り立ち，これを解くと，$\frac{x}{8}=8$より，$x=64$(km)となる。

問4＜地震波＞地震が起こると，震源でP波とS波は同時に発生する。P波は伝わる速さがS波より速いため，震源からの距離が大きいほど，それぞれの波の到着時刻の差である初期微動継続時間は長くなる。

9〔地球と宇宙〕

問1＜地球の自転と金星の公転＞地球は北極側から見て反時計回りに自転している。また，金星も地球も，北極側から見て反時計回りに太陽の周りを公転している。

問2＜内惑星＞金星や水星のように，地球より内側を公転している惑星を内惑星という。内惑星は，地球から見て太陽の反対側に位置することがないため，明け方に東の空か，夕方に西の空にしか観測できず，真夜中には観測できない。

問3＜金星の観測＞図中のXの位置にある金星は，太陽に面した左側が輝いて見え，その部分は地球から見て半分より広いので，肉眼で見ると①のように見える。よって，この金星を天体望遠鏡で観察すると，上下左右が逆に見えるので，⑥のように見える。

問4＜金星の観測＞図中のXにある金星を地球から見ると，太陽の右側にあるから，この位置にある金星が観察できるのは，太陽が昇る前(明け方)の東の空である。

問5＜金星の特徴＞金星は，小型で主に岩石からなる密度の大きい地球型惑星で，直径は地球とほぼ同じである。また，二酸化炭素でできた厚い大気におおわれている。

2023年度／佐野日本大学高等学校（第２回）

国語解答

一	問一　4	問二　2	問三　2	三	問一　3	問二　1	問三　1
	問四　3	問五　4	問六　1		問四　3	問五　4	問六　4
	問七　1	問八　3	問九　4		問七　2		
	問十　2			四	問一　4	問二　3	問三　3
二	問一　1	問二　4	問三　4		問四　1	問五　1	問六　3
	問四　1	問五　3	問六　2		問七　2		
	問七　2						

一〔国語の知識〕

問一＜漢字＞「還元」と書く。１は「勘定」，２は「一貫」，３は「環境」，４は「送還」。

問二＜ことわざ＞「枯れ木も山のにぎわい」は，枯れ木も山のあじわいを添えるものである，という意味から転じて，つまらないものでもないよりはましである，という意味。

問三＜故事成語＞「インターネットの普及」が，結果として「子供の思考力の低下」をさらに推し進めてしまったのである。「助長」は，宋国の人が苗を早く大きくしようとして引っ張ったために，すっかり枯らしてしまったということから，余計なことをしてかえって悪い結果を招くことを表す。また，そこから転じて，よくない傾向をより著しくすること。

問四＜四字熟語＞「温厚篤実」は，性質が穏やかで，人情に厚く誠実なこと。「八面六臂」は，八つの顔と六つの腕を持つ仏の姿から，一人で何人分もの活躍をすること。「八方美人」の「八方」はあらゆる方面のことで，誰から見てもよく思われようとしていること。「平身低頭」は，体を低くかがめて頭を下げて恐れ入ること。

問五＜語句＞「真実」は，うそいつわりのないこと。「真価」は，本当の値打ちのこと。「理解」と「会得」は，どちらも，十分に物事がわかること。「手腕」と「技量」は，どちらも，物事を行う腕前や実力のこと。「著名」と「有名」は，どちらも，世間に名前がよく知れ渡っていること。

問六＜品詞＞「ほがらかだ」と「穏やかだ」の「だ」は，形容動詞「ほがらかだ」「穏やかだ」の終止形の一部。「会社員だ」の「だ」は，断定の助動詞「だ」の終止形。「飛んだ」の「だ」は，過去や完了の助動詞「た」の終止形が濁ったもの。「そうだ」の「だ」は，伝聞の助動詞「そうだ」の終止形の一部。

問七＜短歌の技法＞「驚きぬ」の「ぬ」は完了の助動詞の終止形なので，２の歌は三句目で切れる。「静かなり」は形容動詞「静かなり」の終止形なので，３の歌は三句目で切れる。「蜜柑の香せり」の「り」は完了・存続の助動詞「り」の終止形なので，４の歌は四句目で切れる。

問八＜古典の知識＞旧暦の月の異名は，一月から順に，睦月，如月，弥生，卯月，皐月，水無月，文月，葉月，長月，神無月，霜月，師走となる。

問九＜文学史＞『斜陽』は，1947（昭和22）年に発表された太宰治の小説。

問十＜漢文の訓読＞「羊頭」→「懸」→「狗肉」→「売」の順に読む。漢文は上から順に読み，一・二点は，下から上に二字以上返って読む。ここは，「羊頭を懸けて狗肉を売る」となる。

二〔論説文の読解―社会学的分野―コミュニケーション〕出典；永田和宏『知の体力』。

≪本文の概要≫デジタルは離散的な量の表示であり，アナログはある量を別の何かの量に変えて表現することであり，連続量とも訳される。デジタル時計は連続量である時間を数値化したものだが，量と量の間には，どうしても隙間ができる。我々はアナログ世界に生きていて，感覚としてはとらえられても，アナログ世界そのものを表現することはできない。数値や言葉で表現した途端に，アナログからデジタルに変換されてしまう。感情を含めたアナログ世界をデジタル表現に移しかえようとするのが，詩歌や文学という言語表現である。言語化できないアナログとしての感情や思想を，言語に無理やりデジタル化して相手に伝えるのが，コミュニケーションの基本である。受け取る方は，デジタル情報の隙間から漏れた相手の思いや感情を，自分の内部に再現して読み取ろうとするから，コミュニケーションが成立する。こうしたデジタル表現のアナログ化は「思いやり」と呼ばれるものである。

問一＜文章内容＞我々の生きるアナログ世界は，連続しているので，感覚としてはとらえられ，理解することはできるが，それを表現するには，数字や言葉というデジタル表現で区切るしかないのである。

問二＜表現＞一本の大きな樹を「大きな樹」と表現するのは，数えきれないほどの別の表現も考えられる中から，とりあえず都合のよい「大きな」という語を選択しただけである。

問三＜文章内容＞人は，「感情を含めたアナログ世界」をデジタル表現である「有限の言語」で表そうとするとき，「言葉と言葉の間にあるはずのもっと適切な表現」を探し求めるのである。

問四＜文章内容＞a・b．送り手が，言語を媒介としてあることを伝えようとするとき，「アナログ」世界を全て言語に置き換えるという「デジタル」化は，ほとんどの場合，不十分であると考えた方がよい。　c・d．送り手が言語化しきれない物事の「間」を読み取ろうとすることが大事であり，送り手の「デジタル」表現を受け手が「アナログ」化することが「思いやり」というものである。

問五＜接続語＞送り手の抱く複雑な思考や曖昧な感情などを，言語に完全に置き換えて相手に伝えることはできない。だから，受け手は，言葉の意味というデジタル的な情報を読み取るだけではなく，そこから漏れてしまう相手の思いや感情を受け取ろうとしなければならないのである。

問六＜要旨＞感情を含めたアナログ世界をデジタル表現に移しかえようとするのが，詩歌や文学である（1…×）。私たちは，文章の内容を文章でまとめるような，デジタルをデジタルに変換するだけの作業をコミュニケーションと錯覚してしまう（3・4…×）。相手が言語化できないアナログとしての感情や思想を何とか言語にして送り出し，受け手がそれを自分の内部で再現しようとすることで，コミュニケーションは成立する（2…○）。

問七＜文脈＞「一本の大きな樹がある」と表現するとき，「大きな樹」という表現でその樹そのものを全て表せるわけではないように，「『言葉には尽くせない』という表現自体が，言葉のデジタル性」をよく表している。特に，自分の感情を言葉で言い表すのが難しいとき，人は「言葉のデジタル性を痛感する」のである。

三 **〔小説の読解〕**出典；葉室麟『孤篷のひと』。

問一＜文章内容＞織部は，自分が竹林に入っていたことを徳川様が知っているということは，自分が見張られていたのだと理解し，納得したのである。

問二＜語句＞「手ずから」は，自分の手で，という意味。

問三＜心情＞織部は，茶の師である自分に対して，遠州が「出された茶は黙って飲むのが茶人」なのではないかと茶の道を説くように言ったことが気に入らなかったのである。

問四＜文章内容＞織部が，自分が「豊臣家に通じているのではないか」と徳川様が疑っていると話したことに，遠州は絶句した。

問五＜文章内容＞「ただならぬ」は，普通の様子ではないさま。遠州は，織部が利休のように「茶人としてのおのれを貫くために，天下人に抗おうとしているのではないだろうか」，つまり，徳川様に反逆しようとしているのではないかと考えたのである。

問六＜心情＞天下を取った者は皆「謀反人」であり，戦いを忘れられないものだと言う織部に対して，弟子の遠州は，戦いをするのは天下を泰平にするためだと答えた。そして，かつての茶人もまた争いごとにとらわれて命を落としたという遠州の言葉は，自分の考えに異を唱えるものであり，織部は，落胆し，寂しくもあったのである。

問七＜漢字の知識＞「辞去」と「辞世」の「辞」は，去る，という意味で使われている。「辞書」の「辞」は，言葉，「辞任」の「辞」は，仕事をやめる，「固辞」の「辞」は，断る，という意味で用いられている。

四〔古文の読解―説話〕出典；『古今著聞集』巻第十一，三九五。

≪現代語訳≫鳥羽僧正は最近の世の中では並ぶ者のない絵描きである。法勝寺の金堂の扉の絵を描いた人である。いつのときのことであっただろうか，寺社に納められる米に不正があったときに，絵にお描きになった。つむじ風が吹いたときに，米の俵を多く吹き上げたが，（飛び上がった米の俵が）塵《ちり》や灰のように空に舞い上がったのを，大童子や法師たちが走り回って，取りとどめようとした様子を，いろいろとおもしろく筆を振るって描かれていたが，誰の仕業であろうか，その絵を白河院が御覧になって，興味をお持ちになった。（白河院は）その絵の意味を僧正にお尋ねになったので，（僧正は）「あまりに寺社に納められる米に不正がございまして，本当の米は入っておりませんで，かすとぬかだけが入っていて軽いですので，つむじ風に吹き上げられましたのを，そうかといって（放ってはおけない）と思って，小法師たちが取りとどめようとしますのが，おもしろくございますので，描きました」と申し上げなさったので，（白河院は）不都合なことだと考えて，それ以来寺社に納められる米の取り締まりが厳しくなって，不正のことはなかった。

問一＜古文の内容理解＞つむじ風が吹いたとしても，本物の米の俵であれば重くて空に舞い上がるはずはないのであり，俵の中には米より軽いかすとぬかが入っていたのである。

問二＜古文の内容理解＞鳥羽僧正は，つむじ風が吹いて米の俵が塵や灰のように空に舞い上がり，大童子や法師たちがそれらを取ろうとした様子を描いたのである。

問三＜古語＞「入興」は，興味深く思うこと。「入興」「座興」「興趣」「即興」の「興」は，おもしろみ，たわむれ，という意味。「興亡」の「興」は，勢いが盛んになる，という意味。

問四＜古文の内容理解＞白河院は，舞い上がった米俵を小法師たちが取りとどめようとしている鳥羽僧正の絵を見て興味を持ち，絵の意味を僧正に尋ねた。すると，僧正は，米俵にかすとぬかだけが入っていて軽かったから，つむじ風に吹き上げられたのだ，という事情を述べた。

問五＜古文の内容理解＞白河院に絵の意味をきかれ，答えたのは，絵を描いた鳥羽僧正である。

問六＜古文の内容理解＞鳥羽僧正が描いた米の俵が空に舞い上がる絵によって寺社に納められる米に関しての不正が表に出て，取り締まりが厳しくなり，不正はなくなったのである。

問七＜文学史＞『今昔物語集』は，平安時代に成立した説話集。『徒然草』は，鎌倉時代に成立した兼好法師による随筆。『平家物語』は，鎌倉時代に成立した軍記物語。『方丈記』は，鎌倉時代に成立した鴨長明による随筆。

2022年度 佐野日本大学高等学校（併願・第１回）

【英　語】（50分）〈満点：100点〉

■リスニングテストの音声は，当社ホームページで聴くことができます。（当社による録音です）
再生に必要なユーザー名とアクセスコードは「収録内容一覧」のページに掲載しています。

1　ただ今からリスニングテストを行います。テストはPart A，Part Bに分かれています。それぞれのPartの初めに放送される日本語の説明にしたがって，解答してください。

Part A

Part Aは絵を見て答える問題です。問題ごとに１～４の短い英文が読まれます。絵の内容を表す最も適切な英文を，１つ選びなさい。英文はそれぞれ２回読まれます。

問１

問２

問３

Part B

Part Bは短い会話を聞いて答える問題です。それぞれの会話の後に質問が続きます。その質問に対する答えとして最も適切なものを，１～４より１つ選びなさい。会話と質問は２回読まれます。

問４　１．Only shoes.　２．Only socks.　３．Shoes and socks.　４．Nothing.

問５　１．To come back before it rains.
２．To go and get some vegetables from the garden.
３．To take Alex to the garden before it gets dark.
４．To carry vegetables to the garden with Alex.

問６　１．On foot.　２．By taxi.　３．By bus.　４．By taxi and bus.

※＜**リスニングテスト放送台本**＞は英語の問題の終わりに付けてあります。

2 次の(1)〜(5)の英語が説明する語として最も適切なものを，1〜4より1つ選びなさい。

(1) a story that is imagined and is not true

1．magic　2．summary　3．travel　4．fiction

(2) a person who is sick and stays in a hospital

1．officer　2．patient　3．lawyer　4．clerk

(3) to drop down suddenly from a higher level to a lower level

1．fall　2．discover　3．breed　4．write

(4) liked or enjoyed by a lot of people

1．curious　2．popular　3．terrible　4．artificial

(5) to go after someone or something

1．follow　2．take　3．drive　4．bring

3 次の(1)〜(8)の英文の空所に入る最も適切なものを，1〜4より1つ選びなさい。

(1) The airplane has not arrived (　　).

1．already　2．never

3．ever　4．yet

(2) We (　　) each other since I moved to this town.

1．have known　2．know

3．are knowing　4．were knowing

(3) I'm looking for someone who is (　　) the piano.

1．good at to play　2．well in playing

3．good at playing　4．at playing well

(4) I'm busy today because I have (　　).

1．a lot of work to do

2．to do many work

3．a lot of work for doing

4．lots of work doing

(5) He speaks to his little son (　　) to others.

1．slow than　2．more slowly than

3．slowly more than　4．as slower as

(6) I was (　　) the baseball game yesterday.

1．excited of　2．exciting of

3．excited at　4．exciting at

(7) Who was this picture (　　)?

1．painted by　2．painting by

3．painted　4．painting

(8) Andy (　　) my birthday was.

1．asked to me when

2．told to me when

3．said me that when

4．asked me when

4　下の英文を読み，後の設問に答えなさい。

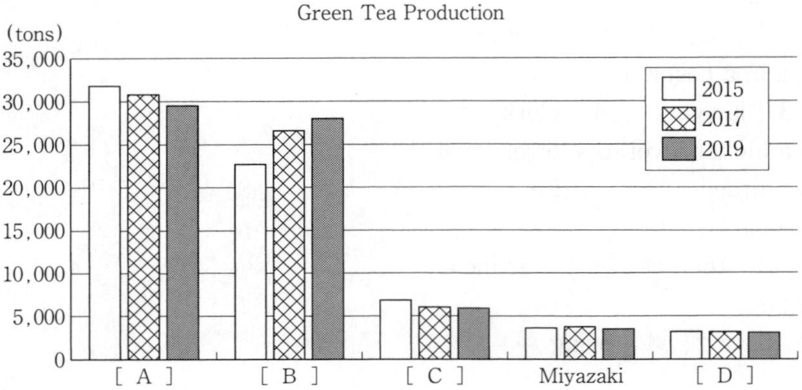

tons

Areas / Years	[A]	[B]	[C]	Miyazaki	[D]
2015	31,800	22,700	6,830	3,620	3,190
2017	30,800	26,600	6,020	3,770	3,160
2019	29,500	28,000	5,910	3,510	3,070

The chart shows the main areas that produce green tea in Japan : Shizuoka, Kyoto, Mie, Miyazaki and Kagoshima. The place which produces the largest amount of green tea in Japan is Shizuoka. It produced 31,800 tons of green tea in 2015. However, the amount of green tea made there has gradually decreased for four years in a row. Mie has also slightly decreased its production of green tea in the same period of time. Kyoto has the oldest history of green tea production and the traditional tea ceremony was developed there. Kyoto's tea is very famous ; however, Kyoto produces the smallest amount of tea of the five areas.

The difference in the amount of green tea production between Shizuoka and Kagoshima was 9,100 tons in 2015 ; however, it became only (ア) tons in 2019. Kagoshima has increased the amount of tea production over the four years.

(注)　in a row　連続して　slightly　わずかに　production　生産　tea ceremony　茶道

問1　[A]の地域として最も適切なものを，1～4より1つ選びなさい。

1．Shizuoka　2．Kyoto　3．Mie　4．Kagoshima

問2　[B]の地域として最も適切なものを，1～4より1つ選びなさい。

1．Shizuoka　2．Kyoto　3．Mie　4．Kagoshima

問3　[C]の地域として最も適切なものを，1～4より1つ選びなさい。

1．Shizuoka　2．Kyoto　3．Mie　4．Kagoshima

問4　空所(ア)に入る数字として最も適切なものを，1～4より1つ選びなさい。

1．500　2．1,500　3．2,300　4．4,200

問5　本文やグラフ・表の内容と合う最も適切なものを，1～4より1つ選びなさい。

1．The area that produced the largest amount of green tea in 2019 was Kagoshima.
2．Kyoto produced less green tea in 2019 than in 2017.
3．Kagoshima increased the amount of its green tea production by 10,000 tons from 2015 to 2019.
4．The amount of green tea production in Miyazaki increased from 2015 to 2019.

5 次の英文を読み，文中の空所（１）～（５）に入る最も適切なものを，それぞれ下の１～４より１つ選びなさい。

If we want to know the time, we look at a clock or a watch. This is easy (1) there are many clocks and watches around us and they keep good time. Today watches may add or lose only about one second in five days. But people in the old days didn't have today's clocks or watches. Instead, they had many ways of telling the time.

The earliest way was to use a sun clock. This kind of clock uses the shadow made by the sun. As the sun gets (2) in the sky, the shadow becomes longer.

But the sun clock can tell the time only when the (3) is fine. Later people thought of other ways of telling the time. One way was a water clock. The first clock of this kind was made about 3,500 years ago. The water clock was like a box which had lines on its four sides. There was a hole in the lower part of the box. As the water ran out of the box, the top of the water became lower. By looking at the line on the box, people could tell the time. A sandglass (4) in the same way but it held sand, not water.

Another early kind of clock was a candle. It had several lines on it. As the candle (5), it became shorter. People could tell the time by looking at the line on the surface of the candle. But this way used a lot of candles and needed a lot of money too. Sometimes the candle went out and then no one knew the time!

Today many clocks and watches use electricity and they can always keep very good time.

（注） keep good time 時間が正確である　second 秒　shadow 影　thought of ～ ～を思いついた
sandglass 砂時計　surface 表面　went out 消えた

（１） １．though　２．before　３．because　４．but
（２） １．higher　２．heavier　３．lower　４．lighter
（３） １．weather　２．wind　３．environment　４．spirit
（４） １．walked　２．worked　３．painted　４．watched
（５） １．cleaned　２．increased　３．saved　４．burned

6 下の英文中の(1)～(6)の〔　〕内の語句を，前後関係を考慮して，意味が通るように並べかえなさい。解答は例にならって，正しい順にマークしなさい。

> 例題 彼はサッカーがうまい。
> 〔１．is　２．soccer　３．a good　４．he〕player.
> この例では He is a good soccer player. が正解なので，上から順に④，①，③，②とマークすることになる。

Do you often go to a library to borrow a book? Of course, you can also borrow CDs and DVDs there, too. However, did you know you can borrow a person in some libraries? These libraries are called "human libraries."

In these libraries, you can borrow "living books"—real people who talk to you about their lives. By talking with them, (1)〔１．them　２．you　３．will understand　４．better〕.

The first "human library" was started by Ronni Abergel in Denmark in 2000. In his opinion, some people had a bad image of social minorities because they did not (2)〔１．their different　２．enough　３．about　４．know〕values, religions, or languages. He thought people should know more about other groups in society. He decided to try (3)〔1. to 2. by 3. solve 4. this problem〕 asking people from social minorities to come to libraries as living books. In these "living libraries," they can (4)〔1. their stories 2. to the people 3. tell 4. who〕 "borrow" them. In this way, people can learn more about them, and change the image that they have about them. They also learn to respect their differences.

The "human libraries" (5)〔1. us 2. to learn 3. a chance 4. give〕 more about other people. They also teach us an important lesson: "Do not (6)〔1. its 2. judge 3. by 4. a book〕 cover."

（注） Ronni Abergel ロニー・アバゲール　minorities 少数派　values 価値観　religions 宗教
as living books 生きた本として　lesson 教訓　cover 表紙

7 次の英文を読み，後の設問に答えなさい。

Thirty years ago, Lake Ponkapog in America was full of life. Many birds and animals lived beside the water and it was full of fish. Now there are few birds, animals, and fish. The lake water is polluted. It is a dirty brown color, and it is filled with strange plants.

How did this happen? First, we must think about how water gets into Lake Ponkapog. When it rains, water comes into the lake from all around. In the past, there were more forests all around Lake Ponkapog, and they filtered water. That made the rain water clean. Now there are many houses on the lake shore. People often use chemicals in their gardens to grow vegetables. They may be good for vegetables but be bad for animals and fish. When it rains, the rain water carries these chemicals into the lake. Other chemicals enter the water from factories near the lake. Then the water is polluted and animals there are killed by those chemicals.

Boats on the lake are also a problem. Lake Ponkapog is a popular place for motorboats, but oil and gas from boats make the water dirty.

There is still another problem at the lake—(1)exotic plants. These plants come from other countries. They have no enemies in and around the lake, and they grow very quickly. In a short time, they can fill up the lake and leave no space for the plants that have lived there for a long time. These plants used to give food or homes to many animals and fish there. Now, the native plants are disappearing, and those animals and fish are dying.

The people living near the lake are worried. They love their lake and want to save it. Will it be possible to save it? A clean lake must have clean rain water going into it. If people are more careful about chemicals they use, they can have clean rain water. They must also be more careful about gas, oil, and chemicals that go into the ground.

The people living near Lake Ponkapog should change their way of living if they want the lake to be beautiful and clean again. Now, everyone in the world has similar problems. It is time for us to think about our way of living and find a way to (ア) the earth.

（注） Lake Ponkapog ポンカポーグ湖　is polluted 汚染されている　filtered water 水をろ過した
lake shore 湖岸　chemicals 化学薬品　motorboats モーターボート

問1 現在のポンカポーグ湖について述べているものとして正しいものを，1～4より1つ選びなさい。

1．湖の周辺には，30年前よりも多くの鳥や動物が生息しているが，魚の数は減少している。
2．湖周辺の動植物の生息数は，30年前とあまり変化していない。

3．湖が汚染されたことで，湖の周辺にほとんど動物が見られなくなった。

4．湖が汚染されたことで，植物が全く生息できなくなった。

問2　ポンカポーグ湖に流れ込む水の質が変化した原因は何であったか。本文に述べられていないものを，1～4より1つ選びなさい。

1．森が減り，湖に流れ込む雨水がきれいでなくなった。

2．湖周辺の降水量が減り，湖に流れ込む水の量が減った。

3．近くの工場から化学薬品を含む水が，湖に流れ込むようになった。

4．湖岸に人々が住み，動物や魚に有害な化学薬品を使うようになった。

問3　下線部(1)の意味として最も適切なものを，1～4より1つ選びなさい。

1．化学薬品によって絶滅してしまう植物

2．湖周辺に生息する動物たちのエサとなる植物

3．湖の周辺に天敵が多い植物

4．外国から来た植物

問4　What should people living near Lake Ponkapog do if they want to make their lake clean ?

1．They should build more facilities in the forest.

2．They should ride bicycles more often than before.

3．They should grow more exotic plants.

4．They should use chemicals more carefully.

問5　空所(ア)に入る最も適切なものはどれか。1～4より1つ選びなさい。

1．solve　　2．lay　　3．depend　　4．save

問6　この英文のタイトルとして最も適切なものを，1～4より1つ選びなさい。

1．Disappearing Animals and Exotic Plants of Lake Ponkapog

2．What Can People Do to Make Lake Ponkapog Clean ?

3．How Can Tourists Save Local Businesses ?

4．The History of Exotic Plants

問7　次の各文が本文の内容と一致している場合は1，一致していない場合は2をマークしなさい。

1．Lake Ponkapog is less beautiful than it was thirty years ago.

2．The local people are angry at a factory near Lake Ponkapog because it is using a lot of chemicals.

3．The lives of the local people living near the Lake Ponkapog have been creating environmental problems.

＜リスニングテスト放送台本＞

ただ今からリスニングテストを行います。テストはPart A，Part Bに分かれています。それぞれのPartの初めに放送される日本語の説明にしたがって，解答してください。

Part A

Part Aは絵を見て答える問題です。問題ごとに1～4の短い英文が読まれます。絵の内容を表す最も適切な英文を，1つ選びなさい。英文はそれぞれ2回読まれます。

問1　1．There are three skirts in the closet.

2．There are three shirts in the closet.

3．There is a toy under the sofa.

4．There are two toys on the sofa.

問2　1．A girl is smiling at a boy, and the boy is watching a bird in the sky.
2．A boy is sitting under the tree and a girl is standing on the grass.
3．A girl has a hat on and a boy has a camera on his head.
4．A boy is lying on the grass and a girl is smiling at the boy.

問3　1．One boy is raising his right hand high.
2．Both girls look angry.
3．One girl is looking down and crying.
4．Two boys are wearing gloves.

Part B

Part B は短い会話を聞いて答える問題です。それぞれの会話の後に質問が続きます。その質問に対する答えとして最も適切なものを，1～4より1つ選びなさい。会話と質問は2回読まれます。

問4

M：How much are these shoes?
W：They are 50 dollars, but I can give you a discount if you buy these socks.
M：How much for both?
W：60 dollars in total.
M：That's a nice price!　I'll buy them both.
QUESTION：What will the man buy?

問5

W：Will you go with Alex and get some vegetables from the garden?
M：All right, Mother.　I will be back soon.　Do you think it will rain soon?
W：I guess so.　Please come back before it starts raining.
M：Yes, I will.
QUESTION：What is the mother's advice?

問6

W：Could you tell me the way to the City Hall?
M：Sure.　Go down this street and turn left at the convenience store.
W：How long will it take to walk to the City Hall?
M：About 20 minutes.　If you want to get there earlier, you can take the bus and get off at the second stop.
W：Maybe I should do so.　Thanks a lot.
QUESTION：How is the woman going to go to the City Hall?

【数　学】 (50分) 〈満点：100点〉

（注意） 1．円周率はπとして計算しなさい。

2．計算機，定規，コンパス等の使用は禁止します。

1　次の $\boxed{}$ にあてはまる数値を求めなさい。

(1) $4\div(-2)-30\div(-6)=\boxed{\text{ア}}$

(2) $\dfrac{3}{2}\times\left(-\dfrac{1}{2}\right)^2\div\dfrac{9}{8}=\dfrac{\boxed{\text{イ}}}{\boxed{\text{ウ}}}$

(3) $\dfrac{3a-2b}{3}-\dfrac{2a-b}{5}=\dfrac{\boxed{\text{エ}}\,a-\boxed{\text{オ}}\,b}{\boxed{\text{カ}\ \text{キ}}}$

(4) $3x^5y^2\div(2x^2y)^2\times4x^2y^5=\boxed{\text{ク}}\,x^{\boxed{\text{ケ}}}y^{\boxed{\text{コ}}}$

(5) $(\sqrt{75}-\sqrt{12})(\sqrt{50}-\sqrt{18})=\boxed{\text{サ}}\sqrt{\boxed{\text{シ}}}$

(6) $(x+1)^2-(x+1)-6=(x-\boxed{\text{ス}})(x+\boxed{\text{セ}})$

2　次の $\boxed{}$ にあてはまる数値を求めなさい。

(1) $a=\sqrt{7}+\sqrt{5}$，$b=\sqrt{7}-\sqrt{5}$ のとき，$a^2-b^2=\boxed{\text{ア}}\sqrt{\boxed{\text{イ}\ \text{ウ}}}$ である。

(2) 2次方程式 $3x^2-6x+1=0$ を解くと，$x=\dfrac{\boxed{\text{エ}}\pm\sqrt{\boxed{\text{オ}}}}{\boxed{\text{カ}}}$ である。

(3) 2次関数 $y=3x^2$ において，x の変域が $-1\leqq x\leqq2$ のとき，y の変域は $\boxed{\text{キ}}\leqq y\leqq\boxed{\text{ク}\ \text{ケ}}$ である。

(4) $\sqrt{\dfrac{693n}{11}}$ が自然数となるような最小の整数nの値は $\boxed{\text{コ}}$ である。

(5) 大小2つのさいころを同時に投げるとき，小さいさいころの目の数が大きいさいころの目の数の半分以下となる確率は $\dfrac{\boxed{\text{サ}}}{\boxed{\text{シ}}}$ である。

(6) 下の図において，$l /\!/ m$ であるとき，$\angle x=\boxed{\text{ス}\ \text{セ}}°$，$\angle y=\boxed{\text{ソ}\ \text{タ}}°$ である。

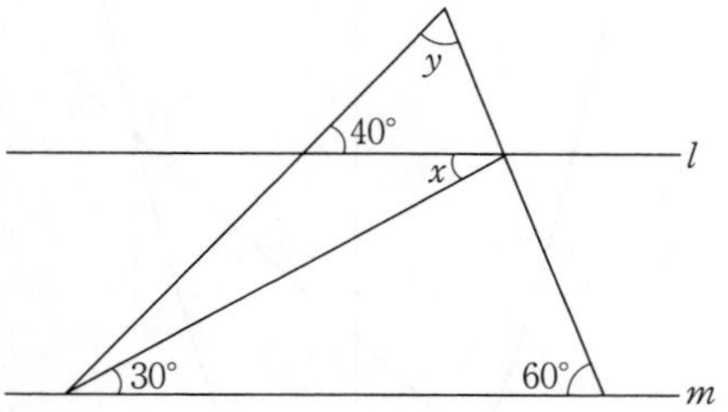

(7) 座標平面上に2点A$(-2,\ 2)$，B$(1,\ 6)$がある。このとき，線分ABの長さは $\boxed{\text{チ}}$ である。

(8) 右の図のような直角三角形ABCにおいて，AF＝9cm，BE＝16cm である。四角形DECFが正方形となるとき，この正方形の1辺は $\boxed{\text{ツ}\ \text{テ}}$ cm である。

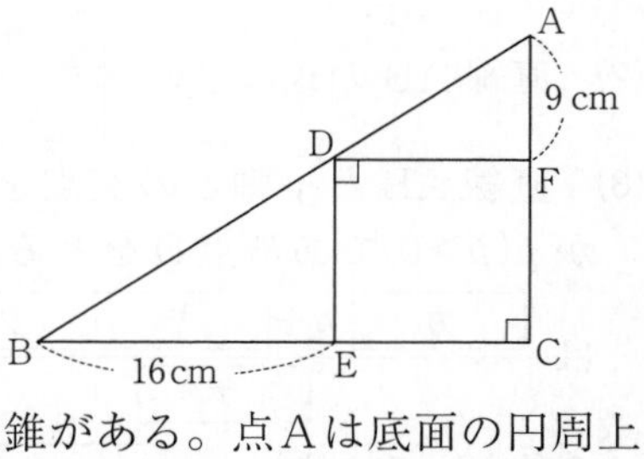

(9) 下の図のような，母線の長さが12cm，底面の半径が4cmの円錐がある。点Aは底面の円周上にあり，線分OAの中点をMとする。点Mから点Aまで，この円錐の側面を1周するようにひもをかける。ひもの長さが最短になるようにかけたときのひもの長さは $\boxed{\text{ト}}\sqrt{\boxed{\text{ナ}}}$ cm であ

る。

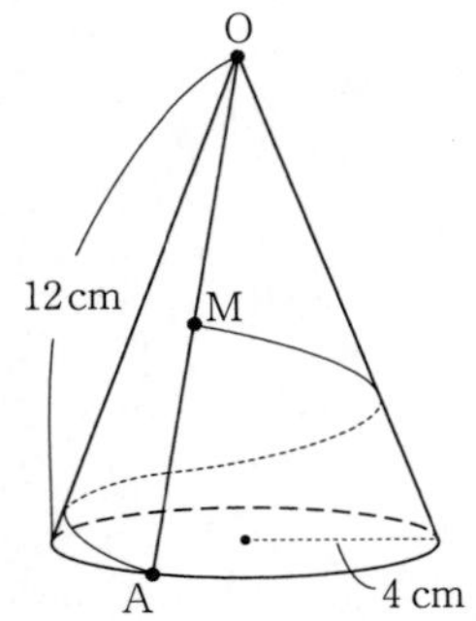

(10) 右の表は，あるクラスの生徒30人のテストの点数についてまとめたものである。このクラスのテストの点数の中央値は［ニ］.［ヌ］点である。

点数(点)	人数(人)
3	0
4	2
5	3
6	4
7	6
8	7
9	3
10	5
計	30

3

1，3，5，7，9の数字が1つずつ書かれた5枚のカードが入っている袋Aと，2，4，6，8の数字が1つずつ書かれた4枚のカードが入っている袋Bがある。この2つの袋の中からそれぞれカードを1枚ずつ取り出し，袋Aの中から取り出したカードに書かれた数を a，袋Bの中から取り出したカードに書かれた数を b とする。

このとき，次の問いに答えなさい。

(1) カードの取り出し方は，全部で［アイ］通りである。

(2) $a+2b$ の値が素数となる確率は $\frac{\text{ウエ}}{\text{オカ}}$ である。

(3) Oを原点とする座標平面上に2点P$(a,\ 0)$，Q$(0,\ b)$をとる。このとき，△OPQの面積が6の倍数となる確率は $\frac{\text{キ}}{\text{ク}}$ である。

4

右の図のように，放物線 $y=ax^2\ (a>0)$のグラフ上に，x 座標がそれぞれ -2，4である2点A，Bがある。また，直線OBの傾きは $\frac{3}{2}$ である。

このとき，次の問いに答えなさい。

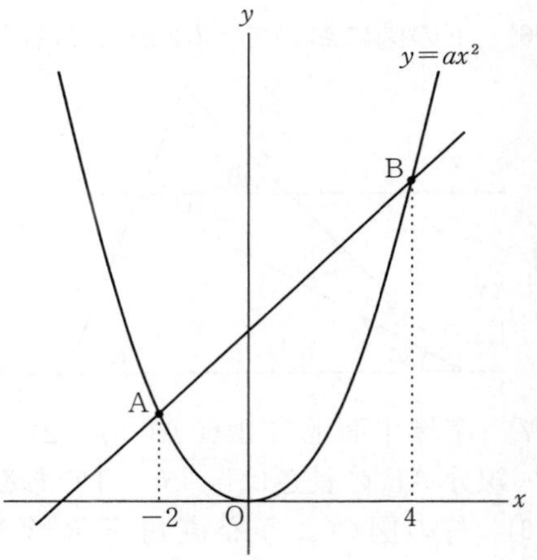

(1) $a=\frac{\text{ア}}{\text{イ}}$ である。

(2) 直線ABの式は，$y=\frac{\text{ウ}}{\text{エ}}x+$［オ］である。

(3) 直線ABと y 軸との交点をCとし，x 軸上に，x 座標が $p\ (p>0)$である点Dをとる。このとき，△ACDの面積は $\frac{\text{カ}\,p+\text{キク}}{\text{ケ}}$ と表すことができる。また，△ACDの面積が△OACの面積の3倍となるとき，$p=$［コ］である。

5 　右の図のような1辺が4 cmの立方体ABCD−EFGHがある。辺FG，GHの中点をそれぞれM，Nとする。

このとき，次の問いに答えなさい。

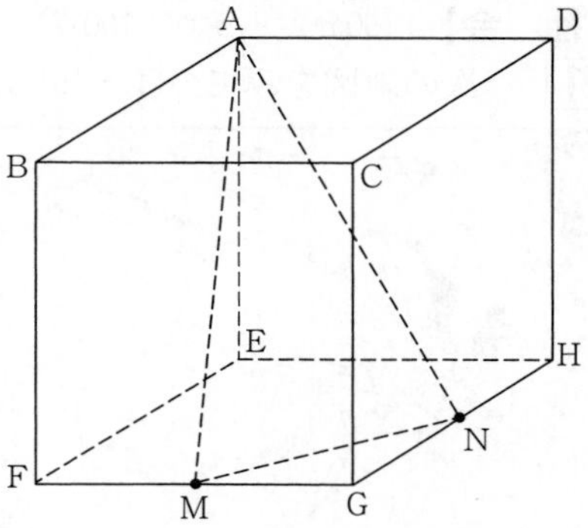

(1) AMの長さは［ア］cmである。

(2) 三角錐AMGNの体積は$\frac{\text{イ}}{\text{ウ}}$ cm³である。

(3) △AMNを底面とする三角錐AMGNの高さは$\frac{\text{エ}\sqrt{\text{オカ}}}{\text{キク}}$ cmである。

【社　会】（50分）〈満点：100点〉

1　次の地図をみて，(1)～(5)の問いに答えなさい。

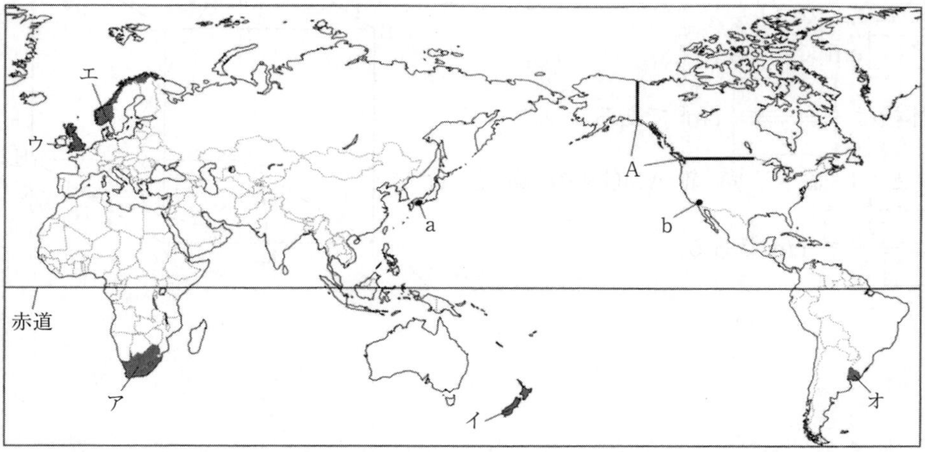

(1)　地図中の太線Aの経度・緯度の組み合わせとして正しいものはどれか。1～4より1つ選びなさい。

1．西経約140°・北緯約50°　　2．西経約140°・北緯約40°
3．西経約100°・北緯約50°　　4．西経約100°・北緯約40°

(2)　地図中の点aの神戸空港を出発した飛行機が11時間の飛行をして，点bのロサンゼルス国際空港に12月3日の午前11時(現地時間)に到着した。神戸空港を出発したときの日付と時間(日本時間)はいつか。1～4より1つ選びなさい。なお，神戸空港は東経135°，ロサンゼルス国際空港は西経120°として計算しなさい。

1．12月2日の午前0時　　2．12月3日の午後5時
3．12月2日の午後6時　　4．12月3日の午前0時

(3)　右の図は地図中のアの国の国旗の変遷である。この国の国名と，この国をかつて植民地支配していた国の組み合わせとして正しいものはどれか。1～4より1つ選びなさい。

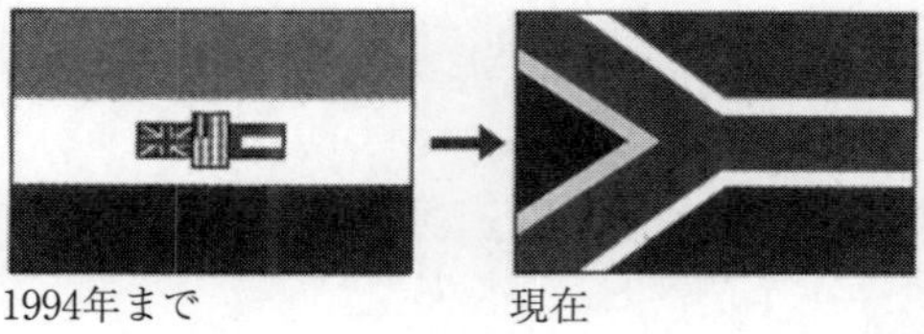

1．ジンバブエ・イギリス
2．エチオピア・フランス
3．ナイジェリア・フランス
4．南アフリカ共和国・イギリス

(4)　地図中のイ～オの国のうち，夏になると太陽が沈んでも暗くならない「白夜」とよばれる現象が発生する国として正しいものはどれか。1～4より1つ選びなさい。

1．イ　　2．ウ　　3．エ　　4．オ

(5)　地図中の赤道を通っている国の組み合わせとして正しいものはどれか。1～4より1つ選びなさい。

1．エクアドル・マダガスカル
2．チリ・パプアニューギニア
3．ブラジル・ケニア
4．ボリビア・フィリピン

2　次のＡ～Ｅの文章は，ある国を説明したものである。その国を地図中１～７より１つずつ選びなさい。

Ａ　この国はEU最大の農業国である。主食となる小麦の生産では世界第４位(2019年)であり，小麦の輸出国となっている。また，ぶどうなどを栽培する地中海式農業も行われている。
Ｂ　この国は子育てや医療に手厚い補助が与えられ，無償教育が実施されるなど福祉が充実した国として知られている。国際連合が行っている幸福度をはかるランキングでは毎年上位に位置している。
Ｃ　この国はEUの原加盟国の一員であり，古くから鉄鉱石や石炭などの資源を生かした重工業が発達してきた。現在，トルコや東ヨーロッパの移民が多く流入した結果，失業者が増加するという問題が起こっている。
Ｄ　この国の人々の多くは正教会を信仰し，バレエやオペラなどの文化を継承している。また，原油や天然ガスなどの鉱産資源が豊富にあり，他のEU諸国へパイプラインを使って大量に輸出している。
Ｅ　この国は15～16世紀にかけてブラジルを除く中南米に植民地を築いた。そのため，現在でも中南米ではこの国の言語を使用する人が多い。また，この国は熱心なカトリック教徒が多く，布教活動のため日本にも宣教師を積極的に送ったことでも知られる。

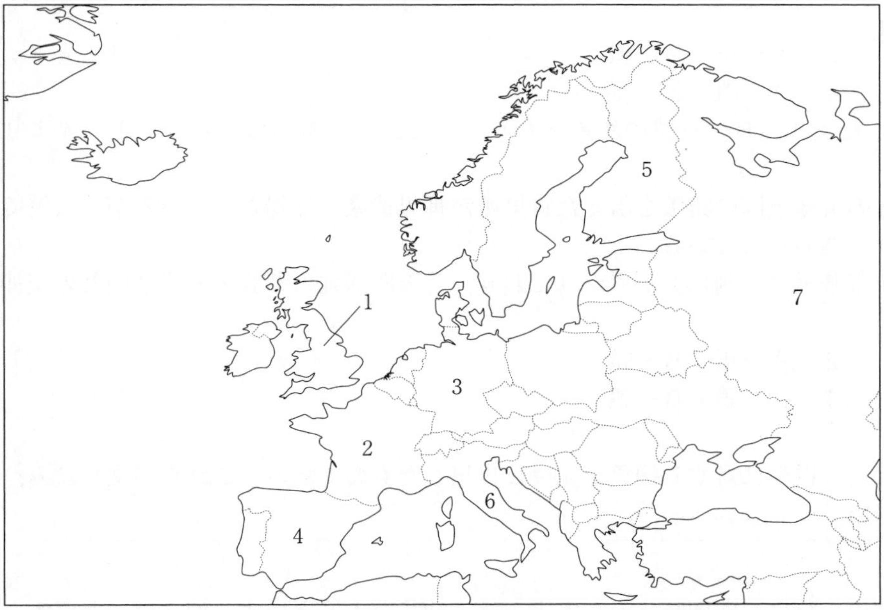

3　九州地方について，(1)～(5)の問いに答えなさい。

(1)　九州地方は地理的にみると中国などの大陸文化が流入しやすい。日本の戦国時代に流入し，九州地方の特産品として重用された焼き物は何か。１～４より１つ選びなさい。

１．有田焼　　２．美濃焼　　３．萩焼　　４．備前焼

(2)　九州の自然環境について説明した文として誤っているものはどれか。１～４より１つ選びなさい。

１．九州地方の中心には阿蘇山の噴火でできたカルデラがみられる。
２．鹿児島県の屋久島には貴重な原生林が残っており，自然保護と観光業の両立に取り組んでいる。
３．火山の多い九州地方には全国有数の温泉観光地がみられるが，地熱発電はほとんどみられない。

4．九州地方は東西にそれぞれ暖流の日本海流と対馬海流が流れるため，冬でも比較的温暖である。

(3)　九州地方は，20世紀初頭に日本初の本格的な製鉄所が建設されるなど重工業発祥の地と言われたが，現在は大きく変化している。右のグラフは，京浜，中京，阪神，北九州，北関東のいずれかの工業生産を示したものである。北九州に該当するグラフはどれか。1～5より1つ選びなさい。

1．A　　2．B

3．C　　4．D

5．E

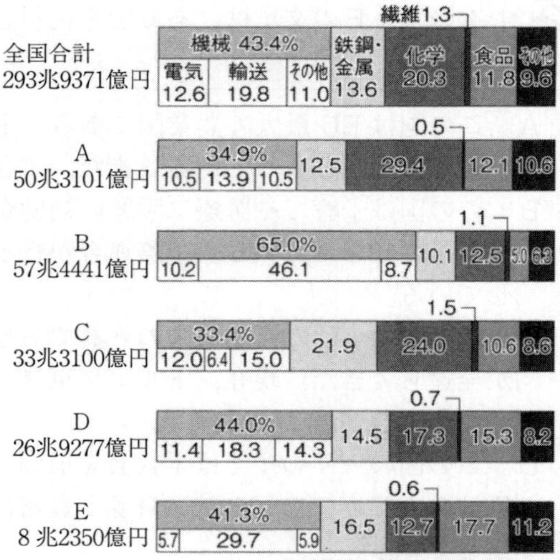

(2013年)〈経済産業省資料〉

(4)　九州地方の農業について説明した文A・Bの正誤の組み合わせとして正しいものはどれか。1～4より1つ選びなさい。

A：宮崎平野では温暖な気候やビニールハウスを利用し，きゅうりやピーマンなどの促成栽培が行われている。

B：鹿児島などの九州南部では，長い年月をかけて火砕流堆積物が積もり，水はけがよく肥沃《ひよく》な土壌が広がっている。

1．A－正　B－正　　2．A－正　B－誤

3．A－誤　B－正　　4．A－誤　B－誤

(5)　沖縄県について説明した文A・Bの正誤の組み合わせとして正しいものはどれか。1～4より1つ選びなさい。

A：沖縄県には，かつての琉球王国の繁栄を伝えた首里城が世界遺産に登録されているが，火災で焼失し，現在復興計画が進められている。

B：沖縄県には，在日米軍基地の7割以上が置かれており，普天間基地の移設をめぐり国との交渉が続いている。

1．A－正　B－正　　2．A－正　B－誤

3．A－誤　B－正　　4．A－誤　B－誤

4

次の文は，生徒が社会の授業に対する抱負を先生に提出したものである。これらの文を読み，(1)～(6)の問いに答えなさい。

Aくん

自分は社会の中でも歴史，特に a 戦国時代から安土・桃山時代が大好きです。例えば b 豊臣秀吉などは，低い身分から出世した人物としてとても憧れています。そういった，楽しく深い話をたくさん聞かせてください。授業楽しみにしています。

Bさん

私は歴史上の女性にとても興味があります。特に，（　X　）の妻であり，「尼将軍」とよばれた北条政子が時代を動かした鎌倉時代が好きです。また，かぶき踊りをはじめた出雲阿国に興味をもってから， c 日本の伝統文化に関心が高まりました。政治の流れだけでなく，日本人がつちかってきた文化についても教えていただきたいです。

Cくん
ぼくは文学や$_{d}$文字の歴史について学びたいと思っています。そのなかでも興味をもっているのは，清少納言の随筆$_{e}$『枕草子』です。この作品の描写は，時代や場所を越えて通じるものがあり，感動を覚えます。自分なりに頑張っていきますので，これからよろしくお願いします。

(1) 下線部ａについて，日本の戦国時代と同じ時期に世界で起こったできごとはどれか。１～４より１つ選びなさい。
１．中国では，始皇帝によって万里の長城が整備された。
２．朝鮮半島では，高麗が滅亡して朝鮮国が建国された。
３．ヨーロッパでは，スペインやポルトガルがアジアに航路を開拓した。
４．アヘン戦争などが起こり，ヨーロッパがアジアに武力で進出するようになった。

(2) 下線部ｂの人物について述べた文として正しいものはどれか。１～４より１つ選びなさい。
１．この人物は，足利義昭を京都から追放して，室町幕府を滅ぼした。
２．この人物は，武家諸法度を定め，参勤交代を制度化した。
３．この人物は，小田原の北条氏を滅ぼし，奥州も服従させ，天下を統一した。
４．この人物は，関ヶ原の戦いで勝利したあと，征夷大将軍に就任した。

(3) （Ｘ）に入る人物は誰か。１～４より１つ選びなさい。
１．平清盛　　２．源頼朝
３．北条泰時　４．足利尊氏

(4) 下線部ｃについて述べた文として正しいものはどれか。１～４より１つ選びなさい。
１．貴族の教養として発展した和歌は，鎌倉時代に『万葉集』が編纂されるなど，長く貴族に愛好された。
２．観阿弥・世阿弥の親子によって，猿楽や田楽を発展させた能が生み出された。
３．桃山文化では，雪舟がふすまや屛風にはなやかな絵を描いた。
４．江戸時代に入ると，井原西鶴が人形浄瑠璃や歌舞伎の台本を書き，人気を博した。

(5) 下線部ｄについて，次の文字の種類とその文字が使われた文明の組み合わせとして正しいものはどれか。１～６より１つ選びなさい。

	甲骨文字	象形文字
1	エジプト文明	メソポタミア文明
2	エジプト文明	中国文明
3	メソポタミア文明	エジプト文明
4	メソポタミア文明	中国文明
5	中国文明	エジプト文明
6	中国文明	メソポタミア文明

(6) 下線部ｅについて，この作品と同時代に書かれた文学作品として誤っているものはどれか。１～４より１つ選びなさい。
１．『源氏物語』
２．『平家物語』
３．『竹取物語』
４．『土佐日記』

5　次の文は，中学生のＡくんが海外の友人に送った手紙である。この文を読み，(1)～(4)の問いに答えなさい。

> やあ久しぶりだね。気軽に海外に行くことができなくなって，さびしい限りだよ。次に日本に来られたら，観光地をたくさん紹介してあげたいね。
>
> 例えば奈良県とかどうかな。a弥生時代に，邪馬台国という小国連合があったかもしれないんだって。そこから天皇という存在が出てきたから，日本の歴史がはじまった場所といってもいいくらいなんだ。特にぼくがおすすめする場所は，b興福寺というお寺だね。有名な東大寺の隣にあって，国宝がたくさん所蔵されているから，日本の古い文化を知ることができるよ。
>
> あと，c北海道と沖縄県は，世界的にも観光地として有名だよね。これらの場所は日本列島の歴史とは異なる独自の文化が発展したんだ。観光名所や食べ物も期待できるはずだよ。
>
> しかし，なんといってもぼくの地元のd栃木県にぜひ来てほしいね。観光地や食べ物も豊富だし，のんびりした風土で心を癒してほしいね。
>
> じゃあ，日本に来た時よろしくね。

(1)　下線部ａについて，右の画像はこの時代に使われていた銅鐸《どうたく》に描かれた模様である。この模様は当時の人々のどのような様子を表していると考えられるか。1～4より1つ選びなさい。

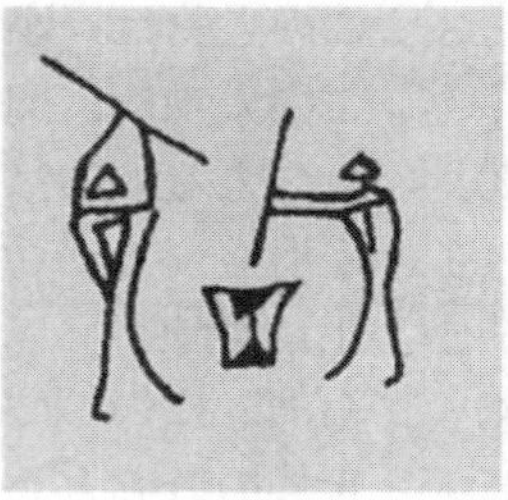

1．水田を鋤《すき》や鍬《くわ》で耕す様子。
2．稲穂を石包丁で刈り取る様子。
3．うすときねで稲を脱穀する様子。
4．稲を蓄える高床倉庫の様子。

(2)　下線部ｂについて，この寺院に所蔵されている彫刻品はどれか。1～4より1つ選びなさい。

1．

2．

3．

4．

(3)　下線部ｃの地域について述べた文として誤っているものはどれか。１～４より１つ選びなさい。
１．弥生文化は，北海道と沖縄県には伝わらなかった。
２．北海道では，室町時代にシャクシャインが反乱を起こした。
３．沖縄県にあった琉球王国は，江戸時代に薩摩藩によって征服された。
４．北海道には，江戸時代にラクスマンが来航した。

(4)　下線部ｄの地域について述べた文として誤っているものはどれか。１～４より１つ選びなさい。
１．古代から明治時代の廃藩置県まで，この地域は下野国とよばれていた。
２．奈良時代に編纂された『風土記』が現存している地域である。
３．平安時代，平将門が起こした反乱で国司が追い出された。
４．室町時代，上杉氏によって保護された足利学校に，日本全国から人材が集まった。

6　次の文を読み，(1)～(6)の問いに答えなさい。

> a イギリスから独立したアメリカは次第に東アジア世界との貿易を望むようになった。1853年に東インド艦隊司令長官のペリーが４隻の軍艦を率いて来航し，日本に開国を求めて，翌年の1854年に日米和親条約が締結された。こうして長く続いた b 江戸幕府の鎖国政策は崩れ，日本は開国することとなった。
>
> 1858年には c 日米修好通商条約が締結され，日本はアメリカにつづいてオランダ，ロシア，イギリス，フランスともほぼ同内容の条約を結び，d それぞれの開港地で外国人との貿易がはじまった。

(1)　下線部ａについて，アメリカの独立に関して述べた文として正しいものはどれか。１～４より１つ選びなさい。
１．イギリスからの独立達成と同時に，アメリカにおける奴隷制は廃止となった。
２．初代大統領には，独立戦争の司令官であったリンカーン(リンカン)が選ばれた。
３．アメリカはフランスなどの支援を受けて独立戦争に勝利し，その後人民主権，連邦制，三権分立を柱とする合衆国憲法を定めた。
４．北アメリカのイギリス植民地では，植民地の人々がイギリス本国の議会に代表を送ることが認められていた。

(2)　下線部ｂについて，江戸幕府によって行われた鎖国政策Ｘ～Ｚを古い順に並べ替えた時，正しいものはどれか。１～６より１つ選びなさい。
Ｘ：ポルトガル船の来航を禁止した。
Ｙ：平戸のオランダ商館を長崎の出島に移した。
Ｚ：全国にキリスト教禁止令(禁教令)を発布した。
１．Ｘ→Ｙ→Ｚ　　２．Ｘ→Ｚ→Ｙ　　３．Ｙ→Ｘ→Ｚ
４．Ｙ→Ｚ→Ｘ　　５．Ｚ→Ｘ→Ｙ　　６．Ｚ→Ｙ→Ｘ

(3)　下線部ｃについて，次の史料は日米修好通商条約(部分要約)である。(Ａ)・(Ｂ)に入る語句および文の組み合わせとして正しいものはどれか。１～４より１つ選びなさい。

> 第３条　下田・函館のほか，神奈川，長崎，新潟，兵庫を開港すること。…神奈川を開いた６か月後，下田を閉ざすこと。
> 第４条　全て日本に対して輸出入する商品は別に定めるとおり，日本政府へ(　Ａ　)を納めること。…アヘンの輸入は禁止する。もしアメリカの商船がアヘンを３斤以上持ってきた場合は，

超過分は没収する。
第６条　日本人に対して法を犯したアメリカ人は，アメリカ領事裁判所において取り調べのうえ，（　　Ｂ　　）。

	A	B
1	関税	日本の法律によって罰すること
2	関税	アメリカの法律によって罰すること
3	為替	日本の法律によって罰すること
4	為替	アメリカの法律によって罰すること

⑷　下線部ｄについて，右のグラフは1865年時の日本の輸出品を示したものである。グラフ中のＡに入る品目は何か。１～４より１つ選びなさい。
１．毛織物　　２．綿織物
３．生糸　　　４．武器

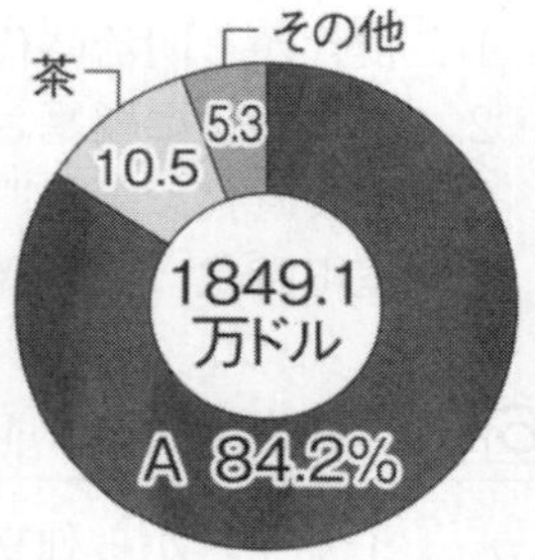

「日本経済史3　開港と維新」

⑸　下線部ｄについて，右のグラフは1860年～1865年の日本の貿易相手国を示したものである。グラフから読み取れることについて述べた文Ａ・Ｂの正誤の組み合わせとして正しいものはどれか。１～４より１つ選びなさい。
Ａ：Ｘの国はイギリスで，1860年から1865年にかけて，貿易に占める割合は常に全体の半分以上を占めている。
Ｂ：Ｙの国はアメリカで，1860年と1863年を比べると大きく割合が減少しているが，これはアメリカ国内で起こった南北戦争の影響であると考えられる。
１．Ａ－正　Ｂ－正　　２．Ａ－正　Ｂ－誤
３．Ａ－誤　Ｂ－正　　４．Ａ－誤　Ｂ－誤

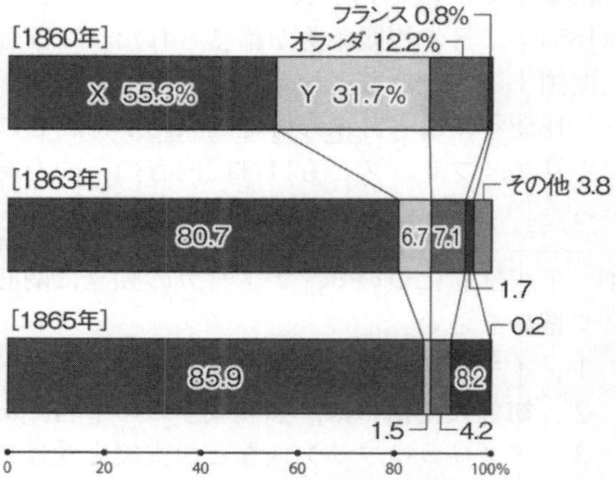

「近代日本経済史要覧」

⑹　下線部ｄについて，開国の影響に関して述べた文として誤っているものはどれか。１～４より１つ選びなさい。
１．外国と日本の金銀の交換比率の違いから，金貨が大量に国外に流出した。
２．江戸や大坂周辺では大規模な世直し一揆や打ちこわしが発生した。
３．新しい世の中への期待と不安で，民衆が「ええじゃないか」とはやしたてながら踊りまわる騒ぎが発生した。
４．外国からさまざまな商品が輸入されることになった影響で，生活に必要な品物は手に入れやすくなり，物価が急速に下落した。

7　次の文を読み，⑴～⑷の問いに答えなさい。

第一次世界大戦により日本経済は好況になった。連合国やその植民地，アメリカへの（　Ａ　）製品の輸出が大幅に増える一方，大戦で欧米からの輸入が止まったことから新たな産業が起こり，（　Ａ　）国としての基礎が築かれた。

しかし好況によって物価が上昇し，民衆の生活は苦しくなった。さらに$_{\text{a}}$1918年にはある動きが全国へと広がり，これによって（ Ｂ ）内閣が退陣すると，かわって新たに（ Ｃ ）が内閣を組織した。この内閣は，はじめての本格的な政党内閣であった。

$_{\text{b}}$大正時代は政党政治が発展し，特に第一次世界大戦後は民主主義が強く唱えられた時期であった。民衆が中心となった民主主義を求める運動は，のちに「大正デモクラシー」とよばれた。

(1) （A）に入る語句と，それに関する右のグラフの説明文の組み合わせとして正しいものはどれか。１～４より１つ選びなさい。

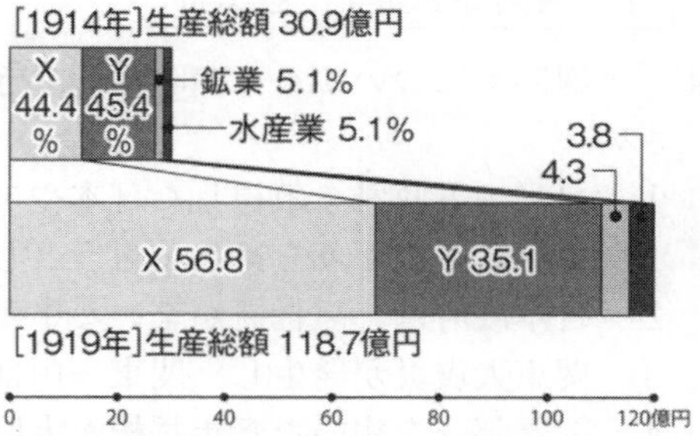

「日本資本主義発達史年表」

【説明文】

ア：1919年の生産総額は1914年に比べておよそ２倍近く増加している。

イ：グラフ中のXは工業生産額，Yは農業生産額を示している。

	A	説明文
1	工業	ア
2	工業	イ
3	農業	ア
4	農業	イ

(2) 下線部ａについて，この動きと関係のある資料は次のうちどれか。１～４より１つ選びなさい。

1．

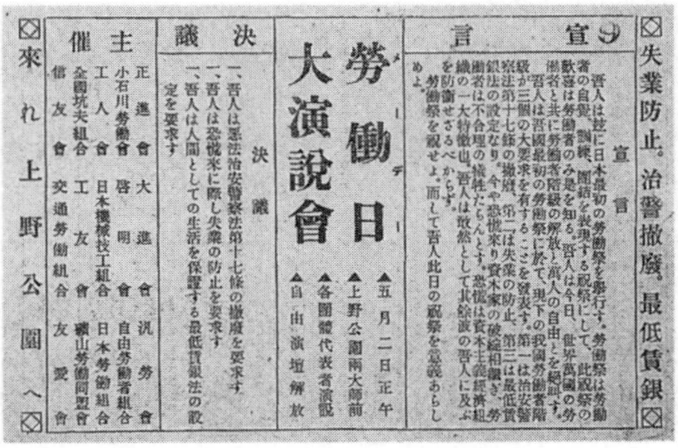
失業防止。治警撤廢。最低賃銀

宣言

宣言

吾人は茲に日本最初の勞働祭を舉行す。勞働祭は勞働者の自覺、訓練、團結を表現する祝祭にして、此祝祭の歡喜は勞働者のみ是を知る。吾人は今日、世界萬國の勞働者と共に勞働者階級の解放と萬人の自由とを絶叫す。吾人は吾國最初の勞働祭に於て、現下の我國勞働者階級が三個の大要求を有することを發表す。第一は治安警察法第十七條の撤廢、第二は失業の防止、第三は最低賃銀法の設定なり。今や恐慌來り資本家の破綻相續き、勞働者は不合理の犧牲たらんとす。恐慌は資本主義經濟組織の一大特徴也。吾人は敢然として其餘波の吾人に及ぶを防衛せざるべからず。勞働祭を祝せよ。而して吾人此日の祝祭を意義あらしめよ。

勞働日《メーデー》

大演說會

▲五月二日正午

▲上野公園兩大師前

▲各團體代表者演說

▲自由演壇解放

決議

決議

一、吾人は治安警察法第十七條の撤廢を要求す

一、吾人は恐慌來に際し失業の防止を要求す

一、吾人は人間としての生活を保證する最低賃銀法の設定を要求す

主催

正進會　大進會　汎勞會

小石川勞働會　啓明會　自由勞働者組合

工人會　日本機械技工組合　日本勞働組合

全國坑夫組合　工友會　礦山勞働同盟會

信友會　交通勞働組合　友愛會

來れ上野公園へ

2．

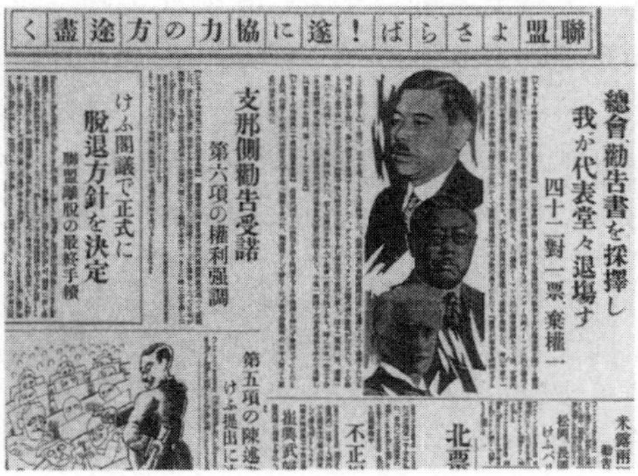
聯盟よさらば！遂に協力の方途盡く

總會、勧告書を採擇し

我が代表堂々退場す

四十二對一票、棄權一

支那側勧告受諾

第六項の權利强調

けふ閣議で正式に

脱退方針を決定

聯盟離脱の最終手續

3．

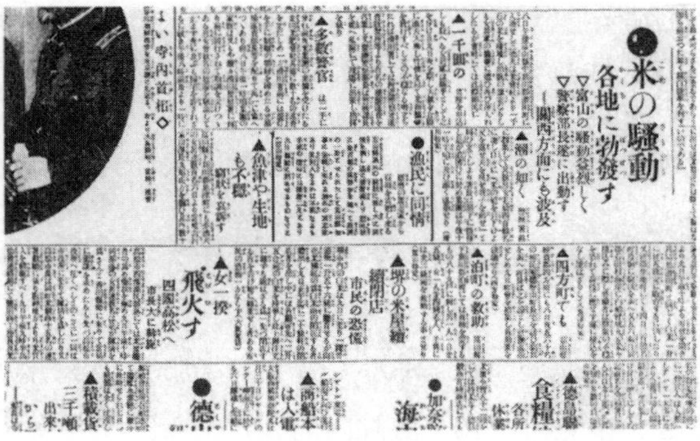
●米の騷動

各地に勃發す

▽富山の騷動益々猖獗して

▽警察部長等に出動す

—關西方面にも波及

▲二千餘の

▲多數警官

●漁民に同情

▲魚津や生地も不穩

▲女一揆

飛火す

四國高松へ

4．

昨朝奉天驛外に突發せる

張作霖氏遭難の光景

宮内特派員撮影—本社初風號の空中輸送

(3) (B)・(C)に入る人物の組み合わせとして正しいものはどれか。1～4より1つ選びなさい。

	B	C
1	寺内正毅	原敬
2	原敬	寺内正毅
3	桂太郎	西園寺公望
4	西園寺公望	桂太郎

(4) 下線部bについて，この時代のできごととして誤っているものはどれか。1～4より1つ選びなさい。

1．ソビエト政府を敵視した日本やアメリカなどがシベリアに出兵し，軍事的に干渉することでロシア革命の広がりを抑え込もうとした。
2．日本政府は，袁世凱が率いる中華民国に二十一か条の要求を示した。
3．関東大震災が発生し，関東一円は大きな被害を受けた。
4．陸軍部隊を率いた青年将校が大臣らを殺傷し，首相官邸や国会議事堂周辺を占拠する二・二六事件が起こった。

8 次の文を読み，(1)～(5)の問いに答えなさい。

衆議院の選挙制度は長い間，大選挙区制の1つである日本独自の(A)制で行われてきた。しかし，この制度は個人本位で費用のかかる選挙となり，派閥を助長させるなどの批判が強く，政権交代も起きにくかった。そこで，1994年の選挙制度改革で(B)制に改められた。この制度は，候補者名を記入して一つの選挙区から一人を選ぶ小選挙区と，政党名を記入して a政党の得票数に応じて議席を配分する b比例代表制を組み合わせたものである。

参議院の選挙制度は，選挙区選挙と(C)を一つの選挙区とする(D)比例代表制をとっている。(D)比例代表制では，有権者は候補者名または政党名で投票を行う。

c日本の選挙には課題が多く，一つの選挙区あたりの定数に対する有権者の数が著しく不均衡であることや，選挙運動の規制の問題がある。

(1) (A)～(D)に入る語句はどれか。1～8より1つずつ選びなさい。

1．拘束名簿式　2．小選挙区比例代表並立　3．中選挙区　4．非拘束名簿式
5．小選挙区　6．都道府県　7．全国　8．政党名

(2) 下線部aについて，次の(ア)～(カ)に入る語句はどれか。1～10より1つずつ選びなさい。

国の政治においては，国会議員の多くが政党に所属しており，いくつかの政党が議席を争う政党政治が行われている。国によって，二つの政党が議席のほとんどをしめる(ア)制や三つ以上の主要な政党がある(イ)制などが見られる。日本では，1955年に(ウ)党が結成されてから，長い期間(エ)で政権を担当してきた。

しかし，(オ)年代以降は，さまざまな政党の結成や解散があり，いろいろな形の(カ)政権がつくられている。

選挙の時，多くの政党は政治で実現したい理念や，政権を担当した時に実施する予定の政策などを記した公約を発表する。

1．公明　2．自由民主　3．民主　4．1980　5．2000
6．二大政党　7．単独　8．連立　9．多党　10．議院内閣

(3) 下線部bについて，右の比例代表区(定数6名の場合)の各政党の当選者数の組み合わせとして正しいものはどれか。1～4より1つ選びなさい。

	A党	B党	C党	D党
得票数	650	900	150	1200

	A党	B党	C党	D党
1	1	1	1	3
2	1	1	0	4
3	1	2	1	2
4	1	2	0	3

(4) 下線部cに関して，A～Cの2つの文の正誤を判断し，次の表の指示に従って答えなさい。

1のみが正しい…………1
2のみが正しい…………2
両方ともに正しい………3
両方ともに誤っている…4

A　1．有権者の棄権が多くなると，一部の人たちによって大切な政策が決められることになる。
　　2．一票の格差が大きくなると，最高裁判所が日本国憲法に定める「法の下の平等」などに反しているという判決を出すことがある。

B　1．10代が初めて参加した参議院選挙では，20代に比べて投票率が高かったが，全体の投票率より低かった。
　　2．在外日本人の投票権は，国政選挙・地方選挙すべてに認められた。

C　1．国政選挙の投票率は，長期的にみると低下している。
　　2．世界には正当な理由なく投票を棄権すると，罰金を支払わなくてはならない国がある。

(5) 次の表「日本の選挙権の拡大」をみて，(A)～(D)に入る数字の組み合わせとして正しいものはどれか。1～4より1つ選びなさい。

実施年	1890年 (第1回)	1920年 (第14回)	1946年 (第22回)	2017年 (第48回)
選挙の資格	直接国税15円以上を納める(A)歳以上の男子	直接国税(B)円以上を納める(A)歳以上の男子	(C)歳以上の男子と女子	(D)歳以上の男子と女子

	(A)	(B)	(C)	(D)
1	25	10	20	20
2	20	10	25	18
3	25	3	20	18
4	20	3	25	20

【理　科】（50分）〈満点：100点〉

（注意）　計算機等の使用は禁止します。

1　次の問いに答えなさい。

問1　右のグラフはある物体の速さと時間の関係を表したものである。この物体が0秒～5秒の間に移動した距離が正しいものはどれか。次の中から1つ選びなさい。

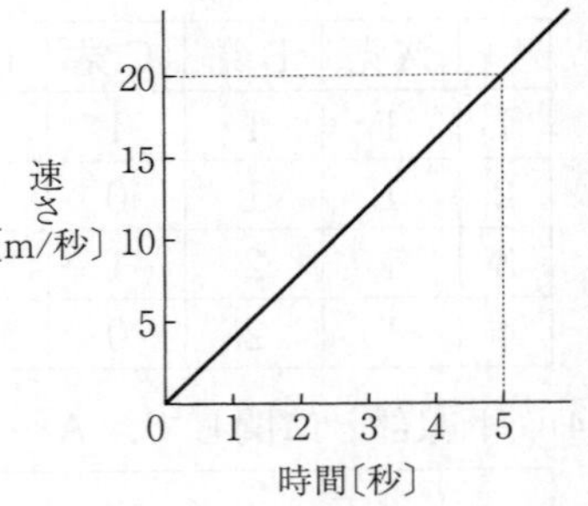

①　4m

②　10m

③　20m

④　50m

⑤　100m

問2　右の図のような回路で，同じ種類の豆電球を光らせた。このときの豆電球の明るさについて正しく述べているものはどれか。次の中から1つ選びなさい。

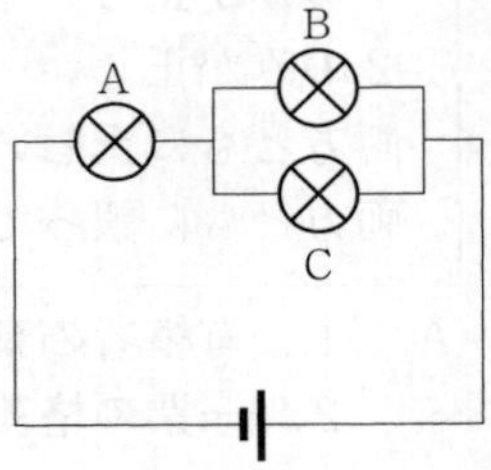

①　豆電球Aが最も明るく光る。

②　豆電球Bが最も明るく光る。

③　豆電球Cが最も明るく光る。

④　豆電球B，Cが最も明るく光る。

⑤　豆電球A，B，Cが同じ明るさになる。

問3　原子に関する次の記述のうち，**誤っているもの**はどれか。次の中から1つ選びなさい。

①　原子は，種類によって，その質量や大きさが決まっている。

②　原子は，化学変化によって分割することができる。

③　原子は，化学変化によって新しくできたり，無くなったり，他の種類の原子に変わったりしない。

④　原子の中で，最も小さい原子は水素原子である。

問4　次の物質のうち，**分子をつくらない物質**はどれか。次の中から1つ選びなさい。

①　二酸化炭素　　②　水蒸気　　③　酸素

④　塩化水素　　⑤　酸化銀

問5　イヌワラビという植物が属するグループとして正しいものはどれか。次の中から1つ選びなさい。

①　被子植物　　②　裸子植物

③　シダ植物　　④　コケ植物

問6　ハトの翼と相同器官**ではないもの**はどれか。次の中から1つ選びなさい。

①　カエルの前あし　　②　コウモリの翼

③　クジラのひれ　　④　チョウのはね

問7　次の図は，海底が隆起して津波が発生する仕組みを示したものである。現象が生じる順序が正しいものはどれか。後の中から1つ選びなさい。

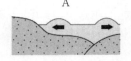

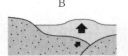

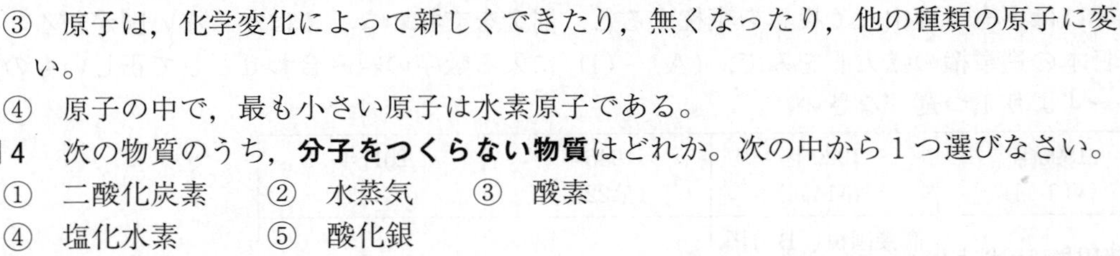

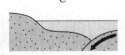

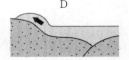

①　A→B→C→D

② B→A→D→C
③ C→A→B→D
④ C→B→A→D

問８ 右の図は，銀河系の想像図である。銀河系の直径と銀河系の中心から太陽系までの距離が正しい組み合せはどれか。次の中から１つ選びなさい。

	銀河系の直径	銀河系の中心から太陽系までの距離
①	約１億光年	約500万光年
②	約1000万光年	約30万光年
③	約１万光年	約５光年
④	約10万光年	約３万光年

2 次の文を読み，問いに答えなさい。

Ｓさんは，物体にはたらく浮力について調べるために，実験を行った。なお，この実験では，100ｇの物体にはたらく重力の大きさを1.0Ｎとして計算をし，糸の体積は無視できるものとする。

【実験】 図のようにばねばかりに物体をつるし，ａ～ｄの４つの位置でばねばかりの値を測定した。ばねばかりにつるす物体は，異なる３種類の物体Ａ，Ｂ，Ｃを用いてそれぞれの物体で同様に実験を行った。表は，その実験結果をまとめたものである。

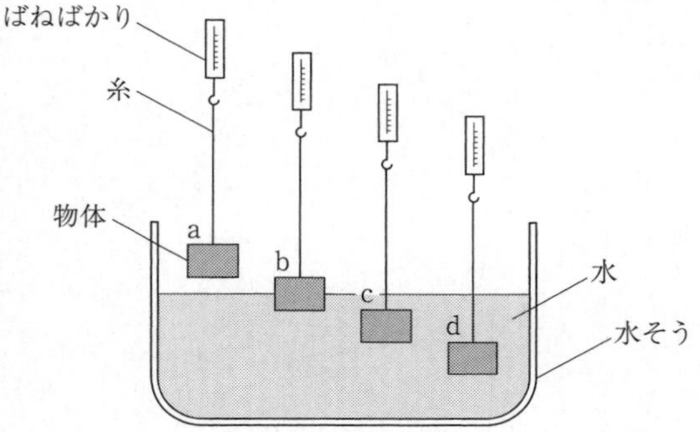

	位置ａでのばねばかりの値[Ｎ]	位置ｂでのばねばかりの値[Ｎ]	位置ｃでのばねばかりの値[Ｎ]
物体Ａ	0.50	0.40	0.30
物体Ｂ	0.40	0.30	0.20
物体Ｃ	0.50	0.45	0.40

問１ 図のｃの位置に物体があるとき，物体にはたらく水圧の大きさを矢印で表した図はどれか。次の中から１つ選びなさい。

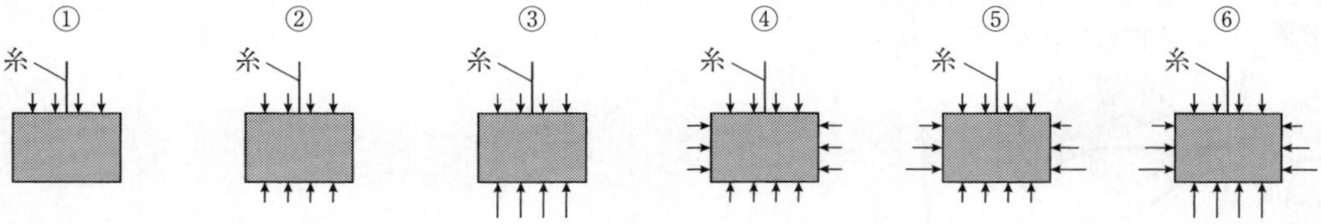

問２ 図のｃの位置における物体Ａ，Ｂ，Ｃそれぞれにはたらく浮力の大きさの正しい組み合せはどれか。次の中から１つ選びなさい。

	物体Aにはたらく浮力の大きさ[N]	物体Bにはたらく浮力の大きさ[N]	物体Cにはたらく浮力の大きさ[N]
①	0.10	0.10	0.10
②	0.10	0.10	0.20
③	0.10	0.20	0.20
④	0.20	0.20	0.10
⑤	0.20	0.10	0.10
⑥	0.20	0.20	0.20

問3　物体Aが，図のdの位置にあるとき，ばねばかりの値は何Nになるか。次の中から1つ選びなさい。

①　0.10N　②　0.20N　③　0.30N
④　0.40N　⑤　0.50N　⑥　0N

問4　Sさんは実験結果を以下のようにまとめた。文中の(ア)～(ウ)にあてはまる語句の組み合せはどれか。後の中から1つ選びなさい。

> 実験の結果から，物体の水中に沈んでいる部分の(　ア　)が大きいほど，物体にはたらく浮力の大きさが(　イ　)なることが分かった。また，その物体の質量は，その物体にはたらく浮力の大きさに(　　ウ　　)ことも分かった。

	ア	イ	ウ
①	密度	大きく	比例する
②	密度	大きく	比例しない
③	密度	小さく	比例する
④	密度	小さく	比例しない
⑤	体積	大きく	比例する
⑥	体積	大きく	比例しない
⑦	体積	小さく	比例する
⑧	体積	小さく	比例しない

3　次の文を読み，問いに答えなさい。

円を30°間隔に区切って線を引いた記録用紙の中心に，半円形レンズの中心を合せて置いた。次に，光源装置から半円形レンズの平らな面の中心(O点)に光を当て，光の進む道すじを調べた。図1はそのときの実験のようすを表している。

図1

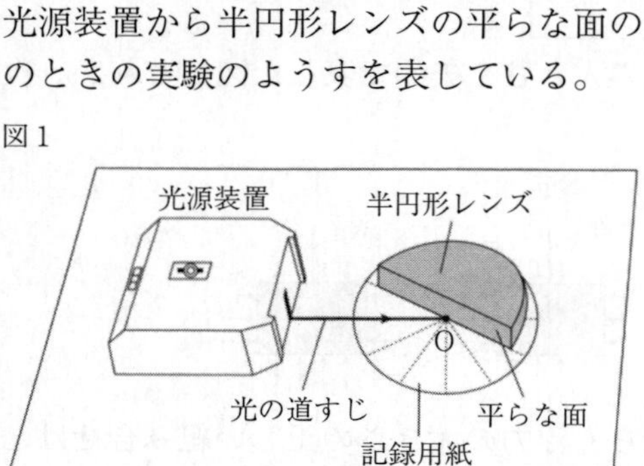

図2

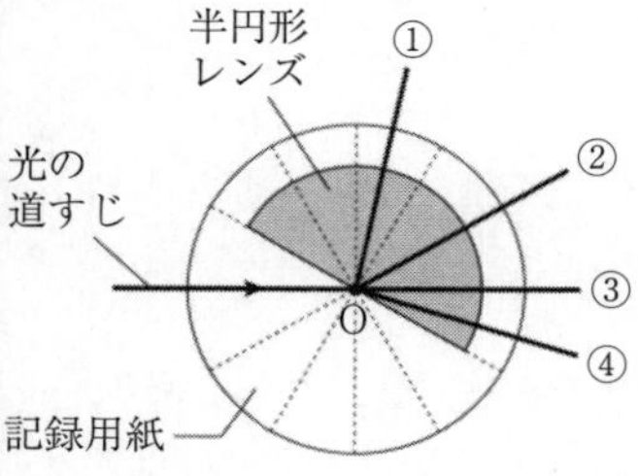

図3

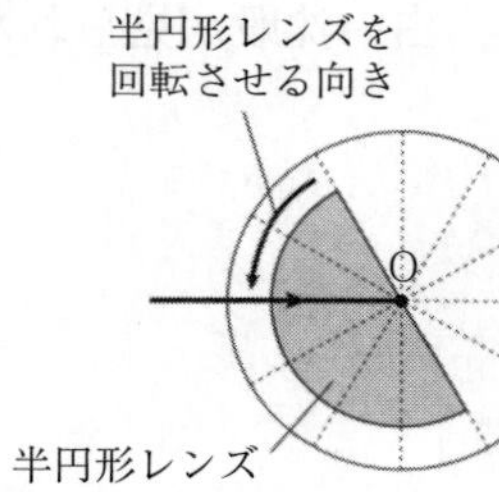

問1　実験で，半円形レンズの平らな面を通過した光はどのように進むか。図2の①～④から1つ選びなさい。

問2　問1のときの入射角の角度は何度か。次の中から1つ選びなさい。

①　30°　　②　45°　　③　60°　　④　90°

次に，半円形レンズを図3のようにO点を中心に回転し，光を半円形レンズに入射させたところ，入射角がある大きさをこえたとき全反射が起こった。そこで，より細かく角度を測定し，入射角と屈折角の関係をグラフにまとめた。

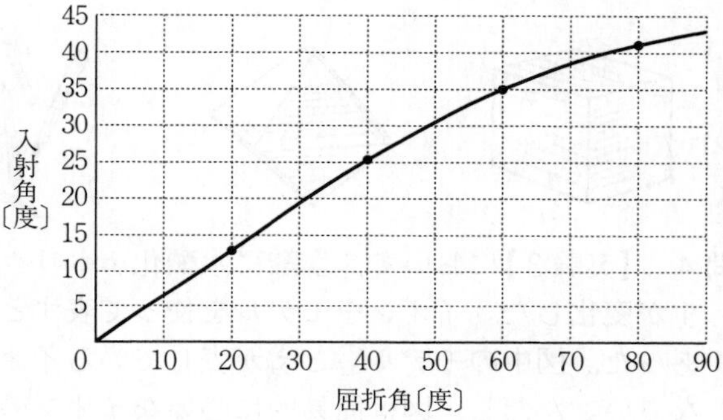

問3　右のグラフから，入射角が何度をこえると全反射が起こるといえるか。次の中から1つ選びなさい。

①　19°　　②　26°

③　35°　　④　43°

問4　全反射が起こっているものはどれか。次の中から1つ選びなさい。

①　カーブミラーを見ると，広い範囲がうつって見える。

②　ルーペを使って物体を見ると，実物よりも大きく見える。

③　光ファイバーの中を光が進む。

④　水の入ったコップにストローを入れ，斜め上から見るとストローが曲がって見える。

4

次の文を読み，問いに答えなさい。

酸とアルカリの中和反応について調べるために，次の実験を行った。

【実験1】　2本の試験管A，Bを用意し，試験管Aにはうすい硫酸を，試験管Bにはうすい塩酸をそれぞれ5 cm^3 ずつとった。2本の試験管に，緑色のBTB溶液を数滴ずつ加えたところ，どちらも水溶液は黄色に変化した。

【実験2】　試験管Aに，うすい水酸化バリウム水溶液を数滴加えたところ，塩が白い沈殿として見られた。このとき，試験管Aの水溶液の色は黄色のままであった。

【実験3】　試験管Bで，水溶液をよく混ぜながら，うすい水酸化ナトリウム水溶液を少しずつ加えていくと，5 cm^3 加えたところで水溶液の色が黄色から緑色に変化した。このとき沈殿は見られなかった。緑色になった水溶液をスライドガラスに数滴とり，水分を蒸発させると塩が生じたので，顕微鏡で観察したところ結晶が見られた。さらに，試験管Bにうすい水酸化ナトリウム水溶液を2.5 cm^3 加えた。このとき，試験管Bの水溶液の色は青色であった。

問1　次の文は，【実験2】の中和反応で生じた塩について説明したものである。(ア)～(ウ)にあてはまる語句の正しい組み合せはどれか。後の中から1つ選びなさい。

硫酸から生じる(ア)と，水酸化バリウムから生じる(イ)が結合して，塩が生じた。このとき生じた塩は，水に(　ウ　)塩だったので，白い沈殿が見られた。

	ア	イ	ウ
①	陽イオン	陰イオン	溶けやすい
②	陽イオン	陰イオン	溶けにくい
③	陰イオン	陽イオン	溶けやすい
④	陰イオン	陽イオン	溶けにくい

問２　【実験２】と【実験３】の中和反応において，共通して生じる物質の化学式を次の中から１つ選びなさい。

①　NaCl　　②　HCl　　③　$Ba(OH)_2$　　④　H_2O　　⑤　$BaSO_4$　　⑥　H_2SO_4

問３　【実験３】において，観察された塩の結晶の形はどれか。次の中から１つ選びなさい。

①
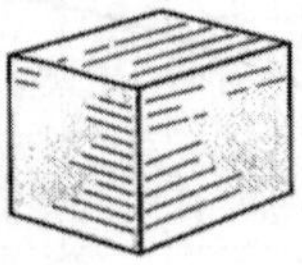

②
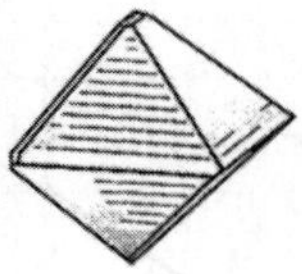

③

④

問４　【実験３】において，塩酸に水酸化ナトリウム水溶液を加えたときに，水溶液中のイオンのようすが変化した。イオンをモデルを使って表すとき，変化のようすは図１→図２→図３→図４の順であった。図中のモデル㋑と㋓が表しているイオンの正しい組み合せはどれか。後の中から１つ選びなさい。ただし，図は簡易的に必要なイオンのみを表している。

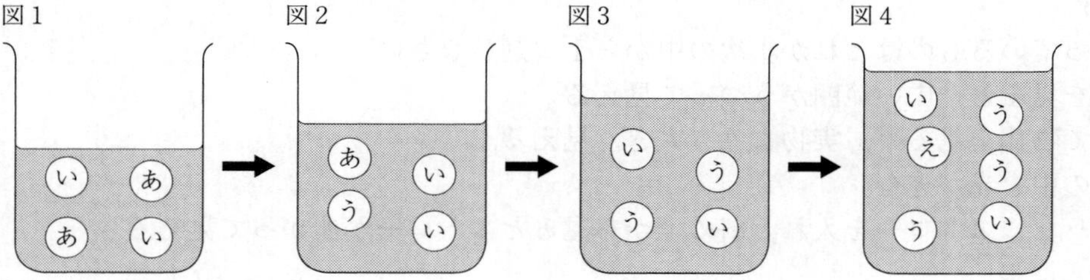

	㋑	㋓
①	H^+	Cl^-
②	H^+	Na^+
③	Cl^-	OH^-
④	Cl^-	Na^+
⑤	Na^+	OH^-

5　ボンベに入った５種類の気体Ａ～Ｅは，アンモニア，酸素，水素，窒素，二酸化炭素のいずれかである。これらの気体について実験を行った。後の問いに答えなさい。

【実験１】　気体Ａ～Ｅをそれぞれ集気びんにとり，手であおいでにおいをかいだ。気体Ａは鼻をさすようなにおいがしたが，他の気体はにおいがしなかった。気体Ａに水でぬらした赤色リトマス紙を近づけると，青色に変色した。

【実験２】　200 cm^3 の水が入った 500 cm^3 の同じペットボトル４本に，気体Ｂ～Ｅをそれぞれ満たし，振った。気体Bを入れたペットボトルはへこんだが，他はへこまなかった。

【実験3】　同じポリエチレンの袋3枚に，袋が同じ大きさにふくらむまで気体C～Eをそれぞれ満たし，袋の口を閉じた。気体Cの袋は上昇したが，他は上昇しなかった。気体Cを乾いた試験管に満たし，マッチの火を近づけると，気体Cはポンと音を立てて反応し，試験管の内側には水滴がついた。

問1　気体Aの名称を次の中から1つ選びなさい。

①　酸素　　②　水素　　③　アンモニア　　④　窒素　　⑤　二酸化炭素

問2　気体Aを発生させるときの集め方について考えた。

(ア)　気体Aの0.50Lの質量は，0.36gである。気体Aの密度は何$\mathrm{g/cm^3}$か。次の中から1つ選びなさい。

①　0.00072$\mathrm{g/cm^3}$　　②　0.072$\mathrm{g/cm^3}$　　③　0.72$\mathrm{g/cm^3}$

④　1.39$\mathrm{g/cm^3}$　　⑤　139$\mathrm{g/cm^3}$

(イ)　気体Aの最も適切な集め方はどれか。次の中から1つ選びなさい。

①　下方置換法　　②　水上置換法　　③　上方置換法

問3　【実験1】で，赤色リトマス紙が変色した原因となるイオンの名称はどれか。次の中から1つ選びなさい。

①　水素イオン　　②　アンモニウムイオン　　③　酸化物イオン　　④　水酸化物イオン

問4　気体Bの分子モデルとして正しいものを次の中から1つ選びなさい。ただし，水素原子を○，酸素原子を◎，窒素原子を◉，炭素原子を●でそれぞれ表すものとする。

① 　② 　③ 　④ 　⑤ 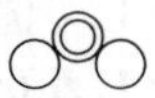

問5　【実験1】～【実験3】では区別することができない気体D，Eについて，それらの気体を区別するために共通する実験を行った。

(ア)　共通する実験として正しいものを，次の中から1つ選びなさい。

①　それぞれの気体を石灰水の入った集気びんに満たし，振る。

②　それぞれの気体を試験管に満たし，試験管に火のついた線香を入れる。

③　それぞれの気体をペットボトルに満たし，熱い湯をかける。

④　それぞれの気体をBTB溶液の入った集気びんに満たし，振る。

(イ)　次の文は，(ア)の実験結果をまとめたものである。文中の(a)～(d)にあてはまる語句の正しい組み合せはどれか。後の中から1つ選びなさい。

一方の気体は，(　a　)であり，それは(　　b　　)という結果から判断できる。また，他方の気体は(　c　)であり，それは，(　　d　　)という結果から判断できる。

	a	b	c	d
①	水素	炎を上げて燃えた	酸素	火が消えた
②	水素	炎を上げて燃えた	二酸化炭素	火が消えた
③	酸素	炎を上げて燃えた	水素	火が消えた
④	酸素	炎を上げて燃えた	窒素	火が消えた
⑤	二酸化炭素	火が消えた	酸素	炎を上げて燃えた
⑥	二酸化炭素	火が消えた	窒素	炎を上げて燃えた
⑦	窒素	火が消えた	水素	炎を上げて燃えた
⑧	窒素	火が消えた	二酸化炭素	炎を上げて燃えた

6　唾液《だえき》にふくまれる消化酵素のはたらきを調べるために，次の手順で実験を行った。問いに答えなさい。なお，この消化酵素は80℃でははたらきを失うものとする。

【手順１】　試験管Ａ～Ｈに１％デンプン溶液５mLを入れ，試験管Ａ，Ｂ，Ｃ，Ｄにはうすめた唾液１mL，試験管Ｅ，Ｆ，Ｇ，Ｈには水１mLを加えた。Ａ，Ｂ，Ｅ，Ｆは40℃の湯に10分間，Ｃ，Ｄ，Ｇ，Ｈは80℃の湯に10分間入れておいた。

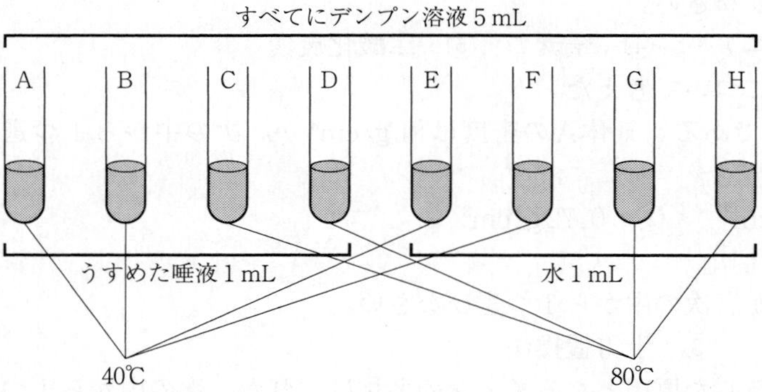

【手順２】　試験管Ａ，Ｃ，Ｅ，Ｇにヨウ素液を２，３滴ずつ加えそれぞれの色の変化をみた。

【手順３】　試験管Ｂ，Ｄ，Ｆ，Ｈにベネジクト液を２，３滴加えて，ある操作をしたときの変化を調べた。

問１　【手順３】の下線部のある操作とはどのような操作か。次の中から１つ選びなさい。
①　氷水で冷やす。　②　栓をして激しく振る。　③　加熱する。　④　紫外線を当てる。

問２　【手順２】で，色が紫色に**変化しない**試験管の組み合せはどれか。次の中から１つ選びなさい。
①　試験管Ａのみ　②　試験管Ｃのみ
③　試験管Ｅのみ　④　試験管Ｇのみ
⑤　試験管Ａと試験管Ｃ　⑥　試験管Ｃと試験管Ｅ
⑦　試験管Ｅと試験管Ｇ

問３　【手順３】で，色が赤褐色に変化する試験管の組み合せはどれか。次の中から１つ選びなさい。
①　試験管Ｂのみ　②　試験管Ｄのみ
③　試験管Ｆのみ　④　試験管Ｈのみ
⑤　試験管Ｂと試験管Ｄ　⑥　試験管Ｄと試験管Ｆ
⑦　試験管Ｆと試験管Ｈ

問４　この実験で，唾液にふくまれる消化酵素のはたらきによってデンプンから麦芽《ばくが》糖(糖の一種)などができたことがわかる。それは，試験管Ｂ，Ｄ，Ｆ，Ｈのうちのどの組み合せでわかるか。次の中から１つ選びなさい。
①　試験管Ｂと試験管Ｄ　②　試験管Ｂと試験管Ｆ
③　試験管Ｂと試験管Ｈ　④　試験管Ｄと試験管Ｆ
⑤　試験管Ｄと試験管Ｈ　⑥　試験管Ｆと試験管Ｈ

問５　この実験で，唾液にふくまれる消化酵素が熱に弱いことがわかる。それは試験管Ｂ，Ｄ，Ｆ，Ｈのうちのどの組み合せでわかるか。次の中から１つ選びなさい。
①　試験管Ｂと試験管Ｄ　②　試験管Ｂと試験管Ｆ
③　試験管Ｂと試験管Ｈ　④　試験管Ｄと試験管Ｆ
⑤　試験管Ｄと試験管Ｈ　⑥　試験管Ｆと試験管Ｈ

7 図１はヒトの目の縦断面を横側から見たものである。目のつくりとはたらきについて，次の問いに答えなさい。

図１

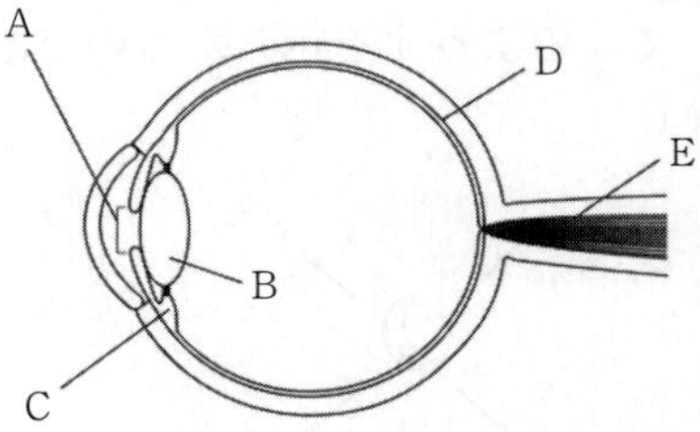

問１　図１のA～Eのうち，光を受け取る感覚細胞が存在するところはどれか。次の中から１つ選びなさい。

①　A　②　B　③　C　④　D　⑤　E

問２　図１のA～Eのうち，光を屈折させるはたらきをするところはどれか。次の中から１つ選びなさい。

①　A　②　B　③　C　④　D　⑤　E

問３　暗いときの目の反射反応について正しいものはどれか。次の中から１つ選びなさい。

①　Aが小さくなり，目の内部に入る光の量が増える。
②　Aが大きくなり，目の内部に入る光の量が増える。
③　Cが厚くなり，目の内部に入る光の量が増える。
④　Cが薄くなり，目の内部に入る光の量が増える。

問４　図２はSさんが見た非常口の看板である。Sさんの網膜上に結ばれる像を，図３の矢印の方向から確認したとすると，どのようにうつっていると考えられるか。後の中から１つ選びなさい。

図２

図３

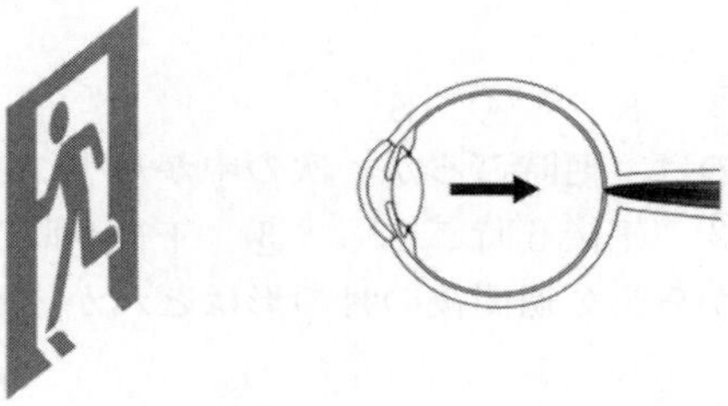

①

②

③

④

問５　Sさんが図２の看板を見たとき，視覚はどこで生じるか。次の中から１つ選びなさい。

①　図１のA　②　図１のC　③　図１のD　④　図１のE　⑤　脳

8 図1は，日本のある場所で，あるときに見えた月のようすで，図2は月が地球のまわりを回っているようすを示したものである。後の問いに答えなさい。

図1

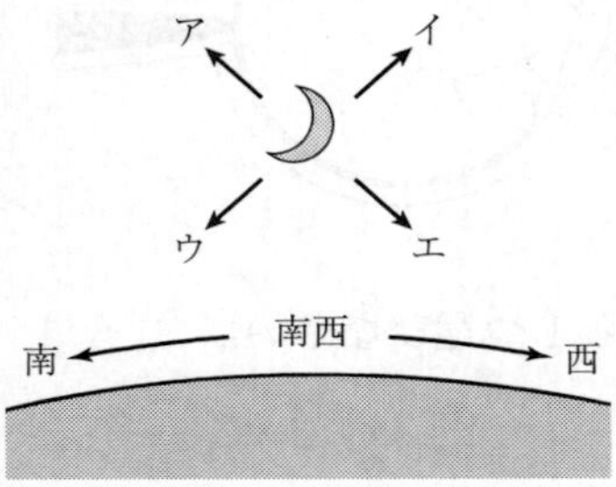

図2

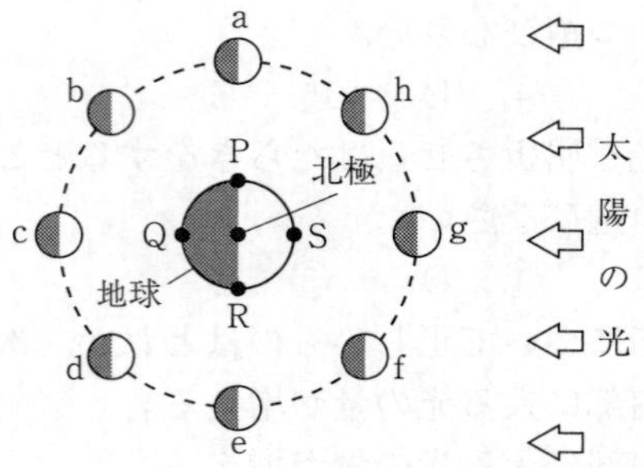

問1 図1の月は，この後，ア～エのどの向きに動くか。次の中から1つ選びなさい。

① ア　② イ　③ ウ　④ エ

問2 図1の月は，図2のa～hのどの月を観察したものであるか。次の中から1つ選びなさい。

① a　② b　③ c　④ d　⑤ e　⑥ f　⑦ g　⑧ h

問3 図1の月は，図2の地球のP，Q，R，Sのどの場所から観察したものであるか。次の中から1つ選びなさい。

① P　② Q　③ R　④ S

問4 図1の月が見えたのは，何時ごろか。次の中から1つ選びなさい。

① 午後3時ごろ　② 午後6時ごろ　③ 午後9時ごろ　④ 午前0時ごろ

問5 図1の月が見えてから，2週間後の月の形はどれか。次の中から1つ選びなさい。

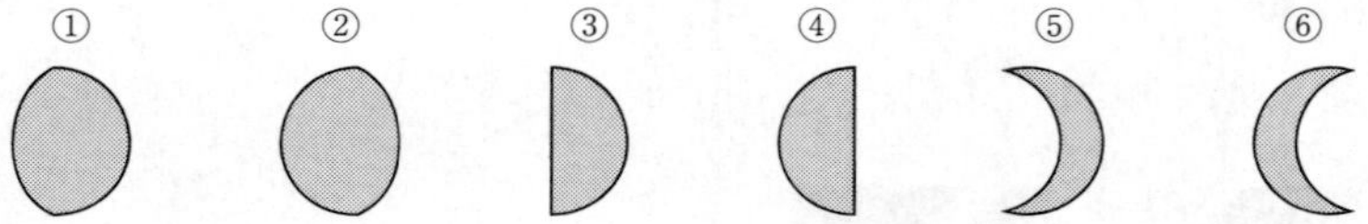

9 図は，ある露頭のスケッチである。後の問いに答えなさい。

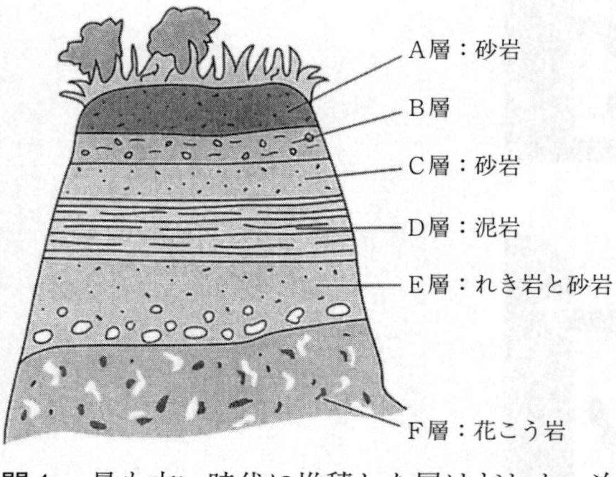

問1 最も古い時代に堆積した層はどれか。次の中から1つ選びなさい。

① A層　② B層　③ C層　④ D層　⑤ E層　⑥ F層

問2 B層は，サンゴの化石でできていた。このような堆積岩を何というか。次の中から1つ選びなさい。

① 安山岩　② はんれい岩　③ 凝灰岩　④ 石灰岩

問3　海岸から離れ，波の影響が最も少ない場所で堆積した層はどれか。次の中から1つ選びなさい。

① A層　② B層　③ C層　④ D層　⑤ E層　⑥ F層

問4　F層の花こう岩は，もろくてくずれやすくなっていた。岩石がこのようになることを風化というが，風化について書かれた次の文の(ア)と(イ)に入る語句の組み合せはどれか。後の中から1つ選びなさい。

かたい岩石は，急激な(　ア　)の変化や，風や(　イ　)などのはたらきによってもろくなる。

	ア	イ
①	磁界	雨
②	温度	紫外線
③	磁界	紫外線
④	温度	雨

問5　A層～E層が堆積していたとき，その場所が岸から遠かった時代は何回あったと考えられるか。次の中から1つ選びなさい。

① 1回　② 2回　③ 3回　④ 4回

来て、家の内、豊かになりぬ。命終《を》はるに、いよいよ心、仏を念じ入りて、浄土《じやうど》に速やかに参りてけり。

（『宇治拾遺物語』より）

※〈語注〉梵、尺、諸天…帝釈天など、仏教を守護する神々

問一 傍線部(1)の読みと意味の組み合わせとして最も適当なものを次から選びなさい。

1 もろこし・中国　2 てんじく・インド
3 もうこ・モンゴル　4 やまと・日本

問二 傍線部(2)とありますが、男は何を求めていたと考えられるか。最も適当なものを次から選びなさい。

1 財産　2 妻子　3 地位　4 名声

問三 傍線部(3)の説明として最も適当なものを次から選びなさい。

1 真実を見分けたいという心
2 宝石を得たいと思う心
3 仏の教えを信じる心
4 嘘をつかないようにしようという心

問四 傍線部(4)と関連の深いものとして最も適当なものを次から選びなさい。

1 家　2 宝　3 辺州　4 浄土

問五 傍線部(5)の説明として最も適当なものを次から選びなさい。

1 自分は心から仏になろうとしているということ
2 自分の信仰心によって仏は存在するのだということ
3 この世の中に仏が存在すると信じ続けるということ
4 仏に依存する心が消えないということ

問六 傍線部(6)の主語として最も適当なものを次から選びなさい。

1 妻子　2 僧　3 仏　4 男

問七 傍線部(7)の動詞の活用形として最も適当なものを次から選びなさい。

1 未然形　2 連用形
3 終止形　4 連体形

せざるを得ないと苦しんでいる

問三 傍線部(3)と文法的に同じ働きのものを次から選びなさい。

1 できるのは彼だけだ

2 雨が降りそうだ

3 水産資源が豊かだ

4 洗濯物が乾いたようだ

問四 傍線部(4)の言葉の意味として最も適当なものを次から選びなさい。

1 効果が期待できること

2 季節が適当でないこと

3 収穫の時期が合わないということ

4 その身分や能力にふさわしいこと

問五 傍線部(5)の説明として最も適当なものを次から選びなさい。

1 父に対する怒りからとぼけたが、そのままにしておこうかどうか悩んでいるということ

2 父の仕事を継ぐつもりがないので、答えようがないということ

3 兄のことを考えるとどう答えてよいかわからず、困っているということ

4 将来の自分についてまだ心が決まっておらず、答えられないでいるということ

問六 傍線部(6)の説明として最も適当なものを次から選びなさい。

1 学問の道では身を立てられそうもない自分に対して、別の道を作ってくれているということ

2 身の振り方にふんぎりがつかない自分に対して、父の仕事を継ぐための理由を作ってくれているということ

3 いつまでも気のない返事しかしない自分の優柔不断さを認めてくれているということ

4 勤め人として失敗した自分の心の傷をいやしてくれる包容力を持っているということ

問七 本文で用いられている表現についての説明として当てはまらないものを次から選びなさい。

1 擬人法を用いることでイメージを伝わりやすくしている

2 本文は複数の視点から物語が語られていることで重層的な構造を生み出している

3 擬音を用いることで臨場感を持たせている

4 方言を効果的に用いることで登場人物を生き生きと描いている

問八 次の一文が入る本文中の箇所として最も適当なものを後から選びなさい。

むしろ今は、そのふたつのことがぶつかり合って、篤義の中で苦しんでいた。

1 (A)　2 (B)　3 (C)　4 (D)

四 次の文章を読んで、後の問いに答えなさい。

今は昔、(1)唐の辺州《へんしう》《片田舎》に一人の男あり。家貧しくして宝なし。妻子を養ふに力なし。(2)求むれども得ることなし。かくて年月を経。思ひわびて《思い悩んで》、ある僧に会ひて、宝を得べきことを問ふ。知恵《ちゑ》ある僧にて、答ふるやう、「汝《なんぢ》、宝を得むと思はば、ただ(3)実《まこと》の心を起こすべし。さらば、宝も豊かに、(4)後世《ごせ》はよき所に生まれなむ」と言ふ。この人、「実の心とはいかが」と問へば、僧の言はく、「実の心を起こすといふは、他の事にあらず。仏法を信ずるなり」と言ふに、また問ひて言はく、「それは、いかに。確かに承《うけたまは》りて、心を得て、頼み思ひて、二なく信をなし、頼み申さむ。承るべし」と言へば、僧の言はく、「(5)我が心はこれ仏なり《この上なく》。我が心を離れては仏なしと。しかれば、我が心の故に仏はいますなり」と言へば、(6)手をすりて、泣く泣く拝みて、それよりこの事を心にかけて、夜昼思ひければ、※梵《ぼん》、尺《しゃく》、諸天来《しょてんき》りて守り給《たま》ひければ、はからざるに宝(7)出《い》で

る。

「大きな蜂の巣じゃった。鎌でたたいてしもうての……、雨の日で幸いじゃったが、雨合羽《あまかっぱ》を着ちょったけん、蜂の刺す音がプツプツプツプツ聞こえるばあで、結局、一匹もおらを刺せざったが……。蜂に襲われながら笑ったがも初めてのことよね」

「顔は？」

「顔は、さっと腕で隠したが」

そう言って目を細めた父は、人の好さそうな顔になった。

「栗の木、はように植えたやつは、もう実を付けるがじゃない？」

「もう付けたぞ、この夏。全部たたき落とした」

「なんで？」

「木の育ちの邪魔になるけん。まだ、(4)分相応じゃないわえ言うて、叱りとばしながらの……」

笑いながら、若い栗の木に目をやる。まだ、陽《ひ》を食《は》んでいるように思える葉もあるが、ほとんどの葉は秋の深まるに身を任せている。ふと目を上げて見た先の梢《こずえ》が小刻みに震えていた。風が渡っていくのでもないのに、梢に起きた騒ぎがそのまま動いていく。シジュウカラの群れか、それともコガラか。騒ぐ梢の上をヒヨドリが叫びながら飛んでいった。

「どうするつもりじゃ……？」

父が、茶を注ぎながら問い掛けてきた。

「んっ……？」

篤義は、問いの意味が分かっていて、返事に困るままにとぼけた。間の抜けた問い返しが自分に戻ってきて、(5)そのまま澱《よど》んでいる。

「兄ちゃんには夢もあるし、それをかなえる力もある。こんなところに縛りつけちゃ、かわいそうな思うがよ。けんど、誰かに残ってもらわにゃいけん。何年か残って手伝ぉてもらいたいがよ……。お前は、こつこつこつこつものひとつ言わんで働くけん、農業に向いちょるがかも知れん……」

「おらは、何やったち、たいしたことないけんねや……」

父の目を見ずに言った軽口に、なぜか涙が寄り添った。

「そんなことはないが、向いちょるいうことよ」

助け舟をだしてくれているのだと分かったが、返事はできなかった。

「父ちゃんも、この年じゃ。独りじゃ、これからの仕事が辛い。考えちょってくれや」

「うん……」

篤義は、そう、生返事をして立ち上がった。(6)逃げ込む懐をどんどん広げてくれているような気がして、その優しさが苦しくなった。

掘りかけの穴のところに行き、更に少し動いて尾根に立った。高い山だと思った。四万十川が、秋の陽を受けて柔らかに輝いている。川に向かって落ちていく山並みは藍《あい》だった。稜《りょう》線に幾重にも切り取られて遠くなる山肌の藍は、切り取られるごとに光の幕に深く抱かれて白んでいき、その裾《すそ》のどこにも川を感じる。山裾に暮らす人間たちの営みが、どこまでも連なっている山脈の下に小さ過ぎると思った。

（笹山久三『四万十川　第四部　さよならを言えずに』より）

問一　傍線部(1)が直接かかる部分として最も適当なものを次から選びなさい。

1　秋めいた　　2　風が

3　かいた　　4　連れ去っていく

問二　傍線部(2)の心情の説明として最も適当なものを次から選びなさい。

1　父の思いを口実として自分の進路を決めてしまうことに、割り切れなさを感じている

2　父が懸命に働く姿に共感しつつも、それは自分の生き方とは相容《い》れないものだと確信している

3　学問で身を立てたいという思いを諦めきれないでいるのに、父に自分の人生を決められることを面白くなく思っている

4　父の頑張りへの反発から、農業を継ぐという自らの夢を断念

1　嫌悪　2　多少　3　演劇　4　非常

問六　傍線部(6)の説明として最も適当なものを次から選びなさい。

1　疑いようのない観念を支えている実在を言い表すもの
2　言葉によって対象化された存在を言い表すもの
3　公共性を超えた普遍的な真理のようなもの
4　言葉に表すことのできない願望のようなもの

問七　傍線部(7)の意味として最も適当なものを次から選びなさい。

1　言い訳すること　2　言葉で言い表すこと
3　確認すること　4　名前を付けること

問八　次の一文が入る本文中の箇所として最も適当なものを後から選びなさい。

こうして公共性を持ったときに、ロゴスというものは個人の経験や感情を超えることができます。

1　(A)　2　(B)　3　(C)　4　(D)

三　次の文章は主人公の篤義が父の仕事を手伝う場面から始まる。以下の文を読んで、後の問いに答えなさい。

スコップを地面に足で押し込み、泥を掬《すく》い出す。単調な繰り返しも、ひと穴ごとが区切りだ。大きな穴をひとつ掘れば息が上がっている。柔道で鍛えぬいたはずの筋肉も、穴掘り仕事には、あまり役にたたないのかも知れない。上がった息が整うまで休み、息が静かになれば、また地面にスコップを突き刺す。(1)すっかり秋めいた風が、かいた汗を連れ去っていく。それでも肌着は乾くことがない。

(A)この仕事を俺が手伝おうか……。そう、言い出せないためらいは次男坊のせいか。それだけではなかった。父の始めた仕事を手伝おうと思うこの気持ちは、不純なものだ。街へ出ていくことも勤め人になることも拒んだ先には何もなく、ここを手伝うことしか残されていなかっただけのことだ。この仕事の先に自分の未来を見ているかといえば、そんなこともない。人が生きるのは、食べることをなすほかに何かの意味があると思いはじめてからずっと、勉強を続けたいという気分に囚《とら》われている。父の仕事を手伝うことと勉強を続けることとの間に、どんなつながりも見えない。(B)

手を休め、父の働く姿に目をやる。父には、父の思いがあって、この仕事の先に未来を見詰めているのだろう。その思いが先祖に囚われていようが、これを引き継ぐ者がいることを期待しているから頑張れるのだと思った。誰かが、この地に残って先祖の墓と自分の老い先を見てくれるように、その基礎を築きだしたのかも知れなかった。それも食べ暮らしていくための頑張りの形だと思ったが、(2)そんな父の頑張りに、行き場を失った自分の身の振り方を添えてしまうことに、言いようのないわだかまりがあった。(C)

掘るたびに、土の匂いが漂ってくる。山の仕事は土と木の匂いだ。松茸《まつたけ》のような匂いが鼻に満ちると、仕事の疲れが引いたようにさえ感じる。地面にスコップを突き刺し、こねて泥を掬い上げる。体のそこここがだれていき、握力がなくなっていく。動きが、だんだん緩慢になっていくが、そのまま続ける。土の匂いだけが励ましのように感じ、弱い秋の陽差《ひざ》しがだんだんに辛くなっていく。(D)

「昼にしようか……」

父の声が聞こえた。

焼けた土と灰の匂いは、いつ嗅いでも懐かしい。山仕事の匂いだ。(3)匂いにつられて脳裏に浮かび上がるのは、幼い日々。にわか造りの竈《かまど》に炎が揺れ、すすけたやかんがコツコツと蓋《ふた》を鳴らしながら湯気を上げている。まるで宙に生まれたような煙が、ブリキの天井を滑って空に上がっていく。囲いのない、陽よけと雨宿りのためだけに造られたような小屋にも、幼いころの思い出が重なっていく。

「そこよ、この夏に蜂に襲われたがは……」

弁当を食べながら、父が顎《あご》で示す方に目をやる。刈り取られた雑草が芽を吹き、懸命に葉を広げて、秋の陽差しに命ごいをしている。点々と植え付けられた栗の苗が、勝ち誇ったように伸び上がっていてしまうのだとすれば、逆に、言葉にならない、その根本にこそ本当の実在があるだろう、といいたくなります。

私たちはみな人間です。そして「私は人間である」といったとき、これはさしあたりはただの言葉（ロゴス）です。しかしこの時「私」は、何か(7)名状できませんが、自分が人間であるという絶対に譲り渡せないある妙な確信を持っています。「いや、お前はサイボーグだ」といわれても、「いや、お前はチンパンジーだ」といわれてもびくともしない、ある確信を持っています。どれほどチンパンジーに見えようが私は人間なのです。それがただのヴァーチャルな言葉ではなく、ある間違いのない実在を言い表していると確信しているのです。

ということは、私は「人間」というものについてある疑いようのない観念をもっていることになります。「人間的なもの」というある観念をもっているのです。「人間の本質」といってもよいかもしれません。この「人間的なもの」が「私」に備わっており、そのゆえにこそ「私は人間である」というロゴスが、真実を表すことになる。

しかし、さらにいえば、それはあくまで「真実を表している」のであって、「真実」それ自体ではありません。「真実」そのものは、何か「人間的なもの」としかいいようのないその向こうに隠されているのです。それを言葉で簡単に言い表すことはできません。ただ、それがあることは間違いないのです。

このように考えなければ、「真実」と「真実らしく見せる」ことの区別はつきません。そして、ソクラテスは、断固として、この区別は必要だと言ったのでした。

「人間的なもの」とは、「人間」という存在の本質に迫ることです。「人間そのもの」を一挙に把握することです。しかし、そんなことは可能なのでしょうか。いや、不可能です。「事物そのもの」へ肉薄することはほぼ不可能です。だから、また元に戻りますが、私たちにできることは、ただ、それを仮にロゴスで表現することだけなのです。

（佐伯啓思『さらば、民主主義　憲法と日本社会を問いなおす』より）

問一　[1] に入る語として最も適当なものを次から選びなさい。

1　民主化　2　具体化
3　一般化　4　差別化

問二　傍線部(2)の説明として最も適当なものを次から選びなさい。

1　個人の願望や経験だけでなく、客観的な事実による裏付けが必要であるということ
2　武力ではなく言葉による政治に欠かせないものになりつつあるということ
3　言葉によって抽象化されることで、個人的な経験を超えてしまうということ
4　個人の経験や公共的世界を超えてしまうということ

問三　傍線部(3)の説明として最も適当なものを次から選びなさい。

1　新たな「現実」を作り出すために、人間同士が議論し続けることになるということ
2　経験を離れた「現実」を作り出し、言葉の応酬の手段になってしまうということ
3　個人的な独り言として述べた言葉が、文脈によって社会的な意味を帯びてしまうということ
4　公共空間で交わされた言葉が公共性を超越し、独自の意味合いを持つにいたるということ

問四　傍線部(4)の説明として当てはまらないものを次から選びなさい。

1　ロゴスを操る技術を駆使する者
2　言論の政治である民主主義を支えた者
3　言論競技に勝つための方法を指南する者
4　「真実」こそが大切だと主張する者

問五　傍線部(5)と熟語の構造が同じものを次から選びなさい。

同じように、「私は水がほしい」というのは、私個人の願望です。しかし、そういったとたん、この願望は(2)公共的な世界へ投げ出されてしまいます。その意味では、それはすでに個人の願望を超えてしまっているのです。「私はたいへんに苦しい目にあった」といったとすれば、そういったとたん、それは個人的な経験を超出してしまう。それは公共的世界で、人々のまなざしにさらされ、検証に付されうることになるのです。

　こうして、ロゴスは一つの公共性をもって初めて成り立ちます。一人で勝手に言語を作っても、ただの音の羅列ですし、一人で「痛い、痛い」と叫んでもやはり音の羅列です。なぜ痛いのか、どうしてほしいのか、それを説明しなくてはなりません。(B)

　そんなロゴスが持つ公共性を、ギリシャ人は重視しました。そしてそこからは、二つの大事なことがでてくるのです。(C)

　一つは、(3)ロゴスがロゴスとして独り歩きするということです。公共空間で交わされる言葉が、発した個人の経験とは切り離されて、また別の言葉の場を作ってしまうのです。そこで厄介な問題が起こります。ロゴスが、言論といういわば一つのゲームに成り下がってしまう可能性があるからです。

　ロゴスになった途端に、生きた経験を離れてしまう。ロゴスがまた別の「現実」を作り出す。新たな「現実」を作り出すようなロゴスの使い方が出てきます。これが(4)ソフィストの弁論術でした。だから、ソフィストこそが、言論の政治である民主主義を支えたのです。(D)

　民主主義とは、公共空間で言葉を自由にぶつけ合い、議論をする仕組みです。しかし、議論がロゴスによって成り立つ限り、公共性を持ちます。個人を離れたところでロゴスは動く。ロゴスは、公衆へ向かって投げかけられる。公共空間での言葉の応酬は、民衆を前にした言論競技(エリスティケー)になるわけです。そしてこの言論競技の場で得られた結論は、ある種の公共性をもって、政治を導いてゆくのです。だから、この言論競技に勝つ方法を指南するソフィストは政治を動かす力をもったのでした。

　さてもう一つ大事なことは、民主主義に基づいて得た政治的な方針は本当に善なのか、その保証はまったくないということです。なぜなら、ロゴスは、経験そのものでもないし、現実そのものでもない、つまり真の実在ではないからです。

　ロゴスは、それ自体が「現実」を作り出してしまいますが、それはいわばヴァーチャル・リアリティのようなものでしょう。特に、カリクレスの場合などにみられるように、ロゴスは権力のためのゲームにもなり得るからです。ロゴスが権力を奪取するための手段になるのです。あるいは、ロゴスの中に権力が押し込まれてしまいます。つまり、政治の場は、経験に基づいた本当の問題を語るのではなく、権力を得るために〝本当らしい〟ことを語る場になってしまうのです。

　ソフィストにとっては、「本当である」ことと「本当らしい」ことの区別など無意味になってしまいました。ロゴスを操る技術を駆使して「真実らしく」見せればよいからです。彼らは、人間または個人の判断を超えた(5)普遍的な真理は存在しないと考えていたからです。

　それに異を唱えたのが、ソクラテスでした。対話篇《へん》『パイドロス』のなかでも、弁論家はいいます。「真実」などどうでもよくて「真実らしく」見えることこそが大事だ。人々にそう信じ込ませればよい、人々がどう思うかこそが大事なのであって、そのためにはなまじ本当の知識などない方がよい、というわけです。

　そして、ソクラテスがもっとも嫌ったのは、そういう態度でした。だから、彼にとっては、「真実らしく見える」ことの方がどうでもよくて、「真実」そのものこそが決定的に大事だったのです。

　では問題は「(6)真実」とは何か、「真実」とはどのようにして知られるのか、ということになるでしょう。いったい、それはどう考えればよいのでしょうか。

　ロゴスがただの言葉になってしまい、単なる名目に過ぎなくなっ

二〇二二年度
佐野日本大学高等学校（併願・第一回）

【国　語】（五〇分）〈満点：一〇〇点〉

一　次の各問いに答えなさい。

問一　次の傍線部と同じ漢字を用いるものを後から選びなさい。

ユウ越感に浸っている

1　ユウ惑に負けないようにする
2　ユウうつな気持ちになる
3　固いユウ情で結ばれる
4　ユウ秀選手に選ばれる

問二　次の熟語の中で読み方が正しいものを選びなさい。

1　横柄（おうへい）　2　破綻（はじょう）
3　杜撰（とせん）　4　行脚（こうきゃく）

問三　次の故事成語の意味を後から選びなさい。

塞翁が馬

1　やり方を間違えると全て台無しになること
2　有能な人材がいれば物事がはかどること
3　人生の幸・不幸が予測しがたいこと
4　何があっても初心を忘れてはならないこと

問四　次の組み合わせの中で、対義語の関係として適当なものを選びなさい。

1　不意―唐突　2　分別―思慮
3　口外―他言　4　模倣―独創

問五　「説明書」という意味を持つ外来語を次から選びなさい。

1　マニュアル　2　ファンタジー
3　モード　4　メディア

問六　敬語の使い方が適当なものを次から選びなさい。

1　先生がお持ちいたしますか
2　私がいらっしゃってもいいですか
3　先生がおっしゃったことを書く
4　私がご覧になります

問七　次の歌の句切れとして適当なものを後から選びなさい。

山さとは　冬ぞさびしさ　まさりける
人目も草も　枯れぬと思へば

1　初句切れ　2　二句切れ
3　三句切れ　4　四句切れ

問八　「卯」の表す方角を次から選びなさい。

1　東　2　西　3　南　4　北

問九　萩原朔太郎の詩集を次から選びなさい。

1　道程　2　邪宗門
3　春と修羅　4　月に吠える

問十　次の傍線部を読む順番として適当なものを後から選びなさい。

以㆓五十歩㆒笑㆓百歩㆒則何如

1　六番目　2　七番目
3　八番目　4　九番目

二　次の文章を読んで、後の問いに答えなさい。

民主主義は武力による政治ではなく言葉による政治です。そしてギリシャ人はことのほかロゴスを重視しました。この場合、ロゴスとは言葉なのですが、あるまとまった言語表現のことです。そして、ロゴスとは言葉によってある程度、物事を抽象化し、［　1　］するために、個人の経験や感覚そのものを超えるのです。(A)

たとえば、目の前に本があるとします。ある人が、「いや、私はこの物体を『馬』と呼びたい」と主張したとしても、そんなワガママは通りません。「本」は本であり、「馬」は馬なのです。「本屋で馬の本を買う」を「馬屋で本の馬を買う」などといっても通用しません。このように、ロゴスというものは、一個人ではどうすることもできない公共性を持っているのです。

英語解答

1 問１　2　　問２　1　　問３　1
問４　3　　問５　1　　問６　3

2 (1)　4　　(2)　2　　(3)　1　　(4)　2
(5)　1

3 (1)　4　　(2)　1　　(3)　3　　(4)　1
(5)　2　　(6)　3　　(7)　1　　(8)　4

4 問１　1　　問２　4　　問３　3
問４　2　　問５　2

5 (1)　3　　(2)　3　　(3)　1　　(4)　2
(5)　4

6 (1)　2→3→1→4
(2)　4→2→3→1
(3)　1→3→4→2
(4)　3→1→2→4
(5)　4→1→3→2
(6)　2→4→3→1

7 問１　3　　問２　2　　問３　4
問４　4　　問５　4　　問６　2
問７　１…1　２…2　３…1

1〔放送問題〕解説省略

2〔単語の定義〕

(1)「想像された，本当ではない話」―４．「小説，フィクション」
(2)「病気で入院している人」―２．「患者」
(3)「より高い所からより低い所へ急に下がる」―１．「落ちる」　breed「(子)を産む」
(4)「多くの人に好かれる，または楽しまれる」―２．「人気がある」　curious「好奇心の強い」　artificial「人工の」
(5)「誰かや何かの後を行く」―１．「ついていく」

3〔適語(句)選択・語形変化〕

(1)not ～ yet「まだ～していない」　一般に，yet は否定文や疑問文，already「すでに」は肯定文で使う。　「飛行機はまだ到着していない」
(2)since「～以来」があるので，現在完了形(‘have/has＋過去分詞’)の文。　each other「お互い」　「私たちは，私がこの町に引っ越してきて以来の知り合いです」
(3)be good at ～ing「～するのが得意だ」　*cf.* be bad〔poor〕at ～ing「～するのが苦手だ」　「私はピアノを弾くのが得意な人を探しています」
(4)「多くの仕事」は a lot of work または lots of work で表す。「仕事，作業」の意味の work は‘数えられない名詞’なので，many はつけられない。work to do「やるべき仕事」の to do は to不定詞の形容詞的用法。「やるべき仕事がたくさんあるので，今日私は忙しい」
(5)‘比較級＋than ～’「～より…」の形。more slowly は slowly「ゆっくり」の比較級。「彼は自分の小さな息子に対しては，他の人に対するよりもゆっくり話している」
(6)be excited at ～ で「～に興奮する」という意味を表す。動詞 excite は「(人)を興奮させる」という意味なので，現在分詞の exciting は「(物事などが人を)興奮させる，わくわくさせる」，過去分詞の excited はもとの「興奮させられた」という意味から「(人が)興奮して，わくわくして」という意味になる。　surprised「驚いた」／surprising「驚かせる」，interested「興味を持った」／interesting「興味を持たせるような→おもしろい」などと一緒にまとめておくとよい。
「私は昨日の野球のゲームに興奮しました」

(7)絵は描かれるものなので‘be動詞＋過去分詞’の受け身の文。This picture was painted by ～「この絵は～によって描かれた」という‘～’の部分が疑問詞 Who となって文頭に出た疑問文である。　「この絵は誰によって描かれましたか」

(8)‘ask＋人＋物事’「〈人〉に〈物事〉を尋ねる」の‘物事’の部分が‘疑問詞＋主語＋動詞’の間接疑問になった形である。　「アンディは私の誕生日がいつかを私に尋ねた」

4〔長文読解総合─説明文〕

≪全訳≫❶表は日本の緑茶の主な生産地を示している。静岡，京都，三重，宮崎，鹿児島である。日本で最も多く緑茶を生産しているのは静岡だ。2015年には，３万1800トンの緑茶を生産した。しかし，静岡でつくられる緑茶の量は，４年連続で徐々に減少している。三重も同時期に緑茶の生産量がわずかに減少している。京都は緑茶生産の最古の歴史を持ち，伝統的な茶道も京都で発達した。京都の茶はとても有名である。しかし，京都は５つの地域の中で生産量が最も少ない。❷静岡と鹿児島の緑茶生産量の差は，2015年には9100トンだった。しかし，差は2019年にはわずか1500トンになった。鹿児島は４年間で茶の生産量を増やしている。

問１～３＜要旨把握─図表を見て答える問題＞第１段落第２文より最も生産量が多いＡが静岡，第２段落第１文より，Ａとの差が9100トンのＢが鹿児島だとわかる。第１段落最終文より生産量が最も少ないＤが京都，残ったＣが三重となる。

問４＜適語選択＞表参照。29,500－28,000＝1,500

問５＜内容真偽＞１．「2019年に緑茶の生産量が最も多かった地域は鹿児島だった」…×　２．「京都は2019年に緑茶の生産量が2017年より減った」…○　表参照。　３．「鹿児島は2015年から2019年にかけて緑茶の生産量を１万トン増やした」…×　表参照。１万トンは増えていない。　４．「宮崎の緑茶生産量は2015年から2019年にかけて増えた」…×　表参照。減っている。

5〔長文読解総合─適語選択─説明文〕

≪全訳≫❶私たちは時間を知りたければ，時計や腕時計を見る。これは簡単なことだ。なぜなら，多くの時計や腕時計が私たちの周りにあり，時間が正確であるからだ。今日では，腕時計は５日間で約１秒しか進んだり遅れたりしないかもしれない。しかし，昔の人々は今日の時計や腕時計を持っていなかった。その代わり，時間を知るさまざまな方法を持っていた。❷最も初期の方法は，日時計を使うことだった。この種の時計は，太陽がつくる影を使っている。太陽が低くなるにつれて，影は長くなっていく。❸しかし，日時計は天気が良いときにしか，時間を教えてくれない。後の人々は，時間を知る他の方法を考え出した。１つの方法は水時計だった。この種の最初の時計は約3500年前につくられた。水時計は，四つの側面に線のついた箱のようなものだった。箱の下部には穴があった。箱から水が流れ出ると，水の高さが低くなった。箱の線を見ることで，人々は時間を知ることができた。砂時計も同じように機能したが，水ではなく砂を入れていた。❹別種の初期の時計は，ロウソクだった。ロウソクには何本かの線が入っていた。ロウソクは燃えるにつれて，短くなっていった。人々はロウソクの表面の線を見ることで，時間を知ることができた。しかし，この方法は多くのロウソクを使い，多くの金も必要だった。ときどきロウソクが消えると，誰も時間がわからなくなった！❺今日では，多くの時計や腕時計は電気を使っており，常に時間が正確である。

＜解説＞(1)空所後の内容は，空所前で述べられている「時計を見ることが簡単である」ことの‘理由’になっている。　(2)影が長くなるのは，太陽が「低く」なるときである。　(3)日時計は影がなければ使えない。影が出るときはどんなときか考える。　(4)動詞の work には「働く」のほかに，「(機械などが)機能する，作動する」という意味がある。 in the same way「同じやり方で，同様に」　(5)ロウソクは「燃え」れば，短くなる。

6〔長文読解―整序結合―説明文〕

≪全訳≫❶あなたはよく図書館に本を借りに行くだろうか。もちろん，図書館ではCDやDVDも借りられる。しかし，一部の図書館では人を借りられるのを知っていただろうか。こうした図書館は「ヒューマンライブラリー」と呼ばれる。❷こうした図書館では「生きている本」，つまり，自分の生涯についてあなたに話してくれる実際の人々を借りられる。こうした人々と話すことで，(1)あなたはそういった人々をより良く理解するようになる。❸最初の「ヒューマンライブラリー」は，2000年にデンマークのロニー・アバゲールによって始められた。彼の意見によれば，一部の人々は，(2)その異なる価値観・宗教・言語について十分に知らなかったので，社会的少数派に対して悪いイメージを持っていた。人々は社会の中の他の集団についてもっと知るべきだ，と彼は考えた。彼は，社会的少数派の人々に，生きた本として図書館に来るように頼むこと(3)によって，この問題を解決しようと決めた。こうした「生きた図書館」で，社会的少数派の人々は，自分たちを「借りている」(4)人々に対して自分たちの物語を話せる。このようにして，人々は社会的少数派の人々についてもっと知って，そうした人々に関するイメージを変えることができる。また，違いを尊重するようにもなる。❹「ヒューマンライブラリー」は，他の人たちについてもっと(5)知る機会を私たちに与えてくれる。さらに，私たちに1つの重要な教訓を教えてくれる。それは「(6)人を見かけで判断するな」，ということだ。

＜解説＞(1)‘主語＋動詞’を you will understand とし，them を understand の目的語にする。最後に，副詞 well「よく」の比較級として better を置く。　…, you will understand them better.　(2)know about ～ で「～に関して知っている」。enough は「十分に」という意味の副詞として動詞 know の直後に置く。　… they did not know enough about their different values, religions, or languages.　(3)try to ～「～しようと試みる」　solve「～を解決する」　by ～ing「～することによって」　He decided to try to solve this problem by asking …　(4)‘tell＋物事＋to＋人’「〈人〉に〈物事〉を話す」の形をつくり，who は関係代名詞として用いる。　… they can tell their stories to the people who “borrow” them.　(5)‘give＋人＋物事’「〈人〉に〈物事〉を与える」の形をつくる。a chance to ～ で「～する機会〔チャンス〕」。この to不定詞は形容詞的用法。　The “human libraries” give us a chance to learn more …　(6)‘Do not＋動詞の原形…’は「～するな」という‘禁止’を表す命令文。‘judge *A* by *B*’で「*A*を*B*によって判断する」。Do not judge a book by its cover. はことわざで，直訳は「本を表紙で判断するな」。ここから「外見で人や物を判断してはいけない」という意味を表す。

7〔長文読解総合―説明文〕

≪全訳≫❶30年前，アメリカのポンカポーグ湖は生き物でいっぱいだった。多くの鳥や動物が湖のそばに生息していて，湖は魚でいっぱいだった。今，鳥も動物も魚もほとんどいない。湖水は汚染されている。湖は汚い茶色で，見慣れない植物でいっぱいだ。❷これはどのようにして起こったのだろうか。第一に私たちは，水がどのようにポンカポーグ湖に入るのかを考えなければならない。雨が降ると，水が周辺から湖に入ってくる。以前は，ポンカポーグ湖の周囲全体にもっと森があって，水をろ過していた。そのおかげで，雨水はきれいになっていた。今，多くの家が湖岸にある。人々は野菜を育てるために，庭でよく化学薬品を使う。化学薬品は野菜には良いかもしれないが，動物や魚には悪いだろう。雨が降ると，雨水がこういった化学薬品を湖に運んでくる。他の化学薬品も湖の近くの工場から湖へと入ってくる。そして，湖が汚染され，そこにいる動物たちはそういった化学薬品によって殺されている。❸湖のボートも問題だ。ポンカポーグ湖はモーターボートで人気の場所だが，ボートから出るオイルやガスが湖を汚している。❹湖にはさらに別の問題もある。外来植物だ。これらの植物は外国からきている。湖の中や周辺に敵がおらず，とても早く成長する。外来植物は短期間で湖を埋め尽くし，湖に長い間生きている植物のための場所を残さない。こうした植物は以前，食物や住みかを湖の多くの動物や魚に与えていた。今，在来植物が消えつつあり，そういった動物や魚は死につつある。❺湖近くに住む人々は心配している。彼らは自分たちの湖を愛しており，それを守りたいのだ。湖を救うことは可能だろうか。きれいな湖には，その中に入るきれいな雨水がなければならない。もし人々が自分たちの使っている化学薬品にもっと注意すれば，きれいな雨水を手に入れられる。さらに，地中に入るガス，石油，化学薬品にももっと注意しなければならない。❻ポンカポーグ湖近くに住む人々は，湖を再び美しくきれいにしたいならば，自分たちの生活様式を変えるべきだ。今，世界中の誰もが似た問題を抱えている。私たちが自分の生き方を考えて，地球を救う方法を見つけるときなのだ。

問1＜内容真偽＞第1段落参照。　1…×　　2…×　　3…○　第3，4文に一致する。　few「ほとんど～ない」　　4…×

問2＜要旨把握＞第2段落参照。1，3，4に関する記述はあるが，2の「降水量が減った」という記述はない。

問3＜語句解釈＞直後に These plants come from other countries「これらの植物は外国からきている」と説明されている。　exotic「外来の」

問4＜英問英答＞「ポンカポーグ湖近くに住む人々は，もし湖をきれいにしたいならば，何をすべきか」―4．「化学薬品をもっと注意深く使うべきだ」　第5段落第5文参照。

問5＜適語選択＞save the earth で「地球を救う」。

問6＜表題選択＞本文はポンカポーグ湖を例に，地球環境の破壊について述べた文章である。第5，6段落にきれいな水を取り戻すためにどうすればよいかが述べられている。以上より，2．「ポンカポーグ湖をきれいにするために，人々は何ができるのか」が適切。

問7＜内容真偽＞1．「ポンカポーグ湖は30年前より美しくない」…○　第1段落に一致する。　2．「地元の人々は，ポンカポーグ湖近くの工場が，多くの化学薬品を使っているので怒っている」…×　そのような記述はない。　3．「ポンカポーグ湖近くに住む地元の人々の生活が，環境問題を生み出している」…○　第2段落後半に一致する。

2022年度／佐野日本大学高等学校（併願・第１回）

数学解答

1 (1) 3　(2) イ…1　ウ…3
(3) エ…9　オ…7　カ…1　キ…5
(4) ク…3　ケ…3　コ…5
(5) サ…6　シ…6
(6) ス…2　セ…3

2 (1) ア…4　イ…3　ウ…5
(2) エ…3　オ…6　カ…3
(3) キ…0　ク…1　ケ…2　(4) 7
(5) サ…1　シ…4
(6) ス…3　セ…0　ソ…8　タ…0
(7) 5　(8) ツ…1　テ…2
(9) ト…6　ナ…7
(10) ニ…7　ヌ…5

3 (1) ア…2　イ…0
(2) ウ…1　エ…3　オ…2　カ…0
(3) キ…1　ク…5

4 (1) ア…3　イ…8
(2) ウ…3　エ…4　オ…3
(3) カ…3　キ…1　ク…2　ケ…4
コ…8

5 (1) 6　(2) イ…8　ウ…3
(3) エ…4　オ…1　カ…7　キ…1
ク…7

1〔独立小問集合題〕

(1)＜数の計算＞与式$=-2-(-5)=-2+5=3$

(2)＜数の計算＞与式$=\frac{3}{2}\times\frac{1}{4}\times\frac{8}{9}=\frac{1}{3}$

(3)＜式の計算＞与式$=\frac{5(3a-2b)-3(2a-b)}{15}=\frac{15a-10b-6a+3b}{15}=\frac{9a-7b}{15}$

(4)＜式の計算＞与式$=3x^5y^2\div4x^4y^2\times4x^2y^5=\frac{3x^5y^2\times4x^2y^5}{4x^4y^2}=3x^3y^5$

(5)＜数の計算＞$\sqrt{75}=\sqrt{5^2\times3}=5\sqrt{3}$，$\sqrt{12}=\sqrt{2^2\times3}=2\sqrt{3}$，$\sqrt{50}=\sqrt{5^2\times2}=5\sqrt{2}$，$\sqrt{18}=\sqrt{3^2\times2}=3\sqrt{2}$だから，与式$=(5\sqrt{3}-2\sqrt{3})(5\sqrt{2}-3\sqrt{2})=3\sqrt{3}\times2\sqrt{2}=6\sqrt{6}$となる。

(6)＜式の計算―因数分解＞$x+1=A$とおくと，与式$=A^2-A-6=(A-3)(A+2)$となる。Aをもとに戻して，与式$=(x+1-3)(x+1+2)=(x-2)(x+3)$となる。

≪別解≫与式$=x^2+2x+1-x-1-6=x^2+x-6=(x-2)(x+3)$

2〔独立小問集合題〕

(1)＜数の計算＞与式$=(a+b)(a-b)$となる。$a+b=(\sqrt{7}+\sqrt{5})+(\sqrt{7}-\sqrt{5})=2\sqrt{7}$，$a-b=(\sqrt{7}+\sqrt{5})-(\sqrt{7}-\sqrt{5})=\sqrt{7}+\sqrt{5}-\sqrt{7}+\sqrt{5}=2\sqrt{5}$だから，与式$=2\sqrt{7}\times2\sqrt{5}=4\sqrt{35}$となる。

≪別解≫与式$=(\sqrt{7}+\sqrt{5})^2-(\sqrt{7}-\sqrt{5})^2=(7+2\sqrt{35}+5)-(7-2\sqrt{35}+5)=7+2\sqrt{35}+5-7+2\sqrt{35}-5=4\sqrt{35}$

(2)＜二次方程式＞解の公式より，$x=\frac{-(-6)\pm\sqrt{(-6)^2-4\times3\times1}}{2\times3}=\frac{6\pm\sqrt{24}}{6}=\frac{6\pm2\sqrt{6}}{6}=\frac{3\pm\sqrt{6}}{3}$となる。

(3)＜関数―変域＞関数$y=3x^2$は，比例定数が正なので，xの絶対値が大きくなるとyの値も大きくなる。よって，xの変域が$-1\leqq x\leqq2$であることから，xの絶対値が最小の$x=0$のときyの値は最小，xの絶対値が最大の$x=2$のときyの値は最大となる。$x=0$のとき$y=0$，$x=2$のとき$y=3\times2^2=12$だから，yの変域は$0\leqq y\leqq12$となる。

(4)＜数の性質＞$\sqrt{\frac{693n}{11}}=\sqrt{\frac{3^2\times7\times11\times n}{11}}=\sqrt{3^2\times7\times n}$となる。これが自然数になるとき，$3^2\times7\times n$

は自然数を２乗した数である。このようになる最小の整数nは，$3^2\times7\times n=3^2\times7^2$となる整数だから，$n=7$である。

(5)＜**確率―さいころ**＞大小２つのさいころを投げるとき，それぞれ６通りの目の出方があるから，目の出方は全部で$6\times6=36$(通り)ある。このうち，小さいさいころの目の数が大きいさいころの目の数の半分以下となるのは，(大，小)＝(2，1)，(3，1)，(4，1)，(4，2)，(5，1)，(5，2)，(6，1)，(6，2)，(6，3)の９通りだから，求める確率は$\frac{9}{36}=\frac{1}{4}$となる。

(6)＜**平面図形―角度**＞右図１のように，５点Ａ～Ｅを定める。$l /\!/ m$より錯角は等しいから，$\angle x=\angle\mathrm{DCE}=30^\circ$となる。また，同位角は等しいから，$\angle\mathrm{ADB}=\angle\mathrm{DEC}=60^\circ$である。$\triangle\mathrm{ABD}$で内角の和は$180^\circ$だから，$\angle y=180^\circ-\angle\mathrm{ABD}-\angle\mathrm{ADB}=180^\circ-40^\circ-60^\circ=80^\circ$となる。

図１

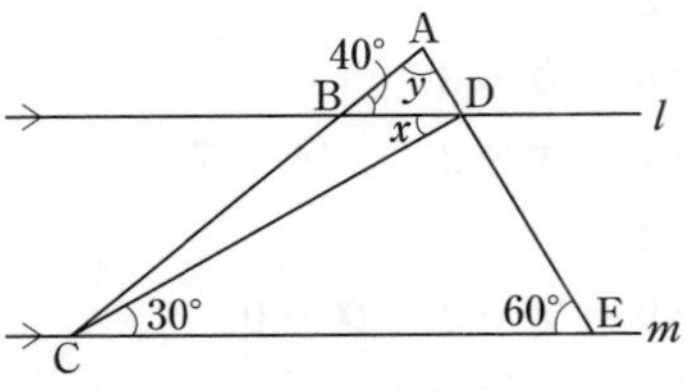

図２

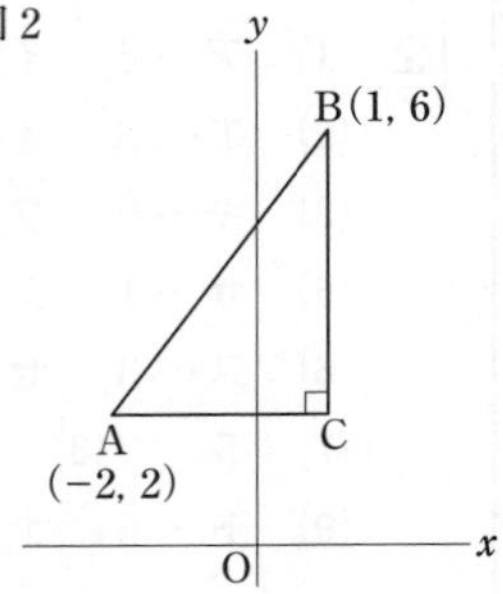

(7)＜**関数―長さ―三平方の定理**＞右図２のように，点Ａを通りx軸に平行な直線と点Ｂを通りy軸に平行な直線の交点をＣとする。このとき，$\angle\mathrm{ACB}=90^\circ$であり，$\mathrm{A}(-2,\ 2)$，$\mathrm{B}(1,\ 6)$より，$\mathrm{AC}=1-(-2)=3$，$\mathrm{BC}=6-2=4$となる。よって，線分ABの長さは，$\triangle\mathrm{ABC}$で三平方の定理より，$\mathrm{AB}=\sqrt{\mathrm{AC}^2+\mathrm{BC}^2}=\sqrt{3^2+4^2}=\sqrt{25}=5$となる。

(8)＜**平面図形―長さ―相似**＞右図３で，四角形DECFが正方形より，$\mathrm{DF}/\!/\mathrm{BC}$，$\mathrm{AC}/\!/\mathrm{DE}$である。よって，同位角は等しいから，$\angle\mathrm{ADF}=\angle\mathrm{DBE}$，$\angle\mathrm{DAF}=\angle\mathrm{BDE}$となり，２組の角がそれぞれ等しいから，$\triangle\mathrm{ADF}\backsim\triangle\mathrm{DBE}$である。$\mathrm{DE}=\mathrm{DF}=x$(cm)とすると，AF：DE＝DF：BEより，$9:x=x:16$が成り立ち，$x\times x=9\times16$，$x=\pm12$となる。$x>0$より，$x=12$だから，正方形DECFの１辺は12cmとなる。

図３

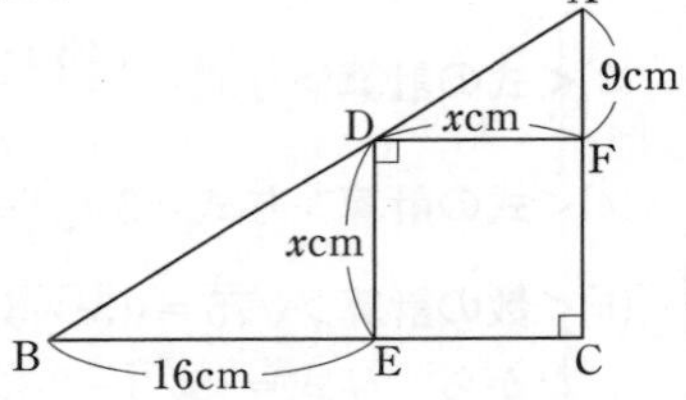

(9)＜**空間図形―長さ―三平方の定理**＞円錐を展開すると，右図４のようになる。点Ｍから点Ａまで，円錐の側面を１周するようにかけたひもは，長さが最短になるとき，線分MA′となる。おうぎ形OAA′の$\overset{\frown}{\mathrm{AA'}}$の長さは，底面の円の周の長さと等しいので，$\overset{\frown}{\mathrm{AA'}}=2\pi\times4=8\pi$である。半径が12cmの円の周の長さは$2\pi\times12=24\pi$だから，$\frac{8\pi}{24\pi}=\frac{1}{3}$より，おうぎ形OAA′は半径12cmの円の$\frac{1}{3}$である。これより，$\angle\mathrm{AOA'}=360^\circ\times\frac{1}{3}=120^\circ$である。AOを延長した直線に点A′から垂線A′Hを引く。$\angle\mathrm{A'OH}=180^\circ-\angle\mathrm{AOA'}=180^\circ-120^\circ=60^\circ$となるので，$\triangle\mathrm{A'OH}$は３辺の比が$1:2:\sqrt{3}$の直角三角形であり，$\mathrm{OH}=\frac{1}{2}\mathrm{OA'}=\frac{1}{2}\times12=6$，$\mathrm{A'H}=\sqrt{3}\mathrm{OH}=\sqrt{3}\times6=6\sqrt{3}$となる。$\mathrm{OM}=\frac{1}{2}\mathrm{OA}=\frac{1}{2}\times12=6$より，$\mathrm{MH}=\mathrm{OM}+\mathrm{OH}=6+6=12$となるから，求めるひもの長さは，$\triangle\mathrm{A'HM}$で三平方の定理より，$\mathrm{MA'}=\sqrt{\mathrm{A'H}^2+\mathrm{MH}^2}=\sqrt{(6\sqrt{3})^2+12^2}=\sqrt{252}=6\sqrt{7}$(cm)となる。

図４

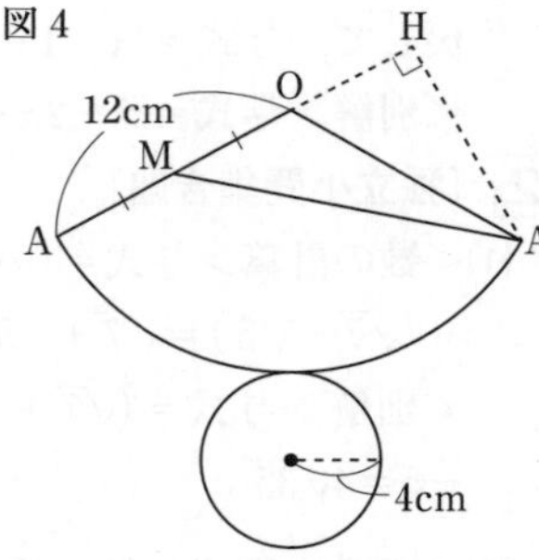

(10)＜**データの活用―中央値**＞人数の合計が30人なので，中央値は，点数を小さい順に並べたときの15

番目と16番目の平均となる。6点以下が$2+3+4=9$(人)，7点以下が$9+6=15$(人)，8点以下が$15+7=22$(人)より，15番目は7点，16番目は8点だから，中央値は，$\dfrac{7+8}{2}=7.5$(点)となる。

3〔データの活用―場合の数・確率―数字のカード〕

≪基本方針の決定≫(2)　bの値で場合分けをする。　(3)　△OPQの面積をa，bを用いて表す。

(1)**＜場合の数＞**袋Aには1，3，5，7，9の5枚のカード，袋Bには2，4，6，8の4枚のカードが入っているので，それぞれの袋からカードを1枚ずつ取り出すとき，袋Aからは5通り，袋Bからは4通りの取り出し方がある。よって，カードの取り出し方は，全部で$5\times4=20$(通り)である。

(2)**＜確率＞**カードの取り出し方は全部で20通りあるので，a，bの組は20通りある。このうち，$a+2b$の値が素数となるのは，$b=2$のとき，$a+2b=a+2\times2=a+4$だから，$a=1$，3，7，9の4通りある。$b=4$のとき，$a+2b=a+2\times4=a+8$だから，$a=3$，5，9の3通りある。$b=6$のとき，$a+2b=a+2\times6=a+12$だから，$a=1$，5，7の3通りある。$b=8$のとき，$a+2b=a+2\times8=a+16$だから，$a=1$，3，7の3通りある。よって，$a+2b$の値が素数となる場合は$4+3+3+3=13$(通り)あるから，求める確率は$\dfrac{13}{20}$となる。

(3)**＜確率＞**右図で，P$(a,\ 0)$，Q$(0,\ b)$より，OP$=a$，OQ$=b$だから，△OPQ$=\dfrac{1}{2}\times$OP$\times$OQ$=\dfrac{1}{2}ab$となる。△OPQの面積が6の倍数になるので，kを自然数とすると，△OPQ$=6k$と表せる。よって，$\dfrac{1}{2}ab=6k$が成り立ち，$ab=12k$となるので，abの値は12の倍数である。20通りのa，bの組のうち，abの値が12の倍数となるのは，$(a,\ b)=(3,\ 4)$，$(3,\ 8)$，$(9,\ 4)$，$(9,\ 8)$の4通りあるから，求める確率は$\dfrac{4}{20}=\dfrac{1}{5}$となる。

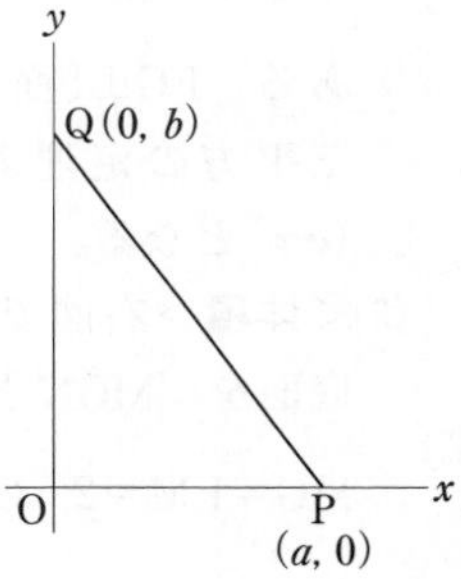

4〔関数―関数$y=ax^2$と一次関数のグラフ〕

≪基本方針の決定≫(1)　直線OBの式から点Bの座標を求める。

(1)**＜比例定数＞**右図で，直線OBの傾きは$\dfrac{3}{2}$だから，直線OBの式は，$y=\dfrac{3}{2}x$となる。点Bは直線$y=\dfrac{3}{2}x$上にありx座標が4だから，$y=\dfrac{3}{2}\times4=6$となり，B(4，6)である。放物線$y=ax^2$は点Bを通るから，$6=a\times4^2$より，$a=\dfrac{3}{8}$となる。

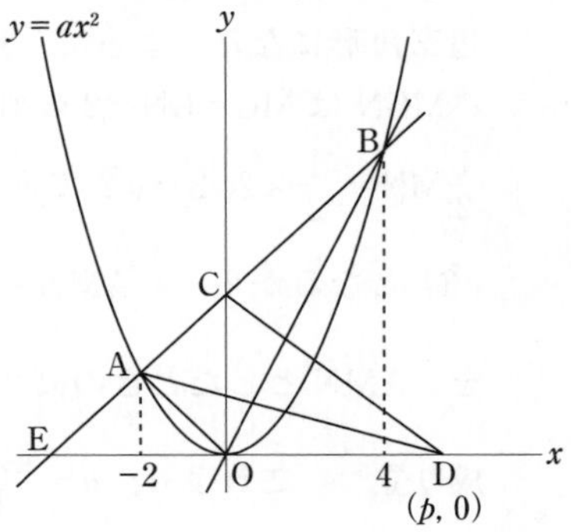

(2)**＜直線の式＞**右図で，(1)より，点Aは放物線$y=\dfrac{3}{8}x^2$上の点となる。x座標が-2だから，$y=\dfrac{3}{8}\times(-2)^2=\dfrac{3}{2}$より，A$\left(-2,\ \dfrac{3}{2}\right)$となる。B(4，6)だから，直線ABの傾きは$\left(6-\dfrac{3}{2}\right)\div\{4-(-2)\}=\dfrac{9}{2}\div6=\dfrac{3}{4}$となり，その式は$y=\dfrac{3}{4}x+b$とおける。点Bを通るから，$6=\dfrac{3}{4}\times4+b$，$b=3$となり，直線ABの式は$y=\dfrac{3}{4}x+3$である。

(3)**＜面積＞**右上図で，直線ABとx軸の交点をEとすると，△ACD＝△CED－△AEDで求められる。直線ABの式が$y=\dfrac{3}{4}x+3$より，切片は3なので，C(0，3)である。また，$0=\dfrac{3}{4}x+3$より，$x=$

-4 となるので，E$(-4,\ 0)$である。△CED は，底辺を ED $=p-(-4)=p+4$ と見ると，点Cの y 座標より，高さは3となり，△AED は，底辺を ED $=p+4$ と見ると，(2)より点Aの y 座標は $\dfrac{3}{2}$ だから，高さは $\dfrac{3}{2}$ となる。よって，△ACD $=\dfrac{1}{2}\times(p+4)\times3-\dfrac{1}{2}\times(p+4)\times\dfrac{3}{2}=\dfrac{3p+12}{4}$ と表せる。次に，△OAC は，OC $=3$ を底辺と見ると，点Aの x 座標が -2 より，高さは2だから，△OAC $=\dfrac{1}{2}\times3\times2=3$ となる。△ACD の面積が△OAC の面積の3倍となるとき，△ACD $=3$△OAC だから，$\dfrac{3p+12}{4}=3\times3$ が成り立つ。これを解いて，$3p+12=36$，$3p=24$ より，$p=8$ となる。

5 〔空間図形—立方体〕

≪基本方針の決定≫(1)　三平方の定理を利用する。　(2)　△MGN を底面と見る。　(3)　△AMN の面積を求める。

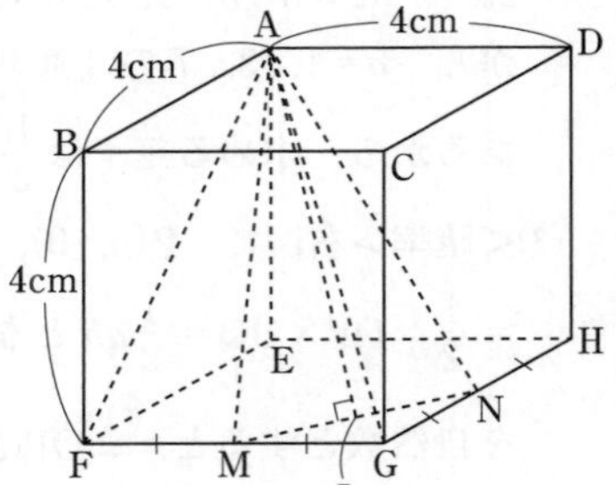

(1)**＜長さ—三平方の定理＞**右図のように，2点A，Fを結ぶと，△ABF は直角二等辺三角形だから，AF $=\sqrt{2}$AB $=\sqrt{2}\times4=4\sqrt{2}$ となる。点Mは辺 FG の中点だから，FM $=\dfrac{1}{2}$FG $=\dfrac{1}{2}\times4=2$ である。FG⊥〔面 ABFE〕より，∠AFM $=90°$ だから，△AFM で三平方の定理より，AM $=\sqrt{\mathrm{AF}^2+\mathrm{FM}^2}=\sqrt{(4\sqrt{2})^2+2^2}=\sqrt{36}=6$ (cm)となる。

(2)**＜体積＞**右図で，AE⊥〔面 EFGH〕だから，三角錐 AMGN は，底面を△MGN とすると，高さは AE $=4$ となる。2点M，Nはそれぞれ辺 FG，GH の中点だから，MG $=$ FM $=2$，GN $=\dfrac{1}{2}$GH $=\dfrac{1}{2}\times4=2$ である。よって，△MGN $=\dfrac{1}{2}\times$ MG $\times$ GN $=\dfrac{1}{2}\times2\times2=2$ だから，〔三角錐 AMGN〕$=\dfrac{1}{3}\times$△MGN$\times$AE $=\dfrac{1}{3}\times2\times4=\dfrac{8}{3}$ (cm³)となる。

(3)**＜長さ＞**右上図で，(1)と同様に考えると，AN $=6$ となるので，AM $=$ AN となり，△AMN は二等辺三角形になる。よって，点Aから線分 MN に垂線 AI を引くと，点 I は線分 MN の中点となる。△MGN は MG $=$ GN $=2$ の直角二等辺三角形だから，MN $=\sqrt{2}$MG $=\sqrt{2}\times2=2\sqrt{2}$ となり，MI $=\dfrac{1}{2}$MN $=\dfrac{1}{2}\times2\sqrt{2}=\sqrt{2}$ である。△AMI で三平方の定理より，AI $=\sqrt{\mathrm{AM}^2-\mathrm{MI}^2}=\sqrt{6^2-(\sqrt{2})^2}=\sqrt{34}$ となるから，△AMN $=\dfrac{1}{2}\times$ MN $\times$ AI $=\dfrac{1}{2}\times2\sqrt{2}\times\sqrt{34}=2\sqrt{17}$ となる。三角錐 AMGN の底面を△AMN としたときの高さを h cm とすると，(2)より体積が $\dfrac{8}{3}$ cm³ だから，$\dfrac{1}{3}\times2\sqrt{17}\times h=\dfrac{8}{3}$ が成り立つ。これより，$h=\dfrac{4\sqrt{17}}{17}$ となるので，求める高さは $\dfrac{4\sqrt{17}}{17}$ cm である。

2022年度／佐野日本大学高等学校（併願・第１回）

社会解答

1 (1) 1　(2) 2　(3) 4　(4) 3
(5) 3

2 A 2　B 5　C 3　D 7
E 4

3 (1) 1　(2) 3　(3) 5　(4) 2
(5) 1

4 (1) 3　(2) 3　(3) 2　(4) 2
(5) 5　(6) 2

5 (1) 3　(2) 3　(3) 2　(4) 2

6 (1) 3　(2) 5　(3) 2　(4) 3
(5) 1　(6) 4

7 (1) 2　(2) 3　(3) 1　(4) 4

8 (1) A…3　B…2　C…7　D…4
(2) ア…6　イ…9　ウ…2　エ…7
オ…4　カ…8
(3) 4　(4) A…3　B…1　C…3
(5) 3

1〔世界地理―総合〕

(1)＜アメリカの国境＞太線Ａは，およそアメリカとカナダの国境となっている経線と緯線である。Ａのうち，経線はアメリカのアラスカ州とカナダの国境線で，その経度は西経約140度，緯線はアメリカ本土とカナダの国境線で，日本の領域の最北端の北緯約46度より北の北緯約50度の緯線である。

(2)＜時差＞神戸空港の東経135度とロサンゼルス空港の西経120度との経度差は，135＋120＝255度，経度差15度で１時間の時差が生じるため，神戸とロサンゼルスでは255÷15＝17時間の時差が生じる。東回りでは時刻を進めるので，ロサンゼルス時間の12月３日午前11時は，神戸空港の時間では17時間だけ時刻を進めた12月４日の午前４時となる。飛行時間が11時間なので，飛行機が神戸空港を出発したのは，神戸空港の現地時間では，12月３日の午後５時である。

(3)＜南アフリカ共和国＞地図中のアの国は，アフリカ大陸の南端に位置する南アフリカ共和国である。南アフリカ共和国はかつてイギリスの植民地だったが，1961年に白人政権が支配する国として独立した。その後，アパルトヘイトと呼ばれる人種隔離政策が行われたが，アパルトヘイトが廃止され，全人種が参加する選挙によって，1994年，黒人のマンデラ大統領が選出され，国旗も変更された。1994年までの国旗の中央左側に，イギリス国旗があることに注目しよう。

(4)＜白夜＞夜になっても暗くならない白夜と呼ばれる現象は，緯度が66.6度より高い北極圏や南極圏で見られる現象である。エのノルウェーの北部は，北極圏に含まれる。

(5)＜赤道が通る国＞赤道は，アフリカ大陸ではコンゴ民主共和国，コンゴ共和国，ケニアなどを，東南アジアではインドネシアを，南アメリカ大陸ではエクアドル，ブラジルなどを通る。なお，アフリカ大陸の東岸に浮かぶマダガスカル，南アメリカ大陸西岸のチリとボリビア，オーストラリア大陸の北岸に近いパプアニューギニアは赤道より南に，東南アジアのフィリピンは赤道より北に位置している。

2〔世界地理―ヨーロッパ〕

A＜フランス＞EU〔ヨーロッパ連合〕最大の農業国で小麦の輸出国となっているのは，地図中２のフランスである。フランス南部の地中海沿岸では，ぶどうなどを栽培する地中海式農業が行われている。

B＜フィンランド＞地図中５のフィンランドなどの北ヨーロッパ諸国は，福祉制度が整備されている。国連の幸福度ランキングで，フィンランドは2021年までの４年間，連続で第１位となっている。

C＜ドイツ＞現在のEU〔ヨーロッパ連合〕の前身はEC〔ヨーロッパ共同体〕で，その原加盟国は，ドイツ（地図中の３），フランス（地図中の２），イタリア（地図中の６），オランダ，ベルギー，ルクセンブルクの６か国である。ドイツは，EU諸国の中でも，東ヨーロッパやトルコからの移民を積極的に受け入れてきた。

D＜**ロシア連邦**＞ヨーロッパではキリスト教が広く信仰されている。キリスト教の主な教派には，カトリック，プロテスタント，正教会の３つがある。イギリス，ドイツ，北ヨーロッパなどではプロテスタントが，スペイン，フランス，イタリアなど南西ヨーロッパではカトリックが，ロシア連邦，ギリシャ，東ヨーロッパでは正教会が多い。また，ロシア連邦は，原油の輸出量はサウジアラビアに次いで世界第２位(2018年)，天然ガスの輸出量は世界第１位(2019年)である。

E＜**スペイン**＞現在のメキシコ以南の中南アメリカは，15～16世紀にかけて，ブラジルはポルトガルの，その他の地域の多くはスペインの植民地となった。

3 〔日本地理─九州地方〕

(1)＜**有田焼**＞16世紀末の豊臣秀吉による朝鮮出兵に際して，朝鮮から連れてこられた陶工が始めた焼き物のうち，現在の佐賀県でつくられるようになったものを有田焼と呼ぶ。なお，美濃焼は岐阜県，萩焼は山口県，備前焼は岡山県の伝統工芸品である。

(2)＜**火山と温泉**＞火山の多い九州地方には，大分県や鹿児島県に地熱発電所がある。

(3)＜**北九州工業地帯**＞かつて，四大工業地帯の一つに数えられた北九州工業地帯は，現在，全国の出荷額に占める割合において，その地位は低下している。また，かつては製鉄業が盛んで，金属工業の占める割合が高かったが，現在では，自動車工業などの機械工業が中心となっている。なお，Aは京浜工業地帯，Bは中京工業地帯，Cは阪神工業地帯，Dは北関東工業地域を表している。

(4)＜**農業**＞宮崎平野は，高知平野とともに，早くから野菜の促成栽培が盛んだった(A…正)。鹿児島県などの九州南部には，シラス台地と呼ばれる火山灰などの火山噴出物が堆積した地域が広がっている。水持ちが悪いため水田には適さず，サツマイモや茶などの栽培や，畜産などが発達しているが，肥沃な土壌とは言えない(B…誤)。

(5)＜**沖縄県**＞2000年に世界遺産に登録された首里城は，2019年に火災で正殿などが焼失した(A…正)。日米安全保障条約によって日本国内にアメリカ軍の基地が置かれているが，アメリカ軍基地の面積の約70％が沖縄県に集中している。市街地に隣接する普天間基地は移設されることになっているが，移設先を辺野古沖とする国と，辺野古など県内への移設に反対する沖縄県との間で対立が続いている(B…正)。

4 〔歴史─江戸時代まで〕

(1)＜**戦国時代の世界の出来事**＞1467年の応仁の乱の頃から，1590年の豊臣秀吉による全国統一までを戦国時代と呼ぶ。スペインやポルトガルがアジア航路を開拓したのは，15世紀末から16世紀にかけてである。なお，始皇帝が万里の長城を整備したのは紀元前３世紀末のこと，朝鮮半島で高麗が滅亡して朝鮮国が建国されたのは14世紀末のこと，アヘン戦争が起こったのは19世紀半ばのことである。

(2)＜**豊臣秀吉**＞豊臣秀吉は，1590年には北条氏を滅ぼし奥州も征服して，全国統一を成し遂げた。なお，1573年に足利義昭を京都から追放して室町幕府を滅ぼしたのは織田信長(１…×)，1635年に武家諸法度を定めて参勤交代を制度化したのは，江戸幕府第３代将軍の徳川家光(２…×)，1600年に関ヶ原の戦いに勝利し，1603年に征夷大将軍となったのは徳川家康である(４…×)。

(3)＜**源頼朝**＞北条政子を妻とし鎌倉幕府を開いたのは，源頼朝である。

(4)＜**各時代の文化**＞室町時代，観阿弥・世阿弥の親子は能を大成した。なお，『万葉集』が編さんされたのは，奈良時代である(１…×)。雪舟は室町時代に水墨画を大成した人物で，安土桃山時代に，ふすまや屏風にはなやかな絵を描いたのは，狩野永徳などである(３…×)。江戸時代前半の元禄文化の時期に，人形浄瑠璃や歌舞伎の台本を書いたのは近松門左衛門で，井原西鶴は，同じ時期に浮世草子と呼ばれる小説を書いた(４…×)。

⑸＜**文字の歴史**＞甲骨文字は，古代中国で亀の甲や牛などの骨に刻まれた文字で，後の漢字のもととなった。また，エジプト文明では，ヒエログリフと呼ばれる象形文字が使われた。なお，メソポタミア文明ではくさび形文字が，インダス文明ではインダス文字が使われた。

⑹＜**文学の歴史**＞『枕草子』は，平安時代中頃に清少納言によって著された。『平家物語』が琵琶法師によって語られたのは，鎌倉時代である。なお，紫式部の『源氏物語』，著者不明の『竹取物語』，紀貫之の『土佐日記』は，いずれも平安時代の作品である。

5〔**歴史―弥生時代～江戸時代**〕

⑴＜**弥生時代**＞銅鐸《どうたく》に描かれた画像の模様は，収穫した稲をうすに入れてきねでつく脱穀の様子を描いている。

⑵＜**寺院と仏像**＞3は興福寺の阿修羅像である。なお，1は法隆寺の釈迦三尊像，2は唐招提寺の鑑真像，4は東大寺の金剛力士像である。

⑶＜**北海道と沖縄の歴史**＞北海道で，アイヌの首長のシャクシャインが反乱を起こしたのは，江戸時代初期の1669年のことである。

⑷＜**栃木県の歴史**＞奈良時代に各地で編さんされた『風土記』のうち現存するのは，常陸(茨城県)，播磨(兵庫県)，出雲(島根県)，豊後(大分県)，肥前(佐賀県，長崎県)の5つである。

6〔**歴史―開国とその影響**〕

⑴＜**アメリカの独立**＞フランスなどの支援で独立戦争に勝利したアメリカは，1776年に独立宣言を発表し，1787年には合衆国憲法を制定した(3…○)。なお，アメリカで奴隷制が廃止されたのは，1863年に奴隷解放令を出したリンカン率いる北部が南北戦争に勝利した後である(1…×)。アメリカの初代大統領はワシントンである(2…×)。イギリスの植民地だったアメリカでは，イギリス本国の議会に代表を送ることができなかった(4…×)。

⑵＜**江戸幕府の鎖国令**＞年代の古い順に，Z(1613年の禁教令)，X(1639年のポルトガル船の来航禁止)，Y(1641年のオランダ商館の出島への移転)となる。

⑶＜**日米修好通商条約**＞江戸幕府が，江戸時代末にアメリカなど欧米諸国と結んだ通商条約は，日本に不利な内容を含む不平等条約だった。欧米諸国が日本に商品を輸出するときに日本に支払う関税の税率は，日本が自主的に決定することができない点と，日本で法を犯した欧米人に対する裁判権が日本になく，外国の領事にあるという点だった。

⑷＜**貿易の開始**＞1858年に結ばれた日米修好通商条約によって，欧米諸国との貿易が始まった。日本の輸出品の中心は，生糸だった。なお，毛織物，綿織物，武器は主に外国から輸入された。

⑸＜**江戸時代末の貿易**＞江戸時代末の日本の最大の貿易相手国はイギリスだった。グラフから，各年とも，イギリスが貿易額全体の半分以上を占めていたことがわかる(A…正)。日本を開国させたアメリカは，1861年に国内で南北戦争が始まった影響を受けて，日本との貿易額が減少した(B…正)。

⑹＜**開国の影響**＞江戸時代末に欧米諸国との貿易が始まると，輸出増大のため国内では品不足や買い占めが生じたため，物価は上昇した。

7〔**歴史―大正時代**〕

⑴＜**第一次世界大戦と日本の産業**＞第一次世界大戦によって日本は好景気となり，特に工業製品の輸出が増加した。一方，大戦で欧米からの輸入が止まり，鉄鋼や造船などの重化学工業が成長し工業国としての基礎が築かれた。なお，グラフより，1919年の生産総額は，1914年の生産総額の3倍以上になっている。

⑵＜**米騒動**＞下線部aは，その影響で内閣が退陣し，その後に初の本格的な政党内閣ができたことから，1918年に富山県から全国に広がった米騒動を表している。なお，1は1920年の第1回メーデー

のビラ，２は1933年の日本の国際連盟脱退を伝える新聞記事，４は1928年の張作霖爆殺事件を伝える新聞記事である。

(3)＜**大正時代の内閣**＞1918年，米騒動の責任を取って寺内正毅内閣が総辞職すると，衆議院で多数を占める立憲政友会総裁の原敬が内閣総理大臣となり，多くの大臣に立憲政友会党員を選び，初めての本格的な政党内閣を組織した。

(4)＜**大正時代の出来事**＞二・二六事件が起こったのは，1936(昭和11)年のことである。なお，ロシア革命(1917年)に干渉するためのシベリア出兵は1918(大正７)年のこと，中華民国への二十一か条の要求は1915(大正４)年のこと，関東大震災は1923(大正12)年のことである。

8〔公民―選挙〕

(1)＜**選挙制度**＞**A**．１つの選挙区から１人の議員を選出する小選挙区制に対し，１つの選挙区から２人以上の議員を選出する制度を大選挙区制と呼ぶ。大選挙区制のうち，１つの選挙区から３～５人の議員を選出する制度を，特に中選挙区制と呼ぶ。日本の衆議院議員選挙は，1994年まで，中選挙区制で実施されていた。　**B**．1994年に衆議院議員選挙に小選挙区比例代表並立制が導入された。**C**，**D**．参議院議員選挙では，選挙区選挙と比例代表選挙が採用されている。参議院議員選挙の比例代表制は，全国を１つの選挙区とし，有権者が投票用紙に政党名か候補者名を記入できる非拘束名簿式となっている。

(2)＜**政党政治**＞**ア**，**イ**．国会の議席のほとんどを２つの政党が占める政治形態を二大政党制，３つ以上の主要な政党がある政治形態を多党制と呼ぶ。　**ウ**，**エ**．日本では，1955年に自由民主党と日本社会党が結成されてから，自由民主党が単独で与党となり，日本社会党が野党第一党となっていた。この政治状況を，55年体制と呼ぶ。　**オ**，**カ**．1955年以降，自由民主党による単独政権が続いたが，1980年代からは，複数の政党が協力して内閣を組織する連立政権が多くなっている。なお，2022年２月現在も，自由民主党と公明党による連立政権となっている。

(3)＜**比例代表制**＞日本の比例代表制では，各政党の得票数を１，２，３…の整数で割っていき，その商(答え)の大きい順に定数まで議席を割り当てる，ドント式という方法がとられている。右表のように与えられた各党の得票数をもとにドント式で定数の６議席を配分する。

	A党	B党	C党	D党
得票数÷１	650	900	150	1200
得票数÷２	325	450	75	600
得票数÷３	216.7	300	50	400
得票数÷４	162.5	225	37.5	300

獲得議席 ◯

(4)＜**日本の選挙**＞**A**．選挙において有権者の棄権が多くなると，選出された議員が一部の人たちを代表することになる(１…正)。最高裁判所は，一票の格差が大きい状態は日本国憲法に違反しているという判決をたびたび出している(２…正)。　**B**．2015年に公職選挙法が改正されて選挙権の年齢が20歳以上から18歳以上に引き下げられた。この改正後に行われた2016年の参議院議員選挙では，10代の投票率は46.78％で，20代の35.60％より高かったが，全体の投票率54.70％より低かった(１…正)。1998年に在外日本人の選挙権が国政選挙で認められるようになったが，地方選挙においては認められていない(２…誤)。　**C**．国政選挙の投票率は低下傾向が続いている(１…正)。オーストラリアなど，投票を棄権すると罰金を科せられる国がある(２…正)。

(5)＜**選挙権の拡大**＞1890年の第１回衆議院議員選挙のときの選挙権は，直接国税15円以上を納める25歳以上の男子だった。その後の選挙では，納税額による制限が，1902年のときは10円以上，1920年のときは３円以上となり，1925年の普通選挙法制定後の1928年の選挙で，25歳以上の男子による普通選挙が実現した。第二次世界大戦後の1946年の選挙では，20歳以上の男女の選挙権が認められ，2016年の選挙では選挙権年齢が18歳以上に引き下げられた。

理科解答

1 問１ ④　問２ ①　問３ ②
問４ ⑤　問５ ③　問６ ④
問７ ④　問８ ④

2 問１ ⑥　問２ ④　問３ ③
問４ ⑥

3 問１ ②　問２ ③　問３ ④
問４ ③

4 問１ ④　問２ ④　問３ ①
問４ ③

5 問１ ③　問２ (ア)…①　(イ)…③
問３ ④　問４ ③
問５ (ア)…②　(イ)…④

6 問１ ③　問２ ①　問３ ①
問４ ②　問５ ①

7 問１ ④　問２ ②　問３ ②
問４ ④　問５ ⑤

8 問１ ④　問２ ⑧　問３ ①
問４ ②　問５ ②

9 問１ ⑤　問２ ④　問３ ④
問４ ④　問５ ①

1〔小問集合〕

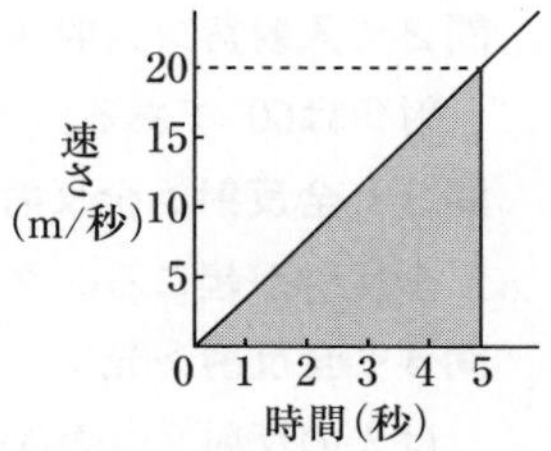

問１＜移動距離＞速さと時間の関係を表すグラフでは，横軸とグラフに囲まれた部分の面積が移動距離を表す。よって，右図で，影をつけた直角三角形の面積が移動距離を表すので，求める移動距離は，$\frac{1}{2}\times5\times20=$ 50(m)である。

問２＜豆電球の明るさ＞図の回路では，豆電球Bと豆電球Cに同じ大きさの電流が流れ，それらの電流が合流して豆電球Aに流れる。よって，豆電球が全て同じ種類のとき，豆電球Aに最も大きい電流が流れるため，豆電球Aが最も明るく光る。

問３＜原子＞原子は，化学変化によってそれ以上分割することができない。よって，誤っているのは②である。

問４＜分子をつくらない物質＞①～⑤のうち，分子をつくらない物質は酸化銀(Ag_2O)である。酸化銀は銀原子と酸素原子が２：１の個数の割合で結びついている。

問５＜植物のなかま＞イヌワラビは，シダ植物に分類される。シダ植物は，胞子をつくってふえる植物のうち，葉・茎・根の区別があり，維管束がある植物である。

問６＜相同器官＞④のチョウのはねと，ハトの翼はどちらも飛ぶための器官ではたらきは同じだが，起源が異なるため相同器官ではなく，相似器官である。なお，相同器官は，進化により形やはたらきが変化したが，起源が同じ器官であったと考えられるものである。セキツイ動物は同じ祖先から進化したので，①，②，③はハトの翼と相同器官である。

問７＜津波＞津波は，次のような仕組みで発生する。海洋プレートが大陸プレートの下に沈み込む(C)→大陸プレートがひずみに耐えきれなくなり，反発する(B)→津波が発生し，周囲に広がっていく(A)→津波が陸上へ到達する(D)。

問８＜銀河系＞銀河系は円盤のような形をしていて，その直径は約10万光年である。太陽系は，銀河系の中心から約３万光年の位置にある。

2〔運動とエネルギー〕

問１＜水圧＞水圧は，水の重さによってはたらく圧力なので，水の深さが深い所ほど大きくなる。よって，物体の上面よりも下面の矢印の方が長くなり，物体の側面では深い所ほど矢印が長くなる。

問２＜浮力＞浮力の大きさは，物体の空気中での重さと水中での重さの差である。よって，ｃの位置における物体Ａ～Ｃにはたらく浮力の大きさは，Ａでは0.50－0.30＝0.20(N)，Ｂでは0.40－0.20＝0.20(N)，Ｃでは0.50－0.40＝0.10(N)となる。

問３＜浮力＞物体が全て水中にあるとき，水の深さに関係なく浮力の大きさは一定になる。よって，図のｃとｄの位置では浮力の大きさが等しいから，ばねばかりの値は同じ0.30Nとなる。

問４＜浮力＞位置ｂと位置ｃの比較から，物体の水中に沈んでいる部分の体積が大きいほど，物体にはたらく浮力の大きさが大きくなることがわかる。また，物体Ａと物体Ｃの結果から，質量が同じでも浮力の大きさは異なることがわかる。よって，物体の質量と浮力の大きさには，比例などの関係はないといえる。

3 〔身近な物理現象〕

問１＜光の屈折＞光が空気中からレンズに斜めに入射するとき，光は境界面から離れるように屈折する。このとき，入射角＞屈折角となる。

問２＜入射角＞入射角は，境界面に垂直な線と入射光とがつくる角度である。よって，図２より，入射角は60°である。

問３＜全反射＞全反射は，物体からの光が境界面で全て反射する現象で，屈折角が90°を超えると，全反射が起こる。グラフより，屈折角が90°を超えるのは，入射角が約43°のときである。

問４＜全反射＞光ファイバーは，全反射を利用して光を遠くまで届けることができる器具である。①は光の反射，②と④は光の屈折による現象である。

4 〔化学変化とイオン〕

問１＜塩《えん》＞塩とは，酸の陰イオンとアルカリの陽イオンが結びついてできる物質のことである。硫酸と水酸化バリウム水溶液の中和では，硫酸の陰イオン（硫酸イオン）と水酸化バリウムの陽イオン（バリウムイオン）が結びついて，硫酸バリウムという塩ができる。硫酸バリウムは水に溶けにくいため，白い沈殿となって現れる。

問２＜中和＞実験２では，硫酸は$H_2SO_4 \longrightarrow 2H^+ + SO_4^{2-}$，水酸化バリウムは$Ba(OH)_2 \longrightarrow Ba^{2+} + 2OH^-$と電離していて，中和によって，$H_2SO_4 + Ba(OH)_2 \longrightarrow 2H_2O + BaSO_4$という化学変化が起こる。実験３では，塩酸は$HCl \longrightarrow H^+ + Cl^-$，水酸化ナトリウムは$NaOH \longrightarrow Na^+ + OH^-$と電離していて，中和によって，$HCl + NaOH \longrightarrow H_2O + NaCl$という化学変化が起こる。よって，共通して生じる物質はH_2O（水）である。なお，中和は，酸のH^+とアルカリのOH^-が結びついてH_2Oができる反応である。

問３＜結晶の形＞問２より，実験３においてできた塩は塩化ナトリウム（NaCl）である。塩化ナトリウムの結晶は，①のような立方体をしている。なお，②はミョウバンの結晶で，③は硝酸カリウム，④は雪の結晶である。

問４＜中和とイオン＞塩酸中にはH^+とCl^-が存在し，水酸化ナトリウム水溶液中のNa^+とOH^-を加えると，H^+とOH^-が結びついてH_2O（水）になる。よって，図１のⓐ，ⓘはH^+とCl^-のいずれかであり，図２でⓐが消えてⓤが現れたことから，ⓐはH^+，ⓘはCl^-，ⓤはNa^+である。また，図３で，水溶液が中性になった後に現れた図４のⓔはOH^-である。

5 〔物質のすがた〕

問１＜アンモニアの性質＞実験１より，気体Aは鼻をさすようなにおいがしたことから，アンモニアである。アンモニアの水溶液はアルカリ性を示すので，赤色リトマス紙を青色に変える。

問２＜アンモニアの性質＞(ア)１Lは1000cm^3なので，0.50Lは0.50×1000＝500(cm^3)である。よって，〔密度(g/cm^3)〕＝〔質量(g)〕÷〔体積(cm^3)〕より，気体Aの密度は，0.36÷500＝0.00072(g/cm^3)となる。　(イ)気体Aはアンモニアで，水に溶けやすく空気より密度が小さいので，上方置換法で集める。

問３＜アルカリ性を示すイオン＞赤色リトマス紙を青色に変えるのはアルカリ性の水溶液であり，水溶液がアルカリ性を示す原因となるイオンは水酸化物イオン(OH^-)である。

問４＜分子モデル＞実験２から，ペットボトルがへこんだ気体Bは，水に溶ける気体である。実験１より気体Aはアンモニアであるから，残りの酸素，水素，窒素，二酸化炭素のうち，水に溶ける気体Bは二酸化炭素である。二酸化炭素の分子は，炭素原子１個に酸素原子２個が結びついている。

問５＜酸素と窒素の区別＞(ア)実験１より気体Aはアンモニア，実験２より気体Bは二酸化炭素，実験３より気体Cは水素であり，残りの気体Dと気体Eは，酸素と窒素のいずれかである。よって，気体の中に火のついた線香を入れれば区別することができる。　(イ)酸素に火のついた線香を入れると，線香が激しく燃える。一方，窒素に火のついた線香を入れると，線香の火は消える。

6 〔生物の体のつくりとはたらき〕

問１＜実験操作＞ベネジクト液は，調べようとする液に加えただけでは反応しない。加えた後，加熱する必要がある。

問２＜ヨウ素液の反応＞ヒトの唾《だ》液にはデンプンを麦芽糖に分解する消化酵素(アミラーゼ)が含まれ，消化酵素は体温に近い40℃でよくはたらき，80℃でははたらかない。よって，ヨウ素液の色が変化しないのは，唾液に含まれる消化酵素がよくはたらいてデンプンが全て分解した試験管Aのみである。

問３＜ベネジクト液の反応＞問２より，唾液に含まれる消化酵素は40℃でよくはたらき，デンプンを麦芽糖などに分解するが，80℃でははたらかない。よって，デンプンが麦芽糖などに分解され，ベネジクト液の色が赤褐色に変化するのは，試験管Bのみである。

問４＜対照実験＞この実験で，唾液によってデンプンから麦芽糖などができたのは，試験管Bである。よって，試験管Bと，唾液を加えたか加えなかったかの条件だけが異なり，他の条件が同じ試験管Fとの結果を比べればよい。

問５＜対照実験＞この実験で，唾液によってデンプンから麦芽糖などができたのは，試験管Bである。よって，試験管Bと温度の条件だけが異なり，他の条件が同じ試験管Dとの結果を比べればよい。

7 〔生物の体のつくりとはたらき〕

問１，問２＜ヒトの目のつくり＞図１で，光を受け取る感覚細胞が存在するのはDの網膜であり，光を屈折させるはたらきをするのはBのレンズ(水晶体)である。レンズで屈折した光は，網膜上で像を結ぶ。なお，Aはひとみ，Cはレンズの膨らみを変える筋肉で毛様体筋，Eは神経(視神経)である。

問３＜反射＞明るい場所から暗い場所に移動すると，無意識にAのひとみが大きくなる。これは，目の内部に入る光の量を多くするためである。

問４＜網膜に結ばれる像＞網膜上にできる像は，凸レンズでできる像と同じように，実物と比べて上下左右が反対になっている。よって，図３で，矢印の方向(看板の左側)から見ると，上下左右が反対の④のように見える。

問５＜視覚＞視覚とは，「ものが見えた」と感じることである。光の刺激は神経によって脳に伝えられ，脳で「ものが見えた」と感じることになる。

8 〔地球と宇宙〕

問１＜月の１日の動き＞月が時刻とともに動いて見えるのは，地球が自転しているためである。地球の自転によって起こる月の１日の動きは，太陽と同じように，東から昇り，南の空を通って，西に沈む。

問２＜月の位置＞図１のように，月の右側が細く光って見える月を三日月という。図２で，地球から見て，月に太陽の光が当たっている部分が図１のように見えるのは，月がｈの位置にあるときである。

問３＜地球上の観察位置＞問２より，図１の月は，図２のｈの位置にある。図２のｈの位置にある月が見えるのは，地球上のＰ～Ｓの場所のうち，ＰまたはＳの場所であり，月はＰでは南西の方角に見え，Ｓでは南東の方角にあるが，正午で明るいため見えない。よって，Ｐが正しい。

問４＜月が見える時刻＞問３より，図２のｈの位置にある月を地球上のＰの位置から観察している。地球の自転の向きは，北極側から見て反時計回りなので，地球上のＰ～Ｓのおよその時刻は，Ｐが午後６時，Ｑが午前０時，Ｒが午前６時，Ｓが正午(午後０時)である。

問５＜月の公転＞月は地球の周りを約４週間で１周するので，図２のｈの位置にあった月は，２週間後には図２のｄの位置にくる。ｄの位置にある月を地球から見ると，右側が少し欠けた形に見える。

9 〔大地の変化〕

問１＜地層ができた時代＞地層はふつう，下にあるものほど古いが，Ｆ層の花こう岩は堆積岩ではなく，すでにある地層や岩石の割れ目などにマグマが入りこんで固まってできた火成岩であると考えられる。よって，最も古い時代に堆積したのはＥ層である。

問２＜石灰岩＞サンゴの化石のような，炭酸カルシウムを主成分とする生物の死がいが堆積して押し固められてできた岩石を，石灰岩という。

問３＜堆積物＞れき，砂，泥が運ばれて海に流れ込んだとき，粒が大きいものほど早く沈むため，海岸近くにはれきが堆積し，海岸から離れた沖合には泥が堆積する。よって，海岸から離れた場所で堆積したのは，泥岩でできたＤ層である。

問４＜風化＞地表の岩石は，主に急激な温度の変化や風，雨などのはたらきによってしだいにもろくなり，表面からぼろぼろにくずれる。これを風化という。

問５＜堆積物と岸からの距離＞れき，砂，泥は，粒が大きいものほど早く沈むため，海岸近くにはれきが堆積し，海岸から離れた沖合には泥が堆積する。よって，Ａ層，Ｃ層，Ｄ層，Ｅ層が堆積していたとき，岸から離れた場所で堆積したのは泥岩のＤ層だけである。なお，Ｂ層の石灰岩はサンゴの化石からできていて，サンゴは浅い海に生息する。

国語解答

一　問一　4　問二　1　問三　3
問四　4　問五　1　問六　3
問七　3　問八　1　問九　4
問十　3

二　問一　3　問二　3　問三　2
問四　4　問五　1　問六　1
問七　2　問八　2

三　問一　1　問二　1　問三　1
問四　4　問五　4　問六　2
問七　2　問八　2

四　問一　1　問二　1　問三　3
問四　4　問五　2　問六　4
問七　2

一〔国語の知識〕

問一＜漢字＞「優越感」と書く。１は「誘惑」，２は「憂うつ」，３は「友情」。

問二＜漢字＞「破綻」は「はたん」，「杜撰」は「ずさん」，「行脚」は「あんぎゃ」と読む。

問三＜故事成語＞「塞翁が馬」は，人生において幸福や不幸は予測できないものだ，という意味。

問四＜語句＞「模倣」は，他のものに似せること。「独創」は，独自の発想でつくり出すこと。

問五＜語句＞「ファンタジー」は，空想のこと。「モード」は，形式のこと。または，ファッションの流行のこと。「メディア」は，媒体のこと。

問六＜敬語＞「お持ちいたします」は，謙譲表現なので，「先生」の動作に用いるのは不適切。「お持ちになります」などを用いる。「いらっしゃって」は，尊敬表現なので，「私」の動作に用いるのは不適切。「参って」を用いる。「ご覧になります」は，尊敬表現なので，「私」の動作に用いるのは不適切。「拝見します」を用いる。

問七＜短歌の技法＞係り結びの法則で，三句の「ける」は，二句の係助詞「ぞ」の結びとなっており，ここが句切れとなる。上の句と下の句において，倒置法が用いられている。

問八＜古典の知識＞古典では，北を子《ね》として，右回りに「丑《うし》・寅《とら》・卯《う》・辰《たつ》・巳《み》・午《うま》・未《ひつじ》・申《さる》・酉《とり》・戌《いぬ》・亥《い》」の順に方位を十二等分して表した。よって，東は卯，西は酉，南は午となる。

問九＜文学史＞『道程』は，高村光太郎の詩集。『邪宗門』は，北原白秋の詩集。『春と修羅』は，宮沢賢治の詩集。

問十＜漢文の訓読＞「五十歩」→「以」→「百歩」→「笑」→「則何如」の順で読む。一二点は，一点の施された文字の次に二点の施された文字に返って読むことを指示する記号。

二〔論説文の読解―政治・経済学的分野―政治〕出典；佐伯啓思『さらば，民主主義　憲法と日本社会を問いなおす』。

≪本文の概要≫民主主義は，武力による政治ではなく，言葉による政治である。ギリシャ人は，言葉によって物事を抽象化するロゴスを重視した。ロゴスは，公共性を持って初めて成り立つもので，個人の経験や感覚そのものを超える。そして，このロゴスの持つ公共性には，二つの大事なことがある。一つは，公共空間で交わされる言葉が，発した個人の経験と切り離されてしまうことである。民主主義は，公共空間で言葉を自由にぶつけ合って議論する仕組みだが，議論がロゴスによって成り立つかぎり，個人を離れたところでロゴスが動いてしまうのである。もう一つは，ロゴスによる民主主義に基づいて得られた方針が，本当に善であるという保証が全くないということである。ロゴスは，経験そのものでも，現実そのものでもなく，真の実在ではない。私たちが事物そのものへ肉薄することがほぼ不可能である以上，私たちにできることは，事物を仮にロゴスで表現することだけなのである。

問一＜文章内容＞「本」や「馬」という言葉は，誰にとっても本や馬を指し示すという「公共性」を持つものであり，個人の意思によって他のものを表すことはできない。つまり，ロゴスには，言葉によって，物事を他者と共有できるような一般的なものにするはたらきがあるといえる。

問二＜文章内容＞「私は水がほしい」と思うだけなら「私個人の願望」だが，言葉にして発せられると，他者にもその意味が共有され，「公共的世界」に投げ出されることになる。言葉にすると，公共的世界で「人々のまなざしにさらされ，検証」されるようになるので，個人的な経験を超えてしまうことになるのである。

問三＜文章内容＞「公共的世界」に投げ出されたロゴスは，個人の経験と切り離され，現実とは異なる「別の『現実』」をつくってしまう。さらに，ロゴスは「新たな『現実』」をつくり出すための，議論の道具となり，公共空間での言葉の応酬の手段になってしまうのである。

問四＜文章内容＞ソフィストは，古代ギリシャにおいて弁論術を教えた教育者のこと。一般に，ごまかしの議論を操る者，という意味でも用いられる。ソフィストは，ロゴスによって新たな「現実」をつくり出すような弁論術を操り(1…○)，「言論の政治である民主主義」を支えた(2…○)。また，ソフィストは，ロゴスによる「言論競技に勝つ方法を指南する」ことで(3…○)，政治を動かす力を持った。ただし，ソフィストにとっては，ロゴスを操る技術を駆使して「真実らしく」見せることが重要で，「普遍的な真理」など存在しないと考えていた(4…×)。

問五＜熟語の構成＞「普遍」と「嫌悪」は，似た意味を持つ漢字で構成されている熟語。「多少」は，反対の意味を持つ漢字で構成されている熟語。「演劇」は，下の漢字が上の動作を表す漢字の目的語となっている熟語。「非常」は，上の漢字が否定の意味を表す接頭語になっている熟語。

問六＜文章内容＞「私は人間である」という表現はただの言葉にすぎないが，「自分が人間である」という言葉にならない確信は，絶対に譲り渡せないほどのものである。「真実」とは，ただのヴァーチャルな言葉ではなく，「間違いのない実在」を確信を持って言い表したものと考えられる。

問七＜語句＞「名状」は，物事の様子や状態を言葉で言い表すこと。

問八＜文脈＞一人で「痛い，痛い」と叫んだだけでは「音の羅列」にすぎないので，なぜ痛いのか，どうしてほしいのかといったことを，他者に説明する必要がある。このような公共性を持ったときに，ロゴスは，「個人の経験や感情を超えること」ができるのである。

三〔**小説の読解**〕出典；笹山久三『四万十川　第四部　さよならを言えずに』。

問一＜文の組み立て＞「すっかり」は，ある状態に完全になっている様子を表す副詞。完全に「秋めいた」状態になっている「風が，かいた汗を連れ去っていく」のである。

問二＜心情＞篤義には，父の仕事を手伝うという進路しか残されていなかったが，その身の振り方を決める理由を，篤義が農業を引き継いでくれることを期待している父の切実な思いに結びつけてしまっていることに，篤義は，胸につかえたような重苦しさを感じていた。

問三＜品詞＞「匂いだ」と「彼だけだ」の「だ」は，断定の意味を表す助動詞。「降りそうだ」の「だ」は，様態の意味を表す助動詞「そうだ」の一部。「豊かだ」の「だ」は，形容動詞の一部。「乾いたようだ」の「だ」は，不確かな断定の意味を表す助動詞「ようだ」の一部。

問四＜語句＞「分相応」は，その人の能力や地位にふさわしいこと。

問五＜文章内容＞篤義は，「どうするつもりじゃ」という父の問いが，自分の「身の振り方」についてのことだとわかっていたが，まだ決心がついていないので，とぼけるしかなかったのである。

問六＜文章内容＞篤義は，父の仕事を継ぐことを決めかねていたが，父は，篤義が農業に向いていると言ったり，自分にはもう仕事がつらくなったなどと言ったりして，篤義が農業を継ぐことを決心しやすいような理由を提示してくれていた。

問七＜表現＞雑草の様子を表すのに，「命ごいをしている」や「勝ち誇ったように」という擬人法を用いてイメージをふくらませやすくしたり(1…○)，やかんのわく音の「コツコツ」や蜂の刺す音に「プツプツプツプツ」という擬音語を用いてその場の様子を理解しやすくしたりする表現が用いられている(3…○)。そして，篤義と父の交わす会話には方言が用いられており，登場人物が生き生きと描写されている(4…○)。また，一貫して篤義の視点から物語が語られていることで，篤義の心情が読者に伝わるようになっている(2…×)。

問八＜文脈＞篤義には，父の仕事を手伝うことしか残されていなかったが，勉強を続けたいという気持ちも持ち続けていた。篤義は「父の仕事を手伝うことと勉強を続けること」との間にどんなつながりも見出せないというよりも，「今は，そのふたつのことがぶつかり合って，篤義の中」で苦しみが生じていたのである。

四 〔古文の読解—説話〕出典；『宇治拾遺物語』巻第十二ノ十八。

≪現代語訳≫今ではもう昔の話だが，唐の片田舎に一人の男がいた。家が貧しくて財産もない。妻子を養う力もない。(財産を)求めるけれども得られない。このようにして歳月を過ごした。思い悩んで，ある僧に会って，財産を得る方法を尋ねた。(その人は)知恵のある僧で，答えたことには，「お前が，財産を得ようと思うなら，ただ真実の心を起こすがよい。そうすれば，財産も豊かになり，後世には(きっと)よいところに生まれるであろう」と言う。この人が，「真実の心とはどのようなものか」と尋ねると，僧は，「真実の心を起こすというのは，他でもない。仏法を信じることだ」と言う。(男が)また問うには，「それには，どうすればよいのか。確かに(あなたの言うことを)承り，信心をもって，(仏法を)頼みに思い，このうえなく(仏を)信じ，頼りにし申し上げましょう。おうかがいしたい」と言うと，僧は，「自分の心がすなわち仏である。自分の心を離れては仏はいないと(いう)。だから，自分の心の故に仏はいらっしゃるのだ」と言うと，(男は)手をすり合わせ，泣きながら拝み，それからはこのことを心にかけ，夜も昼も思ったので，梵天，帝釈天，多くの神々がやってきて(男を)お守りになったので，思いがけなく財産ができ，家の中も，豊かになった。命の終わるときには，ますます心に，仏を念じて，浄土に速やかに参ったのであった。

問一＜古典の知識＞「唐」は，「もろこし」と読み，主に現在の中国のことを指す。

問二＜古文の内容理解＞男は，妻子を養えないくらい貧しかったので，財産が欲しいと思ったが，得ることができないでいた。

問三＜古文の内容理解＞男が「実の心とはいかが」と僧に尋ねると，僧は，「仏法を信ずるなり」と答えた。

問四＜古文の内容理解＞「後世」は，来世，という意味。僧は，「実の心」を起こせば，来世は「よき所に生まれなむ」，つまり極楽浄土に生まれるだろうと言った。

問五＜古文の内容理解＞僧は，自分の心を離れては仏は存在せず，仏を信仰する自分の心のあるところに仏は存在する，と男を諭した。

問六＜古文の内容理解＞自分の信仰心によって仏は存在するのだ，という僧の言葉を聞いた男は，手をすって泣きながら拝み，それ以来，僧の言ったことを心にかけ，念じ続けた。

問七＜古典文法＞「出で来て」の「て」は，接続助詞で，活用語の連用形に接続する。

2022年度 佐野日本大学高等学校(第2回)

【英　語】　(50分)〈満点：100点〉

■リスニングテストの音声は，当社ホームページで聴くことができます。(当社による録音です)
再生に必要なユーザー名とアクセスコードは「収録内容一覧」のページに掲載しています。

1　ただ今からリスニングテストを行います。テストはPart A，Part Bに分かれています。それぞれのPartの初めに放送される日本語の説明にしたがって，解答してください。

Part A

Part Aは絵を見て答える問題です。問題ごとに1～4の短い英文が読まれます。絵の内容を表す最も適切な英文を，1つ選びなさい。英文はそれぞれ2回読まれます。

問1

問2

問3

Part B

Part Bは短い会話を聞いて答える問題です。それぞれの会話の後に質問が続きます。その質問に対する答えとして最も適切なものを，1～4より1つ選びなさい。会話と質問は2回読まれます。

問4　1．Before 4:00.　　2．After 5:00.
3．After 6:00.　　4．She will not meet them.

問5　1．Because it is too hot these days.
2．Because they have had rainy days recently.
3．Because he likes swimming in the rain.
4．Because it will be cloudy all day.

問6　1．On the second floor.　　2．On the third floor.
3．In the clothes shop.　　4．In the clock shop.

※＜**リスニングテスト放送台本**＞は英語の問題の終わりに付けてあります。

2　次の(1)～(5)の英語が説明する語として最も適切なものを，１～４より１つ選びなさい。

(1) things you throw away, such as paper, plastics, and food
　1．toy　2．book　3．trash　4．shoe

(2) the early part of the day, from when the sun rises until 12 o'clock in the middle of the day
　1．morning　2．bed　3．breakfast　4．lunch

(3) the way of life, art, and customs that are shared by people in a society
　1．museum　2．situation　3．information　4．culture

(4) a thing that is able to kill or damage people if it gets into their body
　1．poison　2．accident　3．meal　4．lawyer

(5) to join two or more things together
　1．correct　2．connect　3．see　4．invite

3　次の(1)～(8)の英文の空所に入る最も適切なものを，１～４より１つ選びなさい。

(1) Have you finished (　　) your room ?
　1．clean　2．to clean　3．cleaned　4．cleaning

(2) Let's start doing something (　　) is good for our health.
　1．which　2．whose　3．who　4．what

(3) It will (　　) three hours to finish the job.
　1．go　2．take　3．come　4．have

(4) Where have you been ?　We have been looking (　　) you.
　1．at　2．forward　3．for　4．by

(5) Do you know not only English but also French (　　) in Canada ?
　1．is speaking　2．speaks　3．to speak　4．is spoken

(6) My mother baked two kinds of cake.　Do you want to have one or (　　) ?
　1．both　2．also　3．it　4．every

(7) Your father has already read the book, (　　) ?
　1．doesn't he　2．isn't he　3．wasn't he　4．hasn't he

(8) Kate studied Japanese (　　) summer vacation.
　1．during　2．when　3．if　4．while

4　次の英文を読み，後の設問に答えなさい。

Do you like reading ?　What kind of magazines do you usually read ?　Maybe most Japanese students like comics.　Do you think that students in other countries like comics, too ?

A publishing company researched 10,000 high school students' favorite magazines in Japan and the U.S.A., and the result is shown in the graph below.

In Japan, more than 70% of high school students read comics.　But only 16% of American students read comics.　A lot of high school students like fashion magazines best in both countries, but Japanese students read fashion magazines a little more than American students.　Sports and music magazines are both read by 36% of American students, but music magazines are more popular than sports magazines among Japanese students.　Only 15% of Japanese students read news magazines, so probably they are not interested in news so much.

（注） publishing company　出版社

High School Students' Favorite Magazines in Japan and the U.S.A.

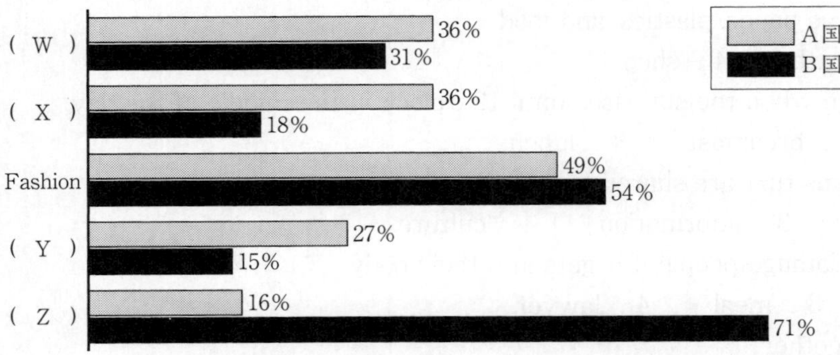

問１　グラフの(W)に入る最も適切なものを，１～４より１つ選びなさい。

１．Music　　２．Sports　　３．Comics　　４．News

問２　グラフの(X)に入る最も適切なものを，１～４より１つ選びなさい。

１．Music　　２．Sports　　３．Comics　　４．News

問３　グラフの(Y)に入る最も適切なものを，１～４より１つ選びなさい。

１．Music　　２．Sports　　３．Comics　　４．News

問４　グラフの(Z)に入る最も適切なものを，１～４より１つ選びなさい。

１．Music　　２．Sports　　３．Comics　　４．News

問５　本文やグラフの内容と合う最も適切なものを，１～４より１つ選びなさい。

１．The same number of Japanese students like sports magazines and music magazines.

２．The writer tells us about the kind of magazines we should read.

３．Japanese students and American students read the same comics.

４．Almost half of American high school students like fashion magazines.

5　次の英文を読み，文中の空所(１)～(５)に入る最も適切なものを，それぞれ下の１～４より１つ選びなさい。

There are fewer left-handed people. So, some right-handed people have believed that there is something wrong with them. Those right-handed people thought that left-handers were (1).

Only about one out of ten in the world is left-handed. However, even if you are left-handed, there's no need to feel (2). Unfair attitudes against left-handers are (3). Most parents now don't force children to use their right hand if they like to use their left hand.

The right-handers of the world have begun to realize the world has been (4) to left-handers until now. For example, it is difficult for left-handers to use regular scissors and a computer mouse. But at last, help has come for left-handers. There is a new shop named "Anything Left-Handed" in London. It (5), at low prices, good products made for left-handed people. This shop has everything from left-handed scissors to left-handed computer mice, pens and golf clubs. The owner of the shop, by the way, is right-handed.

（注） one out of ten　10人に１人　　regular　通常の

computer mouse　コンピュータ用マウス　　owner　店主

(１)　１．kind　　２．general　　３．common　　４．strange

（２）　１．happy　　２．lonely　　３．free　　４．smart
（３）　１．finding　　２．changing　　３．looking　　４．talking
（４）　１．unfair　　２．kind　　３．large　　４．unhappy
（５）　１．comes　　２．loses　　３．sells　　４．replies

6　下の英文中の(1)～(6)の〔　〕内の語句を，前後関係を考慮して，意味が通るように並べかえなさい。解答は例にならって，正しい順にマークしなさい。

> 例題　彼はサッカーがうまい。
> 〔１．is　　２．soccer　　３．a good　　４．he〕player.
> この例ではHe is a good soccer player. が正解なので，上から順に④，①，③，②とマークすることになる。

In 1991, a dead body of a man was found in a glacier high in the Alps. Surprisingly, he was a time traveler—he was a human from about 5,300 years ago! The man was frozen in the ice, (1)〔１．was　２．his body　３．so　４．kept〕perfectly. He was named "the Ice Man." Also, many things were found around him. With all those things, he teaches us about life 5,300 years ago.

He had a copper axe, and that means people (2)〔１．were　２．make　３．to　４．able〕things from metal at that time. He wore a colorful coat and shoes, and (3)〔１．people　２．that　３．means　４．enjoyed〕fashion around that time.

From (4)〔１．in　２．his　３．things　４．the〕stomach, we can learn about the food of that age. People cooked meat with herbs. They baked and toasted bread. People tried to (5)〔１．enjoyed　２．make food　３．and　４．more delicious〕eating. People of the distant past lived such a cultural life like us—that's surprising, isn't it? As the Ice Man had a lot of things and ate good food, he was probably a rich man.

The Ice Man was found high in the mountains. What was he doing up there? He hasn't (6)〔１．us　２．given　３．to　４．the answers〕all of our questions yet.

（注）glacier　氷河　　the Alps　アルプス山脈　　frozen　凍って
copper axe　銅製の斧《おの》　　metal　金属　　herbs　香草
distant past　遠い昔

7　次の英文を読み，後の設問に答えなさい。

Every year at Christmas time in London, famous scientists give lectures for young people. This is a kind of a science show and young people enjoy it. It started about 180 years ago and it is called the Christmas Lectures.

Do you know about Michael Faraday? He was one of the most famous scientists of the 19th century. Even today, we use his ideas in our lives, for example, electric motors and generators. He was one of the people who started the Christmas Lectures.

One winter day in 1860, a lot of people came to Faraday's Christmas Lecture. This was his last Christmas Lecture. He was 69 years old then and already very famous. The people thought that he was going to show them something new, but Faraday just took out a candle and said, "This is only a candle, but it can show us a lot about (1)the secrets of nature."

Faraday was born in 1791. (　ア　) his family was poor, he had to start working at a bookshop when he was 13 years old. He was lucky because the shop owner was kind and he could read a lot of books there for free. He became interested in science and even tried some experiments in the books. Doing experiments was exciting for him. He wanted to become a scientist, but did not know (2)how.

One day, a man who often came to the shop gave him a ticket for a famous scientist's lecture because he knew Faraday was very interested in experiments. Faraday went to the lecture and wrote down every word and all the experiments in his notebook. After this, he made a handwritten book about the lecture, and sent it to the scientist with a letter. In the letter, he wrote that he really wanted to study science. The scientist answered the letter and said, "If you want, you can be my assistant."

Faraday, now 69 years old, remembered the exciting feelings from his own experiments in his early days.

At the lecture, he wanted to share (3)those feelings with the young people there. By doing a lot of interesting experiments, he showed what a candle was made from, how it burned and (4)why. He showed that it was exciting to learn the secrets of nature in simple things like a candle. The people enjoyed his lecture a lot.

The Christmas Lectures have continued until today and Faraday's spirit still lives on.

（注） lectures 講義　electric motors 電動機　generators 発電機
owner 店主　handwritten 手書きの　spirit 精神

問１　Michael Faraday について本文に述べられていないものを，１～４より１つ選びなさい。

１．He was the only scientist who started the Christmas Lectures.
２．When he was 69 years old, he gave his last Christmas Lecture.
３．He started to work for a bookshop when he was 13 years old.
４．He did some experiments in the books he read.

問２　Michael Faraday は下線部(1)を伝えるため，どのようなことを行ったか。最も適切なものを，１～４より１つ選びなさい。

１．誰も発見したことがない不思議なロウの現象について説明した。
２．誰でも知っている現象を見せ，その現象を通して科学の面白さを説明した。
３．講義を見に来た人を外に連れて行き，自然の現象について説明した。
４．ロウが燃える現象を通して，キャンドルの歴史を説明した。

問３　空所（ア）に入る最も適切なものはどれか。１～４より１つ選びなさい。

１．But　２．As　３．If　４．So

問４　下線部(2)が意味することは何か。最も適切なものを，１～４より１つ選びなさい。

１．上手に科学実験をする方法
２．人々に科学実験に対する興味を持ってもらう方法
３．科学に関する本を出版する方法
４．科学者になる方法

問５　下線部(3)の具体的な内容として最も適切なものを，１～４より１つ選びなさい。

１．実験を始めた当時の，科学が楽しいという気持ち
２．実験を始めた当時の，生活が苦しいという気持ち
３．科学を学ぶことを通して，学校での勉強が楽しいと思えた気持ち
４．実験を始めたときに援助してくれた人への感謝の気持ち

問６　下線部(4)が意味することは何か。最も適切なものを，１～４より１つ選びなさい。

１．科学を勉強することが重要である理由

2．科学が楽しい理由

3．キャンドルが燃える理由

4．Faradayがキャンドルを見せた理由

問7　次の各文が本文の内容と一致している場合は1，一致していない場合は2をマークしなさい。

1．A man who often came to the book shop gave him a book about science.

2．The scientist who received a letter from Faraday said in his letter that Faraday could work with him if he would like to.

3．People who came to the Christmas Lecture in 1860 were happy because Michael Faraday showed that it was very interesting to learn the secrets of nature.

＜リスニングテスト放送台本＞

ただ今からリスニングテストを行います。テストはPart A，Part Bに分かれています。それぞれのPartの初めに放送される日本語の説明にしたがって，解答してください。

Part A

Part Aは絵を見て答える問題です。問題ごとに1～4の短い英文が読まれます。絵の内容を表す最も適切な英文を，1つ選びなさい。英文はそれぞれ2回読まれます。

問1　1．The parents are raising their hands.

2．Both feet of the boy are on the ground.

3．The mother is holding both hands of the boy.

4．The parents are holding each hand of the boy.

問2　1．One of the books on the floor is open.

2．There are two birds in the picture on the wall.

3．There are only two books on the desk.

4．There is no plant in this room.

問3　1．A boy is holding a map with both hands.

2．Three students have long hair.

3．Nobody is wearing a school uniform.

4．A boy is drawing a map with both hands.

Part B

Part Bは短い会話を聞いて答える問題です。それぞれの会話の後に質問が続きます。その質問に対する答えとして最も適切なものを，1～4より1つ選びなさい。会話と質問は2回読まれます。

問4

M：Hi, Miki.　Do you want to go to karaoke after work？　I will meet Kate at 4:00 in front of Sunny Karaoke in Shibuya.　Can you come？

W：Oh, I would like to, but I have a lot of work to do today, so I will leave the office at 5:00.

M：OK.　Sunny Karaoke is near your office, isn't it？　You can join us because we will be there until 6:00.

W：Sounds good.

QUESTION：When will Miki probably meet her friends？

問5

W：Ken, are you going to go hiking tomorrow？

M：Yes, Mom.　Did you check the weather forecast for tomorrow？　What will the weather be tomorrow ?

W : It will be cloudy in the morning, but will be sunny later.

M : Good. So, we can enjoy swimming in the lake, though it is rainy these days.

QUESTION : Why does Ken worry about the weather ?

問 6

W : May I help you ?

M : No, thank you. I'm just looking.

W : Take your time. We have a lot more shirts on the second floor. You can use the stairs at the corner when you want to go up there.

M : Oh, do you ? I'll look at them.

QUESTION : Where are they talking now ?

【数　学】（50分）〈満点：100点〉

（注意）１．円周率はπとして計算しなさい。

２．計算機，定規，コンパス等の使用は禁止します。

1　次の$\boxed{}$にあてはまる数値を求めなさい。

(1)　$10\div5\times4-7=\boxed{\text{ア}}$

(2)　$0.8\div\left(\dfrac{2}{3}\right)^2\times5^2=\boxed{\text{イ}\ \vdots\ \text{ウ}}$

(3)　$\dfrac{5x-3}{6}-\dfrac{2x-1}{3}=\dfrac{x-\boxed{\text{エ}}}{6}$

(4)　$(-2x^2y)^2\times(-3x^3y^2)^3\div(6x^2y^2)^2=-\boxed{\text{オ}}\,x^{\boxed{\text{カ}}}y^{\boxed{\text{キ}}}$

(5)　$\dfrac{54}{\sqrt{6}}-\sqrt{54}=\boxed{\text{ク}}\sqrt{\boxed{\text{ケ}}}$

(6)　$(2x-1)^2-6(2x-1)+9=\boxed{\text{コ}}(x-\boxed{\text{サ}})^2$

2　次の$\boxed{}$にあてはまる数値を求めなさい。

(1)　$x=\sqrt{2}+3$のとき，$x^2-6x+12=\boxed{\text{ア}}$である。

(2)　２次方程式$x^2-8x+a=0$の１つの解が３であり，もう１つの解が２次方程式$x^2-bx+10=0$の解になっている。このとき，$a=\boxed{\text{イ}\ \vdots\ \text{ウ}}$，$b=\boxed{\text{エ}}$である。

(3)　２次関数$y=ax^2$において，xの変域が$-2\leqq x\leqq3$のとき，yの変域は$0\leqq y\leqq6$である。このとき，$a=\dfrac{\boxed{\text{オ}}}{\boxed{\text{カ}}}$である。

(4)　$20<x<50$となるような素数xは全部で$\boxed{\text{キ}}$個ある。

(5)　袋の中に５枚のカード$\boxed{1}\boxed{2}\boxed{3}\boxed{4}\boxed{5}$が入っている。その袋の中からカードを１枚取り出して袋に戻すことを繰り返す。２回目に初めて奇数のカードが出る確率は$\dfrac{\boxed{\text{ク}}}{\boxed{\text{ケ}\ \vdots\ \text{コ}}}$である。

(6)　直線$y=-\dfrac{2}{3}x+4$に平行で，点$(-3,\ 4)$を通る直線の式は$y=-\dfrac{\boxed{\text{サ}}}{\boxed{\text{シ}}}x+\boxed{\text{ス}}$である。

(7)　濃度６％の食塩水が400gある。これに水を加えて濃度４％の食塩水にするには水を$\boxed{\text{セ}\ \vdots\ \text{ソ}\ \vdots\ \text{タ}}$g加えればよい。

(8)　下の表は，６人の生徒A，B，C，D，E，Fの身長と，クラスの平均身長との差を正負の数を使って表したものである。クラスの平均身長が155.8cmのとき，この６人の生徒の平均身長は$\boxed{\text{チ}\ \vdots\ \text{ツ}\ \vdots\ \text{テ}}.\boxed{\text{ト}}$cmである。

生徒	A	B	C	D	E	F
平均身長との差(cm)	+2.3	−3.5	+6.2	−4.3	+3.1	+1.6

(9)　右の図において，$\angle x=\boxed{\text{ナ}\ \vdots\ \text{ニ}}^\circ$である。

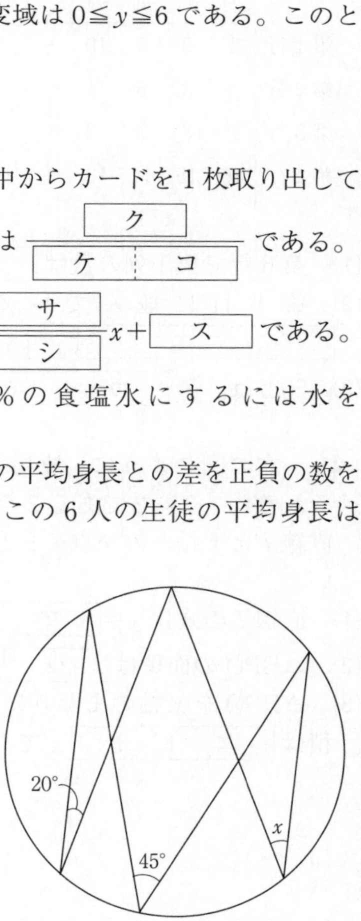

(10) 下の図は，線分AEを直径とする半径が1の半円であり，AE⊥CO，BD∥AE，∠AOB＝60°となるよう周上に点B，C，Dをとる。このとき，斜線部分の面積は $\dfrac{\boxed{\text{ヌ}}}{\boxed{\text{ネ}\mid\text{ノ}}}\left(\boxed{\text{ハ}}\,\pi+\sqrt{\boxed{\text{ヒ}}}\right)$ である。

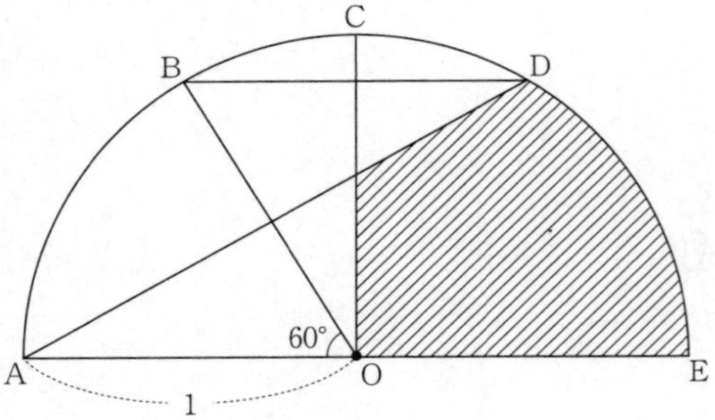

3 　下の図のように，自然数がある規則にしたがって並んでいる。例えば，第2行で第3列の数は6である。

　このとき，後の問いに答えなさい。

	第1列	第2列	第3列	第4列	…
第1行	1	2	5	10	…
第2行	4	3	6	11	…
第3行	9	8	7	12	…
第4行	16	15	14	13	…
⋮	⋮	⋮	⋮	⋮	

(1) 第6行で第1列の数は $\boxed{\text{ア}\mid\text{イ}}$ である。

(2) 第8行に並んでいる自然数において，第1列の数から第8列の数の和は $\boxed{\text{ウ}\mid\text{エ}\mid\text{オ}}$ である。

(3) 2022は，第 $\boxed{\text{カ}\mid\text{キ}}$ 行の第 $\boxed{\text{ク}}$ 列の数である。

4 　右の図のように，放物線 $y=2x^2$ と直線 l が，x 座標がそれぞれ -1，2である2点A，Bで交わっている。また，直線 l と y 軸との交点をPとするとき，次の問いに答えなさい。

(1) 直線 l の式は $y=\boxed{\text{ア}}\,x+\boxed{\text{イ}}$ である。

(2) △BPOの面積は $\boxed{\text{ウ}}$ である。

(3) △BPOを x 軸のまわりに1回転させてできる回転体の体積は $\boxed{\text{エ}\mid\text{オ}}\,\pi$ である。

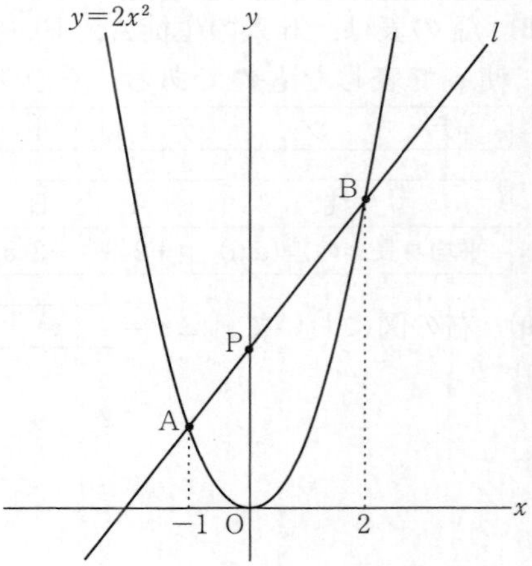

5　下の図のように，半径 6 cm，中心角 30° のおうぎ形 ABC を，直線 OX にそって矢印の方向にすべらないように回転させ，点 A がふたたび直線 OX 上にくるまで回転させた。

このとき，後の問いに答えなさい。

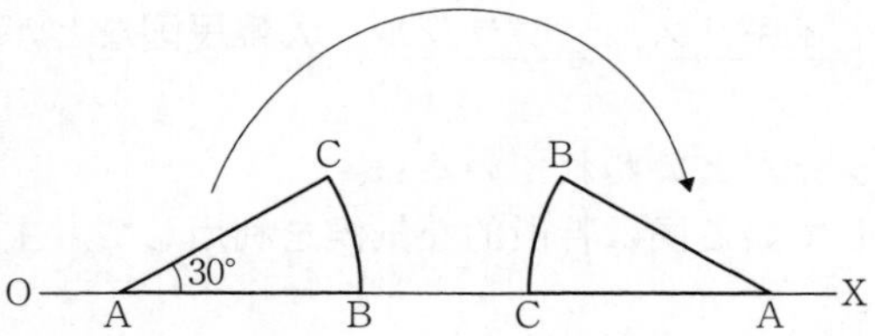

(1)　点 A の動いた長さは [ア] πcm である。

(2)　点 A の動いた部分と直線 OX で囲まれた部分の面積は [イ|ウ] πcm^2 である。

(3)　点 A の動いた部分と直線 OX で囲まれた部分を直線 OX のまわりに 1 回転させてできる回転体の体積は ([エ|オ|カ] π＋[キ|ク] π^2)cm^3 である。

【社　会】（50分）〈満点：100点〉

1　次の会話文を読み，(1)〜(5)の問いに答えなさい。

Aさん：私たちの班は夏季・冬季オリンピックの開催国について調べてみようよ。
Bさん：最近行われたものだと，カナダ，$_{a}$ロシア，$_{b}$イギリス，$_{c}$ブラジル，大韓民国などがあるわね。
Cくん：古代オリンピックがはじめられた場所はギリシャだといわれているね。
Aさん：そうね。あと，ギリシャを含めた地中海に面している国は特徴的な気候を利用して，主に（ア）や（イ）を栽培しているわよ。
Bさん：改めてみると$_{d}$アフリカや東南アジアでの開催が少ないね。気候が原因なのかな。
Cくん：経済的な背景もありそうだね。
Aさん：考えるといろいろな特徴が見つかってきたわね。ここから手分けして調べていきましょう。

(1)　(ア)・(イ)にあてはまる作物の組み合わせとして正しいものはどれか。１〜４より１つ選びなさい。

	ア	イ
1	オリーブ	米
2	オリーブ	小麦
3	ジャガイモ	米
4	ジャガイモ	小麦

(2)　下線部ａについて，この国の首都であるモスクワの雨温図として正しいものはどれか。１〜４より１つ選びなさい。

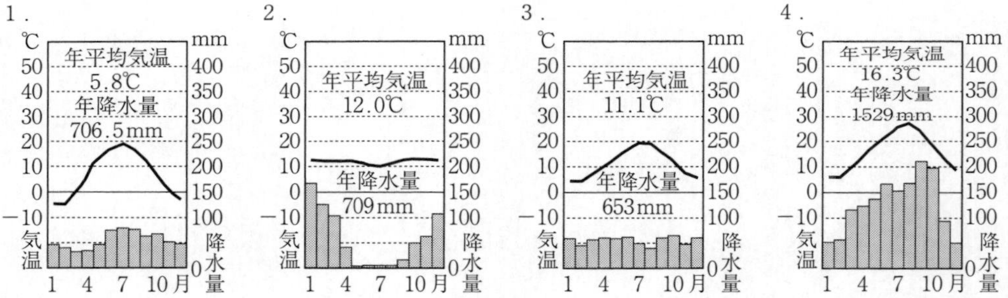

(3)　下線部ｂについて，この国は冬でも温暖な気候が特徴である。この気候を形成する要因として正しいものはどれか。１〜４より１つ選びなさい。

１．ハリケーン　　２．季節風（モンスーン）　　３．リマン海流　　４．北大西洋海流

(4)　下線部ｃについて，この国の公用語として正しいものはどれか。１〜４より１つ選びなさい。

１．オランダ語　　２．英語　　３．ポルトガル語　　４．フランス語

(5)　下線部ｄについて，この地域の産業・経済の特徴を述べた文として正しいものはどれか。１〜４より１つ選びなさい。

１．温暖な気候を利用し，年に二回米を栽培する二毛作が行われている。
２．鉱産資源をいかした重工業や医薬品・航空機などの先端技術産業がさかんである。
３．特定の農産物や鉱産資源の輸出にたよったモノカルチャー経済が中心である。
４．工業製品を世界中に輸出しており，「世界の工場」とよばれている。

2　次の文を読み，(1)～(5)の問いに答えなさい。

　関東地方には，日本で最も広い関東平野がある。aこの平野を流れるある河川は，日本で最大の流域面積を誇っている。

　また，日本の首都である東京が所在し，b東京大都市圏を形成している。東京は政治・経済・c産業・文化の中心地である一方で，企業のオフィスなどが集中した結果，d都市問題が発生している。

　山間部では若い世代の人口流出による過疎が問題となっている。その対策として，特産品の開発や働き口の確保，公営住宅の整備などに取り組んだ結果，eUターンやIターンによる定住者の増加につながった。

(1)　下線部aについて，この河川の名称として正しいものはどれか。1～4より1つ選びなさい。

1．信濃川　2．荒川　3．鬼怒川　4．利根川

(2)　下線部bについて，この大都市圏にある政令指定都市として誤っているものはどれか。1～5より1つ選びなさい。

1．横浜市　2．さいたま市　3．水戸市
4．千葉市　5．相模原市

(3)　下線部cに関して，東京やその周辺の産業について述べた文として正しいものはどれか。1～4より1つ選びなさい。

1．京浜工業地帯は，東京都・千葉県・埼玉県・茨城県にまたがる工業地帯である。
2．京葉工業地域では，自動車工業に関連する産業がさかんである。
3．東京は新聞社や出版社が多いため，印刷業がさかんである。
4．東京の近郊では，温暖な気候を利用して二期作が行われている。

(4)　下線部dについて説明した文A・Bの正誤の組み合わせとして正しいものはどれか。1～4より1つ選びなさい。

A：郊外から都心への通勤・通学に時間はかかるが，鉄道などの交通機関により混雑は発生していない。

B：都心やその周辺では，オフィスなどの施設をつくるための土地が不足しているため土地の値段が高くなっている。

1．A－正　B－正
2．A－正　B－誤
3．A－誤　B－正
4．A－誤　B－誤

(5)　下線部eについて説明した文A・Bの正誤の組み合わせとして正しいものはどれか。1～4より1つ選びなさい。

A：Uターンは大都市圏以外の出身者が大都市圏に移住し，出身地またはその近くにもどることをいう。

B：Iターンは大都市圏の出身者が大都市圏以外に移住することをいう。

1．A－正　B－正
2．A－正　B－誤
3．A－誤　B－正
4．A－誤　B－誤

3　次の文を読み，(1)～(5)の問いに答えなさい。

アメリカ合衆国では地域の自然環境に合わせた a大規模な農業が行われている。例えば，bカリフォルニアの太平洋沿岸では乾燥に強いオレンジ，レモン，グレープフルーツなどの柑橘《かんきつ》類やぶどうなどが栽培されている。
また，多くの国に c農産物を輸出しており，アメリカは「世界の食料庫」とよばれている。
20世紀後半からアメリカは，先端技術産業に力を注ぐようになり，サンベルトとよばれる地域で発達した。中でも，dサンフランシスコの郊外では先端技術産業にかかわる大学や研究機関，ICT 関連の企業が集中している。
また，カナダやメキシコに自動車や機械の工場が進出しており，これら３国は e北米自由貿易協定を締結し，貿易の自由化をすすめている。

(1)　下線部 a について，次の写真のうちフィードロットとよばれる農法を示したものはどれか。１～４より１つ選びなさい。

1．

2．

3．

4．

(2)　下線部 b の地域の気候は何か。１～４より１つ選びなさい。
１．温暖湿潤気候
２．地中海性気候
３．ステップ気候
４．西岸海洋性気候

(3)　下線部 c について，次のグラフは2011年における，世界の主な農産物の輸出量にしめるアメリカ合衆国とカナダの割合を表したものである。グラフ①～④の農産物の組み合わせとして正しいものはどれか。１～４より１つ選びなさい。

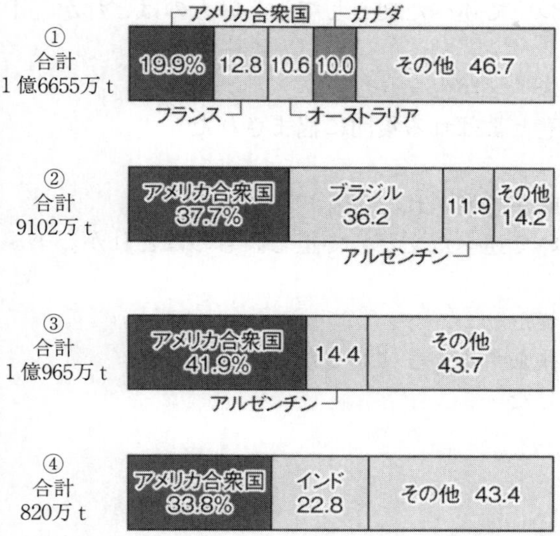

(FAOSTAT)

	①	②	③	④
1	小麦	大豆	とうもろこし	綿花
2	小麦	とうもろこし	綿花	大豆
3	大豆	小麦	とうもろこし	綿花
4	大豆	とうもろこし	綿花	小麦

(4) 下線部dについて，サンフランシスコ郊外にある先端技術産業がさかんな地域の名称として正しいものはどれか。1～4より1つ選びなさい。

1．フェニックス　2．ダラス　3．デトロイト　4．シリコンバレー

(5) 下線部eの略称として正しいものはどれか。1～4より1つ選びなさい。

1．OPEC　2．ASEAN　3．NAFTA　4．APEC

4 次の文を読み，(1)～(4)の問いに答えなさい。

日本には朝鮮半島や中国王朝から多くの文物が伝えられた。$_{a}$古墳時代や飛鳥時代には渡来人により，多くの思想・技法が伝えられ，飛鳥時代から奈良時代にかけて，国内政治体制の整備が進むとともに，$_{b}$遣隋使や遣唐使が派遣され，正式な国交が諸外国と結ばれた。一方で，国内では蝦夷など政府に従わない人々に対して征討を行い服従させていった。平安時代に入ると，日本は新たに建国された$_{c}$宋と貿易を行うようになった。この貿易は，$_{d}$元寇まで続けられた。

(1) 下線部aについて，これらの時代に渡来人から伝わったものとして誤っているものはどれか。1～4より1つ選びなさい。

1．漢字　2．水稲耕作　3．儒教　4．機織の技術

(2) 下線部bについて述べた文として正しいものはどれか。1～4より1つ選びなさい。

1．聖徳太子は，小野妹子を遣隋使として隋に派遣した。

2．遣唐使によって，唐の僧侶であった行基が招かれた。

3．遣唐使として唐に渡った空海は，帰国後に天台宗を開いた。

4．遣唐使は，阿倍仲麻呂の提案によって派遣が停止された。

(3) 下線部ｃに関して，この国やこの国との貿易について述べた文として正しいものはどれか。1～4より1つ選びなさい。

1．宋では科挙(役人登用試験)がととのえられ，朱子学が生まれた。

2．宋は朝鮮半島や中国沿岸で海賊行為を行う倭寇とよばれる集団に悩まされた。

3．この貿易で日本は主に銅銭を輸出した。

4．この貿易の港として，瀬戸内海の航路に大宰府が整備された。

(4) 下線部ｄのできごとよりも前の時代の外交について述べた文として正しいものはどれか。1～4より1つ選びなさい。

1．ポルトガル人によって，日本に鉄砲が伝えられた。

2．中国王朝だけでなく，渤海や新羅とも使節が往来するようになった。

3．オランダとの貿易を目的に，出島に商館を移した。

4．中国王朝と日本の間で勘合貿易が行われた。

5 次の会話文を読み，(1)～(3)の問いに答えなさい。

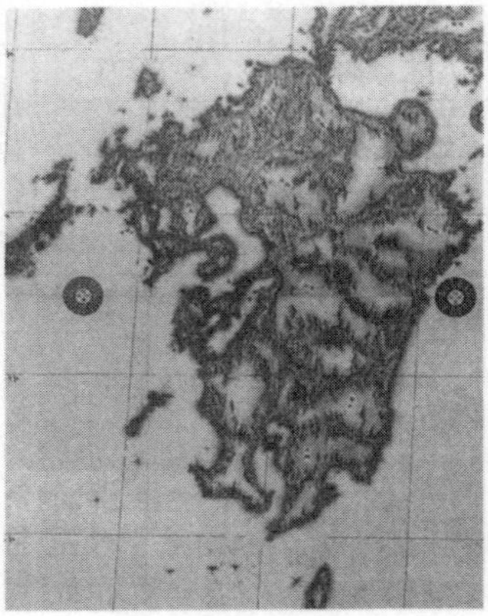

先生：みんな，2021年は何の年か知っているかい？　2021年は(X)によって，この『大日本沿海輿地全図』という地図が作られてから，ちょうど200年になるんだ。

生徒：先生，それはなんですか？

先生：これはヨーロッパの技術を使って，日本全国の沿岸を測定してつくられた正確な日本地図だよ。人工衛星から撮影された本当の日本列島の形と比較しても，ほとんど変わらないくらい正確につくられているんだ。

生徒：本当だ。すごいですね。

先生：このように，今から200年ほど前の日本で栄えたａ化政文化では，高い科学技術や理論がすでに使われていたんだ。

生徒：ほかにはどんなものがつくられたりしたんですか？

先生：ほかにも，(Y)がすぐれた浮世絵を描いたり，素晴らしい芸術作品がつくられたんだ。

生徒：あ，この絵見たことあります！

先生：それでは，みんなで班に分かれて，この時代の特色をそれぞれ研究していきましょう。

生徒：はい，わかりました。

(1) (X)に入る人物は誰か。1～4より1人選びなさい。

1．本居宣長　　2．杉田玄白　　3．伊能忠敬　　4．松尾芭蕉

(2) 下線部ａの文化について述べた文として正しいものはどれか。1～4より1つ選びなさい。

1．俳諧では，与謝蕪村や小林一茶が活躍した。

2．文学では，御伽《おとぎ》草子とよばれる絵入りの物語がさかんに読まれた。

3．彫刻では，東大寺の金剛力士像がつくられた。

4．教育では，緒方洪庵の適塾などの寺子屋が各地に建てられた。

(3) (Y)に入る人物と，その人物の代表作品の組み合わせとして正しいものはどれか。1～4より1つ選びなさい。

1．葛飾北斎－『東海道中膝栗毛』　　2．葛飾北斎－『東海道五十三次』

3．歌川広重－『東海道中膝栗毛』　　4．歌川広重－『東海道五十三次』

6 次の文を読み，(1)～(3)の問いに答えなさい。

今から約1300年前の日本は，人口がわずか450万人ほどしかおらず，人々は a律令の下で生活していた。そこで定められた重い b税負担などにより，人々は過酷な生活を送り，なかには厳しい身分制度によって差別を受けた人々もいた。しかし，人口が増えていくなかで c制度や法が変化していき，平安時代に律令制は崩壊していった。

(1) 下線部aについて，日本が律令をつくるうえで参考にした国はどこか。１～４より１つ選びなさい。

１．隋　　２．唐　　３．元　　４．清

(2) 下線部bに関して，「出挙(公出挙)」という負担について述べた文として正しいものはどれか。１～４より１つ選びなさい。

１．口分田の面積に応じて，稲を納める。

２．国司や豪族から強制的に稲を貸し付けられる。

３．布や特産物を都まで運んで納める。

４．地方で60日間の労働を行う。

(3) 下線部cに関して，奈良時代から平安時代の土地制度について述べた文として誤っているものはどれか。１～４より１つ選びなさい。

１．班田収授法とは，６歳以上の男子のみに口分田を与えるものである。

２．三世一身法では，用水路などを作って新たに水田を開墾すれば，孫の代まで土地の私有が認められた。

３．墾田永年私財法では，新しく開墾した土地の私有が認められ，子孫に伝えることができると定められた。

４．貴族に寄進された荘園は，国司を立ち入らせない不入の権などが認められた。

7 次の文を読み，(1)～(4)の問いに答えなさい。

ペリー来航以降，日本は大きく変化しはじめ，江戸幕府を倒して成立した新政府も欧米諸国をモデルにしてさまざまな改革を進めた。このような a江戸時代の幕藩体制の国家から近代国家へと移る際の，政治・経済・社会の変革を明治維新という。

1871年に実施された b廃藩置県を機に，新政府は中央集権国家の基礎を築き，改革をさらに推し進めた。その中でも学制・兵制・ c税制の３つの改革は近代化政策の基礎となり， d国民生活にも大きな影響を与えた。

(1) 下線部aについて，倒幕運動の開始から新政府成立までに起こった次の３つのできごとを古い順に並べ替えた時，正しいものはどれか。１～６より１つ選びなさい。

X：坂本竜馬の尽力により薩摩藩と長州藩の間で薩長同盟が結ばれた。

Y：旧幕府軍と新政府軍の間で戊辰戦争が起こった。

Z：土佐藩のすすめで，15代将軍の徳川慶喜が政権を朝廷に返上した。

１．X→Y→Z　　２．X→Z→Y　　３．Y→X→Z

４．Y→Z→X　　５．Z→X→Y　　６．Z→Y→X

(2) 下線部bについて述べた文A・Bの正誤の組み合わせとして正しいものはどれか。１～４より１つ選びなさい。

A：1871年には１道と３府(東京・大阪・京都)と43県に整理され，政府が全国を直接支配するようになり，幕藩体制は解体された。

B：当時，諸藩の多くは財政難で苦しんでいたため，ほとんど抵抗なくこの改革を受け入れた。

1．A一正　B一正
2．A一正　B一誤
3．A一誤　B一正
4．A一誤　B一誤

(3) 下線部 c について，次の２つの資料は1873年に実施された地租改正に関するものである。これらの資料から読み取れることについて述べた文A・Bの正誤の組み合わせとして正しいものはどれか。1～4より1つ選びなさい。

<資料A>

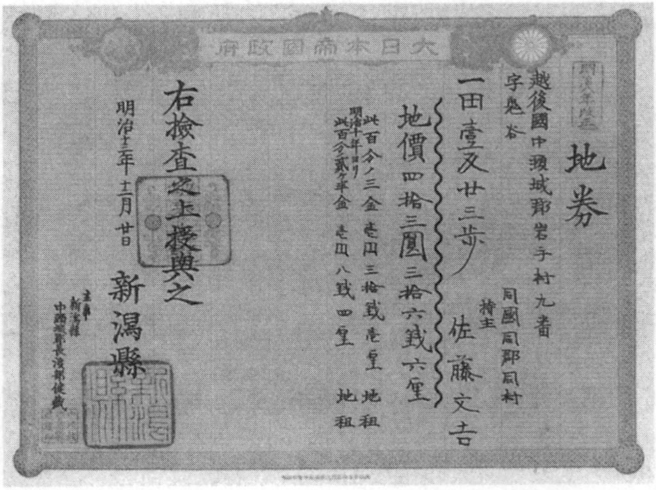

（東京都　国文学研究資料館蔵）

<資料B>

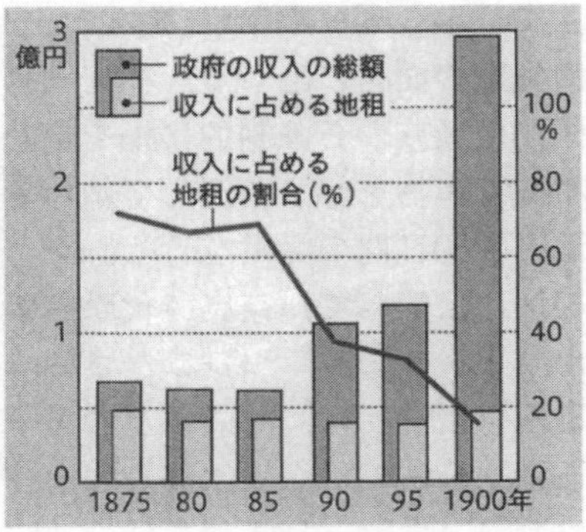

（「明治以降　本邦主要経済統計」）

A：<資料A>中の波線部を基準に税がかけられ，その税率は当初地価の３％とされた。

B：<資料B>より，1885年まで地租は国家の歳入（年間の収入）の６割以上を占め，政府の財源が安定していたことがわかる。

1．A一正　B一正
2．A一正　B一誤
3．A一誤　B一正
4．A一誤　B一誤

(4) 下線部 d について，人々の思想や信仰・生活様式も変化したが，この変化について述べた文として誤っているものはどれか。1～4より1つ選びなさい。

1．福沢諭吉や中江兆民らによって，人間の自由や権利を尊重する思想が日本にも紹介されたが，キリスト教の信仰に関しては認められなかった。
2．町にはれんが造りなどの欧米風の建物が増え，道路にはランプやガス灯がつけられた。
3．暦は太陰暦にかわって欧米と同じ太陽暦が採用され，１日を24時間，１週間を７日とすることになった。
4．洋服やコート，帽子が流行し，牛肉を食べることが広がるなど，衣服や食生活の変化が起こった。

8 次の文を読み，(1)〜(6)の問いに答えなさい。

A君は歴史の授業で，第一次世界大戦から第二次世界大戦までに起こったできごとをいくつかの段階に分けてカードにまとめ，起こった順に並べてみた。

【カードA】

a第一次世界大戦は，アメリカの参戦によって連合国側が優勢となり，1918年に終結した。終戦の翌年にはパリ講和会議が開かれ，その中でベルサイユ条約が締結された。また，アメリカのウィルソン大統領の提案を基にb国際連盟が発足した。

【カードB】

イギリスやフランスは自国と関係の深い国や地域を囲い込んで，その中だけで経済を成り立たせる政策(ブロック経済)をとった。これに対して植民地の少ないcイタリア，ドイツ，日本などは自らのブロック経済圏をつくろうとして，新たな領土の獲得をはじめた。

【カードC】

中国では国民政府(国民党)と共産党の内戦が行われていたが，毛沢東率いる共産党が蔣介石を指導者とする国民党に協力をよびかけ，内戦を停止した。その後，北京郊外の盧溝橋付近で起こった日中両国軍の衝突を機にd日中戦争がはじまった。

【カードD】

ヒトラーに率いられたナチス・ドイツは東方への侵略をはじめ，オーストリアやチェコスロバキア西部を併合した。ソ連とは独ソ不可侵条約を結んだうえで，1939年にはポーランドへ侵攻し，e第二次世界大戦がはじまった。

(1) 下線部aに関して，次の2枚の資料について述べた文A・Bの正誤の組み合わせとして正しいものはどれか。1〜4より1つ選びなさい。

＜資料A＞

＜資料B＞

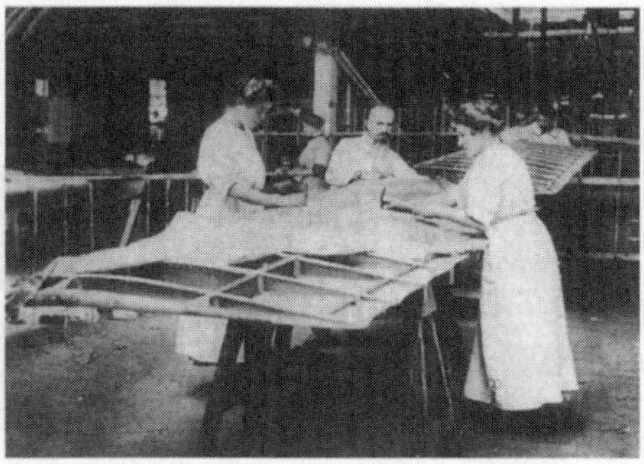

A：多くの民族・宗教が共存するバルカン半島は，列強が介入して国際紛争の火種となった地域であったことが＜資料A＞から読み取れる。

B：第一次世界大戦は各国が国民や経済，資源などを総動員して国力を使い果たす総力戦であり，女性も動員されて貢献したことが＜資料B＞から読み取れる。

1．A―正　B―正　　2．A―正　B―誤

3．A―誤　B―正　　4．A―誤　B―誤

(2)　下線部bについて述べた文として正しいものはどれか。1～4より1つ選びなさい。

1．本部はアメリカのニューヨークにおかれた。

2．常任理事国はアメリカ・イギリス・フランス・ソ連・中国の5カ国であった。

3．制裁措置は経済制裁と武力制裁の両方が認められていた。

4．表決方法は多数決制ではなく，全会一致制であった。

(3)　下線部cについて述べた文として，正しい文の組み合わせはどれか。1～4より1つ選びなさい。

A：イタリアは第一次世界大戦の敗戦国であり，被害も大きく経済は混乱した。

B：イタリアはアフリカのエチオピアを侵略し，1936年に併合した。

C：ヒトラー率いるナチスが混乱の中で大きく勢力を伸ばし，1932年には議会で第一党となった。

D：ヒトラーは首相になると他の政党を解散させ，ワイマール憲法を制定して独裁を確立した。

1．A・C　　2．A・D　　3．B・C　　4．B・D

(4)　下線部dについて，日中戦争に至るまでに起こった次の3つのできごとを古い順に並べ替えた時，正しいものはどれか。1～6より1つ選びなさい。

X：清の最後の皇帝であった溥儀を元首とする満州国の建国が宣言された。

Y：国際連盟はリットン調査団の報告にもとづき，日本軍の占領地からの撤退を求める勧告を採択した。

Z：関東軍が奉天郊外の柳条湖で南満州鉄道の線路を爆破して，軍事行動をはじめた。

1．X→Y→Z　　2．X→Z→Y　　3．Y→X→Z

4．Y→Z→X　　5．Z→X→Y　　6．Z→Y→X

(5)　下線部eについて，この戦争では多くのユダヤ人が犠牲になった。ユダヤ人に関連して述べた文A・Bの正誤の組み合わせとして正しいものはどれか。1～4より1つ選びなさい。

A：第二次世界大戦中，リトアニアで外交官を務めていた杉原《すぎはら》千畝《ちうね》はドイツから逃れてきたユダヤ人たちにビザ(査証)を発行し，多くのユダヤ人の命を救ったことで知られる。

B：第二次世界大戦後，国際連合のパレスチナ分割案によってユダヤ人の国家であるイスラエルの建国が宣言されたが，それを認めないアラブ諸国との間で第一次中東戦争が勃発し，アラブ側の勝利で終結した。

1．A―正　B―正　　2．A―正　B―誤

3．A―誤　B―正　　4．A―誤　B―誤

(6)　A君はもう1枚の【カードE】を追加で作成した。A～Eまでの5枚のカードを古い順になるように並べた時，【カードE】が入る位置として正しいものはどれか。1～5より1つ選びなさい。

【カードE】

アメリカはヨーロッパ諸国に代わり世界経済の中心となったが，ニューヨークの株式市場で株価が大暴落したことを機に多くの銀行が倒産して恐慌が発生した。その結果多くの企業が倒産し，失業者も増加した。

1．カードAの前　　2．カードAとBの間　　3．カードBとCの間

4．カードCとDの間　　5．カードDの後ろ

9　次の文を読み，(1)～(6)の問いに答えなさい。

老齢や病気，貧困のときに，国家が社会的に私たちの生活を支援する制度を $_a$社会保障制度という。日本では，$_b$日本国憲法によってこの制度が基礎づけられた。
日本の社会保障制度には $_c$４つの柱があるが，世界に例を見ない速さで進んでいる $_d$少子高齢化によって，今後は年金の支給額や高齢者の医療費が増え，介護の負担なども増えることが予想される。$_e$福祉には費用がかかり，その費用は国民が負担しなければならない。さらに，費用を負担する生産年齢人口の割合は減少するため，国民１人あたりの負担が重くなる。このような $_f$社会保障費の増大に対して，その財源をどのように確保するかが，今後の大きな課題である。

(1)　下線部ａに関して，その役割や起源について述べた文として誤っているものはどれか。１～４より１つ選びなさい。

１．19世紀までは，病気や貧困は自分の責任で，社会や国が助ける必要がないという考え方が一般的であった。

２．社会保障とは，けがや病気，失業などは個人の努力だけでは避けられず，個人で備えるにも限界があるので，病気や失業などで生活ができないときに，国が生活を保障することである。

３．社会保障は，高齢者の生活を保障する制度としてはじまり，次第に対象が拡大し，第二次世界大戦後のドイツで全国民を対象にした社会保障制度がはじめて確立した。

４．生涯にわたる社会福祉政策の徹底を表すスローガンとして，「ゆりかごから墓場まで」という言葉が使われ，世界の多くの国がイギリスの政策を目標とした。

(2)　下線部ｂについて，日本の社会保障制度は生存権にもとづくものである。生存権について述べた日本国憲法の条文はどれか。１～４より１つ選びなさい。

１．第14条　　２．第18条　　３．第20条　　４．第25条

(3)　下線部ｃについて述べた文として正しいものはどれか。１～４より１つ選びなさい。

１．公的扶助は高齢者や障がいのある人々，子どもなど，社会の中で弱い立場になりやすい人々を支援し，保険料と税金で運営される。

２．社会保険は日本において1960年代に，国民皆年金と国民皆保険が実現し，保険料を支払っている人が給付の条件となる。

３．社会福祉は生活保護法にもとづいて，生活費や教育費などを支給することで，保険料と税金を財源としている。

４．公衆衛生は生活環境の改善や感染症の予防などで，人々の健康や安全な生活を守る役割を果たしており，保険料と税金で運営される。

(4)　下線部ｄに関して，以下のＡ～Ｃは少子高齢化と社会保障について述べたものである。それぞれの正誤を判断し，次の表の指示に従って答えなさい。

１のみが正しい…………１
２のみが正しい…………２
両方ともに正しい………３
両方ともに誤っている…４

Ａ　１．保険料を負担する現役世代は，20歳から65歳である。
　　２．人口が減少すると，現役世代一人あたりが負担する保険料は増加する。

Ｂ　１．現役世代の負担増加が大きくならないように，社会保険は税金からも負担されている。
　　２．社会保険は税金からも負担されるが，その額は増加傾向にある。

C　1．高齢化の対応として，日本では75歳以上からの後期高齢者医療制度を導入している。
　2．高齢化の対応として，日本では45歳以上からの介護保険制度を導入している。

(5)　下線部eに関して，次のグラフは日本，アメリカ，ドイツ，フランス，スウェーデンの社会保障費の給付と負担の国際比較を示したものである。日本に該当するものはどれか。1～5より1つ選びなさい。

社会保障費の給付と負担の国際比較

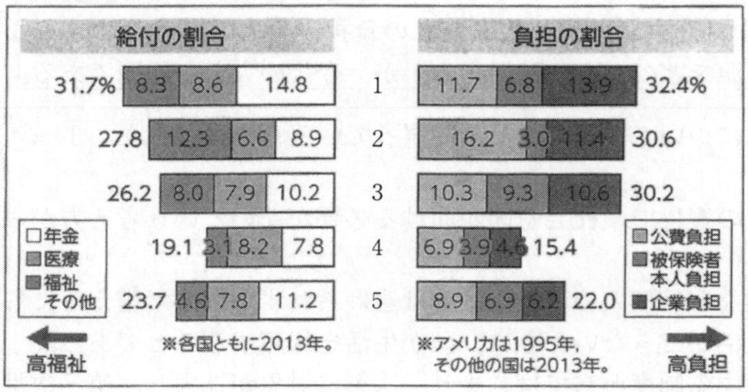

(厚生労働省資料)

(6)　下線部fについて，次の(A)～(C)にあてはまる適切な語句はどれか。1～7より1つずつ選びなさい。

> 　日本の社会保障制度は，いくつかの問題点と課題に直面している。その第一は，適正な給付水準の維持と(　A　)の問題である。日本の社会保障給付額は，福祉先進国といわれる北欧諸国などより低い水準にある。
> 　第二は，各種の社会保険制度の間に，保険料・給付額などに格差がみられることである。例えば，年金についていえば，日本の公的年金には，さまざまな制度があり，この格差を是正するため，1986年に(　B　)が導入された。社会的公正の立場から，年金・医療などの社会保険の効率的な運営と平等化をはかり，負担の適正化を進める必要がある。
> 　第三は，社会保険に比べて，社会福祉サービスが立ち遅れていることである。ハンディを負った人が自由に生活できる(　C　)の充実により，高齢者や，障がいのある人もない人も，すべての人が家庭や地域社会の中でともに暮らすことができる社会の制度や環境の整備が必要である。

1．ノーマライゼーション　　2．共済年金　　3．国民年金　　4．バリアフリー
5．財源確保　　6．基礎年金制度　　7．厚生年金保険

10　次の文を読み，(1)～(3)の問いに答えなさい。

> 　使用者(経営者)と労働者は対等な立場でなければならないが，雇う者と雇われる者という関係から，労働者は弱い立場に立たされやすい。そのため，日本国憲法では a労働者の権利を保障している。さらに，この権利を守るために労働三法を制定し，健全な労使関係を保とうとしている。b労働条件の最低基準を定めた c労働基準法は，労働者が不利な条件を強いられないように，賃金，労働時間，休息，休暇などについて定めている。

(1)　下線部aについて述べた文として誤っているものはどれか。1～4より1つ選びなさい。

1．非正規労働者は，育児休業や介護休業を取得することができない。
2．労働条件の向上を使用者に要求することができる。
3．一人ひとりの労働者の意見を集約する団体をつくることができる。
4．使用者との交渉がまとまらない場合は，ストライキを行うことができる。

(2) 下線部bに関して，労働条件の向上の内容について述べた文として誤っているものはどれか。1～4より1つ選びなさい。

1．長時間労働によって働きながら子育てをすることが難しくなり，少子化の要因になる。
2．ワークライフバランスを実現するということは，仕事と個人の生活を両立することである。
3．日本の労働者の年間の労働時間は以前と変わらない。
4．長時間労働による過労死の認定は，「働き方改革」の必要性を強く訴えかけた。

(3) 下線部cについて，次の(ア)～(ウ)にあてはまる適切な語句はどれか。1～6より1つずつ選びなさい。

労働基準法で定められた主な内容

労働条件	労働者と使用者が対等の立場で決める
賃金	男女同一賃金の原則，最低賃金の保障
解雇の予告	(ア)日以上前に予告する
労働時間	週40時間以内，1日8時間以内
休日	毎週少なくとも1日の休日
最低年齢	(イ)歳未満の児童の雇用禁止
産前産後(女性)	産前(ウ)週間，産後8週間の休業を保障

1．6　　2．8　　3．15　　4．18　　5．30　　6．40

【理　科】　（50分）〈満点：100点〉

（注意）　計算機等の使用は禁止します。

1　次の問いに答えなさい。

問１　右の図のように，物体Ａと物体Ｂをてんびんにのせたところ，つり合いの関係にあった。この物体Ａと物体Ｂを重力の大きさが地球の６分の１倍である月に運び，再び同じてんびんにのせたときの関係を表す図はどれか。後の中から１つ選びなさい。

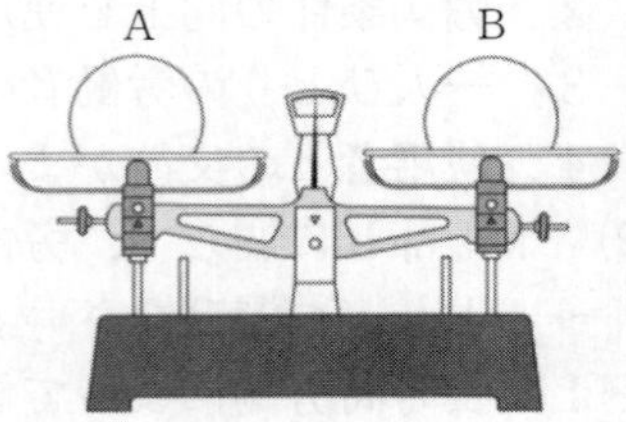

①　②　③

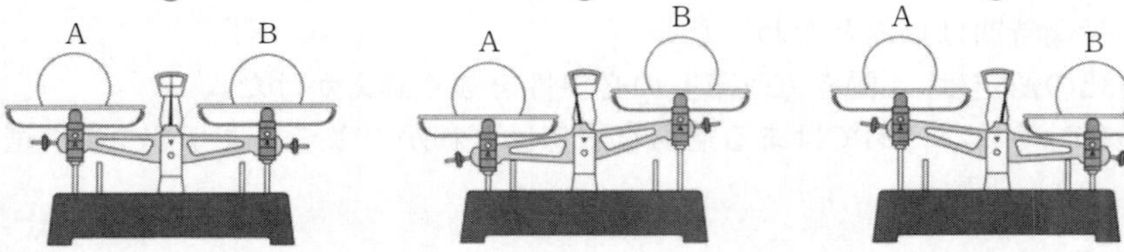

問２　下の図のように，電球の前に矢印の形の穴をあけた板をレンズに向けて置いた。スクリーンを像がはっきりうつる位置に動かし，スクリーンにうつった像を裏側から観察すると矢印はどのように見えるか。後の中から１つ選びなさい。

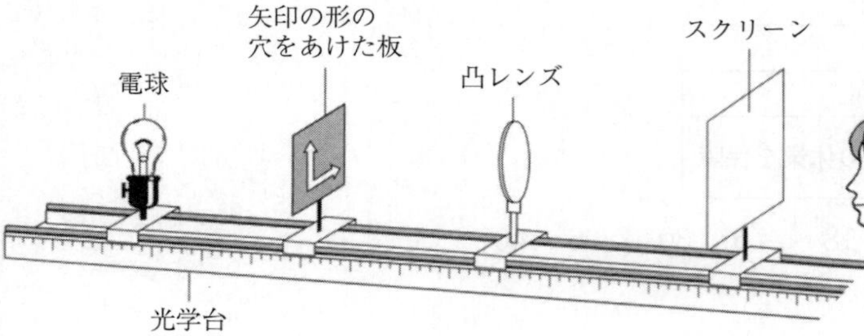

①　②　③　④

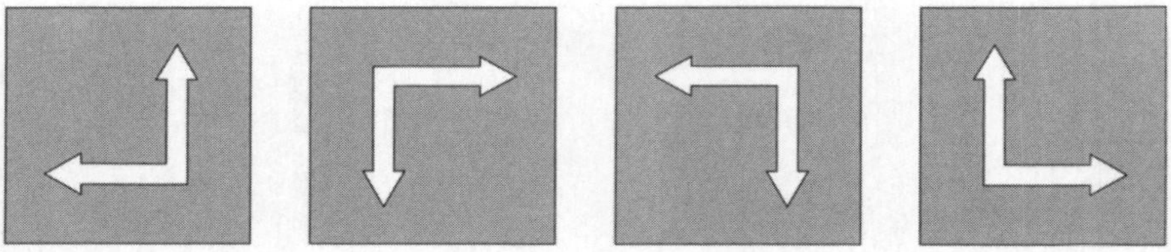

問３　次の語群のうち，非電解質であるものはいくつあるか。後の中から１つ選びなさい。

語群　【塩化水素，エタノール，水酸化ナトリウム，塩化ナトリウム，砂糖，塩化銅】

①　1　　②　2　　③　3

④　4　　⑤　5　　⑥　6

問４　質量パーセント濃度が５％である塩化ナトリウム水溶液80ｇと20％である塩化ナトリウム水溶液120ｇを混ぜ合せた。混ぜ合せた後の塩化ナトリウム水溶液の質量パーセント濃度は何％か。次の中から１つ選びなさい。

①　10%　　②　12%　　③　14%

④　16%　　⑤　18%　　⑥　20%

問５　タンポポは双子葉類のなかまで主根や側根がある根のつくりをしている。双子葉類のなかまであるものを，次の中から１つ選びなさい。

①　スズメノカタビラ　　②　イネ

③　トウモロコシ　　　　④　エンドウ

問６　呼吸運動は横隔膜とろっ骨の間の筋肉のはたらきによって行われる。息を吸うときの動きとして正しいものを，次の中から１つ選びなさい。

	横隔膜の動き	ろっ骨の動き
①	下がる	下がる
②	下がる	上がる
③	上がる	下がる
④	上がる	上がる

問７　次のような機器を用いて気象観測を行った。A～Cの名称の正しい組み合せはどれか。後の中から１つ選びなさい。

A

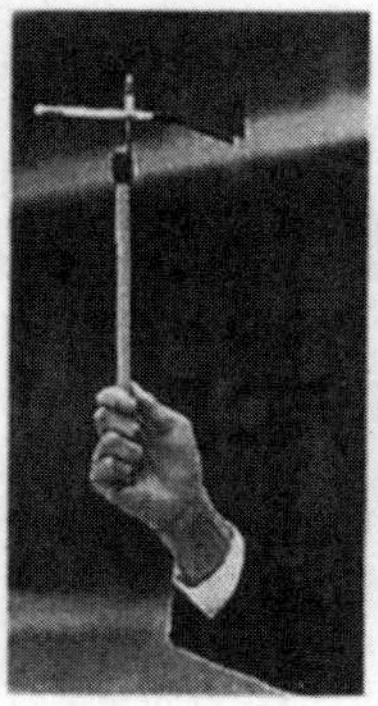

B

C

	A	B	C
①	風力計	温度計	気圧計
②	風向計	気圧計	乾湿計
③	風速計	乾湿計	温度計
④	気圧計	風向計	雨量計

問８　地層ができるまでを説明した次の文の(ア)～(エ)に入る語句の正しい組み合せはどれか。後の中から１つ選びなさい。

岩石が（ ア ）・侵食され，土砂をつくる。土砂は（ イ ）の流れによって（ ウ ）され，海に出て（ エ ）し，地層をつくる。

	ア	イ	ウ	エ
①	運搬	風	風化	堆積
②	風化	水	運搬	堆積
③	堆積	風	堆積	風化
④	風化	水	風化	運搬

２　次の文を読んで，問いに答えなさい。

電熱線ａと電源装置，スイッチ，電流計，電圧計をつないだ回路１と，電熱線ａと電熱線ｂの二つを用いた回路２を作り，電熱線の両端に加わる電圧と流れる電流を同時に調べる実験を行った。

回路1

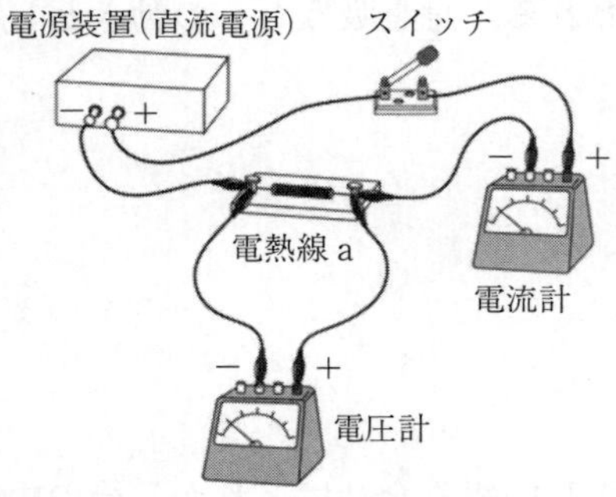

回路2

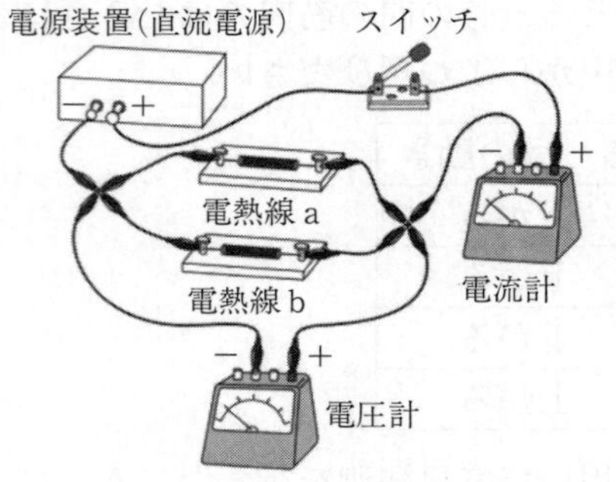

問1　回路1において，導線を電流計の500mAの−端子につないで電圧を加えたところ，電流計の針の位置は図のようになった。この針が指した電流の値はどれか。次の中から1つ選びなさい。

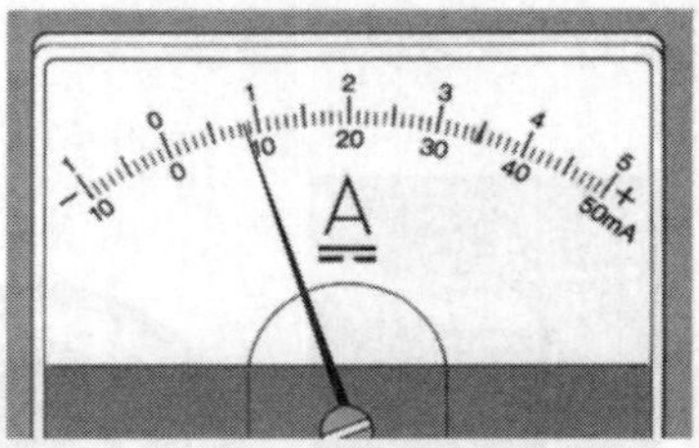

①　0.85mA　　②　8.5mA

③　85mA　　④　0.85A

続いて，二つの回路において電源の電圧をさらに上げ，2.0V，4.0V，6.0V，8.0Vと変えて回路に流れる電流を測定した。下の表はその結果をまとめたものである。

電圧〔V〕		0	2.0	4.0	6.0	8.0
電流〔A〕	回路1	0	0.10	0.20	0.30	0.40
	回路2	0	0.15	0.30	0.45	0.60

問2　この実験結果より，電熱線aの抵抗値は何Ωになるか。次の中から1つ選びなさい。ただし，導線や電圧計，電流計の抵抗は無視できるものとする。

①　5.0Ω　②　10Ω　③　15Ω　④　20Ω　⑤　25Ω　⑥　30Ω

問3　電熱線bの抵抗値は何Ωになるか。次の中から1つ選びなさい。ただし，導線や電圧計，電流計の抵抗は無視できるものとする。

①　10Ω　②　20Ω　③　30Ω　④　40Ω　⑤　50Ω　⑥　60Ω

問4　この電熱線aと電熱線bに10Vの電圧を同じ時間かけたとき，発生する熱量をそれぞれQ_a，Q_bとするとQ_a，Q_bの関係はどのようになるか。次の中から1つ選びなさい。

①　$Q_a=Q_b$　②　$1.5Q_a=Q_b$　③　$Q_a=1.5Q_b$　④　$2Q_a=Q_b$　⑤　$Q_a=2Q_b$

⑥　$3Q_a=Q_b$　⑦　$Q_a=3Q_b$　⑧　$4Q_a=Q_b$　⑨　$Q_a=4Q_b$

3　次の文を読んで，問いに答えなさい。

図のように，斜面を使って1.5kgの物体を20cmの高さまで引き上げた。このとき，斜面と物体の間には摩擦がないものとする。ただし，100gの物体にはたらく重力の大きさを1.0Nとする。

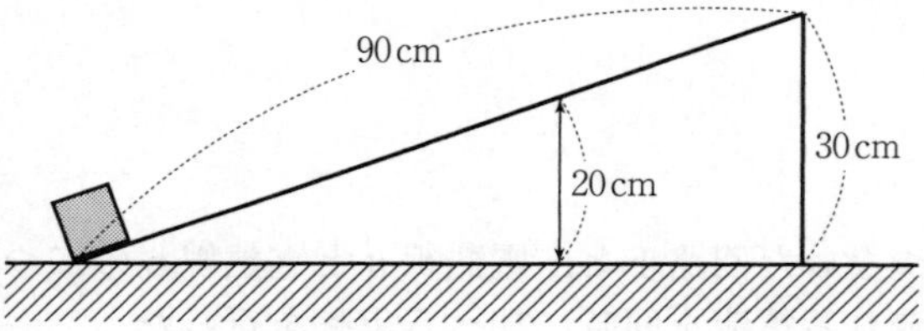

問1　引き上げる力がした仕事は何Jか。次の中から1つ選びなさい。

①　0.30J　②　3.0J　③　30J　④　300J　⑤　3000J

問2　斜面に沿って何cm引き上げたか。次の中から1つ選びなさい。

①　20cm　②　30cm　③　40cm　④　50cm　⑤　60cm

問3　斜面に沿って引き上げた力は何Nか。次の中から1つ選びなさい。

①　2.5N　②　3.3N　③　5.0N　④　10N　⑤　15N

問4　**問1**の仕事を10秒間で行った場合，仕事率は何Wになるか。次の中から1つ選びなさい。

①　0.10W　②　0.30W　③　1.0W　④　3.0W　⑤　10W

4　図のように，食塩水で湿らせたろ紙の上にA～Dの試験紙を置いた。また，中央にはうすい塩酸をしみこませたろ紙を置き，両端を目玉クリップではさみ，電源装置につないだ。後の問いに答えなさい。

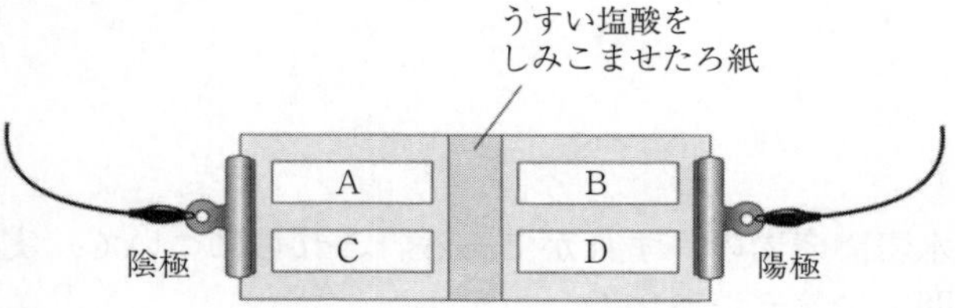

問1　A～Dの試験紙を表1のようにした。この状態で直流電流を流したとき，色が変わった試験紙はどれか。後の中から1つ選びなさい。

表1

A	B	C	D
赤色リトマス紙	赤色リトマス紙	青色リトマス紙	青色リトマス紙

①　A　②　B　③　C　④　D

問2　表1の試験紙を新しいものに変え，中央のろ紙にしみこませる溶液をうすい塩酸以外に変え，直流電流を流した。**問1**と同じ結果となる溶液はどれか。次の中から1つ選びなさい。

①　食酢　②　アンモニア水

③　砂糖水　④　エタノール

問3　**問1**の結果について，イオンを用いたモデルを使って説明したい。正しく表しているモデルはどれか。次の中から1つ選びなさい。

①

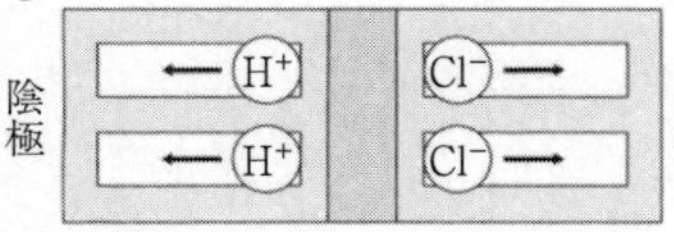

②

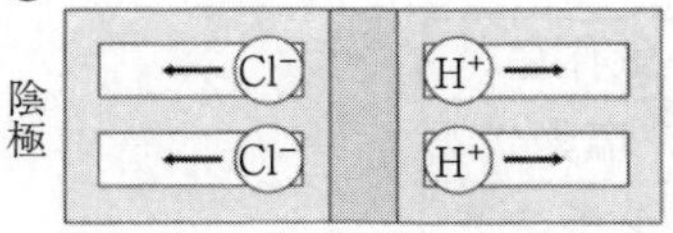

③

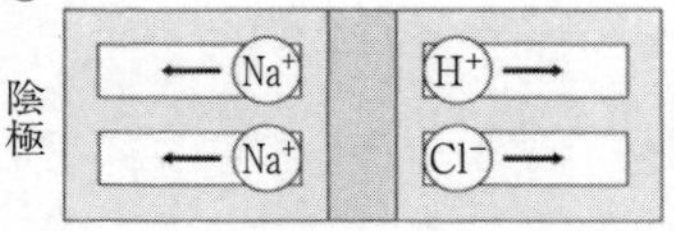

④

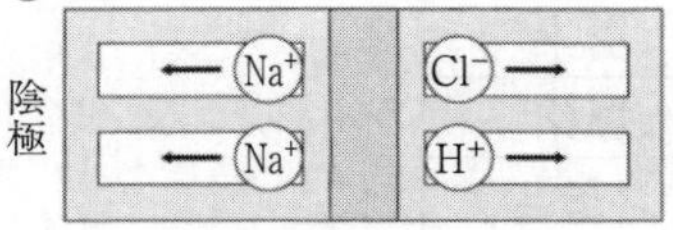

問4　A～Dの試験紙を表2のようにし，さらに中央のろ紙をうすい水酸化ナトリウム水溶液をしみこませたものに変えた。この状態で直流電流を流したとき，試験紙とその色の変化の関係が正しいものはどれか。後の中から1つ選びなさい。

表2

A	B	C	D
赤色リトマス紙	青色リトマス紙	フェノールフタレイン溶液をふくんだ試験紙	フェノールフタレイン溶液をふくんだ試験紙

	試験紙	色の変化
①	A	青色になる
②	B	赤色になる
③	C	赤色になる
④	D	赤色になる

問5　指示薬は，本実験で用いたもの以外にもたくさん存在する。そのひとつがBTB溶液である。緑色のBTB溶液に水酸化ナトリウム水溶液を少量加えると何色に変化するか。次の中から1つ選びなさい。

①　白色　　②　赤色　　③　黄色
④　青色　　⑤　無色

5

気体A～Eは，アンモニア，塩素，酸素，水素，窒素のいずれかである。これらについて，実験や調査を行い，以下の結果が得られた。後の問いに答えなさい。

【結果1】　気体A～Eのうち，においがあったものは(　ア　)種類であった。
【結果2】　気体Bは食品が変質するのを防ぐために封入されている。
【結果3】　フェノールフタレイン溶液に気体Dを通すと赤色になった。
【結果4】　水を電気分解すると陽極に気体A，陰極に気体Eが発生した。
【結果5】　気体Cのみ色がついていた。

問1　【結果1】の文中の(ア)にあてはまる数字はどれか。次の中から1つ選びなさい。

①　1　②　2　③　3
④　4　⑤　5

問2　気体A～Eのうち，水上置換法で捕集できるものはいくつあるか。次の中から1つ選びなさい。

①　1　②　2　③　3
④　4　⑤　5

問3　【結果1】～【結果5】をもとに，気体A，B，Cの組み合せとして正しいものはどれか。次の中から1つ選びなさい。

	気体A	気体B	気体C
①	水素	アンモニア	塩素
②	水素	酸素	アンモニア
③	水素	窒素	塩素
④	酸素	窒素	塩素
⑤	酸素	アンモニア	塩素
⑥	酸素	塩素	アンモニア
⑦	窒素	酸素	アンモニア
⑧	窒素	アンモニア	塩素
⑨	窒素	水素	アンモニア

問４　保冷剤などで使用されるドライアイスは状態変化して気体になる。その気体の製法として正しいものはどれか。次の中から１つ選びなさい。

①　うすい塩酸に石灰石を加える。

②　うすい塩酸に亜鉛を加える。

③　塩化アンモニウムと水酸化カルシウムを混ぜ合せ，加熱する。

④　オキシドールに二酸化マンガンを入れる。

６　メキシコサンショウウオは別名ウーパールーパーという名前がある生物である。体には前あしと後ろあしがあり，顔の横にえらが生えている。幼生から成体まで水中でえら呼吸をして生活する生物である。後の問いに答えなさい。

Ｓさんはメキシコサンショウウオを２匹買ってもらい現在でも飼育を続けている。２匹のうち１匹はリューシ（白い体に黒い目のもの），もう１匹はアルビノ（白い体にピンク色の目のもの）であった。

リューシのメス

アルビノのオス

20cm ほどの大きさに成長すると性別の判断ができるようになった。リューシがメスで，アルビノがオスであった。

飼育して１年後の２月に，水槽の中に卵が産みつけられていることに気がついた。それは，透明なぶよぶよした寒天状の物体の中に黒い粒があるものが100個ほど観察できた。

Ｓさんはそれをできる限り親のメキシコサンショウウオが入っている水槽から取り出し，別の水槽で管理することにした。

卵は丸い形から，ラグビーボール状になり，その後メダカの稚魚のような形に変わり，卵が観察されて20日後に，90匹ほどがふ化した。子はすべて黒い目をしており，アルビノではないことは確認できた。

8 mm ほどでふ化してから，10日後には 10mm ほどになり，前あしが生えはじめた。

産みつけられた卵

50日後には 50mm ほどになり，後ろあしも生え，体のつくりは成体と変わらない姿になった。体の模様は白い体に黒い目をもつリューシと判断できるようになり，生まれてきた子のすべてが，このリューシであった。

問１　メキシコサンショウウオは脊椎《せきつい》動物の中のどのグループに分類されるか。次の中から１つ選びなさい。

①　魚類　②　両生類　③　ハチュウ類

④　鳥類　⑤　ホニュウ類

問２　リューシとアルビノの形質はそれぞれ顕性形質（優性形質）と潜性形質（劣性形質）のどちらか。正しい組み合せを次の中から１つ選びなさい。

	リューシ	アルビノ
①	顕性形質	顕性形質
②	顕性形質	潜性形質
③	潜性形質	顕性形質
④	潜性形質	潜性形質

問３　目を黒くする遺伝子をＢ，目を黒くできない遺伝子をｂとした場合，親のリューシの遺伝子の組み合せはどれか。次の中から１つ選びなさい。

①　Ｂ　②　ｂ　③　ＢＢ　④　Ｂｂ　⑤　ｂｂ

問４　目を黒くする遺伝子をＢ，目を黒くできない遺伝子をｂとした場合，親のアルビノの遺伝子の組み合せはどれか。次の中から１つ選びなさい。

①　Ｂ　②　ｂ　③　ＢＢ　④　Ｂｂ　⑤　ｂｂ

問５　子のリューシどうしをかけ合せた場合，生まれてくる子の形質の比として予想されるものはどれか。次の中から１つ選びなさい。

①　リューシ：アルビノ＝3：1　②　リューシ：アルビノ＝1：3
③　リューシ：アルビノ＝1：1　④　リューシ：アルビノ＝1：0
⑤　リューシ：アルビノ＝0：1

問６　親のアルビノと子のリューシをかけ合せた場合，生まれてくる子の形質の比として予想されるものはどれか。次の中から１つ選びなさい。

①　リューシ：アルビノ＝3：1　②　リューシ：アルビノ＝1：3
③　リューシ：アルビノ＝1：1　④　リューシ：アルビノ＝1：0
⑤　リューシ：アルビノ＝0：1

7　地球が誕生したばかりのころは，地球上に生物はおらず，しばらくたってから地球上に生物が出現し，その後生物の種類が増え，現在のような多様な生物が生息する地球になったといわれている。生物の進化について次の問いに答えなさい。

問１　脊椎《せきつい》動物は魚類・両生類・ハチュウ類・鳥類・ホニュウ類に分類されるが，地球上に現れた順に正しく並んでいるものはどれか。次の中から１つ選びなさい。

①　魚類→両生類→ハチュウ類→鳥類→ホニュウ類
②　魚類→両生類→鳥類→ホニュウ類→ハチュウ類
③　魚類→両生類→ホニュウ類→ハチュウ類→鳥類
④　魚類→両生類→ハチュウ類→ホニュウ類→鳥類

問２　２つのなかまの中間的な特徴をもつ生物や化石が見つかっている。(ア)～(ウ)はどの２つのなかまの中間の生物であると考えられているか。後の中から１つ選びなさい。

(ア)　カモノハシ　(イ)　始祖鳥　(ウ)　シーラカンス

①　魚類と両生類　②　魚類とハチュウ類　③　両生類とハチュウ類
④　両生類と鳥類　⑤　ハチュウ類と鳥類　⑥　ハチュウ類とホニュウ類
⑦　鳥類とホニュウ類

問３　カモノハシは脊椎動物のいずれかのなかまに現在は分類されている。その根拠となる特徴はどれか。次の中から１つ選びなさい。

①　みずかきをもつ。　②　くちばし状の口をもつ。
③　卵をあたためてかえす。　④　やわらかい殻《から》のある卵を産む。

⑤　乳で子を育てる。

問4　植物も水中生活から陸上生活に適したものになっていったと考えられている。そのように考えた場合，表の植物はどの順で地球上に誕生したと考えられるか。地球上に現れた順に並んでいるものを，後の中から１つ選びなさい。

	維管束	増え方	子房
被子植物	あり	種子	あり
裸子植物	あり	種子	なし
シダ植物	あり	胞子	
コケ植物	なし	胞子	

①　被子植物→裸子植物→シダ植物→コケ植物
②　被子植物→裸子植物→コケ植物→シダ植物
③　コケ植物→シダ植物→裸子植物→被子植物
④　シダ植物→コケ植物→裸子植物→被子植物

8　図は，ある日の天気図である。後の問いに答えなさい。

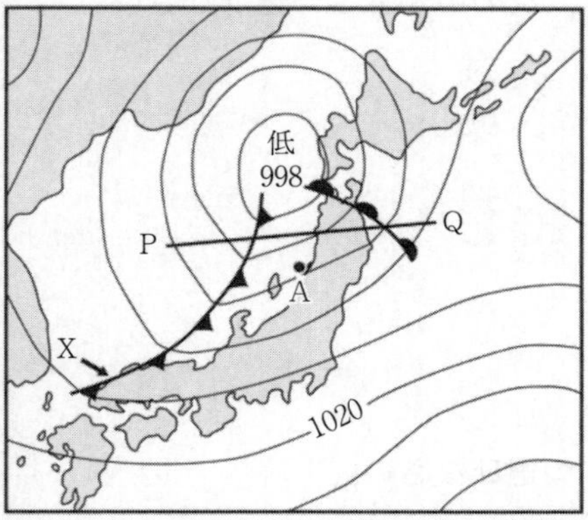

問1　前線Xは何という前線か。次の中から１つ選びなさい。
①　温暖前線　②　寒冷前線　③　停滞前線　④　閉塞前線

問2　低気圧が原因で雨が降っている範囲として正しいのはどれか。次の中から１つ選びなさい。ただし，前線の周りのグレーの部分が雨の降っている範囲とする。

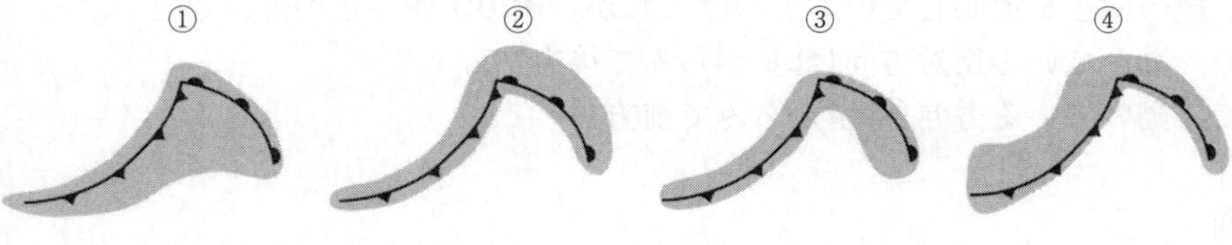

問3　図のP－Qの垂直断面を南の方から見たときのようすを示しているものはどれか。次の中から１つ選びなさい。ただし，矢印は空気の流れを表すものとする。

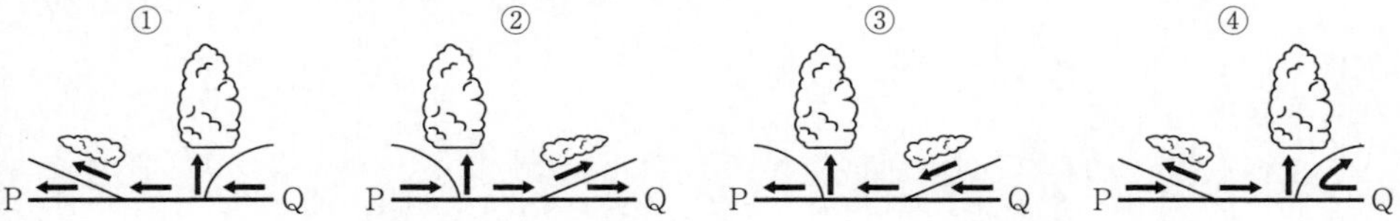

問4　図の地点Aの風向として最も適当なものはどれか。次の中から１つ選びなさい。

①　北東　②　北西　③　南東　④　南西

問5　この季節は，図のような低気圧が通過した後に，高気圧が西から移動してきて晴天となり，天気は周期的な変化をすることが多い。あてはまる時期はどれか。次の中から１つ選びなさい。

①　春と秋　②　梅雨　③　夏　④　冬

9　表は，太陽系のいくつかの惑星と月の特徴を部分的にまとめたものである。後の問いに答えなさい。

天体の名前	直径（地球＝1）	質量（地球＝1）	密度（g/cm^3）	太陽からの距離（太陽－地球間＝1）	大気の主な成分
A	9.45	95.16	0.69	9.55	水素，ヘリウム
B	0.38	0.055	5.43	0.39	ほとんどない
C	11.21	317.83	1.33	5.20	水素，ヘリウム
D	0.95	0.82	5.24	0.72	二酸化炭素
E	0.27	0.012	3.34	1.00	ほとんどない
F	0.53	0.11	3.93	1.52	二酸化炭素

問1　A，C，Fはそれぞれ何という惑星か。正しい組み合せを，次の中から１つ選びなさい。

	A	C	F
①	金星	土星	水星
②	天王星	火星	金星
③	火星	海王星	土星
④	土星	木星	火星

問2　月はどれか。次の中から１つ選びなさい。

①　A　②　B　③　C　④　D　⑤　E　⑥　F

問3　地球型惑星を**すべて**選んでいるのはどれか。次の中から１つ選びなさい。

①　A，C　②　A，E　③　B，D，F　④　B，E

問4　2014年に打ち上げられたはやぶさ２は，2020年末に小惑星リュウグウの地下のサンプルを持ち帰った。小惑星リュウグウがあるのはどこか。次の中から１つ選びなさい。

①　AとCの間　②　BとDの間　③　CとFの間　④　Dと太陽の間

問5　太陽系には数千年周期で公転する彗星《すいせい》がいくつかある。地球から彗星を観測すると長い尾を観測することができる。尾の向きを説明しているものはどれか。次の中から１つ選びなさい。

①　彗星の軌道方向で，動いている反対方向(彗星からみて後方)

②　彗星の軌道方向で，動いている方向(彗星からみて前方)

③　太陽の方向

④　太陽と反対の方向

3　風早という語は海難を思い起こさせいとわしいということ

4　風早という不吉な土地から来たことを心配しているということ

問三　傍線部(3)の現代語訳として最も適当なものを次から選びなさい。

1　ともかく乗せてください

2　無料で乗せてください

3　途中まで乗せてください

4　いつものように乗せてください

問四　傍線部(4)の理由として最も適当なものを次から選びなさい。

1　若き法師がこぼれ話ばかりしているから

2　若き法師が船賃に大豆を使おうとしたから

3　若き法師が疲れてぐちばかり言っているから

4　若き法師が「こぼれ」という単語を使ったから

問五　[5] に当てはまる語として最も適当なものを次から選びなさい。

1　のたまは　　2　のたまひ

3　のたまふ　　4　のたまへ

問六　傍線部(6)の主語として最も適当なものを次から選びなさい。

1　唯蓮坊　　2　若き法師　　3　船人　　4　作者

問七　傍線部(7)の理由として最も適当なものを次から選びなさい。

1　法師を船から降ろしてしまったら唯蓮坊から抗議がくると思ったから

2　最初のうち不吉な言葉を嫌がっていたが、法師がそれを連発したのでかえってあきれてしまったから

3　法師が不可解な言葉をあまりにも多く発するので辟易《へきえき》してしまったから

4　法師の現実的な視点の助言を聞き、ぜひ一緒に来てほしいと思ったから

問四　傍線部(4)の熟語の構成の説明として最も適当なものを次から選びなさい。

1　上の字が主語、下の字が述語の関係になっているもの
2　反対の意味を表す漢字を重ねたもの
3　同じような意味の漢字を重ねたもの
4　下の字が上の字の目的語になっているもの

問五　傍線部(5)の説明として最も適当なものを次から選びなさい。

1　関根のことを思い出すと、これまで隠していた関根の英子に対する好意や自分の思いを伝えたいと思うようになっていったということ
2　関根を思い出すことで現実の螢狩りの話ではなく、関根との懐かしい思い出を共有したくなったということ
3　写真を盗んだ関根のことを伝えることで、英子に対する罪の意識から解放されていったということ
4　関根の存在を思い出し、自分も英子に対してはっきりと好意を伝えるべきだと思うようになっていったということ

問六　傍線部(6)の竜夫の様子として最も適当なものを次から選びなさい。

1　緊張して声の調子が高くなる様子
2　興奮して声の調子が高くなる様子
3　憤りのため声の調子が高くなる様子
4　動揺して声の調子が高くなる様子

問七　[7] に当てはまる語として最も適当なものを次から選びなさい。

1　こんこん　　2　かさかさ
3　ぽつりぽつり　　4　はたはた

問八　傍線部(8)とあるが、この時の竜夫の気持ちとして最も適当なものを次から選びなさい。

1　何気ない日常に身を置くことで、つらい現実から逃れたいと思う気持ち
2　いつもと同じ行動をあえてすることで、父親とのつらい思い出を振り払いたいと思う気持ち
3　父との思い出にあふれる繁華街を歩きながら、いつまでも父との思い出に浸りたいと思う気持ち
4　現実から逃れることでしか父の死を忘れることができないと思う気持ち

四　次の文章を読んで、後の問いに答えなさい。

(1)下総《しもふさ》の国のある渡りに、※便船《びんせん》せんとて、若き法師出で来たる。「いづくよりぞ。」と問へば、「風早《かざはや》の唯蓮坊《ゆゐれんばう》のもとより。」と言ふ。船人《船頭》きはめて言葉を忌む習ひ《習慣》にて、「あら、いまいまし。(2)風早といふだにもいぶせきに、唯蓮坊、いよいよ恐ろし。さりとては、船賃《ふなちん》なんど持たぬげなる御坊《ごばう》の、口の悪さや。」と言へば、「(3)ただ乗せておはせ。賃には大豆をこぼれこぼれ一升持ちて候ふぞ。」と言へば、「この坊のまたいまいましきことのたまふ。こぼれこぼれの聞きたくもなさよ。」とて、「(4)降り給へ、降り給へ。」としかりければ、「ここにあればこそ、むつかしく《うるさく》かくも [5] 。舳《へ》の方《かた》に行きて、※打ち覆《かへ》へて伏せらん。」と(6)言ひければ、なかなか《かえって》にあまりのことにて、(7)笑ひて乗せてけり。

(『沙石集』より)

※〈語注〉　便船せん…ちょうど出発しようとする船に乗ろう
打ち覆へて伏せらん…ひっくり返って寝ていよう

問一　傍線部(1)と関係のある県名として最も適当なものを次から選びなさい。

1　佐賀県　　2　新潟県　　3　千葉県　　4　和歌山県

問二　傍線部(2)の説明として最も適当なものを次から選びなさい。

1　風が早く吹くことは船の進行にとってありがたいということ
2　風が強い日は虫がたくさん出てきてうっとうしいということ

「うん。英子ちゃんの机から盗んだがや」
　思い当たるように、英子は目を見瞠《みひら》いて、遠くに視線をそらした。日ざかりの道を自転車に乗って遠ざかっていく関根圭太の最後の姿を思い出すと、(5)竜夫は突然英子に対して無防備になっていった。
「その写真を、俺《おれ》、関根からもろたがや。友情のしるしやと言うて、関根がくれたがや」
　その時、級友たちが廊下の向こうからやってくるのが見えた。竜夫は慌《あわ》てて、英子に言った。
「螢狩り、行く?」
「うん、行く。母さんに頼んでみる」
　竜夫は教室に駈《か》けもどった。誰《だれ》かに話しかけられて、それに答え返す竜夫の声が、いつまでも(6)上ずっていた。
　次の授業が始まってすぐ、用務員が教室に入ってきて、教師に何やら耳打ちした。教師は竜夫の席まで来ると、
「校門のところでお母さんが待っとられるから帰られ……」
と囁《ささや》いた。竜夫は、父が死ぬのだとその瞬間思った。教室を出ていく竜夫を級友たちは一斉に見つめていた。窓ぎわの英子の顔がぼっと白くかすんで見えた。
　校庭の廻《まわ》りをぐるりと取り囲む樹木の若葉が、曇り空の下で[7]とゆらめいている。立山の、灰色の頂だけが、はるか前方の空中で雲かと見まごうばかりに浮かんでいる。
「父さんの具合が悪うなったがや。お医者さんが、もう一日か二日のうちやろて」
　千代は竜夫を見るなり駈けよってきてそう言った。
　親子は西町まで歩き、そこで市電を待った。映画館の看板や百貨店の垂《た》れ幕が色鮮やかな繁華街の中でひときわはなやいで映っていた。
　このまま病院に行かず、(8)繁華街をいつまでも歩いていたいと竜夫は思った。見知らぬ親子連れのあとをこっそり尾《つ》けていったり、主人の目を気にしながら本屋でしつこく立ち読みしたり、閑散とした映画館の中で、眼前の物語に心をこらしながらスルメをしがんだりしていることが、なぜかとてもしあわせなことであるように思えて仕方がなかった。初めて抱いた不思議な感情であった。市電に乗り込むと、その震動の一定の旋律《せんりつ》に合わせて、竜夫はいつしか、父さんが死ぬがや、父さんが死ぬがやと胸の内で口ずさんだ。すると、
「息子《むすこ》が大きいなって、それからしあわせになってから死ぬがや」
　いつか銀蔵の言った言葉と、上半身裸になり、桜の木の下で友と肩を組んで眩《まぶ》しそうに目をしかめている十八歳の父の姿が、ひとつにからみあって思い出されてきた。市電はかなりの速度で走っていた。竜夫は吊《つ》り皮につかまり大きく前後に揺さぶられながら、窓外の静かな街並《まちなみ》を見ていた。死ということ、しあわせということ、その二つの事柄への漠然《ばくぜん》とした不安が、突然波のように体の中でせりあがってきて、竜夫はわっと大声をあげてのけぞりそうになる自分を押さえていた。

（宮本　輝『螢川』より）

問一　傍線部(1)の理由として最も適当なものを次から選びなさい。
1　女生徒にからかわれたと感じて悔しく思ったから
2　英子が自分に対して好意を抱いてくれていることに気づき嬉《うれ》しく感じたから
3　思いがけないことを言われて腹立たしく思ったから
4　普段話したことのない女生徒に声をかけられ照れているから

問二　傍線部(2)の時の英子の気持ちとして当てはまらないものを次から選びなさい。
1　竜夫の誘いに対する返事を少しためらう気持ち
2　久しぶりに二人きりで話すので緊張する気持ち
3　誘われたことを内心嬉しく思う気持ち
4　母親に反対されることを心配する気持ち

問三　傍線部(3)の意味として最も適当なものを次から選びなさい。
1　後になって成功すること　　2　早生まれであること
3　成長が遅いこと　　4　末っ子であること

2 既知の世界を見えないものを使って説明するということ
3 非日常的なものを使って未知のものを説明するということ
4 未知のものを既知のものを使って説明するということ

問六 6 に入る語として最も適当なものを次から選びなさい。
1 柔軟性　2 再現性　3 日常性　4 論理性

問七 傍線部(7)の説明として最も適当なものを次から選びなさい。
1 集中する情報が具現化するのを防ぐ働きを持つということ
2 自然言語によって理論を社会的に検証する働きを持つということ
3 すべてのものを予測・統御するために、たくさんの情報を得る働きを持つということ
4 ハイテク機器を用いた管理が未来の社会を決定する働きを持つということ

問八 次の一文が入る本文中の箇所として最も適当なものを後から選びなさい。
社会がこうなったのは、かならずしも科学のせいではない。
1 (A)　2 (B)　3 (C)　4 (D)

三 次の文章を読んで、後の問いに答えなさい。

校庭の隅《すみ》の水道場で、蛇口《じゃぐち》に口をつけて水を飲んでいる竜夫の頭上で、あっという声が聞こえた。竜夫が顔をあげると、同じクラスの女生徒が薄笑いを浮かべて立っていた。
「いまそこで英子ちゃんも水を飲んだがや。英子ちゃん、きっと喜こぶわァ……」
「だら、変なこというな」
竜夫は口や顎《あご》を濡《ぬ》らしたまま、校庭を走っていった。どこをめざして走っているのか判《わか》らなかった。その女生徒の思いがけない言葉で(1)顔を火照《ほて》らしていた。
授業が始まると、竜夫は窓ぎわの席に座っている英子を何度も盗み見た。
竜夫は授業が済み教室を出て廊下を歩いていく英子をうしろから呼び止めた。
「銀爺《じい》ちゃんが螢《ほたる》狩りに行こうって。英子ちゃんも一緒に行かんけ?」
「……あの螢のこと?」
英子は銀蔵の話を覚えていた。
「うん、今年はきっと出よるって。ことしを外《はず》したら、もういつ出よるか判らんて銀爺ちゃんが言うとるがや」
英子はもともと無口な娘であった。竜夫の肩のあたりに目をやりながら、(2)黙って考えこんでいた。中学に入って、こうやって二人きりで言葉を交わすのは初めてのことだった。
「いつ行くがや?」
「……まだ判らん。田植《たうえ》の始まる頃《ころ》が、螢の時期やと」
「母さんに聞いてみる」
「おばさん、きっと駄目《だめ》やって言うに決まっとる」
「……なァん。そんなこと言わんよ」
「英子ちゃんは行きたいがか?」
「うん……行きたい」
同じ年頃の娘たちと比べると、英子はそんなに背の高いほうではなかったが、それでも一時期竜夫よりも大きかった時がある。竜夫が(3)晩生《おくて》だったからだが、いまこうして並んでみると、いつのまにかはるかに竜夫の方が大きくなっていた。
竜夫はふと英子に関根のことを話したい衝動《しょうどう》にかられた。自分の前から(4)永久に姿を消してしまった友もまた、自分と同じように、いやひょっとしたら自分よりももっとひたむきに、英子に魅《ひ》かれていたのであった。
「関根が英子ちゃんの写真を持っとったがや」
と竜夫は言った。英子は決して関根のことを悪く思わないだろうという確信があった。
「……写真?」

そういう社会は最近できたものか。(C)

おそらくそうではない。情報社会の中心をなすのは、コンピュータを代表とするハイテク機器であろう。こんなものは、昔はない。その意味では、情報社会は新しい。(D)

ところがこうしたハイテク機器を用いて情報を整理し、予測を立て、管理に役立てる。そのやり方自体は、けっして新しくない。やり方という表現が悪ければ、その考え方。それは、ほとんど人類発祥以来、存在しているのではないか。たとえばそれが、科学を生んだとも考えられるのである。

人間が都市を作る。その大きな理由のひとつは、情報の交換である。東京がいまや、世界の情報が集中する場所のひとつとなったことは、よく知られている。科学の世界でも、事情は同じである。世界的に著名な科学者に会いたければ、日本にいるほうがいい。そう言われるようにすら、なってしまった。東京という都市ではいつも、世界的に著名な学者が、だれかしら、招待講演を行っているからである。東京がこんなふうになるとは、三十年前には、考えられなかった。考えてみると、三十年前の東京は、その意味で、「都市」としての機能を欠如していたのかもしれないのである。

都市のこうした機能は、そもそものはじめから、(7)都市が意図した機能であろう。時代により、時期により、その機能が十分には果たせないことはあったかもしれない。しかし、根本的には、都市はそれを目指す。

もしそうなら、情報・管理社会は、都市の発生とともに始まる。それはきわめて古い話であろう。それなら、情報・管理社会は、最近のことではない。そもそものはじめから、人間の社会が目指していた方向なのである。そこでは、すべてが予測され、したがって統御される。その中には、人工物以外は、あってはならない。

（養老孟司『脳に映る現代』より）

問一 傍線部(1)の説明として最も適当なものを次から選びなさい。

1 自然学は現代解剖学に基礎が置かれたものであり、自然科学は実験結果に基づいて理論体系を作り直したものであるということ

2 自然学は自然が体系的な理論を持つものであり、自然科学は今までの理論体系を作り直したものであるということ

3 自然学は対象としての自然をありのままの形で扱うものであり、自然科学は多数の事実を集約し大きな体系をなしたものであるということ

4 自然学はありのままを観察し記録するものであり、自然科学は未知の世界を実験によって検証することができるものであるということ

問二 傍線部(2)の意味として最も適当なものを次から選びなさい。

1 周辺で補佐するもの

2 中心となって支えるもの

3 上から統率するもの

4 外部から支持するもの

問三 3 に入る語として最も適当なものを次から選びなさい。

1 つまり　2 しかし　3 さらに　4 ところで

問四 傍線部(4)とあるが、どのような点が「おかしい」と言えるのか。最も適当なものを次から選びなさい。

1 化学にとって常識的な理論が、日常のものを説明することで変わってしまう点

2 一般の人にとって日常的なものが化学の世界の理屈を用いることで、難しいものに変わってしまう点

3 化学にとって常識的な記号の世界を、一般の人が習得することは大変難しいものであるという点

4 一般の人にとって日常的な事象を、化学者が記号を使わずに説明できてしまう点

問五 傍線部(5)の説明として最も適当なものを次から選びなさい。

1 わかりきったものを説明するのに、「不可視」な事実を用いるということ

解剖学も大きな体系を持っているが、その体系は、かならずしも理論ではなく、事実の記載である。

(1)自然学と、自然科学、その違いはなにか。これは私が勝手に分けたものだから、一般性はない。しかし、自然学においては、対象としての自然が、そのありのままの形で扱われる。それを記述するのは、自然言語である。さらに、その結果は、ふつう体系的な理論によって、予想されたものではない。自然が理論を持つかどうか、ただ事実を「観察している」段階では、まだわからない。解剖の場合でいえば、解剖の結果、腹の中からなにが出てこようが、それは仕方がない。たとえ奇妙なものが見つかったとしても、「あるものはしようがない」というしかない。

現代の実験科学では、そうはいかない。ありえないことが起これば、「しようがない」ではすまない。なぜなら、実験とは、本来は理論を検証するためのものだからである。予想されなかった、とんでもない結果が起これば、実験が間違いであるか、いままでの理論体系を作り直さなくてはならない。最近報道されたものでは、常温での核融合がある。こうしたことが事実であるとすれば、その説明がどうなるか。場合によっては、物理学の(2)屋台骨が揺らぐことになる。

一般にある誤解だが、自然科学とは、わからないことを、わかっていることを使って、説明するのでは「ない」。逆である。まったく未知の世界に、説明を持ち込む。それを上に、科学の理論体系と表現したのである。

水といい塩といえば、知らない人はない。[3]、それなら既知の世界である。しかし化学では、それが、H_2Oなり、NaClという記号で書かれる。このような記号の世界は、いわば「未知の世界」である。その世界には、それ自身の理屈がある。その理屈の基本を心得なければ、水なり塩なりという、ごく日常的な存在が、はなはだむずかしいものに変わってしまう。

(4)こうしたおかしな世界は、化学者にとっては真実であり、日常的である。しかし、一般の人にとっては、水や塩のほうが、日常的であろう。化学記号に代表される世界は、われわれの五感が、直接にとり入れることのできる世界ではない。化学では、たとえば「モノが燃える」という日常的な現象を、酸素と他の分子との結合という、「不可視」な事実で説明する。その説明のための体系は、いまでは膨大なものになっている。

水や塩のように、わかりきったものを説明するのに、分子や原子のような「見えないもの」を持ち込むという、化学の方法は、一般の人が期待するように、未知のものを既知のもので説明することにはなっていない。お母さんたちが、子供への説明として教師に期待することは、未知の問題を、子供にとっては既知の知識を利用して、説明することであろう。それが、いわゆる「やさしい」説明として、ふつう期待されることである。そういうやさしい説明を通して、子供はものごとを科学的に理解するようになるはずだ。

残念ながら、いま説明したように、自然科学とは、(5)そういう体系ではない。まったく逆である。そこに、自然科学が専門化する根本的な原因がある。それは説明として「奥が深い」のだが、その説明を追っていくと、[6]とは、どんどん離れていってしまう。そうして科学は「自分の」論理体系を築きあげる。科学者はふつう、その中にひたってしまうのである。(A)

自然学なら、説明はほとんど自然言語の領域にとどまり、そこではやさしい説明もあるていどは可能である。そのかわり、そういう領域は、いまでは「古くさい」科学として、社会的にほとんど価値を認められなくなった。それは管理社会、情報社会の成立と、じつは根本を同じくしている。そこでは、すべてのものは、ある特定の「理論」体系の中に位置づけられなければならない。なぜなら、そこでは、すべてが予測可能、統御可能でなければならないからである。それがわれわれの住む、現代社会なのである。(B)

新しいことが起こる。これは「新しさ」の定義の問題である。

現代社会は、情報社会、管理社会と表現されることがある。では、

二〇二二年度 佐野日本大学高等学校(第二回)

【国語】(五〇分)〈満点:一〇〇点〉

一 次の各問いに答えなさい。

問一 次の傍線部と同じ漢字を用いるものを後から選びなさい。

タン正な顔立ちの人

1 植物をタン精込めて育てる
2 五月五日はタン午の節句だ
3 タン白な味付けを好む
4 事務の経理をタン当する

問二 次の熟語の中で読み方が正しいものを選びなさい。

1 怪我(かいが)　2 惜敗(ざんぱい)
3 凡例(はんれい)　4 出納(しゅっとう)

問三 次の慣用句のうち、□に体の一部が当てはまらないものを選びなさい。

1 □を巻く　2 □が鳴る
3 □を占める　4 □を向ける

問四 次の組み合わせの中で、類義語の関係として適当なものを選びなさい。

1 皮肉―風刺　2 抽象―具体
3 理性―感性　4 親密―親展

問五 次の組み合わせの中で、対義語の関係として不適当なものを選びなさい。

1 カオス―コスモス
2 モダン―クラシック
3 マクロ―ミクロ
4 コンセプト―コンテンツ

問六 敬語の使い方が適当なものを次から選びなさい。

1 私は午後そちらに参るつもりです
2 先生が伺ったが私は不在だった
3 私は先生に花をくださった
4 先生がおっしゃられる

問七 次の歌の句切れとして適当なものを後から選びなさい。

観覧車 回れよ回れ 想ひ出は 君には一日 我には一生

1 初句切れ　2 二句切れ
3 三句切れ　4 四句切れ

問八 「六月」の異名を次から選びなさい。

1 水無月　2 弥生　3 卯月　4 皐月

問九 「論語」と最も関係の深い人物を次から選びなさい。

1 杜甫　2 老子　3 李白　4 孔子

問十 次の漢文の読みとして適当なものを後から選びなさい。

己所ㇾ不ㇾ欲勿ㇾ施二於人一

1 己の欲せざる勿き所人に施すべし
2 己の所に欲せざる人に施すこと勿かれ
3 己の欲せざる所施す人勿かれ
4 己の欲せざる所人に施すこと勿かれ

二 次の文章を読んで、後の問いに答えなさい。

科学にも、はやり廃《すた》りはある。私の専門は解剖学だが、これは相当に古い科学である。いまではもはや、はやらない。現代解剖学の基礎が置かれたのは、ヨーロッパでは十六世紀、日本では十八世紀のことである。以来さまざまな変転を経たが、大綱は変わらない。

解剖学は、いわゆる博物学などと同じように、自然学である。「自然学」と呼ぶのは、「自然科学」と呼ぶには、ややためらいがあるからである。なぜなら、いまの自然科学の大勢は、特定の理論体系を持った、実験科学だからである。その理論体系も、多くの科学者が一生かかっても学び切れないほどに、大きなものになっている。

2022年度／佐野日本大学高等学校(第２回)

英語解答

1 問1　4　問2　1　問3　1
問4　2　問5　2　問6　3

2 (1)　3　(2)　1　(3)　4　(4)　1
(5)　2

3 (1)　4　(2)　1　(3)　2　(4)　3
(5)　4　(6)　1　(7)　4　(8)　1

4 問1　1　問2　2　問3　4
問4　3　問5　4

5 (1)　4　(2)　2　(3)　2　(4)　1
(5)　3

6 (1)　3→2→1→4
(2)　1→4→3→2
(3)　2→3→1→4
(4)　4→3→1→2
(5)　2→4→3→1
(6)　2→1→4→3

7 問1　1　問2　2　問3　2
問4　4　問5　1　問6　3
問7　1…2　2…1　3…1

1〔放送問題〕解説省略

2〔単語の定義〕

(1)「紙やプラスチック，食品のような，あなたが捨てるもの」―３．「ゴミ」
(2)「太陽が昇るときから，１日の真ん中の12時までの，１日の早い部分」―１．「朝，午前」
(3)「社会において人々に共有されている生活様式や芸術，習慣」―４．「文化」
(4)「もし体の中に入ると，人々を殺したり傷つけたりできるもの」―１．「毒」
(5)「２つ以上のものをつなげること」―２．「接続する」

3〔適語(句)選択・語形変化〕

(1)finish は，「～すること」という意味の目的語に to不定詞ではなく動名詞(～ing)をとる。 finish ～ing「～することを終える」　「あなたは部屋の掃除を終えましたか」

(2)適切な関係代名詞を選ぶ。先行詞が something で，直後に動詞が続いているので‘物’を先行詞とする主格の関係代名詞 which が適切。　「私たちの健康に良いことを始めましょう」

(3)‘It＋takes(＋人)＋時間＋to ～’「(〈人〉が)～するのに(時間が)…かかる」　(類例)‘It＋costs(＋人)＋金額＋to ～’「(〈人〉が)～するのに(金額が)…かかる」　「この仕事を終えるには３時間かかるだろう」

(4)look for ～「～を探す」　「あなたはどこにいたの？　私たちはずっとあなたを探していたのよ」

(5)「話されている」という意味になればよいので，‘be動詞＋過去分詞’の受け身にする。know の後に接続詞の that が省略されている。　‘not only ～ but also …’「～だけでなく…も」　「英語だけでなくフランス語もカナダで話されていることをあなたは知っていますか」

(6)焼いた２種類のケーキの「両方」を表す言葉が入る。　「私の母は２種類のケーキを焼きました。あなたは１つ食べたいですか，それとも両方食べたいですか」

(7)付加疑問文。肯定文につく付加疑問は，‘否定の短縮形＋主語を受ける代名詞＋?’。ここでは前半が現在完了形になっているので，それに合うものを選ぶ。　「あなたのお父さんはもうその本を読んだよね？」

(8)空所の後が summer vacation「夏休み」という名詞なので前置詞が入る。選択肢の中で前置詞は

during「～の間に」だけ。他の選択肢は全て接続詞なので，直後には単語ではなく‘主語＋動詞’を含む文が必要。　「ケイトは夏休みの間に日本語を勉強した」

4〔長文読解総合―説明文〕

≪全訳≫❶あなたは読書が好きだろうか。どんな種類の雑誌をふだん読んでいるだろうか。ひょっとすると，日本の生徒のほとんどはマンガが好きかもしれない。他の国の生徒たちもマンガが好きだ，とあなたは思うだろうか。❷ある出版社が，日本とアメリカの高校生１万人の好きな雑誌を調査し，その結果が下のグラフに示されている。❸日本では，高校生の70％以上がマンガを読んでいる。しかし，アメリカの高校生は16％しかマンガを読んでいない。どちらの国でも多くの高校生がファッション雑誌を最も好んでいるが，日本の生徒の方がアメリカの生徒よりわずかに多くファッション雑誌を読んでいる。スポーツ雑誌と音楽雑誌はどちらもアメリカの生徒の36％に読まれているが，日本の生徒の間では，音楽雑誌の方がスポーツ雑誌より人気である。日本の生徒の15％しかニュース雑誌を読んでいないので，おそらく日本の生徒はニュースにはあまり興味がない。

問１～４＜要旨把握―グラフを見て答える問題＞第３段落参照。文章の数字とグラフの数字を照らし合わせながら，比較表現に注意して読めば容易に正解にたどり着ける。

問５＜内容真偽＞１.「同じ数の日本人の生徒が，スポーツ雑誌と音楽雑誌を好んでいる」…×　第３段落終わりから２文目参照。スポーツ雑誌と音楽雑誌を好きな生徒の数が同じなのはアメリカ人である。　２.「筆者は私たちにどんな雑誌を読むべきかを教えている」…×　そのような記述はない。　３.「日本の生徒もアメリカの生徒も同じマンガを読んでいる」…×　そのような記述はない。　４.「アメリカの高校生のほぼ半数がファッション雑誌を好んでいる」…○　第３段落第３文およびグラフ参照。almost「ほぼ」は修飾する数の手前であることを示す。

5〔長文読解総合―適語選択―説明文〕

≪全訳≫❶左利きの人は少ない。したがって，左利きの人には何か問題があると考えている右利きの人がいる。こうした右利きの人は，左利きの人は奇妙だと考えていた。❷世界でわずか10人に１人が左利きである。しかし，たとえあなたが左利きでも，寂しく感じる必要はない。左利きの人に対する不公平な態度は変化しつつある。ほとんどの親は今では，子どもが左手を使いたがっても，子どもに右手を使うことを強制しない。❸世界の右利きの人も，世界が左利きの人に対して今まで不公平だったことに気づき始めている。例えば，左利きの人が通常のはさみやコンピュータ用マウスを使うのは難しい。しかし，ついに，支援が左利きの人にもたらされた。ロンドンに「Anything Left-Handed(何でも左利き)」という名前の新しい店がある。この店では，左利きの人のためにつくられた良い製品を低価格で販売している。この店には，左利き用のはさみから左利き用のコンピュータ用マウス，ペン，ゴルフクラブに至る全ての物がある。なお，この店の店主は右利きである。

＜解説＞(1)前文に there is something wrong with them.「彼ら(＝左利きの人)には何か問題がある」とあることから判断できる。　strange「変な，奇妙な」　(2)文頭の However「しかしながら」に着目。左利きは one out of ten「10人に１人」だが，寂しがる必要はないという文脈である。lonely「寂しい，孤独な」　there's no need to ～「～する必要はない」　(3)次の文の内容が空所を含む文の具体例になっている。左利きに対する考え方が「変わってきている」のである。　(4)次の文に空所を含む文の具体例が記されている。はさみなど，左利き用の商品があまりないのは「不公平」といえる。　be unfair to ～「～に対して不公平だ」　(5)主語の It は a new shop named

“Anything Left-Handed” を指す。この店は左利き用の商品を「販売している」。

6〔長文読解─整序結合─説明文〕

≪全訳≫❶1991年，ある男の死体が，アルプス山脈高地の氷河の中で発見された。驚いたことに，彼は時間旅行者──約5300年前の人間だったのだ。この男は氷の中で凍っていた(1)ので，その死体は完全に保たれていた。彼は「アイスマン」と名づけられた。さらに，多くの物が彼の周囲で発見された。そうした物全てで，彼は我々に5300年前の生活を教えてくれる。❷彼は銅製の斧《おの》を持っており，それが意味するところは，人々が当時，金属から物を(2)つくることができたということだ。彼はカラフルなコートと靴を身につけており，(3)それが意味するところは，人々は当時，ファッションを楽しんでいたということだ。❸(4)彼の胃の中のものから，我々は当時の食べ物について知ることができる。人々は肉を香草と一緒に調理していた。パンを焼いて，トーストしていた。人々は(5)食べ物をよりおいしくしようと努力し，食事を楽しんでいた。遠い昔の人々が，我々のようにそうした文化的生活を送っていた─それは驚きではないだろうか。アイスマンはたくさんの物を持っており，良い食べ物を食べていたので，おそらく金持ちだっただろう。❹アイスマンは山の高い所で発見された。彼はそんな高地で何をしていたのだろうか。彼は(6)我々に全ての疑問に対する答えをまだ与えていない。

＜解説＞(1)so を「だから，したがって」の意味の接続詞として使って文と文をつなぐ。残りは‘be動詞＋過去分詞’の受け身にする。　..., so his body was kept perfectly.　(2)be able to ～「～することができる」　..., and that means people were able to make ...　(3)前の文と同じ形になる。‘mean (that)＋主語＋動詞...’「～だということを意味する」　..., and that means people enjoyed fashion ...　(4)直後にある stomach は「胃」を表すので，「胃にあるものから」という意味になるように並べかえる。　From the things in his stomach, ...　(5)まず，try to ～「～しようとする」の後は動詞の原形が続くので make food を置く。香草と肉を一緒に焼いたりパンをトーストしたりというのは，おいしくするためと考えられるので‘make＋目的語＋形容詞’「～を(…の状態)にする」の形で make food more delicious とする。最後に and enjoyed と続けて eating につなげる。　People tried to make food and enjoyed more delicious eating.　(6)‘give＋人＋物’「〈人〉に〈物〉を与える」の形をつくる。to は answer(s) to ～「～への答え」の形で使うので，ここでは‘give＋物＋to＋人’の形は使えない。　He hasn’t given us the answers to all of our questions yet.

7〔長文読解総合─説明文〕

≪全訳≫❶ロンドンでは毎年クリスマスの時期に，有名な科学者たちが若者向けに講義を行っている。これは一種の科学ショーで，若者たちはそれを楽しんでいる。これは約180年前に始まり，クリスマスレクチャーと呼ばれる。❷あなたはマイケル・ファラデーをご存じだろうか。彼は19世紀の最も有名な科学者の１人だ。今日でも，我々は彼のアイデアを生活の中で使っている。例えば，電動機や発電機だ。彼はクリスマスレクチャーを始めた人々の１人だった。❸1860年のある冬の日，多くの人々がファラデーのクリスマスレクチャーにやってきた。これが彼の最後のクリスマスレクチャーだった。彼は当時69歳で，すでにとても有名だった。人々は，彼が何か新しいものを見せてくれると思っていたが，ファラデーはただロウソクを取り出して，こう言った。「これはただのロウソクです。しかし，これは私たちに自然の秘密に関する多くを示すことができます」❹ファラデーは1791年に生まれた。家族が貧しかったので，彼は13歳のときに書店で働き始めなくてはならなかった。彼は幸運だった。なぜなら店主は親切で，彼はそこで多くの本を無料で読めたからだ。彼は科学に興味を持ち，本にあるいくつかの実験を試してみさえもした。実験をすることは彼にとって楽しかった。彼は科学者になりたかったが，方法を知らなかった。❺ある日，書店によく来る男性が，彼に有名な科学者の講義のチケットをくれた。なぜなら，ファラデーが実験にとても興味を持っていることを，彼は知っていたからだ。ファラデーは講義に行って，全ての言葉や全ての実験をノートに書きとめた。その後，彼はその講義に関する手書きの本をつくり，それを科学者に手紙と一緒に送った。手紙の中に，彼は自分は本当に科学を勉強したいと記した。科学者はその手紙に返信して，こう記した。「君が望むなら，私の助手になれるよ」❻ファラデーは69歳になって，若い頃に自分の実験で感じた楽しい気持ちを思い出していた。❼講義では，彼はこの気持ちをそこにいる若者たちと共有したかった。たくさんの興味深い実験をすることで，彼はロウソクが何でできているのか，どうやって燃えるのか，そして，なぜ燃えるのかを教えた。ロウソクのような単純なものの中にある自然の秘密を知ることは，とても楽しいことだと彼は示した。人々は彼の講義をとても楽しんだ。❽クリスマスレクチャーは今日まで続いており，ファラデーの精神はいまだに生き続けているのだ。

問１＜内容真偽＞１.「彼はクリスマスレクチャーを始めた唯一の科学者だった」…×　第２段落最終文参照。‘one of the＋名詞の複数形’「～の中の１人〔１つ〕」　２.「彼は69歳のとき，最後のクリスマスレクチャーを行った」…○　第３段落前半に一致する。　３.「彼は13歳のとき，書店で働き始めた」…○　第４段落第２文に一致する。　４.「彼は自分が読んだ本にあるいくつかの実験をした」…○　第４段落終わりから３文目に一致する。

問２＜要旨把握＞第７段落参照。ロウソクという誰もが知っているものを使って自然現象の秘密を知る楽しさを教えた。これは２の内容に一致する。

問３＜適語選択＞貧しかったことが，働き始めた理由になっている。as には「～ので」という‘理由’を表す用法がある。

問４＜英文解釈＞科学者になりたかったが，「どうやってかを知らなかった」ということは「どうやって科学者になるのか知らなかった」ということ。直前の内容と重複する to become a scientist が how の後に省略されていることを読み取る。このように，英語では次にくる内容が直前の内容から明らかにわかる場合，繰り返しを避けるために省略される。

問５＜指示語＞those feelings「それらの気持ち」なので前を見ると，the exciting feelings from his own experiments in his early days とある。in his early days が「実験を始めた当時の」，the exciting feelings が「楽しいという気持ち」に対応する。

問６＜英文解釈＞下線部を含む文の内容から，「なぜか」は「なぜ燃えるのか」という意味だとわかる。直前の内容と重複する it burned が why の後に省略されている。

問７＜内容真偽＞１.「書店によく来る男性が，彼に科学に関する本をあげた」…×　第５段落第１文参照。本ではなく講義のチケットである。　２.「ファラデーからの手紙を受け取った科学者は手紙の中で，ファラデーが望むなら彼と一緒に働ける，と述べた」…○　第５段落最終文に一致する。　３.「1860年のクリスマスレクチャーに来た人々は楽しんでいた。なぜなら，マイケル・ファラデーが，自然の秘密を学ぶことはとても興味深いと示したからだ」…○　第３，７段落に一致する。

2022年度／佐野日本大学高等学校（第２回）

数学解答

1 (1) 1　(2) イ…4　ウ…5
(3) 1　(4) オ…3　カ…9　キ…4
(5) ク…6　ケ…6
(6) コ…4　サ…2

2 (1) 5　(2) イ…1　ウ…5　エ…7
(3) オ…2　カ…3　(4) 7
(5) ク…6　ケ…2　コ…5
(6) サ…2　シ…3　ス…2
(7) セ…2　ソ…0　タ…0
(8) チ…1　ツ…5　テ…6　ト…7
(9) ナ…2　ニ…5
(10) ヌ…1　ネ…1　ノ…2　ハ…2
ヒ…3

3 (1) ア…3　イ…6
(2) ウ…4　エ…8　オ…4
(3) カ…4　キ…5　ク…4

4 (1) ア…2　イ…4　(2) 4
(3) エ…3　オ…2

5 (1) 7　(2) イ…2　ウ…4
(3) エ…2　オ…8　カ…8　キ…3
ク…6

1〔独立小問集合題〕

(1)＜数の計算＞与式$=\dfrac{10\times4}{5}-7=8-7=1$

(2)＜数の計算＞与式$=\dfrac{4}{5}\div\dfrac{4}{9}\times25=\dfrac{4}{5}\times\dfrac{9}{4}\times25=\dfrac{4\times9\times25}{5\times4}=45$

(3)＜式の計算＞与式$=\dfrac{5x-3-2(2x-1)}{6}=\dfrac{5x-3-4x+2}{6}=\dfrac{x-1}{6}$

(4)＜式の計算＞与式$=4x^4y^2\times(-27x^9y^6)\div36x^4y^4=-\dfrac{4x^4y^2\times27x^9y^6}{36x^4y^4}=-3x^9y^4$

(5)＜数の計算＞与式$=\dfrac{54\times\sqrt{6}}{\sqrt{6}\times\sqrt{6}}-\sqrt{3^2\times6}=\dfrac{54\sqrt{6}}{6}-3\sqrt{6}=9\sqrt{6}-3\sqrt{6}=6\sqrt{6}$

(6)＜式の計算―因数分解＞$2x-1=X$とおくと，与式$=X^2-6X+9=(X-3)^2$となる。Xをもとに戻して，与式$=(2x-1-3)^2=(2x-4)^2=\{2(x-2)\}^2=4(x-2)^2$である。

2〔独立小問集合題〕

(1)＜数の計算＞与式$=(x^2-6x+9)+3=(x-3)^2+3$と変形して，$x=\sqrt{2}+3$を代入すると，与式$=\{(\sqrt{2}+3)-3\}^2+3=(\sqrt{2})^2+3=2+3=5$となる。

(2)＜二次方程式―解の利用＞二次方程式$x^2-8x+a=0$の１つの解が$x=3$だから，解を方程式に代入して，$3^2-8\times3+a=0$より，$a=15$となる。二次方程式$x^2-8x+a=0$は，$x^2-8x+15=0$となり，これを解くと，$(x-3)(x-5)=0$より，$x=3$，5となるから，もう１つの解は$x=5$である。$x=5$は二次方程式$x^2-bx+10=0$の解となるので，解を方程式に代入して，$5^2-b\times5+10=0$より，$b=7$となる。

(3)＜関数―比例定数＞関数$y=ax^2$で，yの変域が$0\leqq y\leqq6$であることから，$a>0$である。よって，関数$y=ax^2$は，xの絶対値が大きくなるとyの値も大きくなる。xの変域が$-2\leqq x\leqq3$より，絶対値が最大の$x=3$のとき，yは最大の６となるから，$6=a\times3^2$より，$a=\dfrac{2}{3}$となる。

(4)＜数の性質＞素数は，１とその数自身でしかわり切れない数である。$20<x<50$となる素数xは，23，29，31，37，41，43，47の７個ある。

(5)＜確率―カード＞５枚のカードから１枚を取り出すので，１回目は５通りの取り出し方があり，取り出したカードを袋に戻すので，２回目も５通りの取り出し方がある。よって，２回のカードの取り出し方は，全部で$5\times5=25$(通り)ある。このうち，2回目に初めて奇数のカードが出るのは，(1回目，2回目)＝(2，1)，(2，3)，(2，5)，(4，1)，(4，3)，(4，5)の6通りあるから，求める確率は$\frac{6}{25}$である。

(6)＜関数―直線の式＞平行な直線は傾きが等しいので，直線$y=-\frac{2}{3}x+4$に平行な直線の式は$y=-\frac{2}{3}x+b$と表せる。これが点(−3，4)を通るから，$4=-\frac{2}{3}\times(-3)+b$より，$b=2$となり，求める直線の式は$y=-\frac{2}{3}x+2$である。

(7)＜一次方程式の応用＞加える水の量をxgとする。6％の食塩水400gに含まれる食塩の量は$400\times\frac{6}{100}=24$(g)である。$x$gの水を加えると，4％の食塩水が$400+x$gできるから，含まれる食塩の量は$(400+x)\times\frac{4}{100}=16+\frac{1}{25}x$(g)となる。水を加えても含まれる食塩の量は変わらないので，$24=16+\frac{1}{25}x$が成り立つ。これを解くと，$\frac{1}{25}x=8$より，$x=200$(g)となる。

(8)＜数量の計算＞6人の生徒の，クラスの平均身長との差の平均値は，$\{(+2.3)+(-3.5)+(+6.2)+(-4.3)+(+3.1)+(+1.6)\}\div6=+0.9$となる。よって，6人の生徒の平均身長は，クラスの平均身長より0.9cm高い。クラスの平均身長が155.8cmなので，6人の平均身長は$155.8+0.9=156.7$(cm)である。

(9)＜平面図形―角度＞右図1のように，6点A～Fを定め，点Bと点Eを結ぶ。$\overset{\frown}{AB}$に対する円周角だから，$\angle AEB=\angle ADB=20°$であり，$\angle BEC=\angle AEC-\angle AEB=45°-20°=25°$となる。よって，$\overset{\frown}{BC}$に対する円周角より，$\angle x=\angle BEC=25°$である。

図1

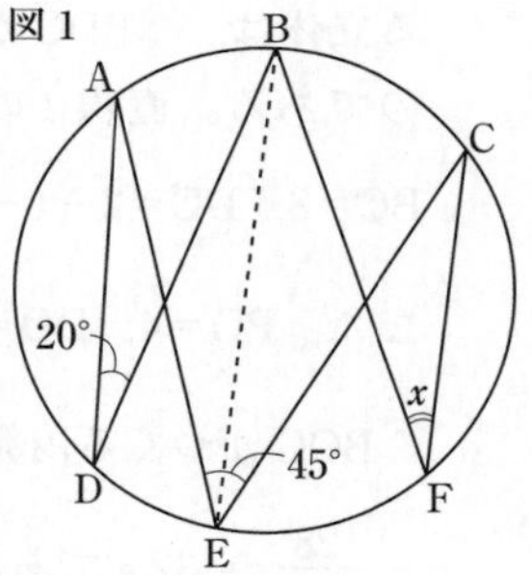

(10)＜平面図形―面積＞右下図2で，2点O，Dを結び，OCとAD，BDの交点をそれぞれF，Gとする。斜線部分の面積は，〔おうぎ形OED〕＋△ODFで求められる。BD∥AEより，$\angle OBD=\angle AOB=60°$であり，OB＝ODだから，$\angle ODB=\angle OBD=60°$となり，△OBDは正三角形である。BD∥AEより，$\angle EOD=\angle ODB=60°$となるので，〔おうぎ形OED〕$=\pi\times1^2\times\frac{60°}{360°}=\frac{1}{6}\pi$である。次に，CO⊥AEだから，CO⊥BDとなり，点Gは線分BDの中点となる。BD＝OB＝1なので，$GD=\frac{1}{2}BD=\frac{1}{2}\times1=\frac{1}{2}$である。また，$\overset{\frown}{AB}$に対する円周角と中心角の関係より，$\angle ADB=\frac{1}{2}\angle AOB=\frac{1}{2}\times60°=30°$となるので，$\angle OAF=\angle ADB=30°$となり，△AOFは3辺の比が$1:2:\sqrt{3}$の直角三角形である。これより，$OF=\frac{1}{\sqrt{3}}OA=\frac{1}{\sqrt{3}}\times1=\frac{\sqrt{3}}{3}$となるので，$\triangle ODF=\frac{1}{2}\times OF\times GD=\frac{1}{2}\times\frac{\sqrt{3}}{3}\times\frac{1}{2}=\frac{\sqrt{3}}{12}$となる。以上より，斜線部分の面積は$\frac{1}{6}\pi+\frac{\sqrt{3}}{12}=\frac{2}{12}\pi+\frac{\sqrt{3}}{12}=\frac{1}{12}(2\pi+\sqrt{3})$となる。

図2

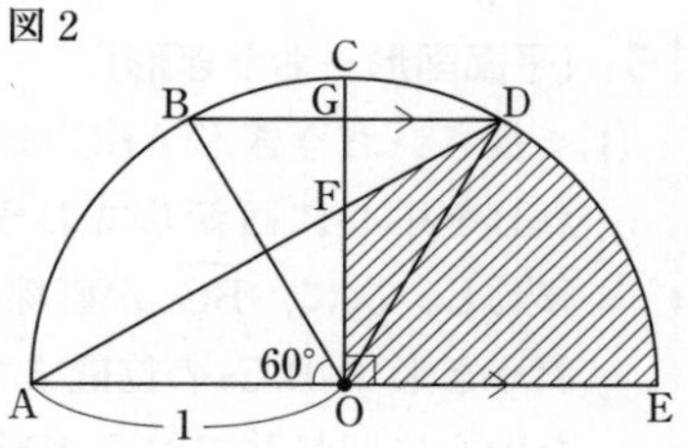

3 〔特殊・新傾向問題―規則性〕

(1)＜第6行の第1列の数＞第1列に並ぶ数は，第1行は$1=1^2$，第2行は$4=2^2$，第3行は$9=3^2$，第4行は$16=4^2$となっているので，第5行は$5^2=25$となり，第6行の第1列の数は$6^2=36$である。

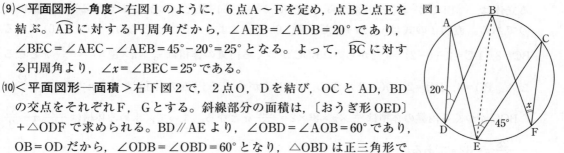

(2)＜数の和＞(1)より，第８行の第１列の数は$8^2=64$である。第８列の第１行から第８行，第８行の第８列から第１列に向かって自然数が順に並んでいるから，第８行の第１列から第８列までは，64，63，62，61，60，59，58，57と８個の自然数が並ぶ。よって，求める数の和は，$64+63+62+61+60+59+58+57=484$である。

(3)＜2022の位置＞$45^2=2025$なので，2025は，第45行の第１列の数である。第45行は，第１列目から，2025，2024，2023，2022，……と並ぶので，2022は，第45行の第４列の数である。

4 〔関数―関数$y=ax^2$と一次関数のグラフ〕

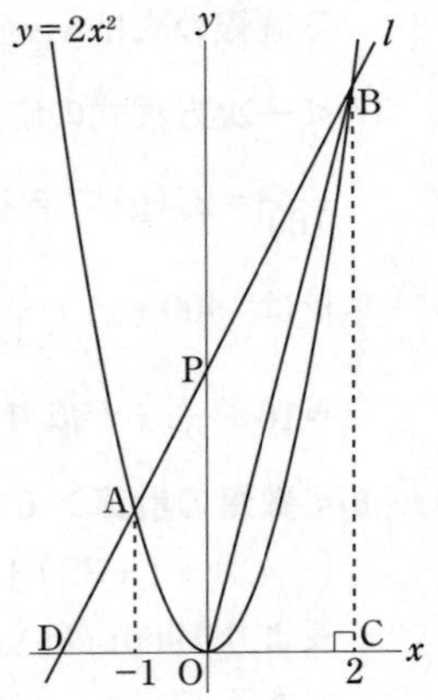

(1)＜直線の式＞右図で，２点A，Bは放物線$y=2x^2$上にあり，x座標はそれぞれ−1，2なので，$y=2\times(-1)^2=2$，$y=2\times2^2=8$より，A(−1, 2)，B(2, 8)となる。よって，直線lの傾きは$\frac{8-2}{2-(-1)}=2$である。直線lの式を$y=2x+b$とすると，点Bを通るから，$8=2\times2+b$，$b=4$となり，直線lの式は$y=2x+4$である。

(2)＜面積＞右図で，(1)より，直線lの切片は4なので，P(0, 4)となり，OP＝4である。△BPOの底辺をOPとすると，点Bのx座標より，高さは2なので，$\triangle BPO=\frac{1}{2}\times4\times2=4$となる。

(3)＜体積＞右図で，点Bからx軸に引いた垂線とx軸の交点をC，直線lとx軸の交点をDとすると，△BPOをx軸の周りに１回転させてできる立体は，△BDCがつくる円錐から，△PDOがつくる円錐と，△BOCがつくる円錐を除いたものである。直線lの式は$y=2x+4$だから，$0=2x+4$より，$x=-2$となり，D(−2, 0)である。BC＝8，$DC=2-(-2)=4$だから，△BDCがつくる円錐の体積は$\frac{1}{3}\times\pi\times8^2\times4=\frac{256}{3}\pi$となる。また，PO＝4，DO＝2，OC＝2だから，△PDOがつくる円錐の体積は$\frac{1}{3}\times\pi\times4^2\times2=\frac{32}{3}\pi$，△BOCがつくる円錐の体積は$\frac{1}{3}\times\pi\times8^2\times2=\frac{128}{3}\pi$となる。よって，求める体積は$\frac{256}{3}\pi-\frac{32}{3}\pi-\frac{128}{3}\pi=32\pi$である。

5 〔平面図形―おうぎ形〕

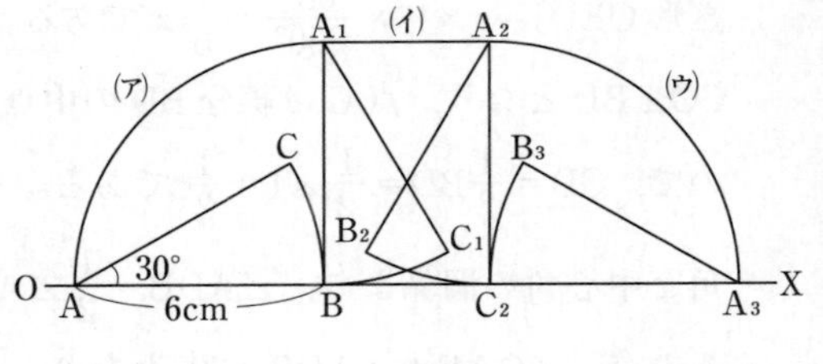

(1)＜長さ＞おうぎ形ABCは，右図のように，最初，点Bを中心に回転しておうぎ形A_1BC_1の位置まで移動し，次に，$\overset{\frown}{BC_1}$が直線OXに接するようにしておうぎ形$A_2B_2C_2$の位置まで転がり，最後に，点C_2を中心に回転しておうぎ形$A_3B_3C_2$の位置まで移動する。このとき，点Aが動いてできる線は，(ア)，(イ)，(ウ)のようになる。(ア)はおうぎ形BAA_1の$\overset{\frown}{AA_1}$，(ウ)はおうぎ形$C_2A_2A_3$の$\overset{\frown}{A_2A_3}$である。$\angle ABA_1=\angle A_2C_2A_3=90^\circ$だから，(ア)，(ウ)の長さは，$\overset{\frown}{AA_1}=\overset{\frown}{A_2A_3}=2\pi\times6\times\frac{90^\circ}{360^\circ}=3\pi$となる。また，(イ)は，点Aと直線OXの距離が変わらないことから，A_1A_2∥OXとなり，四角形$A_1BC_2A_2$は長方形となるから，$A_1A_2=BC_2=\overset{\frown}{BC_1}=2\pi\times6\times\frac{30^\circ}{360^\circ}=\pi$である。よって，求める長さは，$\overset{\frown}{AA_1}+A_1A_2+\overset{\frown}{A_2A_3}=3\pi+\pi+3\pi=7\pi$(cm)である。

(2)＜面積＞右上図で，求める面積は，おうぎ形BAA_1と長方形$A_1BC_2A_2$とおうぎ形$C_2A_2A_3$の面積の和である。〔おうぎ形 BAA_1〕$=$〔おうぎ形 $C_2A_2A_3$〕$=\pi\times 6^2\times\dfrac{90^\circ}{360^\circ}=9\pi$，〔長方形 $A_1BC_2A_2$〕$=6\times\pi=6\pi$ だから，求める面積は $9\pi+6\pi+9\pi=24\pi\ (\mathrm{cm}^2)$ となる。

(3)＜**体積**＞前ページの図で，直線OXの周りに1回転させると，おうぎ形 BAA_1，おうぎ形 $C_2A_2A_3$ は半径が6 cmの半球となり，長方形 $A_1BC_2A_2$ は，底面の半径が6 cm，高さが π cmの円柱となる。おうぎ形 BAA_1，おうぎ形 $C_2A_2A_3$ がつくる半球の体積は $\dfrac{4}{3}\pi\times 6^3\times\dfrac{1}{2}=144\pi$，長方形 $A_1BC_2A_2$ がつくる円柱の体積は $\pi\times 6^2\times\pi=36\pi^2$ となるので，求める体積は $144\pi\times 2+36\pi^2=288\pi+36\pi^2$ (cm^3) である。

社会解答

1 (1) 2　(2) 1　(3) 4　(4) 3
(5) 3

2 (1) 4　(2) 3　(3) 3　(4) 3
(5) 1

3 (1) 2　(2) 2　(3) 1　(4) 4
(5) 3

4 (1) 2　(2) 1　(3) 1　(4) 2

5 (1) 3　(2) 1　(3) 4

6 (1) 2　(2) 2　(3) 1

7 (1) 2　(2) 3　(3) 1　(4) 1

8 (1) 1　(2) 4　(3) 3　(4) 5
(5) 2　(6) 2

9 (1) 3　(2) 4　(3) 2
(4) A…2　B…3　C…1　(5) 5
(6) A…5　B…6　C…4

10 (1) 1　(2) 3
(3) ア…5　イ…3　ウ…1

1〔世界地理─総合〕

(1)＜**地中海式農業**＞ヨーロッパの地中海に面した地域は，夏は雨が少なく乾燥し，冬は雨が比較的多く降る地中海性気候に属する。そのため，この地域では夏にぶどうやオリーブなどの果樹を栽培し，冬に小麦を栽培している。

(2)＜**モスクワの気候**＞１の雨温図はロシアの首都モスクワのもので，夏にはある程度気温が上がるが，冬は寒さの厳しい冷帯〔亜寒帯〕気候を表している。なお，２はペルーのクスコの雨温図で高山気候，３はフランスの首都パリの雨温図で西岸海洋性気候，４は日本の首都東京の雨温図で温暖湿潤気候を表している。

(3)＜**西岸海洋性気候**＞イギリスの気候は，緯度のわりに温暖な西岸海洋性気候である。これは，沿岸を流れる暖流の北大西洋海流とその上空を吹く偏西風によって冬でも寒さが和らぐためである。

(4)＜**ブラジルの言語**＞16世紀に，ヨーロッパ人による支配が進んだ南北アメリカ大陸の中でも，ブラジルはポルトガルの支配を受けたため，現在でもポルトガル語が公用語となっている。なお，メキシコ以南の中南アメリカの他の地域の多くはスペインの支配を受けたために，スペイン語が話されている。

(5)＜**モノカルチャー経済**＞アフリカ大陸の大部分は，ヨーロッパ諸国の植民地とされた歴史を持つ。植民地時代，本国が必要とする農産物や鉱産物が生産された影響が独立後も残り，単一の農産物や鉱産物の輸出に頼るモノカルチャー経済となっている国が多い（３…○）。なお，二毛作とは，同じ耕地で一年に二種類の作物を栽培することで，年に同じ作物を二回栽培することは二期作と呼ばれる（１…×）。アフリカ大陸の国々では，先端技術産業は盛んではない（２…×）。現在，「世界の工場」と呼ばれているのは，中国である（４…×）。

2〔日本地理─関東地方〕

(1)＜**利根川**＞関東地方を北西部から南東に流れて太平洋に注いでいる利根川は，日本で最も流域面積が大きい河川である。

(2)＜**政令指定都市**＞人口が50万人以上の都市のうち政令で指定され，都道府県に代わって多くの業務を行うことができる都市を，政令指定都市と呼ぶ。2022年２月現在，20の都市が政令指定都市となっている。関東地方では，千葉市，さいたま市，神奈川県の横浜市，川崎市，相模原市が政令指定都市となっており，水戸市は政令指定都市ではない。

(3)＜**関東地方の産業**＞新聞社や出版社の多い東京都では，印刷関連業が盛んである（３…○）。なお，京浜工業地帯に含まれるのは東京都と神奈川県，埼玉県で，千葉県は京葉工業地域に，茨城県は北関東工業地域に含まれる（1…×）。京葉工業地域には東京湾岸に製鉄所や石油化学コンビナートがあり，化学工業，金属工業が盛んである（2…×）。1年に2回，同じ耕地で同じ作物を栽培することを二期作と呼ぶ。かつて，高知平野などで米の二期作が行われていたが，現在ではほとんど行われていない（4…×）。

⑷**＜都市問題＞**郊外から都心を結ぶ鉄道などの交通機関は，多くの人が通勤通学するため混雑が発生している（A…誤）。Bは正しい。

⑸**＜Uターン，Ｉターン＞**大都市から大都市以外への人口の流れのうち，Uターンは，大都市以外の出身者が出身地やその近くに帰っていくこと，Ｉターンは，大都市出身者が大都市以外に移住することを指す（A，B…正）。

3 〔世界地理―アメリカ合衆国〕

⑴**＜アメリカ合衆国の農牧業＞**フィードロットとは，アメリカ合衆国で行われている肉牛などの放牧を指す。広い牧草地で肉牛などを放牧し，周辺で栽培した飼料作物を大量に運び込んで飼育している。なお，1は棚田あるいは段々畑，3は機械化が進んだ大農法による農業，4はアメリカ合衆国の円形農場の回転するスプリンクラーで，センターピボットと呼ばれる灌漑《かんがい》方法を示している。

⑵**＜アメリカ合衆国の気候＞**アメリカ合衆国の西海岸に位置するカリフォルニア州の気候は，夏に乾燥する地中海性気候である。

⑶**＜アメリカ合衆国とカナダの農業＞**フランスとカナダが輸出国の上位に入っている①は小麦，アメリカ合衆国に次ぐ輸出量の第2位がブラジルである②は大豆，第2位がアルゼンチンである③はとうもろこし，第2位がインドである④は綿花を表している。

⑷**＜シリコンバレー＞**アメリカ合衆国西海岸のカリフォルニア州サンフランシスコ郊外のサンノゼには，コンピュータ関連の先端技術産業が盛んな地域がある。この地域を，シリコンバレーと呼ぶ。

⑸**＜NAFTA＞**アメリカ合衆国，メキシコ，カナダを加盟国とする北米自由貿易協定〔North-American Free Trade Agreement〕の略称はNAFTAである。ただし，2020年にNAFTAに代わって，米国・メキシコ・カナダ協定〔USMCA〕が発効した。なお，OPECは石油輸出国機構の略称，ASEANは東南アジア諸国連合の略称，APECはアジア太平洋経済協力会議の略称である。

4 〔歴史―古代の外交史〕

⑴**＜渡来人＞**古墳時代や飛鳥時代に，中国や朝鮮半島からの渡来人が日本列島に伝えた文化や技術には，漢字，儒教，仏教，機織りの技術などがあるが，水稲耕作は，弥生時代初期に大陸から日本列島に伝えられた。

⑵**＜遣隋使と遣唐使＞**607年，聖徳太子が小野妹子を遣隋使として隋に派遣したという記述が『日本書紀』にある（1…○）。なお，行基は奈良時代に活躍した日本人の僧で，奈良時代に唐から日本に招かれたのは鑑真である（2…×）。平安時代に唐から帰国して天台宗を開いたのは最澄で，空海が開いたのは真言宗である（3…×）。阿倍仲麻呂は，遣唐使とともに中国に渡り，中国の皇帝に仕え中国で亡くなった人物で，平安時代前半に遣唐使の停止を提案したのは，菅原道真である（4…×）。

⑶**＜日宋関係＞**科挙制度は10世紀（北宋）に完成され，朱子学は12世紀（南宋）に朱熹が大成した（1…○）。なお，海賊行為を行う倭寇に悩まされたのは明である（2…×）。日宋貿易では，銅銭は日本の輸入品だった（3…×）。日宋貿易の港として平清盛が瀬戸内海の航路に整備したのは，大輪田泊（現在の神戸港）である（4…×）。

⑷**＜外交の歴史＞**渤海や新羅との間で使節の往来があったのは中国の唐の時代，日本の平安時代までのことである（2…○）。なお，ポルトガル人によって鉄砲が種子島に伝えられたのは，戦国時代の終わりの1543年のこと（1…×），オランダ商館が出島に移されたのは，江戸時代初めの1641年のこ

と(３…×)，日本と明との間で勘合貿易が行われたのは，室町時代のこと(４…×)である。

5〔歴史─江戸時代後半の学問と文化〕

⑴＜伊能忠敬＞江戸時代後半に，測量に基づく正確な日本地図を作成したのは，伊能忠敬である。なお，本居宣長は『古事記伝』を著した国学者，杉田玄白は前野良沢らとともに『解体新書』を翻訳した蘭学者，松尾芭蕉は『奥の細道』を著した俳人である。

⑵＜化政文化＞江戸時代後半に栄えた江戸を中心とする化政文化の時代に，俳諧で小林一茶，与謝蕪村が活躍した。なお，御伽草子が読まれたのは室町時代のこと(２…×)，東大寺南大門の金剛力士像がつくられたのは鎌倉時代のこと(３…×)である。また，江戸時代末に緒方洪庵が開いた適塾は，寺子屋ではなく蘭学塾である(４…×)。

⑶＜浮世絵＞江戸時代後半の化政文化が栄えた時期には，多色刷りの浮世絵である錦絵が流行した。代表的な作品には，歌川広重の「東海道五十三次」や葛飾北斎の「富嶽三十六景」などがある。なお，『東海道中膝栗毛』は同じ時期に十返舎一九が著した小説である。

6〔歴史─律令制度〕

⑴＜律令＞今から約1300年前は奈良時代にあたるが，それに先立つ飛鳥時代の701年に大宝律令が完成した。大宝律令は，唐の律令にならってつくられたもので，律令に基づく国家を律令国家という。

⑵＜律令の税＞律令制度の税制のうち，出挙(公出挙)とは稲を貸し付けて高い利息を取るものである。なお，口分田の面積に応じて稲を納める税は租，布や特産物を都に運んで納める税は庸と調，地方で60日間働くという税は雑徭と呼ばれる。

⑶＜律令の土地制度＞班田収授法では，戸籍に登録された６歳以上の男女に口分田が与えられ，その人が死ぬと国に返すことになっていた。

7〔歴史─江戸時代末～明治時代初期〕

⑴＜幕末から明治初めの出来事＞年代の古い順に，Ｘ(1866年の薩長同盟)，Ｚ(1867年の大政奉還)，Ｙ(1868～69年の戊辰戦争)となる。

⑵＜廃藩置県＞廃藩置県では，はじめ３府302県が置かれたが1871年11月には３府72県に統合された(Ａ…誤)。Ｂは正しい。

⑶＜地租改正＞1873年実施の地租改正では，土地所有者に地券が発行され，政府が算出した地価の３％にあたる地租を現金で納めることとなった。この結果，政府の税収は安定した(Ａ，Ｂ…正)。

⑷＜明治政府とキリスト教＞明治政府は，1868年の五榜の掲示によってキリスト教禁止の方針を示したが，条約改正交渉の妨げになるとして，1873年にキリスト教を容認した。

8〔歴史─２つの世界大戦〕

⑴＜第一次世界大戦＞資料Ａは，バルカン問題と書かれた沸とうする鍋の上にふたをしようと，イギリス，ドイツ，オーストリア，イタリア，ロシアの軍人たちがふたに乗っている様子を表した風刺画である。第一次世界大戦前，バルカン半島は「ヨーロッパの火薬庫」と呼ばれ，ヨーロッパ各国の利害が対立する地域となっていた(Ａ…正)。資料Ｂは，飛行機のつばさをつくる女性の写真である。第一次世界大戦は総力戦となったため働き手が不足し，女性の活躍の場が広がった(Ｂ…正)。

⑵＜国際連盟＞第一次世界大戦後に創設された国際平和のための国際機構である国際連盟では，表決方法として全会一致制が採用された(４…○)。なお，アメリカ合衆国は国際連盟に加盟せず，国際連盟の本部は，スイスのジュネーブに置かれた(１…×)。ソ連の加盟は1934年で，国際連盟の常任理事国は，イギリス，フランス，イタリア，日本の４か国だった(２…×)。国際連盟では，武力制裁は認められていなかった(３…×)。

⑶＜ファシズム＞1929年の世界恐慌後，ドイツやイタリアではファシズムと呼ばれる独裁体制が確立

されていった。イタリアは，第一次世界大戦では連合国側で参戦したので戦勝国となった(A…×)。ワイマール憲法は，第一次世界大戦後のドイツで制定された憲法で，政権を握ったヒトラーはこの憲法を形骸化して独裁体制をつくっていった(D…×)。

(4)**＜日中戦争＞**年代の古い順に，Z(1931年の関東軍の鉄道爆破による満州事変の勃発)，X(1932年の満州国建国)，Y(1933年の国際連盟による日本軍撤退の勧告)となる。

(5)**＜第二次世界大戦とユダヤ人＞**第二次世界大戦中，日本の外交官杉原千畝は，リトアニアでユダヤ人にビザを発行して多くの命を救った(A…正)。第二次世界大戦後，1948年にパレスチナの地にユダヤ人の国家イスラエルが建国されると，周囲のアラブ諸国との対立から第一次中東戦争が起こった。この戦争はイスラエルが占領地域を広げた状態で1949年に停戦となった(B…誤)。

(6)**＜二つの世界大戦＞**年代の古い順に，カードA(1914年の第一次世界大戦の開戦と1920年の国際連盟の創設)，カードE(1929年の世界恐慌の始まり)，カードB(各国の世界恐慌対策)，カードC(1937年の日中戦争の開戦)，カードD(1939年の第二次世界大戦の開戦)となる。

9〔公民―社会保障制度〕

(1)**＜社会保障制度＞**社会保障制度は，失業者を救済する制度として始まり，第二次世界大戦後のイギリスで確立した(3…×)。

(2)**＜生存権＞**日本国憲法は第25条で，「健康で文化的な最低限度の生活を営む権利」として，生存権を保障している。

(3)**＜日本の社会保障制度＞**日本の社会保障制度のうち，保険料と税金で運営されているのは社会保険であり，公的扶助，社会福祉，公衆衛生は税金のみで運営されている(1，3，4…×)。また，高齢者や障がい者を支援するのは社会福祉(1…×)，生活保護を中心とするのは公的扶助である(3…×)。

(4)**＜少子高齢化＞A**．社会保険料を負担する年齢は，社会保険の種類によって異なる。少子高齢化に関係する介護保険料を負担するのは40歳からである(1…誤)。2は正しい。　**B**．社会保険は税金からも負担されているが，高齢化が進行しているため，その負担額は増加傾向にある(1，2…正)。　**C**．後期高齢者医療制度は75歳以上(1…正)，介護保険制度は40歳以上を対象に導入されている(2…誤)。

(5)**＜社会保障，給付と負担の国際比較＞**社会保障制度における給付と負担の関係で，ヨーロッパ諸国は高福祉高負担，アメリカは低福祉低負担で，日本はヨーロッパ諸国とアメリカの中間である。なお，1はフランス，2はスウェーデン，3はドイツ，4はアメリカを示している。

(6)**＜日本の社会保障制度の問題点＞A**．日本の社会福祉制度の問題点と課題のうち，大きいものの1つに，財源確保の問題がある。　**B**．1986年に，年金の種類による格差を解消するために，国民年金を全国民共通の基礎年金とする基礎年金制度が導入された。　**C**．高齢者や障がい者などが社会生活を送るうえで障壁となるようなものを取り除くことを，バリアフリーと呼ぶ。なお，ノーマライゼーションとは，障がい者などを社会から隔離して保護するのではなく，誰もが社会の一員として生活をともにしていくべきだという考え方を意味する。

10〔公民―労働者の権利〕

(1)**＜労働者の権利＞**非正規労働者にも，育児休業や介護休業を取得する権利が認められている。育児介護休業法が改正され，非正規労働者が育児休業や介護休業を取得しやすくなっている。

(2)**＜労働条件＞**日本人の労働時間は，他国に比べて長いといわれていたが，近年，短くなる傾向にある。

(3)**＜労働基準法＞**労働基準法には，解雇は，30日以上前に予告すること，15歳未満の児童の雇用禁止，女性の産前6週間，産後8週間の休業補償などが定められている。

理科解答

1 問１ ①　問２ ③　問３ ②
問４ ③　問５ ④　問６ ②
問７ ②　問８ ②

2 問１ ③　問２ ④　問３ ④
問４ ⑤

3 問１ ②　問２ ⑤　問３ ③
問４ ②

4 問１ ③　問２ ①　問３ ①
問４ ④　問５ ④

5 問１ ②　問２ ③　問３ ④
問４ ①

6 問１ ②　問２ ②　問３ ③
問４ ⑤　問５ ①　問６ ③

7 問１ ④
問２ (ア)…⑥　(イ)…⑤　(ウ)…①
問３ ⑤　問４ ③

8 問１ ②　問２ ②　問３ ②
問４ ④　問５ ①

9 問１ ④　問２ ⑤　問３ ③
問４ ③　問５ ④

1〔小問集合〕

問１＜質量＞てんびんは物体の質量をはかる器具であり，物体の質量は場所によって変化しない。よって，地球上でつり合いの関係にあるならば，月面上でもつり合いの関係にある。

問２＜凸レンズによってできる像＞図のスクリーンにうつる像は実像であり，実像の向きは，実物と比べて上下左右が反対になる。よって，スクリーンの裏側から実像を観察すると，③のように見える。

問３＜非電解質＞水に溶かしても電離せず，その水溶液に電流が流れない物質を非電解質という。語群中で非電解質なのは，エタノールと砂糖の２つである。

問４＜質量パーセント濃度＞質量パーセント濃度５％の塩化ナトリウム水溶液80gに溶けている塩化ナトリウムの質量は，$〔質量パーセント濃度(\%)〕=\frac{〔溶質の質量(g)〕}{〔水溶液の質量(g)〕}\times100$ を変形して，$〔溶質の質量(g)〕=〔水溶液の質量(g)〕\times\frac{〔質量パーセント濃度(\%)〕}{100}$ より，$80\times\frac{5}{100}=4$(g)である。また，質量パーセント濃度20％の塩化ナトリウム水溶液120gに溶けている塩化ナトリウムの質量は，$120\times\frac{20}{100}=24$(g)である。よって，混ぜ合わせた水溶液は，全体の質量が$80+120=200$(g)であり，溶けている塩化ナトリウムの質量が$4+24=28$(g)であるから，質量パーセント濃度は，$\frac{28}{200}\times100=14$(％)となる。

問５＜双子葉類＞双子葉類の根は主根と側根からなり，葉脈は網状脈である。①～④のうち，タンポポと同じ双子葉類のなかまは，根が主根と側根からなり，葉脈が網状脈のエンドウである。なお，①，②，③はいずれも根がひげ根で，葉脈が平行脈である単子葉類のなかまである。

問６＜呼吸運動＞息を吸うとき，横隔膜が下がり，ろっ骨が上がることで，肺が広がって空気が吸い込まれる。

問７＜気象観測＞図のＡは風向を調べる風向計，Ｂは気圧をはかる気圧計，Ｃは気温をはかり湿度を求める乾湿計である。

問８＜地層のでき方＞地層は，次のようにできる。岩石が表面からぼろぼろにくずれたり（風化），流水にけずられたりして(侵食)，土砂ができる→土砂が川などの流水によって運ばれる(運搬)→海底や湖底などに土砂が積もり(堆積)，地層ができる。

2 〔電流とその利用〕

問１＜電流計＞500mAの－端子につないでいるので，針が目盛りいっぱいに振れたときが500mAである。よって，１目盛りは10mAを示しているから，１目盛りの$\frac{1}{10}$まで読み取ると，図で電流計の針が示した電流の値は85mAとなる。

問２＜抵抗＞回路１の結果より，電熱線ａに2.0Vの電圧を加えると0.10Aの電流が流れる。よって，オームの法則〔抵抗〕=〔電圧〕÷〔電流〕より，電熱線ａの抵抗は，2.0÷0.10＝20(Ω)である。

問３＜並列回路＞回路２の結果より，回路２の並列回路に2.0Vの電圧を加えると0.15Aの電流が流れる。並列回路では各電熱線に加わる電圧は電源の電圧に等しく，回路１の結果より，2.0Vの電圧を加えたとき，電熱線ａに流れる電流は0.10Aなので，このとき電熱線ｂに流れる電流は 0.15－0.10＝0.05(A)となる。よって，電熱線ｂの抵抗は，2.0÷0.05＝40(Ω)である。

問４＜発熱量＞20Ωの電熱線ａと40Ωの電熱線ｂにそれぞれ10Vの電圧をかけると，電熱線ａに流れる電流は，10÷20＝0.50(A)，電熱線ｂに流れる電流は，10÷40＝0.25(A)となる。よって，〔電力(W)〕＝〔電圧(V)〕×〔電流(A)〕より，それぞれの電力は，電熱線ａが 10×0.50＝5(W)，電熱線ｂが 10×0.25＝2.5(W)となる。電圧をかける時間が同じとき，電熱線の発熱量は電力に比例するから，Q_a：Q_b＝５：2.5＝２：１より，Q_a＝$2Q_b$となる。

3 〔運動とエネルギー〕

問１＜仕事＞図のように，斜面を使って1.5kgの物体を引き上げるとき，引き上げる力がした仕事は，1.5kgの物体を20cmの高さまで直接持ち上げた仕事と同じになる(仕事の原理)。1.5kgの物体にはたらく重力は15N，20cmは0.2mなので，〔仕事(J)〕＝〔力の大きさ(N)〕×〔力の向きに動いた距離(m)〕より，求める仕事の大きさは，15×0.2＝3.0(J)となる。

問２＜斜面の長さ＞図の三角形は，高さが30cmで，斜面の長さが90cmである。よって，高さが20cmのときの斜面の長さをx cmとすると，30：90＝20：xが成り立つ。これを解くと，30×x＝90×20より，x＝60(cm)となる。

問３＜力の大きさ＞問１，問２より，仕事の大きさは3.0J，斜面に沿って引き上げた長さは60cmより，0.6mだから，斜面に沿って引き上げた力の大きさは，3.0÷0.6＝5.0(N)である。

問４＜仕事率＞3.0Jの仕事を10秒で行ったのだから，〔仕事率(W)〕＝$\frac{〔仕事(J)〕}{〔かかった時間(s)〕}$より，求める仕事率は，$\frac{3.0}{10}$＝0.30(W)である。

4 〔化学変化とイオン〕

問１，問３＜酸とイオン＞塩酸中には水素イオン(H^+)と塩化物イオン(Cl^-)が存在し，図の装置で電流を流すと，陰極側にはH^+，陽極側にはCl^-が移動する。塩酸は酸性の水溶液で，H^+が酸性を示す原因となるイオンであるから，陰極側のＣの青色リトマス紙が赤色に変化する。

問２＜酸性の水溶液＞塩酸と同じ結果になるのは，H^+を含む酸性の水溶液である。よって，食酢である。なお，アンモニア水はアルカリ性，砂糖水とエタノールは中性である。

問４＜アルカリとイオン＞水酸化ナトリウム水溶液中にはナトリウムイオン(Na^+)と水酸化物イオン(OH^-)が存在し，図の装置で電流を流すと，陰極側にはNa^+，陽極側にはOH^-が移動する。水酸化ナトリウム水溶液はアルカリ性の水溶液で，OH^-がアルカリ性を示す原因となるイオンであるから，陽極側のフェノールフタレイン溶液を含んだＤの試験紙が赤色に変化する。

問５＜BTB溶液＞BTB溶液は，水酸化ナトリウム水溶液などアルカリ性の水溶液を加えると，青色になる。なお，酸性では黄色，中性では緑色になる。

5 〔物質のすがた〕

問１＜気体のにおい＞５種類の気体のうち，においがあるものは，アンモニアと塩素の２種類である。

問２＜気体の集め方＞水上置換法で集めることができる気体には，共通して水に溶けにくいという性質がある。よって，酸素，水素，窒素の３種類である。

問３＜気体の分類＞結果２より，気体Ｂは窒素であり，結果３より，気体Ｄはアンモニア，結果４より，気体Ａは酸素，気体Ｅは水素，結果５より，気体Ｃは黄緑色の塩素である。

問４＜ドライアイス＞ドライアイスは，二酸化炭素が固体になったものである。二酸化炭素は，うすい塩酸に石灰石を加えると発生させることができる。なお，②は水素，③はアンモニア，④は酸素の製法である。

6 〔生命・自然界のつながり〕

問１＜動物の分類＞メキシコサンショウウオは，サンショウウオのなかまであるから両生類に分類される。なお，メキシコサンショウウオは一般的な両生類と違い，成体になっても主にえらで呼吸する。

問２＜顕性の法則＞リューシのメスとアルビノのオスをかけ合わせたとき，子は全てリューシである。よって，子に現れるリューシは顕性形質，子に現れないアルビノは潜性形質である。

問３，問４＜遺伝の規則性＞親のリューシは黒い目，アルビノはピンク色の目であり，これらをかけ合わせると，子は全て黒い目になった。これより，目の色に関して，黒色は顕性形質，ピンク色は潜性形質である。よって，遺伝子の組み合わせは，親のアルビノはbb，子は全てBbであり，親のリューシはＢの遺伝子しか持たないとわかるので，BBである。

問５＜遺伝の規則性＞問３，問４より，目の色に関する遺伝子の組み合わせは，親のリューシはBB，アルビノはbb，子のリューシはBbである。よって，子のリューシどうしをかけ合わせると，生まれてくる子(孫)の遺伝子の組み合わせとその割合は，右表１のように，BB：Bb：bb＝１：２：１となる。このうち，BBとBbはリューシ，bbはアルビノとなるから，リューシ：アルビノ＝(1＋2)：1＝３：１である。

表１

	B	b
B	BB	Bb
b	Bb	bb

問６＜遺伝の規則性＞問３，問４より，遺伝子の組み合わせは，親のアルビノはbb，子のリューシはBbである。よって，親のアルビノと子をかけ合わせると，生まれてくる子の遺伝子の組み合わせとその割合は，右表２のように，Bb：bb＝２：２＝１：１となる。このうち，Bbはリューシ，bbはアルビノとなるから，リューシ：アルビノ＝１：１となる。

表２

	b	b
B	Bb	Bb
b	bb	bb

7 〔生命・自然界のつながり〕

問１＜地球上に現れた順＞水中生活をするものから陸上生活をするものへ，魚類→両生類→ハチュウ類の順に進化し，ハチュウ類からホニュウ類が進化し，その後，ハチュウ類から鳥類が進化した。

問２＜中間的な特徴を持つ生物＞㈠カモノハシはホニュウ類であるが，卵を産むなどのハチュウ類の特徴も見られる。　　㈡始祖鳥は現在の鳥類の特徴を示すが，つめ，歯があるなどハチュウ類の特徴も見られる。　(ウ)シーラカンスは魚類であるが，ひれがあしのように発達していることから，両生類へ進化する中間の生物と考えられる。

問３＜カモノハシの分類＞カモノハシがホニュウ類に分類されているのは，生まれた子に乳を与えて育てるという特徴があるためである。

問４＜植物が地球上に現れた順＞植物も水中で生活をするものから水辺，陸上で生活するものへと進化し，しだいに乾燥に耐えられる複雑な体のつくりになったと考えると，コケ植物→シダ植物→裸子植物→被子植物の順に現れたと考えられる。

8〔気象と天気の変化〕

問１＜前線＞図の天気図で，低気圧の中心から南西にのびるＸは，寒冷前線である。

問２＜雨が降る範囲＞雲ができ，雨が降る範囲は，温暖前線の前方（東側）の広い範囲と，寒冷前線の後方（西側）の狭い範囲である。２つの前線にはさまれた部分は，ほとんど雨は降らない。

問３＜前線のつくり＞寒冷前線は，寒気が暖気の下にもぐり込むように進む。暖気は急激に押し上げられ，積乱雲など垂直に発達した雲ができる。一方，温暖前線は，暖気が寒気の上にはい上がるようにして進み，乱層雲など層状に発達した雲ができる。

問４＜低気圧と風＞低気圧では，中心に向かって反時計回りに風が吹き込む。よって，地点Ａでは南西の風が吹いていると考えられる。

問５＜春や秋の天気＞図のような前線を伴った低気圧を温帯低気圧といい，春や秋には，温帯低気圧と移動性高気圧が交互に日本付近を通過し，天気が４～７日の周期で変わる。

9〔地球と宇宙〕

問１＜惑星＞表の直径に着目すると，Ａは２番目に大きく，Ｃは最も大きい。よって，Ａは土星，Ｃは木星である。また，Ｆは太陽からの距離が1.5と，地球のすぐ外側を公転していることから，火星である。なお，太陽からの距離が地球より小さいＢ，Ｄは，小さい順にＢが水星，Ｄが金星である。

問２＜月＞月は地球の周りを公転しているから，太陽からの距離が地球とほぼ同じ1.00である。

問３＜地球型惑星＞地球型惑星とは，直径が小さく密度が大きい惑星で，水星，金星，地球，火星が当てはまる。よって，問１より，Ｂの水星，Ｄの金星，Ｆの火星である。

問４＜小惑星＞小惑星は，主に火星と木星の軌道の間を公転している小天体のことである。よって，問１より，Ｃの木星とＦの火星の間である。

問５＜彗星の尾＞彗星は，太陽に近づくと熱せられ，ガスや塵を放出する。このガスや塵は，太陽から噴き出すプラズマ（太陽風）と呼ばれるものに流され，尾をつくる。よって，尾の方向は，必ず太陽と反対の方向になる。

国語解答

一　問一　2　問二　3　問三　3
　　問四　1　問五　4　問六　1
　　問七　2　問八　1　問九　4
　　問十　4

二　問一　4　問二　2　問三　1
　　問四　2　問五　4　問六　3
　　問七　3　問八　2

三　問一　2　問二　4　問三　3
　　問四　3　問五　1　問六　2
　　問七　4　問八　1

四　問一　3　問二　3　問三　1
　　問四　4　問五　4　問六　2
　　問七　2

一〔国語の知識〕

問一＜漢字＞「端正」と書く。1は「丹精」，3は「淡白」，4は「担当」。

問二＜漢字＞「怪我」は「けが」，「惜敗」は「せきはい」，「出納」は「すいとう」と読む。

問三＜慣用句＞3は「味を占める」「座を占める」などが考えられ，体の一部は含まれない。1は「舌を巻く」などが考えられる。2は「腕が鳴る」「喉が鳴る」などが考えられる。4は「背を向ける」「足を向ける」「目を向ける」などが考えられる。

問四＜語句＞「皮肉」は，弱点などを遠回しに非難したり，からかう言葉。「風刺」は，遠回しに社会や人物を批判すること。「抽象」は，事物などから特定の性質や要素を抜き出して把握すること。「具体」は，物事が直接に知覚され認識される内容を備えていること。「理性」は，道理に基づいて物事を判断する心のはたらき。「感性」は，物事を心に深く感じ取るはたらき。「親密」は，きわめて仲が良いこと。「親展」は，手紙などで，名宛人自身が開封して読むことを要求するもの。

問五＜語句＞「コンセプト」は，概念のこと。「コンテンツ」は，内容のこと。「カオス」は，秩序のない状態のこと。「コスモス」は，秩序のある世界のこと。「モダン」は，現代的なさま。「クラシック」は，古典的なさま。「マクロ」は，巨大であること。「ミクロ」は，極小であること。

問六＜敬語＞「おっしゃられる」は，尊敬表現の動詞「おっしゃる」と尊敬の意味を表す助動詞「れる」が重ねて用いられているので不適切。「伺った」は，謙譲表現なので，「先生」の動作に用いるのは不適切。「くださった」は，尊敬表現なので，「私」の動作に用いるのは不適切。

問七＜短歌の技法＞二句目の「回れ」は，命令形なので，ここが意味や調子の切れ目と考えられる。観覧車よ，止まることなく回り続けてほしい，思い出はあなたにはたった一日でしょうが，私には一生の思い出となるでしょう，という意味。

問八＜古典の知識＞旧暦の月の異名は一月から順に，睦月，如月，弥生，卯月，皐月，水無月，文月，葉月，長月，神無月，霜月，師走となる。

問九＜文学史＞『論語』は，中国の思想家である孔子の言行録。

問十＜漢文の訓読＞レ点は，すぐ上の文字に返って読む。一二点は，一点の施された文字の次に二点の施された文字に，二字以上返って読む。「不」は，「ざる」と読み，「於」は，置き字なので読まない。上から順に「己」→「欲」→「不」→「所」→「人」→「施」→「勿」の順に読む。

二〔論説文の読解―社会学的分野―現代社会〕出典；養老孟司『脳に映る現代』。

≪本文の概要≫私が自分の専門の解剖学を自然学と呼び，自然科学と呼ばないのは，今の自然科学の大勢が特定の理論体系を持った実験科学だからである。自然学は，対象としての自然が，ありのままの形で扱われ，自然言語によって記述される。一方，自然科学は，理論を検証するために実験が行われ，未知の世界に説明を持ち込んで科学の理論体系として表現されたものである。自然言語で説明する自然学なら，易しい説明も可能であるが，今ではそういう領域は「古くさい」科学として社会的にはほとんど価値を認められなくなってしまった。それは現代のような管理社会や情報社会においては，全てのものを特定の理論体系の中に位置づけるからである。全てが予測可能・統御可能でなければならないのである。しかし，人間が情報の交換などの機能を目指して都市をつくってきたと考えると，情報・管理社会は，最近できたものではない。情報・管理社会は，はじめから人間の社会が目指していた方向であり，そこでは全てが予測され，統御されるのである。

問一＜文章内容＞「私」の考える「自然学」は，「ありのままの形」で扱われた「対象としての自然」が，「自然言語」でそのまま記述されたものである。一方の「自然科学」は，「実験」を行い，「未知の世界」に「説明を持ち込む」ことで，「科学の理論体系」として表現されたものである。

問二＜語句＞「屋台骨」は，建物や組織などを支える中心となるもののこと。

問三＜接続語＞「水」や「塩」を「知らない人はない」ということは，言い換えれば，「水」や「塩」は「既知の世界」のものといえる。

問四＜文章内容＞水や塩など「日常的な存在」である「既知の世界」のものも，化学の記号を用いて表すと，「未知の世界」の「はなはだむずかしいもの」に変わってしまうという「おかしな」ことが起こる。

問五＜指示語＞自然科学は，「わかりきったものを説明する」ために「見えないもの」を持ち込むので，「未知のものを既知のもので説明する」という体系ではない。

問六＜文章内容＞自然科学が「専門化」すると，説明として「奥が深い」ものにはなるが，わかりきった「日常的な存在」が，どんどん日常的ではなくなってしまう。

問七＜文章内容＞都市をつくることの「大きな理由の一つ」は，「情報の交換」であり，その場所に情報を「集中」させ，多くの情報を集めることである。「情報を整理し，予測を立て，管理に役立てる」という考え方は「ほとんど人類発祥以来」あり，都市をつくって多くの情報を集めるのは，「予測を立て」て「管理」するためだと考えられる。

問八＜文脈＞自然学が，今では「古くさい」科学として「社会的にほとんど価値を認められなくなった」のは，「管理社会，情報社会」では，全てが「予測可能，統御可能」でなければならず，そのために全てのものは，ある特定の「理論」体系の中に位置づけられなければならないからである。「われわれの住む，現代社会」がこのような「管理社会，情報社会」になったのは，「かならずしも科学のせいではない」のである。

三　〔小説の読解〕出典；宮本輝『螢川』。

問一＜文章内容＞竜夫は，同じクラスの女生徒が，竜夫と同じ蛇口で水を飲んだと英子が知ったら「きっと喜ぶ」と言うのを聞き，英子が自分に好意を持っていると知って，うれしくなった。

問二＜心情＞英子は，声をかけられたとき，中学に入って竜夫と「二人きりで言葉を交わすのは初めて」で緊張していたこともあり（２…○），また，「母さん」にきいてみなければと思ったので，すぐに返事をするのはためらわれて考え込んだ（１…○）。また，英子は，竜夫に「行きたいがか？」ときかれ，「行きたい」と率直に答えているので，螢狩りに誘われて心の中ではうれしいと思っている（３…○）。「母さんに聞いてみる」と答えながらも，竜夫の「おばさん，きっと駄目やって言うに決まっとる」という言葉に対し，「そんなこと言わん」と応じているので，英子は，母親の反対を心配してはいない（４…×）。

問三＜語句＞「晩生」は，普通より遅れて成長すること。

問四＜熟語の構成＞「永久」は，似た意味の漢字を組み合わせた熟語。

問五＜文章内容＞ふと「関根のことを話したい衝動にかられた」竜夫は，関根が英子に好意を抱いていたことをそれとなく示し，さらに写真を「友情のしるし」だと言って自分にくれたと話すことで，竜夫も英子に好意を持っているということを遠回しに示した。竜夫は，英子に対する関根や自分の思いを伝えたいと思うようになったのである。

問六＜文章内容＞「上ずっていた」は，声が落ち着かない調子になっていた，という意味。竜夫は，英子と一緒に螢狩りに行けると思うと，興奮して落ち着かないのである。

問七＜表現＞「はたはた」は，布や旗などが風にあおられている様子を表す。ここでは，「樹木の若葉」が，風によって揺れている様子が描写されている。

問八＜心情＞母から，父の具合が悪くなり，余命が「もう一日か二日」と聞かされた竜夫は，日常の風景の中にいることで，父の死が近いというつらい現実から逃れようと思ったのである。

四〔古文の読解―説話〕出典；無住法師『沙石集』巻第八ノ十九（梵舜《ぼんしゅん》本）。

≪現代語訳≫下総の国のある渡し場で，ちょうど出発しようとする船に乗ろうとして，若い法師がやってきた。（船頭が）「どこからですか」と尋ねると，「風早の唯蓮坊の所から」と言う。船頭にはきわめて忌《い》み言葉を嫌う習慣があり，「ああ，不吉なことよ。（風が強いという意味につながる）風早という言葉だけでもいとわしいのに，（船中に湯が入ってしまうという意味につながる）唯蓮坊とは，ますます恐ろしい。それにしても，船賃など持っていなさそうなお坊様の，物言いの悪さよ」と言うと，「ともかく乗せてください。船賃には大豆を（途中で）こぼしこぼししたが一升持っています」と（法師が）言うので，（船頭は）「このお坊様がまた不吉なことをおっしゃる。（水があふれるや壊れるという意味につながる）こぼれこぼれなどと聞きたくもないことよ」と言って，「降りてください，降りてください」としかったところ，「（私が）ここにいるから，（あなたは）このようにうるさく〈おっしゃるのです〉。舳先の方に行って，ひっくり返って寝ていよう」と（法師が）言ったので，かえってあまりのひどさに，（船頭は）笑って（法師を）乗せてしまった。

問一＜古典の知識＞旧国名の「下総」は，主に現在の千葉県北部のこと。

問二＜古文の内容理解＞「いぶせし」は，不快だ，という意味。「風早」という言葉は，強風を連想させるので，船頭は，不吉な言葉だと思い，忌み嫌った。

問三＜現代語訳＞「ただ」は，すぐに，むやみに，という意味。法師は，とにかくすぐに乗せてほしいと頼んだのである。

問四＜古文の内容理解＞「こぼれ」も，水があふれてこぼれ落ちる，という意味の「こぼる」や崩れ壊れる，という意味の「こほる」に通じる不吉な言葉であると，船頭は思った。

問五＜古典文法＞文中に「ぞ」「なむ」「や」「か」という係助詞があるときは，文末を連体形で結び，「こそ」という係助詞があるときは，文末を已然形で結ぶ決まりを，係り結びの法則という。「のたまへ」は，動詞「のたまふ」の已然形で，「こそ」の結びとなっている。

問六＜古文の内容理解＞船頭に「降り給へ」と言われた法師は，「舳の方」に行って，ひっくり返って寝ていようと言った。

問七＜古文の内容理解＞船頭は，法師が「風早」「唯蓮坊」「こぼれ」などの不吉な言葉を言ったので，乗船を拒否していたが，法師がそれにこりずに，船が転覆するという意味に通じるような「打ち覆へて伏せらん」と言ったので，あまりのことにあきれて笑ってしまい，結局は法師を乗せることにしたのである。

●要点チェック●　図形編ー合同

◎図形の合同

合同……一方の図形を移動させて(ずらしたり《平行移動》，回したり《回転移動》，裏返したり《対称移動》して)，他方の図形に重ね合わせることのできるとき，この２つの図形は合同である。

・合同な図形の性質

１．対応する線分の長さは等しい。

２．対応する角の大きさは等しい。

・三角形の合同条件

２つの三角形は次のどれかが成り立つとき合同である。

１．３組の辺がそれぞれ等しい。

２．２組の辺とそのはさむ角がそれぞれ等しい。

３．１組の辺とその両端の角がそれぞれ等しい。

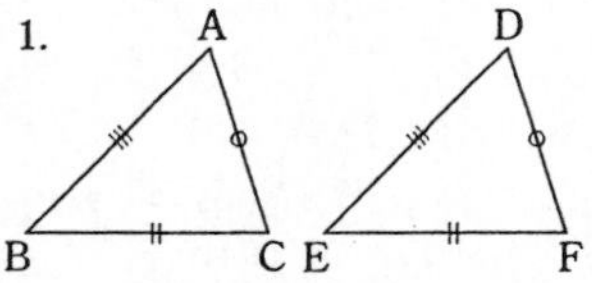

AB＝DE
BC＝EF
AC＝DF

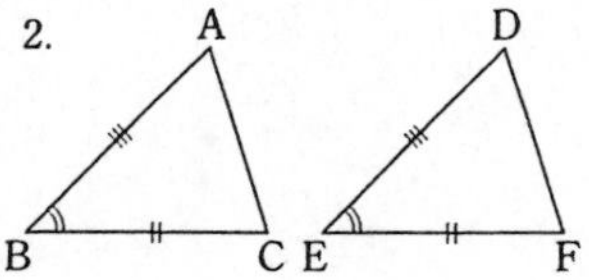

AB＝DE
BC＝EF
∠ABC＝∠DEF

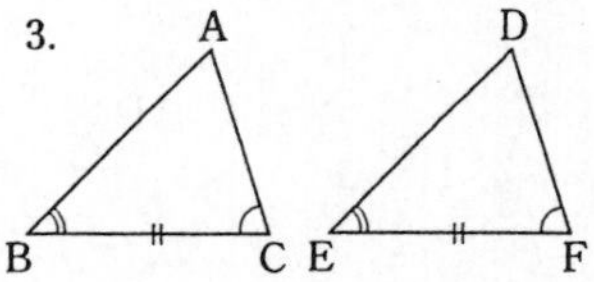

BC＝EF
∠ABC＝∠DEF
∠ACB＝∠DFE

・直角三角形の合同条件

２つの直角三角形は次のどちらかが成り立つとき合同である。

１．斜辺と１鋭角がそれぞれ等しい。

２．斜辺と他の１辺がそれぞれ等しい。

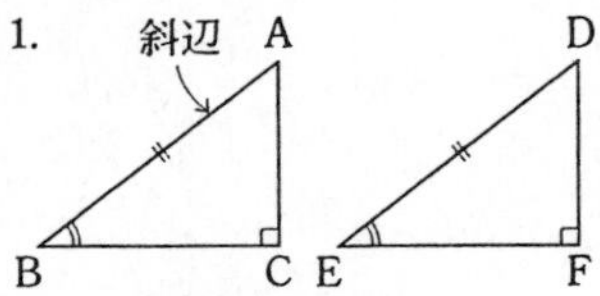

∠ACB＝∠DFE＝90°
AB＝DE
∠ABC＝∠DEF

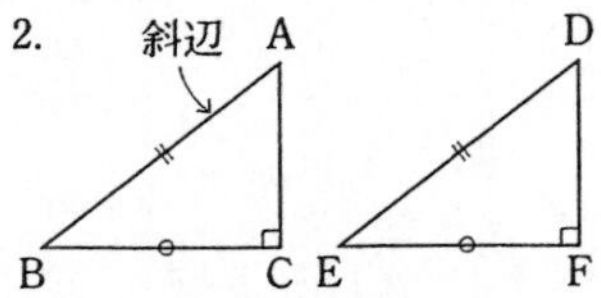

∠ACB＝∠DFE＝90°
AB＝DE
BC＝EF

Memo

高校を受験する生徒とご父母のための…

2025年度用 高校合格資料集

■首都圏有名書店にて今秋発売予定！

内容目次

1. まず試験日はいつ？ 推薦ワクは？競争率は？
2. この学校のことは どこに行けば分かるの？
3. かけもち受験のテクニックは？
4. 合格するために大事なことが二つ！
5. もしもだよ！ 試験に落ちたらどうしよう？
6. 勉強しても成績があがらない
7. 最後の試験は面接だよ！

※表紙は昨年のものです。

定価1430円（税込）

スーパー過去問の **解説執筆・解答作成スタッフ（在宅）募集！** ※募集要項の詳細は、10月に弊社ホームページ上に掲載します。

2025年度用

高校スーパー過去問

■編集人　声の教育社・編集部
■発行所　株式会社　声の教育社
〒162-0814 東京都新宿区新小川町8-15
☎03-5261-5061㈹ FAX03-5261-5062
https://www.koenokyoikusha.co.jp

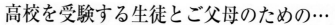

公立高校過去問シリーズ

- ●東京都立高校
- ●神奈川県公立高校
- ●千葉県公立高校
- ●埼玉県公立高校
- ●茨城県公立高校
- ●栃木県公立高校
- ●群馬県公立高校

掲載全問に
わかりやすい解説つき
各教科の
出題傾向と対策

定価1100円(税込)

都立独自高校 公立高校過去問シリーズ

251 都立日比谷高校
252 都立西高校
253 都立八王子東高校
254 都立国立高校
255 都立戸山高校
256 都立国分寺高校
257 都立立川高校
258 都立新宿高校
259 都立青山高校

定価2090円(税込)

高校ベスト10シリーズ

出題形式別、入試によく出る順!!

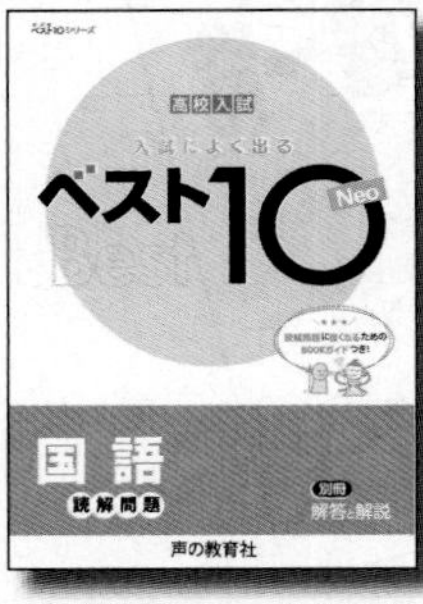

ベスト10Neo **国語** 読解問題

ベスト10Neo **数学** 図形問題

英語 文法問題ベスト10

定価990〜1100円(税込)

高校受験面接ブック

別冊がウリ!! 首都圏の各高校の面接内容

本体 質問回答例ベスト150
面接ワークシート
自己PR書の書き方とワークシート

別冊 首都圏の私国立高校などの面接方法、時間、質問具体例
推薦・一般入試の面接内容
主要校の面接会場のようす
(各校図示)

小冊子 試験場に持って行けるチェックBOOK
など面接対策がつまった1冊

定価1320円(税込)

図解でわかる!! 作文・小論文

本体 (88P) **合格作文の書き方**
①7日間で仕上げる基礎編
②4日間で仕上げる応用編

別冊 (52P) 首都圏の各高校の作文課題、制限時間、文字数の具体例調査
①首都圏の作文課題2000例を代表的な15パターンに分類(書き易くするため)
②着眼点、キーワード、ポイントを各パターンごとにコメント
③推薦と一般入試の作文出題校と課題例を一挙公開!!
④首都圏公立高校4年間課題調査

定価1100円(税込)

公立の漢字

公立高校の試験によく出る漢字

1 漢字は全都道府県で出題!!
2 公立の漢字の配点は高い!!
3 10年間の頻度をデータ化!!
4 最頻出漢字を5段階評価!!

定価748円(税込)

声の教育社 〒162-0814 東京都新宿区新小川町8-15
TEL.03(5261)5061 FAX.03(5261)5062

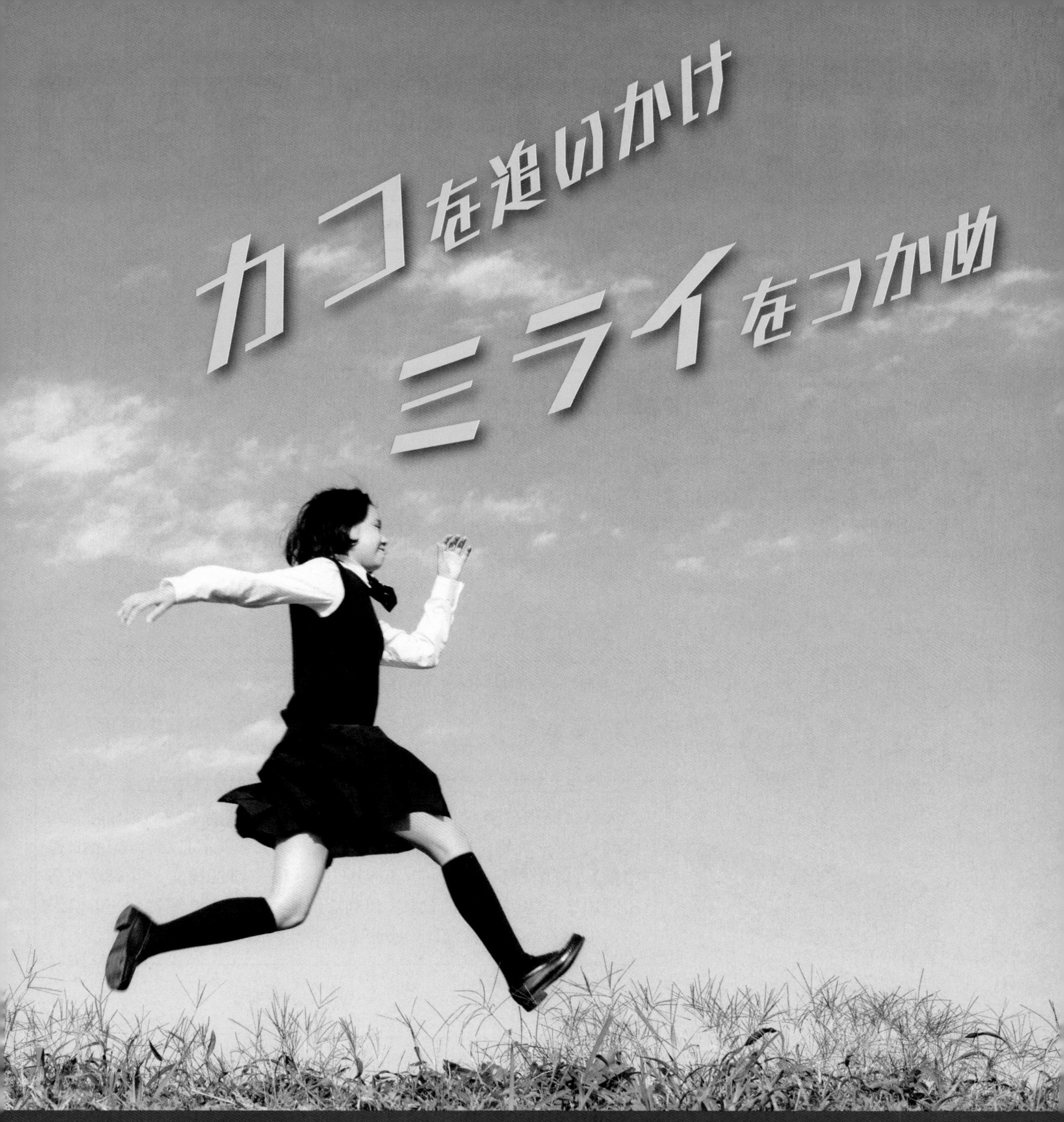
カコを追いかけ
ミライをつかめ

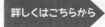

佐野日本大学高等学校

別冊 解答用紙

丁寧に抜きとって、別冊としてご使用ください。

注意

○ 解答用紙は、収録の都合により縮小したものや、小社独自に作成したものもあります。
○ 学校配点は学校発表のもの、推定配点は小社で作成したものです。
○ 無断転載を禁じます。
○ 解答用紙を拡大コピーする場合、表示した拡大率に対応する用紙サイズは以下のとおりです。
101%～102%＝B5　103%～118%＝A4　119%～144%＝B4　145%～167%＝A3
（タイトルと配点表は含みません）

２０２４年度　佐野日本大学高等学校　第１回

英語解答用紙

評点	／100

受験区分	受験番号					
		ー				
Ⓐ Ⓑ Ⓒ Ⓓ Ⓔ Ⓕ Ⓖ Ⓗ Ⓙ Ⓚ Ⓝ Ⓢ	① ② ③ ④ ⑤ ⑥ ⑦ ⑧		⓪ ① ② ③ ④ ⑤ ⑥ ⑦ ⑧ ⑨	⓪ ① ② ③ ④ ⑤ ⑥ ⑦ ⑧ ⑨	⓪ ① ② ③ ④ ⑤ ⑥ ⑦ ⑧ ⑨	⓪ ① ② ③ ④ ⑤ ⑥ ⑦ ⑧ ⑨

フリガナ	
氏　名	

欠席コード
○

（受験者はマークしてはいけない）

〔注意事項〕

1．受験区分、受験番号および氏名を必ず記入しマークして下さい。
2．マークは必ずＨＢの黒鉛筆で○の中をていねいにぬりつぶして下さい。
3．訂正はプラスチック製の消しゴムできれいに消してからマークし、消しくずを残さないで下さい。
4．所定欄以外にはマークしたり記入したりしないで下さい。
5．紙面を汚したり折り曲げたり破ったりしないで下さい。

マークの仕方
良い例　●
悪い例

1

問 1	① ② ③ ④
問 2	① ② ③ ④
問 3	① ② ③ ④
問 4	① ② ③ ④
問 5	① ② ③ ④

2

(1)	① ② ③ ④
(2)	① ② ③ ④
(3)	① ② ③ ④
(4)	① ② ③ ④
(5)	① ② ③ ④
(6)	① ② ③ ④
(7)	① ② ③ ④
(8)	① ② ③ ④

3

問 1	① ② ③ ④
問 2	① ② ③ ④
問 3	① ② ③ ④

4

問 1	① ② ③ ④
問 2	① ② ③ ④
問 3	① ② ③ ④
問 4	① ② ③ ④
問 5	① ② ③ ④

5

(1)	① ② ③ ④
(2)	① ② ③ ④
(3)	① ② ③ ④
(4)	① ② ③ ④
(5)	① ② ③ ④

6

(1)	① ② ③ ④
	① ② ③ ④
	① ② ③ ④
	① ② ③ ④
(2)	① ② ③ ④
	① ② ③ ④
	① ② ③ ④
	① ② ③ ④
(3)	① ② ③ ④
	① ② ③ ④
	① ② ③ ④
	① ② ③ ④
(4)	① ② ③ ④
	① ② ③ ④
	① ② ③ ④
	① ② ③ ④

7

問 1		① ② ③ ④
問 2		① ② ③ ④
問 3		① ② ③ ④
問 4		① ② ③ ④
問 5		① ② ③ ④
問 6		① ② ③ ④
問7	1	① ②
	2	① ②
	3	① ②

（注）この解答用紙は実物を縮小してあります。Ｂ４用紙に125％拡大コピーすると、ほぼ実物大で使用できます。（タイトルと配点表は含みません）

推定配点		計
	1～4　各２点×21　　5　各３点×５ 6　各４点×４　　7　各３点×９	100点

2024年度　佐野日本大学高等学校　第1回

数学解答用紙

評点	／100

受験区分			受験番号			
		ー				
Ⓐ			0	0	0	0
Ⓑ	1		1	1	1	1
Ⓒ	2		2	2	2	2
Ⓓ	3		3	3	3	3
Ⓔ	4		4	4	4	4
Ⓕ	5		5	5	5	5
Ⓖ	6		6	6	6	6
Ⓗ	7		7	7	7	7
Ⓙ	8		8	8	8	8
Ⓚ			9	9	9	9
Ⓝ						
Ⓢ						

フリガナ	
氏　名	

欠席コード
⬭

（受験者はマークしてはいけない）

〔注意事項〕
1. 受験区分、受験番号および氏名を必ず記入しマークして下さい。
2. マークは必ずＨＢの黒鉛筆で⬭の中をていねいにぬりつぶして下さい。
3. 訂正はプラスチック製の消しゴムできれいに消してからマークし、消しくずを残さないで下さい。
4. 所定欄以外にはマークしたり記入したりしないで下さい。
5. 紙面を汚したり折り曲げたり破ったりしないで下さい。

マークの仕方
良い例
⬬
悪い例
◐ ⓥ ◑

1

(1)	ア	0	1	2	3	4	5	6	7	8	9
(2)	イ	0	1	2	3	4	5	6	7	8	9
	ウ	0	1	2	3	4	5	6	7	8	9
(3)	エ	0	1	2	3	4	5	6	7	8	9
	オ	0	1	2	3	4	5	6	7	8	9
	カ	0	1	2	3	4	5	6	7	8	9
	キ	0	1	2	3	4	5	6	7	8	9
(4)	ク	0	1	2	3	4	5	6	7	8	9
	ケ	0	1	2	3	4	5	6	7	8	9
	コ	0	1	2	3	4	5	6	7	8	9
(5)	サ	0	1	2	3	4	5	6	7	8	9
	シ	0	1	2	3	4	5	6	7	8	9
	ス	0	1	2	3	4	5	6	7	8	9
(6)	セ	0	1	2	3	4	5	6	7	8	9
	ソ	0	1	2	3	4	5	6	7	8	9

2

(1)	ア	0	1	2	3	4	5	6	7	8	9
(2)	イ	0	1	2	3	4	5	6	7	8	9
	ウ	0	1	2	3	4	5	6	7	8	9
	エ	0	1	2	3	4	5	6	7	8	9
	オ	0	1	2	3	4	5	6	7	8	9
(3)	カ	0	1	2	3	4	5	6	7	8	9
	キ	0	1	2	3	4	5	6	7	8	9
(4)	ク	0	1	2	3	4	5	6	7	8	9
	ケ	0	1	2	3	4	5	6	7	8	9
(5)	コ	0	1	2	3	4	5	6	7	8	9
	サ	0	1	2	3	4	5	6	7	8	9
(6)	シ	0	1	2	3	4	5	6	7	8	9
	ス	0	1	2	3	4	5	6	7	8	9
(7)	セ	0	1	2	3	4	5	6	7	8	9
	ソ	0	1	2	3	4	5	6	7	8	9
	タ	0	1	2	3	4	5	6	7	8	9
(8)	チ	0	1	2	3	4	5	6	7	8	9
(9)	ツ	0	1	2	3	4	5	6	7	8	9
	テ	0	1	2	3	4	5	6	7	8	9
(10)	ト	0	1	2	3	4	5	6	7	8	9
	ナ	0	1	2	3	4	5	6	7	8	9

3

(1)	ア	0	1	2	3	4	5	6	7	8	9
	イ	0	1	2	3	4	5	6	7	8	9
	ウ	0	1	2	3	4	5	6	7	8	9
	エ	0	1	2	3	4	5	6	7	8	9
	オ	0	1	2	3	4	5	6	7	8	9
(2)	カ	0	1	2	3	4	5	6	7	8	9
	キ	0	1	2	3	4	5	6	7	8	9
	ク	0	1	2	3	4	5	6	7	8	9
	ケ	0	1	2	3	4	5	6	7	8	9
	コ	0	1	2	3	4	5	6	7	8	9
	サ	0	1	2	3	4	5	6	7	8	9
(3)	シ	0	1	2	3	4	5	6	7	8	9
	ス	0	1	2	3	4	5	6	7	8	9
	セ	0	1	2	3	4	5	6	7	8	9
	ソ	0	1	2	3	4	5	6	7	8	9

4

(1)	ア	0	1	2	3	4	5	6	7	8	9
	イ	0	1	2	3	4	5	6	7	8	9
(2)	ウ	0	1	2	3	4	5	6	7	8	9
	エ	0	1	2	3	4	5	6	7	8	9
	オ	0	1	2	3	4	5	6	7	8	9
(3)	カ	0	1	2	3	4	5	6	7	8	9
	キ	0	1	2	3	4	5	6	7	8	9

5

(1)	ア	0	1	2	3	4	5	6	7	8	9
	イ	0	1	2	3	4	5	6	7	8	9
	ウ	0	1	2	3	4	5	6	7	8	9
(2)	エ	0	1	2	3	4	5	6	7	8	9
	オ	0	1	2	3	4	5	6	7	8	9
(3)	カ	0	1	2	3	4	5	6	7	8	9
	キ	0	1	2	3	4	5	6	7	8	9
	ク	0	1	2	3	4	5	6	7	8	9

（注）この解答用紙は実物を縮小してあります。Ｂ４用紙に133％拡大コピーすると、ほぼ実物大で使用できます。（タイトルと配点表は含みません）

推定配点		計
	1 各５点×６　2 各４点×10　3, 4 各３点×６ 5 (1) ４点　(2) 各２点×２　(3) ４点	100点

２０２４年度　佐野日本大学高等学校　第１回

社会解答用紙

評点	／100

受験区分	受験番号				
		―			
Ⓐ		⓪	⓪	⓪	⓪
Ⓑ	①	①	①	①	①
Ⓒ	②	②	②	②	②
Ⓓ	③	③	③	③	③
Ⓔ	④	④	④	④	④
Ⓕ	⑤	⑤	⑤	⑤	⑤
Ⓖ	⑥	⑥	⑥	⑥	⑥
Ⓗ	⑦	⑦	⑦	⑦	⑦
Ⓙ	⑧	⑧	⑧	⑧	⑧
Ⓚ		⑨	⑨	⑨	⑨
Ⓝ					
Ⓢ					

フリガナ	
氏　名	

欠席コード
◯

（受験者はマークしてはいけない）

〔注意事項〕

1．受験区分、受験番号および氏名を必ず記入しマークして下さい。
2．マークは必ずＨＢの黒鉛筆で◯の中をていねいにぬりつぶして下さい。
3．訂正はプラスチック製の消しゴムできれいに消してからマークし、消しくずを残さないで下さい。
4．所定欄以外にはマークしたり記入したりしないで下さい。
5．紙面を汚したり折り曲げたり破ったりしないで下さい。

マークの仕方
良い例 ●
悪い例 ◐ ⊘ ◑

1

(1)	①	②	③	④
(2)	①	②	③	④
(3)	①	②	③	④
(4)	①	②	③	④
(5)	①	②	③	④
(6)	①	②	③	④

2

(1)	①	②	③	④
(2)	①	②	③	④
(3)	①	②	③	④
(4)	①	②	③	④
(5)	①	②	③	④

3

(1)	①	②	③	④		
(2)	①	②	③	④	⑤	⑥
(3)	①	②	③	④		
(4)	①	②	③	④		

4

(1)	①	②	③	④	
(2)	①	②	③	④	
(3)	①	②	③	④	
(4)	①	②	③	④	
(5)	①	②	③	④	⑤

5

(1)	①	②	③	④
(2)	①	②	③	④
(3)	①	②	③	④
(4)	①	②	③	④
(5)	①	②	③	④

6

(1)	①	②	③	④
(2)	①	②	③	④
(3)	①	②	③	④
(4)	①	②	③	④
(5)	①	②	③	④

7

(1)	①	②	③	④
(2)	①	②	③	④
(3)	①	②	③	④
(4)	①	②	③	④
(5)	①	②	③	④

8

(1)	①	②	③	④
(2)	①	②	③	④
(3)	①	②	③	④
(4)	①	②	③	④
(5)	①	②	③	④

9

(1)	①	②	③	④		
(2)	①	②	③	④		
(3)	①	②	③	④	⑤	⑥
(4)	①	②	③	④		
(5)	①	②	③	④		

10

(1)	①	②	③	④		
(2)	①	②	③	④		
(3)	①	②	③	④	⑤	⑥
(4)	①	②	③	④		
(5)	①	②	③	④		

（注）この解答用紙は実物を縮小してあります。Ｂ４用紙に135％拡大コピーすると、ほぼ実物大で使用できます。（タイトルと配点表は含みません）

推定配点		計
	1～10　各２点×50	100点

２０２４年度　佐野日本大学高等学校　第１回

理科解答用紙

評点	／100

受験区分			受験番号			
		ー				
Ⓐ Ⓑ Ⓒ Ⓓ Ⓔ Ⓕ Ⓖ Ⓗ Ⓙ Ⓚ Ⓝ Ⓢ	① ② ③ ④ ⑤ ⑥ ⑦ ⑧		⓪ ① ② ③ ④ ⑤ ⑥ ⑦ ⑧ ⑨	⓪ ① ② ③ ④ ⑤ ⑥ ⑦ ⑧ ⑨	⓪ ① ② ③ ④ ⑤ ⑥ ⑦ ⑧ ⑨	⓪ ① ② ③ ④ ⑤ ⑥ ⑦ ⑧ ⑨

フリガナ	
氏　名	

欠席コード
◯

（受験者はマークしてはいけない）

〔注意事項〕

1．受験区分、受験番号および氏名を必ず記入しマークして下さい。
2．マークは必ずＨＢの黒鉛筆で◯の中をていねいにぬりつぶして下さい。
3．訂正はプラスチック製の消しゴムできれいに消してからマークし、消しくずを残さないで下さい。
4．所定欄以外にはマークしたり記入したりしないで下さい。
5．紙面を汚したり折り曲げたり破ったりしないで下さい。

マークの仕方
良い例 ⬬
悪い例 ◐ ◇ ◑

1

問 1	① ② ③ ④
問 2	① ② ③ ④ ⑤ ⑥
問 3	① ② ③ ④
問 4	① ② ③ ④ ⑤
問 5	① ② ③ ④
問 6	① ② ③ ④ ⑤
問 7	① ② ③ ④ ⑤ ⑥
問 8	① ② ③ ④ ⑤ ⑥ ⑦ ⑧ ⑨

2

問 1	① ② ③
問 2	① ② ③ ④ ⑤ ⑥
問 3	① ② ③ ④ ⑤ ⑥
問 4	① ② ③ ④
問 5	① ② ③ ④ ⑤ ⑥
問 6	① ② ③ ④ ⑤ ⑥

3

問 1	① ② ③ ④
問 2	① ② ③ ④
問 3	① ② ③ ④
問 4	① ② ③ ④
問 5	① ② ③ ④

4

問 1	① ② ③ ④ ⑤
問 2	① ② ③ ④
問 3	① ② ③ ④
問 4	① ② ③ ④ ⑤ ⑥

5

問 1	① ② ③ ④ ⑤ ⑥ ⑦
問 2	① ② ③ ④ ⑤ ⑥ ⑦ ⑧ ⑨
問 3	① ② ③ ④
問 4	① ② ③ ④

6

問 1	① ② ③ ④ ⑤ ⑥
問 2	① ② ③ ④
問 3	① ② ③ ④
問 4	① ② ③ ④

7

問 1	① ② ③ ④
問 2	① ② ③ ④
問 3	① ② ③ ④ ⑤ ⑥
問 4	① ② ③ ④
問 5	① ② ③ ④

8

問 1	① ② ③ ④
問 2	① ② ③ ④
問 3	① ② ③ ④
問 4	① ② ③ ④

9

問 1	① ② ③ ④ ⑤
問 2	① ② ③ ④ ⑤ ⑥
問 3	① ② ③ ④ ⑤ ⑥
問 4	① ② ③ ④ ⑤ ⑥
問 5	① ② ③ ④

（注）この解答用紙は実物を縮小してあります。Ｂ４用紙に141％拡大コピーすると、ほぼ実物大で使用できます。（タイトルと配点表は含みません）

推定配点		計
	1，2　各２点×14　3　問１～問４　各２点×４　問５　３点 4　問１～問３　各２点×３　問４　３点　5　問１　２点　問２　３点 問３，問４　各２点×２　6　問１～問３　各２点×３　問４　３点 7　問１，問２　各２点×２　問３　３点　問４，問５　各２点×２ 8　問１，問２　各２点×２　問３，問４　各３点×２ 9　問１　２点　問２～問４　各３点×３　問５　２点	100点

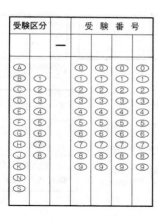

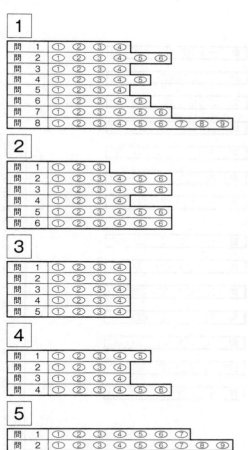

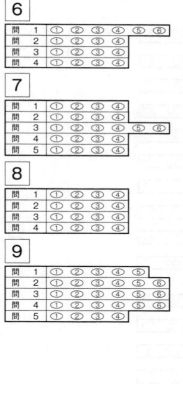

二〇二四年度　佐野日本大学高等学校　第一回

国語解答用紙

評点	／100

受験区分			受験番号			
		一				
Ⓐ			⓪	⓪	⓪	⓪
Ⓑ	①		①	①	①	①
Ⓒ	②		②	②	②	②
Ⓓ	③		③	③	③	③
Ⓔ	④		④	④	④	④
Ⓕ	⑤		⑤	⑤	⑤	⑤
Ⓖ	⑥		⑥	⑥	⑥	⑥
Ⓗ	⑦		⑦	⑦	⑦	⑦
Ⓙ	⑧		⑧	⑧	⑧	⑧
Ⓚ			⑨	⑨	⑨	⑨
Ⓝ						
Ⓢ						

フリガナ	
氏　名	

欠席コード
⬭

（受験者はマークしてはいけない）

〔注意事項〕

1. 受験区分、受験番号および氏名を必ず記入しマークして下さい。
2. マークは必ずＨＢの黒鉛筆で⬭の中をていねいにぬりつぶして下さい。
3. 訂正はプラスチック製の消しゴムできれいに消してからマークし、消しくずを残さないで下さい。
4. 所定欄以外にはマークしたり記入したりしないで下さい。
5. 紙面を汚したり折り曲げたり破ったりしないで下さい。

マークの仕方
良い例　⬬
悪い例

一

問　一	① ② ③ ④
問　二	① ② ③ ④
問　三	① ② ③ ④
問　四	① ② ③ ④
問　五	① ② ③ ④
問　六	① ② ③ ④
問　七	① ② ③ ④
問　八	① ② ③ ④
問　九	① ② ③ ④
問　十	① ② ③ ④

二

問　一	① ② ③ ④
問　二	① ② ③ ④
問　三	① ② ③ ④
問　四	① ② ③ ④
問　五	① ② ③ ④
問　六	① ② ③ ④
問　七	① ② ③ ④

三

問　一	① ② ③ ④
問　二	① ② ③ ④
問　三	① ② ③ ④
問　四	① ② ③ ④
問　五	① ② ③ ④
問　六	① ② ③ ④
問　七	① ② ③ ④

四

問　一	① ② ③ ④
問　二	① ② ③ ④
問　三	① ② ③ ④
問　四	① ② ③ ④
問　五	① ② ③ ④
問　六	① ② ③ ④
問　七	① ② ③ ④

（注）この解答用紙は実物を縮小してあります。Ｂ４用紙に123％拡大コピーすると、ほぼ実物大で使用できます。（タイトルと配点表は含みません）

推定配点		計
	一　各２点×10 二　問一　３点　問二～問七　各４点×６ 三　問一，問二　各４点×２　問三　３点　問四～問七　各４点×４ 四　問一～問四　各４点×４　問五　３点　問六　４点　問七　３点	100点

２０２４年度　佐野日本大学高等学校　第２回

英語解答用紙

評点	／100

受験区分			受験番号			
		ー				
Ⓐ			⓪	⓪	⓪	⓪
Ⓑ	①		①	①	①	①
Ⓒ	②		②	②	②	②
Ⓓ	③		③	③	③	③
Ⓔ	④		④	④	④	④
Ⓕ	⑤		⑤	⑤	⑤	⑤
Ⓖ	⑥		⑥	⑥	⑥	⑥
Ⓗ	⑦		⑦	⑦	⑦	⑦
Ⓙ	⑧		⑧	⑧	⑧	⑧
Ⓚ			⑨	⑨	⑨	⑨
Ⓝ						
Ⓢ						

フリガナ	
氏　名	

欠席コード
⬭

（受験者はマーク してはいけない）

〔注意事項〕

1. 受験区分、受験番号および氏名を必ず記入しマークして下さい。
2. マークは必ずＨＢの黒鉛筆で⬭の中をていねいにぬりつぶして下さい。
3. 訂正はプラスチック製の消しゴムできれいに消してからマークし、消しくずを残さないで下さい。
4. 所定欄以外にはマークしたり記入したりしないで下さい。
5. 紙面を汚したり折り曲げたり破ったりしないで下さい。

マークの仕方
良い例 ⬬
悪い例

1

問 1	① ② ③ ④
問 2	① ② ③ ④
問 3	① ② ③ ④
問 4	① ② ③ ④
問 5	① ② ③ ④

2

(1)	① ② ③ ④
(2)	① ② ③ ④
(3)	① ② ③ ④
(4)	① ② ③ ④
(5)	① ② ③ ④
(6)	① ② ③ ④
(7)	① ② ③ ④
(8)	① ② ③ ④

3

問 1	① ② ③ ④
問 2	① ② ③ ④
問 3	① ② ③ ④

4

問 1	① ② ③ ④
問 2	① ② ③ ④
問 3	① ② ③ ④
問 4	① ② ③ ④
問 5	① ② ③ ④

5

(1)	① ② ③ ④
(2)	① ② ③ ④
(3)	① ② ③ ④
(4)	① ② ③ ④
(5)	① ② ③ ④

6

(1)	① ② ③ ④
	① ② ③ ④
	① ② ③ ④
	① ② ③ ④
(2)	① ② ③ ④
	① ② ③ ④
	① ② ③ ④
	① ② ③ ④
(3)	① ② ③ ④
	① ② ③ ④
	① ② ③ ④
	① ② ③ ④
(4)	① ② ③ ④
	① ② ③ ④
	① ② ③ ④
	① ② ③ ④

7

問 1		① ② ③ ④
問 2		① ② ③ ④
問 3		① ② ③ ④
問 4		① ② ③ ④
問 5		① ② ③ ④
問 6		① ② ③ ④
問7	1	① ②
	2	① ②
	3	① ②

（注）この解答用紙は実物を縮小してあります。Ｂ４用紙に125％拡大コピーすると、ほぼ実物大で使用できます。（タイトルと配点表は含みません）

推定配点		計
	1～4　各２点×21　　5　各３点×５ 6　各４点×４　　7　各３点×９	100点

2024年度　佐野日本大学高等学校　第2回

数学解答用紙

評点	／100

受験区分		—	受験番号			
Ⓐ			⓪	⓪	⓪	⓪
Ⓑ	①		①	①	①	①
Ⓒ	②		②	②	②	②
Ⓓ	③		③	③	③	③
Ⓔ	④		④	④	④	④
Ⓕ	⑤		⑤	⑤	⑤	⑤
Ⓖ	⑥		⑥	⑥	⑥	⑥
Ⓗ	⑦		⑦	⑦	⑦	⑦
Ⓙ	⑧		⑧	⑧	⑧	⑧
Ⓚ			⑨	⑨	⑨	⑨
Ⓝ						
Ⓢ						

フリガナ	
氏　名	

欠席コード
◯

（受験者はマークしてはいけない）

〔注意事項〕

1. 受験区分、受験番号および氏名を必ず記入しマークして下さい。
2. マークは必ずＨＢの黒鉛筆で◯の中をていねいにぬりつぶして下さい。
3. 訂正はプラスチック製の消しゴムできれいに消してからマークし、消しくずを残さないで下さい。
4. 所定欄以外にはマークしたり記入したりしないで下さい。
5. 紙面を汚したり折り曲げたり破ったりしないで下さい。

マークの仕方
良い例 ●
悪い例

1

小問	記号										
(1)	ア	⓪	①	②	③	④	⑤	⑥	⑦	⑧	⑨
(2)	イ	⓪	①	②	③	④	⑤	⑥	⑦	⑧	⑨
	ウ	⓪	①	②	③	④	⑤	⑥	⑦	⑧	⑨
(3)	エ	⓪	①	②	③	④	⑤	⑥	⑦	⑧	⑨
	オ	⓪	①	②	③	④	⑤	⑥	⑦	⑧	⑨
	カ	⓪	①	②	③	④	⑤	⑥	⑦	⑧	⑨
	キ	⓪	①	②	③	④	⑤	⑥	⑦	⑧	⑨
(4)	ク	⓪	①	②	③	④	⑤	⑥	⑦	⑧	⑨
	ケ	⓪	①	②	③	④	⑤	⑥	⑦	⑧	⑨
	コ	⓪	①	②	③	④	⑤	⑥	⑦	⑧	⑨
	サ	⓪	①	②	③	④	⑤	⑥	⑦	⑧	⑨
(5)	シ	⓪	①	②	③	④	⑤	⑥	⑦	⑧	⑨
	ス	⓪	①	②	③	④	⑤	⑥	⑦	⑧	⑨
(6)	セ	⓪	①	②	③	④	⑤	⑥	⑦	⑧	⑨
	ソ	⓪	①	②	③	④	⑤	⑥	⑦	⑧	⑨

2

小問	記号										
(1)	ア	⓪	①	②	③	④	⑤	⑥	⑦	⑧	⑨
	イ	⓪	①	②	③	④	⑤	⑥	⑦	⑧	⑨
	ウ	⓪	①	②	③	④	⑤	⑥	⑦	⑧	⑨
(2)	エ	⓪	①	②	③	④	⑤	⑥	⑦	⑧	⑨
	オ	⓪	①	②	③	④	⑤	⑥	⑦	⑧	⑨
(3)	カ	⓪	①	②	③	④	⑤	⑥	⑦	⑧	⑨
	キ	⓪	①	②	③	④	⑤	⑥	⑦	⑧	⑨
	ク	⓪	①	②	③	④	⑤	⑥	⑦	⑧	⑨
(4)	ケ	⓪	①	②	③	④	⑤	⑥	⑦	⑧	⑨
	コ	⓪	①	②	③	④	⑤	⑥	⑦	⑧	⑨
(5)	サ	⓪	①	②	③	④	⑤	⑥	⑦	⑧	⑨
(6)	シ	⓪	①	②	③	④	⑤	⑥	⑦	⑧	⑨
	ス	⓪	①	②	③	④	⑤	⑥	⑦	⑧	⑨
(7)	セ	⓪	①	②	③	④	⑤	⑥	⑦	⑧	⑨
	ソ	⓪	①	②	③	④	⑤	⑥	⑦	⑧	⑨
(8)	タ	⓪	①	②	③	④	⑤	⑥	⑦	⑧	⑨
	チ	⓪	①	②	③	④	⑤	⑥	⑦	⑧	⑨
	ツ	⓪	①	②	③	④	⑤	⑥	⑦	⑧	⑨
(9)	テ	⓪	①	②	③	④	⑤	⑥	⑦	⑧	⑨
	ト	⓪	①	②	③	④	⑤	⑥	⑦	⑧	⑨
(10)	ナ	⓪	①	②	③	④	⑤	⑥	⑦	⑧	⑨
	ニ	⓪	①	②	③	④	⑤	⑥	⑦	⑧	⑨
	ヌ	⓪	①	②	③	④	⑤	⑥	⑦	⑧	⑨
	ネ	⓪	①	②	③	④	⑤	⑥	⑦	⑧	⑨

3

小問	記号										
(1)	ア	⓪	①	②	③	④	⑤	⑥	⑦	⑧	⑨
	イ	⓪	①	②	③	④	⑤	⑥	⑦	⑧	⑨
(2)	ウ	⓪	①	②	③	④	⑤	⑥	⑦	⑧	⑨
	エ	⓪	①	②	③	④	⑤	⑥	⑦	⑧	⑨
	オ	⓪	①	②	③	④	⑤	⑥	⑦	⑧	⑨
	カ	⓪	①	②	③	④	⑤	⑥	⑦	⑧	⑨
	キ	⓪	①	②	③	④	⑤	⑥	⑦	⑧	⑨
(3)	ク	⓪	①	②	③	④	⑤	⑥	⑦	⑧	⑨
	ケ	⓪	①	②	③	④	⑤	⑥	⑦	⑧	⑨
	コ	⓪	①	②	③	④	⑤	⑥	⑦	⑧	⑨
	サ	⓪	①	②	③	④	⑤	⑥	⑦	⑧	⑨
	シ	⓪	①	②	③	④	⑤	⑥	⑦	⑧	⑨
	ス	⓪	①	②	③	④	⑤	⑥	⑦	⑧	⑨

4

小問	記号										
(1)	ア	⓪	①	②	③	④	⑤	⑥	⑦	⑧	⑨
	イ	⓪	①	②	③	④	⑤	⑥	⑦	⑧	⑨
	ウ	⓪	①	②	③	④	⑤	⑥	⑦	⑧	⑨
	エ	⓪	①	②	③	④	⑤	⑥	⑦	⑧	⑨
(2)	オ	⓪	①	②	③	④	⑤	⑥	⑦	⑧	⑨
	カ	⓪	①	②	③	④	⑤	⑥	⑦	⑧	⑨
(3)	キ	⓪	①	②	③	④	⑤	⑥	⑦	⑧	⑨

5

小問	記号										
(1)	ア	⓪	①	②	③	④	⑤	⑥	⑦	⑧	⑨
	イ	⓪	①	②	③	④	⑤	⑥	⑦	⑧	⑨
	ウ	⓪	①	②	③	④	⑤	⑥	⑦	⑧	⑨
(2)	エ	⓪	①	②	③	④	⑤	⑥	⑦	⑧	⑨
	オ	⓪	①	②	③	④	⑤	⑥	⑦	⑧	⑨
	カ	⓪	①	②	③	④	⑤	⑥	⑦	⑧	⑨
(3)	キ	⓪	①	②	③	④	⑤	⑥	⑦	⑧	⑨

（注）この解答用紙は実物を縮小してあります。Ｂ４用紙に141％拡大コピーすると、ほぼ実物大で使用できます。（タイトルと配点表は含みません）

推定配点		計
	1 各５点×６　2 各４点×10　3 各２点×５ 4 (1) 各２点×２　(2), (3) 各３点×２　5 各２点×５	100点

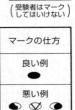

2024年度　佐野日本大学高等学校　第2回

社会解答用紙

評点	／100

受験区分			受験番号			
		ー				
Ⓐ			⓪	⓪	⓪	⓪
Ⓑ	①		①	①	①	①
Ⓒ	②		②	②	②	②
Ⓓ	③		③	③	③	③
Ⓔ	④		④	④	④	④
Ⓕ	⑤		⑤	⑤	⑤	⑤
Ⓖ	⑥		⑥	⑥	⑥	⑥
Ⓗ	⑦		⑦	⑦	⑦	⑦
Ⓙ	⑧		⑧	⑧	⑧	⑧
Ⓚ			⑨	⑨	⑨	⑨
Ⓝ						
Ⓢ						

フリガナ	
氏　名	

欠席コード
○

（受験者はマークしてはいけない）

〔注意事項〕

1. 受験区分、受験番号および氏名を必ず記入しマークして下さい。
2. マークは必ずＨＢの黒鉛筆で○の中をていねいにぬりつぶして下さい。
3. 訂正はプラスチック製の消しゴムできれいに消してからマークし、消しくずを残さないで下さい。
4. 所定欄以外にはマークしたり記入したりしないで下さい。
5. 紙面を汚したり折り曲げたり破ったりしないで下さい。

マークの仕方
良い例 ●
悪い例 ◐ ⊘ ◑

1

(1)	① ② ③ ④
(2)	① ② ③ ④
(3)	① ② ③ ④
(4)	① ② ③ ④
(5)	① ② ③ ④
(6)	① ② ③ ④

2

(1)	① ② ③ ④
(2)	① ② ③ ④
(3)	① ② ③ ④
(4)	① ② ③ ④
(5)	① ② ③ ④

3

(1)	① ② ③ ④
(2)	① ② ③ ④ ⑤ ⑥
(3)	① ② ③ ④
(4)	① ② ③ ④

4

(1)	① ② ③ ④
(2)	① ② ③ ④
(3)	① ② ③ ④
(4)	① ② ③ ④
(5)	① ② ③ ④

5

(1)	① ② ③ ④
(2)	① ② ③ ④
(3)	① ② ③ ④ ⑤ ⑥
(4)	① ② ③ ④
(5)	① ② ③ ④

6

(1)		① ② ③ ④ ⑤ ⑥
(2)		① ② ③ ④ ⑤ ⑥
(3)	X	① ② ③ ④
	Y	① ② ③ ④
	Z	① ② ③ ④

7

(1)	① ② ③ ④
(2)	① ② ③ ④
(3)	① ② ③ ④
(4)	① ② ③ ④
(5)	① ② ③ ④

8

(1)	(ア)	① ② ③ ④ ⑤ ⑥ ⑦ ⑧
	(イ)	① ② ③ ④ ⑤ ⑥ ⑦ ⑧
	(ウ)	① ② ③ ④ ⑤ ⑥ ⑦ ⑧
	(エ)	① ② ③ ④ ⑤ ⑥ ⑦ ⑧
	(オ)	① ② ③ ④ ⑤ ⑥ ⑦ ⑧
(2)		① ② ③ ④
(3)		① ② ③ ④
(4)		① ② ③ ④
(5)		① ② ③ ④ ⑤ ⑥

9

(1)	① ② ③ ④
(2)	① ② ③ ④
(3)	① ② ③ ④
(4)	① ② ③ ④
(5)	① ② ③ ④ ⑤ ⑥
(6)	① ② ③ ④

（注）この解答用紙は実物を縮小してあります。Ｂ４用紙に135％拡大コピーすると、ほぼ実物大で使用できます。（タイトルと配点表は含みません）

推定配点		計
	1～9　各２点×50	100点

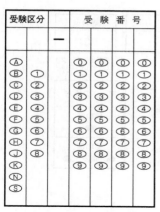

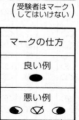

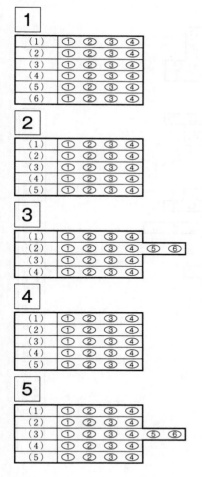

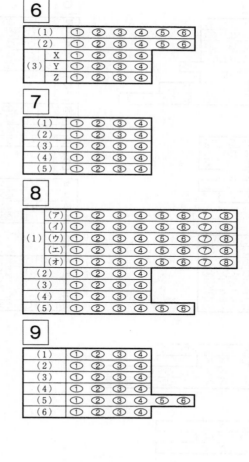

2024年度　佐野日本大学高等学校　第2回

理科解答用紙

評点	／100

受験区分		受験番号			
	—				
Ⓐ		⓪	⓪	⓪	⓪
Ⓑ	①	①	①	①	①
Ⓒ	②	②	②	②	②
Ⓓ	③	③	③	③	③
Ⓔ	④	④	④	④	④
Ⓕ	⑤	⑤	⑤	⑤	⑤
Ⓖ	⑥	⑥	⑥	⑥	⑥
Ⓗ	⑦	⑦	⑦	⑦	⑦
Ⓙ	⑧	⑧	⑧	⑧	⑧
Ⓚ		⑨	⑨	⑨	⑨
Ⓝ					
Ⓢ					

フリガナ	
氏　名	

欠席コード
◯

（受験者はマークしてはいけない）

〔注意事項〕

1. 受験区分、受験番号および氏名を必ず記入しマークして下さい。
2. マークは必ずＨＢの黒鉛筆で◯の中をていねいにぬりつぶして下さい。
3. 訂正はプラスチック製の消しゴムできれいに消してからマークし、消しくずを残さないで下さい。
4. 所定欄以外にはマークしたり記入したりしないで下さい。
5. 紙面を汚したり折り曲げたり破ったりしないで下さい。

マークの仕方
良い例 ●
悪い例 ◐ ✓ ◑

1

問 1	① ② ③ ④
問 2	① ② ③ ④
問 3	① ② ③ ④
問 4	① ② ③ ④
問 5	① ② ③ ④ ⑤
問 6	① ② ③ ④
問 7	① ② ③ ④ ⑤ ⑥
問 8	① ② ③ ④ ⑤ ⑥ ⑦ ⑧

2

問 1	① ② ③ ④
問 2	① ② ③ ④
問 3	① ② ③ ④
問 4	① ② ③
問 5	① ② ③ ④
問 6	① ② ③

3

問 1	① ② ③ ④
問 2	① ② ③ ④
問 3	① ② ③ ④
問 4	① ② ③ ④
問 5	① ② ③ ④
問 6	① ② ③ ④
問 7	① ② ③ ④

4

問 1	① ② ③ ④ ⑤ ⑥
問 2	① ② ③ ④
問 3	① ② ③ ④ ⑤ ⑥ ⑦ ⑧ ⑨
問 4	① ② ③ ④ ⑤ ⑥ ⑦ ⑧ ⑨

5

問 1	① ② ③ ④ ⑤ ⑥
問 2	① ② ③ ④
問 3	① ② ③ ④ ⑤ ⑥

6

問 1	① ② ③ ④ ⑤
問 2	① ② ③ ④ ⑤
問 3	① ② ③ ④ ⑤
問 4	① ② ③ ④ ⑤ ⑥
問 5	① ② ③ ④ ⑤ ⑥

7

問 1	① ② ③ ④ ⑤ ⑥
問 2	① ② ③ ④ ⑤
問 3	① ② ③ ④ ⑤
問 4	① ② ③ ④

8

問 1	① ② ③ ④ ⑤
問 2	① ② ③ ④ ⑤ ⑥
問 3	① ② ③ ④
問 4	① ② ③ ④ ⑤ ⑥ ⑦

9

問 1	① ② ③ ④ ⑤
問 2	① ② ③ ④
問 3	① ② ③
問 4	① ② ③ ④
問 5	① ② ③ ④

（注）この解答用紙は実物を縮小してあります。Ｂ４用紙に143％拡大コピーすると、ほぼ実物大で使用できます。（タイトルと配点表は含みません）

推定配点		計
	1, 2　各２点×14　3　問１～問５　各２点×５　問６，問７　各３点×２ 4　問１，問２　各２点×２　問３，問４　各３点×２ 5　問１，問２　各２点×２　問３　３点　6　問１～問４　各２点×４ 問５　３点　7　各２点×４　8　問１～問３　各２点×３　問４　３点 9　問１～問４　各２点×４　問５　３点	100点

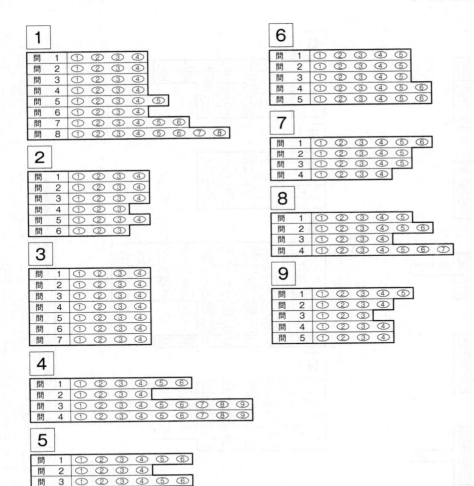

二〇二四年度　佐野日本大学高等学校　第二回

国語解答用紙

評点	／100

受験区分			受験番号			
		一				
Ⓐ			⓪	⓪	⓪	⓪
Ⓑ	①		①	①	①	①
Ⓒ	②		②	②	②	②
Ⓓ	③		③	③	③	③
Ⓔ	④		④	④	④	④
Ⓕ	⑤		⑤	⑤	⑤	⑤
Ⓖ	⑥		⑥	⑥	⑥	⑥
Ⓗ	⑦		⑦	⑦	⑦	⑦
Ⓙ	⑧		⑧	⑧	⑧	⑧
Ⓚ			⑨	⑨	⑨	⑨
Ⓝ						
Ⓢ						

フリガナ	
氏　名	

欠席コード
○

（受験者はマークしてはいけない）

〔注意事項〕

1. 受験区分、受験番号および氏名を必ず記入しマークして下さい。
2. マークは必ずＨＢの黒鉛筆で○の中をていねいにぬりつぶして下さい。
3. 訂正はプラスチック製の消しゴムできれいに消してからマークし、消しくずを残さないで下さい。
4. 所定欄以外にはマークしたり記入したりしないで下さい。
5. 紙面を汚したり折り曲げたり破ったりしないで下さい。

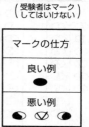

マークの仕方
良い例 ●
悪い例

一

問一	①	②	③	④
問二	①	②	③	④
問三	①	②	③	④
問四	①	②	③	④
問五	①	②	③	④
問六	①	②	③	④
問七	①	②	③	④
問八	①	②	③	④
問九	①	②	③	④
問十	①	②	③	④

二

問一	①	②	③	④
問二	①	②	③	④
問三	①	②	③	④
問四	①	②	③	④
問五	①	②	③	④
問六	①	②	③	④
問七	①	②	③	④
問八	①	②	③	④

三

問一	①	②	③	④
問二	①	②	③	④
問三	①	②	③	④
問四	①	②	③	④
問五	①	②	③	④
問六	①	②	③	④
問七	①	②	③	④

四

問一	①	②	③	④
問二	①	②	③	④
問三	①	②	③	④
問四	①	②	③	④
問五	①	②	③	④
問六	①	②	③	④
問七	①	②	③	④

（注）この解答用紙は実物を縮小してあります。Ｂ４用紙に128％拡大コピーすると、ほぼ実物大で使用できます。（タイトルと配点表は含みません）

推定配点		計
	一　各２点×10 二　問一　３点　問二～問四　各４点×３　問五　３点　問六～問八　各４点×３ 三　問一，問二　各４点×２　問三，問四　各３点×２　問五　４点　問六　３点　問七　４点 四　問一　３点　問二　４点　問三　３点　問四～問六　各４点×３　問七　３点	100点

２０２３年度　佐野日本大学高等学校　併願・第１回

英語解答用紙

評点	／100

受験区分			受験番号			
		―				
			⓪	⓪	⓪	⓪
Ⓐ	①		①	①	①	①
Ⓑ	②		②	②	②	②
Ⓒ	③		③	③	③	③
Ⓓ	④		④	④	④	④
Ⓙ	⑤		⑤	⑤	⑤	⑤
Ⓚ	⑥		⑥	⑥	⑥	⑥
	⑦		⑦	⑦	⑦	⑦
	⑧		⑧	⑧	⑧	⑧
			⑨	⑨	⑨	⑨

フリガナ	
氏　名	

欠席コード
⬭

（受験者はマークしてはいけない）

〔注意事項〕

1. 受験区分、受験番号および氏名を必ず記入しマークして下さい。
2. マークは必ずＨＢの黒鉛筆で⬭の中をていねいにぬりつぶして下さい。
3. 訂正はプラスチック製の消しゴムできれいに消してからマークし、消しくずを残さないで下さい。
4. 所定欄以外にはマークしたり記入したりしないで下さい。
5. 紙面を汚したり折り曲げたり破ったりしないで下さい。

マークの仕方
良い例 ⬬
悪い例

1

問 1	①	②	③	④
問 2	①	②	③	④
問 3	①	②	③	④
問 4	①	②	③	④
問 5	①	②	③	④
問 6	①	②	③	④

2

(1)	①	②	③	④
(2)	①	②	③	④
(3)	①	②	③	④
(4)	①	②	③	④
(5)	①	②	③	④
(6)	①	②	③	④
(7)	①	②	③	④
(8)	①	②	③	④
(9)	①	②	③	④
(10)	①	②	③	④

3

問 1	①	②	③	④
問 2	①	②	③	④
問 3	①	②	③	④

4

問 1	①	②	③	④
問 2	①	②	③	④
問 3	①	②	③	④
問 4	①	②	③	④
問 5	①	②	③	④

5

(1)	①	②	③	④
(2)	①	②	③	④
(3)	①	②	③	④
(4)	①	②	③	④
(5)	①	②	③	④

6

(1)	①	②	③	④
	①	②	③	④
	①	②	③	④
	①	②	③	④
(2)	①	②	③	④
	①	②	③	④
	①	②	③	④
	①	②	③	④
(3)	①	②	③	④
	①	②	③	④
	①	②	③	④
	①	②	③	④
(4)	①	②	③	④
	①	②	③	④
	①	②	③	④
	①	②	③	④
(5)	①	②	③	④
	①	②	③	④
	①	②	③	④
	①	②	③	④
(6)	①	②	③	④
	①	②	③	④
	①	②	③	④
	①	②	③	④

7

問 1		①	②	③	④
問 2		①	②	③	④
問 3		①	②	③	④
問 4		①	②	③	④
問 5		①	②	③	④
問 6		①	②	③	④
問7	1	①	②		
	2	①	②		
	3	①	②		

（注）この解答用紙は実物を縮小してあります。Ｂ４用紙に123％拡大コピーすると、ほぼ実物大で使用できます。（タイトルと配点表は含みません）

推定配点		計
	1～5　各２点×29　6　各３点×６ 7　問１～問６　各３点×６　問７　各２点×３	100点

２０２３年度　佐野日本大学高等学校　併願・第１回

数学解答用紙

評点	／100

受験区分			受験番号			
		ー				
			0	0	0	0
A	1		1	1	1	1
B	2		2	2	2	2
C	3		3	3	3	3
D	4		4	4	4	4
J	5		5	5	5	5
K	6		6	6	6	6
	7		7	7	7	7
	8		8	8	8	8
			9	9	9	9

フリガナ	
氏　名	

欠席コード
○

（受験者はマークしてはいけない）

〔注意事項〕

1. 受験区分、受験番号および氏名を必ず記入しマークして下さい。
2. マークは必ずＨＢの黒鉛筆で○の中をていねいにぬりつぶして下さい。
3. 訂正はプラスチック製の消しゴムできれいに消してからマークし、消しくずを残さないで下さい。
4. 所定欄以外にはマークしたり記入したりしないで下さい。
5. 紙面を汚したり折り曲げたり破ったりしないで下さい。

マークの仕方
良い例 ●
悪い例 ◐ ✓ ◑

1

(1)	ア	0	1	2	3	4	5	6	7	8	9
(2)	イ	0	1	2	3	4	5	6	7	8	9
(3)	ウ	0	1	2	3	4	5	6	7	8	9
	エ	0	1	2	3	4	5	6	7	8	9
(4)	オ	0	1	2	3	4	5	6	7	8	9
	カ	0	1	2	3	4	5	6	7	8	9
	キ	0	1	2	3	4	5	6	7	8	9
(5)	ク	0	1	2	3	4	5	6	7	8	9
(6)	ケ	0	1	2	3	4	5	6	7	8	9
	コ	0	1	2	3	4	5	6	7	8	9

2

(1)	ア	0	1	2	3	4	5	6	7	8	9
(2)	イ	0	1	2	3	4	5	6	7	8	9
(3)	ウ	0	1	2	3	4	5	6	7	8	9
	エ	0	1	2	3	4	5	6	7	8	9
(4)	オ	0	1	2	3	4	5	6	7	8	9
	カ	0	1	2	3	4	5	6	7	8	9
(5)	キ	1	2	3	4						
(6)	ク	0	1	2	3	4	5	6	7	8	9
	ケ	0	1	2	3	4	5	6	7	8	9
(7)	コ	0	1	2	3	4	5	6	7	8	9
	サ	0	1	2	3	4	5	6	7	8	9
(8)	シ	0	1	2	3	4	5	6	7	8	9
	ス	0	1	2	3	4	5	6	7	8	9
(9)	セ	0	1	2	3	4	5	6	7	8	9
	ソ	0	1	2	3	4	5	6	7	8	9
(10)	タ	0	1	2	3	4	5	6	7	8	9
	チ	0	1	2	3	4	5	6	7	8	9

3

(1)	ア	0	1	2	3	4	5	6	7	8	9
	イ	0	1	2	3	4	5	6	7	8	9
(2)	ウ	0	1	2	3	4	5	6	7	8	9
	エ	0	1	2	3	4	5	6	7	8	9
	オ	0	1	2	3	4	5	6	7	8	9
	カ	0	1	2	3	4	5	6	7	8	9
(3)	キ	0	1	2	3	4	5	6	7	8	9
	ク	0	1	2	3	4	5	6	7	8	9
	ケ	0	1	2	3	4	5	6	7	8	9

4

(1)	ア	0	1	2	3	4	5	6	7	8	9
	イ	0	1	2	3	4	5	6	7	8	9
	ウ	0	1	2	3	4	5	6	7	8	9
(2)	エ	0	1	2	3	4	5	6	7	8	9
	オ	0	1	2	3	4	5	6	7	8	9
(3)	カ	0	1	2	3	4	5	6	7	8	9
	キ	0	1	2	3	4	5	6	7	8	9
	ク	0	1	2	3	4	5	6	7	8	9

5

(1)	ア	0	1	2	3	4	5	6	7	8	9
	イ	0	1	2	3	4	5	6	7	8	9
(2)	ウ	0	1	2	3	4	5	6	7	8	9
	エ	0	1	2	3	4	5	6	7	8	9
(3)	オ	0	1	2	3	4	5	6	7	8	9
	カ	0	1	2	3	4	5	6	7	8	9
	キ	0	1	2	3	4	5	6	7	8	9

（注）この解答用紙は実物を縮小してあります。Ｂ４用紙に120％拡大コピーすると、ほぼ実物大で使用できます。（タイトルと配点表は含みません）

推定配点		計
	1 各３点×６　2, 3 各４点×13　4, 5 各５点×６	100点

２０２３年度　佐野日本大学高等学校　併願・第１回

社会解答用紙

評点	／100

受験区分			受験番号			
		―				
			⓪	⓪	⓪	⓪
Ⓐ	①		①	①	①	①
Ⓑ	②		②	②	②	②
Ⓒ	③		③	③	③	③
Ⓓ	④		④	④	④	④
Ⓙ	⑤		⑤	⑤	⑤	⑤
Ⓚ	⑥		⑥	⑥	⑥	⑥
	⑦		⑦	⑦	⑦	⑦
	⑧		⑧	⑧	⑧	⑧
			⑨	⑨	⑨	⑨

フリガナ	
氏　名	

欠席コード
◯

（受験者はマークしてはいけない）

〔注意事項〕
1．受験区分、受験番号および氏名を必ず記入しマークして下さい。
2．マークは必ずＨＢの黒鉛筆で◯の中をていねいにぬりつぶして下さい。
3．訂正はプラスチック製の消しゴムできれいに消してからマークし、消しくずを残さないで下さい。
4．所定欄以外にはマークしたり記入したりしないで下さい。
5．紙面を汚したり折り曲げたり破ったりしないで下さい。

マークの仕方
良い例 ●
悪い例 ◐ ⊘ ◑

1

(1)	① ② ③ ④
(2)	① ② ③ ④
(3)	① ② ③ ④
(4)	① ② ③ ④
(5)	① ② ③ ④
(6)	① ② ③ ④

2

(1)	① ② ③ ④
(2)	① ② ③ ④
(3)	① ② ③ ④
(4)	① ② ③ ④
(5)	① ② ③ ④

3

(1)		① ② ③ ④
(2)	X	① ② ③ ④ ⑤ ⑥
	Y	① ② ③ ④ ⑤ ⑥
(3)		① ② ③ ④

4

(1)	① ② ③ ④
(2)	① ② ③ ④ ⑤ ⑥
(3)	① ② ③ ④
(4)	① ② ③ ④
(5)	① ② ③ ④

5

(1)	① ② ③ ④
(2)	① ② ③ ④
(3)	① ② ③ ④
(4)	① ② ③ ④
(5)	① ② ③ ④

6

(1)	① ② ③ ④ ⑤ ⑥
(2)	① ② ③ ④
(3)	① ② ③ ④

7

(1)	① ② ③ ④
(2)	① ② ③ ④
(3)	① ② ③ ④
(4)	① ② ③ ④
(5)	① ② ③ ④
(6)	① ② ③ ④
(7)	① ② ③ ④

8

(1)	ア	① ② ③ ④ ⑤ ⑥
	イ	① ② ③ ④ ⑤ ⑥
	ウ	① ② ③ ④ ⑤ ⑥
	エ	① ② ③ ④ ⑤ ⑥
(2)	A	① ② ③ ④ ⑤ ⑥ ⑦ ⑧
	B	① ② ③ ④ ⑤ ⑥ ⑦ ⑧
	C	① ② ③ ④ ⑤ ⑥ ⑦ ⑧
	D	① ② ③ ④ ⑤ ⑥ ⑦ ⑧
(3)		① ② ③ ④
(4)		① ② ③ ④

9

(1)	① ② ③ ④
(2)	① ② ③ ④
(3)	① ② ③ ④
(4)	① ② ③ ④
(5)	① ② ③ ④

（注）この解答用紙は実物を縮小してあります。Ｂ４用紙に128％拡大コピーすると、ほぼ実物大で使用できます。（タイトルと配点表は含みません）

推定配点		計
	1～9　各２点×50	100点

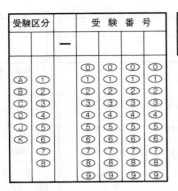

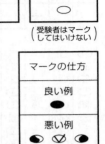

2023年度　佐野日本大学高等学校　併願・第1回

理科解答用紙

評点	／100

受験区分			受験番号			
		ー				
			⓪	⓪	⓪	⓪
Ⓐ	①		①	①	①	①
Ⓑ	②		②	②	②	②
Ⓒ	③		③	③	③	③
Ⓓ	④		④	④	④	④
Ⓙ	⑤		⑤	⑤	⑤	⑤
Ⓚ	⑥		⑥	⑥	⑥	⑥
	⑦		⑦	⑦	⑦	⑦
	⑧		⑧	⑧	⑧	⑧
			⑨	⑨	⑨	⑨

フリガナ	
氏　名	

欠席コード
◯

（受験者はマークしてはいけない）

〔注意事項〕

1. 受験区分、受験番号および氏名を必ず記入しマークして下さい。
2. マークは必ずＨＢの黒鉛筆で◯の中をていねいにぬりつぶして下さい。
3. 訂正はプラスチック製の消しゴムできれいに消してからマークし、消しくずを残さないで下さい。
4. 所定欄以外にはマークしたり記入したりしないで下さい。
5. 紙面を汚したり折り曲げたり破ったりしないで下さい。

マークの仕方
良い例 ●
悪い例 ◐ ▽ ◑

1

問　1	① ② ③ ④ ⑤ ⑥ ⑦ ⑧
問　2	① ② ③ ④ ⑤
問　3	① ② ③ ④ ⑤
問　4	① ② ③ ④ ⑤
問　5	① ② ③ ④ ⑤
問　6	① ② ③ ④
問　7	① ② ③ ④
問　8	① ② ③ ④

2

問　1	① ② ③ ④
問　2	① ② ③ ④
問　3	① ② ③ ④ ⑤ ⑥
問　4	① ② ③ ④
問　5	① ② ③ ④

3

問　1	① ② ③ ④
問　2	① ② ③ ④
問　3	① ② ③ ④ ⑤ ⑥ ⑦
問　4	① ② ③

4

問　1	① ② ③ ④
問　2	① ② ③ ④ ⑤
問　3	① ② ③ ④ ⑤
問　4	① ② ③ ④ ⑤ ⑥

5

問　1	① ② ③ ④
問　2	① ② ③ ④ ⑤ ⑥
問　3	① ② ③ ④
問　4	① ② ③ ④ ⑤ ⑥

6

問　1	① ② ③ ④ ⑤ ⑥
問　2	① ② ③ ④
問　3	① ② ③ ④
問　4	① ② ③ ④

7

問　1	① ② ③ ④ ⑤
問　2	① ② ③ ④
問　3	① ② ③ ④
問　4	① ② ③ ④ ⑤ ⑥

8

問　1	① ② ③ ④
問　2	① ② ③ ④ ⑤ ⑥
問　3	① ② ③ ④ ⑤ ⑥
問　4	① ② ③ ④ ⑤ ⑥ ⑦ ⑧

9

問　1	① ② ③ ④
問　2	① ② ③ ④
問　3	① ② ③ ④
問　4	① ② ③ ④ ⑤
問　5	① ② ③ ④ ⑤ ⑥ ⑦ ⑧

（注）この解答用紙は実物を縮小してあります。Ｂ４用紙に128％拡大コピーすると、ほぼ実物大で使用できます。（タイトルと配点表は含みません）

推定配点		計
	1　問１～問６　各２点×６　問７，問８　各３点×２　2　問１～問３　各２点×３　問４，問５　各３点×２　3　問１　２点　問２，問３　各３点×２　問４　２点 4　問１，問２　各２点×２　問３，問４　各３点×２ 5　問１～問３　各２点×３　問４　３点　6　問１～問３　各３点×３　問４　２点 7　問１　３点　問２，問３　各２点×２　問４　３点　8　各２点×４ 9　問１，問２　各２点×２　問３，問４　各３点×２　問５　２点	100点

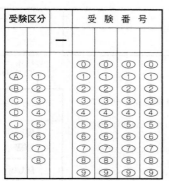

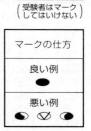

二〇二三年度　佐野日本大学高等学校　併願・第一回

国語解答用紙

評点	／100

受験区分		受験番号			
		一			
			⓪	⓪	⓪	⓪
Ⓐ	①		①	①	①	①
Ⓑ	②		②	②	②	②
Ⓒ	③		③	③	③	③
Ⓓ	④		④	④	④	④
Ⓙ	⑤		⑤	⑤	⑤	⑤
Ⓚ	⑥		⑥	⑥	⑥	⑥
	⑦		⑦	⑦	⑦	⑦
	⑧		⑧	⑧	⑧	⑧
			⑨	⑨	⑨	⑨

フリガナ	
氏　名	

欠席コード
◯

（受験者はマークしてはいけない）

〔注意事項〕

1. 受験区分、受験番号および氏名を必ず記入しマークして下さい。
2. マークは必ずHBの黒鉛筆で◯の中をていねいにぬりつぶして下さい。
3. 訂正はプラスチック製の消しゴムできれいに消してからマークし、消しくずを残さないで下さい。
4. 所定欄以外にはマークしたり記入したりしないで下さい。
5. 紙面を汚したり折り曲げたり破ったりしないで下さい。

マークの仕方
良い例　⬬
悪い例

一

問一	①	②	③	④
問二	①	②	③	④
問三	①	②	③	④
問四	①	②	③	④
問五	①	②	③	④
問六	①	②	③	④
問七	①	②	③	④
問八	①	②	③	④
問九	①	②	③	④
問十	①	②	③	④

二

問一	①	②	③	④
問二	①	②	③	④
問三	①	②	③	④
問四	①	②	③	④
問五	①	②	③	④
問六	①	②	③	④
問七	①	②	③	④

三

問一	①	②	③	④
問二	①	②	③	④
問三	①	②	③	④
問四	①	②	③	④
問五	①	②	③	④
問六	①	②	③	④
問七	①	②	③	④

四

問一	①	②	③	④
問二	①	②	③	④
問三	①	②	③	④
問四	①	②	③	④
問五	①	②	③	④
問六	①	②	③	④
問七	①	②	③	④

（注）この解答用紙は実物を縮小してあります。B4用紙に116％拡大コピーすると、ほぼ実物大で使用できます。（タイトルと配点表は含みません）

推定配点		計
	一　各２点×10 二　各４点×７ 三　問一～問五　各４点×５　問六　３点　問七　４点 四　問一～問三　各３点×３　問四～問七　各４点×４	100点

２０２３年度　佐野日本大学高等学校　第２回

英語解答用紙

評点	／100

受験区分			受験番号			
		―				
			⓪	⓪	⓪	⓪
Ⓐ	①		①	①	①	①
Ⓑ	②		②	②	②	②
Ⓒ	③		③	③	③	③
Ⓓ	④		④	④	④	④
Ⓙ	⑤		⑤	⑤	⑤	⑤
Ⓚ	⑥		⑥	⑥	⑥	⑥
	⑦		⑦	⑦	⑦	⑦
	⑧		⑧	⑧	⑧	⑧
			⑨	⑨	⑨	⑨

フリガナ	
氏　名	

欠席コード
◯

（受験者はマークしてはいけない）

〔注意事項〕

1. 受験区分、受験番号および氏名を必ず記入しマークして下さい。
2. マークは必ずＨＢの黒鉛筆で◯の中をていねいにぬりつぶして下さい。
3. 訂正はプラスチック製の消しゴムできれいに消してからマークし、消しくずを残さないで下さい。
4. 所定欄以外にはマークしたり記入したりしないで下さい。
5. 紙面を汚したり折り曲げたり破ったりしないで下さい。

マークの仕方
良い例 ●
悪い例 ◐ ◇ ◑

1

問 1	①	②	③	④
問 2	①	②	③	④
問 3	①	②	③	④
問 4	①	②	③	④
問 5	①	②	③	④
問 6	①	②	③	④

2

(1)	①	②	③	④
(2)	①	②	③	④
(3)	①	②	③	④
(4)	①	②	③	④
(5)	①	②	③	④
(6)	①	②	③	④
(7)	①	②	③	④
(8)	①	②	③	④
(9)	①	②	③	④
(10)	①	②	③	④

3

問 1	①	②	③	④
問 2	①	②	③	④
問 3	①	②	③	④

4

問 1	①	②	③	④
問 2	①	②	③	④
問 3	①	②	③	④
問 4	①	②	③	④
問 5	①	②	③	④

5

(1)	①	②	③	④
(2)	①	②	③	④
(3)	①	②	③	④
(4)	①	②	③	④
(5)	①	②	③	④

6

(1)	①	②	③	④
	①	②	③	④
	①	②	③	④
	①	②	③	④
(2)	①	②	③	④
	①	②	③	④
	①	②	③	④
	①	②	③	④
(3)	①	②	③	④
	①	②	③	④
	①	②	③	④
	①	②	③	④
(4)	①	②	③	④
	①	②	③	④
	①	②	③	④
	①	②	③	④
(5)	①	②	③	④
	①	②	③	④
	①	②	③	④
	①	②	③	④
(6)	①	②	③	④
	①	②	③	④
	①	②	③	④
	①	②	③	④

7

問 1		①	②	③	④
問 2		①	②	③	④
問 3		①	②	③	④
問 4		①	②	③	④
問 5		①	②	③	④
問 6		①	②	③	④
問7	1	①	②		
	2	①	②		
	3	①	②		

（注）この解答用紙は実物を縮小してあります。Ｂ４用紙に123％拡大コピーすると、ほぼ実物大で使用できます。（タイトルと配点表は含みません）

推定配点		計
	1～5　各２点×29　6　各３点×６ 7　問１～問６　各３点×６　問７　各２点×３	100点

２０２３年度　佐野日本大学高等学校　第２回

数学解答用紙

評点	／100

受験区分		－	受験番号			
			⓪	⓪	⓪	⓪
Ⓐ	①		①	①	①	①
Ⓑ	②		②	②	②	②
Ⓒ	③		③	③	③	③
Ⓓ	④		④	④	④	④
Ⓙ	⑤		⑤	⑤	⑤	⑤
Ⓚ	⑥		⑥	⑥	⑥	⑥
	⑦		⑦	⑦	⑦	⑦
	⑧		⑧	⑧	⑧	⑧
			⑨	⑨	⑨	⑨

フリガナ	
氏　名	

欠席コード
○

（受験者はマークしてはいけない）

〔注意事項〕

1. 受験区分、受験番号および氏名を必ず記入しマークして下さい。
2. マークは必ずＨＢの黒鉛筆で○の中をていねいにぬりつぶして下さい。
3. 訂正はプラスチック製の消しゴムできれいに消してからマークし、消しくずを残さないで下さい。
4. 所定欄以外にはマークしたり記入したりしないで下さい。
5. 紙面を汚したり折り曲げたり破ったりしないで下さい。

マークの仕方
良い例
悪い例

1

設問	記号	マーク
(1)	ア	⓪①②③④⑤⑥⑦⑧⑨
(2)	イ	⓪①②③④⑤⑥⑦⑧⑨
	ウ	⓪①②③④⑤⑥⑦⑧⑨
(3)	エ	⓪①②③④⑤⑥⑦⑧⑨
	オ	⓪①②③④⑤⑥⑦⑧⑨
	カ	⓪①②③④⑤⑥⑦⑧⑨
	キ	⓪①②③④⑤⑥⑦⑧⑨
(4)	ク	⓪①②③④⑤⑥⑦⑧⑨
	ケ	⓪①②③④⑤⑥⑦⑧⑨
	コ	⓪①②③④⑤⑥⑦⑧⑨
(5)	サ	⓪①②③④⑤⑥⑦⑧⑨
	シ	⓪①②③④⑤⑥⑦⑧⑨
(6)	ス	⓪①②③④⑤⑥⑦⑧⑨
	セ	⓪①②③④⑤⑥⑦⑧⑨

2

設問	記号	マーク
(1)	ア	⓪①②③④⑤⑥⑦⑧⑨
	イ	⓪①②③④⑤⑥⑦⑧⑨
(2)	ウ	⓪①②③④⑤⑥⑦⑧⑨
	エ	⓪①②③④⑤⑥⑦⑧⑨
	オ	⓪①②③④⑤⑥⑦⑧⑨
	カ	⓪①②③④⑤⑥⑦⑧⑨
(3)	キ	⓪①②③④⑤⑥⑦⑧⑨
	ク	⓪①②③④⑤⑥⑦⑧⑨
(4)	ケ	⓪①②③④⑤⑥⑦⑧⑨
	コ	⓪①②③④⑤⑥⑦⑧⑨
(5)	サ	⓪①②③④⑤⑥⑦⑧⑨
(6)	シ	⓪①②③④⑤⑥⑦⑧⑨
	ス	⓪①②③④⑤⑥⑦⑧⑨
(7)	セ	①②③④
(8)	ソ	⓪①②③④⑤⑥⑦⑧⑨
	タ	⓪①②③④⑤⑥⑦⑧⑨
(9)	チ	⓪①②③④⑤⑥⑦⑧⑨
(10)	ツ	⓪①②③④⑤⑥⑦⑧⑨
	テ	⓪①②③④⑤⑥⑦⑧⑨
	ト	⓪①②③④⑤⑥⑦⑧⑨

3

設問	記号	マーク
(1)	ア	⓪①②③④⑤⑥⑦⑧⑨
(2)	イ	⓪①②③④⑤⑥⑦⑧⑨
	ウ	⓪①②③④⑤⑥⑦⑧⑨
	エ	⓪①②③④⑤⑥⑦⑧⑨
	オ	⓪①②③④⑤⑥⑦⑧⑨
	カ	⓪①②③④⑤⑥⑦⑧⑨
	キ	⓪①②③④⑤⑥⑦⑧⑨
	ク	⓪①②③④⑤⑥⑦⑧⑨
(3)	ケ	⓪①②③④⑤⑥⑦⑧⑨
	コ	⓪①②③④⑤⑥⑦⑧⑨
	サ	⓪①②③④⑤⑥⑦⑧⑨
	シ	⓪①②③④⑤⑥⑦⑧⑨
	ス	⓪①②③④⑤⑥⑦⑧⑨
	セ	⓪①②③④⑤⑥⑦⑧⑨

4

設問	記号	マーク
(1)	ア	⓪①②③④⑤⑥⑦⑧⑨
(2)	イ	⓪①②③④⑤⑥⑦⑧⑨
(3)	ウ	⓪①②③④⑤⑥⑦⑧⑨
	エ	⓪①②③④⑤⑥⑦⑧⑨
	オ	⓪①②③④⑤⑥⑦⑧⑨
	カ	⓪①②③④⑤⑥⑦⑧⑨

5

設問	記号	マーク
(1)	ア	⓪①②③④⑤⑥⑦⑧⑨
	イ	⓪①②③④⑤⑥⑦⑧⑨
	ウ	①②③④
(2)	エ	⓪①②③④⑤⑥⑦⑧⑨
	オ	⓪①②③④⑤⑥⑦⑧⑨
	カ	⓪①②③④⑤⑥⑦⑧⑨
(3)	キ	⓪①②③④⑤⑥⑦⑧⑨
	ク	⓪①②③④⑤⑥⑦⑧⑨
	ケ	⓪①②③④⑤⑥⑦⑧⑨
	コ	⓪①②③④⑤⑥⑦⑧⑨

（注）この解答用紙は実物を縮小してあります。Ｂ４用紙に127％拡大コピーすると、ほぼ実物大で使用できます。（タイトルと配点表は含みません）

推定配点		計
	1　各３点×６　2, 3　各４点×13 4　(1), (2)　各４点×２　(3)　５点 5　(1)　ア・イ　４点　ウ　３点　(2), (3)　各５点×２	100点

２０２３年度　佐野日本大学高等学校　第２回

社会解答用紙

評点	／100

受験区分			受験番号			
		ー				
			⓪	⓪	⓪	⓪
Ⓐ	①		①	①	①	①
Ⓑ	②		②	②	②	②
Ⓒ	③		③	③	③	③
Ⓓ	④		④	④	④	④
Ⓙ	⑤		⑤	⑤	⑤	⑤
Ⓚ	⑥		⑥	⑥	⑥	⑥
	⑦		⑦	⑦	⑦	⑦
	⑧		⑧	⑧	⑧	⑧
			⑨	⑨	⑨	⑨

フリガナ	
氏　名	

欠席コード
◯

（受験者はマークしてはいけない）

〔注意事項〕

1．受験区分、受験番号および氏名を必ず記入しマークして下さい。
2．マークは必ずＨＢの黒鉛筆で◯の中をていねいにぬりつぶして下さい。
3．訂正はプラスチック製の消しゴムできれいに消してからマークし、消しくずを残さないで下さい。
4．所定欄以外にはマークしたり記入したりしないで下さい。
5．紙面を汚したり折り曲げたり破ったりしないで下さい。

マークの仕方
良い例 ●
悪い例 ◐ ✓ ◑

1

（1）	① ② ③ ④
（2）	① ② ③ ④
（3）	① ② ③ ④
（4）	① ② ③ ④
（5）	① ② ③ ④
（6）	① ② ③ ④

2

（1）	① ② ③ ④
（2）	① ② ③ ④
（3）	① ② ③ ④
（4）	① ② ③ ④
（5）	① ② ③ ④

3

（1）	① ② ③ ④
（2）	① ② ③ ④
（3）	① ② ③ ④
（4）	① ② ③ ④

4

（1）	① ② ③ ④
（2）	① ② ③ ④
（3）	① ② ③ ④
（4）	① ② ③ ④
（5）	① ② ③ ④ ⑤

5

（1）	① ② ③ ④
（2）	① ② ③ ④
（3）	① ② ③ ④ ⑤
（4）	① ② ③ ④
（5）	① ② ③ ④

6

（1）	① ② ③ ④
（2）	① ② ③ ④
（3）	① ② ③ ④
（4）	① ② ③ ④
（5）	① ② ③ ④
（6）	① ② ③ ④ ⑤ ⑥
（7）	① ② ③ ④

7

（1）	① ② ③ ④
（2）	① ② ③ ④
（3）	① ② ③ ④

8

（1）	① ② ③ ④
（2）	① ② ③ ④
（3）	① ② ③ ④
（4）	① ② ③ ④
（5）	① ② ③ ④
（6）	① ② ③ ④

9

（1）	① ② ③ ④
（2）	① ② ③ ④
（3）	① ② ③ ④
（4）	① ② ③ ④
（5）	① ② ③ ④

10

（1）	ア	① ② ③ ④ ⑤
	イ	① ② ③ ④ ⑤
（2）		① ② ③ ④
（3）		① ② ③ ④

（注）この解答用紙は実物を縮小してあります。Ｂ４用紙に128％拡大コピーすると、ほぼ実物大で使用できます。（タイトルと配点表は含みません）

推定配点		計
	1～10　各２点×50	100点

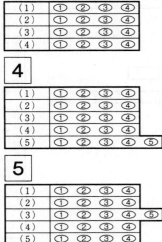

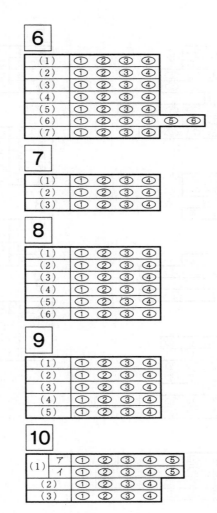

２０２３年度　佐野日本大学高等学校　第２回

理科解答用紙

評点	／100

受験区分			受験番号			
		一				
			⓪	⓪	⓪	⓪
Ⓐ	①		①	①	①	①
Ⓑ	②		②	②	②	②
Ⓒ	③		③	③	③	③
Ⓓ	④		④	④	④	④
Ⓙ	⑤		⑤	⑤	⑤	⑤
Ⓚ	⑥		⑥	⑥	⑥	⑥
	⑦		⑦	⑦	⑦	⑦
	⑧		⑧	⑧	⑧	⑧
			⑨	⑨	⑨	⑨

フリガナ	
氏　名	

欠席コード
○

（受験者はマークしてはいけない）

〔注意事項〕

1．受験区分、受験番号および氏名を必ず記入しマークして下さい。
2．マークは必ずＨＢの黒鉛筆で◯の中をていねいにぬりつぶして下さい。
3．訂正はプラスチック製の消しゴムできれいに消してからマークし、消しくずを残さないで下さい。
4．所定欄以外にはマークしたり記入したりしないで下さい。
5．紙面を汚したり折り曲げたり破ったりしないで下さい。

マークの仕方
良い例 ●
悪い例 ◐ ⊘ ◐

1

問 1	① ② ③ ④
問 2	① ② ③ ④
問 3	① ② ③ ④ ⑤
問 4	① ② ③ ④ ⑤
問 5	① ② ③
問 6	① ② ③ ④ ⑤ ⑥ ⑦
問 7	① ② ③ ④
問 8	① ② ③ ④ ⑤ ⑥

2

問 1	① ② ③ ④
問 2	① ② ③ ④
問 3	① ② ③
問 4	① ② ③ ④

3

問 1	① ② ③ ④
問 2	① ② ③ ④ ⑤ ⑥
問 3	① ② ③
問 4	① ② ③ ④ ⑤ ⑥

4

問 1	① ② ③ ④ ⑤
問 2	① ② ③ ④
問 3	① ② ③ ④ ⑤
問 4	① ② ③ ④ ⑤
問 5	① ② ③
問 6	① ② ③ ④ ⑤ ⑥
問 7	① ② ③ ④ ⑤ ⑥ ⑦ ⑧ ⑨

5

問 1	① ② ③ ④ ⑤ ⑥ ⑦
問 2	① ② ③ ④ ⑤ ⑥ ⑦ ⑧
問 3	① ② ③ ④ ⑤ ⑥ ⑦ ⑧
問 4	① ② ③ ④ ⑤

6

問 1	① ② ③ ④ ⑤ ⑥ ⑦ ⑧
問 2	① ② ③ ④ ⑤ ⑥ ⑦ ⑧
問 3	① ② ③ ④ ⑤ ⑥ ⑦ ⑧
問 4	① ② ③ ④ ⑤

7

問 1	① ② ③ ④ ⑤ ⑥
問 2	① ② ③ ④ ⑤ ⑥
問 3	① ② ③ ④ ⑤ ⑥
問 4	① ② ③ ④ ⑤ ⑥
問 5	① ② ③ ④ ⑤

8

問 1	① ② ③ ④ ⑤
問 2	① ② ③ ④ ⑤
問 3	① ② ③ ④ ⑤
問 4	① ② ③ ④ ⑤ ⑥ ⑦ ⑧ ⑨

9

問 1	① ② ③ ④
問 2	① ② ③ ④
問 3	① ② ③ ④ ⑤ ⑥
問 4	① ② ③ ④
問 5	① ② ③ ④ ⑤ ⑥ ⑦ ⑧

（注）この解答用紙は実物を縮小してあります。Ｂ４用紙に133％拡大コピーすると、ほぼ実物大で使用できます。（タイトルと配点表は含みません）

推定配点		計
	1～3　各２点×16　4　問１～問４　各２点×４　問５～問７　各３点×３ 5　各２点×４　6　問１，問２　各３点×２　問３，問４　各２点×２ 7　問１～問４　各２点×４　問５　３点 8　問１，問２　各２点×２　問３，問４　各３点×２ 9　問１　２点　問２　３点　問３　２点　問４　３点　問５　２点	100点

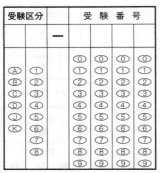

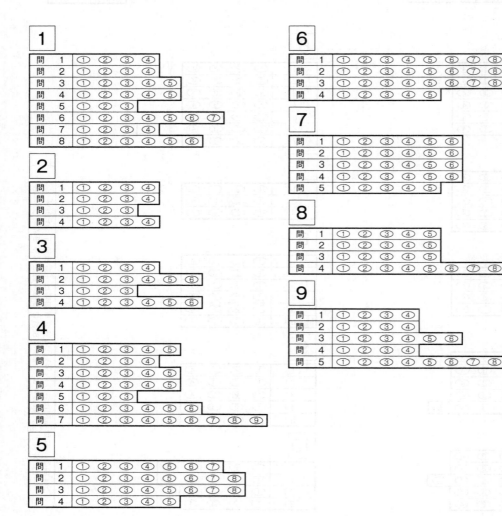

二〇二三年度　佐野日本大学高等学校　第二回

国語解答用紙

評点	／100

受験区分			受験番号			
		一				
			⓪	⓪	⓪	⓪
Ⓐ	①		①	①	①	①
Ⓑ	②		②	②	②	②
Ⓒ	③		③	③	③	③
Ⓓ	④		④	④	④	④
Ⓙ	⑤		⑤	⑤	⑤	⑤
Ⓚ	⑥		⑥	⑥	⑥	⑥
	⑦		⑦	⑦	⑦	⑦
	⑧		⑧	⑧	⑧	⑧
			⑨	⑨	⑨	⑨

フリガナ	
氏　名	

欠席コード
○

（受験者はマークしてはいけない）

〔注意事項〕

1. 受験区分、受験番号および氏名を必ず記入しマークして下さい。
2. マークは必ずＨＢの黒鉛筆で○の中をていねいにぬりつぶして下さい。
3. 訂正はプラスチック製の消しゴムできれいに消してからマークし、消しくずを残さないで下さい。
4. 所定欄以外にはマークしたり記入したりしないで下さい。
5. 紙面を汚したり折り曲げたり破ったりしないで下さい。

マークの仕方
良い例 ●
悪い例 ◐ ✓ ◑

一

問　一	① ② ③ ④
問　二	① ② ③ ④
問　三	① ② ③ ④
問　四	① ② ③ ④
問　五	① ② ③ ④
問　六	① ② ③ ④
問　七	① ② ③ ④
問　八	① ② ③ ④
問　九	① ② ③ ④
問　十	① ② ③ ④

二

問　一	① ② ③ ④
問　二	① ② ③ ④
問　三	① ② ③ ④
問　四	① ② ③ ④
問　五	① ② ③ ④
問　六	① ② ③ ④
問　七	① ② ③ ④

三

問　一	① ② ③ ④
問　二	① ② ③ ④
問　三	① ② ③ ④
問　四	① ② ③ ④
問　五	① ② ③ ④
問　六	① ② ③ ④
問　七	① ② ③ ④

四

問　一	① ② ③ ④
問　二	① ② ③ ④
問　三	① ② ③ ④
問　四	① ② ③ ④
問　五	① ② ③ ④
問　六	① ② ③ ④
問　七	① ② ③ ④

（注）この解答用紙は実物を縮小してあります。Ｂ４用紙に116％拡大コピーすると、ほぼ実物大で使用できます。（タイトルと配点表は含みません）

推定配点		計
	一　各２点×10 二　問一～問四　各４点×４　問五　３点　問六，問七　各４点×２ 三　各４点×７ 四　問一～問三　各４点×３　問四，問五　各３点×２ 問六　４点　問七　３点	100点

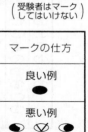

2022年度　佐野日本大学高等学校　併願・第１回

英語解答用紙

評点	／100

受験区分			受験番号			
		ー				
			⓪	⓪	⓪	⓪
Ⓐ	①		①	①	①	①
Ⓑ	②		②	②	②	②
Ⓒ	③		③	③	③	③
Ⓓ	④		④	④	④	④
Ⓙ	⑤		⑤	⑤	⑤	⑤
Ⓚ	⑥		⑥	⑥	⑥	⑥
	⑦		⑦	⑦	⑦	⑦
	⑧		⑧	⑧	⑧	⑧
			⑨	⑨	⑨	⑨

フリガナ	
氏　名	

欠席コード
◯

（受験者はマークしてはいけない）

〔注意事項〕

1．受験区分、受験番号および氏名を必ず記入しマークして下さい。
2．マークは必ずＨＢの黒鉛筆で◯の中をていねいにぬりつぶして下さい。
3．訂正はプラスチック製の消しゴムできれいに消してからマークし、消しくずを残さないで下さい。
4．所定欄以外にはマークしたり記入したりしないで下さい。
5．紙面を汚したり折り曲げたり破ったりしないで下さい。

マークの仕方
良い例 ⬬
悪い例 ◐ ⊘ ◑

1

問　1	① ② ③ ④
問　2	① ② ③ ④
問　3	① ② ③ ④
問　4	① ② ③ ④
問　5	① ② ③ ④
問　6	① ② ③ ④

2

(1)	① ② ③ ④
(2)	① ② ③ ④
(3)	① ② ③ ④
(4)	① ② ③ ④
(5)	① ② ③ ④

3

(1)	① ② ③ ④
(2)	① ② ③ ④
(3)	① ② ③ ④
(4)	① ② ③ ④
(5)	① ② ③ ④
(6)	① ② ③ ④
(7)	① ② ③ ④
(8)	① ② ③ ④

4

問　1	① ② ③ ④
問　2	① ② ③ ④
問　3	① ② ③ ④
問　4	① ② ③ ④
問　5	① ② ③ ④

5

(1)	① ② ③ ④
(2)	① ② ③ ④
(3)	① ② ③ ④
(4)	① ② ③ ④
(5)	① ② ③ ④

6

(1)	① ② ③ ④
	① ② ③ ④
	① ② ③ ④
	① ② ③ ④
(2)	① ② ③ ④
	① ② ③ ④
	① ② ③ ④
	① ② ③ ④
(3)	① ② ③ ④
	① ② ③ ④
	① ② ③ ④
	① ② ③ ④
(4)	① ② ③ ④
	① ② ③ ④
	① ② ③ ④
	① ② ③ ④
(5)	① ② ③ ④
	① ② ③ ④
	① ② ③ ④
	① ② ③ ④
(6)	① ② ③ ④
	① ② ③ ④
	① ② ③ ④
	① ② ③ ④

7

問　1		① ② ③ ④
問　2		① ② ③ ④
問　3		① ② ③ ④
問　4		① ② ③ ④
問　5		① ② ③ ④
問　6		① ② ③ ④
問7	1	① ②
	2	① ②
	3	① ②

（注）この解答用紙は実物を縮小してあります。Ｂ４用紙に123％拡大コピーすると、ほぼ実物大で使用できます。（タイトルと配点表は含みません）

推定配点		計
	1～5　各２点×29　　6　各３点×６ 7　問１～問６　各３点×６　問７　各２点×３	100点

2022年度　佐野日本大学高等学校　併願・第1回

数学解答用紙

評点	／100

受験区分			受験番号			
		ー				
			⓪	⓪	⓪	⓪
Ⓐ	①		①	①	①	①
Ⓑ	②		②	②	②	②
Ⓒ	③		③	③	③	③
Ⓓ	④		④	④	④	④
Ⓙ	⑤		⑤	⑤	⑤	⑤
Ⓚ	⑥		⑥	⑥	⑥	⑥
	⑦		⑦	⑦	⑦	⑦
	⑧		⑧	⑧	⑧	⑧
			⑨	⑨	⑨	⑨

フリガナ	
氏　名	

欠席コード
◯

（受験者はマークしてはいけない）

〔注意事項〕

1. 受験区分、受験番号および氏名を必ず記入しマークして下さい。
2. マークは必ずＨＢの黒鉛筆で◯の中をていねいにぬりつぶして下さい。
3. 訂正はプラスチック製の消しゴムできれいに消してからマークし、消しくずを残さないで下さい。
4. 所定欄以外にはマークしたり記入したりしないで下さい。
5. 紙面を汚したり折り曲げたり破ったりしないで下さい。

マークの仕方
良い例　●
悪い例

1

(1)	ア	⓪	①	②	③	④	⑤	⑥	⑦	⑧	⑨
(2)	イ	⓪	①	②	③	④	⑤	⑥	⑦	⑧	⑨
	ウ	⓪	①	②	③	④	⑤	⑥	⑦	⑧	⑨
(3)	エ	⓪	①	②	③	④	⑤	⑥	⑦	⑧	⑨
	オ	⓪	①	②	③	④	⑤	⑥	⑦	⑧	⑨
	カ	⓪	①	②	③	④	⑤	⑥	⑦	⑧	⑨
	キ	⓪	①	②	③	④	⑤	⑥	⑦	⑧	⑨
(4)	ク	⓪	①	②	③	④	⑤	⑥	⑦	⑧	⑨
	ケ	⓪	①	②	③	④	⑤	⑥	⑦	⑧	⑨
	コ	⓪	①	②	③	④	⑤	⑥	⑦	⑧	⑨
(5)	サ	⓪	①	②	③	④	⑤	⑥	⑦	⑧	⑨
	シ	⓪	①	②	③	④	⑤	⑥	⑦	⑧	⑨
(6)	ス	⓪	①	②	③	④	⑤	⑥	⑦	⑧	⑨
	セ	⓪	①	②	③	④	⑤	⑥	⑦	⑧	⑨

2

(1)	ア	⓪	①	②	③	④	⑤	⑥	⑦	⑧	⑨
	イ	⓪	①	②	③	④	⑤	⑥	⑦	⑧	⑨
	ウ	⓪	①	②	③	④	⑤	⑥	⑦	⑧	⑨
(2)	エ	⓪	①	②	③	④	⑤	⑥	⑦	⑧	⑨
	オ	⓪	①	②	③	④	⑤	⑥	⑦	⑧	⑨
	カ	⓪	①	②	③	④	⑤	⑥	⑦	⑧	⑨
(3)	キ	⓪	①	②	③	④	⑤	⑥	⑦	⑧	⑨
	ク	⓪	①	②	③	④	⑤	⑥	⑦	⑧	⑨
	ケ	⓪	①	②	③	④	⑤	⑥	⑦	⑧	⑨
(4)	コ	⓪	①	②	③	④	⑤	⑥	⑦	⑧	⑨
(5)	サ	⓪	①	②	③	④	⑤	⑥	⑦	⑧	⑨
	シ	⓪	①	②	③	④	⑤	⑥	⑦	⑧	⑨
(6)	ス	⓪	①	②	③	④	⑤	⑥	⑦	⑧	⑨
	セ	⓪	①	②	③	④	⑤	⑥	⑦	⑧	⑨
	ソ	⓪	①	②	③	④	⑤	⑥	⑦	⑧	⑨
	タ	⓪	①	②	③	④	⑤	⑥	⑦	⑧	⑨
(7)	チ	⓪	①	②	③	④	⑤	⑥	⑦	⑧	⑨
(8)	ツ	⓪	①	②	③	④	⑤	⑥	⑦	⑧	⑨
	テ	⓪	①	②	③	④	⑤	⑥	⑦	⑧	⑨
(9)	ト	⓪	①	②	③	④	⑤	⑥	⑦	⑧	⑨
	ナ	⓪	①	②	③	④	⑤	⑥	⑦	⑧	⑨
(10)	ニ	⓪	①	②	③	④	⑤	⑥	⑦	⑧	⑨
	ヌ	⓪	①	②	③	④	⑤	⑥	⑦	⑧	⑨

3

(1)	ア	⓪	①	②	③	④	⑤	⑥	⑦	⑧	⑨
	イ	⓪	①	②	③	④	⑤	⑥	⑦	⑧	⑨
(2)	ウ	⓪	①	②	③	④	⑤	⑥	⑦	⑧	⑨
	エ	⓪	①	②	③	④	⑤	⑥	⑦	⑧	⑨
	オ	⓪	①	②	③	④	⑤	⑥	⑦	⑧	⑨
	カ	⓪	①	②	③	④	⑤	⑥	⑦	⑧	⑨
(3)	キ	⓪	①	②	③	④	⑤	⑥	⑦	⑧	⑨
	ク	⓪	①	②	③	④	⑤	⑥	⑦	⑧	⑨

4

(1)	ア	⓪	①	②	③	④	⑤	⑥	⑦	⑧	⑨
	イ	⓪	①	②	③	④	⑤	⑥	⑦	⑧	⑨
(2)	ウ	⓪	①	②	③	④	⑤	⑥	⑦	⑧	⑨
	エ	⓪	①	②	③	④	⑤	⑥	⑦	⑧	⑨
	オ	⓪	①	②	③	④	⑤	⑥	⑦	⑧	⑨
(3)	カ	⓪	①	②	③	④	⑤	⑥	⑦	⑧	⑨
	キ	⓪	①	②	③	④	⑤	⑥	⑦	⑧	⑨
	ク	⓪	①	②	③	④	⑤	⑥	⑦	⑧	⑨
	ケ	⓪	①	②	③	④	⑤	⑥	⑦	⑧	⑨
	コ	⓪	①	②	③	④	⑤	⑥	⑦	⑧	⑨

5

(1)	ア	⓪	①	②	③	④	⑤	⑥	⑦	⑧	⑨
(2)	イ	⓪	①	②	③	④	⑤	⑥	⑦	⑧	⑨
	ウ	⓪	①	②	③	④	⑤	⑥	⑦	⑧	⑨
(3)	エ	⓪	①	②	③	④	⑤	⑥	⑦	⑧	⑨
	オ	⓪	①	②	③	④	⑤	⑥	⑦	⑧	⑨
	カ	⓪	①	②	③	④	⑤	⑥	⑦	⑧	⑨
	キ	⓪	①	②	③	④	⑤	⑥	⑦	⑧	⑨
	ク	⓪	①	②	③	④	⑤	⑥	⑦	⑧	⑨

（注）この解答用紙は実物を縮小してあります。Ｂ４用紙に133%拡大コピーすると、ほぼ実物大で使用できます。（タイトルと配点表は含みません）

推定配点		計
	1　各３点×６ 2　各４点×11〔(6)は各４点×２〕 3　(1)　３点　(2), (3)　各４点×２ 4　(1)　３点　(2), (3)　各４点×３ 5　各４点×３	100点

2022年度　佐野日本大学高等学校　併願・第1回

社会解答用紙

評点	／100

受験区分		ー	受験番号			
			⓪	⓪	⓪	⓪
Ⓐ	①		①	①	①	①
Ⓑ	②		②	②	②	②
Ⓒ	③		③	③	③	③
Ⓓ	④		④	④	④	④
Ⓙ	⑤		⑤	⑤	⑤	⑤
Ⓚ	⑥		⑥	⑥	⑥	⑥
	⑦		⑦	⑦	⑦	⑦
	⑧		⑧	⑧	⑧	⑧
			⑨	⑨	⑨	⑨

フリガナ	
氏　名	

欠席コード
◯

（受験者はマークしてはいけない）

〔注意事項〕

1. 受験区分、受験番号および氏名を必ず記入しマークして下さい。
2. マークは必ずＨＢの黒鉛筆で◯の中をていねいにぬりつぶして下さい。
3. 訂正はプラスチック製の消しゴムできれいに消してからマークし、消しくずを残さないで下さい。
4. 所定欄以外にはマークしたり記入したりしないで下さい。
5. 紙面を汚したり折り曲げたり破ったりしないで下さい。

マークの仕方
良い例　●
悪い例

1

(1)	①	②	③	④
(2)	①	②	③	④
(3)	①	②	③	④
(4)	①	②	③	④
(5)	①	②	③	④

2

A	①	②	③	④	⑤	⑥	⑦
B	①	②	③	④	⑤	⑥	⑦
C	①	②	③	④	⑤	⑥	⑦
D	①	②	③	④	⑤	⑥	⑦
E	①	②	③	④	⑤	⑥	⑦

3

(1)	①	②	③	④	
(2)	①	②	③	④	
(3)	①	②	③	④	⑤
(4)	①	②	③	④	
(5)	①	②	③	④	

4

(1)	①	②	③	④		
(2)	①	②	③	④		
(3)	①	②	③	④		
(4)	①	②	③	④		
(5)	①	②	③	④	⑤	⑥
(6)	①	②	③	④		

5

(1)	①	②	③	④
(2)	①	②	③	④
(3)	①	②	③	④
(4)	①	②	③	④

6

(1)	①	②	③	④		
(2)	①	②	③	④	⑤	⑥
(3)	①	②	③	④		
(4)	①	②	③	④		
(5)	①	②	③	④		
(6)	①	②	③	④		

7

(1)	①	②	③	④
(2)	①	②	③	④
(3)	①	②	③	④
(4)	①	②	③	④

8

(1)	A	①	②	③	④	⑤	⑥	⑦	⑧		
	B	①	②	③	④	⑤	⑥	⑦	⑧		
	C	①	②	③	④	⑤	⑥	⑦	⑧		
	D	①	②	③	④	⑤	⑥	⑦	⑧		
(2)	ア	①	②	③	④	⑤	⑥	⑦	⑧	⑨	⑩
	イ	①	②	③	④	⑤	⑥	⑦	⑧	⑨	⑩
	ウ	①	②	③	④	⑤	⑥	⑦	⑧	⑨	⑩
	エ	①	②	③	④	⑤	⑥	⑦	⑧	⑨	⑩
	オ	①	②	③	④	⑤	⑥	⑦	⑧	⑨	⑩
	カ	①	②	③	④	⑤	⑥	⑦	⑧	⑨	⑩
(3)		①	②	③	④						
(4)	A	①	②	③	④						
	B	①	②	③	④						
	C	①	②	③	④						
(5)		①	②	③	④						

（注）この解答用紙は実物を縮小してあります。Ｂ４用紙に128%拡大コピーすると、ほぼ実物大で使用できます。（タイトルと配点表は含みません）

推定配点		計
	1～8　各２点×50	100点

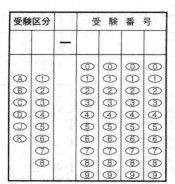

２０２２年度　佐野日本大学高等学校　併願・第１回

理科解答用紙

評点	／100

受験区分			受験番号			
		ー				
			⓪	⓪	⓪	⓪
Ⓐ	①		①	①	①	①
Ⓑ	②		②	②	②	②
Ⓒ	③		③	③	③	③
Ⓓ	④		④	④	④	④
Ⓙ	⑤		⑤	⑤	⑤	⑤
Ⓚ	⑥		⑥	⑥	⑥	⑥
	⑦		⑦	⑦	⑦	⑦
	⑧		⑧	⑧	⑧	⑧
			⑨	⑨	⑨	⑨

フリガナ	
氏　名	

欠席コード
◯

（受験者はマークしてはいけない）

〔注意事項〕

1．受験区分、受験番号および氏名を必ず記入しマークして下さい。
2．マークは必ずＨＢの黒鉛筆で◯の中をていねいにぬりつぶして下さい。
3．訂正はプラスチック製の消しゴムできれいに消してからマークし、消しくずを残さないで下さい。
4．所定欄以外にはマークしたり記入したりしないで下さい。
5．紙面を汚したり折り曲げたり破ったりしないで下さい。

マークの仕方

良い例

悪い例

1

問 1	① ② ③ ④ ⑤
問 2	① ② ③ ④ ⑤
問 3	① ② ③ ④
問 4	① ② ③ ④ ⑤
問 5	① ② ③ ④
問 6	① ② ③ ④
問 7	① ② ③ ④
問 8	① ② ③ ④

2

問 1	① ② ③ ④ ⑤ ⑥
問 2	① ② ③ ④ ⑤ ⑥
問 3	① ② ③ ④ ⑤ ⑥
問 4	① ② ③ ④ ⑤ ⑥ ⑦ ⑧

3

問 1	① ② ③ ④
問 2	① ② ③ ④
問 3	① ② ③ ④
問 4	① ② ③ ④

4

問 1	① ② ③ ④
問 2	① ② ③ ④ ⑤ ⑥
問 3	① ② ③ ④
問 4	① ② ③ ④ ⑤

5

問 1		① ② ③ ④ ⑤
問2	ア	① ② ③ ④ ⑤
	イ	① ② ③
問 3		① ② ③ ④
問 4		① ② ③ ④ ⑤
問5	ア	① ② ③ ④
	イ	① ② ③ ④ ⑤ ⑥ ⑦ ⑧

6

問 1	① ② ③ ④
問 2	① ② ③ ④ ⑤ ⑥ ⑦
問 3	① ② ③ ④ ⑤ ⑥ ⑦
問 4	① ② ③ ④ ⑤ ⑥
問 5	① ② ③ ④ ⑤ ⑥

7

問 1	① ② ③ ④ ⑤
問 2	① ② ③ ④ ⑤
問 3	① ② ③ ④
問 4	① ② ③ ④
問 5	① ② ③ ④ ⑤

8

問 1	① ② ③ ④
問 2	① ② ③ ④ ⑤ ⑥ ⑦ ⑧
問 3	① ② ③ ④
問 4	① ② ③ ④
問 5	① ② ③ ④ ⑤ ⑥

9

問 1	① ② ③ ④ ⑤ ⑥
問 2	① ② ③ ④
問 3	① ② ③ ④ ⑤ ⑥
問 4	① ② ③ ④
問 5	① ② ③ ④

（注）この解答用紙は実物を縮小してあります。Ｂ４用紙に133％拡大コピーすると、ほぼ実物大で使用できます。（タイトルと配点表は含みません）

推定配点		計
	1　各２点×８　　2　問１　２点　問２　３点　問３　２点　問４　３点 3　問１　３点　問２，問３　各２点×２　問４　３点 4　問１～問３　各２点×３　問４　３点 5　問１～問４　各２点×５　問５　(ア)　２点　(イ)　３点 6～9　各２点×20	100点

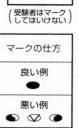

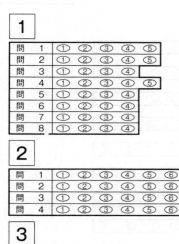

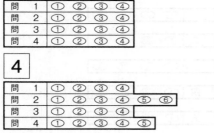

二〇二二年度　佐野日本大学高等学校　併願・第一回

国語解答用紙

評点	／100

受験区分		受験番号				
		一				
			⓪	⓪	⓪	⓪
Ⓐ	①		①	①	①	①
Ⓑ	②		②	②	②	②
Ⓒ	③		③	③	③	③
Ⓓ	④		④	④	④	④
Ⓙ	⑤		⑤	⑤	⑤	⑤
Ⓚ	⑥		⑥	⑥	⑥	⑥
	⑦		⑦	⑦	⑦	⑦
	⑧		⑧	⑧	⑧	⑧
			⑨	⑨	⑨	⑨

フリガナ	
氏　名	

欠席コード
○

（受験者はマークしてはいけない）

〔注意事項〕
1. 受験区分、受験番号および氏名を必ず記入しマークして下さい。
2. マークは必ずＨＢの黒鉛筆で○の中をていねいにぬりつぶして下さい。
3. 訂正はプラスチック製の消しゴムできれいに消してからマークし、消しくずを残さないで下さい。
4. 所定欄以外にはマークしたり記入したりしないで下さい。
5. 紙面を汚したり折り曲げたり破ったりしないで下さい。

マークの仕方
良い例 ●
悪い例

一

問				
問一	①	②	③	④
問二	①	②	③	④
問三	①	②	③	④
問四	①	②	③	④
問五	①	②	③	④
問六	①	②	③	④
問七	①	②	③	④
問八	①	②	③	④
問九	①	②	③	④
問十	①	②	③	④

二

問				
問一	①	②	③	④
問二	①	②	③	④
問三	①	②	③	④
問四	①	②	③	④
問五	①	②	③	④
問六	①	②	③	④
問七	①	②	③	④
問八	①	②	③	④

三

問				
問一	①	②	③	④
問二	①	②	③	④
問三	①	②	③	④
問四	①	②	③	④
問五	①	②	③	④
問六	①	②	③	④
問七	①	②	③	④
問八	①	②	③	④

四

問				
問一	①	②	③	④
問二	①	②	③	④
問三	①	②	③	④
問四	①	②	③	④
問五	①	②	③	④
問六	①	②	③	④
問七	①	②	③	④

（注）この解答用紙は実物を縮小してあります。Ｂ４用紙に120％拡大コピーすると、ほぼ実物大で使用できます。（タイトルと配点表は含みません）

推定配点		計
	一　各２点×10 二　問一～問四　各４点×４　問五　３点　問六～問八　各４点×３ 三　問一～問三　各３点×３　問四～問八　各４点×５ 四　問一～問六　各３点×６　問七　２点	100点

2022年度　佐野日本大学高等学校　第2回

英語解答用紙

評点	／100

受験区分			受験番号			
		ー				
			⓪	⓪	⓪	⓪
Ⓐ	①		①	①	①	①
Ⓑ	②		②	②	②	②
Ⓒ	③		③	③	③	③
Ⓓ	④		④	④	④	④
Ⓙ	⑤		⑤	⑤	⑤	⑤
Ⓚ	⑥		⑥	⑥	⑥	⑥
	⑦		⑦	⑦	⑦	⑦
	⑧		⑧	⑧	⑧	⑧
			⑨	⑨	⑨	⑨

フリガナ	
氏　名	

欠席コード
◯

（受験者はマークしてはいけない）

〔注意事項〕

1. 受験区分、受験番号および氏名を必ず記入しマークして下さい。
2. マークは必ずHBの黒鉛筆で◯の中をていねいにぬりつぶして下さい。
3. 訂正はプラスチック製の消しゴムできれいに消してからマークし、消しくずを残さないで下さい。
4. 所定欄以外にはマークしたり記入したりしないで下さい。
5. 紙面を汚したり折り曲げたり破ったりしないで下さい。

マークの仕方
良い例 ●
悪い例

1

問 1	①	②	③	④
問 2	①	②	③	④
問 3	①	②	③	④
問 4	①	②	③	④
問 5	①	②	③	④
問 6	①	②	③	④

2

(1)	①	②	③	④
(2)	①	②	③	④
(3)	①	②	③	④
(4)	①	②	③	④
(5)	①	②	③	④

3

(1)	①	②	③	④
(2)	①	②	③	④
(3)	①	②	③	④
(4)	①	②	③	④
(5)	①	②	③	④
(6)	①	②	③	④
(7)	①	②	③	④
(8)	①	②	③	④

4

問 1	①	②	③	④
問 2	①	②	③	④
問 3	①	②	③	④
問 4	①	②	③	④
問 5	①	②	③	④

5

(1)	①	②	③	④
(2)	①	②	③	④
(3)	①	②	③	④
(4)	①	②	③	④
(5)	①	②	③	④

6

(1)	①	②	③	④
	①	②	③	④
	①	②	③	④
	①	②	③	④
(2)	①	②	③	④
	①	②	③	④
	①	②	③	④
	①	②	③	④
(3)	①	②	③	④
	①	②	③	④
	①	②	③	④
	①	②	③	④
(4)	①	②	③	④
	①	②	③	④
	①	②	③	④
	①	②	③	④
(5)	①	②	③	④
	①	②	③	④
	①	②	③	④
	①	②	③	④
(6)	①	②	③	④
	①	②	③	④
	①	②	③	④
	①	②	③	④

7

問 1		①	②	③	④
問 2		①	②	③	④
問 3		①	②	③	④
問 4		①	②	③	④
問 5		①	②	③	④
問 6		①	②	③	④
問7	1	①	②		
	2	①	②		
	3	①	②		

（注）この解答用紙は実物を縮小してあります。B4用紙に123%拡大コピーすると、ほぼ実物大で使用できます。（タイトルと配点表は含みません）

推定配点		計
	1～5　各2点×29　　6　各3点×6 7　問1～問6　各3点×6　問7　各2点×3	100点

2022年度　佐野日本大学高等学校　第2回

数学解答用紙

評点	／100

受験区分			受験番号			
		―				
			0	0	0	0
A	1		1	1	1	1
B	2		2	2	2	2
C	3		3	3	3	3
D	4		4	4	4	4
J	5		5	5	5	5
K	6		6	6	6	6
	7		7	7	7	7
	8		8	8	8	8
			9	9	9	9

フリガナ	
氏　名	

欠席コード
○

（受験者はマークしてはいけない）

〔注意事項〕

1. 受験区分、受験番号および氏名を必ず記入しマークして下さい。
2. マークは必ずHBの黒鉛筆で○の中をていねいにぬりつぶして下さい。
3. 訂正はプラスチック製の消しゴムできれいに消してからマークし、消しくずを残さないで下さい。
4. 所定欄以外にはマークしたり記入したりしないで下さい。
5. 紙面を汚したり折り曲げたり破ったりしないで下さい。

マークの仕方
良い例 ●
悪い例 ◐ ◇ ◑

1

(1)	ア	0	1	2	3	4	5	6	7	8	9
(2)	イ	0	1	2	3	4	5	6	7	8	9
	ウ	0	1	2	3	4	5	6	7	8	9
(3)	エ	0	1	2	3	4	5	6	7	8	9
(4)	オ	0	1	2	3	4	5	6	7	8	9
	カ	0	1	2	3	4	5	6	7	8	9
	キ	0	1	2	3	4	5	6	7	8	9
(5)	ク	0	1	2	3	4	5	6	7	8	9
	ケ	0	1	2	3	4	5	6	7	8	9
(6)	コ	0	1	2	3	4	5	6	7	8	9
	サ	0	1	2	3	4	5	6	7	8	9

2

(1)	ア	0	1	2	3	4	5	6	7	8	9
(2)	イ	0	1	2	3	4	5	6	7	8	9
	ウ	0	1	2	3	4	5	6	7	8	9
	エ	0	1	2	3	4	5	6	7	8	9
(3)	オ	0	1	2	3	4	5	6	7	8	9
	カ	0	1	2	3	4	5	6	7	8	9
(4)	キ	0	1	2	3	4	5	6	7	8	9
(5)	ク	0	1	2	3	4	5	6	7	8	9
	ケ	0	1	2	3	4	5	6	7	8	9
	コ	0	1	2	3	4	5	6	7	8	9
(6)	サ	0	1	2	3	4	5	6	7	8	9
	シ	0	1	2	3	4	5	6	7	8	9
	ス	0	1	2	3	4	5	6	7	8	9
(7)	セ	0	1	2	3	4	5	6	7	8	9
	ソ	0	1	2	3	4	5	6	7	8	9
	タ	0	1	2	3	4	5	6	7	8	9
(8)	チ	0	1	2	3	4	5	6	7	8	9
	ツ	0	1	2	3	4	5	6	7	8	9
	テ	0	1	2	3	4	5	6	7	8	9
	ト	0	1	2	3	4	5	6	7	8	9
(9)	ナ	0	1	2	3	4	5	6	7	8	9
	ニ	0	1	2	3	4	5	6	7	8	9
(10)	ヌ	0	1	2	3	4	5	6	7	8	9
	ネ	0	1	2	3	4	5	6	7	8	9
	ノ	0	1	2	3	4	5	6	7	8	9
	ハ	0	1	2	3	4	5	6	7	8	9
	ヒ	0	1	2	3	4	5	6	7	8	9

3

(1)	ア	0	1	2	3	4	5	6	7	8	9
	イ	0	1	2	3	4	5	6	7	8	9
(2)	ウ	0	1	2	3	4	5	6	7	8	9
	エ	0	1	2	3	4	5	6	7	8	9
	オ	0	1	2	3	4	5	6	7	8	9
(3)	カ	0	1	2	3	4	5	6	7	8	9
	キ	0	1	2	3	4	5	6	7	8	9
	ク	0	1	2	3	4	5	6	7	8	9

4

(1)	ア	0	1	2	3	4	5	6	7	8	9
	イ	0	1	2	3	4	5	6	7	8	9
(2)	ウ	0	1	2	3	4	5	6	7	8	9
(3)	エ	0	1	2	3	4	5	6	7	8	9
	オ	0	1	2	3	4	5	6	7	8	9

5

(1)	ア	0	1	2	3	4	5	6	7	8	9
(2)	イ	0	1	2	3	4	5	6	7	8	9
	ウ	0	1	2	3	4	5	6	7	8	9
(3)	エ	0	1	2	3	4	5	6	7	8	9
	オ	0	1	2	3	4	5	6	7	8	9
	カ	0	1	2	3	4	5	6	7	8	9
	キ	0	1	2	3	4	5	6	7	8	9
	ク	0	1	2	3	4	5	6	7	8	9

（注）この解答用紙は実物を縮小してあります。B4用紙に137%拡大コピーすると、ほぼ実物大で使用できます。（タイトルと配点表は含みません）

推定配点		計
	1 各3点×6　2 各4点×10　3 (1) 4点　(2), (3) 各5点×2 4 (1) 4点　(2), (3) 各5点×2　5 (1) 4点　(2), (3) 各5点×2	100点

２０２２年度　佐野日本大学高等学校　第２回

社会解答用紙

評点	／100

受験区分		受験番号			
		—			
			⓪	⓪	⓪	⓪
Ⓐ	①		①	①	①	①
Ⓑ	②		②	②	②	②
Ⓒ	③		③	③	③	③
Ⓓ	④		④	④	④	④
Ⓙ	⑤		⑤	⑤	⑤	⑤
Ⓚ	⑥		⑥	⑥	⑥	⑥
	⑦		⑦	⑦	⑦	⑦
	⑧		⑧	⑧	⑧	⑧
			⑨	⑨	⑨	⑨

フリガナ	
氏　名	

欠席コード
ー　○

（受験者はマークしてはいけない）

〔注意事項〕

1．受験区分、受験番号および氏名を必ず記入しマークして下さい。
2．マークは必ずＨＢの黒鉛筆で◯の中をていねいにぬりつぶして下さい。
3．訂正はプラスチック製の消しゴムできれいに消してからマークし、消しくずを残さないで下さい。
4．所定欄以外にはマークしたり記入したりしないで下さい。
5．紙面を汚したり折り曲げたり破ったりしないで下さい。

マークの仕方
良い例
悪い例

1

（1）	① ② ③ ④
（2）	① ② ③ ④
（3）	① ② ③ ④
（4）	① ② ③ ④
（5）	① ② ③ ④

2

（1）	① ② ③ ④
（2）	① ② ③ ④ ⑤
（3）	① ② ③ ④
（4）	① ② ③ ④
（5）	① ② ③ ④

3

（1）	① ② ③ ④
（2）	① ② ③ ④
（3）	① ② ③ ④
（4）	① ② ③ ④
（5）	① ② ③ ④

4

（1）	① ② ③ ④
（2）	① ② ③ ④
（3）	① ② ③ ④
（4）	① ② ③ ④

5

（1）	① ② ③ ④
（2）	① ② ③ ④
（3）	① ② ③ ④

6

（1）	① ② ③ ④
（2）	① ② ③ ④
（3）	① ② ③ ④

7

（1）	① ② ③ ④ ⑤ ⑥
（2）	① ② ③ ④
（3）	① ② ③ ④
（4）	① ② ③ ④

8

（1）	① ② ③ ④
（2）	① ② ③ ④
（3）	① ② ③ ④
（4）	① ② ③ ④ ⑤ ⑥
（5）	① ② ③ ④
（6）	① ② ③ ④ ⑤

9

（1）		① ② ③ ④
（2）		① ② ③ ④
（3）		① ② ③ ④
（4）	A	① ② ③ ④
	B	① ② ③ ④
	C	① ② ③ ④
（5）		① ② ③ ④ ⑤
（6）	A	① ② ③ ④ ⑤ ⑥ ⑦
	B	① ② ③ ④ ⑤ ⑥ ⑦
	C	① ② ③ ④ ⑤ ⑥ ⑦

10

（1）		① ② ③ ④
（2）		① ② ③ ④
（3）	ア	① ② ③ ④ ⑤ ⑥
	イ	① ② ③ ④ ⑤ ⑥
	ウ	① ② ③ ④ ⑤ ⑥

（注）この解答用紙は実物を縮小してあります。Ｂ４用紙に135％拡大コピーすると、ほぼ実物大で使用できます。（タイトルと配点表は含みません）

推定配点		計
	1～10　各２点×50	100点

２０２２年度　佐野日本大学高等学校　第２回

理科解答用紙

評点	／100

受験区分			受験番号			
		ー				
			⓪	⓪	⓪	⓪
Ⓐ	①		①	①	①	①
Ⓑ	②		②	②	②	②
Ⓒ	③		③	③	③	③
Ⓓ	④		④	④	④	④
Ⓙ	⑤		⑤	⑤	⑤	⑤
Ⓚ	⑥		⑥	⑥	⑥	⑥
	⑦		⑦	⑦	⑦	⑦
	⑧		⑧	⑧	⑧	⑧
			⑨	⑨	⑨	⑨

フリガナ	
氏　名	

欠席コード
○

（受験者はマークしてはいけない）

〔注意事項〕

1．受験区分、受験番号および氏名を必ず記入しマークして下さい。
2．マークは必ずＨＢの黒鉛筆で○の中をていねいにぬりつぶして下さい。
3．訂正はプラスチック製の消しゴムできれいに消してからマークし、消しくずを残さないで下さい。
4．所定欄以外にはマークしたり記入したりしないで下さい。
5．紙面を汚したり折り曲げたり破ったりしないで下さい。

マークの仕方
良い例 ●
悪い例 ◐ ⊘ ◑

1

問　1	① ② ③
問　2	① ② ③ ④
問　3	① ② ③ ④ ⑤ ⑥
問　4	① ② ③ ④ ⑤ ⑥
問　5	① ② ③ ④
問　6	① ② ③ ④
問　7	① ② ③ ④
問　8	① ② ③ ④

2

問　1	① ② ③ ④
問　2	① ② ③ ④ ⑤ ⑥
問　3	① ② ③ ④ ⑤ ⑥
問　4	① ② ③ ④ ⑤ ⑥ ⑦ ⑧ ⑨

3

問　1	① ② ③ ④ ⑤
問　2	① ② ③ ④ ⑤
問　3	① ② ③ ④ ⑤
問　4	① ② ③ ④ ⑤

4

問　1	① ② ③ ④
問　2	① ② ③ ④
問　3	① ② ③ ④
問　4	① ② ③ ④
問　5	① ② ③ ④ ⑤

5

問　1	① ② ③ ④ ⑤
問　2	① ② ③ ④ ⑤
問　3	① ② ③ ④ ⑤ ⑥ ⑦ ⑧ ⑨
問　4	① ② ③ ④

6

問　1	① ② ③ ④ ⑤
問　2	① ② ③ ④
問　3	① ② ③ ④ ⑤
問　4	① ② ③ ④ ⑤
問　5	① ② ③ ④ ⑤
問　6	① ② ③ ④ ⑤

7

問　1		① ② ③ ④
問２	ア	① ② ③ ④ ⑤ ⑥ ⑦
	イ	① ② ③ ④ ⑤ ⑥ ⑦
	ウ	① ② ③ ④ ⑤ ⑥ ⑦
問　3		① ② ③ ④ ⑤
問　4		① ② ③ ④

8

問　1	① ② ③ ④
問　2	① ② ③ ④
問　3	① ② ③ ④
問　4	① ② ③ ④
問　5	① ② ③ ④

9

問　1	① ② ③ ④
問　2	① ② ③ ④ ⑤ ⑥
問　3	① ② ③ ④
問　4	① ② ③ ④
問　5	① ② ③ ④

（注）この解答用紙は実物を縮小してあります。Ｂ４用紙に128％拡大コピーすると、ほぼ実物大で使用できます。（タイトルと配点表は含みません）

推定配点		計
	1～3　各２点×16　　4　問１～問３　各２点×３　問４　３点　問５　２点	
	5　問１，問２　各２点×２　問３　３点　問４　２点	
	6　問１～問５　各２点×５　問６　３点	100点
	7　問１～問３　各２点×５　問４　３点	
	8　問１～問４　各２点×４　問５　３点	
	9　問１，問２　各２点×２　問３　３点　問４，問５　各２点×２	

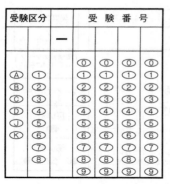

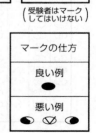

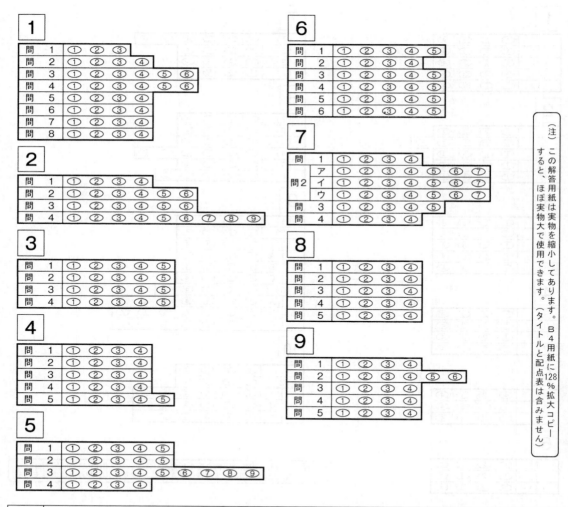

二〇二二年度　佐野日本大学高等学校　第二回

国語解答用紙

評点	／100

受験区分			受験番号			
		ー				
			⓪	⓪	⓪	⓪
Ⓐ	①		①	①	①	①
Ⓑ	②		②	②	②	②
Ⓒ	③		③	③	③	③
Ⓓ	④		④	④	④	④
Ⓙ	⑤		⑤	⑤	⑤	⑤
Ⓚ	⑥		⑥	⑥	⑥	⑥
	⑦		⑦	⑦	⑦	⑦
	⑧		⑧	⑧	⑧	⑧
			⑨	⑨	⑨	⑨

フリガナ	
氏　名	

欠席コード
◯

（受験者はマークしてはいけない）

〔注意事項〕

1．受験区分、受験番号および氏名を必ず記入しマークして下さい。
2．マークは必ずＨＢの黒鉛筆で◯の中をていねいにぬりつぶして下さい。
3．訂正はプラスチック製の消しゴムできれいに消してからマークし、消しくずを残さないで下さい。
4．所定欄以外にはマークしたり記入したりしないで下さい。
5．紙面を汚したり折り曲げたり破ったりしないで下さい。

マークの仕方
良い例　●
悪い例

一

問	①	②	③	④
問　一	①	②	③	④
問　二	①	②	③	④
問　三	①	②	③	④
問　四	①	②	③	④
問　五	①	②	③	④
問　六	①	②	③	④
問　七	①	②	③	④
問　八	①	②	③	④
問　九	①	②	③	④
問　十	①	②	③	④

二

問	①	②	③	④
問　一	①	②	③	④
問　二	①	②	③	④
問　三	①	②	③	④
問　四	①	②	③	④
問　五	①	②	③	④
問　六	①	②	③	④
問　七	①	②	③	④
問　八	①	②	③	④

三

問	①	②	③	④
問　一	①	②	③	④
問　二	①	②	③	④
問　三	①	②	③	④
問　四	①	②	③	④
問　五	①	②	③	④
問　六	①	②	③	④
問　七	①	②	③	④
問　八	①	②	③	④

四

問	①	②	③	④
問　一	①	②	③	④
問　二	①	②	③	④
問　三	①	②	③	④
問　四	①	②	③	④
問　五	①	②	③	④
問　六	①	②	③	④
問　七	①	②	③	④

(注) この解答用紙は実物を縮小してあります。Ｂ４用紙に120%拡大コピーすると、ほぼ実物大で使用できます。(タイトルと配点表は含みません)

推定配点		計
	一　各２点×10 二　問一　４点　問二　３点　問三～問八　各４点×６ 三　問一～問四　各３点×４　問五～問八　各４点×４ 四　各３点×７	100点

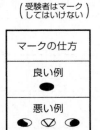

Memo

高校後見返し